Dr.

DE LO PROFUNDO, SEÑOR, A TI CLAMO:

Introducción y comentario al libro de los Salmos

EDITORIAL
PATMOS

De lo profundo, Señor, a ti clamo
Introducción y comentario al libro de los Salmos

©2007 por Fundación Palabra y Más

Publicado por Editorial Patmos
Miami, Florida, EE.UU.

Edición: Dra. Nohemí C. Pagán
Tapa y proyecto gráfico: Eduardo Souza
Diagramación: Alexandre Soares

ISBN:1-58802-391-5
Categoría: Comentario / Estudio bíblico

Dedico esta obra a mis hijos y nueras,
Samuel y Yasmín, y Luis Daniel e Ileana,
quienes me han escuchado explicar
los temas que aquí analizo
en torno al libro de los Salmos.
Y también a mis queridos nietos,
Samuel Andrés e Ian Gabriel,
que espero algún día lean y disfruten
los comentarios y la teología que aquí expongo.

Índice

Prefacio

¡Oh Jehová, Señor nuestro,
cuán glorioso es tu nombre en toda la tierra!
Has puesto tu gloria sobre los cielos;
de la boca de los niños y de los que maman,
fundaste la fortaleza, a causa de tus enemigos,
para hacer callar al enemigo y al vengativo.
Salmo 8.1-2

DE LOS NOMBRES, LOS TÍTULOS Y LA PERTINENCIA

Ninguna colección de poemas ha ejercido tanta influencia en la historia de la civilización Occidental como el libro de los Salmos[1]. Estos poemas bíblicos, que a la vez son oraciones y plegarias ante Dios, revelan lo más profundo de los sentimientos humanos con los cuales las personas se identifican con facilidad. La dimensión religiosa y profundamente espiritual de estas oraciones ponen de manifiesto la extensa gama de experiencias espirituales que le dan sentido de orientación y pertinencia a la vida misma.

Como la religión incluye esencialmente las respuestas humanas ante Dios, las formas y el carácter de las experiencias religiosas están íntimamente relacionadas con las percepciones y los conceptos que se tengan de la divinidad. En efecto, las experiencias y las ideas no solo están relacionadas sino que se influyen mutuamente al proveer los espacios adecuados y las dinámicas necesarias para la reflexión profunda y sose-

---

1   C. Hassell Bullock, *Encountering the Book of Psalms*, Grand Rapids: Baker Academic, 2001, p.15.

gada, que le permite a la gente que adora comprender, afirmar y celebrar la revelación divina.

En el particular caso del libro de los Salmos, las vivencias religiosas y las articulaciones teológicas se ponen claramente de manifiesto en los poemas que revelan los sentimientos más hondos del pueblo de Israel. En sus plegarias y clamores se afirman y recuerdan las intervenciones divinas en la historia del pueblo y se reflexiona en torno a esas manifestaciones extraordinarias en medio de las realidades cotidianas de la comunidad.

Según el Salterio:

> *Una vez habló Dios;*
> *Dos veces he oído esto:*
> *Que de Dios es el poder,*
> *y tuya, oh Señor, es la misericordia;*
> *porque tu pagas a cada uno conforme a su obra*
> Salmo 62.11-12

De acuerdo con el poema, el poder y la misericordia divina manifiestan el corazón de la teología de los Salmos, y confirman la creencia en torno a Dios del Antiguo Testamento. En el corazón mismo del Salterio se revela lo fundamental de la teología bíblica en formas de pares de términos que se complementan y apoyan mutuamente[2].

Poder y misericordia son términos de gran importancia espiritual en el Salterio y en la Biblia, porque identifican dos de las cualidades divinas más importantes, y presentan, además, de forma complementaria, dos componentes formidables de las intervenciones de Dios. En efecto, el Dios bíblico, a quien se canta y ora en el Salterio, funde en su esencia la autoridad y la fuerza, junto al amor y el perdón. El poder demuestra su naturaleza creadora y justa, y la misericordia pone de relieve el amor que guió su voluntad en los procesos de creación, liberación, conquista, restauración y renovación del pueblo de Israel.

Las palabras castellanas «salmos» y «salterio» se derivan del latín *psalmi* y *psalterium*, que a su vez provienen del griego *psalmoi* y *psalterion*. El

---

[2] Véase el estudio de Helmer Ringgren, *La fe de los salmistas* (Buenos Aires: La Aurora, 1963, pp.79-93).

griego *psalmos* alude a la música que viene de un instrumento de cuerdas, o inclusive puede referirse a la canción que se entona acompañada por ese instrumento. Por su parte, *psalterion*, se refería originalmente al instrumento musical (Dn 3.5), aunque con el tiempo llegó a significar «colección de cánticos»[3].

En el Nuevo Testamento se hace referencia a los Salmos como *biblos salmon* (Lc 20.42; Hch 1.20), o simplemente como *psalmoi* (Lc 24.44). Esas palabras son posiblemente la traducción al griego del hebreo *mizmor*, que se ha entendido como «un tipo particular de cántico (religioso) que se acompaña con instrumentos de cuerdas», y que se incluye como 57 veces en el libro de los Salmos. El título hebreo del Salterio es *sefer tehilim*, que puede traducirse como «libro de alabanzas». Cinco salmos tienen en su título la palabra hebrea *tepillot*, que se traduce al castellano generalmente como «oraciones»[4].

En la Biblia hebrea, los Salmos se incluyen en la tercera sección conocida como «Escritos», luego de la Ley y los Profetas. Esta división tripartita de las Escrituras hebreas presupone las diversas etapas de su desarrollo histórico y su crecimiento literario, además de su aceptación como literatura canónica, con autoridad religiosa, legal, espiritual y moral en la comunidad judía.

La Ley presenta el recuento inicial de las intervenciones e instrucciones de Dios en la historia del pueblo de Israel; los Profetas articulan la revelación y los desafíos divinos a la humanidad; y los Salmos, por su parte, describen el diálogo divino-humano que pone en clara evidencia las necesidades del pueblo y las respuestas de Dios.

En la sección de «Escritos», los Salmos generalmente ocupan la primera posición[5]. Las versiones griegas y latinas de las Escrituras no siguen el orden hebreo, pues han eliminado la división entre los Profetas y los Escritos, y han dispuesto la literatura bíblica, posiblemente, con criterios temáticos y cronológicos. Tanto en la tradición hebrea como en la griega, el libro de los Salmos o el Salterio se rela-

---

[3] A.A. Andreson, *The Psalms* (London: Marshall, Morgan & Scott, 1972, p.23).
[4] Véanse los Salmos 17; 86; 90; 102; 142.
[5] Aparentemente, en Lc 24.44 se utiliza el nombre de «Salmos» para referirse a toda la sección de los «Escritos» de las Escrituras hebreas, quizá por ser el primer libro de esa sección. En la tradición judía talmúdica, se indica que el libro de Ruth se ubicó antes de los Salmos pues presenta la genealogía de David (*Baba Bathra* 14b).

ciona con cánticos, particularmente con las alabanzas del pueblo hebreo ante Dios, que juegan un papel destacado para la teología y la liturgia del pueblo.

La pertinencia del libro de los Salmos se pone claramente de manifiesto al descubrir su doble identidad teológica y literaria[6]. De un lado, los Salmos son parte integral del Antiguo Testamento y reciben, de antemano, la gran autoridad teológica, espiritual y moral que los creyentes relacionan con la Biblia. Desde esa perspectiva, los salmos se convierten en Palabra de Dios para la gente de fe, pues contienen la extraordinaria revelación divina que les orienta, desafía, educa, inspira y redarguye. Son, en efecto, *torá*, que más que un conjunto de leyes rígidas y regulaciones estáticas son enseñanzas dinámicas y valores fundamentales que afirman, celebran y transmiten la voluntad del Señor a la humanidad[7].

Los salmos son, del otro lado, literatura poética, expresiones litúrgicas, experiencias cúlticas, enseñanzas espirituales, articulaciones metafóricas. Son piezas estéticas que motivan y edifican a la gente de fe; son poemas de gran sensibilidad ética que inspiran y desafían a hombres y mujeres de piedad a vivir a la altura de las exigencias morales y espirituales que se ponen de relieve al estudiar las Sagradas Escrituras. Transmiten ciertamente un aluvión de posibilidades de interpretación y de alternativas de aplicación, por esa naturaleza poética e simbólica que les caracteriza, y también porque presentan y revelan muchos siglos de vivencias espirituales y experiencias religiosas.

En el libro de los Salmos se encuentra la oración personal y la plegaria comunitaria del pueblo de Israel. Y aunque en otros libros de la Biblia se incluyen también oraciones similares[8], en contraposición al resto de la Escritura, los Salmos presentan esencialmente el diálogo íntimo y extraordinario de un pueblo que se presenta tal y cual es ante

---

[6] Respecto a la doble identidad de los Salmos (p.e., a la vez, son *Torá*, o Sagrada Escritura, y liturgia), véase a J.L. Mays, *Psalms* (Louisville: John Knox Press, 1994, pp.ix-x).

[7] Un estudio fundamental y necesario para comprender el libro de los Salmos como *Torá* —no como ley estática y rígida, sino como enseñanzas e instrucciones para la vida— es el de J. Clinton McCann, Jr. *A Theological Introduction to the Book of Psalms: The Psalms as Torah.* (Nashville: Abingdon Press, 1993).

[8] El libro de los Salmos no es el único en la Biblia que incluye las oraciones del pueblo de Dios, aunque está compuesto de oraciones principalmente. Para identificar específicamente otros salmos y oraciones en el Antiguo Testamento, véase la obra de Marina Mannati, *Orar con los salmos* (Estella, Navarra: Editorial Verbo Divino, 1998, p.11); p.e., Gn 18.22-32; Num 11; Dan 9.3-19.

su Dios. Los fieles llegan ante el Señor, de acuerdo con el texto de los Salmos, en medio de sus experiencias cotidianas, con sus esperanzas, frustraciones, debilidades, fortalezas, virtudes, pecados, aspiraciones, resentimientos y amores. En esta extraordinaria tradición religiosa, los Salmos no pretenden ser, como la literatura profética y la legal, enseñanzas nuevas, sino expresan los sentimientos más hondos del ser humano, y de esa forma se convierten en desafío, al movernos a entrar en una relación grata, digna, viva, noble y transformadora con Dios.

A través de la historia, tanto para la comunidad judía como para la cristiana, el Salterio ha sido fuente de gran inspiración. Sus poemas ponen en evidencia clara el extraordinario y fundamental diálogo entre el ser humano y Dios. Una lectura inicial de los salmos descubre en sus pasajes expresiones de extraordinaria belleza literaria, que presentan las peticiones, alabanzas y quejas de la gente ante el Ser Supremo. Reflejan, en efecto, las preocupaciones más importantes de la comunidad judía antigua, que preservó esa literatura de forma oral y escrita a través de los siglos. Además, las personas que adoran y oran al Señor en diferentes períodos históricos se han identificado tan profunda y espiritualmente con esta literatura, que han tomado las plegarias y alabanzas de los salmos, y las han articulado y repetido en medio de diferentes experiencias de la vida.

En ese sentido, los salmos no son literatura antigua e irrelevante, pues se convierten en recurso contemporáneo y pertinente para orientar las devociones privadas y para guiar las experiencias de adoración colectivas. Proveen, en esencia, muchos de los recursos pastorales, teológicos, espirituales y litúrgicos que se encuentran en las Sagradas Escrituras. Brindan las palabras precisas, las oraciones necesarias y las ideas requeridas para entablar un diálogo significativo con Dios. Y esas peculiaridades literarias e históricas han superado los límites del tiempo y la cultura, pues generación tras generación gente de diferentes culturas y lenguajes han utilizado los salmos para poner de manifiesto y articular nuevamente sus experiencias religiosas más gratas y fundamentales.

En sus mensajes, los salmos aluden a las complejidades de la vida, y ponen de relieve los temas prioritarios de las doctrinas bíblicas: p.ej., salvación, justicia, santidad, paz, esperanza, maldad y gratitud. Esas características hacen que los salmos se conviertan en material indispensable para la teología, la liturgia y el pensamiento religioso. Y por esa razón, los intentos de resumir y sistematizar la extensión de sus enseñanzas en un libro o documento, además de ser una empresa compleja y ardua, corre el gran peligro de reducir su importancia y acortar las implicaciones de sus valores.

Como el Salterio es el resultado de años y siglos de inspiración divina y redacción humana, los temas que se incluyen son variados, los tópicos que se exploran son muchos. Sin pretender ser exhaustivos, la siguiente lista nos puede brindar una idea de la extensión de los asuntos que se exponen:

- Conciencia de la presencia de Dios en las dificultades y contentamientos de la vida.
- Reconocimiento de la necesidad de agradecer a Dios sus favores y misericordias.
- Afirmación y celebración de la comunión personal e íntima con el Señor.
- Recuerdos y recuentos de las intervenciones de Dios en la historia nacional y humana.
- Sentido de liberación de las opresiones y persecuciones de los enemigos.

Y la capacidad de clamar a Dios en el momento de la angustia, con la esperanza de recibir respuesta y liberación.

Para la comunidad académica, los Salmos también son una fuente importante para la investigación y la reflexión teológica. Como su redacción se llevó a efecto a través de varios siglos, la obra incluye las experiencias y los pensamientos del pueblo de Israel durante un período extenso de tiempo. Esa particularidad histórica, literaria y teológica nos permite explorar y analizar el desarrollo del pensamiento hebreo, y también nos ayuda a entender mejor los diversos temas sociales, políticos, religiosos y espirituales que se incluyen en la obra.

En efecto, en el estudio crítico y científico del Antiguo Testamento la contribución del análisis del libro de los Salmos es formidable, necesaria e impostergable. Como es literatura dialogada, los salmos incluyen referencias importantes a los dos interlocutores principales del gran diálogo divino-humano. Presentan las preocupaciones más hondas y fundamentales del adorador o adoradora; y, al mismo tiempo, reflejan las más extraordinarias y relevantes respuestas divinas a esas peticiones humanas. Los salmos articulan el discurso más íntimo del pueblo de Israel, ante el Dios que se especializa en la liberación y renovación de su pueblo[9].

Los salmos también son poesía. Una lectura inicial del libro revela claramente sus virtudes estéticas y demuestra su belleza literaria. Esas características, que se transmiten no solo en el idioma hebreo original sino que inclusive se manifiestan con fuerza también en las traducciones, facilita la memorización, contribuye al proceso de educación transformadora, apoya la creatividad y evocación de nuevas ideas, y ayuda a la aplicación y vivencia del mensaje. En efecto, la poesía de los salmos representa lo mejor de la literatura bíblica, y presenta, además, un tipo de teología lírica que ha inspirado a creyentes de diferentes culturas e idiomas a través de la historia de las sinagogas y las iglesias[10].

Tanto en la sinagoga como en la iglesia los salmos se utilizan con frecuencia en la liturgia regular. Sirven como fundamento para mensajes y enseñanzas, se recitan de forma alternada y al unísono, se usan de modelo para las oraciones de las personas que adoran, e inspiran y evocan, con su extraordinario lenguaje imaginativo, figurado y simbólico, nuevas experiencias de fe.

En torno a la importancia espiritual y referente a la belleza literaria de los salmos, no son pocos los líderes religiosos que se han manifestado a través de la historia. Para Atanacio, los salmos incluyen palabras que abarcan la totalidad de la experiencia humana. Martín Lutero los cataloga como «la pequeña Biblia». De acuerdo con Juan Calvino, no falta nada en sus páginas en torno al tema de la salvación. Y con Dietrich Bonhoeffer decimos que son tanto Palabra de Dios como expresiones humanas[11].

La pertinencia del libro de los Salmos se puede apreciar también al estudiar el uso extenso de esa literatura en el Nuevo Testa-

---

[9] En torno a las particularidades dialogales de los salmos, véanse los importantes comentarios de W. Brueggemann, *The Message of the Psalms* (Minneapolis: Augsburg, 1984, p.15).

[10] La obra de McCann incluye un magnífico e interesante apéndice sobre el uso litúrgico y musical del libro de los Salmos. De particular importancia en esa sección del libro es la explicación histórica y técnica del cántico de los salmos; también se presenta una muy buena bibliografía comentada en torno a este tema del cántico de los salmos (véase McCann, *op.cit.*, pp.176-181).

[11] Según las citas en Mays, *op.cit.*, p.1.

mento y en la comunidad de Qumrán[12], al descubrir las referencias repetidas a los salmos en la teológica cristiana y judía a través de la historia, y al ponderar las alusiones continuas a los salmos en sermones, escritos y estudios de los grandes teólogos y pensadores de la iglesia y la sinagoga[13].

TRADUCCIONES ANTIGUAS Y CASTELLANAS, Y DIVISIONES INTERNAS DEL SALTERIO

En este estudio del libro de los Salmos utilizaremos principalmente como base exegética y teológica el famoso texto de Reina-Valera, revisión del 1995; aunque también haremos referencias ocasionales a otras traducciones castellanas de la Biblia —p.ej., la Biblia de Jerusalén, el Libro del Pueblo de Dios, la Nueva Versión Internacional, La Biblia en lenguaje sencillo y Dios habla hoy—; y, en momentos, inclusive, se presentarán nuevas traducciones de varios textos o pasajes complejos, para destacar algunas ideas o para aclarar el sentido de expresiones complicadas y frases confusas. Además, en este comentario seguiremos la numeración tradicional castellana de los capítulos y versículos para ayudar en el proceso de identificación de los salmos y de sus pasajes de importancia. Sin embargo, para apoyar a los lectores iniciados en las características, particularidades y complejidades de la versificación de los textos en hebreo y en griego, también se harán referencias a las numeraciones alternas del Texto Masorético y de la Septuaginta (LXX) , cuando el análisis de los pasajes lo amerite.

Los descubrimientos del Mar Muerto han puesto en manos de eruditos y creyentes nuevos manuscritos de los salmos que anteceden por siglos los que se disponían antes del 1947. Esos nuevos recursos han incentivado y propiciado mejores traducciones y estudios de los salmos, y también han permitido la comprensión adecuada de varios versículos y

---

[12] Respecto al uso de los salmos en la comunidad qumramita del Mar Muerto, véase a S. Pagán, *El misterio revelado: Los documentos del Mar Muerto y la comunidad de Qumrán* (Nashville: Abingdon, 2001); de particular importancia en la obra es la bibliografía selecta, que incluye la identificación de obras para estudiar los salmos descubiertos en las cuevas del Mar Muerto.

[13] Mays presenta un buen ejemplo del uso de los salmos a través de la historia; véase op.cit., p.1.

capítulos, que identificaremos y explicaremos en el comentario. Además del texto hebreo de los Salmos —conocido como Masorético (TM), en referencia a los eruditos judíos, o masoretas, que incorporaron en el texto hebreo el sistema de vocales en las letras consonantes antiguas—, contamos con la Versión de los Setenta (LXX) —que es una traducción antigua del Antiguo Testamento al griego—, la traducción latina o Vulgata Latina (V) —que con el tiempo pasó a ser el texto oficial de la Iglesia—, la versión al sirío o Peshita (P), las versiones griegas de Aquila (Aq), Teodocio (Teod) y Simaco (S), y las traducciones anotadas y expandidas al arameo, conocidas tradicionalmente como targúmenes (T)[14].

Una peculiaridad en el libro de los Salmos se descubre al comparar sus ediciones hebreas (que sirvieron de base para las traducciones evangélicas y protestantes de la Biblia) y las griegas (de donde surgieron las traducciones latinas y católicas). Aunque en ambas colecciones se incluyen 150 salmos, divididas en cinco secciones o libros[15], la numeración de los poemas manifiesta una variación significativa. El estudio detallado del problema demuestra que los Salmos 9 y 10, son realmente un solo poema, al igual que los Salmos 42 y 43. Además, se descubre que hay algunos textos y pasajes repetidos —p.ej., Sal 14 y 53; Sal 40.14-18 y 70; Sal 108 y 47.8-12, al que se agregó Sal 60.7-14[16].

A continuación presentamos la numeración comparada de los Salmos:

Numeración comparada TM y LXX

TM	LXX
Sal 1–8	Sal 1–8
9	9.1-21
10	9.22-39
11–113	10–112

---

[14] A.A. Andreson, op.cit., pp.28-29.

[15] La división en cinco libros de los salmos es posiblemente una referencia a la división del Pentateuco, según el midrash o comentario judío al Sal 1; *Ibid*, p.27.

[16] Estas repeticiones pueden ser un buen indicador de que la recopilación gradual y final del libro de los Salmos no fue el producto de la unión de salmos individuales; que manifiesta la compilación progresiva de grupos de salmos o de colecciones de poemas que ya tenían cierta identidad teológica y cohesión literaria. Este fenómeno de repetición y recopilación de material bíblico se manifiesta también en otros libros históricos, proféticos y legales del Antiguo Testamento: p.e., Jer 10.12-16 y 51.15-19; 2 R 19 e Is 37. Véase a H. Bojorge, *Los Salmos* (Montevideo: Mosca Hnos. S.A., 1976, p.11).

Métodos de estudio

En el comentario a cada salmo se analizará el texto bíblico, desde las perspectivas teológicas, lingüísticas, literarias, históricas, canónicas y pastorales, además de explorar algunas tradiciones hermenéuticas y ponderar varios aspectos de la historia de la interpretación de los pasajes. Se compararán, en algunas ocasiones, las interpretaciones contemporáneas de varios salmos con las explicaciones de eruditos judíos y cristianos de importancia a través de la historia. De esa forma los estudiantes actuales del libro de los Salmos estarán en diálogo franco e íntimo con generaciones previas de intérpretes y estudiosos de esta tan importante literatura religiosa.

Este nuevo libro que el lector o lectora tiene en sus manos, *De lo profundo, Señor, a ti clamo*, ciertamente toma en consideración la historia de la investigación de los salmos. No llegamos a estudiar estos textos bíblicos en el vacío histórico o teológico. Quien escribe este comentario enseña teología bíblica a nivel graduado, y ha sido seriamente influenciado por los esfuerzos de estudios bíblicos científicos y críticos a través de los siglos. Nuestra metodología de estudio tomará en consideración las investigaciones científicas previas de los salmos, que nos permiten llegar, hasta donde sea posible, a una comprensión adecuada de esa tan importante literatura religiosa.

La identificación de los autores de los salmos individuales es una tarea extremadamente compleja y muchas veces infructuosa. Para seguir la tradición académica en torno al tema, aludiré al autor de esas piezas literarias como el «salmista», aunque también en una muy buena tradición cristiana afirmamos la revelación divina en el texto. El Dios bíblico se hace presente en el mensaje y los valores morales, éticos y espirituales que se incluyen en el libro de los Salmos, aunque el nombre específico y la identidad precisa de sus autores humanos se han perdido en el tiempo.

Nuestro propósito básico es analizar y comentar todos los salmos canónicos. La verdad es, sin embargo, que no hemos dado el mismo espacio y tiempo en este libro a cada uno de esos ciento cincuenta poemas. La razón fundamental de esa decisión es publicar en un solo volumen el resultado de la investigación que hemos emprendido; además, es menester reconocer que, por la naturaleza repetitiva de la poesía en los salmos, no duplicaremos las interpretaciones y los comentarios a los temas de importancia, y sí remitiremos al lector y lectora al lugar en el salterio específico de las interpretaciones pertinentes.

La extensión en los comentarios a algunos salmos se fundamenta en los siguientes criterios teológicos y literarios: salmos que tienen importancia litúrgica, teológica o cristológica; salmos con peculiaridades poéticas y estilísticas; y salmos con mensajes de importancia para la sociedad contemporánea. Hemos separado algún espacio de calidad en este comentario para atender esos asuntos, pues deseamos que esta obra en torno a los salmos contribuya no solo a la comprensión de esas importantes piezas literarias antiguas, sino que apoye su aplicación a la sociedad actual y permita la vivencia de los valores que articulan y afirman.

Es importante notar, mientras se estudia este nuevo comentario al libro de los Salmos, que quien escribe es también ministro del evangelio de Dios. La vertiente pastoral del autor de este libro contribuye significativamente a complementar y actualizar el rigor académico. Junto al análisis crítico del texto hebreo su compromiso ministerial le desafía continuamente a descubrir nuevos niveles de revelación y pertinencia para la tarea pastoral. Además del análisis académico y crítico que presentamos de los salmos, se incluirán comentarios pastorales que pueden apoyar la tarea misionera del pueblo de Dios.

Con esa misma finalidad pedagógica, las notas marginales se han incluido casi exclusivamente en la Introducción. Se han evitado su incorporación en el comentario, para facilitarle al lector la lectura, el estudio y la comprensión del salmo. En la sección de bibliografía se incluyen los libros que pueden contribuir significativamente al estudio más detallado de los temas expuestos.

Específicamente este comentario responderá a los textos bíblicos y a los pasajes estudiados desde una perspectiva evangélica, ecuménica, puertorriqueña, caribeña, latinoamericana, e hispana y latina; y atenderá los desafíos sociales, económicos, políticos y espirituales que le presentan a las comunidades de fe las sociedades postmodernas, con sus sospechas, individualidades, consumismo, corrupción y falta de solidaridad. Como los salmos reflejan diversos entornos históricos y contextos literarios, este comentario presenta una comprensión nueva y fresca de estos poemas, desde las perspectivas sociales y espirituales precisas del autor.

Nuestro objetivo al escribir esta obra es hacer una nueva lectura del libro de los Salmos y presentar los resultados de la investigación a la comunidad. El libro de los Salmos es antiguo, y muy apreciado por las comunidades de fe. Por esa razón, le visitaremos nuevamente para repasar sus valores, repensar sus enseñanzas, y actualizar su mensaje.

Nuestro deseo ministerial es apoyar el trabajo de predicación de los pastores y las pastoras; incentivar la labor didáctica de las maestras y los maestros de las escuelas bíblicas e instituciones educativas de las iglesias; contribuir al proceso de investigación y reflexión de estudiantes avanzados de teología y Biblia; desafiar la comprensión tradicional de estos poemas en la comunidad académica; e incentivar el crecimiento espiritual de los creyentes.

Nuestro propósito primordial, al emprender este nuevo estudio sistemático del Salterio, es poner al alcance de lectores y lectoras de habla castellana, las virtudes y los valores permanentes que se ponen de manifiesto en la lectura y el análisis de estos importantes poemas. Los salmos son un testimonio viviente de la fe del pueblo de Israel; presentan la evidencia documental de las reflexiones teológicas y las experiencias espirituales de toda una comunidad religiosa; revelan las aspiraciones, frustraciones, gozos y necesidades de gente que enfrentó las adversidades de la vida con sentido de esperanza y futuro; y muestran las peregrinaciones que llevan a los salmistas a moverse del dolor al gozo, del lamento al baile, de la lágrima al contentamiento, de la desesperanza a la esperanza, de la muerte a la vida. El Salterio, en efecto, pone de manifiesto con claridad meridiana los valores de esperanza que deben guiar a la gente de fe para vivir con salud mental y espiritual.

Gratitudes

Una palabra de gratitud es necesaria antes de finalizar este Prefacio. En primer lugar debo consignar mi agradecimiento público a la comunidad académica y eclesiástica del Seminario Evangélico de Puerto Rico. En ese entorno teológico y pastoral se gestaron las ideas y las perspectivas contextuales que posteriormente se redactaron en esta obra.

Miriam Rodríguez es una editora excelente, y merece el reconocimiento público. Ella transforma mis ideas y manuscritos —¡ahora electrónicos!— en material publicable. ¡Gracias!

Como en todos mis libros, a Nohemí, mi esposa, va una expresión particular de gratitud. Ella no solo es amiga de la Biblia y consejera literaria y teológica, sino que revisa mis escritos con ojos críticos y hace recomendaciones sabias y prudentes para mejorar la redacción, aclarar las ideas y propiciar la aplicación del mensaje.

Es necesario indicar, además, que dedico esta obra, con mucha humildad, agradecimiento y reconocimiento, a mis padres, Luis Pagán —que ya descansa en el Señor— e Ida Luz Rosa, quienes me enseñaron desde pequeño la belleza, el valor y la importancia de los Salmos.

Finalmente, en el entorno de estas gratitudes, es importante afirmar como el salmista, con la «Oración de Moisés, varón de Dios»:

Señor, tú nos has sido refugiode generación en generación.
Antes que naciesen los montesy formases la tierra y el mundo,
desde el siglo y hasta el siglo,tú eres Dios.
Salmo 90.1-2

Primera Parte

La ley del Señor es perfecta:
convierte el alma;
el testimonio del Señor es fiel:
hace sabio al sencillo.
Los mandamientos del Señor son rectos:
alegran el corazón;
el precepto del Señor es puro:
alumbra los ojos.
El temor del Señor es limpio:
permanece para siempre;
los juicios del Señor son verdad:
todos justos.
Deseables son más que el oro,
más que mucho oro afinado;
y dulces más que la miel,
la que destila el panal.
Salmo 19.7-10

Introducción

Bienaventurado el varón
que no anduvo en consejo de malos,
ni estuvo en camino de pecadores,
ni en silla de escarnecedores se ha sentado;
sino que en la ley de Jehová está su delicia,
y en su ley medita de día y de noche.
Salmo 1.1-2

UN PEREGRINAR EXTRAORDINARIO DE CONTEMPLACIÓN, ESTUDIO Y REFLEXIÓN

Mirar las estrellas el día de hoy, de acuerdo con las ciencias astronómicas contemporáneas, es como emprender un viaje al pasado. La luz que vemos llegar a nuestro entorno representa alguna estrella o cuerpo celeste que ya ha cambiado, pues le ha tomado miles y miles de años-luz a esas iluminaciones llegar a la tierra. En el pasado, sin embargo, esas contemplaciones a los cielos se hacían para descubrir el porvenir, para descifrar el futuro, para conocer el mañana. Mientras los astrónomos actuales estudian el universo para comprender sus orígenes, los Magos de Oriente, por ejemplo, observaban y seguían la Estrella de Belén para entender la revelación divina y descubrir la voluntad de Dios.

El estudio de los Salmos es como la contemplación de las estrellas: A la vez, es un peregrinar al pasado y un viaje al futuro. Buscamos el origen y desarrollo de la fe de los salmistas, que contemplaban los cielos y afirmaban que eran «obra de las manos divinas». Y también nos proyectamos al porvenir, pues en el análisis de esta importante literatura bíblica descubrimos valores, enseñanzas y principios que nos capacitan para vivir a la altura de las más nobles exigencias éticas y morales. ¡El pasado nos educa y el futuro nos desafía!

Con estas imágenes en mente, emprendemos el estudio del Salterio, que nos permitirá viajar desde la historia antigua del pueblo de Israel hasta el momento esperado de la intervención liberadora y transformadora de Dios, para disfrutar y aquilatar las grandes contribuciones y los valores extraordinarios que esta literatura bíblica contiene, representa y afirma.

Importancia del Salterio

A través de la historia, el libro de los Salmos ha demostrado claramente su importancia y sus virtudes dentro de la literatura universal y bíblica[1]. El reconocimiento eclesiástico y el aprecio académico al Salterio se fundamentan en las siguientes características: Los temas y los asuntos que incluye, las plegarias y las oraciones que presenta, los problemas y las angustias que atiende, las esperanzas y los sueños que anida, los desafíos y las soluciones que articula, y los oráculos y las respuestas divinas que revela. En efecto, los salmos expresan, en un lenguaje poético, figurado, simbólico e imaginativo, las complejidades de la vida, y revelan, en categorías teológicas extraordinarias, las prioridades de Dios para la humanidad. Y la articulación y desarrollo de esas complejidades y prioridades han servido de base para la conducta, el pensamiento, la adoración, las doctrinas, el entusiasmo y la educación de creyentes judíos y cristianos por generaciones.

En el libro de los Salmos se encuentran los temas y las preocupaciones más significativas que se ponen de manifiesto en la Biblia. Esta importante obra del Antiguo Testamento presenta un catálogo extenso de asuntos y temas de gran interés teológico, pastoral, educativo, académico y humano: ¡Desde poemas que afirman a Dios como creador y sustentador del mundo y la humanidad, hasta declaraciones que destacan su poder redentor y liberador!

---

[1] Respecto al uso del salterio en la historia véase el magnífico libro de W.L. Holladay, *The Psalms Through Three Thousand Years* (Minneapolis: Fortress, 1993). En la sección de bibliografía selecta de este libro, hemos incluido una lista de obras de gran importancia teológica, metodológica y literaria para el estudio sistemático y concienzudo de los Salmos.

Los poemas de los Salmos incluyen, entre otros temas de extraordinario interés religioso y belleza literaria, las grandes obras del Señor, que tienen que ver con el juicio divino y la salvación de la humanidad; la historia de Israel y su importancia para el mundo; la santidad de la ciudad de Jerusalén –conocida poéticamente como Sión– y su particular condición de ser la ciudad de Dios; el rey David y el futuro glorioso de su descendencia en el pueblo; el reconocimiento a la gente piadosa y las críticas a las personas malvadas; la majestad de Dios y la imperfección humana; y la necesidad de la llegada e implantación del Reino de Dios en la historia.

En los salmos encontramos en forma de compendio los temas y los asuntos que ocupaban y preocupaban a la comunidad judía antigua, y que muy bien han servido para guiar las oraciones y afirmar la piedad de creyentes en las sinagogas e iglesias a través de las generaciones y los siglos. Esos poemas milenarios han servido de base para el desarrollo de una piedad reflexiva y militante, para la contemplación espiritual y el compromiso social, y para la expresión de la simbología sacerdotal y la firmeza profética.

De acuerdo con alguna literatura judía antigua[2], los levitas recitaban un salmo cada día de la semana: Los domingos, el Salmo 24; los lunes, el 48; el 82, los martes; los miércoles, el 94; el 81, los jueves; los viernes, el 93; y durante el sábado o *shabat*, el 92. Los días de ayuno se leía el Salmo 104, y en la milenaria ciudad de Jerusalén, frente al Muro Occidental —conocido también como el de las Lamentaciones—, se debía recitar el 79.

La iglesia primitiva reconoció rápidamente la importancia del libro de los Salmos al incorporarlo en sus reflexiones teológicas y al utilizarlos en sus liturgias regulares, en sus oraciones diarias, en sus memorias evangélicas y en sus discusiones apologéticas[3]. Es frecuente

---

[2] La Mishnah es una obra de gran importancia literaria y teológica pues revela las convicciones fundamentales de la comunidad judía antigua. Respecto a este tema, véase los comentarios y las reflexiones en J.L. Crenschaw, *The Psalms: An Introduction* (Grand Rapids: Eerdmans Publishing Co., 2001), 1-2, y en C. Hassell Bullock, *Encountering the Book of Psalms* (Grand Rapids: Baker, 2001), 92-94.

[3] Para estudiar con más profundidad el uso de los salmos en la iglesia primitiva véase a Michel Gourgues, *Los salmos y Jesús. Jesús y los salmos* (Estella, Navarra: Editorial Verbo Divino, 1989); de particular importancia exegética, pastoral y teológica es la tabla que presenta los salmos en los relatos de la pasión; p.27.

el uso de los salmos en el Nuevo Testamento, y es evidente que fueron usados para sus discusiones teológicas más importantes, específicamente en el desarrollo y la afirmación de la cristología.

En ese necesario y fundamental sentido exegético y teológico, los salmos juegan un papel principal, pues con ellos se articularon varios títulos cristológicos de gran importancia misionera y pedagógica. Se utilizan salmos, p.ej., para afirmar la misión de Jesús en los relatos del bautismo (Sal 2), al principio de su ministerio público, y en las narraciones de la pasión (Sal 22; 31; y 69), al final de su labor histórica en Palestina. En ese sentido, los salmos fueron un recurso bíblico extraordinario para los evangelistas de las iglesias primitivas, pues les brindaron el fundamento teológico y escritural necesario para apoyar y celebrar el ministerio público y la tarea misionera de Jesús de Nazaret[4].

La extensión de los temas de importancia existencial y espiritual para el pueblo y el gran uso que le dieron las primeras comunidades cristianas a los salmos preparó el camino para su uso litúrgico. Con el tiempo, y en continuidad con las tradiciones judías que les precedían, los salmos se convirtieron en recursos de adoración indispensables y en buenos modelos de piedad para la naciente iglesia cristiana: ¡El Salterio se convirtió en el himnario y el libro de oraciones de la iglesia y los creyentes!

Desde muy temprano en la historia eclesiástica, los salmos se han cantado, recitado, orado y leído, de forma individual, colectiva y antifonal, en el culto cristiano[5]. Y en el extraordinario estilo de los salmos bíblicos, la comunidad cristiana se ha inspirado para componer otros himnos, oraciones y poemas que revelan las dimensiones más profundas de la fe y manifiestan los compromisos éticos más nobles y gratos. Con el extraordinario lenguaje poético y simbólico de los salmos la gente de fe ha expresado sus sentimientos más hondos y profundos hacia el Creador, y también ha articulado sus dolores más angustiantes e indecibles en torno a las complejidades y adversidades de la vida.

---

[4] En la conclusión del libro de McCann, *op.cit.*, pp.163-175 se incluye una magnífica presentación de la relación de los salmos en diferentes momentos de la vida de Jesús; p.e., en el nacimiento, en el bautismo, en sus enseñanzas y ministerio, y en la narraciones de la entrada a Jerusalén, la pasión y la resurrección. Respecto al mismo tema, véase a P.D. Miller *Interpreting the Psalms* (Philadelphia: Fortress Press, 1986, pp.27-28) y a H.J. Kraus *Theology of the Psalms* (Minneapolis: Augsburg, 1986, pp.177-203).

[5] Véase, p.e., el estudio importante de Gourgues, *op.cit.*

La importancia teológica y las virtudes litúrgicas del Salterio se ponen claramente de manifiesto a través de la historia de la iglesia[6]. La literatura cristiana antigua, desde Clemente hasta Agustín, pasando por Justino Mártir e Ireneo, revelan la prioridad que se daba a los salmos en las reflexiones teológicas y exegéticas, y en los sermones. Además, durante la época de la Reforma, Martín Lutero y Juan Calvino utilizaron de forma magistral los poemas del Salterio para componer algunos himnos que ponían de manifiesto el acercamiento y las prioridades teológicas que afirmaban[7]. Y en la actualidad, la belleza de los salmos ha vuelto a inspirar poetas e himnólogos cristianos, pues en los cultos contemporáneos se nota un despertar en el uso, aprecio y cántico de los antiguos poemas del Salterio[8].

En ese gran peregrinar cristiano, los salmos han sido lectura indispensable para el crecimiento teológico de las iglesias y también para el desarrollo espiritual de los creyentes. De un lado, se utilizan para las oraciones individuales y para la afirmación de la piedad individual; y del otro, son magníficos recursos para la reflexión teológica profunda y para el análisis crítico de la fe y la experiencia religiosa en el Antiguo Testamento. En los salmos se unen la fe y la razón, la piedad y la reflexión, la intimidad y el servicio, la santidad personal y el compromiso social, la espiritualidad y la militancia. La más extensa gama de las realidades humanas son objeto de análisis, comentarios, crítica, contentamientos y expresión en los salmos, pues esas dimensiones cotidianas e inmediatas de la vida ponen claramente de manifiesto las vivencias, los gozos, los contentamientos y las contradicciones humanas.

Esas características de amplitud teológica, pastoral y espiritual, y de pertinencia filosófica, educativa y social, son las que hacen que los salmos se hayan convertido en apreciada literatura universal y que reciban el reconocimiento público tanto en los grupos religiosos como en las comunidades académicas. La gente que anhela buena orientación espiritual y las personas que desean penetrar al extraordinario mundo

---

[6] Véase el comentario referente a este asunto en la obra de Bullock, *op.cit.*, pp.94-96.

[7] P.ej., el famoso himno de Martín Lucero, «Castillo fuerte es nuestro Dios», se fundamenta en el Salmo 46.

[8] En varias comunidades de habla castellana, tanto en las Américas como en Europa, se alude a las personas encargadas de la adoración en las congregaciones como «salmistas».

antiguo del pensamiento y la vida israelita, encuentran en los salmos la información necesaria y los recursos literarios, teológicos e históricos pertinentes para responder adecuadamente a sus objetivos espirituales y académicos.

La primera gran imagen del Salterio compara al ser humano con el árbol que está plantado junto a las corrientes de las aguas (Sal 1.3). El poema presenta la idea de vivir una vida saludable, noble, digna, grata, próspera, liberada y productiva. El ambiente paradisíaco e ideal de la imagen nos hace preguntar: ¿Cómo los seres humanos logran ese tipo de vida? ¿Qué características indispensables necesitan las personas para el disfrute pleno de esa experiencia grata? El libro de los Salmos responde a esas inquietudes, con la siguiente recomendación clara, directa, práctica y específica: ¡Meditar en la Ley del Señor de noche y de día!

La afirmación teológica inicial del Salterio se relaciona con la importancia de escudriñar, profundizar y analizar las instrucciones y los mandamientos de Dios. Esa gran declaración espiritual y educativa es una de las ideas principales que se exploran de manera sistemática en el Salterio. Para los salmistas, el disfrute de la vida abundante se relaciona con el estudio, la comprensión, el análisis y la asimilación de la revelación divina, según se manifiesta en la Ley de Moisés (véanse, además, Sal 19; 119).

Por el carácter poético de los salmos, y también por su contenido moral, el estudio de esta literatura ha jugado un papel fundamental en la reflexión cristiana. La naturaleza misma del lenguaje religioso que se utiliza en los salmos, que es simbólico, poético, polivalente y espiritual, ha servido para expresar los sentimientos humanos que transmiten alabanzas y oraciones, adoración y piedad, gratitudes y quejas, alegrías y frustraciones, y bendiciones y maldiciones.

Los grandes ideales espirituales y éticos que incentivan la fe monoteísta han visto en los salmos un magnífico canal de expresión. Valores como la obediencia y la gratitud a Dios, la afirmación de la piedad privada y pública, el respeto a la dignidad humana y la santidad de la vida, la solidaridad con el menesteroso y el apoyo al necesitado, y la afirmación de la familia y la práctica de una vida noble, decente, respetuosa, grata, digna y justa se ponen claramente de manifiesto al leer el libro de los Salmos.

En el corazón mismo de los salmos están Dios y el ser humano en un diálogo intenso, respetuoso, grato, franco e íntimo. El Dios eterno y creador conversa con sus hijos e hijas de los asuntos impostergables, fundamentales e indispensables de la vida. Y en esos diálogos intensos y gratos nada es superfluo, nada es ajeno, nada es lejano, nada es oculto, nada es vano, pues se dilucidan los asuntos que realmente afectan, ocupan y preocupan a la humanidad: p.ej., la guerra y la paz; la vida desorientada y la existencia con propósitos; la adoración verdadera y el culto superficial; la religión justa y las prácticas litúrgicas vacías; la esperanza en Dios y la desesperanza de la gente; la grandeza divina y la fragilidad humana; la importancia de la educación y las expresiones de la gente necia; y la gloria del Señor y la miseria de las personas.

Los salmos presentan al Dios que se dirige a la humanidad para revelar su naturaleza justa y santa, y describen al pueblo que intenta, con sus oraciones y plegarias, llegar ante la presencia divina para implorar sus misericordias o para manifestar sus frustraciones. El Dios de los salmos es misericordioso y redentor, salvador y sanador, liberador y perdonador, y justo y santo. La gente de los salmos, por su parte, es pecadora y santa, hostil y grata, frágil y fuerte, pobre y rica, injusta y recta, perversa y buena, e impía y piadosa.

El encuentro de lo eterno y divino con lo temporal y humano genera la fuerza vital que es capaz de transformar a hombres y mujeres, y movilizar el cosmos. El descubrimiento de la voluntad de Dios —cuyo propósito principal es redimir al ser humano para propiciar el ambiente adecuado para la implantación de la justicia y el disfrute de la paz—, es capaz de hacer gente nueva. La cercanía de lo divino en las esferas humanas, según se pone de manifiesto en los Salmos, propicia en la gente santidad, solidaridad, misericordia, bienestar, salvación, salud, dignidad, respeto y esperanza.

En torno al libro de los Salmos, muchos escritores cristianos han enfatizado sus virtudes literarias, poéticas, religiosas y teológicas. San Jerónimo, p.ej., destacaba que ¡en la iglesia había mujeres que aprendían el idioma hebreo para entender mejor el Salterio! San Atanasio de Alejandría afirmaba que los salmos eran la Biblia en miniatura, idea que influenció la teología de Martín Lutero, pues el famoso reformador alemán se hace eco de esas ideas en su traducción de los Salmos, y Juan Calvino relacionaba con regularidad las experiencias de David con las vivencias humanas de su generación.

Respecto al Salterio, específicamente sobre el Salmo I, San Ambrosio (+397), obispo de Milán, indicó:

«El salmo es un himno de alabanza entonado por el pueblo de Dios, es glorificación del Señor, cántico de alabanza cantado por la comunidad, exclamación de toda la humanidad, aclamación del universo, voz de la Iglesia, confesión armónica de la fe, entrega total al poder (divino), libertad feliz, clamor de felicidad, eco de alegría. El salmo mitiga la ira, elimina las tristezas y alivia las amarguras. Es arma durante la noche, enseñanza durante el día. Escudo en medio del temor, celebración festiva con aire de santidad. Fiel imagen del recogimiento, prenda de paz y armonía»[9].

Las virtudes de los salmos también se han puesto de relieve en la música y la literatura occidental. Esa influencia del Salterio se manifiesta claramente tanto en los cantos gregorianos como en las obras clásicas de Mozart, Schubert, Mendelsson y Brahms; y, además, se muestra en composiciones más modernas y recientes, como la *Sinfonía de los salmos* de Stravinski y los *Chichester Psalms* de Berstein[10]. Inclusive, esa importancia del Salterio se revela no solo en la literatura clásica sino en obras latinoamericanas recientes, como es el buen caso de los poemarios de Ernesto Cardenal[11].

En el Antiguo Testamento, los cánticos y las oraciones poéticas sobrepasan los límites del libro de los Salmos. Mucho antes de que el Salterio se editara, ya el pueblo de Israel articulaba poesías que llevaban ante la presencia divina sus sentimientos más intensos. Esas expresiones literarias se incluyen en diversas secciones de la Biblia hebrea y revelan las preocupaciones más hondas de la comunidad israelita de antaño.

Entre los poemas bíblicos más antiguos se pueden identificar los siguientes[12]:

---

[9] Hans-Winfried Jungling, «Salmos 1–41», *Comentario bíblico Internacional* (Estella, Navarra: Verbo Divino, p.712).

[10] Véase la magnífica introducción de la traducción de los Salmos que efectuó Julio Trebolle Barrera, *Libro de los Salmos: Himnos y lamentaciones* (Madrid: Trotta, pp.10-11).

[11] Véase, p.ej., el reciente libro de Ernesto Cardenal, muy bien prologado por Dorothee Solle, *Salmos* (Madrid: Trotta, 1998).

[12] Léanse los importantes comentarios en torno al tema de la poesía hebrea antigua fuera del Salterio en el libro de Peter C. Craigie, *Psalms 1–50*. WBC. (Waco, TX: Word Books, 1983, pp.25-27). Una de las obras pioneras del estudio moderno y crítico de la poesía hebrea antigua es la de W.F. Albright; posteriormente sus discípulos estudiaron aún más esta literatura y descubrieron componentes estilísticos, temáticos y literarios de gran importancia para los estudios bíblicos.

- El cántico del Mar (Ex 15.1-18)
- El cántico del Arca (Nm 10.35-36)
- Los oráculos de Balaam (Nm 23–24)
- El cántico de Moisés (Dt 32)
- La bendición de Moisés (Dt 33)
- El cántico de Débora (Jue 5)
- El cántico de Ana (I S 2.1-10)

En la literatura deuterocanónica o apócrifa[13] también se incluyen algunos salmos que revelan la popularidad antigua de este tipo de literatura poética (p.ej., Tob 3.2-6; 3.11b-15; 13.1-17; Jdt 16.1-17; Sir 39.16-31; 51.1-11; Sab Sal 16.24—19.22). De particular importancia en torno a este tema, son los llamados «otros salmos de David» (Sal 151—155), que han sobrevivido a través de la historia de forma fragmentaria, y que se inspiran en varios episodios de la vida del famoso monarca de Israel[14].

Los descubrimientos del Mar Muerto también son testigos de una serie importante de salmos no canónicos, conocidos como *Hoyadot*, que es el sustantivo de un verbo que significa «agradecer»[15]. Y el Nuevo Testamento continúa esa magnífica tradición teológica y literaria al incorporar varios salmos e himnos antiguos a sus mensajes de renovación, esperanza, liberación y confianza (Lc 1.46b-55; Fil 2.6-11; Col 1.15-20; Jn 1.1-3).

LOS TÍTULOS HEBREOS O EPÍGRAFES, Y LOS TÉRMINOS TÉCNICOS

La comprensión adecuada de los salmos requiere que miremos a sus características literarias, teológicas y estructurales fundamentales, para descubrir pistas que nos ayuden en la compleja pero necesaria tarea de interpretación[16]. Esas peculiaridades temáticas, estilísticas y

---

[13] Los libros deuterocanónicos son obras antiguas que se incluyen en las Biblias que provienen de las traducciones de la LXX y la Vulgata. Tradicionalmente esas ediciones de la Biblia se conocen como «católicas», y las que no incluyen esos libros, también llamados «apócrifos», se relacionan con las comunidades evangélicas.

[14] James H. Charlesworth and James A. Sanders, «More Psalms of David» in *The Old Testament Pseudoepigrfa*, vol.2, ed. James H. Charlesworth (Garden City: Doubleday, 1985), pp.609-24.

[15] Samuel Pagán, *El misterio revelado* (Nashville: Abingdon Press, 2002).

[16] El estudio de estos títulos hebreos es muy complicado, pues en ocasiones no hay mucha evidencia literaria e histórica en la cual se puedan basar las conjeturas y las especulaciones. Nosotros seguimos tradicionalmente los análisis y estudios de A.A. Andreson, *op.cit.*, pp.42-51.

canónicas de los salmos contribuyen considerablemente a su belleza literaria y espiritual, además de ser medios para transmitir el sentido religioso de su mensaje y para afirmar los valores de sus enseñanzas. En efecto, nuestras interpretaciones del Salterio se relacionan con la comprensión del carácter particular y distintivo de la poética hebrea, según se pone de manifiesto en la Biblia[17].

En primer lugar, los salmos tienen una serie de títulos en el idioma hebreo que desean orientar al lector o lectora sobre los temas a estudiar, y los ubican en algún entorno histórico, litúrgico o cultural de importancia para su lectura y comprensión. Respecto a estos títulos, epígrafes o suscripciones es importante indicar rápidamente que no forman parte de la composición original del salmo: ¡Fueron añadidos a través de los años, para ayudar en las dinámicas cúlticas y contribuir a la formación educativa de las comunidades de fe! Tienen títulos hebreos ciento un salmos (101), mientras que el resto (49), se conocen como «salmos huérfanos», por carecer de esa peculiaridad literaria.

Un buen ejemplo de la importancia de los títulos es la distribución de los llamados salmos de David, que se disponen con criterios externos que ciertamente pueden verificarse. Revelan, en efecto, criterios teológicos, manifiestan peculiaridades literarias, e indican prioridades temáticas. En la sección que incluye los Salmos 42–89, p.ej., se manifiesta una estructura casi simétrica, que pone de manifiesto las preocupaciones religiosas y los intereses teológicos de los redactores y editores finales del Salterio[18]: ¡Enfatizan los salmos dedicados a David!:

- Sal 42–49: Salmos de los hijos de Coré
- Sal 50: Salmo de Asaf
- Sal 51–65, 68–70, 86: Salmos de David
- Sal 73–83: Salmos de Asaf
- Sal 84–85, 87–88: Salmos de los hijos de Coré

---

[17] Para evaluar el estado actual de la comprensión e interpretación de los Salmos en función al estudio y análisis de la poética hebrea, véase el magnífico artículo de Robert Adler, «Los libros poéticos y sapienciales», en John Barton, ed. *La interpretación bíblica, hoy* (Santander: Sal Terrae, 2001, pp.260-276).

[18] Hans-Winfried Jungling, «Salmos 1–41», *Comentario bíblico internacional* (Estella, Navarra: Verbo Divino, 1999, p.712).

Los títulos hebreos contienen algunas claves o ideas en torno a la transmisión, dedicación o usos de los salmos. Aunque desconocemos el significado preciso de algunos de los términos que se utilizan en varios títulos, su lectura y análisis puede servir de ayuda en el proceso de evaluación de su uso a través de la historia. Generalmente los títulos incluyen términos técnicos que se relacionan con la composición de algún salmo, con su uso litúrgico o musical, con su relación a algún personaje distinguido, o contienen referencias a varios eventos en la vida de David.

A- Términos que aluden a los compiladores o autores:

1. El término «de David», que aparece como en 73 ocasiones en los salmos[19], es de difícil compresión, pues en hebreo la preposición «de» puede aludir a la autoría, pertenencia, dedicación o, inclusive, tradición; además, la referencia al nombre del famoso monarca israelita puede identificar tanto al famoso rey como a su descendencia real o dinastía. En los salmos, la expresión «de David» posiblemente debe ser entendida como dedicado a David, o en la tradición de David, o en la memoria de David. La idea es que el poema pertenece a la colección que se relaciona con David.

2. «de los hijos de Coré»: Esta frase identifica una serie de salmos que posiblemente formaban parte del repertorio musical de la familia de Coré, que eran cantantes en la liturgia del Templo de Jerusalén (Sal 42–43; 44–49; 84–85; 87–88).

3. «de Asaf»: Según Esdras 2.41, Asaf era el antecesor de los cantantes del Templo; y, de acuerdo con el escritor cronista (1 Cr 6.39; 15.17; 2 Cr 5.12), era uno de los músicos principales del rey David.

4. «de Salomón»: La expresión alude al hijo de David, reconocido por su sabiduría, e indica posiblemente que estos salmos se han atribuido, dedicado y relacionado con el famoso rey de Israel (Sal 72; 127).

5. «Hemán el ezraíta»: Según 1 Reyes 4.31, Hemán era uno de los famosos sabios de la época de Salomón; de acuerdo con 1 Crónicas 15.17,19 —¡si el pasaje alude a la misma persona!—, era cantante en el

---

[19] En la traducción griega de la Biblia hebrea, conocida como la Septuaginta o versión de los Setenta o LXX, esta referencia aparece en 14 salmos adicionales.

Templo de Jerusalén durante la época de David; y en 1 Crónicas 25.5 se indica que también era vidente del rey.

6. «Etán en ezraíta»: Se menciona junto a Hemán en 1 Reyes 4.31 y también en 1 Crónicas 15.17,19; a él se atribuye el Salmo 89.

7. «de Moisés»: Es una referencia al famoso legislador y líder hebreo, que no debe tomarse literalmente como base para indicar su autoría del Salmo 90, que también se ha dedicado a la memoria de David.

8. «a Jedutún»: Este personaje era uno de los músicos principales de David (1 Cr 16.41), y puede aludir a la familia de músicos con ese nombre (Sal 39; 62; 77). Otros estudiosos piensan que la expresión debe traducirse como «confesión», y los salmos con este nombre deben cantarse en algún ritual penitencial.

B- Términos que indican el tipo de Salmo:

1. «salmo»; en hebreo, *mizmor*. La expresión ocurre unas 57 veces en el libro de los Salmos, y es un término técnico que se utiliza en la Biblia únicamente en el Salterio. Posiblemente alude a algún tipo de cántico litúrgico que debe acompañarse con instrumentos de cuerdas.

2. «lamentación»; en hebreo, *shiggaion*. Aparece únicamente en el Salmo 7, y se caracteriza porque contiene una serie variada de sentimientos de pena. La expresión se relaciona con un verbo hebreo que significa «errar» o «inquirir», que puede ser un indicador de arrepentimiento y contrición.

3. El término hebreo *miktam* es de muy difícil comprensión y traducción, y se encuentra en seis salmos (Sal 16; 56–60); quizá es una referencia a algún tipo de castigo o puede inclusive aludir a una joya dorada[20] .

4. «oración»; en hebreo, *tepillah*. Se encuentra en los títulos de varios salmos (Sal 17; 86; 90; 102; 142) y describe la piedad de los adoradores; puede también relacionarse con las expresiones de lamentación del pueblo.

5. «cántico»; en hebreo, *shir*. Este es el término técnico común para aludir a los cánticos, tanto religiosos como seculares, y se encuentra como en 30 salmos. La diferencia entre *mizmor* y *shir* no es clara, pues varios salmos incluyen los dos términos (Sal 65; 75; 76; 92).

---

[20] Véase el interesante comentario de Weiser, *op.cit.*, p.172, que alude a la interpretación de la expresión por Lutero.

6. «*maskil*»: Designa a un tipo particular de salmo (Sal 88), aunque la comprensión y traducción precisa del término no es totalmente posible. Quizá alude a algún salmo de edificación, enseñanza o meditación.

7. «alabanza»; en hebreo, *tehillah*: Alude e identifica a varios salmos de alabanzas a Dios (Sal 65.1; 119.171; 145).

8. «cántico de amores»; en hebreo, *shir yedidot*: Expresión que describe un tipo particular de salmo que afirma el amor (Sal 45).

9. «cántico de las subidas»; en hebreo, *shir hammacalot*: La frase alude a un tipo particular de salmos que se utilizaba al subir al Templo de Jerusalén (Sal 120–134).

C- Términos de uso y finalidad litúrgicas:

1. «acción de gracias»; en hebreo, *todah*: Estos salmos aluden a la importancia de la ofrenda de gratitud (Sal 69.30), posiblemente como expresión comunitaria. Estos salmos pueden identificarse por sus temas de acción de gracias.

2. «penitencia»; en hebreo, *leannoth*: Es posiblemente un término técnico que alude a la contrición o penitencia (Sal 88).

3. «ofrenda memorial»; en hebreo, *lehazkir*: Es un término que alude a la ofrenda o sacrificio memorial, cuyo propósito es posiblemente recordar ante el Señor la naturaleza del dolor humano (Sal 38; 70).

4. «cántico de la dedicación del Templo»; en hebreo, *shir hanukkat habbayit*: Este cántico se utilizaba en el Templo para recordar la importancia de su dedicación (Sal 30).

5. «para la enseñanza»; en hebreo, *lelamed*: La palabra alude a la importancia de la educación y destaca la finalidad pedagógica del Salterio.

6. «para el día de reposo»; en hebreo, *lesabat*: La expresión afirma la importancia del día de reposo para la comunidad judía (Sal 92).

D- Términos musicales:

1. «al músico principal»; en hebreo, *lamenaseah*: Este término es muy común en el Salterio, aparece en 55 salmos, y también en Habacuc 3.19; y posiblemente la expresión proviene del reino del norte, Israel,

que equivale «a David» en el reino del sur, Judá.

2. «con instrumentos de cuerdas»; en hebreo, *bineginot*: Posiblemente alude a la práctica de acompañar a algunos salmos únicamente con instrumentos de cuerdas, no con instrumentos de viento o de percusión (Sal 4; 6; 54; 55; 67; 76).

3. «para las flautas»; en hebreo, *el hannehilot*: Alude a un tipo de salmo que debía ser acompañado con flautas; posiblemente se refiere a salmos de lamentación (Sal 5).

4. *selah*: Este término aparece con regularidad en los salmos, como en 71 ocasiones, y 3 veces adicionales en Habacuc, y es de muy difícil traducción y comprensión. Algunas traducciones antiguas lo vierten al griego como *diapsalma*, que se piensa era un tipo de interludio o intermedio donde se cantaba otra melodía o se tocaba algún instrumento musical. La traducción latina de la Biblia, la Vulgata, generalmente no traduce la expresión; y en la tradición judía se pensaba que significaba «por siempre» o «eternamente». Otras alternativas incluyen «levantar la voz» o «cantar más alto», en referencia a la música; también, «retornar» o «doblarse a orar», en alusión a que la congregación debía postrarse ante Dios.

5. *higgaion*: Alude a algún detalle musical de difícil comprensión en la actualidad (Sal 9.16); puede ser una referencia a la bajada de la voz en el cántico del salmo.

6. «en la octava»; en hebreo, *al hassseminit*: Aunque algunas personas han indicado que la expresión se refiere a que las personas debían cantar en un octavo de nota más baja, posiblemente una mejor comprensión del término es que alude a algún tipo de instrumento musical de ocho cuerdas.

7. *haggittit*: El término es de difícil comprensión, y posiblemente se refiere a la lira o a la presa de vino (LXX) (Sal 8; 81; 84).

8. *al mut labben*: La frase es extraña, y significa «en la ocasión de la muerte del hijo»; posiblemente es una variante o corrupción de la expresión *al alamot* (Sal 46).

9. *al alamot*: Aunque algunas traducciones antiguas la traducen como «doncellas», pues es probable que las mujeres tuvieran algún papel menor en la liturgia del Templo; también puede referirse a los misterios o las cosas ocultas (Sal 46).

10. «los lirios»; en hebreo, *al sosanim*: Posiblemente es una alusión al proceso antiguo donde de descubrían oráculos al mirar los lirios, aunque también se puede referir a los lirios como símbolos del amor y la fertilidad (Sal 45; 60; 69; 80).

11. «las flautas»; en hebreo, *al mahalat*: La expresión es compleja y muy difícil de traducir; posiblemente se refiere a las flautas, como símbolo de lamentación y dolor (Sal 53).

12. «sobre la paloma muda de las lejanías»; en hebreo, *al ayelet hasahar*: Aparece en el título del Salmo 56, y posiblemente se refiere a la forma o la tonada y el ritmo en que el salmo debía ser cantado.

13. «no destruyas»; en hebreo, *al tashet*: Quizá se refiere a algún acto de la liturgia (Sal 57; 58; 59; 75), o alguna forma de cántico (Sal 65.8).

E- Notas históricas:

Algunos salmos incluyen varias referencias históricas para ubicar los poemas en el contexto de algunos episodios de la vida de David. Posiblemente estas notas fueron añadidas luego del exilio en Babilonia (véanse Sal 3; 7; 18; 34; 51; 52; 54; 56; 57; 59; 60; 63; 142), y nos brindan alguna información en torno a la interpretación y uso del salmo luego del destierro.

Composición de los salmos individuales y redacción final del libro

La historia de la redacción de los salmos individuales es extensa, y es complejo el proceso gradual de compilación de poemas hasta llegar al libro que tenemos en la actualidad. Todo comenzó de forma oral, posiblemente cuando los salmistas recitaban las oraciones para expresar sus sentimientos más significativos en torno a Dios y la vida. Esas plegarias y composiciones pasaron de generación en generación, a medida que la comunidad de fe se apropiaba de esos clamores, al entender que reflejaban sus pensamientos y sentimientos sobre las acciones de la divinidad en las diferentes esferas de la vida.

El reconocimiento de la importancia espiritual, litúrgica, literaria e histórica de los salmos se relaciona con el período en el que el pueblo de

Israel inició sus experiencias de adoración como comunidad, y siguió hasta la composición del último salmo que se incorporó en el libro[21]. Posiblemente una de las fuerzas mayores que guió la redacción y edición final del Salterio se relaciona con la crisis de la caída del reino de Judá, y su posterior exilio en Babilonia. Esas extraordinarias dificultades históricas produjeron en el pueblo un sentido escatológico profundo.

La redacción y transmisión de los salmos en Israel formó parte de las experiencias religiosas del Medio Oriente antiguo, y los salmistas utilizaron los temas, las técnicas y las metodologías que eran comunes en ese gran entorno geográfico, histórico, religioso y cultural[22]. Ese proceso fue largo y complejo, y se fundamentó principalmente en la importancia que la comunidad de Israel le dio a esa literatura en la adoración, y también a la afirmación que los salmos le brindaban al pueblo en su peregrinar al futuro.

Esa importante dinámica de redacción y compilación también tomó seriamente en consideración la identificación y afirmación de la literatura que se convertiría con el tiempo en Sagrada Escritura. El libro de los Salmos es una importante antología literaria y religiosa, que contiene los poemas, las oraciones, los valores y las experiencias que sobrevivieron a ese proceso extenso e intenso de redacción, compilación y edición.

Nuestro empeño por descubrir el nacimiento de cada salmo no nos conduce necesariamente a sus autores originales, cuyos nombres propios e identidades específicas se pierden en el anonimato de la historia, el tiempo y la cultura. Las investigaciones sosegadas, los estudios sistemáticos y los análisis científicos en torno a sus orígenes nos llevan principalmente a los contextos iniciales y primarios en los cuales se utilizaron los salmos.

En torno a este particular tema de la autoría es importante indicar que el concepto contemporáneo es diferente al que se poseía en la antigüedad. En las sociedades modernas se han redactado una serie leyes que protegen a los autores y las autoras, y que proveen regulaciones

---

[21] Véase a Mays, *op.cit.*, pp.9-11.
[22] Varios salmos ponen de relieve temas que se manifiestan también en la literatura común de la región: p.e., las alusiones a Dios y a Sión en fraseologías que se utilizan en la literatura extra bíblica de la época (Sal 2; 24; 48); y las referencias a luchas mitológicas antiguas características de la religión de Canaán (Sal 29; 82; 93). Véase a Mays, *op.cit.*, p.9.

adecuadas que afirman la propiedad intelectual de las personas. En el mundo antiguo, por el contrario, se desconocían esas ideas de propiedad intelectual privada, y las composiciones eran entendidas como parte de la vida y de la propiedad de la comunidad, que las utilizaba y revisaba repetidas veces a través de la historia en sus diversas actividades religiosas y culturales.

Aunque ciertamente los salmos deben haber sido compuestos por personas con gran capacidad analítica, crítica, literaria, estética y poética, los procesos sociales, religiosos y sicológicos de transmisión de información de la etapa oral a la escrita no guardó la identidad precisa de esos personajes. Únicamente tenemos el día de hoy los entornos culturales en los cuales los salmos eran utilizados, entre los que podemos identificar los siguientes: Procesiones nacionales y festivales anuales, ceremonias de entrada al Templo de Jerusalén y cánticos de peregrinación, eventos educativos, y oraciones privadas y actividades litúrgicas específicas. Algunos salmos son oraciones individuales de alabanzas o quejas, mientras que otros manifiestan los mismos temas, pero desde la perspectiva de toda la comunidad. Y aunque el proceso de redacción de los salmos se inició de forma individual, en algún momento de la historia de Israel, posiblemente luego de la institución de la monarquía, comenzó el proceso de agrupar y ordenar los diversos grupos de salmos para su uso litúrgico en el Templo.

En la actualidad, el libro de los Salmos se divide en cinco secciones mayores o en cinco «libros»[23]:

Libro I: Salmos 1–41
Libro II: Salmos 42–72
Libro III: Salmos 73–89
Libro IV: Salmos 90–106
Libro V: Salmos 107–150

---

[23] Respecto a esa división en cinco partes del salterio las tradiciones judías indican que de la misma forma que Moisés legó al pueblo cinco libros de la Ley, David brindó a la comunidad judía cinco libros de cánticos y oraciones. Esta percepción de los salmos los ubica en un lugar teológicamente prominente, al lado de la Ley de Moisés; además de reconocer la autoridad de David al nivel del famoso legislador del pueblo de Israel. Véase el *Midrash Tehilim* en torno al Salmo 1; Mays, *op.cit.*, p.15).

Cada sección o «libro» finaliza con una afirmación doxológica o alabanza extraordinaria a Dios (véanse Sal 41.13; 72.19; 89.52; 106.48; 150). Las atribuciones a algún personaje de gran importancia histórica y de reconocimiento y aprecio de la comunidad fueron algunos de los criterios para la compilación de los grupos (p.ej., David, Salomón y Moisés). Y otros salmos se agruparon por razones temáticas o por el uso específico que le daban en el culto –p.ej., los Sal 120–134, que son denominados como de «ascenso gradual» o «peregrinación», pues se utilizaban para subir o ascender al Templo–.

Una peculiaridad teológica y literaria en el Salterio es la preferencia del uso del nombre divino en sus diversas secciones. Los diversos «libros» del Salterio o secciones se dirigen a Dios con su nombre propio y personal –p.ej., Yahvé, o Jehová en las versiones Reina-Valera–, o utilizan el nombre genérico para referirse al Señor, Elohim. Las preferencias en torno al nombre divino se presentan en la siguiente gráfica[24] :

Libro	Yahvé	Elohim
Libro I	272	15
Libro II	74	207
Libro III	13	36
Libros IV y V	339	7

Luego del primer dúo de salmos (Sal 1–2), que son una especie de introducción a toda la obra[25] , tenemos dos importantes colecciones de poemas que se atribuyen, según sus títulos hebreos, al famoso rey David: Sal 3–41 y Sal 51–72. Una nota de gran importancia literaria y teológica se incluye al final del segundo libro, pues se indica claramente que con ese poema finalizan los salmos de David (Sal 72.20). Esa particular referencia es posiblemente una forma de indicar que en algún momento de la historia, los salmos editados y compilados finalizaban con esa colección relacionada con David.

---

[24] Tremper Longman III, *Cómo leer los salmos: Una introducción a la Poesía Hebrea* (Barcelona: CLIE, 2000, pp.54-55).

[25] En el comentario a estos salmos se explicarán las peculiaridades teológicas y literarias de cada salmo, y se destacará también la importancia de cada uno de ellos como introducción a la antología religiosa del salterio.

La intensión teológica del redactor final del Salterio se revela al estudiar con precisión la sección que incluye los Salmos 15–24. Esta serie de poemas está dispuesta de manera simétrica o en forma de quiasmo, y en su centro estructural (sección E, en la gráfica) se revela el tema que se desea destacar[26]: La gloria divina y la importancia de la Ley de Dios.

   A. Sal 15: Liturgia de entrada
   B. Sal 16: Salmo de confianza
   C. Sal 17: Lamentación
   D. Sal 18: Salmo real
   E. Sal 19: Himno para la gloria de Dios y la Torá
   D'. Sal 20–21: Salmos reales
   C'. Sal 22: Lamentación
   B'. Sal 23: Salmo de confianza
   A'. Sal 24: Liturgia de entrada

Junto a los salmos davídicos se incluyen dos colecciones adicionales de poemas que se atribuyen a grupos de músicos que ejercían sus labores regulares en el Templo de Jerusalén: algunos se relacionan con Asaf (Sal 50; 73–83); y otros, con Coré (Sal 42–49). Estos salmos son esencialmente cánticos e himnos que reflejan la teología tradicional de alabanza y oración del pueblo de Israel, y posiblemente incorporan las tradiciones teológicas y litúrgicas del reino del norte a las experiencias religiosas del sur en Jerusalén.

En el proceso de compilación del libro de los Salmos, el segundo grupo de salmos de David se incorporó luego de los salmos de Coré, y los salmos relacionados con Asaf se ubicaron posteriormente para seguir al Salmo 72, y así formar un conjunto de poemas (Sal 42–83) que pasó por un proceso de revisión estilística de gran importancia teológica y literaria. En muchas ocasiones, el nombre propio de Dios en hebreo —Yahvé o Jehová, en la tradición de revisiones Reina-Valera— en esa sección del Salterio se cambió por la referencia general al Señor —en hebreo, Elohim o Dios—, posiblemente para afirmar el monoteísmo radical e indicar que el Dios bíblico era el Señor no solo del pueblo de Israel sino de toda la

---

[26] Jungling, *op.cit.*, pp.724-725.

tierra. A estas composiciones, conocidas como salmos eloístas, se le añadió otra colección de salmos de Coré (84–89), para finalizar la tercera sección del libro de los Salmos. Estas colecciones de salmos de David, Asaf y Coré, posiblemente, formaron la base inicial que posteriormente se convirtió en el libro de los Salmos, como lo conocemos el día de hoy.

Las secciones finales de la colección de salmos bíblicos se formaron posiblemente con criterios teológicos particulares o con prioridades litúrgicas específicas. Como es el caso en los manuscritos descubiertos en el Mar Muerto, los Salmos 90–150 en manuscritos diversos se encuentran en diferentes secuencias. Posiblemente, para la época de la redacción de los documentos de Qumrán (c.150 a.C.–100 d.C.), todavía la colección canónica de salmos no había tomado su forma final y definitiva[27]. Varios grupos de salmos, en esta parte final de compilación del Salterio, tienen temas en común: p.ej., cánticos de ascensión al Templo (Sal 120–134); himnos que celebran el reinado del Señor (93; 95–99); y tres secuencias de salmos de alabanzas o de aleluyas, conocidos como «salmos hallel» (Sal 111–113; 115–117; 146–150).

Para finalizar el libro de los Salmos se incluyen dos doxologías: la primera para separar la cuarta sección de salmos de la quinta (Sal 106.48); y la segunda (Sal 150), para completar y cerrar el libro con un tono de alabanza y adoración.

El arreglo actual del libro de los Salmos responde a las necesidades religiosas de la comunidad judía postexílica. Los salmos que se incluyen en el canon bíblico sirvieron para proclamar los sentimientos religiosos más importantes de la comunidad de fe judía. Esos cánticos contienen el recuento de las experiencias religiosas más significativas del pueblo de Israel, que a su vez fueron utilizadas por la iglesia cristiana primitiva para comunicarse con el Dios eterno, padre y Señor de Jesús de Nazaret. De esa forma, el libro de los Salmos se convirtió en recurso para el culto público y privado, y en fuente de autoridad teológica y espiritual para los creyentes y las comunidades de fe, judías y cristianas.

---

[27] Vease a S. Pagán, *op.cit.*

David, «el dulce cantor de Israel»

La importante relación de David con el libro de los Salmos se pone claramente de manifiesto en la gran cantidad de poemas que se le atribuyen, o que se relacionan con su dinastía (¡73!). Las Escrituras hebreas son testigos de la muy antigua tradición que le atribuía al monarca dones especiales para la música y la composición. Inclusive es conocido como «el dulce cantor de Israel» (2 S 23.1), que es una manera de enfatizar sus capacidades poéticas y de destacar sus virtudes literarias, y también una forma de reconocimiento y aceptación de sus composiciones. Y esos extraordinarios dones poéticos y musicales, según las narraciones bíblicas, le fueron dados por el Señor[28].

De acuerdo con el testimonio bíblico, los cánticos y la música de David liberaban al rey Saúl de los malos espíritus que le atormentaban (1 S 16.14-23); los relatos bíblicos aluden a sus cánticos en medio de catástrofes nacionales (2 S 1.17-27; 3.33-34); e, inclusive, se le atribuye al famoso soberano israelita la elaboración de diversos instrumentos musicales (véase, p.ej., 2 Cr 7.6; Neh 12.36; Am 6.5). Posteriormente en la historia, cuando la institución de la monarquía había dejado de existir en Israel, se reconocía que David había sido el organizador principal de los diversos grupos de cantantes y músicos en el Templo de Jerusalén (1 Cr 15.16-24; 16.4-6; 25.1-31). Y por el año 190 a.C., el sabio Jesús hijo de Sira presentó poéticamente la vida de David y lo describe cantando salmos al Señor en diversas etapas de su vida, e identificando la música necesaria para las diversas festividades nacionales del pueblo de Israel (Eclo 47.8-10).

En el período neotestamentario es muy generalizado el reconocimiento de David como autor principal del libro de los Salmos. De esa época, uno de los manuscritos de Qumrán (11 QPsa) incluye una importante nota en torno a las composiciones poéticas de David, que le fueron dadas por Dios: Tres mil seiscientas (3,600) alabanzas, 446 cánticos para la adoración diaria y eventos especiales, y cuatro canciones que debían entonarse con harpas o liras para liberar a personas atormentadas por espíritus. ¡Un gran total de 4,050 composiciones!

---

[28] Seguimos en nuestro análisis el estudio de John Eaton, *The Psalms. A Historical and Spiritual Commentary with an Introduction and New Translation* (London y New York: T&T Clark International, 2003, pp.6-7).

El Nuevo Testamento se hace eco de esas tradiciones antiguas y atribuye a David algunas citas de salmos que tienen interpretaciones
mesiánicas. De acuerdo con esa comprensión del Salterio y de David, el
antiguo monarca hablaba «por el espíritu» o «profetizaba». Dios mismo
y el Espíritu Santo hablaban a través de él (Sal 110 en Mr 12.36-37; Sal
69 y 109 en Hch 1.16-22; Sal 16 y 110 en Hch 2.29-42; Sal 32 en Rom
4.6-8; Sal 95 en Heb 4.7). Posteriormente, en el siglo segundo de la
iglesia, una opinión rabínica de gran importancia indica claramente que
David escribió los Salmos, con la ayuda de Adán, Melquisedek, Abrahán,
Moisés, Hemán, Jedutún, Asaf y los tres hijos de Coré. Generalmente se
entendía que los salmos eran el trabajo profético de David.

La erudición moderna, que intenta fundamentar sus conclusiones
en la evidencia literaria, el análisis histórico y la reflexión teológica crítica, ha revisado esas afirmaciones y se ha replanteado seriamente la afirmación de la autoría davídica de muchos salmos. Las notas históricas que
se incluyen como epígrafes, suscripciones o títulos hebreos de 13 salmos,
son evidentemente añadiduras posteriores que intentan relacionar alguna
frase o palabra del salmo con varios incidentes en la vida del famoso
monarca israelita (véase, p.ej., Sal 3 y la tabla a continuación).

La referencia «a David» en muchos títulos de salmos no son necesariamente afirmaciones de autoría sino de reconocimiento de autoridad. Y aunque es muy difícil relacionar algún poema específico del
Salterio con su autoría particular, David es ciertamente el líder que
inspira la música cúltica e incentiva las alabanzas a Dios de parte de la
comunidad. En ese sentido figurado, David es, en efecto, el «autor del
Salterio» por excelencia, pues es su autoridad como músico y poeta la
que le brinda al libro de los Salmos el reconocimiento público y el
aprecio del pueblo de Israel y, posteriormente, de las iglesias.

Tabla de salmos con algunas referencias a varios episodios en la vida de David

Salmo	Referencia histórica
3	2 S 15–19
7	2 S 18.21
18	2 S 22
34	1 S 21.14

51	2 S 11–12
52	1 S 22.9
54	1 S 23.19; 26.1
56	1 S 21.11; 27.2
57	1 S 22.1; 24.3
59	1 S 19.11
60	2 S 8.3; 1 Cr 18.1-12
63	1 S 23.14; 24.1; 26.2
142	1 S 22.1; 24.3

MUJERES SALMISTAS

Para la comprensión adecuada del Salterio debemos tomar en consideración las contribuciones de las mujeres a la liturgia y las ceremonias religiosas antiguas. En los anales pictóricos provenientes de Egipto y Asiria, se pone claramente de manifiesto la participación destacada de las mujeres como bailarinas, cantantes e instrumentistas. Además, aunque los autores de los antiguos himnos sumerios generalmente no son identificados, un muy importante y revelador ciclo de 42 poemas y cánticos, que destaca de forma extraordinaria las virtudes de sus templos y divinidades, es atribuido a la princesa Enheduanna, hija del rey Sargón, que es descrita como una poetisa virtuosa[29].

A esta realidad internacional, que se revela del estudio sistemático de la literatura del antiguo Oriente Medio, debemos añadir el gran valor que se daba en la sociedad israelita a las mujeres cantantes. Sabemos por el testimonio bíblico que cantaban en ceremonias fúnebres (2 Cr 35.25), y que también participaban de eventos de importancia en el palacio real (2 S 19.35). Inclusive, algunas mujeres fueron enviadas como parte del tributo que Judá pagó a los asirios, para salvar la ciudad de Jerusalén en la crisis del 701 a.C. Posiblemente estaban organizadas en grupos, como se desprende del relato que identifica a un grupo de 200 cantantes que llegó del exilio (Esd 2.65).

De acuerdo con esta información, por lo menos durante el período de la monarquía, había participación destacada de mujeres en las ceremonias que se llevan a efecto en el Templo, posiblemente como cantantes e

---

[29] Véase la importante obra de John Eaton, *op.cit.*, p.8.

instrumentistas. Estaban en la importante tradición de María la profetisa, que inspiró a un grupo de mujeres a cantarle al Señor un himno de triunfo con panderos y alabanzas, y danzar de alegría ante las intervenciones salvadoras de Dios con el pueblo de Israel (Ex 15.20-21). Las mujeres salmistas siguen el ejemplo de Débora, que a la vez era jueza y profetisa, que se inspiró y entonó uno de los himnos de triunfo más importante en la historia del pueblo de Israel (Jue 5.1,7). En esa misma vertiente poética e hímnica, está Ana, la mamá de Samuel, que se allega al santuario de Silo a presentar sus ofrendas y votos, y canta un himno al Señor que es una especie de anticipación al reinado del Mesías (1 S 2).

El Salterio recoge esas importantes contribuciones de mujeres a la vida cúltica del pueblo, y las incorpora en una gran ceremonia y procesión de alabanzas al Señor, en la que participan también un grupo de cantores y músicos. Y en medio de esa algarabía de entusiasmo y celebración, se identifican a las mujeres que van cantando y bailado con panderos y con gestos de gratitud y felicidad (Sal 68.25). Esas contribuciones femeninas le añadían a las ceremonias entonaciones vocales complementarias y movimientos rítmicos alternos al que producían sus compañeros varones, y de esa forma contribuían positivamente a la belleza estética de las celebraciones.

El texto hebreo de los Salmos

Al igual que el resto del Antiguo Testamento, el texto hebreo del Salterio fue fijado con sus consonantes mediante el trabajo de los escribas judíos del siglo I d.C., y desde entonces, ese texto ha sido preservado con bastante fidelidad a través de los siglos. Posteriormente, con el trabajo esmerado de un grupo de estudiosos judíos conocidos como los masoretas, se le añadió a los manuscritos consonánticos los signos vocálicos, que facilitaban la pronunciación, lectura y comprensión de las Escrituras Sagradas[30]. Las traducciones que se hacen del Salterio en la actualidad generalmente utilizan con seguridad ese texto hebreo. En efecto, una vez se fijó por escrito el texto hebreo de los Salmos su transmisión y preservación fue bastante buena.

---

[30] Seguimos en nuestro análisis textual el importante estudio de Jesús García Trapiello, *Introducción al estudio de los Salmos* (Salamanca y Madrid: San Esteban y EDIBESA, 1997, pp.33-36).

Sin embargo, antes de esa importante fijación textual, la historia de la transmisión de los salmos de forma oral fue compleja. Por muchos años los salmos se transmitían de generación en generación de manera oral, y estaban abiertos a adaptaciones, revisiones y añadiduras. A estas realidades de transmisión oral, que con el tiempo se hicieron por escrito, es que se deben la duplicación de algunos salmos –p.ej., Sal 14 y 53; Sal 40.14-17 y 70; Sal 57.8-12 y 108.2-6; Sal 18 y 1 S 22; Sal 105.1-15, junto al 96, y 1 Cr 16.8-36–, y las diferencias en las lecturas y la comparación de los salmos masoréticos con los de Qumrán y la Septuaginta. Además, a esos largos y complejos procesos de transmisión oral y literaria, debemos añadir las dificultades que se relacionan con los errores y las revisiones de los copistas –¡trabajan en condiciones no ideales!–, el deterioro natural de los manuscritos –¡tanto por el uso continuo como por el tiempo!–, y los cambios en la grafía hebrea a través de la historia.

El libro de los Salmos también enfrentó desafíos extraordinarios de supervivencia en la historia del pueblo de Israel. La experiencia de la destrucción del Templo y la posterior deportación de los judíos a Babilonia debió haber sido traumática para la comunidad y para las autoridades religiosas. De acuerdo con algunas fuentes literarias antiguas (2 Mac 2.13), Nehemías se esforzó por recoger y coleccionar nuevamente los manuscritos sagrados, particularmente los de David, en referencia a los Salmos. Posteriormente en la historia, Antíoco IV Epífanes (167-164 a.C.) intentó destruir los libros sagrados de los judíos (2 Mac 2.14). Por todas esas vicisitudes históricas y literarias, el libro de los Salmos presenta algunas variantes importantes que, aunque no afectan la integridad teológica y el valor religioso del libro, presentan a los estudiosos desafíos formidables.

Las traducciones antiguas del Salterio fueron importantes en la difusión y el uso de los salmos. La de mayor importancia es la Septuaginta, en el griego *koiné*, que fue utilizada en la liturgia tanto en las iglesias de Oriente como en las de Occidente hasta mediados del siglo 2 d.C. La Vetus Latina contenía los salmos traducidos al latín que se utilizaban en África y Roma desde el siglo 2 d.C., y sirvió de base para las revisiones y traducciones de San Jerónimo hechas en Belén a partir del 387 d.C.

Los manuscritos de los Salmos nos permiten ver algunas dimensiones históricas de la vida del pueblo de Israel que no debemos obviar ni ignorar[31]. Aunque la finalidad principal del Salterio es litúrgica y teológica, de la lectura de sus poemas se descubren algunos aspectos históricos que nos ayudan a comprender mejor la vida del pueblo de Israel. Los clamores del pueblo y sus reflexiones sobre los desafíos que debían enfrentar, les permitieron describir la vida con sus virtudes y complejidades.

Una lectura atenta de los salmos nos ayuda a comprender esa dimensión histórica de la realidad humana. Los salmos aluden a la trágica experiencia de la caída de la ciudad de Jerusalén, la dolorosa deportación de los judíos, y la angustia de vivir en el exilio babilónico (Sal 137), y también comenta en torno a las dinámicas militares de la antigüedad (Sal 5; 18; 20; 21; 35; 44; 46). Desde la perspectiva económica, el Salterio puede ser una buena fuente de información valiosa, pues describe algunas dinámicas fiscales de importancia en la antigüedad (Sal 15.5; 45.8; 48.8; 107.23). Y para las personas interesadas en la liturgia y la música, los salmos pueden ser una fuente importante de información, pues estos poemas surgen de esos contextos cúlticos de celebración, piedad y alabanzas (Sal 22.26; 50.14; 61.9; 65.2; 66.13; y también 33.2; 57.9; 92.4; 98.5-6; 108.3; 149.3; 150.3-5).

La iconografía en el Salterio

Un área de investigación reciente que ha apoyado significativamente la comprensión de los manuscritos bíblicos y su mensaje es la iconografía. El estudio detallado del arte y la interpretación de los símbolos y artefactos descubiertos en el Oriente Medio antiguo, nos ha ayudado a entender y visualizar mejor el mensaje del Salterio[32]. Las ilustraciones de instrumentos musicales son bastantes y detalladas. Se han descubierto representaciones de címbalos (Sal 150.5) y panderos (Sal 98.6), de trompetas y flautas (Sal 105.4), y de arpas (en hebreo, *kinnor*, Sal 150.3) y liras (en hebreo, *nebel*, Sal 33.2; 144.9). También se han analizado diversos artefactos que ilustran los movimientos del cuerpo y

---

[31] J.L. Crenshaw, *The Psalms. An Introduction* (Grand Rapids: Eerdmans Publishing Co., 2001), pp.72-4.
[31] Guía nuestro análisis en torno a este novel tema de estudios bíblicos, la obra de Othmar Keel en torno a la iconografía en mundo de la Biblia: *The Symbolism of the Biblical World: Ancient Near Easter Iconography and the Book of Psalms* (Winona Lake: Eisenbrauns, 1997).

atestiguan varias formas de adoración que revelan humildad y aceptación de autoridad.

La onomástica o listas de nombres que provienen de la antigüedad, recuerdan, p.ej., los diversos fenómenos meteorológicos que se incluyen en el Salterio (Sal 104; 148). El lenguaje de las fosas y los posos que se utilizaban para atrapar los animales salvajes en tiempos antiguos, con frecuencia se utiliza en los salmos para describir las dificultades, los dolores y las persecuciones de los creyentes. Diversas representaciones e imágenes de esas fosas se han encontrado en pinturas y en vasijas. Además, la transportación de los ídolos, atestiguada con regularidad en los descubrimientos de la antigüedad, delata la seriedad y el respeto hacia las divinidades paganas que tenían los ciudadanos de las naciones vecinas de Israel. Quizá esas actitudes politeístas e idólatras son las que explican la vehemencia de las críticas y las sátiras proféticas contra ese particular tipo de práctica religiosa (Sal 104.25).

Se han encontrado en varias culturas antiguas diversas escenas que representan a las divinidades y sus representantes como pastores. Esos pastores tienen vara y callado, como en las imágenes de la Biblia (Sal 23), para ahuyentar a los enemigos y también proteger las ovejas. En el Salmo 78.70-72 se indica que el Señor transfirió esas responsabilidades pastorales al rey David; y en el Salmo 110, al mismo monarca de Israel, se le otorga la dignidad sacerdotal. Y esa unificación de roles, de monarca y sacerdote, tiene paralelos en las diversas culturas vecinas del pueblo de Israel.

Finalmente las representaciones de caballos y carruajes son frecuentes en la antigüedad, pues aluden particularmente al prestigio social, el poder político, la autoridad militar y la virtud económica de los monarcas. Desde la perspectiva bíblica, el triunfo en la batalla no se relaciona con el poderío militar representado en los corceles y carros de guerra, sino en las intervenciones redentoras y liberadoras del Señor de los ejércitos (Sal 147.8-10; 33.16-17).

Festivales en el pueblo de Israel

El estudio del calendario religioso del pueblo de Israel revela una serie de eventos y celebraciones que incluyen días santos —p.ej., las celebraciones de luna nueva y el sábado–, y fiestas nacionales. Tres festivales de gran importancia cúltica deben destacarse, por su importancia histórica, cúltica y teológica: la Pascua y la fiesta de los Panes sin levadura, la fiesta de las Primicias o de las Cosechas, y la fiesta de los Tabernáculos[33]. Estas importantes actividades nacionales le brindaban al culto de Israel su particular trasfondo litúrgico, y servían de marco de referencia para una gran parte del libro del Salterio. Los salmos tienen en estas celebraciones su contexto inicial de celebración, también conocido en círculos académicos como el *Sitz im Leben* –o situación en la vida del pueblo–.

La comunidad en general se incorporaba en estas celebraciones nacionales y, además, llevaban a efecto otras actividades religiosas relacionadas con sus responsabilidades personales –p.ej., los sacrificios prescritos en la Ley, y las oraciones que se hacían en momentos de necesidad persona, familiar y nacional–.

Fiestas judías y días sagrados[34]

Fiesta o día sagrado	Día de celebración	Referencia bíblica
Año de jubileo	cada 50 años	Lv 25.8-11; 27.17-24; Nm 36.4
Dedicación o Hanuká	25 quisleu (nov.-dic)	Jn 10.22
Día del perdón	10 de tishri (sep.-oct.)	Lv 16; 23.26-32; Heb 9.7
Luna nueva	Primer día del mes lunar	Nm 10.10; 28.1-15; 1 S 20.5-6,29; 2 R 4.23; Am 8.5
Panes sin levadura	15-21 de nisán (marzo-abril)	Ex 12.15-20; 13.3-10; Lv 23.6-8; Mc 14.1,12
Pascua	14 de nisán (marzo-abril)	Ex 12.1-14; Lv 23.5; Jn 2.13
Primicias o Cosechas	16 de nisán (marzo-abril)	Lv 23.9-14

[33] A.A. Anderson, *op.cit.*, pp.51-52.
[34] Véase «Fiestas judías y días sagrados», en la *Biblia de estudio. Reina Valera-1995* (Miami: SBU, 1995, p.173).

Purim	14-15 de adar (feb.-marzo)	Est 9.18-32
Santa convocación	22 de tishri (sep.-oct.)	Lv 23.36b; Nm 29.35-38
Semanas o Pentecostés	6 de siván (mayo-junio)	Ex 23.16; Lv 23.15-21; Hch 2.1
Tabernáculos	15-21 de tishri (sep.-oct.)	Lv 23.33-36a,39-43; Jn 7.2,37
Trompetas, Año nuevo o Rosh Hashana	1 de tishri (sep.-oct.)	Lv 23.23-25; Nm 29.1-6

MÚSICA E INSTRUMENTOS MUSICALES

La música jugaba un papel preponderante en la vida del pueblo de Israel. Esa importante influencia se ponía claramente de manifiesto en la vida diaria, las celebraciones religiosas, las dinámicas políticas, y las relaciones internacionales del pueblo. En los eventos que se llevaban a efecto en el Templo había cantores y coros (2 Cr 5.13; Esd 2.41,65), y, además, se tocaba una variedad de instrumentos musicales que contribuían al desarrollo de una experiencia cúltica significativa. En efecto, los salmos se cantaban con el acompañamiento de instrumentos de viento, cuerdas, metales y percusión[35].

Tabla de instrumentos musicales en el Templo

Instrumento	Referencia bíblica
Trompetas y cuernos	1 Cr 15.28; 1 Co 14.8
Arpas	Gn 4.21
Salterio (10 cuerdas horizontales o verticales)	Sal 92.1-3
Flautas	2 S 6.5
Panderos	Sal 81.2
Instrumentos de madera de haya de percusión	2 S 6.5
Címbalos o platillos	Sal 150.5

---

[35] Biblia de estudio, Reina Valera-95, *op.cit.*, p.520.

Interpretación de los salmos

Interpretar los salmos es una tarea de fundamental importancia, tanto para los propósitos educativos de este comentario como para la formación espiritual y moral de los creyentes y las comunidades de fe que regularmente se acercan a esta literatura para las devociones personales, la liturgia grupal o la reflexión personal y teológica[36]. Esta empresa interpretativa o hermenéutica, sin embargo, es compleja y difícil por varias razones: p.ej., el libro de los Salmos es extenso, los salmos individuales fueron escritos por diferentes autores en contextos variados, el idioma poético utilizado es complejo y simbólico, y esta literatura no contiene muchas referencias o alusiones históricas que nos permitan ubicarlos en su entorno social, político y religioso preciso. Además, debemos tomar en consideración, en nuestros procesos de comprensión e interpretación, las distancias que separan al lector o la lectora actual del Salterio, que incluyen las distancias históricas o cronológicas, las culturales, las lingüísticas y las teológicas.

Por muchos años se pensó que los salmos eran el resultado de los esfuerzos literarios de individuos específicos piadosos que escribieron esas oraciones y cánticos para sus devociones privadas, o para suplir alguna necesidad litúrgica específica en respuesta a eventos históricos particulares. Con esa presuposición en mente, los estudiosos se esforzaban por identificar, describir o descubrir sus autores individuales, e intentaban también explicar con alguna precisión los particulares contextos históricos y litúrgicos que enmarcaron su composición. Esa información, se pensaba, era básica e indispensable para tener una comprensión adecuada del salmo estudiado. Gran parte de los estudiosos tradicionales, además, entendía que los salmos habían sido escritos en el período de la monarquía.

Esa metodología, conocida en algunos círculos académicos como pre-crítica, fue la que dominó los estudios del Salterio por siglos. Otros académicos, en cambio, a finales del siglo 18 y en el siglo 19, entendían que la literatura poética de los salmos reflejaba diversos períodos, particularmente tardíos, en la historia del pueblo de Israel[37].

---

[36] En torno al tema de la interpretación de los salmos, véanse particularmente las importantes obras de Miller, *op.cit.*; Mays, *op.cit.*; Brueggemann, *op.cit.*
[37] Véase a McCann, *p.cit.*, pp.16-19.

Los métodos tradicionales de estudios bíblicos toman en consideración sólo de forma parcial los resultados de las investigaciones científicas que pueden contribuir sustancialmente a la ubicación del texto en sus entornos originales, a la comprensión de los complejos procesos de redacción y transmisión de los documentos, y a la comparación de esta colección con otras piezas literarias del antiguo Oriente Medio. Esas maneras de estudiar los salmos, no necesariamente toman en consideración el producto de los descubrimientos arqueológicos y lingüísticos, ni el fruto de las investigaciones teológicas y sociales que han ayudado a comprender mejor el pensamiento hebreo y la vida en el antiguo Israel, en el particular entorno histórico del Oriente Medio antiguo.

Una nueva forma de interpretar los salmos se asocia con las investigaciones de eruditos europeos y norteamericanos a finales del siglo 19 y principios del 20. Estos estudios, conocidos como «crítica bíblica», intentan ponderar, analizar, estudiar y comprender los salmos en sus contextos históricos, sociales, culturales y religiosos originales, para la posterior aplicación de sus enseñanzas. Esos nuevos métodos utilizan los recursos de diferentes disciplinas académicas al servicio de las investigaciones bíblicas.

En efecto, los acercamientos tradicionales al estudio y la interpretación de los salmos cambiaron radicalmente al llegar el siglo veinte. En primer lugar, esas metodologías cedieron el paso a nuevos programas de investigación de los salmos, que contribuyeron significativamente a una mejor comprensión de esta importante literatura religiosa. Y aunque la forma antigua de leer y meditar en los salmos sirvió con distinción a generaciones de creyentes a través de la historia, se necesitaron nuevas metodologías y herramientas de estudio para descubrir, en esas antiguas piezas literarias, virtudes noveles de gran valor teológico y ético para la humanidad.

Un avance fundamental en el estudio de los salmos se relaciona con el uso de la metodología conocida como «crítica de las formas»[38]. De gran ayuda en el estudio científico y profundo de los salmos fue el descu-

---

[38] El erudito que se relaciona con el descubrimiento y uso de esta metodología es el alemán Hermann Gunkel; y en torno a este asunto, véase su obra, *The Psalms: A form-Critical Introduction*, trans. T.M. Horner (Philadelphia: Fortress Press, 1967).

brimiento de que en las formas de expresión religiosa y en los modos de
articulación de las enseñanzas en los salmos se descubren algunos patrones recurrentes, se distinguen varias fórmulas que se repiten; se descu-
brió, además, que esas formas típicas de expresión transmiten características particulares de la fe, reflejan ciertas situaciones específicas de la vida
y presuponen algunas prácticas litúrgicas comunes.

Esas características literarias de los salmos nos ayudan considerablemente a entender el libro de los Salmos en su totalidad. En efecto,
no es necesario estudiar cada salmo en particular para tener una comprensión adecuada y amplia del libro; basta con seleccionar los salmos
que representan las diferentes situaciones litúrgicas y las variadas expresiones de fe en la vida para tener una idea más amplia de la teología
y los propósitos educativos del Salterio. Por esa razón, el estudio del
libro de los Salmos debe comenzar con la identificación y comprensión adecuada de estas importantes formas de comunicación, o tipos
de salmos, o géneros literarios, que nos permiten mirar y evaluar los
salmos individuales como parte de un todo teológico, literario, religioso, social y cultural.

Un paso de avance fundamental en el estudio de los salmos se asocia
con la teoría que indica que esos salmos representativos de una forma
determinada de expresión o género literario específico deben ser entendidos en el entorno de un contexto litúrgico particular en la vida del pueblo de Israel. Esta teoría propone que muchos de los salmos bíblicos
presuponen un festival anual de entronización, que se llevaba a efecto en
el Templo de Jerusalén durante la celebración del año nuevo[39]. En ese
acto de gran colorido cultural e importancia religiosa y política, el Dios
de Israel era coronado nuevamente como rey del pueblo para gobernar
durante el año, que equivalía a afirmar el bienestar del pueblo y la renovación de la creación. En las ceremonias, el rey de la casa de David ocupaba
una posición de preponderancia y recibía grandes beneficios políticos,
como resultado de las celebraciones y los actos.

Otro avance de gran importancia en el estudio del salterio indica
que la forma básica de comunicación de los salmos es el lamento, y que

---

[39] El nombre que más se ha relacionado con esta fundamental teoría para el estudio de los
salmos es el de Sigmund Mowinckel, que a su vez era un discípulo de Gunkel. *The psalms in
Israel's Worship*, trans. D.R. Ap-Thomas. 2 Vols. (Nashville: Abingdon Press, 1962)

las otras formas de expresión son sus derivadas[40]. De acuerdo con esta teoría, el lamento es el modo básico de expresión religiosa en los salmos, pues permite articulaciones religiosas que van desde las experiencias dolorosas de separación y de angustia hasta las manifestaciones extraordinarias de fe, confianza y esperanza. Se reconoce de esta forma que las expresiones religiosas en los salmos son dinámicas y ponen de manifiesto complejidades teológicas y literarias que no se confinan al contexto litúrgico de los salmos.

Relacionado con el estudio de las características literarias de los salmos debemos añadir la importancia de sus recursos retóricos[41]. Aunque es ciertamente importante descubrir las peculiaridades de los géneros literarios o las formas de comunicación que se manifiestan en todo el libro de los Salmos, también se deben identificar las peculiaridades estilísticas y los recursos retóricos utilizados para hacer justicia poética a esa literatura. Esos artificios estilísticos le dan gran fuerza estética y belleza poética a la pieza literaria; además, añaden recursos educativos de gran importancia para la memorización y los procesos formativos del pueblo.

Un adelanto adicional e importante en el estudio de los salmos se puede relacionar con los estudios bíblicos que afirman y destacan la importancia del canon de las Escrituras hebreas[42]. De acuerdo con esta metodología de estudio, la forma final del texto que tenemos disponible para la investigación es la que debe ocupar la atención prioritaria del intérprete, pues es a última instancia la que transmite el sentido al lector o lectora. Se reconoce de esta manera que, aunque la prehistoria literaria y teológica de los documentos antiguos es importante, y aunque ciertamente los análisis de los contextos vitales en los cuales se originaron los salmos son necesarios, lo que debe ocupar prioritariamente la atención de los estudiosos y las estudiosas del

---

[40] Véanse los estudios de Claus Westermann, *Praise and Lament in the Psalms*, trans. Keith R. Crim and Richard N. Soulen (Altanta: John Knox Press, 1981).

[41] El llamado a superar la crítica de las formas para llegar al estudio de la crítica retórica lo dio James Muilinburg en el 1968, en su discurso inaugural como presidente de la Sociedad de Literatura Bíblica; «Form Criticism and Beyond», *JBL* 88(1969):1-18.

[42] La figura cimera en los estudios conocidos como crítica canónica es Brevard Childs; véase, entre sus obras, «Reflections n the Modern Study of the Psalms», *Magnalia Dei, The Mighty Acts of God: Essays in Memory of G. Ernest Write*, eds., F.M. Cross, W.E. Lemke, P.D. Miller (Garden City, NY: Doubleday, 1976).

texto bíblico es el estado canónico final de los documentos. Lo más importante en el estudio de los salmos, según esta metodología, es su redacción y estado final, que es lo que lee, estudia y aprecia la comunidad de fe. Esta perspectiva canónica, inclusive, afirma que el orden en que aparecen los salmos revela los presupuestos teológicos de las comunidades que les preservaron y transmitieron.

Respecto a las diversas formas y nuevas metodologías de estudio científico y crítico de los salmos, debemos indicar que son complementarias, pues tienen la capacidad de brindar a los lectores y las lectoras más posibilidades de interpretación y alternativas adicionales de comprensión. Esas formas de estudio facilitan el camino para descubrir la importancia de los temas y las contribuciones educativas y teológicas en los salmos. Y esas peculiaridades —que se revelan claramente desde la lectura y el estudio del Salmo I— son de importancia capital en el estudio del Salterio[43]. En este sentido hermenéutico, las contribuciones de la literatura teológica latinoamericanas son muy importantes, pues le brindan a los estudios bíblicos críticos un sentido especial de pertinencia, que hace de la empresa interpretativa algo vivo, contextual y actual.

El libro de los Salmos es, en efecto, una gran obra religiosa y literaria que tiene una muy clara finalidad educativa, una meta formativa definida. En ese sentido, los salmos son *torá* —en el sentido hebreo de la palabra, que significa «instrucción»—, pues deben ser utilizados no como documentos legales rígidos e inaplicables, sino como recursos educativos para contribuir sustancialmente a la formación espiritual y la transformación moral de los lectores individuales y de las comunidades de fe.

La lectura profunda de los salmos no debe confinarse al descubrimiento de las formas de expresión antiguas, ni al aprecio de los recursos estilísticos y retóricos que utilizan. El estudio del Salterio debe penetrar el mundo de los temas expuestos, identificar las teologías que se afirman, distinguir las enseñanzas que se presentan, y celebrar los valores que se revelan. Además, ese análisis ponderado de los salmos

---

[43] Respecto a los proponentes de esta metodología o acercamiento al estudio de los salmos, debemos señalar prioritariamente los estudios de Mays, *op.cit.*; véanse también las obras de Gerald Wilson, *The Editing of the Hebrew Bible*, SBL, Dissertation Series 76 (Chico, CA: Scholars Press, 1985) y de David M. Howard, «Editorial Activity in the Psalter: A State-of-the-Field Survey», *Word and World* 9/3 (Summer 1989):274-85.

debe incentivar la aplicación de los principios morales y los valores éticos que se ponen de manifiesto en sus enseñanzas.

El propósito fundamental de este comentario es orientar la investigación para descubrir los temas religiosos que tienen pertinencia y relevancia para la sociedad contemporánea. Nuestra meta es estudiar nuevamente los salmos para aplicarlos al diario vivir, tanto a niveles personales como en los entornos colectivos del pueblo de Dios.

Y para lograr esos importantes objetivos de comprensión y aplicación de las enseñanzas y los valores de los salmos, algunas recomendaciones metodológicas en el estudio del Salterio son importantes y muy necesarias:

- Hay que identificar quién es la persona que habla en el salmo: Dios, el salmista, el pueblo o algún sector específico del pueblo.
- Hay que decidir si el salmo es individual o comunitario: Las oraciones provienen del pueblo en algún evento o asamblea, o son las expresiones de alguna persona específica[44].
- Hay que comprender el propósito básico del salmo: ¿Cuál es la razón teológica, política, social, personal o comunitaria que originó el clamor y las oraciones en el poema?
- Hay que precisar las dinámicas emocionales y espirituales del salmo: ¿Cuáles son los sentimientos básicos que se comunican? P.ej., gozo, tristeza, tribulación, cautiverio...
- Hay que distinguir el género literario o el tipo de salmo que se estudia: P.ej., himno, lamento, sapiencial, histórico...
- Hay que evaluar los refranes o las repeticiones de palabras o ideas del poema. En esas frases o ideas se pueden poner claramente de manifiesto algunas enseñanzas y valores que se desean enfatizar.
- Hay que escudriñar y analizar el salmo con detenimiento, en oración y meditación, y también con las ayudas metodológicas pertinentes: Comentarios bíblicos, diccionarios, enciclopedias, diversas versiones de la Biblia...
- Hay que leer el salmo en varias ocasiones, en diversas versiones, y en alta voz y en silencio. Ese encuentro primario y directo con el texto bíblico es fundamental, necesario, prioritario e insustituible.

Los géneros literarios

La interpretación adecuada del Salterio se relaciona íntimamente con el análisis y la comprensión de sus géneros literarios. El libro de los Salmos no es el resultado del azar teológico, ni es el fruto de la compilación fortuita de salmos sueltos: Es el esfuerzo de muchos años y siglos de experiencia religiosa y litúrgica, que se integran paulatina y ordenadamente para crear una antología extraordinaria de cánticos y oraciones. El Salterio tiene integridad literaria, presenta objetivos teológicos definidos y manifiesta prioridades religiosas precisas. La evaluación e interpretación de cada unidad debe hacerse a la luz de la obra como un todo. Cada salmo debe analizarse considerando el resto y la totalidad del libro, pues los objetivos pedagógicos de la obra se ponen de manifiesto en los temas y asuntos que se presentan e incorporan en cada unidad.

La metodología dominante en el estudio de los Salmos comienza con la evaluación precisa y sosegada de sus géneros literarios. El método prioritario de análisis del Salterio se inicia con la ponderación sobria y cautelosa de sus formas de comunicación y expresión literarias[45]. Esta metodología permite ubicar al salmo en su particular entorno literario, y prepara el camino para la identificar del contexto histórico y litúrgico en el cual el salmo se utilizaba en la antigua comunidad litúrgica de Israel.

Para la comprensión adecuada de algún salmo específico es necesario, hasta donde sea posible, determinar las particularidades literarias que lo distinguen y las dinámicas cúlticas que le rodeaban. De esa forma la persona estudiosa de este tan importante libro de la

---

[45] Las contribuciones literarias y teológicas de Gunkel, Mowinckel y Westermann al estudio de los Salmos han sido fundamentales y extraordinarias. La metodología de estudio de las fuentes o géneros, relacionada principalmente con los estudios de Gunkel y sus discípulos, ha dominado durante el último siglo la disciplina de estudios del Salterio; Gunkel, *op.cit.* Pueden estudiarse también diversas respuestas y usos de la metodología de Gunkel en Mowinckel, *op.cit.*; Westermann, *op.cit.*; Mays, *op.cit.*; Miller, *op.cit.*; Anderson; *op.cit.*; Weiser, *op.cit.*

Los géneros literarios mayores que identifica Gunkel en su obra son los siguientes: himnos, lamentación colectiva, salmos reales, poemas cultuales individuales y lamentación individual; también identifica algunos géneros menores, tales como: cánticos de peregrinación, acciones de gracias colectivas, salmos de venganza y relatos de gestas pasadas. En el libro de Mannati, *op.cit.*, pp.12–63, se incluyen trece géneros literarios específicos en los Salmos, que adelantan aún más el análisis de Gunkel.

Biblia puede relacionar el salmo analizado con otros poemas representantes del mismo género y distinguir el contexto histórico y cultual en el cual el salmo se desarrolló. Se pueden distinguir de esa manera las prioridades teológicas, metas educativas y particularidades litúrgicas de esa literatura.

Lo que se conoce comúnmente como el «tipo» o la «forma» de salmo es en realidad su género literario. Ese género literario de los salmos se refiere específicamente a un grupo de textos que muestran similitudes en su contenido temático y teológico, estructura literaria y estilo, y fraseología. La identificación del género nos permitirá analizar e interpretar adecuadamente el salmo; además, esa comprensión nos permite entender otros salmos del mismo género[46].

En el libro de los Salmos pueden distinguirse, por lo menos, cinco géneros literarios mayores y varios menores[47]. Estos géneros incluyen una serie de componentes literarios característicos que los identifican y particularizan[48].

A- Súplicas individuales de ayuda:

Este tipo de salmo es el más popular del Salterio. Presenta a un individuo que está asediado por una serie intensa de problemas y calamidades, y ora a Dios por ayuda y apoyo. Estas plegarias son lamentos que ponen de manifiesto el estado anímico y la necesidad espiritual de la persona que clama[49]. Posiblemente se utilizaban en el Templo en el

[46] Longman III, *op.cit.*, pp.28-45.

[47] Aunque la gran mayoría de los estudiosos acepta los géneros principales de los Salmos identificados por Gunkel —posiblemente con algunas variantes menores—, no siempre se denominan o se traducen al castellano de la misma manera. En nuestro estudio y comentario, generalmente seguiremos las propuestas que se incluyen en la obra de Mays, *op.cit.* pp.19-29; las variantes a esa metodología se identificarán en el comentario.

[48] Se han propuesto, para el estudio literario del Salterio, categorías diferentes para la clasificación de sus géneros, sin embargo, a mayor cantidad de géneros diferentes menor la utilidad educativa y práctica. P.ej., en la obra de Alonso Schokel y Carniti, *op.cit.*, pp.91-106, se hace una lista de once categorías literarias mayores de los Salmos; y en la edición de estudio de la Biblia RVR-95, *op.cit.*, pp.658-659, se identifican otras once, que no coinciden necesariamente con las nomenclaturas de otros estudiosos. En esta obra hemos decidido seguir el modelo de menos categorías literarias para facilitar la comprensión teológica de la obra y facilitar de esa forma su utilización educativa.

[49] Generalmente, en introducciones al Antiguo Testamento y al libro de los Salmos, estas oraciones se conocen como lamentaciones; en este comentario hemos evadido esa terminología pues puede producir una carga negativa en el oyente y lector: ¡Estos salmos no son, evidentemente, las expresiones de frustración de alguna persona herida por la vida!

contexto de las celebraciones litúrgicas, cuando el adorador se presentaba ante Dios en momentos de crisis personal, familiar o nacional —p.ej., 3; 5–7; 9–10; 13;17; 22; 25–28; 31–32; 35; 38; 39; 41–43; 51; 54–57; 59; 61; 64; 69–71; 77; 86; 88; 102; 130; 140–143–.

Las oraciones de súplica o lamentación presentan el grito y el clamor más hondo del salmista, que se siente angustiado y perseguido, y reconoce que únicamente en Dios está su esperanza. En el momento de la calamidad estos salmos son vehículos de liberación y salud mental y espiritual para las personas que pueden confiar únicamente en el Señor.

Las quejas y angustias más comunes que se ponen de manifiesto en este tipo de salmo son las siguientes[50]:

- Preocupación por sus propios pensamientos.
- Dolor por sus acciones y comportamiento.
- Respuesta a los ataques de los enemigos.
- Frustración por la actitud de Dios ante sus dolores y sufrimientos.

Los elementos característicos de estas súplicas son varios, aunque no se presentan en el mismo orden en todos los salmos. Los que escribieron los salmos utilizan estos recursos de forma creadora, y no siguen el mismo patrón ni incluyen los elementos identificados en todos los salmos. Es importante recordar, al analizar estos géneros literarios, la naturaleza poética y creativa de los salmos, que le permite al autor manifestar sus sentimientos, evocar nuevas ideas y presentar sus enseñanzas con licencia o libertad literaria.

Estas súplicas presentan las siguientes características:

- Están escritos en primera persona singular, y expresan la petición de ayuda Dios en forma directa.
- El adorador, que se identifica como «siervo del Señor», suplica a Dios y reclama su ayuda.
- El salmo describe la calamidad y presenta la necesidad del adorador en su relación con Dios, en las dinámicas con otras personas y consigo mismo. Generalmente el problema se articula en tres categorías: enfermedades físicas y sicológicas; acusaciones y

---

[50] Longman III, *op.cit.*, pp.31-33; véase, respecto al tema de las frustraciones de los salmistas, la importante obra de Clauss Westermann, *Los Salmos de la Biblia* (Bilbao: Ediciones EGA, 1994).

traiciones de vecinos y familiares; y conflictos armados, tanto locales como nacionales e internacionales.

- La petición se complementa con afirmaciones que indican el porqué Dios debe escuchar la plegaria. De particular importancia en estos salmos es que el adorador apela al amor y a la naturaleza misericordiosa de Dios.
- El salmo incluye también afirmaciones diversas de confianza en el Señor y confesiones de fe.
- Generalmente finalizan con algunas promesas de sacrificio o alabanzas al Señor.

B- Cánticos individuales de gratitud:

Estos salmos presentan una expresión de gratitud a Dios por su intervención extraordinaria en medio de la calamidad (Sal 34). Generalmente la oración se articula de forma directa a Dios, y se comunica como un testimonio público de acción de gracias sobre la capacidad divina de intervención en crisis. Estos cánticos son la contraparte litúrgica de las súplicas individuales de ayuda, y generalmente finalizan con una promesa de alabanza y de sacrificios (Sal 107).

Las alabanzas y gratitudes a Dios se encuentran en diversos tipos de salmos. De particular importancia es la gratitud que responde a algún lamento o queja, pues es una manera de anticipar la intervención salvadora del Señor. El presupuesto teológico del salmista es que Dios tiene la capacidad y el deseo de escuchar su clamor, y cuando recibe la respuesta divina expresa nuevamente su gratitud.

El contexto litúrgico del salmo es posiblemente la presentación de un sacrificio de gratitud en el Templo (Sal 30; 116). Y los elementos típicos y particulares de esta categoría de salmos son los siguientes:

- Alabanzas que se presentan a Dios que afirman que ante las peticiones de ayuda el Señor escuchó el clamor del adorador.
- Se llama a la comunidad a unirse al cántico de gratitud y adoración como testimonio de la intervención divina.
- Se presenta la alabanza y el sacrificio a Dios para cumplir la promesa hecha en el momento de la aflicción y dolor.

C- Peticiones de ayuda de la comunidad:

Cuando la crisis amenaza no solo al individuo sino a la nación entonces se articulan oraciones colectivas de petición de ayuda y apoyo. Muchas de ellas se relacionan con la colección de Asaf, y describen situaciones terminales en la que un ejército poderoso y superior amenaza la seguridad de la ciudad de Jerusalén, anuncia la destrucción del Templo y atenta contra la existencia misma del pueblo de Dios.

Los elementos distintivos que se incluyen en estas plegarias son similares a las que aparecen en las peticiones de ayuda individuales, con dos particulares excepciones: en primer lugar, la comunidad es la que clama al Señor; y en segunda instancia, en la petición el pueblo evoca las antiguas intervenciones de Dios que salvan y liberan a Israel.

Estas oraciones tienen gran significación educativa en el Salterio porque articulan algunas de las afirmaciones teológicas en torno al pueblo de Israel más importantes en la Biblia: ¡Revelan las formas en que Dios interviene con su pueblo a través de la historia! Estas plegarias ponen de manifiesto las voces de un pueblo que sabe cómo dialogar con Dios para recibir la respuesta adecuada en el momento oportuno.

- El elemento definitivo de estas oraciones son las peticiones de ayuda y los reclamos a Dios para que escuche el clamor de la comunidad.
- Las descripciones de la crisis revelan la ausencia o ira de Dios, el sufrimiento y humillación del pueblo, y el poder y la arrogancia de los enemigos.
- Para apoyar las peticiones, el pueblo apela al honor y la gloria de Dios, y también incentiva que la comunidad manifieste su compromiso y confianza al Señor.
- Las oraciones afirman las intervenciones divinas en medio de la historia del pueblo, inclusive ponen de manifiesto la obra extraordinaria de Dios en la creación del mundo.
- El pueblo promete alabar a Dios como resultado de su ayuda en la dificultad.

D- Los himnos:

Los himnos en el Salterio son cánticos de alabanzas exuberantes en los que Dios es el único sujeto de la adoración. El propósito básico de estos salmos es adorar y alabar al Señor; la finalidad primordial es manifestar el regocijo por la bondad divina; y el carácter fundamental es ensalzar la grandeza y el poder de Dios. Y aunque ciertamente hay algunas alabanzas a Dios en las oraciones o súplicas individuales de gratitud por alguna experiencia de liberación, el elemento fundamental e indispensable de los himnos es la alabanza —p.ej., 8; 19.1-7; 29; 33; 68; 95; 100; 103–105; 111; 113–115; 117; 135–136; 145–150–.

En el catálogo de himnos del Salterio se pueden identificar varias subdivisiones, entre las que encuentran las siguientes: cánticos de Sión (p.ej., Sal 84), salmos de entronización (p.ej., Sal 96) e himnos de procesiones (p.ej., Sal 84).

El lenguaje teológico de los himnos es de gozo y gratitud, y también de reconocimiento del poder divino y su misericordia. Los himnos, además, indican lo que Dios es, lo que hace y lo que tiene la capacidad y el deseo de hacer con su pueblo. Los himnos representan en el Arca del Pacto la figura invisible de Dios, y de esa forma se da espacio y realidad a la naturaleza eterna de Dios. Los himnos se entonaban en las liturgias y celebraciones de las grandes fiestas nacionales del pueblo de Israel.

El análisis de los componentes de la expresión de adoración «aleluya» puede brindarnos una pista para la comprensión de los himnos que se incluyen en los salmos. La palabra incluye el imperativo hebreo en plural, *hallelu*, que llama y reclama la adoración, al que se le ha unido la forma abreviada del nombre hebreo personal de Dios, *Jah* —que es la abreviatura de Yahvé o Jehová—. De esa forma, «aleluya» es la transliteración al castellano de la expresión hebrea que esencialmente significa «¡adoren al Señor!».

Los himnos son oraciones directas de alabanzas que presentan ante Dios la gente piadosa y santa. El contenido de esas oraciones afirma la naturaleza extraordinaria de Dios, y se incentiva a la comunidad a alabar también el nombre del Señor, que es una manera simbólica y poética de exaltar y reconocer su naturaleza santa y misericordiosa. El nombre divino representa su naturaleza y esencia, identifica su ser íntimo y particular, pone de manifiesto su poder y misericordia, enfatiza su justicia y santidad.

La siguiente petición condensa de forma adecuada la naturaleza y la extensión de los himnos en el Salterio:

«Aleluya. Alabad a Jehová, porque él es bueno;
porque para siempre es su misericordia» (Sal 106.1).

Esta alabanza y petición —que se utiliza tanto en introducciones de salmos como en la afirmación de la bondad divina— pone de relieve los dos elementos sustantivos e insustituibles de los himnos: el llamado a la alabanza, y el fundamento de esa expresión de adoración al Señor. Se alaba al Señor por su bondad y su misericordia, que son atributos divinos entendibles para el pueblo. La base para la alabanza a Dios no es la especulación filosófica ni la calistenia académica sino el reconocimiento de su bondad y la afirmación de su amor.

Aunque en el Salterio se incluyen diversos tipos de himnos, la mayoría comparte la siguiente estructura básica:

• Comienza con un llamado a la alabanza al Señor.
• Se expanden, posteriormente, las razones por las que se debe alabar al Señor.
• A menudo, los himnos finalizan con más alabanzas y gratitudes a Dios.

E- Salmos de educación:

La finalidad pedagógica de los salmos se pone de relieve de varias formas. El objetivo es incentivar la confianza en el Señor, la meta es propiciar la obediencia a Dios, el propósito es afirmar los valores morales, espirituales, culturales, políticos y religiosos revelados a través de las Sagradas Escrituras al pueblo de Israel. *Tora*, en hebreo, es más que ley rígida escrita; en efecto, es enseñanza, educación, instrucción, pedagogía. En estos poemas educativos, que generalmente son antologías de temas y estilos, el salmista exhortaba a la comunidad y les advertía de los peligros de la infidelidad, a la vez que celebraba las virtudes de la vida piadosa, sabia, justa y santa ante Dios y la comunidad.

En ocasiones algunos salmos se denominan de sabiduría o sapienciales porque se disponen en un estilo literario similar al que se incluye en los libros de los Proverbios, Eclesiastés y Job. En este sentido es importante indicar que el contexto en el cual el salmo era utilizado no era el entorno escolar o académico, sino el culto en el Templo donde se afirmaban las virtudes de las enseñanzas de la Ley de Moisés y los desafíos del mensaje de los profetas de Israel. Estos salmos revelan un período importante de la historia de Israel cuando se utilizaba el culto para afirmar los procesos educativos del pueblo. Otros salmos en esta categoría enfatizan las enseñanzas y la teología de los profetas (Sal 82).

Algunos de los estilos más frecuentes de este tipo de salmos son los siguientes:

- Declaraciones cortas que intentan exhortar, advertir o afirmar alguna enseñanza de importancia para el pueblo.
- Poemas alfabéticos o acrósticos que se organizan siguiendo la secuencia del alfabeto o alefato hebreo (p.ej., Sal 9–10; 25; 33; 34; 37; 111–112; 119; 145). Estos salmos intentaban contribuir al proceso educativo mediante el apoyo a la dinámica de memorización.
- Los salmos que presentan bienaventuranzas —en hebreo, *'ashre*— son importantes, pues subrayan la importancia de vivir de acuerdo con los principios morales, espirituales y éticos que se incluyen en la literatura mosaica y profética (p.ej., Sal 1).
- En algunas ocasiones en estos salmos los testimonios personales y el recuento de las intervenciones de Dios apoyan y convalidan la enseñanza (p.ej., Sal 32; 34; 37; 73; 94).

F- Salmos reales:

Los salmos reales son los poemas del Salterio que tienen como argumento predominante la figura del rey o de la dinastía real del antiguo Israel –p.ej., Sal 2; 18; 20; 21; 45; 72; 89; 101; 110; 132; 144–. Y aunque no constituyen un género literario específico, propiamente dicho, se incluyen en una categoría particular por la naturaleza del tema que articulan y por las interpretaciones que han recibido estos poemas a través de la historia, tanto judía como cristiana. En términos estilísticos, los salmos reales incluyen himnos, súplicas y acciones de gracias, pero manifiestan en común un definido interés por la vida y las actividades del monarca israelita, pues revelan la ideología real que se pone de relieve a través de todo el Antiguo Testamento.

En la comprensión e interpretación de estos salmos debemos tomar muy seriamente en consideración la relación íntima que desarrolló el pueblo de Israel entre el monarca davídico histórico y el rey mesiánico esperado en un futuro no determinado. En la lectura atenta y el análisis ponderado de estos salmos, se debe estar consciente de esa importante ligazón teológica, pues se pone de relieve en estos poemas que más allá del monarca histórico del pueblo, la comunidad esperaba al Mesías, que es la idealización extraordinaria de las virtudes de los reyes históricos.

La iglesia cristiana, siguiendo esa antigua tradición interpretativa, vieron en estos salmos claras referencias a Cristo, e interpretaban estos poemas no solo como salmos reales, en el sentido histórico del término, sino como literatura mesiánica. Y si estos poemas fueron redactados finalmente luego del destierro en Babilonia, cuando la institución de la monarquía había cesado en Israel, entonces esta interpretación mesiánica del Salterio tiene un gran fundamento teológico e histórico.

Entre los temas más importantes que se exponen en estos salmos se encuentran los siguientes:

- La magnificencia de la figura del rey (Sal 21.6; 45.3-4,9-10; 72.8-11).
- El favor divino que disfruta el rey (Sal 2.7; 89.27-18).
- Plegarias a Dios en favor del rey (Sal 72.15).
- Oráculos divinos que favorecen al rey (Sal 110.1).

G- Salmos imprecatorios:

En el Salterio se encuentra un grupo de salmos que requiere atención particular, por la naturaleza del tema que presentan y por las implicaciones de su teología para la iglesia cristiana. Esos poemas (p.ej., 35; 69; 109; 137), conocidos como salmos imprecatorios o de maldiciones, resultan extraños en el contexto educativo y teológico del mensaje y las enseñanzas de Jesús. Sus clamores, en efecto, pueden manifestar venganzas, resentimientos y hostilidades, que son sentimientos ajenos a los reclamos de amor y perdón del evangelio.

En ocasiones, los salmistas, al encontrarse totalmente indefensos ante los avances despiadados de la maldad, injusticia, violencia y opresión, no sólo clamaban al Señor, a quien reconocían como fuente absoluta de liberación y esperanza, sino que suplicaban a Dios que hiciera caer los peores males sobre sus enemigos. De esa forma se presentan algunos salmos y se articulan varias oraciones que unen sus suplicas más intensas con las imprecaciones o maldiciones más violentas y radicales (p.ej., 58.6-11; 83.9-18; 109.6-19; 137.7-9). Algunas de las imprecaciones revelan, inclusive, un deseo ardiente de guerra, pues manifiestan una muy seria actitud de venganza contra los enemigos; son clamores intensos que suplican la implantación de justicia en momentos de angustia extrema y necesidad absoluta.

La comprensión adecuada de estos poemas debe tomar en consideración el entorno teológico de esa época, en la cual no se habían desarrollado plenamente los conceptos de vida eterna y perdón que se ponen de manifiesto en los escritos del Nuevo Testamento (Mt 5.43-48; Rom 12.17-21). De acuerdo con la religión de los antiguos israelitas, las buenas y las malas acciones de las personas debían ser recompensadas en la vida, y la gente malvada debía recibir el merecido de sus acciones y castigos antes de morir. Esa convicción ponía claramente de manifiesto la importancia y necesidad de la justicia divina, que retribuía a las personas de acuerdo con sus acciones en la vida. Y fundamentados en esas convicciones, los salmistas solicitaban ardientemente al Señor las manifestaciones claras de esa justicia divina.

La iglesia cristiana, sin embargo, ha reconocido en estos salmos imprecatorios un deseo genuino de implantación de la justicia. El amor hacia los enemigos no debe ser de ninguna manera indiferencia hacia el mal o rechazo de sus raíces, sino una afirmación de fe que celebra la capacidad divina de transformación y renovación. En efecto, el Dios bíblico tiene la capacidad y el deseo de «hacer nuevas todas las cosas», pues está interesado de establecer «un cielo nuevo y una tierra nueva», donde «ya no habrá más muerte, ni habrá más llanto ni clamor ni dolor, porque las primeras cosas ya pasaron» (Ap 21.1-4).

El amor al enemigo desde la perspectiva cristiana no tiene como finalidad ignorar sus maldades ni aceptar sus actitudes malsanas, solo le brinda una oportunidad de arrepentimiento. Los salmos imprecatorios son expresiones que intentan, de un lado, expresar con sinceridad y firmeza el dolor más intenso y las frustraciones más hondas que siente la gente de fe ante las calamidades y adversidades de la vida. Y del otro, imploran con valor la manifestación de la justicia del Señor, que es capaz de redimir y transformar, no solo las realidades adversas que rodean a los creyentes sino que puede intervenir para que las personas injustas que han ocasionado los problemas y las injusticias reciban de Dios el trato adecuado por sus maldades.

H- Otros tipos de salmos:

Además de los géneros literarios mayores que se han identificado y presentado, el Salterio incluye una serie importante de salmos que no siguen los patrones generales de la literatura anterior.

- Algunos presuponen las ceremonias de procesión y entrada al Templo (Sal 15; 24; 118).
- Otros utilizan el estilo literario y legal que se usaba en las cortes de justicia (Sal 50; 82).
- Varios son conocidos como penitenciales (p.ej., Sal 51) y mesiánicos (p.ej., Sal 110).
- Y también en los salmos se encuentran varios cánticos que entonaban los peregrinos al llegar a Jerusalén y ascender al Templo (Sal 120–134).

TEOLOGÍA EN LOS SALMOS

Como el libro de los Salmos presenta en sus poemas la vida misma en sus diversas manifestaciones —y como también ponen en evidencia sus complejidades sociales, económicas, religiosas, sicológicas, políticas y espirituales—, la teología que articula no es sistemática ni especulativa[51]. La teología y el conocimiento de Dios en el libro de los Salmos emergen de las vivencias cotidianas del pueblo, y surgen en medio de las relaciones diarias de la comunidad, en las cuales puede verse manifestada la acción divina. Ese tipo de teología —que muy bien puede catalogarse como «inductiva», «popular» o «contextual», en el mejor sentido de esas palabras e ideas— toma seriamente en considera-

---

[51] Un estudio clásico e importante sobre la teología de los Salmos, desde una perspectiva sistemática, es el de Hans-Joachim Kraus, *Teología de los Salmos* (Salamanca: Ediciones Sígueme, 1985). De particular importancia son sus capítulos sobre el Dios de Israel (pp.19-59) y sobre el ser humano ante Dios (pp.183-240).

ción el panorama complejo y amplio de la vida, y pone de relieve los temas y asuntos que tienen gran importancia existencial para el pueblo de Israel y para sus líderes religiosos[52].

Y como uno de los asuntos de más importancia en la vida es la felicidad, los dos primeros salmos presentan y exploran ese fundamental tema de forma destacada, e identifican y subrayan el tono teológico y el propósito pedagógico de la obra: «Es bienaventurada la gente que...» (Sal 1.1)[53]. La persona feliz, dichosa, alegre y bienaventurada es la que confía en el Señor y no presta atención a los malos consejos. Esas personas son las que descansan y meditan en la «Ley del Señor» —que en el idioma hebreo, más que reglas inflexibles y reglamentos áridos, significa «instrucciones» o «enseñanzas»[54].

El segundo salmo continúa ese tema de la felicidad verdadera, y añade el elemento del «refugio» (Sal 2.12), que pone en evidencia clara los temas de la confianza y la seguridad en la presencia divina. Los hombres y las mujeres felices son los que incorporan las enseñanzas divinas al estilo de vida, y las que se refugian en el Señor en el momento de la dificultad.

Desde el comienzo mismo del libro, los Salmos revelan asuntos teológicos, existenciales y religiosos de importancia capital. Y uno de ellos es que la felicidad plena en la vida se relaciona con las alabanzas a Dios y con el reconocimiento y la aplicación de sus enseñanzas. En el Salterio se afirma continuamente que la alabanza y las oraciones generan dinámicas de esperanza, salud, bienestar y liberación en los creyentes. Y esas manifestaciones divinas, que producen en las personas sentido de futuro, seguridad y porvenir, se fundamentan en la naturaleza de Dios, que se pone en clara evidencia en su nombre[55].

---

[52] La obra que principalmente guiará nuestro estudio y reflexiones en torno a la teología de los Salmos es la de J.L. Mays, *op.cit.*; sin embargo, referente al mismo tema, pueden estudiarse los siguientes libros: Craigie, *op.cit.*; H. Ringgren, *La fe de los salmistas* (Buenos Aires: La Aurora, 1979); H. J. Kraus, op.cit.; y J. Limburg, «Book of Psalms» *The Anchor Bible Dictionary*. Vol 5 (New York: Doubleday, 1992).

[53] He traducido las fórmulas tradicionales del Salmo de forma inclusiva, no sólo para incorporar directamente a toda la comunidad que adora –p.e., hombres y mujeres, niños y niñas, y personas ancianas–, sino para superar el personalismo que insinúa la traducción individual del poema y hacer justicia a los conceptos de comunidad que se ponen claramente de manifiesto en el poema.

[54] Véanse las obras de Mays, *op.cit.*, pp.40-43; Craigie, *op.cit.*, 57-62; Weiser, *op.cit.*, pp102-108; Anderson, *op.cit.*, pp.57-63.

[55] Respecto al nombre de Dios y sus implicaciones teológicas y sociales, véase mi libro *El Santo de Israel* (Austin: AETH, 2002); en esta obra se presenta una buena bibliografía en torno al tema estudiado.

La importancia del nombre personal de Dios en el libro de los Salmos no puede ignorarse ni subestimarse[56]. En efecto, el nombre divino revela un extraordinario sentido de identidad, pertinencia y pertenencia (véanse Sal 8; 66; 68; 69; 92; 113; 145), pues son sus intervenciones históricas en medio de las vivencias del pueblo las que hacen que la comunidad le adore y le sirva. El Dios del Salterio es Yahvé[57] —Jehová, en las traducciones Reina-Valera—, que también es el Dios de Abraham y Sara, de Moisés y María, y de David y Rut; además, es el Dios de los profetas, y el Señor que intervino en la historia de su pueblo en Egipto, el desierto, el exilio y el período de la restauración. En los salmos, Dios nunca es visto o entendido como una divinidad menor, sino como el Señor «rey de Sión, su santo monte» (Sal 2.4-6). En efecto, el nombre del Señor comunica lo fundamental del misterio y de la maravilla de la revelación divina, pues transmite las ideas teológicas básicas de vida, identidad, presencia y permanencia.

La importancia del nombre de Dios en el Salterio salta a la vista al descubrir las repetidas veces que se utiliza[58]. ¡En ningún otro libro de la Biblia el nombre divino es utilizado con tanta frecuencia! En 691 ocasiones se usa la grafía hebrea larga de *Yahvé* —o Jehová, en Reina-Valera—; en 40 instancias se emplea la manera abreviada de *Yah*; y en otras 437 veces se alude a las diversas formas de *El, Elohim o Eloah*. A esas importantes referencias debemos añadir los numerosos epítetos divinos, que destacan algún componente fundamental de su extraordinaria naturaleza: p.ej., Señor, Padre, Madre, Roca, Refugio, Pastor, Omnipotente, Altísimo, Justo y Rey.

Las diversas metáforas que utilizan los poetas bíblicos para referirse a Dios se relacionan íntimamente con el desarrollo social, religioso, político, espiritual y económico del pueblo a través de los años[59]. De acuerdo con los estudiosos y eruditos de la simbología religiosa, las percepciones de las divinidades antiguas se asocian directamente con

---

[56] Una magnífica introducción teológica y literaria al tema del nombre de Dios se encuentra en Kraus, *op.cit.*, pp.19-28.
[57] En la tradición de las versiones de la Biblia conocidas como Reina-Valera, se ha traducido el nombre personal divino como Jehová, que revela las percepciones medievales de la pronunciación del tetragramatón.
[58] Jesús García Trapiello, *op.cit.*, p.158.
[59] En torno al desarrollo de las metáforas sobre Dios, véase a J.L. Crenshaw, *op.cit.*, pp.68-69.

las transformaciones comunitarias; es decir, que los autores antiguos imaginaban sus dioses de acuerdo con sus experiencias de vida. La cotidianidad jugaba un papel protagónico en el desarrollo de la imaginación y la creatividad literaria.

En primer lugar, hay imágenes que se relacionan con la vida agraria y nómada del pueblo, y asocian a las divinidades con los aspectos físicos e incontrolables de la naturaleza —p.ej., rocas, astros, agua, tormentas, fuego—y los describen como fuertes e impredecibles. Posteriormente, cuando los grupos nómadas se hacen sedentarios y desarrollan ciudades-estados, las ideas en torno a las divinidades se relacionan con las imágenes de reyes, guerreros, soberanos, o con los conceptos de poder, autoridad, firmeza, violencia. Finalmente, las sociedades, cuando se desarrollan aun más, con el paso del tiempo, enfatizan los algunos componentes fundamentales relacionados con la vida familiar e íntima, y representan sus divinidades de formas más cercanas, personales y familiares —p.ej., como padre, madre, hermano, amigo, vecino, ayuda—.

De particular importancia en torno a las imágenes de Dios en el Salterio es su afirmación continua y relación insistente con las ideas de poder, autoridad, señorío y realeza. Para los salmistas, en efecto, Dios es rey. Y aunque con el tiempo, particularmente luego de la crisis del destierro y el exilio en Babilonia, la institución de la monarquía en Israel perdió su eficacia y poder real en el pueblo, las imágenes de Dios como rey supremo, soberano absoluto y Señor poderoso no decayeron; al contrario, esas imágenes tomaron dimensión nueva en las teologías mesiánicas, escatológicas y apocalípticas.

Las afirmaciones de Dios como rey tienen en el libro de los Salmos gran importancia literaria y teológica. La metáfora del reinado del Señor está ubicada en el centro mismo de la teología del Salterio, pues revela las percepciones que el pueblo y los salmistas tenían de Dios, a la luz de las comprensiones y realidades políticas, sociales y religiosas de esa época monárquica. Esa metáfora se amplía aún más con el uso de verbos y adjetivos que revelan una red extraordinaria de relaciones sociales, formulaciones filosóficas y afirmaciones teológicas. Y la base de esa teología real se manifiesta claramente en el importante clamor litúrgico: «¡El Señor reina!».

Uno de los vectores que le brinda sentido de dirección literaria, cohesión teológica y profundidad espiritual al Salterio es ese fundamental tema del reinado universal de Dios. Los Salmos, en torno a ese particular y destacado asunto, desarrollan una serie de enseñanzas que constituyen su contexto teológico básico y su fundamento religioso principal. Junto al nombre del Dios que reina sobre el universo y sobre las naciones, se congregan sus súbitos para orar, clamar, interceder y adorar, y también para reconocer su autoridad, misericordia, virtud, amor y poder (véase Sal 24; 29; 47; 93; 96; 97; 98; 99). Los Salmos son las alabanzas y las proclamaciones de la gente que celebra y afirma que el Dios bíblico es rey y soberano. Sus plegarias están llenas de referencias directas e indirectas de esa indispensable y fundamental comprensión teológica. En efecto, el Dios de los Salmos es rey[60], y la manifestación extraordinaria de su soberanía es una característica fundamental de su esencia.

El Dios que es rey tiene sus escuadrones y milicias, imágenes que se ponen claramente de manifiesto en la construcción lingüística «Yahvé Tsebaot», que ha sido tradicionalmente entendida y traducida como «Señor —o Jehová— de los ejércitos». Esta construcción del nombre divino puede ser una referencia a las legiones celestiales y terrenales (Sal 103.21; 148.2) o a los ejércitos de los astros (Is 34.4; 40.26; 45.12; Jer 33.22), y también puede ser una alusión a la totalidad de la creación, tanto en los cielos como en la tierra, que responden a las directrices divinas con obediencia y respeto militar (Gn 2.1; Sal 33.6). La expresión también puede ser un adjetivo que describe el poder divino de forma superlativa; es decir, que nombrar al «Señor de los ejércitos» equivale a aludir a su poder extraordinario y a su virtud sin igual[61] .

La enseñanza que afirma que Dios es rey también pone en evidencia dos valores de gran importancia bíblica y teológica: El rey divino es creador y salvador. Ese concepto de Dios como rey incluye la idea del triunfo contra las fuerzas del mal, que se manifiestan en la creación del universo (Sal 29; 93; 104). El rey divino estableció el orden y superó

---

[60] Respecto a este tema del reinado de Dios, es muy importante indicar que el pueblo hebreo y sus escritores utilizaban las imágenes de poder y autoridad que transmitían sentido y fomentaban la comprensión adecuada de las ideas. La monarquía, en el período veterotestamentario, era la institución que transmitía las ideas de ordenamiento político, jurídico, religioso y social. En este sentido, los escritores bíblicos intentaban, con la metáfora del Dios-rey, poner de manifiesto que sobre las monarquías e instituciones políticas humanas se presentaba con más autoridad y poder el reinado de Dios sobre la historia y las naciones.

[61] Véase la interesante discusión en torno a este tema en Kraus, *op.cit.*, pp.19-28.

las dinámicas del caos que tratan de destruir la creación de Dios. Las fuerzas hostiles que se organizan contra el orden y la paz son únicamente superadas por la intervención maravillosa del rey creador, que tiene la capacidad y la voluntad de superar esas dinámicas de desorden y desintegración (Gen 1.1-3).

En el fragor de esa gran batalla cósmica se manifiestan la santidad, la justicia y el poder de Dios, y el reinado divino se reconoce, celebra y aprecia. Dios salva a la humanidad y la creación del caos, y propicia un ambiente adecuado de justicia y paz. Los cielos y la tierra existen por la voluntad divina, y por su amor y misericordia se mantienen. El Dios que es rey en medio de su pueblo es también quien mantiene el orden que estableció desde el principio. Su soberanía y extraordinario poder no solo se manifiestan en los relatos de creación (Gn 1—3) sino que su voluntad de justicia y paz se revela en sus continuas intervenciones históricas para mantener el orden y superar el caos en medio de su pueblo y de la humanidad.

El pueblo de Dios está inmerso en los procesos históricos en los cuales se manifiesta la injusticia y el dolor. Los Salmos son plegarias y clamores que sirven para responder a esos grandes conflictos de la vida. El Dios que es rey está al lado de su pueblo para ayudarle en el momento oportuno, y las oraciones del Salterio son demostraciones claras de esa relación íntima entre el rey y su pueblo. Las voces de los salmistas se levantan para presentar la teología del reinado de Dios en medio de sociedades injustas y hostiles. La declaración «Dios reina» es una certera afirmación teológica de fe y esperanza, que revela claramente la confianza que los adoradores tienen en su creador. La afirmación revela el poder divino al establecer la tierra y su capacidad de gobernar con justicia y equidad.

Junto a la teología del reinado divino se incluyen otros conceptos de gran importancia: p.ej., el Señor es guerrero y poderoso en la batalla (Sal 24.7-10); y, además, es juez (Sal 9.7), pues su intervención militar le prepara para establecer su trono con justicia (Sal 105.7). La manifestación de la justicia —que es a la vez punitiva y salvadora— es una forma de intervención divina que mantiene el poderío y la autoridad del Señor sobre la tierra. Y en la afirmación y administración de su reino, el Señor es juez de las naciones (Sal 9—10; 96), de los dioses paganos (Sal 82), del pueblo de Dios (Sal 50) y de los individuos (Sal 94).

La afirmación «el Señor reina» incluye también una serie importante de atributos que contribuyen significativamente al desarrollo de la teología del Salterio. Como Dios es el gran rey sobre toda la tierra (Sal 145), su señorío se manifiesta en todas las generaciones, se grandeza es extraordinaria, su majestad es maravillosa, y su santidad y poder son irresistibles.

En ese contexto de los atributos divinos relacionados con el reinado de Dios, se destacan dos temas de importancia capital: su justicia y su amor[62]. El significado pleno de ambos conceptos hebreos sobrepasan los límites de la comprensión, interpretación y traducción castellana. La justicia divina se relaciona con su rectitud y su capacidad de implantar el orden, para superar las dificultades que traen desesperanza y desorientación a la humanidad. El concepto revela la preocupación divina por lo recto, y guía sus acciones para vindicar y restituir a la gente agraviada y necesitada, y para perdonar a las personas que imploran su misericordia.

El amor, por su parte, se relaciona con la misericordia y la fidelidad, y es el fundamento que afecta e informa el resto de las acciones divinas. El amor de Dios —en hebreo, *hesed*— se relaciona con el deseo y compromiso divino de responder adecuadamente a las necesidades humanas en el momento oportuno[63]. Ese amor es eterno, que es una manera de destacar y afirmar su naturaleza extraordinaria y peculiar.

Otras ideas y valores teológicos fundamentales[64], que se desprenden del estudio de los Salmos, se relacionan con el pueblo de Dios, con la ciudad de Dios —Jerusalén, llamada también Sión—, con el rey mesiánico, con la Ley del Señor, con la respuesta humana a la revelación divina, y con los conflictos y las dificultades de la vida. Junto al tema del reinado del Señor se manifiestan otras preocupaciones existenciales de los salmistas, que revelan las percepciones teológicas de sus autores y de la comunidad.

---

[62] La importancia teológica y exegética de estos términos no deben subestimarse. Kraus, *op.cit.*, pp.55-59.

[63] El amor divino se pone de relieve en casi todas las expresiones de los Salmos. Dios ama a su pueblo, y las demostraciones de ese amor divino se revelan continuamente en las diferentes manifestaciones de su reinado. El término hebreo traducido por amor incluye niveles de intensidad especial que se revelan en la demostración de su misericordia constante; véase a Ringgren, *op.cit.*, pp.49-50.

[64] Véase a Mays, *op.cit.*, pp.32-36.

La comunidad a la que se alude en el Salterio con regularidad se identifica con imágenes pastoriles —p.e. «referencias directas a los pastores y a las ovejas» (Sal 23)—, que ponen en clara evidencia las percepciones rurales y nómadas que tenían algunos escritores de esa literatura[65]. Las oraciones revelan el deseo humano por entender la existencia en términos de su relación con el Dios que es a la vez rey y pastor. Esas plegarias ponen de relieve la comprensión que el pueblo y los adoradores tenían de las intervenciones históricas de Dios con su pueblo; particularmente muestran la liberación de Egipto y la conquista de Canaán. La intervención redentora de Dios en medio de la sociedad ubica al pueblo como parte de la herencia divina (Sal 74.2).

La ciudad del gran rey es Jerusalén, a la que se alude continuamente como Sión. El Señor mismo escogió esa ciudad para que fuera morada de su nombre, que es una manera poética de afirmar su presencia en medio del pueblo. El monte de Sión, de esta forma, se convirtió en la morada terrenal de Dios, en contraposición a su estancia eterna en los cielos. Jerusalén, por ser ciudad real, pasó a ocupar un lugar prominente en la teología del Salterio y en la reflexión bíblica; y su importancia se destaca continuamente al llegar a esa región geográfica de Palestina y «subir» a la gran ciudad (Sal 46; 48; 84; 42–43; 120–134; 137).

El regente terrenal de Sión, la ciudad del gran rey, es el monarca davídico, que ha sido designado con el importante título de «ungido» o «mesías», fundamentado en la alianza con al famoso rey de Israel (Sal 89; 132). En su reinado humano se representan los valores y principios del Rey eterno; y en sus formas de implantación de la justicia se revelan los pilares legales y morales que sostienen su administración. Al monarca de Israel se le concede la potestad de representar al Señor ante el pueblo y ante las naciones (Sal 2; 18; 20; 21; 45; 72; 110). El ordenamiento social y las disposiciones jurídicas necesarias para la administración efectiva del gobierno se fundamentan en la Ley de Moisés, que es una especie de constitución que contiene decretos, mandamientos y estatutos divinos.

Para el pueblo de Dios la Ley de Moisés es el distintivo (Sal 105.45; 147.19-20) y la norma que revelan su fidelidad y lealtad (Sal 25.10;

---

[65] En la antigüedad se pensaba que las responsabilidades del rey se asociaban con la del pastor, que era vista como una figura política y religiosa (p.e., véase Sal 23).

50.16; 103.17-18; 112.1). El monarca israelita, que es el rey ungido
del Señor, conoce sus deberes y lleva a efecto su misión administrativa,
política, social y religiosa al estudiar cuidadosamente la Ley y evaluar
los mandamientos y las ordenanzas con rigurosidad (Sal 18.21-22;
89.30-33; 99.7). Esa Ley, inclusive, se puede convertir en instrumento
de gran importancia para la salvación (Sal 94.12-15; 119), pues se
entiende que su fundamento y autoridad emanan de la misma creación
del mundo (Sal 33.4-7; 93.5; 111.7; 148.6). Los salmos que afirman
la Ley de Moisés en el Salterio tienen una gran intensión educativa,
pues ponen de manifiesto las virtudes de los mandamientos divinos,
que responden a las diversas necesidades religiosas, sociológicas, políticas y sociales del pueblo.

El estudio de la teología en los Salmos revela también las respuestas humanas al reinado de Dios. Del análisis del Salterio se desprenden
las diversas formas en que los adoradores se relacionan con Dios. Esas
reacciones pueden ser de gozo y lágrimas, de triunfo y frustración, de
alegría y tristeza, de alabanza y desesperanza, de perdón y odio, de
amor y rencor, de gratitud y dependencia, y de humildad y orgullo. En
los salmos se ponen de relieve las más diversas de las experiencias humanas, con sus integraciones y contradicciones, que se nutren y manifiestan en la vida misma.

El conflicto es una de esas manifestaciones humanas que se descubren en los Salmos. En efecto, el reinado del Señor incluye diversos
niveles de conflicto, pues el Salterio no solo revela la victoria final y
definitiva del Señor sobre las fuerzas cósmicas del mal, del caos y de la
historia, sino que pone de relieve las luchas internacionales y nacionales, y los conflictos interpersonales y personales que se libran en los
muchos frentes de batalla de la vida. Como el reino del Señor irrumpe
en la historia a través de un regente humano, y enfrenta vicisitudes,
problemas y desafíos propios de las instituciones sociales, políticas y
religiosas de la época, la oposición y los conflictos son parte integral
de la vida. Se oponen al reino divino las naciones paganas, la gente
infiel y los dioses falsos, a los que se alude sistemáticamente en los
salmos (Sal 9–10).

Ese mundo natural de conflictos continuos y contradicciones in-
esperadas presenta a los adoradores en sus realidades cotidianas y en
sus vivencias inmediatas. Los seres humanos en el libro de los Salmos

son figuras que deben enfrentar la existencia humana con sentido de fragilidad, finitud, mortalidad y vulnerabilidad. Los personajes del Salterio deben enfrentar las dificultades humanas y reaccionar a las complejidades de la vida con las herramientas que las personas mortales tienen para responder a los desafíos ordinarios y extraordinarios que les presenta la existencia. La teología de los Salmos no presupone gente con poderes extraordinarios que no están sujetos a las crisis personales, familiares, comunales, nacionales e internacionales. La gente que adora en el Salterio —y también la que se ve representada en sus poemas— es la que en la vida debe enfrentar las vicisitudes formidables, que reclaman lo mejor de su intelectualidad y moralidad.

El Dios que es también rey tiene una serie de atributos extraordinarios, entre los cuales se destacan los siguientes:

- Es creador de cuanto existe, pues todo lo hizo mediante el poder de su palabra (Sal 33.6-9).
- Es dueño de todo, pues como creador afirma su autoridad y señorío sobre toda la creación (Sal 103.19);
- Es providente, pues se acuerda se su creación para darle protección y para darle apoyo a las personas, los pueblos, los animales, las cosas y el mundo entero (Sal 145.15-16).
- Es el Dios de Israel, pues escogió a esa nación para que le representara entre los pueblos y fuera agente de su voluntad a la humanidad (Sal 135.4).
- Es bueno y bondadoso, pues derrama constantemente su amor sobre sus criaturas (Sal 100.5).
- Es legislador, pues reveló su ley a la humanidad y gobierna a los pueblos a través de esa legislación de gran contenido ético, espiritual y moral (Sal 19.9).
- Es misericordioso, pues manifiesta su amor extraordinario para perdonar a su pueblo (Sal 51.1-2).
- Es juez justo, que analiza el comportamiento de la humanidad y evalúa con rectitud sus decisiones (Sal 58.12).
- Y es santo, pues su particular naturaleza divina sobrepasa los límites de comprensión humana (Sal 139.6).

Con la afirmación elocuente «mi Dios y mi rey» llegamos al corazón de la teología del Salterio. Esa declaración de fe extraordinaria no solo es teológica y espiritual sino política, económica y social. Se relaciona con el reconocimiento de Dios como rey, y con la seguridad política y social que la presencia divina le brinda a la persona que adora. La frase supera las comprensiones tradicionales de la divinidad y pone de manifiesto el fundamento de la teología de los Salmos: Dios se relaciona con su pueblo no solo como su divinidad lejana y remota sino como su monarca cercano e íntimo, y esa relación histórica y espiritual revela la base misma de la confianza y las esperanzas de las oraciones individuales y colectivas.

Dios, que es rey supremo y eterno, tiene el deseo, la capacidad, el valor, la dedicación y el compromiso de responder a los clamores más íntimos de sus adoradores. Y esa afirmación teológica es fuente de esperanza y seguridad. Por esa razón espiritual, los pobres claman al Señor, y aún el alma sedienta del adorador se allega con humildad ante su presencia, para recibir la respuesta propicia y certera del Dios vivo que es, en efecto, rey (Sal 42–43; 62; 63; 130; 139).

La lectura cuidadosa del Salterio pone en evidencia que el factor básico que une los diversos tipos y géneros de salmos es Dios: Los himnos exaltan su grandeza y poder; las súplicas imploran su ayuda y misericordia; las acciones de gracias reconocen sus favores y su amor; los salmos reales dan testimonio del plan redentor de Dios hacia Israel y la humanidad; y los poemas educativos y sapienciales afirman y destacan los valores morales, éticos y espirituales que se desprenden de su revelación extraordinaria.

Esta comprensión teológica del Salterio nos lleva al tema de la escatología, que contiene afirmaciones religiosas de gran importancia histórica y que también goza de gran popularidad en algunos círculos eclesiásticos contemporáneos. De antemano, es importante indicar lo que entendemos en este estudio por «escatología», que tradicionalmente se define como el discurso sobre «las cosas últimas». En nuestro contexto, nos referimos a los momentos postreros de la vida de las personas y su futuro en la ultratumba; se trata, más bien, del destino que le aguarda a los seres humanos al final de sus días, y luego de la muerte. El Dios del Salterio, que ciertamente es rey de la tierra, el cosmos y la humanidad, tiene la capacidad de intervenir y decidir la suerte de los fieles y consumar el destino final de Israel, de todo el mundo y del cosmos.

La gran mayoría de los salmos, en la tradición del Antiguo Testamento, se hacen eco de las creencias tradicionales del pueblo respecto a lo que sucede más allá de la vida. Después de la muerte, las personas llegan al *sheol* —lugar que, en el pensamiento antiguo, se suponía estaba ubicado debajo de la tierra—; y allí permanecen en un estado en el cual no pueden alabar a Dios, que es una referencia poética a la infelicidad que se vivía (Sal 88.11-13; 6.6; 115.17; 141.7). Esa creencia hace que la teología de la retribución divina tenga gran importancia, pues afirma que las personas deben recibir en la vida el resultado de sus actos buenos y malos. Y aunque es motivo de preocupación la prosperidad de la gente malvada, el salmista confía que Dios intervendrá en el momento oportuno para hacerle justicia.

La comprensión adecuada y la aplicación sabia de la teología del Salterio que pone de manifiesto el tema del reinado divino, debe tomar en consideración la ideología que presuponen estas enseñanzas. Los salmos de la realeza del Señor, junto a los que presentan las imágenes de la figura del rey, incluyen las ideologías imperantes en esa época, que en ocasiones propiciaban la dominación y el imperialismo. Esas ideologías deben ser identificadas, analizadas y explicadas con criticidad, cautela y sobriedad.

Los salmistas, utilizando las herramientas literarias, teológicas, ideológicas y filosóficas que poseían en su época, presentaban al Dios que ejercía su voluntad por medio de los ejércitos y las armas. Y aunque el objetivo misionero del pueblo y sus líderes era anunciar y presentar las virtudes del único Dios verdadero, y también recordar y afirmar las promesas hechas a los antiguos patriarcas y matriarcas de Israel, lo hacían por medio de las guerras de conquistas que a veces tenían propósitos imperialistas. El presupuesto teológico parece ser que mientras mayor era el número de conquistas y triunfos, mayor era también la manifestación de la gloria divina.

Una lectura cristiana de los salmos, particularmente de los poemas del reino de Dios, le añade una nueva dimensión teológica y transforma la perspectiva antigua del Salterio. En Jesús, la importante convicción, afirmación y declaración de la realeza divina y el ejercicio del poder se llevan a efecto de forma diferente. Jesús es el rey universal, pero su ascensión no fue a los tronos humanos llenos de esplendor y pompas, sino a la cruz, que es símbolo de justicia, rectitud y esperanza.

El objetivo de su ascensión no fue la demostración del poder para ofender, herir, cautivar y controlar, sino su deseo de dar vida y vida en abundancia a la humanidad (Jn 10.10).

Desde la cruz, el Señor, llama a la humanidad a seguir sus enseñanzas y atrae a los pueblos a sus mensajes, que se basan en la misericordia, el amor, la solidaridad y el perdón. El Cristo de la cruz no lleva a efecto un programa de conquistas imperialistas sino presenta que los mensajes de paz y justicia, las enseñanzas de amor y misericordia, los valores del perdón y el arrepentimiento, y las virtudes de la fe y la esperanza.

Los cuatro evangelios están de acuerdo en afirmar que Jesús es rey, y esas enseñanzas se manifiestan especialmente en las narraciones de la pasión. Sin embargo, la teología cristiana afirma, fundamentada en los discursos de su líder y Maestro, que los medios para adelantar el reinado del Señor en el mundo no es la violencia, ni la opresión, ni la conquista militar, sino las demostraciones concretas de amor, y el disfrute de la justicia, que es el resultado pleno y adecuado de la implantación de la paz.

SIERVOS, ENEMIGOS, POBRES Y ENFERMOS

En el entorno del reinado de Dios —y también en medio de los conflictos humanos continuos—, el Salterio identifica a la gente que adora y ora como «los siervos» del Señor, y a las personas que se contraponen a la voluntad divina, como «enemigos». La palabra «siervo» en el Antiguo Testamento tiene una carga teológica particular[66]. Identifica a las personas cuya vida, identidad, conducta y pensamientos se fundamentan en sus relaciones con Dios (Sal 16.2; 116.16), pues el Señor se deleita en el bienestar de sus siervos (Sal 35.27). Ese bienestar amplio en la vida, que en hebreo se identifica con la palabra *shalom*, alude a la felicidad plena y al disfrute absoluto de la paz, que emana de la creación de Dios y que se restaura mediante la salvación y redención divina[67].

El bienestar de los siervos y las siervas del Señor tiene serias reper-

---

[66] Véase, por ejemplo, mis comentarios exegéticos, literarios, teológicos y pastorales en S. Pagán, *Experimentado en quebrantos* (Nashville: Abingdon Press, 2001).
[67] Véase los diversos niveles de sentido de la palabra *shalom* en G. Kittel y G. Friedrich, *Compendio del diccionario teológico del Nuevo Testamento* (Grands Rapids: Libros Desafío, 2002, pp.207-208).

cusiones teológicas, espirituales, políticas, sociales, económicas y emocionales. Ese *shalom* divino produce en la gente que es sierva del Señor un sentido grato de paz, felicidad, bondad, salud, esperanza, integridad y seguridad, pues se fundamenta en la relación armónica y fiel entre la persona que adora y Dios. Quienes se oponen a esa relación íntima y afectan el *shalom* divino, ofenden no solo a la persona aludida sino a Dios mismo. Cuando se altera la paz y el bienestar humano se hiere la voluntad de Dios, que está seriamente comprometida con esos importantes conceptos.

Los llamados «enemigos» que se incluyen en el Salterio, son los que han afectado el *shalom* o la paz y armonía de la gente de bien o de la sociedad. Sus actitudes ingratas y acciones injustas van en contraposición a la voluntad divina. Esos enemigos individuales o nacionales que se presentan en el Salterio, no solo hieren y afectan a las personas, y desafían y retan la seguridad de las naciones, sino que se oponen a Dios y a su reinado de paz y justicia en el mundo. La hostilidad y adversidad de los enemigos no es vista en el libro de los Salmos únicamente como un esfuerzo humano para contrarrestar algunas iniciativas personales o colectivas, sino como una acción hostil que va en contra de la revelación del Señor a la humanidad.

Los siervos del Señor y los enemigos se identifican en el Salterio como los justos y los malvados, para relacionarlos con sus comportamientos, acciones y conductas. La persona justa es la que vive de acuerdo con los principios de justicia que se revelan en la Escritura y que se afirman en los Salmos. Por su parte, las personas malvadas son las que no aceptan los valores divinos como guías para sus decisiones y acciones. La gente justa, que teme al Señor y es fiel (Sal 85.5,9; 86.2; 116.15; 135.20), también se conoce por su rectitud y lealtad, pues el carácter y la dignidad de esas personas emanan de un sentido de confianza plena y seguridad en el Señor.

Los hombres y las mujeres que sirven al Señor piensan, actúan y viven de acuerdo al *shalom* divino. El bienestar de los individuos y de la humanidad no es el tema de la especulación hipotética sino el propósito fundamental de sus vidas. La gente malvada, por el contrario, vive de espaldas a la voluntad de Dios e ignora las necesidades humanas. La conducta que presenta este sector adverso y hostil de la sociedad revela arrogancia, prepotencia, violencia e injusticia (véase particularmente el

Sal 10). Y su prosperidad y triunfo temporero es motivo de preocupación y dolor para la gente justa, que puede superar esos sentimientos de
frustración y preocupación únicamente confiando en las promesas de
Dios (Sal 34; 37; 49; 73).

En las contradicciones humanas del reinado del Señor se incluyen
dos términos de gran importancia teológica y espiritual: los pobres y
los fuertes. Esas palabras describen nuevos niveles de sentido de los
justos y los malvados. La persona pobre que clama al Señor en el Salterio (Sal 35.10) es también descrita como justa, leal, necesitada, humilde, menesterosa, débil y afligida. Es la gente que con sus fuerzas, vo-
luntades, trabajos o esfuerzos no pueden prosperar, crecer, desarrollarse y superarse en la vida. ¡Dependen únicamente de la intervención
divina! ¡Confían solo en la gracia de Dios! ¡Esperan la misericordia del
Señor! Esos pobres, a la vez, son débiles y fuertes. Débiles en su condición humana, por la precarizad de sus realidades personales, y también
fuertes por la esperanza que tienen, por la confianza que expresan.

La pobreza es primordialmente en las Escrituras hebreas una condición socio-económica real y concreta; en efecto, es una situación que
revela privación y necesidad, dolor y angustia, injusticia y desamparo.
Es un mal político y social grave, y se convierte en escándalo teológico
pues revela que los ideales del reino de Dios, tan importantes para la
implantación de la justicia, todavía no se manifiestan plenamente en la
humanidad. La pobreza en el mundo indica que las desgracias todavía
azotan a la sociedad, pues hay personas que sufren graves injusticias
económicas, con sus nefastas manifestaciones socio-sicológicas, personales y familiares.

Los profetas anunciaron el día de la eliminación de la pobreza, a la
llegada e implantación del futuro reino de Dios (Is 40.9; 41.27; 52.7).
Y las bienaventuranzas de Jesús, de acuerdo con el Evangelio de Lucas,
revelan esa misma perspectiva teológica (Lc 6.20-23). De acuerdo con
el ideal bíblico, llegará el momento cuando se superarán las dinámicas
humanas que generan pobreza y desesperanza en la humanidad.

El concepto de pobre en el Salterio no solo incluye ese importante
componente económico tradicional, sino que incorpora nuevos niveles
de sentido, en el cual se incorporan dimensiones físicas, emocionales,
espirituales y sociales. La categoría de pobreza en los Salmos sobrepasa
las percepciones económicas e incursiona con fuerza en niveles noveles

humanos más íntimos y profundos. La pobreza del Salterio no está confinada a la realidad fiscal, pues describe un estado humano de impotencia que necesita la acción divina para ser superada. Es considerada, en ocasiones, como una actitud espiritual de entrega al Señor, pues la gente pobre reconoce su necesidad e impotencia. Ese tipo de personas, que reconocen con sinceridad su impotencia ante los grandes desafíos económicos de la vida, constituyen la gente bienaventurada, según el mensaje de Jesús en el Sermón del Monte (Mt 5).

El Salterio enfatiza la espiritualidad y las virtudes que se caracterizan por esa actitud de pobreza, que pudiéramos identificar como «evangélica», por su relación con el discurso de las bienaventuranzas de Jesús (Mt 5). Varios salmos compuestos luego del destierro en Babilonia (p.ej., Sal 121-125) idealizan la vida que llevan esas personas pobres: Son gente sencilla y humilde, aldeanos y aldeanas que viven en armonía con la naturaleza, personas que disfrutan la amistad, hombres y mujeres que celebran la paz. Y aunque no pueden articular discursos filosóficos elocuentes, sus expresiones ponen claramente de manifiesto la profundidad de sus experiencias religiosas y la extensión e intensión de sus convicciones espirituales.

Los pobres de Salterio son personas peregrinas, no solo en el sentido literal del término, sino en un nivel semántico más profundo. Sus vidas revelan un movimiento continuo de las realidades cotidianas a la presencia de Dios, simbolizada por las visitas al Templo de Jerusalén, que era prototipo de la morada ideal del Señor. Estas personas pobres se veían a sí mismas como parte del peregrinar del pueblo de Dios, que marchaba nuevamente en un éxodo novel desde Babilonia a la Tierra Prometida. Ese peregrinar continuará hasta que Israel y todos los pueblos se encuentren unidos por las mismas convicciones espirituales ante la presencia misma del Dios creador y salvador de la humanidad.

En términos humanos, corresponde al rey davídico responder al clamor de esa persona pobre, que requiere ayuda, apoyo y seguridad (Sal 74). Y quienes se presenten como pobres ante enemigos poderosos, pueden reclamar la intervención de Dios, que les escucha y responde en el momento oportuno (Sal 12; 14; 68; 69; 82; 102; 140).

Lamentablemente, los siervos y las siervas del Señor fallan, y sus pensamientos, motivaciones, decisiones y acciones no llegan al nivel de excelencia y pulcritud que se requiere en el reinado divino. Viven vidas que no son guiadas por los principios y criterios que sostienen el reino de Dios. Y aunque son pobres y se humillan ante la presencia del Señor, sus acciones han motivado la ira y el juicio divino. En el Salterio se indica claramente que aunque Dios les ama intensamente (Sal 78; 106), no tolera el pecado ni las acciones injustas (Sal 90). Sin embargo, aunque rechaza las actitudes adversas y desleales de los individuos y la comunidad, no actúa con ellos conforme a sus pecados (Sal 103; 130), sino que responde al clamor individual y colectivo con misericordia y amor (Sal 25; 32; 36; 39).

Una de las peculiaridades teológicas que se pone de manifiesto al leer los salmos es la relación íntima que hacen los poetas y salmistas entre las enfermedades y el pecado. Inclusive en ocasiones se indica que las enfermedades son producto de la ira divina, que se manifiesta en el cuerpo de las personas que han transgredido la Ley. Esa comprensión de las enfermedades como parámetros del juicio divino debe ser entendida de forma adecuada, a la luz de la teología cristiana. Una aplicación de esa comprensión teológica puede ser causa de crisis seria en personas que, aunque padecen enfermedades físicas, han decidido ser fieles a Dios.

En primer lugar, debemos entender la naturaleza del lenguaje poético y las imágenes del sufrimiento físico descrito en algunos salmos. Esa característica simbólica e imaginativa de la poesía del Salterio hace muy difícil asegurar que las expresiones de enfermedad en los salmos son literales o figuradas. Posiblemente algunos salmos utilizan esas imágenes para enfatizar la naturaleza de la crisis y la importancia de la oración (p.ej., Sal 6; 32; 39; 41; 88; 103; 107).

Además, la comprensión y aplicación de las imágenes de enfermedad en salmos debe tomar en consideración lo siguiente[68]:

- La singular relación entre las enfermedades y el pecado se manifiesta en oraciones específicas de personas particulares en ocasiones determinadas. Por esa razón, de esas afirmaciones religiosas no deben sacarse conclusiones universales que relacionen todas las enfermedades con el pecado de las personas.
- La fe que manifiestan los salmos no destaca la naturaleza y ex-

---

[68] Respecto este tema, seguimos las ideas de Mays, *op.cit.*, pp.163-165.

tensión de las enfermedades ni su origen biológico, sino enfatizan el poder divino como el que puede liberar a las personas de las calamidades físicas o emocionales. Para los salmistas, la vida entera y sus complejidades estaban a la merced de la intervención misericordiosa de Dios.

- Aunque la creencia de que el pecado humano podía producir enfermedades en las personas era común en la antigüedad, los salmos destacan que únicamente Dios tiene el poder y la capacidad de responder a las oraciones de los fieles para restaurar su salud y traer sanidad.

- Un tema que se destaca en esas oraciones, cuando se comparan con el resto de la Escritura, es la importancia de la confesión de los pecados, que revela un sentimiento de humildad y reconocimiento del poder divino en las personas. El ser humano que se allega a Dios con humildad y reconocimiento de su condición pecaminosa se expone a la gracia y al perdón del Señor.

- En el libro de Job se pone claramente de manifiesto que no todas las calamidades físicas y enfermedades son producto del pecado ni del juicio divino. Esa afirmación teológica es fundamental para comprender adecuadamente la relación entre el pecado y las enfermedades que puede manifestarse en algunos poemas del Salterio. El origen de las enfermedades es complejo y variado, y ubicar todas las enfermedades en relación al pecado humano es no hacer justicia al resto de la teología bíblica, particularmente la que se revela en el libro de Job.

- Las sanidades y liberaciones que Jesús de Nazaret llevó a efecto durante su ministerio en Palestina son signos extraordinarios del poder de Dios sobre Satán y los poderes de la muerte. De particular importancia es la relación que hace Jesús entre la sanidad y el perdón, que revela su firme deseo de responder a las necesidades humanas de forma integral. El propósito divino, de acuerdo con el ministerio de Jesús relatado en los Evangelios, es que los enfermos sean sanados y sus pecados sean perdonados.

- Finalmente, los salmos que relacionan la enfermedad con los pecados y el juicio divino no deben usarse para aumentar la ansiedad y la angustia a personas enfermas y agobiadas. El punto culminante de esos salmos es el reconocimiento del poder divino que tiene la capacidad de perdonar y sanar a los seres humanos. El Dios de los salmos sana a las personas fundamentado en su misericordia y amor.

ALMA, VIDA, MUERTE Y *SHEOL*

La comprensión adecuada del Salterio debe tomar en consideración el uso de una serie de términos que transmiten conceptos e ideas de gran importancia teológica para los creyentes en la actualidad. La teología bíblica está íntimamente ligada a las imágenes del mundo y la sociedad que se tenía en la antigüedad. El pueblo de Israel intentaba entender la naturaleza y la sociedad con la mentalidad religiosa y precientífica que caracterizaba el mundo antiguo, particularmente común en el Oriente Medio. No es posible analizar adecuadamente la teología de los Salmos desde nuestras comprensiones del cosmos y la vida, sin tomar en consideración el mundo semítico antiguo.

Una palabra de gran importancia religiosa contemporánea es «alma»[69], que es muy común tanto en el Salterio y como en el resto de la Biblia. La expresión castellana «alma» es la traducción del término hebreo *nefesh* (Sal 104.1) —que significa propiamente «fuerza vital»—, o de *ruach* (Sal 104.30) —que transmite las ideas de viento o espíritu—. Para las sociedades modernas, como la latinoamericana y caribeña, la palabra «alma» comunica una serie de ideas griegas que aluden principalmente a la parte espiritual del ser humano, que se compone de cuerpo y alma.

Desde la perspectiva hebrea, sin embargo, los seres humanos son la creación de Dios del polvo de la tierra, que han recibido el aliento o el soplo divino (Gn 2.7). Cuando Dios quita su soplo o espíritu —generalmente el *ruach*— de las personas, las criaturas vivientes simplemente mueren. En el sentido bíblico de la expresión, el «alma» es la vida misma de las personas que solo puede ser otorgada por Dios. Cuando falta el alma, desaparece la vida.

---

[69] En torno a estos importantes temas, que unen aspectos teológicos, culturales y lingüísticos, seguimos particularmente a R. Murphy, *The Gift of the Psalms* (Peabody: Hendrichson, 2003, pp.32-58).

La vida no es para el pensamiento hebreo materia de especulación filosófica sino la manifestación concreta y práctica del soplo de Dios (Gn 2.7; 7.22). El origen de la vida es Dios mismo, que la otorga de acuerdo con su voluntad, para generar «criaturas vivientes». En la muerte, ese aliento divino regresa a Dios que lo dio (Ecc12.7), y los cuerpos físicos comienzan los procesos naturales descomposición. La muerte se relaciona con las ideas de tumbas, corrupción y sombras en el *sheol*, que se imaginaba prioritariamente como un mundo inferior en las profundidades de la tierra, lleno de sombras y silencio. No hay alabanzas a Dios en el *sheol*, pues no hay vida.

Las descripciones de las personas que habitan el *sheol* que se hacen en las Escrituras (Is 14; Ez 32), deben analizarse con mucha cautela exegética y prudencia teológica, pues ponen claramente de manifiesto la gran imaginación profética, pues nadie ha ido a ese lugar de la muerte y ha regresado a contar sus experiencias. Inclusive, aunque Samuel es llamado del *sheol* (1 S 28.14) y David comenta en torno a su hijo fallecido (2 S 12.23), el pensamiento israelita no dedica tiempo de calidad para explicar lo que sucedía en ese lugar, caracterizado por la oscuridad.

Esos conceptos en torno a la vida, la muerte y el *sheol* también eran comunes en el Oriente Medio antiguo, pues el importante concepto de la inmortalidad pertenecía únicamente a las divinidades, no era patrimonio humano[70]. Por esta razón, el Antiguo Testamento alude a la vida como algo frágil —se compara a la hierba del campo, que florece y crece en la mañana, y en la tarde es cortada, se seca y muere (Sal 90.6)—. Respecto a ese tema de la brevedad y las limitaciones de la vida, el salmista indica:

«Porque mis días se han consumido como el humo,
y mis huesos cual tizón están quemados.
Mi corazón está herido, y seco como la hierba,
por lo cual me olvido de comer mi pan (Sal 102.3-4).

Mientras esa afirmación teológica de brevedad y fragilidad hace que los salmistas se refugien en Dios, que es fuente de esperanza y

---

[70] Esta idea se manifiesta de forma clara en la famosa épica mesopotámica de Gilgamesh, donde se presentan los infructuosos esfuerzos humanos para llegar a la inmortalidad; véase *ANET*, p.90; Murphy, *op.cit.*, p.34.

seguridad, el *sheol* representa la muerte, y alude a las diversas calamidades que producen crisis en la vida. Cuando el salmista indica que el Señor ha sacado si alma del *sheol*, se refiere de forma poética a las dificultades que traen dolor y desesperanza a las personas. La palabra *sheol*, en este sentido, puede aludir metafóricamente a las enfermedades, las persecuciones, y aún hasta a las diversas desesperanzas humanas. Por esta razón, en la poesía hebrea se utilizan las imágenes relacionadas con la muerte y el *sheol* en formas paralelas (Os 13.14; Is 38.18), pues constituyen fuentes de poder que traen a las personas dolor, desasosiego, ansiedad, angustia, conflicto. El *sheol* se concibe, inclusive, como un poder de cuya mano ninguna persona puede escapar (Sal 89.48; Os 13.14).

La comprensión de ese poder tan fuerte que transmiten las ideas de la muerte y el *sheol* es lo que nos permite entender adecuadamente las imágenes del Cantar de los cantares (Can 8.6), en la cual esos términos —que esencialmente revelan imágenes negativas— se comparan al amor y la pasión —que primordialmente manifiestan conceptos positivos y gratos de la existencia humana—. La esencia de la comparación es la fuerza y el poder de los conceptos.

Corazón, riñones, hígado y carne

La teología del Salterio utiliza las imágenes del cuerpo para transmitir una serie importante de sentimientos e ideas. Corazón, por ejemplo, constituye un término de gran virtud teológica y antropológica. En sus formas bíblicas —en hebreo, *leb* y *lebab*—, «corazón» aparece 858 veces en el Antiguo Testamento y la gran mayoría de las veces se refiere a las personas, aunque en algunas ocasiones se relaciona con Dios —¡en solo 28 instancias!—, siendo la más famosa la que se incluye en Oseas 11.8.

En primer lugar, la referencia al «corazón» describe inicialmente el órgano humano, particularmente en los pasajes que describen enfermedades y dolencias físicas (Sal 38.10). Y porque es un órgano humano interno, la imaginación popular lo relacionó con lo oculto, lo secreto, lo inaccesible, lo escondido, lo impenetrable. Esa particularidad se pone en clara evidencia con la declaración teológica que afirma que solo Dios conoce los secretos más profundos del corazón humano (Sal 44.21).

Inclusive, el Señor puede discernir y ver las intimidades del corazón, sin ser engañado o defraudado por expresiones externas (1S 16.7).

En el pensamiento semita, el corazón era el asiento de las emociones, p.ej., como el deseo humano (Sal 21.2); además, era visto como la fuente de las actividades intelectuales (Dt 29.4; Sal 90.12). ¡La gran clave de la sabiduría de Salomón era que tenía un «corazón que escuchaba»! (1 R 3.9-12). También en las Escrituras hebreas el corazón se relaciona con las acciones, la voluntad y las decisiones de las personas. Inclusive, las respuestas humanas a la gracia divina se relaciona con el corazón (Ez 36.26).

Dios también tiene corazón. En el corazón divino se preparan sus planes (Sal 33.11), y «le pesa el corazón» cuando su creación abandona su voluntad y se dedican al pecado y la maldad (Gn 6.6). En efecto, el arrepentimiento divino se relaciona con las acciones de su corazón (Jer 18.8; Jon 3.10), que en este contexto no significa arrepentimiento por alguna maldad, error o pecado, sino que cambió de opinión. De acuerdo con las Escrituras, el Señor que no solo cambia de opinión sino que manifiesta sentimientos humanos específicos, como el sufrimiento (Os 11.1-11; 13.4-14).

Otras partes del cuerpo humano que se utiliza en las Escrituras para transmitir conceptos son los riñones, el hígado y la carne. Aunque en hebreo se utilizan estas expresiones, en castellano se usan palabras como corazón, mente o alma. La referencia a los riñones con regularidad se relaciona con las imágenes del corazón, pues revela los sentimientos humanos más profundos de las personas (Sal 7.10; 16.7; 73.21). La expresión hebrea que se refiere al «hígado» se ha traducido como «alma» (Sal 19.9) o como «corazón» (Sal 108.1). La idea detrás de las imágenes y también de las traducciones bíblicas es destacar lo profundo de los sentimientos, pues los órganos que se utilizan de base para el desarrollo de las ideas son internos, y enfatizan la profundidad y seriedad.

En hebreo las referencias a «carne» aluden generalmente a la humanidad de las personas, en contraposición a la divinidad, o describen la mortalidad humana para contrastarla con la eternidad divina. Dios está consciente de esa realidad humana y recuerda que las personas son solo carne (Sal 78.39), razón por la cual manifiesta su misericordia y amor.

Poesía en los salmos

Al estudiar con detenimiento el libro de los Salmos, se descubre una singular característica de gran importancia literaria, teológica y espiritual: El Salterio está escrito en un lenguaje esencialmente simbólico, figurado, metafórico, poético[71]. Esa peculiaridad artística le imprime al libro niveles óptimos y extraordinarios de virtud estética, y le añade a los escritos una inusitada belleza espiritual y moral[72]. En efecto, en el libro de los Salmos la poesía bíblica llega a una de sus expresiones máximas, pues sus imágenes, insinuaciones y evocaciones le facilitan al adorador o adoradora, y también a la persona que lee y ora con el Salterio, un lenguaje cargado de simbolismos y polivalencias, que propician el maravilloso y transformador diálogo divino-humano, incentivan la meditación, contemplación, alabanza y oración, y, además, proveen el espacio emocional y literario adecuado para expresar los sentimientos más profundos e intensos de la vida.

Esa peculiaridad literaria nunca debe subestimarse, obviarse o ignorarse al estudiar e interpretar el libro de los Salmos, pues el análisis científico, riguroso, ponderado, crítico y sobrio del Salterio requiere imaginación, creatividad, ritmo, estética, evocación, simbología, sabiduría, apertura, sensibilidad. La belleza de sus giros literarios, la pertinencia del análisis sosegado y las virtudes de la lectura reflexiva de los Salmos nos permiten aproxi-

---

[71] Para el estudio de la poesía hebrea la siguiente literatura es de singular importancia: R.L. Alden, «Chiastic Psalms: A Study in the Mechanics of Semitic Poetry in Psalms 1–50» *JETS* 17 (1974) 11-28; G.B. Gray, *The Forms of Hebrew Poetry*. With a Prolegomenon by D.N. Freedmen (New York: Ktav, 1972); T.H. Robinson, *The Poetry of the Old Testament* (London: Duckworth, 1947); D.K. Stuart, *Studies in Early Hebrew Meter*. HSM 13. (Missoula: Scholars Press, 1976); J. Kugel, *The Idea of Biblical Poetry* (New Haven: Yale University Press, 1981); L.Alonso Schokel, *Estudios de poética hebrea* (Barcelona: Herder, 1963); S. Geller, *Parallelism in Early Biblical Poetry* (Missoula: Scholars Press, 1979); M. O'Connor, *Hebrew Verse Structure* (Winona Lake: Eisenbrauns, 1980).
De singular importancia para la comprensión y traducción de la poesía en la Biblia es la obra de Lynell Zogbo y Ernst Wendland, traducida y adaptada por Alfredo Tépox Varela, *La poesía del Antiguo Testamento: pautas para su traducción* (Miami: SBU, sf).

[72] Durante las últimas décadas se ha manifestado entre los eruditos bíblicos que estudian el Salterio un marcado interés por el análisis literario de los Salmos. Esa tendencia metodológica se pone de relieve de dos formas básicas: en primer lugar, se ha tratado de definir con mucha más precisión la naturaleza y el carácter de la poesía bíblica; además, se ha descubierto que la poesía bíblica —y en el caso particular nuestro, la poesía del Salterio—, comprende aspectos que sobrepasan el tradicional estudio de los paralelismos. Para un resumen de estos análisis, véase, en primer lugar, a Miller, *op.cit.*, pp.16-17; y más específicamente la reseña de J. Barr al libro de J. Kugel, *The Idea of Biblical Poetry*, en *Times Literary Supplement* (December 25, 1981), 1506.

mamos al Eterno, nos ayudan a descubrir la intimidad con el Creador, y nos facilitan la conversación sincera y franca con el Dios que está presto a recibir la adoración y alabanza de su pueblo. Junto a la ponderación de los temas pertinentes y la evaluación de los asuntos relevantes, es la poesía de las oraciones la que nos invita a relacionarnos e identificarnos con los antiguos salmistas, y la que propicia que oremos con las palabras antiguas que recogen nuestros sentimientos más hondos[73].

La poesía en general, y la bíblica en particular, es un arte que transmite sus ideas y conceptos mediante el uso de las palabras. La pintura, por su parte, comunica su mensaje a través de los colores y las líneas; la escultura afirma sus valores con las formas y los volúmenes; y la música utiliza como medio de expresión los sonidos. Las palabras para la poesía son instrumentos extraordinarios de comunicación, que facilitan el diálogo intenso y extenso entre el poeta y sus lectores. La poesía es el vehículo que propicia la transmisión de sentimientos, impresiones y estados emocionales, que el poeta ha querido plasmar en el texto. Y para recibir esos diversos estados anímicos y espirituales, los lectores y las lectoras deben estar atentos a lo que se dice y a lo que no se dice, a lo que se insinúa, a lo que se evoca, a lo que se presupone, a lo que se anhela, a lo que se infiere. La comprensión adecuada de la poesía demanda la totalidad de los sentimientos de los lectores y lectoras.

Como los salmos constituyen una porción muy importante de la poesía bíblica, es un imperativo identificar algunas características generales que les particularizan. En el caso específico de la poesía del Salterio, se ponen claramente de manifiesto las siguientes peculiaridades retóricas[74]:

- Sencillez de expresión: El estilo es directo y emplea simbolismos gráficos —p.ej., las entrañas aluden a la compasión y el viento representa al espíritu—, además, utilizan pocas oraciones complejas con frases subordinadas.

---

[73] Aunque los especialistas no han llegado aún a una definición universal de la poesía, has evidencias de la manifestación de rasgos poéticos en cada cultura y lenguas del mundo. La poesía utiliza un tipo de lenguaje distinto al cotidiano en prosa que puede ser reconocido por su valor artístico, emotivo y agradable al oído. Referente a diversas definiciones de poesía que se han propuesto, véase a Zogbo y Wendland, *op.cit.*, pp.2-5. Según Don Miguel Antonio Caro, famoso escritor colombiano, la poesía es «una manera ideal y bella de concebir, de sentir y de expresar las cosas».

[74] Mervin Breneman, *Salmos* (El Paso: Casa Bautista de Publicaciones, 1997, p.25).

• Vigor en la comunicación: Como el verbo es el centro de las construcciones gramaticales, no es un idioma «suave» o «diplomático» sino directo, activo, firme y claro. En el sistema verbal hebraico no hay tiempos sino acción, pues la comprensión e identificación del tiempo verbal proviene y se descubre del contexto literario y temático. En ocasiones, la franqueza de las imprecaciones y los deseos de venganza de los poemas hebreos del Salterio hieren las sensibilidades cristianas.

• Abundancia en las figuras del lenguaje: Abundan en la poesía hebrea los artificios literarios que se manifiestan en personificaciones, metáforas, símiles, repeticiones y preguntas.

• Esencia y profundidad religiosa: La gran contribución de la poesía de los salmos se relaciona con su percepción e interpretación teológica de la vida y el mundo. El Dios del Salterio es creador y salvador.

La poesía bíblica tiene sus propias características tanto de forma como de fondo: Se escribe en unidades de sentido conocidas como «líneas». En el idioma hebreo, esas líneas se recitan o cantan con un particular tipo de «ritmo»[75], que en el caso específico de los Salmos, le brinda a la pieza no solo belleza literaria y estética sino que facilita la comunicación y la memorización. Y respecto a algunas de esas características literarias, es importante indicar que es prácticamente imposible reproducir en las traducciones las particularidades rítmicas y sonoras de los Salmos.

Tradicionalmente se ha pensado que el componente más importante de la poesía hebrea es el paralelismo[76] —también conocido como balance o simetría—, pues es una virtud lingüística que puede traducirse de un idioma a otro[77]. Desde la perspectiva de la comprensión del

---

[75] El ritmo o metro en la poesía hebrea es la sucesión de palabras monosilábicas acentuadas, sin la intervención de sílabas no acentuadas; además, dos sílabas acentuadas a veces están separadas por cuatro o hasta cinco sílabas no acentuadas.

[76] El paralelismo es también una de las peculiaridades retóricas más prominentes y características de la literatura poética de Medio Oriente antiguo, y se manifiesta en escala menor en las narraciones en prosa; véase Adelle Berlin, «Parallelism», *The Anchor Bible Dictionary*. Vol. 5, pp.155-166.

[77] Los estudios contemporáneos de la poética hebrea estudian y analizan no solo los paralelismos sino los diversos componentes estéticos de los Salmos; véase particularmente a Geller, *op.cit.* y Kugel, *op.cit.*

texto y la interpretación del poema, esta característica literaria es indispensable, fundamental y necesaria, pues le brinda al lector del texto original o de la traducción no sólo el tema o asunto discutido en el poema o salmo sino que, además, presenta los énfasis y los asuntos que el salmista desea destacar o enfatizar.

Junto a los paralelismos, la poesía hebrea incluye también otras características retóricas de importancia capital: p.ej., repetición de palabras, ideas y estribillos, acrósticos alfabéticos, estructuras concéntricas o quiasmos[78], efectos sonoros, figuras del lenguaje, preguntas retóricas y pedagógicas, hipérbole, ironía y sarcasmo, entre otras[79].

Aunque es muy difícil precisar cómo funciona la comunicación del sentido en los diversos tipos de paralelismos, este importante recurso literario puede definirse como la repetición del contenido semántico —también puede ser de contenido similar o relacionado— o la repetición de alguna estructura gramatical o sonidos en líneas o versos consecutivos (p.ej., Sal 103.10). En esencia, en el paralelismo poético que se pone de manifiesto en el Salterio, se relacionan ideas, conceptos, palabras, estructuras gramaticales y sonidos.

En el análisis de los paralelismos bíblicos, los estudiosos utilizan diversos términos para explicar sus peculiaridades estilísticas y semánticas. Una línea poética tradicionalmente se describe como «colon», y dos de esas líneas en paralelo se identifican como «bi-colon»[80]. Las líneas se disponen en algún tipo particular de repetición, que ciertamente explica, expande, afirma o confronta el tema previamente propuesto[81]. El análisis cuidadoso de las ideas que se incluyen

---

[78] El nombre «quiasmo» proviene viene del idioma griego, y se deriva de la letra *chi*, que tiene la forma de dos líneas cruzadas como una «X» mayúscula. Tremper Longman III, *Cómo leer los salmos: Una introducción a la Poesía Hebrea* (Barcelona: CLIE, 2002, pp.123-126).

[79] Véase particularmente el tercer capítulo del libro de Zogbo y Wendland, *op.cit.*, pp.23-78, en el cual se explican las características fundamentales de la poesía hebrea y se dan buenos ejemplos para la identificación y comprensión de esos recursos literarios y estilísticos.

[80] Algunos estudiosos de la poética hebrea entienden que el «bi-colon» es en realidad una sola línea poética o «verso», por esa razón esta categoría también recibe el nombre de «estico» (del griego *stoijos*, que significa «línea») o «monostiquio»; y cada «colon» es entonces un «hemistiquio».

Para los propósitos educativos de este libro identificaremos como «colon» únicamente a la línea poética; dos líneas poéticas serán un «bicolon»; tres líneas poéticas, «tricolon»; y cuatro, «tetracolon».

[81] James Limburg, en su presentación del libro de los Salmos en *The Anchor Bible Dictionary* V, tiene una muy buena sección de ejemplos de paralelismos en el Salterio; pp.528-531.

y exponen en las líneas contribuye positivamente a la comprensión adecuada del tema del poema, pues se relacionan con él de forma directa o indirecta.

El paralelismo de la poesía hebrea funciona en varios niveles de complejidad, que no pueden reducirse a dos o tres tipos de categorías simples. Por la misma naturaleza poética y estética de los salmos, el paralelismo cobra dimensión nueva junto a la creatividad, ingenio, habilidad y licencia del autor. En la descripción de los paralelismos poéticos del Salterio, se identifican los siguientes tipos, que nos pueden guiar a comprender cómo es que funcionan en el complejo proceso de comunicación estos extraordinarios artificios literarios: paralelismos completos, incompletos y formales[82].

I- En los «paralelismos completos» cada término o unidad de pensamiento en las líneas tiene alguna expresión equivalente en la próxima. De estos paralelismos se pueden distinguir cuatro tipos: sinónimo, antitético, emblemático o invertido (o de quiasmo). El paralelismo sinónimo repite y afirma el mismo pensamiento en palabras similares o sinónimas:

«Después entró Israel en Egipto,
        Y Jacob moró en la tierra de Cam» (p.e., Sal 105.23).

El paralelismo antitético presenta los temas poéticos en oposición o en contrastes de pensamientos:

«En la mañana florece y crece;
        A la tarde es cortada, y se seca» (p.e., Sal 90.6).

El caso del paralelismo emblemático es el que emplea símiles o metáforas para comparar el pensamiento de una línea con la próxima:

«Como el padre se compadece de los hijos,
        Se compadece Jehová de los que le temen» (p.e., Sal 103.13).

---

[82] En la obra de Zogbo y Wendland, *op.cit.*, pp.25-36, se presenta la propuesta tradicional del Obispo Lowth y el desarrollo y actualización de sus teorías en torno a la poética hebrea; además, se incluyen muchos ejemplos que ayudan al lector a comprender las complejidades literarias y estilísticas de los Salmos.

Finalmente, el paralelismo invertido o quiasmo, de manera estricta, es una forma del sinónimo, aunque los temas se disponen de forma invertida:

«Efraín no tendrá envidia de Judá;
Ni Judá afligirá a Efraín» (p.ej., Is 11.13b).

2- Los paralelismos incompletos son frecuentes en la literatura bíblica, y pueden identificarse claramente porque la compensación o el paralelismo de las ideas es únicamente parcial, aunque el número de términos en el texto hebreo del Salterio sea el mismo:

«Su fruto destruirá de la tierra,
Y su descendencia de entre los hijos de los hombres» (p.e., Sal 21.10).

Una variante de este tipo de recurso literario es el paralelismo repetitivo, en el cual el tema o pensamiento de desarrolla mediante la repetición y extensión en las líneas

«Tributad a Jehová, oh hijos de los poderosos,
Dad a Jehová la gloria y el poder» (p.ej., Sal 29.1).

Se encuentran también algunos ejemplos de paralelismos sin compensación, en el cual el número de términos en las líneas disminuye:

«Ten misericordia de mí, oh Jehová, porque estoy enfermo;
Sáname, oh Jehová, porque mis huesos se estremecen» (p.ej., Sal 6.2).

3- Un tercer tipo particular de artificio literario ha sido identificado como paralelismo formal, aunque de forma estricta no constituye un paralelismo, pues las líneas poéticas únicamente tienen balance en el número de términos en hebreo, no en las ideas o los temas expuestos:

«Pero yo he puesto mi rey
Sobre Sión, mi santo monte» (p.ej., Sal 2.6).

Estas formas descritas de paralelismo disponen los recursos literarios internamente en los versos y en las líneas; sin embargo, los Salmos presentan también ejemplos de otros tipos de paralelismos externos, en los cuales la correspondencia temática se presenta en líneas sucesivas:

> «El buey conoce su dueño,
>   Y el asno el pesebre de su Señor;
> Israel no entiende,
>   Mi pueblo no tiene conocimiento» (p.ej., Is 1.3).

Además de esas características formales de la poesía de los Salmos, el estudio detallado de estas oraciones pone de manifiesto otros niveles estéticos de virtud que no pueden ignorarse. Los Salmos están repletos de artificios estilísticos que le añaden belleza literaria, y que contribuyen de forma destacada a la transmisión de las ideas. Entre esas importantes características retóricas pueden identificarse las siguientes: p.ej., símiles, metáforas, repeticiones, expresiones idiomáticas, hipérboles, refranes y acrósticos. Y junto a esos aspectos gramaticales, léxicos, semánticos, filológicos y fonéticos, también los Salmos manifiestan la presencia de estrofas bien definidas, que en ocasiones se disponen en clara expresión alfabética (p.ej., Sal 119)[83].

El uso continuo de esos artificios, el despliegue extenso de recursos semánticos y la densidad de los temas que se exponen, le brindan al lector o a la lectora contemporáneos una buena pista para identificar los asuntos de importancia que el salmista deseaba afirmar y destacar. Además, la naturaleza poética de esta literatura revela de forma contundente que el Salterio no debe leerse, estudiarse o explicarse de forma literal, pues sus autores no lo escribieron con esa finalidad estática. La literatura poética debe evocar, inspirar, insinuar; y los Salmos son un magnífico ejemplo de buena literatura religiosa que desafía la imaginación de la gente que ora y adora con sus lecturas a través de los siglos.

Esa naturaleza poética, polivalente, simbólica y figurada de la poesía hacen del Salterio uno de los libros más difíciles de comprender, estudiar y traducir en la Biblia[84]. Esa dificultad básica se complica aun

---

[83] El Salmo 119 es un magnífico ejemplo de esta peculiaridad literaria, pues cuenta con 22 estrofas de ocho versículos cada una.

[84] Véase la importante obra en torno la traducción de los salmos, en Heber F. Peacock, *A Translator's Guide to Selected Psalms* (New York: American Bible Society, 1981).

más pues la gran mayoría de los poemas que se incluyen en el Salterio no revelan con claridad sus contextos históricos, que pueden, en efecto, contribuir positivamente a la comprensión adecuada de mensaje de la Escritura.

Para superar este extraordinario desafío, es aconsejable que las personas que estudian el libro de los Salmos —si no tienen dominio del idioma hebreo—, que lean el poema en más de una versión. De esa forma comparada pueden identificar y disfrutar de las particularidades lingüísticas y los artificios poéticos del lenguaje, a la vez que adquieren el sentido del mensaje. Esa sensibilidad estilística y meticulosidad metodológica guiará nuestro estudio y análisis del Salterio.

El uso de los salmos en la Biblia

La influencia destacada del estilo literario y los temas del Salterio se pone de manifiesto claramente a través de toda la Biblia. Los escritores bíblicos se apoyaron en los salmos para transmitir sus ideas y para afirmar los valores de la fe que promulgaban; y evocando los salmos, articulaban sus mensajes y transmitían sus enseñanzas[85].

En boca de varios personajes bíblicos de importancia se ponen salmos de gran envergadura teológica: p.ej., Ana (I S 2.1-10), David (2 S 2.51) y Ezequías (Is 38.10-20). El pueblo, en ocasiones solemnes, expresa sus sentimientos ante Dios en la misma tradición lírica: p.ej., al cruzar el Mar Rojo (Ex 15.1-18), al trasladar el Arca del pacto (I Cr 16.8-36) y en la dedicación del Templo (2 Cr 6.41-42). En la literatura profética se pueden encontrar buenos ejemplos del uso de ese particular estilo poético: p.ej., Isaías 12.1-6, Jeremías 14.7-9,19-22 y Habacuc 3.1-19. Y los maestros del pueblo, conocidos también por su sabiduría, siguieron esa misma linea estilística: p.ej., Eclo 36.1-17; 39.12-35; 51.1-12.

La contribución del Salterio a la literatura del Nuevo Testamento es extensa e intensa. De unas trescientas citas y referencias al Antiguo Testamento, como cien pertenecen a los salmos. Y los famosos poemas *Magnificat* (Lc 1.46-55), *Benedictus* (Lc 1.67-79) y *Nunc Dimitis* (Lc 2.29-

---

[85] Jesús García Trapiello, *op.cit.*, pp.13-16.

32), son piezas literarias esencialmente escritas en la tradición temática y la teológica del Salterio, y redactados al estilo de los salmos.

Jesús citó los salmos con más frecuencia que el resto del Antiguo Testamento: p.ej., los aplicó a su ministerio (Mt 21.42; Mr 12.36; Lc 13.55), y también los utilizó para desarrollar y afianzar sus doctrinas (Mt 7.23; Lc 13.27; Jn 10.34). Los apóstoles tomaron los salmos para referirlos a Cristo (Hch 2.25-28,34-35; 13.33-35), o para explicar algún asunto de valor teológico (Hch 1.20; 4.25-26; 13.22). San Pablo también los utilizó con frecuencia en sus cartas pastorales (Rom 3.4,10-18; I Co 15.25; Ef 4.8). Y los autores de las epístolas católicas o universales siguieron esa misma tradición de uso del Salterio (Stg 5.11; I P 2.7,10-12).

Los salmos, que fueron escritos en el entorno de la oración íntima, tanto personal como colectiva, sirvieron de base para las plegarias y los clamores de la iglesia desde su mismo nacimiento. Jesús, en la llamada Última Cena, recitó los salmos *hal-lel* (Sal 113–118) junto a sus discípulos (Mt 26.30). Y, según el testimonio de los Evangelios, mientras agonizaba en la cruz, el Señor tomó las palabras de varios salmos para exclamar sus sentimientos más hondos, y para presentar sus preocupaciones más intensas (Mt 27.46 y Sal 22.2; Lc 23.46 y Sal 21.6; Jn 19.28 y Sal 69.22).

Ese uso del Salterio como libro de oraciones también se pone en evidencia clara en la vida de los apóstoles. Pablo y Silas, según la narración bíblica, cantaban salmos e himnos al Señor en la oscuridad de la noche y en el anonimato de la cárcel (Hch 16.25). Y entre las recomendaciones apostólicas a los creyentes y las iglesias, se incluyó la oración de los salmos para afirmar la piedad y apoyar el crecimiento cristiano (Col 3.16; I Co 14.26; Ef 5.19; Stg 5.13).

PERTINENCIA DE LOS SALMOS: UNA LECTURA EN CASTELLANO

Para los creyentes contemporáneos, el Salterio es un libro siempre presente, pertinente y contextual. En sus poesías, la gente de fe que ha llegado al tercer milenio de la iglesia descubre un caudal maravilloso de temas y asuntos que tienen gran importancia teológica, sociológica, sicológica, política, emocional y espiritual para la sociedad actual. Particularmente la gente que lee el Salterio en el idioma español, ya sea en España, América Latina, el Caribe o en los Estados Unidos, se identifica con sus mensajes intensos y hermosos, que nacen de las experiencias cotidianas de los antiguos poetas y salmistas de Israel.

En primer lugar, los salmos reflejan las dinámicas reales de la vida. El fundamento de esta literatura no es la especulación impertinente, la contemplación enajenada, ni el ejercicio académico fútil. La lectura sobria de esta literatura revela las complejidades de la vida en sus diversas manifestaciones y pluralidades. En el Salterio se encuentran las más variadas experiencias de regocijo y dolor, felicidad y llanto, salud y enfermedad, triunfos y derrotas, contentamiento y lágrimas, alegrías y tristezas, compañía y soledad, apoyo y rechazo, solidaridad y desprecio, comunión con Dios y silencio divino, esperanza y desesperanza, alabanzas y agonías, paz y guerra, perdón y resentimientos, amor y odio, y alabanzas y maldiciones. El libro de los Salmos revela los sentimientos humanos más gratos, intensos y extensos, a la vez que pone claramente de manifiesto los dolores, resentimientos e ingratitudes de la humanidad.

Entre los temas que expone, el Salterio incluye la felicidad verdadera, que es una meta importante para las iglesias y las comunidades hispano-parlantes. Muchas personas de habla castellana o portuguesa emigran a los grandes centros urbanos de Argentina y Brasil, Chile y España, o Estados Unidos y México, con el propósito de progresar y transformar las dinámicas hostiles e inmisericordes de la pobreza y la desesperanza que viven en sus pueblos y comunidades.

Lamentablemente, en muy poco tiempo, descubren la cruda realidad de la pobreza urbana y la amarga experiencia de la desesperanza. En su deseo de encontrar la felicidad y el disfrute de una vida digna y plena, no han sido pocas las familias que han dejado atrás sus tierras y familiares, para llegar a trabajar de forma continua e intensa, y descubrir el rostro sin misericordia de la opresión y reconocer que el dinero y las posesiones materiales no son buen fundamento para el desarrollo de una familia dichosa, saludable, funcional y estable.

De acuerdo con los salmos, es feliz o bienaventurada la persona que medita en la Ley del Señor (Sal 1), que es una manera poética de indicar que se deben anteponer en la vida los principios y los valores que se desprenden de la lectura de la Palabra de Dios: p.ej., justicia, honestidad, amor, perdón, verdad y misericordia. No disfrutan la dicha plena las personas que basan sus vidas en el dinero, la injusticia, el poder, las posesiones, el prestigio, la mentira, la prepotencia, y la altanería.

El Dios bíblico, según el testimonio de los salmistas, es histórico, que equivale a decir que interviene en medio de las vivencias y realidades humanas. Una gran enseñanza de los salmos para la sociedad hispana y latina contemporánea es que los salmistas le cantan y oran a un Dios que tiene el compromiso, la capacidad y el deseo de intervenir en el mundo. El Dios del Salterio no es lejano ni remoto: ¡Nunca está ausente! ¡Es el Señor de la creación! ¡El Dios del cosmos! ¡El Señor de las naciones!

Responde, el Dios de los poetas y salmistas, a los clamores de su pueblo, e interviene en sus triunfos y fracasos. Y ante las grandes necesidades personales y nacionales, es un Dios que se manifiesta en la vida con virtud salvadora, poder redentor y finalidad transformadora.

El Dios del Salterio interviene en las dinámicas familiares y en los problemas laborales; se revela en los conflictos nacionales y en las confrontaciones internacionales; manifiesta su poder en medio del espiral de violencia que atenta contra la sana convivencia familiar y humana; y se hace realidad en los procesos históricos, sociales, políticos y económicos que traducen los ideales de paz en la implantación concreta de la justicia.

El Dios de los salmistas es rey, que es una manera figurada de destacar su poder sobre las naciones y los gobiernos. Con la imagen del Señor como monarca, los salmistas enfatizan el poder divino sobre los seres humanos y sobre los pueblos. Esa enseñanza es fundamental para las comunidades hispanas y latinas, pues revela un componente teológico y político extraordinario del Dios bíblico. El poder absoluto sobre el universo, las naciones y las personas no lo tienen las grandes superpotencias militares y económicas del mundo, sino el Dios creador de los cielos y la tierra. ¡No tienen la última palabra los políticos inescrupulosos del Continente! El Dios del Salterio es el Señor. En efecto, la soberanía divina es un componente fundamental en la teología bíblica, un aspecto necesario en los procesos de contextualización y aplicación de las enseñanzas del Salterio.

El tema de los enemigos es de gran importancia para la aplicación del Salterio. Esos enemigos antiguos son los que afectan adversamente la paz o el *shalom* divino en el mundo. Los enemigos del pueblo de Dios son las personas que mienten, roban y blasfeman; son las que actúan con arrogancia, falsedad y prepotencia; son las que manifiestan resentimientos, rencores y hostilidades; son las que se contraponen a la dignidad humana y no permiten que se manifieste la justicia divina en la sociedad; son las que oprimen a las personas marginadas y les impiden desarrollarse de forma plena en la sociedad; y son las que propician y organizan las guerras para mantener el control del mundo, y recurren a diversas formas de terrorismos para someter a los pueblos y los individuos al vasallaje y cautiverio.

La idealización de la pobreza es un tema impostergable en la aplicación y la teología del mensaje del Salterio. La pobreza en el Salterio es, al mismo tiempo, un mal social y un ideal espiritual. Desde la perspectiva económica, es el reconocimiento de que la voluntad de Dios aún no me manifiesta plenamente en el mundo, pues se pueden descubrir todavía sectores no favorecidos económicamente cautivos en las dinámicas sociales, emocionales y espirituales relacionadas con la escasez y la frustración. Desde la perspectiva espiritual, la pobreza es el ideal de la persona que reconoce que debe depender únicamente de Dios para ser exitoso en la vida.

En los procesos de actualización y enseñanza del mensaje de los salmos, se pueden identificar también los siguientes temas, que representan asuntos de gran importancia pastoral y teológica:

- Las virtudes, características y particularidades de la naturaleza divina.
- Las peculiaridades, desafíos y necesidades de la humanidad.
- La importancia de la revelación divina y de las intervenciones históricas de Dios en medio de las sociedades.
- La necesidad humana del diálogo e intimidad con el Señor.
- Las implicaciones inmediatas de la implantación de la justicia para el disfrute de la paz.
- El respeto que se le debe a la creación divina.
- Y la relevancia de los valores morales y espirituales para la sociedad contemporánea.

Nuestro acercamiento al Salterio

Las formas de leer y estudiar los salmos con el propósito de comprender su mensaje y aplicar sus enseñanzas son muchas. Varían de acuerdo con la finalidad de las personas que leen y estudian los poemas, y son diferentes según el entorno litúrgico, psicológico y espiritual de las comunidades que se dedican a ponderar los valores de esta tan importante literatura bíblica. Nuestra metodología de estudio no está ajena a esa realidad existencial.

En primer lugar, nuestro estudio tiene como finalidad básica analizar el Salterio con detenimiento para identificar, ponderar y aplicar su mensaje en los diversos contextos académicos y pastorales en las comunidades de habla castellana. La naturaleza de este comentario es pastoral y contextual, pues hemos querido poner al servicio de pastores y pastoras, y también en manos de maestros y maestras de escuela bíblica, el resultado de las investigaciones científicas y académicas contemporáneas referente a este importante libro de la Biblia. Los laicos interesados en comprender y disfrutar las virtudes poéticas, teológicas religiosas y espirituales de los Salmos, también encontrarán en este nuevo comentario información valiosa que les permitirá penetrar al mundo maravilloso de la poesía del Salterio.

Mi intensión primordial es acercarnos el texto bíblico con ojos pastorales; mi objetivo básico es llegar al documento escritural con espíritu humilde de búsqueda; mi finalidad es dialogar con el mensaje de los salmos para explorar las posibilidades de interpretación y aplicar sus enseñanzas y valores a los creyentes, las iglesias y la sociedad contemporáneas. Más que un comentario técnico del Salterio —p.ej., que identifique, explique e ilustre las peculiaridades lingüísticas y textuales de los documentos hebreos—, este nuevo libro hace uso extenso y continuo de las herramientas académicas de investigación teológica, exegéticas y hermenéuticas, para poner al servicio de la gente de fe —¡y también de los círculos universitarios!—, las extraordinarias virtudes de una literatura que no deprecia con los años ni se deteriora con el tiempo.

El comentario que el lector y la lectora tiene en sus manos estudiará principalmente el texto canónico de los Salmos, e identificará, cuando sea posible, el género del poema junto a su estructura literaria, su mensaje fundamental y su antiguo entorno litúrgico; además, se explicarán las peculiaridades de los títulos hebreos, y se explorará el uso del salmo en el Nuevo Testamento y en las iglesias. En este peregrinar educativo nos interesa saber cómo el salmo le habla a la sociedad actual, y cuales de sus enseñanzas tienen pertinencia inmediata en nuestros contextos hispanoparlantes.

Le invitamos a comenzar con la lectura de este comentario un proyecto educativo que puede contribuir sustancialmente a su formación espiritual y moral. Le convidamos a leer el Salterio con fe y esperanza, para descubrir y disfrutar su mensaje transformador. Le desafiamos a estudiar los salmos con profundidad, para aplicar sus enseñanzas en medio de los retos y las posibilidades que nos presenta la sociedad en que vivimos.

BIBLIOGRAFÍA SELECTA

La siguiente bibliografía no pretende ser extensa ni exhaustiva. El objetivo es identificar la obras que pueden guiar a la lectora o lector de este comentario en su peregrinar investigativo por el extraordinario mundo del Salterio. Hemos querido particularmente señalar las obras que pueden contribuir a profundizar aun más en los temas que exponemos en nuestro libro, pero que, en honor a la verdad, tienen mucho más espacio para la discusión creadora.

Le invitamos a continuar este viaje de fe por los caminos de los salmistas…

Allen, Leslie C. *Psalms 100–150.* Word Biblical Commentary. Vol. 21. Waco, TX: Word Books, 1983.

Anderson, A.A. *The Book of Psalms.* Vol. 1,2. London: Marshall, Morgan and Scott, 1972.

Alonso Schokel, Luis y Cecilia Carniti, *Salmos I y II.* Estella, Navarra: Verbo Divino, 1994.

—. *Treinta Salmos: Poesía y Oración.* Madrid: Ediciones Cristiandad, 1986.

Bojorge, Horacio. *Los Salmos.* Montevideo: Mosca Hnos. S.A., 1976.

Bones, Jean-Paul, *David y los salmos.* Madrid: Aguilar, 1960.

Bortolini, José. *Conocer y rezar los Salmos.* Madrid: San Pablo, 2002.

Braude, William G. *The Midrash on Psalms.* Yale Judaica Series XIII.

New Haven: Yale University Press, 1959.

Breneman, Mervin. *Salmos*. El Paso: Casa Bautista de Publicaciones, 1997.

Broyles, Craig C. *Psalms*. Massachsetts: Hendrickson Pub., 1999.

Brueggemann, Walter, *The Message of the Psalms*. Minneapolis: Augsburg Publishing House, 1984.

—. *Israel's Praise*. Philadelphia: Fortress, 1988.

Brug, John F. *Salmos. Vol 1 y 2*. Milwaukee: Editorial Noethwestern, 1997.

Bullock, C. Hassell, *Encountering the Books of Psalms*. Grand Rapids: Baker Academic , 2001.

Childs, Brevard S. «Psalm Titles and Midrashic Exegesis». *Journal of Semitic Studies* 16:137-150 (1971).

—, *Israel's Praise*. Philadelphia, Fortress, 1988.

Craigie, Peter C. *Psalms 1–50*. Word Biblical Commentary. Vol. 19. Waco, TX: Word Books, 1983.

Craven, Toni. *The Book of Psalms.* Collegeville: Liturgical Press, 1992.

Crenshaw, James L. *Tha Psalms: An Introduction*. Grand Rapids: W.B. Eerdmans Publishing House, 2001.

Gruber, Mayer I. *Rashi's Commentary on Psalms 1–89*. Atlanta: Scholars Press, 1998.

Dahood, Mitchell. *Psalms*. 3 vols. Anchor Bible. Garden City: Doubleday, 1966.

Day, John. *Psalms*. Old Testament Guides. Sheffield: JSOT Press, 1990.

De Valdés, Juan. *Comentario a los Salmos*. Madrid: Librería nacional y extranjera, 1885.

Eaton, John. *Tha Psalms. A Historical and Spiritual Commentary with an Introduction and New Translation*. London y New York: T & T Clark International, 2003.

—. *Psalms. Introduction and Commentary*. London: SCM Press, 1967.

Farmer, Kathleen. *Salmos 42—89. Comentario Bíblico Internacional*. Estella, Navarra: Editorial Verbo Divino, 2003.

Fuglister, Notker. *La oración sálmica*. Estella, Navarra: Editorial Verbo Divino, 1970.

García Trapiello, Jesús. *Introducción al estudio de los Salmos*. Salamanca y Madrid: San Esteban y EDIBESA, 1997.

Gerstenberger, Erhard S. *Psalms: With Introduction to Cultic Poetry, Part I.* The Forms of the Old Testament Literature, Vol. 14. Grand Rapids: Wm. B. Eerdmans Publishing Co., 1988.

González, Ángel. *El libro de los Salmos. Introducción, versión y comentario.* Barcelona: Herder, 1966.

González, Jorge. *Tres meses en la escuela de los Salmos.* Nashville: Abingdon, 1998.

Gourgues, Michel. *Los salmos y Jesús. Jesús y los salmos.* Estella, Navarra: Editorial Verbo Divino, 1989.

Guichou, Pierre. *Los Salmos comentados por la Biblia.* Salamanca: Sígueme, 1966.

Gunkel, Hermann. *Introducción a los Salmos.* Valencia: Edicep, 1983.

Holladay, William L. *The Psalms Through Three Thousand Years.* Minneapolis: Fortress Press, 1993.

Jungling, Hans-Winfried. *Salmos 1—41. Comentrio Bíblico Internacional.* Estella, Navarra: Editorial Verbo Divino, 2003.

Kraus, Hans-Joachim. *Psalms 1–59: A Commentary* and *Psalms 60–150: A Commentary.* Minneapolis: Augsburg Publishing House, 1988 and 1989.

___. *The Theology of the Psalms.* Minneapolis: Augsburg, 1986.

—. *Teología de los Salmos.* Salamanca: Sígueme, 1985.

Longman III, Tremper. *Cómo leer los salmos: Una introducción a la Poesía Hebrea.* Barcelona: CLIE, 2002.

Mays, James Luther. *Psalms.* Interpretation. Louisville: John Knox Press, 1994.

McCann, J. Clinton. *A Theological Introduction of the Book of Psalms.* Nashville, Abingdon, 1993.

McNeil, Brian, *Christ in the Psalms.* New York/Ramsey: Paulist Press, 1980.

Miller, Patrick D., Jr. *Interpreting the Psalms.* Philadelphia: Fortress Press, 1986.

Mowinckel, Sigmund. *The Psalms in Israel's Worship.* Oxford: Basil Blackwell, 1962.

Murphy, Roland E. *The Gift of the Psalms.* Peabody, Massachusetts: Hendrickson, 2003.

Peacock, Heber F., *A Translator's Guide to Selected Psalms.* New York: American Bible Society, 1981.

Raguer, Hilari. *Para comprender los Salmos*. Estella, Navarra: Editorial Verbo Divino, 1996.

Ravasi, Gianfranco. *Salmos 90—150. Comentario Bíblico Internacional*. Estella, Navarra: Editorial Verbo Divino, 2003.

Reid, Stephen Breck. *Listening in a Multicultural Reading of the Psalms*. Nashville: Abingdon, 1997.

Serrano, Gonzalo Flor. *Los Salmos: Texto y comentario*. Madrid: PPC, Casa de la Biblia, Verbo Divino, 1997.

Seybold, Klaus. *Introducing the Psalms*. Edinburgh: T. & T. Clarck, 1990.

Tate, Marvin E. *Psalms 51–100*. Word Biblical Commentary. Vol. 20. Waco, TX: Word Books, 1990. ocasiones no hay mucha evidencia literaria e histórica en la cual se puedan basar las conjeturas y las especulaciones. Nosotros seguimos tradicionalmente los análisis y estudios de A.A. Andreson, *op.cit.*, pp.42-51.

Segunda Parte: Interpretación y Comentario

Dios es nuestro amparo y fortaleza,
nuestro pronto auxilio en las tribulaciones.
Por tanto, no temeremos,
aunque la tierra sea removida
y se traspasen los montes al corazón del mar;
aunque bramen y se turben sus aguas,
y tiemblen los monteas a causa de su braveza.
Salmo 46.1-3

Libro Primero: Salmos 1-41

Honrad al Hijo, para que no se enoje,
y perezcáis en el camino;
pues se inflama de pronto su ira.
Bienaventurados los que en él confían.
Salmo 2.12

SALMO 1: «EL JUSTO Y LOS PECADORES»

La sección inicial del Salterio (Sal 1—41) comienza la serie de poemas que se conocen tradicionalmente como los salmos de David, pues en su gran mayoría el título hebreo los relaciona con el famoso monarca y poeta de Israel –con la excepción de los Salmos 10 y 33– . Posee una estructura interna que revela coherencia teológica y delata la presencia grupos temáticos y literarios de salmos (p.ej., Sal 3—14; 15—24; 25—34; 35—41). Los Salmos 15 y 24, p.ej., son liturgias de entrada al Templo, y los Salmos 35 y 40, ubicados en disposición paralela, presentan la vergüenza y la confusión de los adversarios de la persona que ora. Los primeros dos salmos constituyen la introducción todo el Salterio.

El primer salmo afirma las virtudes de las personas justas que «meditan en la Ley del Señor», y puede entenderse no solo como el poema inicial del Salterio sino como la introducción a toda la obra. Posiblemente en algún momento de su historia de redacción estuvo unido, o por lo menos relacionado, al segundo salmo. La referencia en Hechos 13.33 puede ser un indicio de que estos primeros dos salmos se entendían en la antigüedad –p.ej. el Talmud, *Berakot*, 9b— como una unidad; y esa percepción aumenta al notar que ninguno de estos poemas tiene título hebreo, y que el segundo salmo finaliza con la enseñanza de la bienaventuranza (Sal 2.12), que es el tema central del primero (Sal 1.1).

Este poema inicial debe haber sido escrito en círculos sapienciales, donde los maestros de la sabiduría cumplían sus responsabilidades pedagógicas con la comunidad (véanse, p.ej., Jer 8.9; 18.18; Ecl 12.9; Prov 8.1-36). La finalidad era instruir al pueblo en torno al conocimiento de la vida y respecto a las formas de actuar con fundamentos éticos y morales firmes (véase Sal 32; 34; 49). Posiblemente el editor final del Salterio incluyó este salmo al comienzo de la colección, para subrayar el particular propósito pedagógico del libro de los Salmos: Invitar a la comunidad a vivir vidas piadosas fundamentadas en las enseñanzas de Ley del Señor.

La redacción del salmo es compleja. En primer lugar, su estilo más que un himno de alabanza o plegaria individual o colectiva es una afirmación educativa, una enseñanza, una exhortación piadosa. Posiblemente el poema se escribió no tanto para la adoración pública y el culto de los fieles en el Templo, sino para ser utilizado en los contextos pedagógicos de la comunidad y contribuir a los procesos formativos del pueblo.

El poema no presenta varias de las características tradicionales relacionadas con la poética hebrea, particularmente su métrica es irregular. Algunos estudiosos describen el escrito como un buen ejemplo bíblico de prosa poética. Y su fecha de composición se devela al analizar el vocabulario utilizado, evaluar los conceptos expuestos, ponderar la influencia de la literatura de sabiduría en el salmo, estudiar la referencia a la Ley escrita, revisar la exposición de los temas de castigos y recompensas, y entender su similitud con Jeremías 17.5-8: El salmo es producto de la época post-exílica.

El poema puede dividirse estructural y temáticamente en, por lo menos, dos secciones básicas:

- La vida piadosa y justa: vv.1-4
- Las consecuencias de la maldad y el pecado: vv.5-6

El propósito principal del autor del salmo es poner de relieve las virtudes que se relacionan con los estilos de vida que rechazan abiertamente la maldad y el pecado en sus diversas manifestaciones. En efecto, la gente que entiende las implicaciones extraordinarias de vivir a la altura de las exigencias divinas son como los árboles bien plantados y alimentados, ¡producen fruto abundante! Por el contrario, el futuro de las personas que viven de acuerdo a la maldad es desastroso, y el destino de la gente que actúa según los consejos pecaminosos es la muerte. ¡Esos hombres y mujeres de iniquidad no tendrán espacio en los lugares que Dios tiene preparado y reservado para el disfrute de su pueblo!

vv.1-3: La palabra hebrea traducida en la versiones castellanas como «bienaventurado», describe a la persona feliz, dichosa y alegre, y revela el particular y distintivo tono educativo del salmo. La expresión, además, pone de manifiesto la relación estrecha del salmo con la literatura sapiencial de la Biblia. La felicidad de la persona bienaventurada o del grupo dichoso se fundamenta esencialmente en lo que son –p.ej., «pobres» (Lc 6.20)– o en lo que hacen –p.ej., «pacificadores» (Mt 5.9)–. Las Sagradas Escrituras incluyen diversas «bienaventuranzas» que ponen de relieve la afirmación divina para personas fieles (p.ej., Sal 2.12b; Mt 5–7; Ap 1.3).

En las Sagradas Escrituras las bienaventuranzas presentan una estructura literaria bien definida que incluye dos componentes primordiales. El primero presenta la fórmula de la bendición –p.e., «bienaventurado es el varón...»–; y el segundo identifica un tipo de comportamiento o conducta positiva –p.e., «...no anduvo en consejo de malos...»– (véase Sal 34.8). En el contexto del salmo inicial, la bienaventuranza identifica, en primer lugar, las conductas impropias de las personas (v.1), para posteriormente presentar las acciones que deben emularse (v.2).

El salmo es parte de esa importante tradición literaria en la Biblia, que afirma que el comportamiento diario debe fundamentarse en los principios y los valores que se promulgan en la Ley. La sabiduría, que de acuerdo a los Proverbios (1.7) es el temor o la reverencia al Señor, debe ser la base y el fundamento moral de la vida. La persona piadosa, religiosa, sabia, prudente o, en términos del salmo, «bienaventurada», es la que incorpora la sabiduría bíblica en su estilo de vida diario, pues, según el texto, ese tipo de sabiduría no es una virtud hipotética, especulativa o filosófica, con alguna repercusión de mayor o menor interés. Meditar en la Ley, entonces, no solo es motivo de contentamiento y felicidad, sino objeto de análisis sobrio, ponderado, profundo y crítico, pues el ser humano bienaventurado desea descubrir la voluntad divina para llevarla a efecto.

La comparación del ser humano y el árbol frondoso en común en el Antiguo Testamento (véase Sal 92.12-15; Jer 11.19; 17.8; Ez 17.5-10,22-24; 19.10), y también se repite en el Oriente Medio (p.ej., en la literatura egipcia y en Qumrán). Por lo común de las palmeras en la región, algunos estudiosos las identifican con el «árbol» del salmo (Sal 92.12). El uso de la palabra hebrea traducida como «plantado», puede ser una referencia a que el ser humano es feliz a la medida que se relaciona íntimamente con Dios, de la forma que el árbol se nutre junto a las fuentes de agua. Y la alusión a las aguas puede poner de manifiesto no solo los ríos y manantiales naturales sino los canales de irrigación que eran comunes en Egipto y Mesopotamia. De esa forma ordenada y efectiva el árbol recibía los nutrientes necesarios, independientemente de los caprichos del tiempo y sus inclemencias, para mantener sus hojas y brindar buenos frutos en la época precisa. Más que algún símbolo relacionado con la inmortalidad, la imagen afirma la importancia de vivir amparado en la Ley divina, que produce en las personas bienestar, seguridad, paz y prosperidad.

v.4: Las personas malvadas no siguen el camino de los justos ni disfrutan de sus abundancias. La imagen del «tamo que arrebata el viento», en contraposición a la gente bienaventurada de la primera sección del salmo (vv.1-3), posiblemente alude tanto a la gente pecadora como a su destino final. La referencia al tamo presenta lo efímero de la vida, lo superficial de la existencia humana, lo pasajero de la humanidad. La imagen del tamo perecedero que es movido por el vaivén continuo del viento caprichoso contrasta abiertamente con el árbol sobrio que permanece seguro junto a las corrientes de aguas. Esa metáfora frecuentemente es utilizada como referencia al juicio divino (p.ej., Sal 33.5; Os 13.3). El contraste es claro y directo: La gente fiel tiene estabilidad y seguridad en la vida; las personas pecadoras están a la merced de los vientos caprichosos e inimaginables de la existencia humana.

v.5: La comprensión adecuada de este versículo presenta algunas dificultades extraordinarias para los estudiosos de la Escritura. El gran salidas. El Reino de la gente bienaventurada, en efecto, se relaciona con la capacidad que pueden desarrollar los seres humanos para vivir en un peregrinar que les lleve al futuro fundamentados en la lectura y meditación de la Ley de Dios, y les mueva al porvenir con aprecio e incorporación de las enseñanzas divinas.

Salmo 2:
«El reino del ungido del Señor»

Mientras el primer salmo articula los desafíos a los que deben responder los individuos en la vida, el segundo revela la actitud de la comunidad de fe ante los problemas que se relacionan con las naciones en busca de poder. En el primero se afirma la importancia de la Ley divina, en el segundo se presenta al ungido del Señor, que tiene el poder para liberar a las naciones. Mientras en el primero se pone de relieve el proceso educativo y la sabiduría, en el salmo segundo se manifiesta la voz poética del mesías, que indica: «Servid al Señor con temor, y alegraos con temblor» (Sal 2.11).

La relación entre los primeros dos salmos puede verse en los siguientes detalles: Ninguno de los dos poemas tiene títulos hebreos o suscripciones, las bienaventuranzas juegan un papel de importancia en el escrito (1.1 y 2.12), y en la antigüedad se estudiaban unidos (Hch 13.33). En cierto sentido, el primer salmo presenta el tema de los dos caminos para los individuos, y el segundo continúa el mismo tema desde la perspectiva comunitaria, nacional e internacional. Estudiados desde esta perspectiva se puede afirmar que la unión de estos salmos es una magnífica introducción a todo el salterio, que tiene como finalidad inspirar y desafiar a individuos y pueblos a ser fieles a Dios, mediante el estudio profundo de la Ley y a través de la afirmación de sus implicaciones personales y nacionales.

El segundo salmo puede clasificarse claramente como un Salmo Real, en el cual el rey sin duda está detrás de la ideología del escrito. Y posiblemente era parte de las ceremonias cultuales de entronización y coronación del monarca, o de las festividades anuales que recordaban y recreaban esos eventos. Esas actividades no eran rituales superficiales y pasajeros, sino eventos religiosos y políticos de gran significación social, militar y espiritual. El evento incluía el poner la corona real sobre la cabeza del rey, la presentación oficial del documento de iniciación del reinado, y la proclamación y unción del monarca (2R 11.12). Algunos estudiosos piensan que el salmo incluye la primera afirmación del rey a sus súbditos (2.7-9).

Por las referencias directas al rey de Israel, se piensa que el salmo efectivamente proviene de la época preexílica, cuando la monarquía israelita jugaba un papel fundamental en la vida del pueblo. El autor posiblemente estaba relacionado a algún monarca de turno, o quizá era un profeta que tenía responsabilidades de importancia en el culto del Templo de Jerusalén.

Otros estudiosos, sin embargo, han relacionado el salmo con el período post-exílico, y lo interpretan de forma profética y escatológica: ¡El rey aludido en el poema es el «David venidero», el Mesías esperado, el ungido que llegará en el futuro (Jer 23.5; 30.9; Ez 34.23; 37.24)! Y esa comprensión del salmo puede dar base a las importantes interpretaciones y lecturas cristianas y mesiánicas, que aplican sus temas fundamentales y sus enseñanzas básicas a la vida y ministerio de Jesús de Nazaret (véanse p.ej., Hch 4.25-26; 13.33; Heb 1.5; 5.5; Ap 2.27; 19.18).

En efecto, la lectura sobria y sosegada del poema descubre la universalidad del escrito, que evade hacer referencias históricas precisas y evita la identificación concreta de detalles que puedan ubicar el salmo en algún momento preciso en la vida del pueblo de Israel. Esa característica general y universal del salmo ha contribuido sustancialmente a sus interpretaciones mesiánicas. Además, esa misma peculiaridad le brinda al escrito el poder para ser parte de la introducción general al Salterio. El primer salmo afirma la Ley; y el segundo, al mesías.

Este salmo contiene las características básicas de la poesía hebrea. Incluye buena métrica y cuatro estrofas bien definidas. La primera estrofa (vv.1-3) describe las conspiraciones nacionales e internacionales contra el Señor y su ungido; la segunda (vv.4-6) presenta las reacciones del Señor ante los motines humanos; en la tercera (vv.7-9) se incluye el decreto divino a favor del ungido y su misión; y, finalmente, en la cuarta (vv.10-12), se da el ultimátum divino a las naciones y sus líderes, y se añade una bienaventuranza para las personas que confían en el Señor.

Desde la perspectiva literaria el salmo revela complejidades estilísticas, pues manifiesta un carácter dramático. El poeta incluyó en el escrito a diversos personajes, que levantan su voz en el salmo. En primer lugar hablan las naciones y sus reyes con arrogancia (vv.1-3), luego el Señor presenta al ungido (vv.4-5), posteriormente habla el rey, que brinda la proclamación divina (vv.7-9) y añade una palabra de consejo a las naciones y sus gobernantes (vv.10-12).

La estructura literaria y temática del poema es la siguiente:

• Lo que piensan y hacen las naciones: vv.1-3
• La respuesta divina: vv.4-6
• El decreto del ungido: vv.7-9
• Ultimátum a los líderes y a las naciones: vv.10-12

vv.1-3: El salmo comienza con una importante pregunta retórica. El poeta inquiere en torno al porqué los pueblos se amotinan o conspiran. Su pregunta es válida e importante. Intenta explicar el origen de los disturbios y las inestabilidades en las naciones, desea comprender la razón de los conflictos que producen en los individuos y los pueblos malestar, dolor, desesperanza, angustias, guerras, desolación y muertes. El salmista se hace la pregunta fundamental de la existencia: Entender el origen del sufrimiento.

Las preguntas del salmista pueden relacionarse con las transiciones de monarcas en la antigüedad. La muerte o deposición de algún rey se constituía generalmente en el comienzo de una serie de eventos que generaban instabilidad política y social en los pueblos. Las transferencias de mando y poder en el Medio Oriente comúnmente estaban acompañadas de rebeliones internas, guerras fratricidas, reorganizaciones socio-políticas, amenazas enemigas y conflictos internacionales. Aunque no podemos identificar en la lectura del salmo algún problema histórico particular, es importante notar que el pueblo de Israel regularmente debía enfrentar las amenazas de sus vecinos, y en ocasiones llegaba a la guerra para defender sus territorios y autonomía.

La afirmación de que los pueblos piensan «cosas vanas», al conspirar y rebelarse contra el Señor y su ungido, es una clara declaración de esperanza y seguridad. ¡Es inútil el esfuerzo humano de rechazar la voluntad divina! ¡Es inefectiva la actitud de rebelión contra la revelación de Dios! Y aunque las naciones o los individuos se amotinen y se levanten, y sus líderes consulten y se organicen contra Dios, esas actitudes enemigas serán impotentes, pues el Señor se reirá de ellos (2.4). Para el salmista, los esfuerzos humanos de oponerse a la voluntad divina son inefectivos, aunque provengan de reyes y príncipes.

El verbo hebreo traducido por «piensan» en el versículo 2, es el mismo que se incluye en el Salmo 1.2 como «meditan», y también transmite la idea de murmurar. La idea de que las naciones estaban «pensando cosas vanas», alude a una actitud adversa y hostil de murmuración contra el pueblo de Dios, y revela lo fútil e inoperante de sus planes. Aunque los reyes tienen el poder y la autoridad de hacer planes bélicos y organizarse militarmente para la batalla contra otras naciones, esas campañas contra Dios no prosperarán ni serán exitosas.

Los reyes y príncipes del salmo son los enemigos del Señor (véanse Sal 76.12; 102.15; 148.11), representan las fuerza antagónicas a la voluntad divina, y son símbolos de la maldad oficializada e institucionalizada.

La referencia al ungido es de vital importancia en el salmo, en el libro de los Salmos, en al Antiguo Testamento, en la Biblia y en la teología. Desde el comienzo del Salterio se pone de manifiesto la importancia del ungido del Señor. Respecto a este tema del ungido, es importante señalar que únicamente en este salmo, en todo el Antiguo Testamento, se incluyen unidos los temas del rey divino, el ungido o mesías y el hijo de Dios. Esa trilogía temática fue vital en la presentación que hacen los evangelistas de Jesús de Nazaret, y también en el desarrollo de la cristología. El tema del Mesías o ungido es de tal importancia en el Salterio y la Biblia, que se incluye de forma destacada al comienzo mismo de toda la obra.

Los ritos de unción en el Medio Oriente no estaban confinados a los círculos reales ni se llevaban a efecto únicamente en Israel. En el Antiguo Testamento se alude a la unción de objetos o lugares –p.e., el altar (Ex 29.36; Num 7.10), el arca (Ex 30.26) y el tabernáculo (Lev 8.10)–, de personas –p.ej., sacerdotes (Ex 28.41), profetas (1R 19.16; 1Cr 16.22; Sal 105.15), y de reyes (1S 10.1; 16.3; 1R 1.39; 2R 9.6)–. Estas ceremonias eran actos extraordinarios de separación e identificación de los lugares, objetos o personas como especiales, consagradas y santificadas. En el segundo salmo se hace referencia a la unción del rey, que era visto por el pueblo como seleccionado y protegido de Dios. La particular fórmula posesiva, «contra el Señor y su ungido», pone de relieve la relación íntima, la cercanía, la interdependencia entre Dios y el mesías. En efecto, los procesos de unción en la antigüedad eran eventos de especiales de santidad (1S 24.6,10; 26.9,11,23; 1R 21.10,13).

Las «ligaduras» y las «cuerdas» que deben ser rotas se refieren claramente a las ataduras de cuero que se ponían en los cuernos o el cuello de los animales, para sujetarlos y mantenerlos en sus lugares (véase Jer 27.2). En este contexto aluden de forma apropiada al cautiverio, sujeción y servidumbre. Sirven de metáfora para describir en el poema la rebelión contra el Señor y su autoridad.

vv.4-6: Ante la rebelión de las naciones y sus líderes, el Señor reacciona con autoridad y valor: Se ríe, se burla, les habla con ira y los turba en su furor. ¡La confabulación humana genera la ira divina! ¡La soberbia de las naciones incentiva el juicio de Dios! ¡La insensatez de los pueblos prepara el camino para su propia destrucción!

La referencia al que «mora en los cielos», a Dios, literalmente en hebreo es a quien «se sienta en los cielos», en alusión al trono divino como monarca del universo. El Rey de reyes, cuyo trono extraordinario está en los cielos (Sal 11.4; 103.19) y su poder es absolutamente superior al de los líderes humanos, responde a las actitudes impropias y rebeldes de las naciones. Las expresiones antropomórficas —es decir, las que atribuyen a Dios características humanas— revelan la creencia antigua de que la divinidad poseía sentimientos de las personas. Esas afirmaciones, sin embargo, no cautivan al Señor en las dinámicas humanas, ni son indicadores de impotencias ni debilidades divinas. Son esencialmente declaraciones poéticas y figuradas que intentan poner en lenguaje humano y común la capacidad divina: El Dios bíblico no resiste las confabulaciones egoístas de individuos, ni aprueba las rebeliones altaneras de las naciones.

La traducción del versículo seis presenta algunos desafíos particulares para las personas que leen y estudian el salmo. A diferencia del texto hebreo que sigue la traducción de Reina-Valera, las versiones de la Septuaginta (en griego) y la Vulgata (en latín) vierten el texto antiguo como «y yo he sido puesto como rey en Sión, su santa montaña». Y aunque esta alternativa de traducción no es imposible, pensamos que la comprensión tradicional del manuscrito hebreo es la adecuada. De esa forma se presenta el contraste entre el Rey de reyes y los monarcas humanos.

En los tiempos de la monarquía, Sión era un montículo que se relacionaba con la ciudad de David (2S 5.7), posteriormente el nombre se dio al monte donde estaba ubicado el Templo de Jerusalén (Sal 132.13; Mic 4.2), y también se utilizó para referirse a toda la ciudad (Is 10.24; Jer 3.14; Am 6.1). En el contexto particular de este salmo, Sión se relaciona con Jerusalén, lugar que afirma la elección de la dinastía de David, donde el Señor puso a su rey (v.6).

vv.7-9: De acuerdo al texto hebreo del salmo, quien habla en esta sección —y posiblemente en la próxima sección también (vv.10-12)— es ciertamente el rey. El propósito específico es declarar el «decreto» del Señor, que posiblemente alude a un tipo particular de protocolo divino que daba validez a la dinastía de David. El contenido y las formas de estos protocolos son similares a los que han descubierto en Egipto y Canaán. En los documentos egipcios se incluían particularmente los títulos del faraón y las responsabilidades y privilegios que le confería la deidad.

La expresión «mi hijo eres tu» es la fórmula de adopción antigua (véase, p.ej., el importante y antiguo Código de Hamurabi), que no necesariamente indicaba la deificación del monarca. Con esta fórmula, es probable que el salmo aluda al proceso de elección, unción e instalación del monarca. Con la expresión «yo te engendré hoy» se identifica el día preciso de la entronización, que se recordaba anualmente en ceremonias y rituales de otoño. Y la referencia a la adopción, aunque puede reflejar algunas prácticas antiguas extra-israelitas, afirma, en efecto, la intimidad y cercanía entre el monarca y Dios. La idea pone claramente de manifiesto la importancia de la institución de la monarquía en la teología de los salmos.

Como resultado de la adopción, el rey recibirá por herencia las naciones hasta los confines de la tierra. Como Dios es el Señor del universo y la humanidad, y su poder se manifiesta con autoridad sobre el mundo entero, el rey como hijo adoptivo de Dios, recibirá poder para gobernar hasta los pueblos distantes, «los confines de la tierra». Y si fuera necesario, ese poder incluye niveles de quebrantamiento y destrucción.

La imágenes de la «vara de hierro» y el «alfarero» revelan el juicio y la violencia hasta donde puede llegar el rey, por ser hijo adoptivo de Dios. La vara de hierro alude al cetro real, que podía ser una vara larga o un bastón con un mazo. En este contexto, representa el poder y la autoridad del rey como hijo de Dios. Y la referencia a la «vasija del alfarero» revela la destrucción completa que puede estar en las manos del monarca. Como una vasija que no puede utilizarse con efectividad en piezas, el rey puede destruir a los adversarios de Dios de forma absoluta, definitiva y final.

vv.10-12: La sección final del salmo presenta el ultimátum divino a las naciones y sus líderes. Si desean evitar la destrucción y evadir la ira de Dios deben servir al Señor, que ciertamente es el principio de toda decisión sabia y prudente. En el pasaje pueden verse ideas universalistas, que ciertamente pueden aludir a la conversión de los gentiles. La persona que habla es posiblemente el rey como representante de Dios, aunque al Señor se le atribuyen expresiones similares (Jer 6.8).   La palabra divina se dirige a los «reyes» y «jueces»: El texto hebreo se refiere particularmente a las personas que en su entorno original debían ejercer autoridad, gobernar y guiar al pueblo. El llamado divino es a la prudencia y la humildad, el reclamo es a superar la actitud de rebeldía y prepotencia.

La frase «servir al Señor» contiene los conceptos religiosos de adoración y humillación ante el Señor, y desde la perspectiva política transmite la idea de sujeción y reconocimiento del poder real. Las expresiones paralelas «servid» y «alegraos», ponen de relieve el gozo del servicio al Señor, la felicidad de reconocer la autoridad y el poder de Dios, la dicha de aceptar la voluntad y la revelación divina. Y las palabras «servid» (v.11) y «perezcáis» ponen de manifiesto la intensión teológica del mensaje: ¡Sirvan al Señor si no quieren perecer! El «temor» le añade al texto el componente teológico de la sabiduría, y el temblor revela el juicio. Las acciones no sabias de individuos y naciones generan la ira de Dios.

El texto hebreo de la primera parte del versículo 12 es complejo, y presenta un gran desafío para la comprensión, interpretación y traducción del salmo. Literalmente el manuscrito dice: «y regocíjense con temblor. Besen al hijo.» El problema, que posiblemente se debe a alguna corrupción del manuscrito hebreo disponible, se revela inicialmente con el uso de las palabras «regocijar» y «temblor», que son muy difíciles relacionar en este contexto, pues manifiestan sentimientos contrarios en la misma frase. La complicación aumenta aún más, pues la palabra hijo en el pasaje se incluye en arameo —bar—, en vez de la esperada expresión hebrea —ben—.

Aunque las traducciones antiguas y las versiones modernas han tratado de superar las dificultades lingüísticas y textuales del pasaje de diversas maneras, posiblemente la solución más sensata es la que identifica el gesto de besar los pies como una forma reconocida de aceptación de autoridad y de humillación, un gesto físico que se convierte en una manera de honrar (véase, p.ej., Is 49.23; Mic 7.17; Lc 7.38,45).

En esa tradición, el famoso rey asirio, Senaquerib, reportó en sus informes de batallas cómo los monarcas de Siria y Palestina le llevaron regalos y besaron sus pies.

El sentido del versículo es el reconocimiento de la autoridad real del monarca, que se convirtió en hijo adoptivo de Dios. Esa aceptación de la autoridad y afirmación de la voluntad del Señor evitan el enojo divino, detiene la ira de Dios y elimina las posibilidades de perdición. La imagen del fuego como símbolo de la ira de Dios es común en las Escrituras.

El salmo culmina con una bienaventuranza para la toda gente que confía en el Señor. De esta forma se cierra un paréntesis teológico y literario que se inició con la bienaventuranza del salmo inicial: Son dichosos los individuos que meditan en la Ley (1.1), y también son felices las comunidades que confían en el Señor. Las bienaventuranzas divinas se manifiestan tanto en las personas que fundamentan sus decisiones en las instrucciones divinas, como en los pueblos que ponen su confianza en la revelación de Dios.

Las lecturas cristianas del segundo salmo han identificado dos temas de importancia capital en el desarrollo de la cristología: El primero es la afirmación del rey como hijo de Dios; y el segundo se relaciona con la oposición de las naciones y sus monarcas al reinado del Señor y su ungido. Desde la perspectiva de la iglesia, este salmo introduce dos temas de gran significación teológica y escatológica: El reconocimiento del Mesías cristiano como hijo de Dios, y el rechazo de la humanidad al proyecto divino del establecimiento del Reino de Dios.

La afirmación del salmo, «mi hijo eres tú», se convirtió en la descripción fundamental de la relación entre Dios y Jesús de Nazaret. Y aunque en el Antiguo Testamento las referencias al rey y al ungido tenían gran importancia, la teología de cristiana enfatizó la relación paterno-filial de Jesús y Dios. Jesús era particularmente Hijo de Dios, y desde esa perspectiva teológica introduce el Reino de los cielos en Palestina. El Reino era la implantación de la voluntad divina en medio de la sociedad y las vivencias del pueblo.

Según el Nuevo Testamento, Jesús fue presentado como Hijo en varias ocasiones (p.ej., Mr 1.11; 9.7; 2P 1.17), posiblemente para poner de manifiesto la singularidad de su naturaleza divina y humana. Esa particular característica es la que contribuye a la transformación del lenguaje bélico y político del segundo salmo en enseñanzas de paz evangélica y esperanza transformadora. Y en sus reflexiones cristianas en torno al salmo, los creyentes subrayan la universalidad del ministerio de Jesús y su importancia para la historia de la humanidad.

Este mismo salmo se utiliza en el libro de los Hechos de los Apóstoles (4.23-31) para describir la oposición que recibió la iglesia primitiva y Jesús de parte de las autoridades de las naciones, específicamente las romanas. Según la interpretación cristiana, los creyentes no debían temer ante las amenazas y persecuciones de los poderes humanos, pues debían confrontar a las naciones y sus gobernantes con el mensaje liberador de la palabra divina. Ese mensaje fundamentado en las enseñanzas de Cristo tenía el poder de salvar individuos, redimir comunidades, transformar pueblos y liberar naciones.

La teología cristiana respecto al salmo llega a un punto culminante en el libro del Apocalipsis de Juan (11.18; 19.19). En la gran batalla escatológica, el Rey de reyes y Señor de señores se levantará triunfante contra los poderes antagónicos de la humanidad. El Señor se levantará airoso en medio de las calamidades extraordinarias del final de los tiempos, pues los reinos humanos pasarán a ser del Señor y de su Mesías para siempre (Ap 11.15). De acuerdo a la lectura cristológica del salmo, la victoria definitiva será del Mesías y de su pueblo (Ap 2.26-29).

Salmo 3: «Oración matutina de confianza en Dios»

El tercer salmo presenta una oración intensa, profunda, sentida. El salmista clama por apoyo y seguridad, en medio de la persecución y delante de la multitud de los adversarios. Su fuente de esperanza está en el Señor, y su salvación proviene del Dios que se «levanta». Para el poeta del salmo, su refugio no es humano sino divino, y su futuro está en las manos de quien tiene el poder y el deseo de redimirlo. Luego de los primeros dos salmos de énfasis didáctico y sapiencial, se presenta esta plegaria individual que reclama ayuda divina en medio de la crisis.

Generalmente este salmo se relaciona con los lamentos individuales del Salterio. En su título hebreo se indica que es un salmo de David, cuando huía de su hijo Absalón (2S 15–19). Como el resto de estos títulos hebreos, esta referencia es una añadidura posterior que intentaba relacionar los salmos con David, que era reconocido en el pueblo no solo como monarca y militar, sino como poeta, músico y «dulce cantor». En el salmo se alude a los enemigos en forma general, y no se menciona específicamente a Absalón, tercer hijo de David, cuya madre, Talmai, era la hija de Geshur, monarca de Aram (2S 3.3).

El lenguaje militar que se manifiesta en el salmo puede ser indicativo de que su autor era parte de la corte real —o inclusive ¡un rey de la dinastía de David!–, aunque alguien fuera de esos círculos reales pudo haber escrito un poema de angustia personal, fundamentado en sus experiencias adversas en la vida. Y si quien habla en el salmo es el rey, entonces el contexto litúrgico era algún día de dolor e intercesión nacional; si, por el contrario, su autor es un israelita afligido y necesitado, el contexto del poema era la plegaria personal e individual en algún momento de particular crisis, enfermedad o acusación injusta. Posiblemente el salmo fue escrito en el período preexílico, pues el idioma manifiesta un tipo de ambiente bélico tradicionalmente relacionado con el período de la monarquía israelita.

La poesía del salmo incluye cuatro estrofas y una métrica regular. Comienza con una invocación al Señor, que precede la descripción de la plegaria. El tema del salmo se mueve del clamor en la dificultad a la afirmación de confianza y seguridad en Dios: Desde la expresión de herida profunda y mortal (v.7), hasta la celebración de la victoria que proviene del Señor (v.8).

La estructura del salmo es la siguiente:

- La crisis del salmista: vv.1-2
- El Señor es mi escudo: vv.3-4
- El Señor es mi victoria: vv.5-7
- El Señor es mi salvación: v.8

vv.1-2: El salmo comienza con preocupación y dolor: ¡Se han multiplicado los adversarios y enemigos del salmista! El poeta se admira de las dinámicas que le rodean, que en vez de propiciar seguridad y esperanza presagian conflicto y lucha. La oración final de la estrofa es reveladora: ¡Los enemigos le indican que Dios no lo puede ni quiere salvar! Se afirma de esta forma lo extremo de la crisis, se pone de relieve la naturaleza del dolor, se revela la desesperanza en grado sumo.

Lo que caracteriza el inicio de la oración es la preocupación, sin embargo, como la plegaria se hace a Dios, manifiesta un sentido implícito y solapado de esperanza. El salmista se allega al Señor en medio de la crisis, pues entiende que su las fuerzas que afectan sus existencia pueden cambiar ante las acciones divinas de liberación. La admiración de la primera estrofa pone en evidencia la seriedad del problema.

En el poema no se identifican con precisión los «adversarios», aunque la referencia puede aludir a los enemigos tradicionales del rey —p.ej., naciones enemigas y monarcas extranjeros, y cuando el salmo se leía posteriormente en la historia, cuando la monarquía había cesado, la expresión podía entenderse en términos de los antagonismos personales e individuales. La multitud que habla en contra del adorador describe apropiadamente tanto a gente rebelde (2S 18.31,32) como a los enemigos personales (Jue 20.5) y las naciones extranjeras (Ab 1).

Según los adversarios y las personas que se levantaban en su contra, la condición del salmista no propiciaba ningún tipo de ayuda, ni resistía el apoyo. Para sus enemigos, ¡ni Dios mismo podía intervenir para rescatar y salvar al salmista de su crisis! La gravedad de su condición llegó a tal punto, que no tenía remedio, ni futuro. Posiblemente, de acuerdo a la teología de la época, se pensaba que la persona aludida había pecado de forma extraordinaria (Job 8.6), para estar en esa condición terminal.

La palabra hebrea *Selah*, que no se traduce en las versiones Reina-Valera de la Biblia, se encuentra en 74 ocasiones en el Antiguo Testamento: 71 en el Salterio, y 3 en Habacuc. Tenía, posiblemente, algún valor musical, invitaba a la congregación a responder de alguna manera, e inspiraba al pueblo a incorporarse en el culto (véase la Introducción).

vv.3-4: Luego de comprender la gravedad de su condición y situación, el salmista profesa su fe en el Señor, que es «escudo» y «gloria». La imagen del escudo alude a una muy importante armadura de defensa del guerrero. Este equipo de batalla era de forma redonda, y podía ser de metal o más probablemente de madera cubierta de cuero, que previamente había sido preparado con aceites y grasa de animales (Is 21.5).

En el contexto del salmo se compara a Dios con el escudo del guerrero, que revela su utilidad e importancia al fragor de la batalla.

Dios protege al salmista de los ataques de sus enemigos y adversarios, y se convierte en la fuente de su seguridad y esperanza. Esa capacidad protectora de Dios le hace merecedor del ser la «gloria» del salmista. Posiblemente la expresión debe entenderse como una referencia a Dios, en «quien me glorío», que transmite la idea de «quien restablece mi honor, afirma mi dignidad y reconoce mi integridad» (Sal 21.5; 62.7).

«Levantar la cabeza» es generalmente una imagen legal y jurídica. Puede aludir al gesto del juez cuando declara la inocencia de algún acusado, y lo demuestra ordenando el gesto de levantar la cabeza. La expresión también puede reflejar los antiguos entornos penales, cuando se liberaba de la prisión a alguna persona (Gen 40.13,20; 2R 25.27; Jer 52.31). En el contexto teológico y espiritual del salmo, la expresión revela la actitud divina que es capaz de transformar las realidades adversas de las personas afligidas y necesitadas al «levantarlos» y ponerlos en algún sitial de honor y dignidad. De un lado, el salmista acepta la gravedad de su condición; del otro, reconoce la capacidad de divina de liberación.

Ante el clamor y grito del salmista, el Señor responde desde su monte santo. Dios recibe las plegarias que surgen de la angustia y responde las oraciones que reconocen su necesidad. Su monte santo alude a la morada divina, que en el salmo es una referencia a Sión (Sal 2.6). Y aunque en Israel la santidad divina se manifestaba en la presencia del Arca del pacto o en el Templo, el monte santo era para las culturas del Medio Oriente el particular lugar de morada de la divinidad; y representaba, además, la bóveda celeste y la tierra que le pertenecía al Señor (Sal 14.7; 20.2).

vv.5-7: Luego de las afirmaciones de dolor y de preocupación, el salmo incluye varios elementos de esperanza. El salmista durmió –¡y tuvo lo que parece ser una pesadilla!– y al despertar se percató que Dios le acompañaba y sustentaba. El apoyo divino el da valentía y fortaleza para enfrentar a los enemigos que le sitiaban. La presencia de Dios le permite despertar con sentido de futuro y seguridad. Y la oración del salmista, al descubrirse protegido y cuidado, es de afirmación y seguridad: ¡El Dios bíblico hiere a los enemigos y quebranta a los perversos!

Las referencias al sueño aluden al proceso de descanso y reposo, no son indicaciones de búsqueda de revelación . Y la invocación «levántate», más que al acto físico de incorporarse, revela el deseo de intervención divina que manifiesta el salmista, revela su apetito por la revelación de Dios, alude a su anhelo de salvación y futuro (Is 60.1). Posiblemente esa expresión «levántate Señor» era un tipo de grito de guerra relacionado con el Arca del pacto (Num 10.35; Sal 68.1), que simbolizaba la presencia divina. ¡El Dios del salmista tiene el poder de salvar y el deseo y de redimir!

«Herir en la mejilla» es una forma de insulto y desprecio (1R 22.24; Job 16.10; Lam 3.30; Mic 5.1). Y la metáfora de «los dientes de los perversos quebrantados», evoca la imagen de las fieras salvajes que no tienen el poder de hacer daño (Job 29.17; Sal 58.6). Juntos, estos dos artificios literarios ponen de manifiesto el poder divino que le permite al salmista levantarse airoso de la crisis.

v.8: La afirmación final del salmo es de seguridad y esperanza: La salvación le pertenece a Dios, y la bendición es para el pueblo. Luego del reconocimiento de las complejidades y dificultades de la crisis, el salmista profesa que el dolor no tiene la última palabra contra la gente de bien, ni la angustia es la condición definitiva de las personas con fe. La primera parte del versículo final es una confesión pública de fe; y la segunda, una petición de bendición divina.

La lectura cuidadosa del salmo pone de relieve la realidad de la vida, con sus complejidades, contradicciones y desafíos. El salmista expresa su queja ante sus enemigos, pero también revela su convicción de que Dios responde a sus plegarias e interviene en la vida. Y fundamentado en esas convicciones, declara su fe y esperanza, y afirma con seguridad que la victoria en la vida emana del Señor.

Este salmo comienza una serie importante de oraciones (p.ej., Sal 4–6) que son una especie de respuesta a la teología y los propósitos de los primeros dos poemas del Salterio: ¡La gente bienaventurada, que medita en la Ley y confía en el Señor, reconoce la importancia de la oración!

Salmo 4: «Oración vespertina de confianza en Dios»

Similar al poema anterior, este salmo es una oración intensa de confianza y seguridad en el Señor. El salmista clama por la respuesta divina en forma de justicia, misericordia y alivio. Su oración responde a la infamia, vanidad y mentira de la gente, y se fundamenta en la capacidad de intervención liberadora que tiene el Señor. El salmista, luego de la oración, duerme confiado, aunque sea objeto de persecuciones y acusaciones injustas, pues reconoce que la presencia divina le acompaña.

El salmo es un tipo de lamento individual, que a su vez puede catalogarse temáticamente como una oración de confianza personal. Posiblemente su contexto original eran las ceremonias religiosas del Templo de Jerusalén, donde se dilucidaban algunos casos complicados de índole legal (Dt 17.8-13; 19.16-21); no debe relacionarse este poema con las oraciones antiguas que pedían lluvias a las divinidades. El salmista, que en su entorno inicial no necesariamente es el rey ni el sumo sacerdote, transmite los sentimientos comunes de las personas que en medio de alguna crisis desean afirmar su confianza en Dios. Posiblemente el autor está acusado injustamente de algún crimen, y aunque fue declarado inocente, todavía siente algunas voces de injuria y calumnia. Como el salmo no identifica precisamente al autor y sus circunstancias, la interpretación se hace complicada.

El título hebreo del salmo pone de relieve algunos de sus detalles musicales. Relaciona el poema con el «músico principal», que posiblemente era el levita encargado de los cánticos del Templo (véase 1Cr 15.21 y la *Introducción*). «Neginot» alude quizá a los instrumentos de viento —p.ej., una flauta— que se utilizaban en la música y en el acompañamiento de las alabanzas a Dios en el Templo de Jerusalén (Sal 6; 54; 55; 61; 67; 76). La referencia a David asocia el poema con el famoso rey de Israel, y con la colección de salmos que se le atribuyen. Y la inclusión del término hebreo *Selah* en dos ocasiones confirma la importancia musical del salmo.

El salmo tiene cuatro estrofas, que se disponen estructuralmente de la siguiente forma:

• Invocación a Dios: v.1
• Respuesta divina: vv.2-5
• Seguridad divina: vv.6-7
• Confianza en el Señor: v.8

v.1: El salmo comienza con un petición clara y directa: El salmista está en medio de una gran crisis personal e invoca la justicia divina, al desconfiar de los procesos jurídicos humanos. Clama en medio de la angustia, y afirma que en situaciones anteriores de dolor el Señor se ha manifestado con justicia, alivio y misericordia. ¡El Dios del salmista escucha sus oraciones!

La referencia a Dios como «justicia mía» alude al poder divino de vindicar y hacer justicia a personas que han sido procesadas de manera injusta y calumniosa. Y las manifestaciones de apoyo y misericordia son expresiones claras del poder liberador de Dios, que se manifiestan de manera gratuita.

vv.2-3: El salmista pregunta «hasta cuándo». En medio del dolor clama, exclama y reclama, pues desea ver terminadas sus angustias. El poeta, en la crisis, confronta a sus adversarios con la seguridad que tiene en Dios. Su preocupación básica se relaciona con su honra, que es un valor fundamental que incluye los conceptos de honor, prestigio e integridad. Las actitudes de infamia, vanidad y mentira de sus acusadores y enemigos se sobreponen a dos de los valores fundamentales de la vida: La verdad y la justicia. La referencia al honor no necesariamente alude al rango político o abolengo social del salmista, aunque no los excluye.

La respuesta del salmista ante la crisis es de confianza y seguridad. Afirma de forma general que el Señor ha escogido para sí a la gente piadosa, y añade, desde la perspectiva personal, que Dios le escuchará cuando clame. De acuerdo al poema, el Señor mismo ha separado a la gente piadosa para que reciba un trato justo y digno en la vida, no los ha dejado a merced de la injusticia y la mentira. Y la referencia al «piadoso» que ha sido escogido por el Señor, describe a la persona que se ha aceptado la voluntad de Dios y se ha incorporado al pacto o alianza.

vv.4-5: Estos versículos presentan el reclamo del salmista ante sus acusadores. Les invita a actuar con temor y a evitar el pecado, les llama a meditar en el anonimato de la noche y en la soledad, y les desafía a humillarse, ofrendar y confiar en el Señor. El pasaje, que presenta varias dificultades textuales, transmite la idea de forma precisa: El salmista reclama justicia de quienes le persiguen, y evoca la autoridad divina para que detengan sus acciones injustas y crueles. El fundamento del clamor del salmista es su confianza en el Señor, que pasa a sus enemigas para que cambien de actitud.

La palabra traducida en Reina-Valera como «temblad», transmite la idea de temor y reconocimiento ante el Señor, y unida a la frase «no pequéis», reclama un cambio radical de actitud en la vida. En la Epístola a los Efesios se cita libremente este linea poética, para advertir a los creyentes de los problemas relacionados con la ira y las dificultades asociadas con mantener el enojo (Ef 4.26).

«Meditad en vuestro corazón» es una manera hebrea de decir piensen, analicen, ponderen; inclusive la expresión evoca la idea de examinar sus consciencias. El salmista llama a la introspección, a la reflexión profunda. Ese gesto meditativo necesita una actitud de silencio y respeto, en el entorno más íntimo de la persona: la alcoba, la cama, el lugar del descanso reparador.

El argumento del salmista culmina con una invitación solemne a la demostración de la piedad: Ofrecer «sacrificios de justicia» y manifestar confianza en el Señor. Ese particular tipo de sacrificio debe hacerse utilizando las ceremonias apropiadas y manifestando las actitudes correctas. Y la referencia a la confianza en el Señor revela el sentimiento que debe acompañar las ceremonias religiosas.

vv.6-7: El salmista, luego de presentar el mensaje a sus adversarios, cita las aspiraciones de sus enemigos, quienes desean encontrar el bien y anhelan ver el rostro luminoso de Dios. ¡Son muchos los adversarios que reclaman el rostro divino! La imagen del rostro de Dios es una manera de referirse al bien, representa la acción divina en el momento oportuno, alude al acompañamiento de Dios en el instante de necesidad. Ese rostro, en efecto, es fuente de iluminación, bondad y bienestar, y su descubrimiento y aprecio genera esperanza, fortaleza y seguridad.

El rostro del Señor, además, es manantial de gran alegría, que supera la felicidad que produce la abundancia y el vino. Reconoce el salmista, en boca de los enemigos, que la presencia divina genera en las personas la dicha necesaria para vivir con salud y bienestar. Además, la referencia a «alzar la luz del rostro divino» puede ser una alusión a la bendición sacerdotal (Num 6.24-26).

v.8: Finaliza el salmo con una expresión de seguridad absoluta. ¡No habrá más noches de desvelo para el salmista angustiado y preocupado! La paz le arropará e inundará, pues su confianza está en el Señor. Esa seguridad proviene únicamente del Señor, pues su rostro ilumina y protege su sueño. La expresión «porque sólo tú» pone de manifiesto el fundamento teológico y espiritual del salmo y del salmista: El Señor es la fuente de su seguridad.

El salmo comienza con un profundo clamor por justicia. El salmista se siente injustamente perseguido y calumniado, y con esperanza reclama la intervención de Dios. Sin embargo, el poema finaliza con una extraordinaria afirmación de fe y seguridad: ¡El Señor hace vivir confiado al salmista! Junto al tercer salmo, este poema pone en evidencia la amplitud de la confianza que genera el Señor en los creyentes: ¡La oración que implora a Dios ayuda y apoyo, se hace en la mañana y el la noche!

El versículo final del salmo ha inspirado a generaciones de creyentes a culminar su día con esa oración de seguridad. Esa profunda convicción espiritual del salmista es la que motiva a los creyentes a afirmar como el sabio apóstol: «Y la paz de Dios, que sobrepasa todo entendimiento, guardará vuestros corazones y vuestros pensamientos en Cristo Jesús» (Fil 4.7).

SALMO 5: «PLEGARIA PIDIENDO PROTECCIÓN»

En la tradición de los dos salmos anteriores, el quinto presenta la súplica de una persona acusada injustamente y que acude humildemente al Señor para presentar su caso e implorar justicia. Sus acusadores son personas insensatas, mentirosas, malvadas, sanguinarias y engañadoras, que no se inhiben hasta lograr sus objetivos de maldad. El salmista invoca la intervención de Dios y clama por el castigo y la caída de sus enemigos. Finaliza el poema con una gran declaración de confianza por la capacidad de salvación divina y por su compromiso con la defensa de la persona justa.

El salmo se puede incluir en la categoría general de los lamentos individuales, pero en realidad es la oración de una persona inocente que solicita en su dolor la protección divina. El título hebreo es el mismo que se incluye en el Salmo 4 (véase comentario al salmo), y brinda muy poca información referente a los detalles sociales, religiosos y litúrgicos del poema. Y como la información histórica que se incorpora y revela en el poema es muy escasa, no se puede determinar con precisión el autor del salmo, ni se puede descubrir con seguridad la fecha de composición.

Por las referencias al Templo (v.7), el salmo debe ser de origen preexílico, y posiblemente se utilizaba en relación a las ofrendas y los sacrificios de la mañana. Algunos estudiosos piensan que un mejor contexto original del salmo eran las dinámicas que se relacionaban con los procesos jurídicos en el Templo de Jerusalén.

El análisis de la estructura literaria del salmo pone de manifiesto cinco estrofas que se alternan temáticamente. De un lado, se incluyen oraciones y afirmaciones para la gente piadosa y justa; del otro, la naturaleza y futuro de las personas injustas.

- El Señor escucha mis palabras: vv.1-3
- El futuro de los insensatos: vv.4-6
- El Señor me guía en su justicia: vv.7-8
- El castigo de los mentirosos: vv.9-10
- La alegría de los que confían en Dios: vv.11-12

vv.1-3: La oración comienza con una petición del salmista, con un clamor intenso: ¡Señor «escucha mi gemir» y «atiende a mi clamor»! Esas expresiones, características de los salmos de lamentación, ponen de manifiesto la magnitud de la aflicción, revelan la intensidad del dolor, subrayan la necesidad del adorador, identifican la angustia del salmista. Más que una palabra religiosa superficial o una oración memorizada de poca significación, el poeta se presenta ante Dios con un clamor profundo, con una plegaria intensa, con una oración de petición y ayuda. La referencia a la oración «temprano en la mañana» indica la urgencia del clamor.

La confianza del salmista está en que Dios le puede escuchar, pues le reconoce como su rey y su Dios. La oración es intensa e íntima. ¡Reconoce el autor la autoridad divina sobre los monarcas humanos! El salmista llega al más alto foro legal en donde puede presentar su caso, ante Dios. El Señor es el juez por excelencia, que tiene la capacidad de establecer la justicia en el instante oportuno.

Las expresiones «mi Rey» y «mi Dios» revelan el sentimiento profundo del adorador: El Señor no es al monarca distante despreocupado por los dolores de su pueblo, ni es la divinidad impersonal ajena a las dinámicas diarias de su pueblo. Para el salmista, el Señor es el Dios cercano e íntimo, que le brinda las fuerzas necesarias para confiar y esperar su intervención redentora.

vv.4-6: Junto a una afirmación teológica en torno a la divinidad, el salmista describe a sus adversarios. ¡Insensatos y arrogantes que se complacen en la maldad y la injusticia! El Dios del salmista no acepta la maldad como un comportamiento adecuado, ni permite a los inicuos estar delante de su presencia. El Señor destruye a los mentirosos; y abomina, el Dios del salmista, a la gente sanguinaria y engañadora.

Estas afirmaciones teológicas, que revelan la naturaleza justa de Dios, ponen en clara evidencia un nivel avanzado en el desarrollo religioso del salmista y de la humanidad. Aunque esas declaraciones están muy acorde con la teología cristiana, la literatura antigua presenta los excesos, conflictos y las actitudes caprichosas de las divinidades de las ciudades antiguas de Canaán y Ugarit.

La relación íntima y la dinámica recíproca entre la justicia y la divinidad es una contribución significativa de la literatura bíblica a la teología. El Dios de las Sagradas Escrituras es justo, y esa naturaleza especial le hace rechazar la maldad como una manifestación divina adecuada. Las expresiones de rechazo —p.e., «no habitarán junto a ti» y «no estarán delante de tus ojos»— pueden aludir a la negativa divina ante los gestos, las oraciones y los sacrificios de adoradores que llegan al Templo, pero que actúan de acuerdo a la maldad.

De acuerdo a la teología del salmo el Señor rechaza tanto el pecado como al pecador. Esa afirmación, que puede parecer extraña en la teología cristiana, puede entenderse a la luz de una comprensión más amplia de la afirmación. En efecto, Dios rechaza todo lo relacionado con el pecado, inclusive a las personas, hasta que se incorpora una actitud de arrepentimiento y humildad. Cuando la persona pone fin a su actitud siniestra de maldad, entonces se aleja del juicio divino y recibe la misericordia de Dios.

vv.7-8: En contraposición a la actitud adversa de sus enemigo, el salmista se presenta ante Dios con humildad y se allega al Templo esperando la misericordia divina. Reconoce la importancia del Templo como Casa de Dios, y se dispone a adorar con reverencia. Y el resultado de su gestión religiosa es un clamor extraordinario: ¡Señor guíame en tu justicia!

Adorar «hacia el santo Templo» revela la costumbre antigua de los judíos de la diáspora de hacer sus oraciones, o cumplir sus responsabilidades religiosas, orientados hacia Jerusalén, la Santa Ciudad, en donde estaba ubicado en Templo (1R 8.35,38,42; Sal 28.2; 134.2; 138.2; Dan 6.10). Esa práctica presuponía que Dios habitaba en el Templo, que transmitía la idea de morada o casa. Orar orientado hacia el Templo era una manera de reconocer la presencia divina en ese lugar.

La petición final del salmista, «endereza tu camino», es una forma figurada de pedirle a Dios que le ayude y le permita enfrentar las dificultades de la vida con sabiduría y autoridad. No le pide al Señor que lo saque del camino ni que le evite las adversidades, sino que le prepare el sendero y le ayude a transitar la vida con valor y firmeza.

vv.9-10: Esta sección describe de forma gráfica a los enemigos del salmista: La boca de ellos comunica mentiras y falsedades; y su interior —es decir, lo que se anida en lo más profundo del ser—, está lleno de maldad. Sus adversarios son hipócritas, malos y mentirosos. Para el salmista, el problema real de quienes le acusan es el sepulcro o la muerte que tienen en su interior.

Esa imagen de la muerte es el fundamento de las acciones de los enemigos del salmista, es la base de las palabras que emiten. La comunicación y las acciones mismas de sus adversarios y perseguidores están influenciadas por el ambiente del sepulcro, que evoca descomposición y destrucción.

Ante esas actitudes, el salmista reclama el juicio divino: ¡Castígalos, Señor, por sus intrigas, por sus transgresiones, por sus rebeliones! ¡Hazlos pagar por lo que me han echo!, parece decir el poeta en su oración. En su clamor a Dios, les desea que caigan y que sean echados fuera de la presencia divina. Su oración es una plegaria de vindicación firme y decidida, es una oración que responde a sus sentimientos más profundos de dolor y persecución, es un clamor que se origina en sus experiencias adversas de injuriado y calumniado.

El texto revela que se manifiestan en el salmista los resentimientos y los deseos de venganza que deben ser superados para propiciar la salud mental y espiritual. Ante situaciones similares, los seres humanos reaccionan con violencia, y desean verse restaurados y restituidos. Sin embargo, la gente no puede vivir feliz cuando las fuerzas que guían sus vidas están motivadas por la revancha y la venganza. La dicha se manifiesta en las personas cuando el fundamento de sus acciones no es la insanidad que produce el resentimiento, sino la paz que genera la salud mental y espiritual.

vv.11-12: La palabra final del salmo es de contentamiento y optimismo. Se alegran las personas que confían en el Señor, pues Dios mismo les defiende, les apoya y les bendice. El Señor es como un escudo protector alrededor de las personas justas, y les manifiesta su favor y su amor. Esas acciones divinas producen en el salmista seguridad, esperanza y regocijo.

El motivo de gozo no es en este caso el juicio o la destrucción de los adversarios del salmista, sino la protección e intervención divina. Amar el nombre divino es una forma de expresar su amor al Señor. En este contexto es importante señalar que en la antigüedad se pensaba que había una relación estrecha e insustituible entre el nombre y la persona que lo lleva. En el particular caso del nombre divino, el Antiguo Testamento está cargado de relatos en los cuales ese nombre tiene gran significación teológica y espiritual (p.ej, Ex 3.13-15; 6.2-3).

La frase final del salmo, «lo rodearás de tu favor», es sinónima de bendición, y presenta una de las características fundamentales de la oración: Aún ante las adversidades más amargas, la gente de fe recibe la bendición divina, pues Dios mismo les rodea de amor. Y aunque la vida se viva en medio de contradicciones y esperanzas, en medio de persecuciones y bendiciones, en medio de problemas y expectativas, en medio de conflictos y posibilidades, la gente justa da voces de júbilo y se regocija en la seguridad que le brinda el Señor. El secreto de la oración, según el salmo, se relaciona con el sentido de justicia y seguridad que manifiesta.

En su importante Epístola a los romanos, el apóstol Pablo cita el versículo nueve de este salmo, en su discurso sobre el poder del pecado que arropa a la humanidad, tanto a judíos como a gentiles (Rom 3.13). Y aunque la finalidad original del salmo no necesariamente se relaciona con la afirmación y teología paulina, la interpretación apostólica es muy válida y pertinente. En efecto, la maldad no tiene la última palabra en la vida, la injusticia no es el destino final de los fieles, la destrucción no constituye el propósito de Dios para la humanidad. Al final de todo, Dios sigue siendo Dios, pues tiene control de la historia y de la humanidad. El favor divino es mayor que la actitud rebelde de los enemigos, pues el amor de Dios es superior al los odios, rencores y resentimientos humanos.

Salmo 6: «Oración pidiendo misericordia en tiempo de prueba»

Este salmo clama de forma apasionada e intensa por el amor y la misericordia divina en un momento de gran dificultad y angustia. Se invoca la gracia que se sobrepone a la ira y al enojo de Dios. La referencia directa a la enfermedad identifica específicamente la calamidad, que se relaciona en el poema con el juicio divino. La gravedad del problema o enfermedad puede llegar hasta a «turbar el alma» del salmista, que es una forma poética de indicar la extensión y la naturaleza de la crisis: ¡Puede generar confusión y desesperanza en las personas! Y como el idioma de la enfermedad y la sanidad se utiliza metafóricamente con regularidad en el Antiguo Testamento, el salmo pasó a ser utilizado como una plegaria para la restauración del pueblo. En este sentido figurado, las calamidades que traían al pueblo debilidad eran vistas por los escritores bíblicos como una particular forma enfermedad.

La iglesia cristiana, desde el siglo quinto, ha identificado este poema como el primero de varios salmos penitenciales, particularmente utilizados durante la Semana Santa (véanse Sal 32; 38; 51; 102; 130; 143). Y aunque el salmo no contiene recomendaciones directas o expresiones explícitas a la penitencia, la lectura piadosa de los cristianos y las cristianas vieron en sus imágenes un claro mensaje de contrición.

Generalmente el salmo se clasifica como un lamento individual, que describe y articula la experiencia del dolor comunitario. Posiblemente el salmo se utilizaba en el culto del Templo, cuando se oraba por alguna persona en necesidad (2S 12.16; IR 8.37) o cuando el pueblo pasaba por algún instante de crisis nacional. El poema se debe haber escrito en la época post-exílica, a juzgar por las similitudes que presenta con literatura de esa época (v.1 y Sal 38.1; v.2 y Sal 41.2; v.6 y Jer 45.3; v.7 y Sal 31.10; v.8 y Sal 119.115; v.10 y Sal 35.4,26; 83.13).

El título hebreo del poema es similar al que se incluye en los salmos cuatro y cinco, con la única diferencia de la referencia a *Seminit*, que posiblemente alude a un instrumento musical de ocho cuerdas.

El salmo puede dividirse en cuatro estrofas. En las primeras tres se alternan los lamentos y las peticiones que produce en el adorador un sentido extraordinario de intimidad y humildad. La estrofa final es una especie de añadidura que pone de relieve la intervención sanadora de Dios, luego de haber superado la enfermedad y la crisis. El cambio brusco en el tono del salmo (vv.8-10) se puede deber a la intervención de algún oráculo divino, a través de algún profeta del culto o sacerdote.

La estructura del salmo es la siguiente:
• Petición por misericordia: vv.1-3
• Oración por salvación: vv.4-5
• Lamento por los angustiadores: vv.6-7
• El Señor ha oído la oración del salmista: vv.8-10

vv.1-3: El salmista presenta rápidamente su preocupación profunda: No quería ser reprendido por el Señor, pues prefería la misericordia y la sanidad divida al enojo y la ira de Dios. Clama en medio del dolor extremo que produce una enfermedad que le abate hasta los huesos, y que le genera algún tipo de crisis emocional o depresión.

La frase «no me reprendas en tu enojo» es un atropomorfismo, que es un recurso literario que atribuye a Dios características de las personas. Y anuque la ira y el enojo divino están generalmente acompañados de la justicia de Dios (Jer 30.11; 46.28), el salmista entiende que en medio de su dolor extremo y enfermedad está más necesitado de la misericordia y el amor. Esa plegaria pone de manifiesto un valor extraordinario de la teología cristiana, que entiende el amor de Dios como una fuerza que sobrepasa todos los límites del entendimiento.

Para el salmista la enfermedad que le abatía le afectaba los huesos y el alma. Es decir, la calamidad tenía repercusiones físicas y espirituales, y manifestaba niveles biológicos y emocionales, en una clara referencia a la totalidad de la vida. El salmista, de esta forma, relaciona dos conceptos de gran importancia religiosa: el juicio divino y la enfermedad. Y esa relación íntima entre la salud y el pecado le hace preguntar con firmeza: ¿Hasta cuándo, Señor?

Como en la antigüedad se pensaba que las enfermedades y las adversidades de la vida se relacionaban con el pecado (Ex 15.26; 2R 5.7), se entendía que únicamente el Señor era el sanador por excelencia, que equivalía al perdón divino y la liberación (Sal 41.4). La imagen del alma turbada ilustra la profundidad de la crisis (Gn 45.3). Y la pregunta retórica, «¿hasta cuándo?», es característica de varios salmos de lamentación (Sal 74.10; 79.5; 80.4). Su objetivo es expresar claramente la inquietud y la preocupación del poeta en torno a la naturaleza de la calamidad y el tiempo para su culminación o término. En la pregunta se revelaba implícitamente una petición para que finalizara la enfermedad y el dolor.

vv.4-5: El poeta se torna a Dios, y reclama su misericordia. ¡Clama por salvación! Le pide que libre su alma, que es una manera de referirse a la totalidad de la vida. Esta importante palabra hebrea *nefes*, que tradicionalmente se ha traducido como «alma» —y que aparece como 755 veces en el Antiguo Testamento— denota por lo menos tres niveles principales de sentido: en primer lugar se refiere a la vida misma, a la esencia vital del ser humano (Sal 107.5). El término también puede aludir al mundo emocional y se relaciona con varias expresiones sicológicas; y finalmente el término puede utilizarse para describir varias partes del cuerpo —p.ej., «garganta», «cuello» o «boca» (Sal 69.1; Is 5.14; Jon 2.5)—, para describir algunas ideas —p.ej., «envidia» «apetito», «deseo» o «coraje»— o para identificar a alguna «persona», «individuo» (Gn 14.21) o «cuerpo» (p.ej., Lev 19.28; 21.1; Num 6.6).

La referencia al *seol* y a la muerte indican que los muertos no pueden alabar al Señor, que es una característica distintiva de la adoración en Israel. Los muertos, como están impuros, están excluidos de los círculos de alabanza y adoración. La imagen revela que el salmista sentía que la muerte estaba muy cerca. Posiblemente pensaba que parte de su angustia era algún tipo de anticipo de los dolores relacionados con la muerte. Por esa razón su petición se hace intensa: «Vuélvete y libra de alma», es decir, mírame y redime mi vida, ten memoria de mi y libera mi existencia. ¡Manifiesta tu misericordia de forma concreta con una demostración real de tu poder salvador!

En la antigüedad, los israelitas imaginaban el *Seol* —o la morada de los muertos— como un lugar oscuro, que estaba ubicado en lo profundo de la tierra (Job 10.21-22; Sal 63.9). En ese lugar, se pensaba, predominaba el silencio que impedía la alabanza a Dios (Sal 30.9; 88.4-6,10-12; Is 38.18-19). Posteriormente en la historia estas creencias fueron sustituidas por la esperanza en la resurrección de los muertos al final de los tiempos (Dn 12.1-3).

vv.6-7: El salmista describe poéticamente la intensidad de su oración. Ha invertido todas sus fuerzas durante las noches llorando y gimiendo por su condición: ¡Está exhausto! Regó e inundó su cama con sus lágrimas y gastó sus ojos de tanto sufrir. Y en su oración indica que su dolor de relaciona con las acciones de personas que le hieren y angustian.

El poeta utiliza muy bien la hipérbole para exagerar y poner de relieve la profundidad de su dolor. El lecho alude al lugar de descanso del salmista. En la antigüedad, únicamente las personas ricas tenían camas con patas. Generalmente estos lechos eran lugares en el suelo, que no tenían cubiertas ni mantas, pues las ropas de los que las utilizaban servía para cubrirse durante el descanso.

«Mis ojos están gastados de sufrir» puede indicar la enfermedad del salmista. Algún tipo de condición visual que le impedía ver con claridad. Otra posibilidad es que la expresión sea una figura del lenguaje que intenta presentar la extensión del sufrimiento y enfatizar el lloro y dolor del salmista.

vv.8-10: La sección final incluye una firme manifestación de esperanza. El salmista rechaza a los que le angustian y actúan con maldad, pues exclama que el Señor ha oído su oración. Y ante la intervención consoladora de Dios, los muchos enemigos del salmista ¡se avergonzarán y se turbarán! La acción divina no solo consuela al creyente sino que identifica y rechaza los que actúan con maldad. La vergüenza y la confusión se manifiestan en la gente que actúa con maldad; pero para las personas que viven de acuerdo a la voluntad divina, acabarán las lágrimas y finalizarán los dolores.

La frase «¡Apartaos de mí!» identifica la transición entre el clamor de angustia y la afirmación de fe y triunfo. La razón de la transición es que el Señor ha oído su clamor y ruego. Y que el Señor escuchara su clamor era signo de que se había perdonado su pecado y sanado su cuerpo. Los enemigos actuarán de forma desorientada porque el Señor tomó el clamor del salmista y respondió con salud y bienestar físico y espiritual. Esos enemigos pueden ser quienes le causaron el malestar o quienes lo agravaron con sus acciones.

SALMO 7: «PLEGARIA PIDIENDO VINDICACIÓN»

En este salmo se incluye la plegaria intensa de una persona perseguida y acusada injustamente que suplica a Dios su vindicación. En su dolor, se confiesa inocente, y reclama la liberación de quienes le hieren y angustian. Comienza el poema con dos afirmaciones de confianza y seguridad: «Señor, Dios mío» (v.1,3). En la primera declaración se clama por liberación y apoyo; y en la segunda se declara su inocencia en la forma de juramento. Las dos afirmaciones se relacionan pues la liberación que se reclama se hará realidad únicamente si la persona que ora es inocente de lo que se le acusa falsa e injustamente. Utilizando un lenguaje figurado el salmista presenta su caso ante el Dios Altísimo (v.17), pues reconoce que el Señor es su «escudo» (v.10) y que salva a la gente inocente. Su liberación es motivo de cánticos y alabanzas (v.17).

En los Salmos el tema de apreciar y afirmar la seguridad que proviene del Señor es recurrente e importante (Sal 11.1; 16.1; 25.20; 31.1; 46.1; 61.3; 62.7-8; 71.1,7; 94.22; 141.8; 142.5). Las metáforas de «refugio» o «escudo» ponen en clara evidencia la esperanza fundamental de los adoradores en momentos de dificultad, particularmente en momentos de crisis personal, nacional e internacional. El verbo hebreo que transmite la idea de «refugio», generalmente se refiere a la protección relacionada con las inclemencias del tiempo o con la que se necesita ante las amenazas o ataques de los enemigos. Desde la perspectiva poética y simbólica, la imagen se asocia con las ideas de confianza y seguridad. La idea es proyectar al adorador un sentido de seguridad y paz en momentos de tensión y adversidad.

Este salmo generalmente se incluye en la categoría de los lamentos individuales, aunque la unidad literaria del poema es compleja. La oración pone de manifiesto los sentimientos más hondos de una persona que ha sido acusada de forma injusta. Posiblemente este salmo se utilizaba en el Templo en momentos de dificultad extrema, cuando la persona acusada se presentaba ante Dios para implorar justicia y para esperar el veredicto divino. Por su alusión a David en el título hebreo, algunos intérpretes han relacionado el poema con las oraciones reales que se hacían en momentos de crisis nacional.

La referencia a Cus, hijo de Benjamín, en el título hebreo es difícil de descifrar y comprender. Del personaje o del episodio aquí aludidos no se encuentran referencias claras en los relatos de David que se incluyen en la Biblia. Posiblemente el editor del salmo tenía acceso a información, episodios y leyendas de la vida del famoso monarca de Israel que no se preservaron en la literatura bíblica. En algunas ocasiones se ha relacionado a Cus con Saúl o con Simei hijo de Gera, enemigos de

David, que provenían de la tribu de Benjamín (2 S 16.5-8). Y el término hebreo *sigaión* tradicionalmente se ha entendido y traducido como «lamentación».

La estructura del salmo puede describirse en cinco estrofas, que alternan invocaciones y alabanzas con una declaración de inocencia del salmista y una descripción de la gente malvada:

- Invocación al Señor (vv.1-2)
- Declaración de inocencia del salmista (vv.3-5)
- Invocación a Dios, juez de la humanidad (vv.6-11)
- Descripción de la gente malvada (vv.12-16)
- Alabanza al Señor (v.17)

vv.1-2: La primera afirmación del salmo es de seguridad y esperanza en el Señor. Ante la persecución, crisis e injusticia, el salmista reconoce que su salvación proviene de Dios. Su preocupación básica e inmediata es que sus enemigos le destruyan sin que haya quien le ayude y libre. La imagen del «alma desgarrada» como si fuera atacada por un león, pone en clara evidencia la naturaleza de la dificultad y revela la intensidad del problema; describe, en efecto, la violencia de los actos y las aseveraciones en su contra. El salmista se siente impotente ante las acusaciones a las que es sometido y demanda la intervención divina para superar el problema.

La expresión «en ti he confiado» puede ser una alusión al acto de allegarse al Templo e implorar la intervención divina; es una frase simbólica y poética que pone de manifiesto el fundamento de la seguridad del salmista. Y la referencia al león es parte del estilo literario de los salmos, que relaciona a los enemigos y las dificultades con animales salvajes y cazadores (Sal 9.15; 31.4; 35.7; 57.5), o con algún ejército que ataca (Sal 3.6; 27.3; 55.18). El salmo describe la hostilidad del enemigo como un acto de salvajismo, como una manifestación no humana ni racional de la adversidad. En los tiempos bíblicos, los antiguos israelitas conocían los leones persas y asiáticos, aunque con el tiempo desaparecieron en Palestina.

vv.3-5: Esta sección del salmo incluye una clara profesión de inocencia. Fundamentado en esa seguridad, el salmista se allega a Dios y ofrece su plegaria. Le reconoce no como la divinidad lejana e impersonal, sino con intimidad y cercanía: «Señor, Dios mío». Con esta declaración no pretende indicar que está libre de toda culpa sino poner de manifiesto su integridad personal. Su propósito es indicar que sus actuaciones no justifican la severidad y complejidad de su condición y dolor. La violencia a la que es sometido no puede fundamentarse en sus actos, pues el salmista ha tratado de vivir de acuerdo a buenos principios éticos y morales. Como ejemplo de su afirmación de la moral, indica que inclusive liberó a un enemigo que le perseguía injustamente (v.4).

Fundamentado en esa convicción de inocencia el salmista indica que si en verdad es culpable que le lleguen las calamidades identificadas en su oración: ¡Que el enemigo le alcance y pisotee, y que hiera su honra! Esta sección del salmo es como una especie de juramento, en el que, ante el guardián del compromiso (Dios), se afirma la inocencia o se aceptan las consecuencias de la culpabilidad. La oración es una especie de auto-maldición en la que se aceptan las calamidades identificadas si se descubre falta de integridad en la persona que ora.

En la antigüedad se pensaba que una persona culpable no se atrevería a orar y profesar su inocencia de esta manera, aunque debemos suponer que en el Israel bíblico había personas que no temían a «Dios ni a los hombres» (Lc 18.2). Este tipo de juramento en algunas ocasiones estaba acompañado de actos simbólicos que enfatizaban el compromiso y la seriedad de las afirmaciones (Dn 12.7). Es posible que en el contexto de este salmo se incluyera algún gesto físico, como el de lavar las manos (Sal 26.6; Is 1.15-16).

Las afirmaciones «si de algo soy culpable», «si hay en mis manos iniquidad» y «si he dado mal pago» no deben ser entendidas como declaraciones de perfección moral y ética de parte del salmista. Son, en efecto, expresiones de quien es acusado injustamente e intenta convencer a Dios y a la comunidad de su inocencia. Y las imprecaciones finales de la oración (v.5) son la prueba que ofrece el salmista de su inocencia. Respecto a la palabra hebrea *selah* véase la introducción.

vv.6-11: El juramento del salmista ahora se torna en invitación: Ante las injusticias de sus acusadores, reclama la manifestación de la ira divina. La oración se transforma en petición formal para que se establezca una corte que haga justicia al salmista. Y aunque el lenguaje utilizado es figurado y simbólico, el salmista pide a Dios la declaración de su inocencia y reclama el juicio divino contra sus acusadores. Esta oración no debe entenderse en el contexto del futuro escatológico, sino en el entorno real e inmediato del adorador que experimenta el dolor de la injusticia y necesita vindicación inmediata.

La oración que reclama la intervención divina comienza con varios imperativos: ¡Levántate, álzate y despierta! (el texto hebreo incluye uno adicional: «¡manda o declara el juicio!»). La fraseología revela la urgencia de la petición, el tono del clamor pone de manifiesto la intensidad de la plegaria. Se solicita la pronta intervención divina, pues mientras los enemigos continúen con sus injurias e injusticias contra el salmista se da la impresión que Dios está impotente, detenido, silente.

El lenguaje usado en la oración es militar y jurídico. «Levántate» (Num 10.35) y «despierta» (Jue 5.12) son gritos de guerra que incentivan el coraje y fomentan la lucha; y «álzate» es una expresión sinónima que genera la misma reacción de valentía y entusiasmo. En efecto, son frases que evocan las antiguas tradiciones que se asocian con el Arca del Pacto y la Guerra Santa (Sal 3.7; 9.19; 17.13; 44.26; 102.13; Is 33.10). El adorador reclama la intervención divina en términos militares. Posiblemente toda esta terminología bélica revela la naturaleza hostil de las acusaciones a las que estaba expuesto el salmista —p.ej., podía haber sido acusado de haber roto algún tratado—, aunque también todos estos términos pueden estar relacionados con la idea de Dios como guerrero.

La oración revela, además, un particular entorno jurídico y legal. Los pueblos se reunirán alrededor del Señor para ser juzgados en justicia y equidad. El salmista reconoce esa capacidad divina y acepta la intervención de Dios como juez, para que se reconozca que el adorador injustamente acusado ha actuado con integridad. ¡Su «escudo» está en el Dios que salva a la gente recta de corazón (v.10), y prueba la mente y el corazón de las personas justas (v.9)! El salmista no fundamenta su defensa en que es perfecto sino en que es íntegro. Además, reconoce que únicamente ante el tribunal divino es que las personas impías recibirán su merecido.

vv.12-16: En el contexto de sus afirmaciones de intervención divina, el salmista le habla a sus adversarios y acusadores. Luego de declarar que su seguridad y escudo está en el Señor (v.10), describe las actitudes y actividades infames de sus detractores: Afila la espada, prepara el arco y las armas de muerte, concibe maldad, iniquidad y engaño, y cava pozos traicioneros. ¡Presenta de forma gráfica la naturaleza de la crisis! El salmista pone en justa perspectiva su caso y revela la extensión del peligro al cual se expone. Afirma que si no hay un arrepentimiento de parte de sus enemigos estará expuesto a una serie de actos infames que se asemejan al estar expuesto a la violencia de un ejército. El uso de la expresión «armas de muerte» pone en evidencia la urgencia de su petición, pues reacciona a los actos de maldad, engaño e iniquidad de sus enemigos. Sin embargo, reconoce que esas mismas actitudes de odios, injusticias y resentimientos propiciarán la destrucción de sus acusadores: ¡Caerán en los mismos pozos que cavaron! ¡La iniquidad que prepararon les llegará para destruirlos! ¡Su agravio caerá contra su propia coronilla!

Una de las imágenes que utiliza el salmista para describir las acciones injustas de sus adversarios es la del embarazo y parto. En el contexto original femenino, la mujer embarazada da a luz con dolores y amor. Las angustias relacionadas con el proceso de alumbramiento son superadas por el gozo de ver y disfrutar la vida del hijo o la hija. En este contexto la imagen se torna adversa e hiriente, pues lo que se concibe es maldad y lo que se produce es engaño. De esta manera chocante y adversa el salmista describe la naturaleza misma de la injusticia que vive. Solo un acto de arrepentimiento —que en hebreo se describe como un cambio radical de dirección evitará la agonía del salmista y la autodestrucción de sus enemigos.

v.17: El poema finaliza como comenzó, con una alabanza al Señor y una clara declaración de esperanza. El salmista canta y alaba al Señor porque confía en su justicia. Y ante las falsas acusaciones de sus detractores, canta con seguridad al Dios Altísimo. De esta forma la estructura literaria del salmo crea como un paréntesis temático: Inicia con una afirmación de confianza y seguridad ante una serie de acusaciones injustas, y termina con una expresión de honra y alabanza a Dios por su justicia. Se hace justicia con esta nota final del poema a la teología del salmista: El Dios justo tiene la capacidad y el deseo de intervenir en medio de las realidades humanas para ayudar a personas inocentes a superar las acusaciones falsas e injustas.

La referencia al Dios «Altísimo» evoca la divinidad los tiempos pre-israelitas de la ciudad de Jerusalén. El hebreo *elyon*, generalmente traducido como «Altísimo», significa exaltado, elevado, alto, y se utiliza en el Salterio no solo en relación al nombre divino sino para referirse a Dios de forma independiente (Sal 9.2; 91.1). ¡Dios es mayor que los enemigos del salmista! Y cantar al nombre del Señor es reconocer esa capacidad extraordinaria de triunfo y victoria en la adversidad.

El Salmo 7 es una oración a Dios para ser liberado de los ataques injustos de los enemigos. Y con ese importante tema creyentes de muchas generaciones han encontrado apoyo y sostén en las crisis de la vida. Las imágenes de refugio y las afirmaciones de triunfo en la guerra le han brindado a la gente de fe las palabras de aliento requeridas en instantes de dificultad. Particularmente las personas que han sido acusadas y juzgadas de manera injusta descubren en esta oración un particular sentido de seguridad, pues reconocen que únicamente Dios les puede ayudar mantenerse incólumes en la dificultad y les puede apoyar para superar el problema.

Salmo 8: «La gloria de Dios y la honra del hombre»

Este salmo es un himno o cántico de alabanza al Dios creador, que ha delegado a los seres humanos la responsabilidad de cuidar lo creado. El poema contrasta la capacidad creadora de Dios y la dignidad y honra de la humanidad. E incluye una afirmación teológica extraordinaria: El Dios que tiene el poder de crear el mundo y cuya gloria sobrepasa los límites del conocimiento humano le brinda a las personas la mayordomía de la creación. De esa forma el Señor del universo dignifica al ser humano, al encomendarle tan grande responsabilidad ecológica y personal.

Este salmo es el primer himno de alabanza del Salterio e interrumpe el grupo inicial de poemas de liberación y ayuda en las crisis, para hacer una afirmación firme y contundente en torno al Dios que se dirigen las oraciones: El Dios de los Salmos es una divinidad extraordinaria cuyo poder, autoridad y dominio sobrepasan los límites conocidos e imaginables para la humanidad. Además, el salmo pone claramente de manifiesto que los seres humanos no son un apéndice sin importancia y superficial en el cosmos, sino agentes divinos para mantener el equilibrio ecológico. El poema reconoce la grandeza de Dios y afirma la dignidad de la humanidad. Comienza y termina con la misma afirmación: ¡El Señor es nuestro Dios y su presencia en el mundo es importante! Y es el único poema del Salterio que se dirige en su totalidad a Dios.

Aunque tradicionalmente el salmo se ha atribuido a David, por las referencias en el título hebreo, la verdad es que es muy probable que la obra provenga de una época posterior, quizá el período exílico, cuando el tema de la creación ocupó la atención prioritaria en el pueblo de Israel. El contexto cúltico del salmo se puede relacionar con la fiesta de los Tabernáculos, en la cual el tema de la creación del mundo se enfatizaba y se revivía en el culto. La referencia en el salmo a «los cielos, la luna y las estrellas» puede ser indicar que se utilizaba en las noches (Sal 134; 1 Cr 9.33; Is 30.29). Las alusiones repetidas a Dios y al salmista en el salmo pueden revelar que el poema se leía de forma alternada. Y el término hebreo traducido «sobre Gittit», puede entenderse como una referencia a algún particular instrumento musical o a algún lugar de donde procedía el instrumento —p.ej., de la ciudad filistea de Gat (Sal 81; 84)–.

La estructura del salmo incluye la doble alabanza al nombre y la grandeza de Dios (vv.1a,9), la afirmación de la gloria divina (vv.1b-2), y la finitud y honra humana (vv.3-8). La grandeza divina se pone de manifiesto no solo en la creación del mundo y el cosmos, sino en su extraordinaria actitud hacia la humanidad, que siendo poco menor que los ángeles le coronó de gloria y honra.

- Alabanzas al nombre divino: v.1a
- Afirmación de la majestad y el poder de Dios: vv.1b-2
- Descripción de la fragilidad humana y la bondad divina: vv.3-8
- Alabanzas al nombre divino: v.9

vv.1a,9: El salmo comienza y termina con la misma doble afirmación de la gloria de Dios. En primer lugar se incluye el nombre personal de Dios —en hebreo, Yahvé, que se ha traducido en las versiones de Reina-Valera con Jehová—, al cual se añade el título honorífico de Señor, que en hebreo transmite las ideas de reconocimiento, autoridad y poder. La idea del salmista es enfatizar el poder divino sobre toda la tierra y el cosmos. La teología que presupone el salmo, y particularmente este versículo, reconoce la grandeza divina, que se relaciona con el nombre de Dios. Y esa majestad divina sobrepasa la belleza y lo imponente de la creación, y las palabras humanas no pueden contener ni expresar adecuadamente la extensión de sus virtudes.

En la teología bíblica el nombre es mucho más que el distintivo que puede llamar o designar a alguna persona. Es, en efecto, una forma de aludir e identificar a la persona misma, que se hace presente en su nombre y que presenta su naturaleza íntima más profunda al revelarlo. Pedir el nombre propio es equivalente a solicitar su identidad y su esencia básica (Gn 32.29). En este sentido teológico, bendecir, invocar o conocer el nombre divino es por consiguiente bendecir, invocar y conocer a Dios, que responde a las necesidades humanas a través de la revelación de su nombre personal e íntimo (Ex 3.13-14).

Con esta importante afirmación teológica el salmo comienza y concluye. Es una manera de enfatizar la teología de la majestad divina en forma de paréntesis literario. El Dios eterno y creador es también capaz de incorporar al ser humano en el proceso de administración de la naturaleza. La capacidad divina de compartir responsabilidades con el ser humano distingue al Dios bíblico, que hace a las personas partícipes del importante proceso de llevar a efecto una buena mayordomía de lo creado.

vv.1b-2: Esta sección del salmo es de difícil traducción, posiblemente por los problemas que se descubren en la transmisión del texto hebreo. La idea es que la gloria divina sobrepasa los límites infinitos de los cielos y llega al sector más vulnerable y frágil de la sociedad, los niños y las niñas. De un lado, la majestad de Dios se manifiesta en el cosmos, y del otro, se revela a la niñez. El salmista desea enfatizar la extensión de la gloria divina y utiliza el recurso literario de comparación de extremos para enfatizar su tema. El propósito de esa manifestación extraordinaria de Dios es callar a la gente enemiga y vengativa. El Dios cuyo poder se extiende sobre los límites del universo, reconoce y aprecia la alabanza que sale de la boca de los infantes indefensos.

La expresión «de la boca de los niños y de los que aún maman» sugiere la idea de que Dios es alabado por la niñez. Aunque en el Antiguo Testamento esa percepción teológica de la niñez no es común, ese concepto se incorpora en las narraciones de los evangelios (Mt 21.6), pues posiblemente en Mateo se fundamentó la interpretación del salmo en el texto griego. La expresión «fundaste la fortaleza» puede ser una forma poética de referirse a los cielos (Sal 78.26;

150.1), y una manera figurada de aludir a la creación. De acuerdo con esta comprensión de las imágenes del salmo, «los enemigos» deben ser entonces las fuerzas del caos primitivo que fueron ordenados por el poder de la palabra divina (Gen 1.1-2). Otros enemigos de Dios en el Antiguo Testamento son los siguientes: Rahab (Job 26.12; Sal 89.10; Is 51.9), el mar (Job 26.12; Sal 74.13; 89.9; Is 51.10), el gran abismo (Is 51.10), los ríos (Sal 93.3), Leviatán (Sal 74.14) y el dragón (Sal 74.13; Is 51.9).

vv.3-8: Como respuesta humana a la revelación de la gloria divina, el salmista contempla los cielos, la luna y las estrellas, y afirma el poder creador de Dios. En ese contexto de asombro, reconocimiento y majestad, el poeta reflexiona sobre la naturaleza humana. Ante tal manifestación de esplendor, se sorprende con la iniciativa divina de visitar al ser humano y tomarlo en consideración. Y aunque reconoce que las personas son un poco menor que los ángeles, Dios les ha concedido «gloria y honra», y les ha permitido administrar la creación, que incluye la naturaleza, los animales del campo, las aves y los peces.

La referencia a «los ángeles» en el texto de Reina-Valera proviene de la versión griega del Antiguo Testamento; el texto hebreo utiliza la palabra *elohim* —tradicionalmente traducido como dios o dioses—, para enfatizar el contraste divino-humano. El pasaje no menciona al sol en el entorno de las lumbreras, pues posiblemente el salmo formaba parta del culto nocturno. La referencia a la creación como el resultado de la acción de los dedos de Dios es una manera poética de enfatizar el poder divino. Y la frase «hijo del hombre» alude en este contexto específico del salmo a las personas en general, y no posee la pesada carga teológica que posteriormente desarrolló en la literatura apocalíptica.

Este salmo fue estudiado y citado con alguna frecuencia por los escritores del Nuevo Testamento. Jesús de Nazaret lo utilizó para responder a las críticas de las autoridades religiosas judías, cuando un grupo de jóvenes le cantaba «Hosanna al Hijo de David» (Mt 21.16). El Señor mantuvo la significación primaria del salmo al sostener el contraste fundamental entre los niños y los enemigos y vengativos: Los niños eran los que reconocían al Hijo de David, y los enemigos, los que querían impedir el reconocimiento del mesianismo de Jesús.

La iglesia primitiva también leyó el salmo de forma cristológica, y utilizó el tema del dominio del ser humano sobre la creación como una manera de referirse al poder de Cristo sobre la humanidad, a través de su vida, muerte y resurrección (1 Co 15.27; Ef 1.22; Heb 2.6-8). De acuerdo con la teología cristiana, la mayordomía responsable que los seres humanos deben tener sobre la creación se fundamenta en la interpretación del salmo y en el sacrificio de Jesús.

SALMO 9: «ACCIÓN DE GRACIAS POR LA JUSTICIA DE DIOS»

Posiblemente los Salmos 9 y 10 originalmente formaban un solo poema, como revela el empleo del estilo acróstico en su redacción. Esta metodología utiliza en la estructura poética el alfabeto hebreo, pues cada verso comienza con una de sus letras de forma sucesiva. Este peculiar estilo, que también se incorpora en otros salmos (p.ej., Sal 111; 112; 119), puede contribuir al proceso de memorización de los adoradores, y también puede ayudar las dinámicas del aprendizaje del alfabeto. Algunos estudiosos, por el contrario, opinan que en las comunidades antiguas se pensaba que ese tipo particular de estructura literaria tenía cierto poder mágico que podía ayudar al adorador. Y aún otros indican que era una manera de indicar que se había tratado el tema expuesto de la «A» a la «Z», es decir, de forma completa, cabal, extensa e intensa.

La naturaleza misma de su estructura poética hace del salmo uno temáticamente complejo. En el poema se combinan varios géneros literarios, que se disponen a merced del propósito teológico: p.ej., cántico de acción de gracias (9.1-6), alabanzas a Dios (9.7-12), y súplicas, que incorporan expresiones intensas de confianza en el Señor (9.13; 9.19-20; 10.12-15). La finalidad del salmo es agradecer al Señor su justicia e implorar la destrucción de los enemigos.

El fundamento de la interpretación de los Salmos 9 y 10 como una unidad literaria es el siguiente:

- El algunos manuscritos hebreos, y en versiones griegas y latinas se dispone y afirma la unidad de estos salmos.
- No hay títulos hebreos en al Salmo 10, que en la primera sección del Salterio no es común.
- El artificio acróstico que comienza en el noveno finaliza en el décimo salmo.

• El uso de la palabra hebrea *selah* al concluir el Salmo 9 no se repite en el resto del libro.
• Y ambos salmos revelan similitudes estilísticas, literarias y de contenido. P.ej., los paralelos temáticos de los «tiempo de angustia» (9.9) y el «tiempo de la tribulación» (10.1), y la repetición de frases e ideas, como las siguientes: «levántate, Señor» (9.19 y 10.12), y «eternamente y para siempre» (9.5 y 10.16).

El motivo para que en la mayoría de los manuscritos hebreos estos salmos se presentan de forma separada e individual, posiblemente se relaciona con el proceso final edición del Salterio: Una posibilidad es que el editor final dividió el salmo en dos, por razones que no son totalmente claras para los estudiosos contemporáneos de la obra; la segunda alternativa es que el salmo fuera antiguo y el manuscrito no estuviera en buen estado físico, eso habría requerido la elaboración de varias estrofas por el redactor final que afectó los componentes acrósticos del poema.

El autor del salmo es posiblemente un adorador que utiliza esta oración en el culto del Templo de Jerusalén para suplicar la destrucción de sus adversarios y agradecer a Dios sus manifestaciones justas. La referencia al «músico principal» alude a la persona de la tribu de Leví encargada de dirigir los cánticos en el Templo. Y la frase «sobre Mut-labén» puede aludir a los instrumentos de música, aunque también puede significar «con motivo de la muerte de un hijo». Tradicionalmente el poema se ha relacionado con David; sin embargo, fundamentados en su contenido, es muy difícil identificar con precisión al autor y la fecha de composición, aunque posiblemente proviene de la época pre-exílica.

La estructura de estos salmos es compleja, por la naturaleza acróstica de su estilo, aunque se puede distinguir algunos temas básicos que le brindan al escrito sentido de orden y progresión. El Salmo 9 se dispone de la siguiente manera:
• Alabanzas al Señor: vv.1-2
• Motivos para la alabanza: vv.3-6
• El Señor es rey y juez de las naciones: vv.7-10
• Invitación a la alabanza: vv.11-12
• Oración de una persona en necesidad: vv.13-14

- Intervenciones divinas en la historia: vv.15-18
- Petición de apoyo al Señor: vv.19-20

De particular importancia en estos salmos es el concepto de Dios que ponen de manifiesto. Presentan al Señor como el rey que estableció su trono en Sión, y afirman que su poder se extiende por las naciones con autoridad eterna (9.4,7-8,11,19; 10.16). Esa teología es similar a la que se revela en los salmos reales (p.ej., Sal 47; 93; 96; 98; 99). En los Salmos 9–10, sin embargo, se enfatiza la responsabilidad divina como juez de las naciones (9.7), que ya ha actuado previamente con justicia y ha manifestados sus juicios en la historia. Y esa percepción teológica de Dios como rey y juez se reafirma en las oraciones y plegarias del pueblo (9.9-10, 12,18; 10.17-18).

vv.1-2: El salmo comienza con una expresión de gratitud extraordinaria. El salmista agradece, alaba y cuenta la maravillas del Señor, y se alegra, regocija y canta al Dios Altísimo. De lo profundo de su corazón surge una expresión sincera de gratitud al identificar y contar las maravillas divinas, que es forma poética de aludir a las intervenciones de Dios en medio de la historia de la humanidad. Esa expresión del corazón es el opuesto a la alabanza solamente «de labios» que está lejos de agradar al Señor (Is 29.13).

La referencia a «contar las maravillas» divinas revela que el salmo tenía tanto el objetivo privado de oración personal como la finalidad pública de afirmar las acciones de Dios ante la congregación. La expresión hebrea traducida al castellano por «maravillas» se utiliza en 27 ocasiones en el Salterio, y en otras 45 en el resto del Antiguo Testamento. En la mayoría de los casos la palabra alude a las obras de creación de Dios (p.ej., Sal 136.4), o al juicio y la redención divinas (Sal 26.7; 71.17; 75.1; 78.4,11). El autor, posiblemente, deseaba afirmar esas intervenciones extraordinarias de Dios como ejemplos de su favor hacia su pueblo, Israel. Y el nombre divino, Altísimo, es un título muy antiguo del Señor que pone de relieve su autoridad y dominio sobre todo el universo (véase Sal 7.17; 18.13; 46.4; 47.2; 91.1).

vv.3-6: En esta sección del salmo se identifican los motivos de las alabanzas al Señor. El salmista expresa su gratitud al identificar las intervenciones de Dios contra sus enemigos, que retrocedieron, cayeron y perecieron. Además, fundamenta sus gratitudes en las acciones justas del Señor, que favorece sus derechos y mantiene en alto su causa. El Dios del salmista es juez justo, y esa convicción es la base de su agradecimiento; y el recuento de la historia de la salvación es el fundamento de su esperanza.

Esa capacidad divina de implantar la justicia hace que las naciones enemigas sean reprendidas y los agentes de maldad sean destruidos. La expresión «borraste el nombre de ellos» es una manera simbólica de decir que el Señor destruyó a los enemigos individuales y nacionales para siempre, una forma poética de indicar que los adversarios han sido vencidos permanentemente. «No hay memoria de ellos» pues la intervención divina destruyó su existencia, los eliminó de forma radical y permanente. Como la creación comienza con los actos de identificar y nombrar (Gn 2.18-23), la destrucción permanente finaliza con la eliminación del nombre.

La referencia a que los enemigos «se volvieron atrás» —como símbolo de derrota— es similar a decir que el salmista se acercó y miró al Señor. Y la simbología del «trono» se relaciona con la teología que afirma el poder judicial de Dios, que en este contexto específico es el trono de juicio y destrucción (Sal 122.5; Prov 20.8; Dan 7.9; Mt 19.28; Ap 20.4). Posiblemente estos versículos se utilizaban como parte de la liturgia en el Templo que glorificaba al Señor como juez del mundo y la humanidad, y lo celebraba como poderoso en la batalla.

La expresión traducida al castellano como «para siempre» alude en hebreo a los tiempos más lejanos y remotos, tanto en el pasado como en el futuro. Describe lo impensable e inimaginable del tiempo, y revela su manifestación más lejana que sobrepasa los límites de la historia. Es la forma semítica de transmitir y afirmar los conceptos de eternidad y perpetuidad.

vv.7-10: Estos versículos ponen de manifiesto las virtudes divinas que afirman las victorias sobre los enemigos y propician la alabanza del salmista. Describen el fundamento de las acciones divinas previamente descritas (vv.3-5). El Señor prevalecerá como juez eterno, para juzgar al mundo con justicia y a los pueblos con rectitud. Y esa capacidad de implantación de la justicia hará posible que los pobres tengan refugio en tiempos de angustia, y que las personas que conocen al Señor vivan confiadas. En efecto, el poema lo afirma y el salmista los describe: ¡Dios no desampara a quienes le buscan!

El trono de Dios está, según el testimonio bíblico, en el cielo (Sal 11.4; 103.19; I R 22.19; 2 Cr 18.18; Is 6.1; 66.1; Lam 5.19; Ez 1.26; 10.1). Sin embargo, se representaba en el Templo en el Arca del Pacto o Alianza o en la misma ciudad de Jerusalén (Jer 3.17). En este contexto se afirma que el trono es símbolo de la implantación de la justicia, alude a los actos divinos que destacan su rectitud. Y esas acciones de Dios le brindan las personas en necesidad sentido de futuro y esperanza. De acuerdo al poema, para esas personas en angustia, el Señor es «refugio», protección, apoyo, fortaleza, y seguridad en tiempos de guerra. La imagen empleada evoca la teología del Señor Dios de los ejércitos, que afirma el poder divino para vencer los enemigos de su pueblo.

La referencia a las personas que conocen el nombre del Señor es teológica, temática y poéticamente muy importante. «Conocer» el nombre divino es aceptar la voluntad de Dios e incorporar sus preceptos y mandamientos en el estilo de vida del adorador. Conocer, en la sociedad hebrea, es mucho más que identificar y distinguir a alguien, es establecer una relación de intimidad, respeto, apoyo mutuo y dignidad. En el salmo es una manera figurada de describir las relaciones con el Dios que está al lado de las personas menesterosas, cautivas y oprimidas (Sal 46.7,11). Y la frase «los que te buscaron» puede aludir a la gente que busca los oráculos o mensajes proféticos del Señor (I R 14.5), o la que adora a Dios en el culto (Sal 105.4).

vv.11-12: Luego de afirmar y celebrar al Dios que interviene y protege a la gente en necesidad, el salmista retoma el tema de la alabanza y gratitud al Señor. Como respuesta agradecida a las manifestaciones divinas en la historia, el salmista canta a Dios y publica entre las naciones sus obras. El fundamento de estas expresiones es que el Dios bíblico no se olvida del clamor de la gente afligida. De acuerdo con el poema, el Señor se acuerda de las personas que han sufrido violencia e injusticias en la vida.

El que «habita» en Sión, se refiere al Señor «que tienen su trono» en el cielo, pero que lo representa el Arca en el Templo, que es lugar visible del trono invisible de Dios. El salmista pensaba que la manifestación concreta de lo inefable estaba en Sión, en la ciudad de Jerusalén, en el Templo, específicamente en el Arca del Pacto. Ese lugar sagrado del Templo era la contraparte terrenal del trono celestial, eterno e indescriptible de Dios. Sión en este contexto poético del salmo es el símbolo de la presencia divina que tienen la finalidad de implantar la justicia a la gente oprimida. La referencia a «publicar» las obras del Señor entre las naciones alude al acto de contar las intervenciones divinas en medio de la historia del pueblo de Israel. No está interesado el salmista en algún tipo de conocimiento superficial sino en el reconocimiento, aprecio y afirmación de las implicaciones nacionales e internacionales de esas manifestaciones de Dios. La imagen del «que demanda la sangre» revela el entorno de violencia que rodea al salmista, y describe a Dios, que no deja sin castigo a las personas culpables. Los afligidos a los que se alude en el salmo no pasan por dificultades superficiales, sino están en peligro de muerte. Y ante la naturaleza crítica, inmediata, extensa e intensa de la crisis, se presenta al Dios que no ignora el derramamiento de sangre inocente y no olvida el clamor y la causa de la gente afligida y oprimida por los diversos problemas y situaciones de la existencia humana.

vv.13-14: A la alabanza le sigue una breve oración, que implora y suplica la misericordia de Dios. El salmista clama al Dios que tienen la capacidad y el deseo de intervenir en su aflicción. Reconoce que sus padecimientos se relacionan con la gente que le aborrece, pero afirma que Dios le levanta aún del umbral o las puertas de la muerte, que puede ser una alusión poética a alguna enfermedad personal o calamidad nacional. El objetivo de ese acto liberador de Dios es que el salmista cuente las alabanzas divinas y disfrute su salvación. Esas declaraciones de gratitud del salmista pueden ser parte del culto, afirmaciones de fe ante el resto de la comunidad que adora.

En la antigüedad, las puertas de la ciudad era el lugar donde se reunían las comunidades para atender sus asuntos de importancia, como la implantación de la justicia y las deliberaciones jurídicas. En este contexto del salmo, se contraponen poéticamente las puertas de la muerte y las puertas de Sión. De afirma de esta manera el viaje de la muerte a la vida, se pone de manifiesto el fundamental proceso de liberación que mueve al adorador de la angustia del dolor y la aflicción al gozo de la esperanza de la liberación. El texto hebreo alude a las «hijas de Sión», que es una expresión que aparece únicamente aquí en el Salterio, pero que es común en los libros de Isaías y Lamentaciones. Es una forma poética de referirse a Jerusalén, pues las ciudades eran vistas como las madres simbólicas de sus ciudadanos (p.ej., «hijos de Sión» –Sal 149.2; Lam 4.2; Jl 2.23–; e «hijas de Sión» –p.ej., Is 3.16; 4.4; Jer 4.3; 6.2–).

vv.15-18: Prosigue el tema de la historia de la salvación, y continúa la afirmación de las intervenciones de Dios en la vida del pueblo. Las naciones se hundieron en los hoyos que ellas mismas cavaron, se enredaron en sus propias trampas. El Señor intervino en las vivencias de su pueblo y manifestó su juicio, reveló su autoridad, demostró su virtud de justicia. Los malos serán llevados al Seol, o lugar de los muertos, donde también irán las naciones que se olvidaron de Dios. La imágenes de hoyos, fosas y redes se utilizan en los salmos para describir las insidias y maquinaciones de enemigos y adversarios (Sal 57.6; 64.5; 124.7; 141.9; 142.3).

La referencia a las intervenciones de Dios en la historia nacional inspira a nuevos adoradores y fomenta esperanza en las nuevas generaciones. De esta forma histórica, teológica y poética se afirma a la persona menesterosa, angustiada y cautiva, y se motiva a la afligida, perseguida y desesperada. La esperanza de la gente en necesidad no terminará porque se fundamenta en la capacidad divina de intervención y en su deseo de liberación. El futuro de las personas necesitadas, como el salmista, es diametralmente opuesto al porvenir de las naciones y las personas malvadas: ¡Los primeros tienen esperanza, los segundos no tiene porvenir!

Al finalizar el versículo 16 el salmo incluye dos términos hebreos, *selah* y *higaión*, que posiblemente tienen implicaciones musicales: el primero es quizás una indicación litúrgica, que puede aludir a algún tipo de pausa, repetición o cambio de voz en el cántico del salmo; el segundo se suele traducir como «sordina», y es posible que haga referencia a algún tipo de bajada o cambio del tono o volumen de voz en la presentación del salmo.

vv.19-20: Los versículos finales del salmo incluyen una oración que suplica una vez más la intervención de Dios. El salmista implora la intervención divina con varios imperativos, que ha sido traducidos al castellano como: Levántate, infunde y conozcan. El primer reclamo recuerda los gritos del guerra del antiguo Israel que conquista Canaán (Sal 7.6); el segundo solicita la intervención que produce temor en los enemigos del pueblo; y el tercero afirma que las naciones no son dioses, solo personas que no tienen poder ni la autoridad para cambiar el curso de la historia.

Para culminar esta sección inicial del poema, el salmista le pide a Dios que implante la justicia, al impedir que se fortalezcan sus enemigos y al juzgar a las naciones. Reclama la intervención de Dios, y por la vía del contraste afirma el poder divino que sobrepasa los límites humanos.

Finaliza el poema con el término hebreo *selah*, que puede ser una indicación que el escrito prosigue, pues no es común el uso de esta palabra para finalizar algún salmo.

Salmo 10: «Plegaria pidiendo la destrucción de los malvados»

El Salmo 10 continúa la estructura acróstica del anterior y pone de manifiesto el tema del juicio a la gente malvada. Ante la arrogancia de esas personas, el salmista clama por el juicio divino e implora la justicia. De particular importancia en el poema es la inclusión del «ateísmo» práctico, en el cual indica que «el malo, por la altivez de su rostro, no busca a Dios; no hay Dios en ninguno de sus pensamientos» (v.4). Esa actitud de prepotencia caracteriza las descripciones de las personas que persiguen a la gente pobre. El salmo no presenta los argumentos filosóficos de la inexistencia de Dios sino afirma que la gente malvada vive sin tomarlo en consideración.

El sistema de pensamiento que promulga el ateísmo teórico era muy raro en el Oriente Antiguo y en el Mediterráneo, que tenían culturas que afirmaban la importancia de las divinidades en las sociedades. En el entorno bíblico, la fe en Dios se fundamenta en la revelación, que pone de manifiesto el poder y la voluntad de la divinidad que se revela al pueblo. Las Sagradas Escrituras incluyen las narraciones de las intervenciones divinas en medio de las vivencias del pueblo de Israel, mediante la acción o la palabra de profetas, sacerdotes y apóstoles.

La crítica del salmista no es al tipo de persona que puede no creer en Dios como producto del análisis sistemático y racional, pero que tiene buenos valores éticos que fundamentan sus actos en la vida. El poema reacciona ante las personas que no tienen principios morales que guíen sus conductas diarias, y utilizan el poder que ostentan para hostigar, herir y aprovecharse de las personas más débiles. El salmo es una muy clara declaración teológica en contra de un tipo particular de persona que, independientemente a lo que diga respecto a Dios, actúa en la vida sin tomar en consideración las implicaciones éticas de sus afirmaciones teológicas.

El tipo literario del Salmo 10 —a diferencia del anterior, que era un cántico individual de acción de gracias— se asemeja al lamento individual. Esos cambios abruptos de temas y estilos se repiten con alguna frecuencia en el Salterio (Sal 22; 36; 52; 77), pues posiblemente en la redacción final de estos poemas se unieron algunos poemas con temas similares o complementarios para expresar nuevas ideas o enfatizar algún tema particular. Su estructura literaria sigue el siguiente patrón:

- Clamor del salmista por la lejanía de Dios: v.1
- Descripción de la gente malvada: vv.2-11
- Clamor que pide la intervención divina: vv.12-15
- El Señor escucha a las personas humildes: vv.16-18

El salmo comienza con una muy importante pregunta retórica al Señor: ¿Porqué estás lejos y te escondes en el tiempo de la tribulación? (v.1). El salmista se siente abandonado y posiblemente rechazado, y reclama al Señor su presencia en el momento oportuno, solicita su manifestación redentora en el instante de necesidad. La crisis es producto no solo de las maquinaciones antagónicas de sus adversarios sino de la ausencia o lejanía divina, que es el primer tema de su oración.

El tema de la inacción de Dios —p.ej., la falta de intervención divina en la adversidad de los adoradores— es recurrente en el Salterio (véase Sal 13.1; 22.1-2; 35.22; 38.21; 42.9-10; 43.2; 71.12; 88.14). Junto a la preocupación real que atañe la calamidad que azota a la persona que adora y se acerca al altar divino humillada, le angustia al salmista la idea de la posible lejanía de Dios. La primera idea que se pone de manifiesto con claridad en el poema se relaciona con la distancia que el salmista percibe entre Creador y criatura, y esa percepción propicia la posibilidad de la ausencia divina en tiempo de tribulación.

Este tema del Dios lejano o ausente también se repite en la literatura poética y profética (p.ej., Is 1.15; Lam 3.56). Y en esa tradición de clamores, el salmista implora la intervención de Dios, no para que le exprese algún apoyo general, impersonal, hipotético y lejano. No está interesado el salmista en palabras superficiales de consolación y ayuda: ¡En el instante de la crisis se requieren acciones afirmativas, se necesitan manifestaciones liberadoras, se demandan revelaciones transformadoras! En este sentido, los actos de liberación de las personas en necesidad, dolor, pobreza y desesperanza son también importantes y necesarias declaraciones teológicas de la cercanía del Señor.

vv.2-11: En esta sección el salmista presenta a la gente malvada con gran capacidad literaria y criticidad ética. Describe sus acciones impropias y hostiles: Arrogantes, altivas, maldicientes, jactanciosas, codiciosas, engañadoras, fraudulentas y acechadoras. Alude a sus acciones impertinentes y agresoras: Persiguen y atrapan al pobre, bendicen al codicioso, desprecian al Señor y a sus adversarios, sus caminos son torcidos, acechan al desvalido, matan al inocente y hostigan los desdichados. Y respecto a Dios, prosigue el salmista: Actúan sin su consentimiento, sin reconocer sus principios ni aceptar su voluntad; no buscan la dirección divina, ni en sus pensamientos tienen al Señor; y afirman que Dios se esconde, se olvida y ¡nunca ve nada! La prepotencia que manifiestan es tal, que piensan que nunca caerán ni les alcanzará la desgracia.

Esta porción bíblica es un magnífico ejemplo de las extraordinarias virtudes poéticas y literarias del Salterio. Con gran dominio del idioma, para manejar el tema y las imágenes, el salmista pinta un cuadro sombrío, tétrico y complejo de las actitudes de la gente malvada que actúa en contraposición de las personas de bien, identificadas explícitamente en el texto como gente pobre, inocente, desvalida y desdichada. Y ante tales actitudes, el poema afirma con seguridad y firmeza: ¡El malo caerá en las mismas trampas que ha preparado!

De acuerdo con el poema, la gente que actúa fundamentada en la hostilidad, el resentimiento y la maldad recibirán las consecuencias de sus propias acciones. Según el salmo, el resultado neto de esas manifestaciones de maldad es que las personas que actúan con esas actitudes impropias e indeseables serán objeto de las mismas dinámicas adversas que generaron y propiciaron. El gran tema de la sección es el siguiente: La maldad genera maldad, que finalmente atrapa a quienes la propician e inician.

La palabra hebrea para referirse a «los malos», *rasa*, originalmente identifica a personas que ha sido declaradas culpables de algún cargo, pero en la literatura poética, particularmente en el Salterio, describe figuradamente a los enemigos de Dios, que también son adversarios de la gente noble, buena, justa y bienaventurada (véase, p.ej., Sal 1.1; 28.3; 140.4). Esa persona, que de antemano pone de manifiesto su culpabilidad, se dedica a perseguir y tratar de destruir a los pobres, que en estos contextos poéticos identifican mucho más que una condición socioeconómica.

vv.12-15: Luego de la descripción de los malos el salmista se torna al Señor. Con gritos de combate —p.ej., «levántate» (Sal 7.6; 9.19) y «alza tu mano»— reclama la intervención divina: ¡No te olvides de los pobres! ¡No ignores el dolor de los menesterosos! ¡No rechaces la oración de los necesitados! ¡No olvides las consecuencias sociales, económicas y espirituales de la gente que padece necesidad!

Para el salmista el rechazo a Dios de parte de la gente malvada se fundamenta en una teología equivocada. Piensan erróneamente que el Señor no les habrá de pedir cuentas; creen que Dios no evaluará sus decisiones y actitudes; y asumen que la divinidad no está interesada en los asuntos diarios, que ignora las vivencias de los individuos y los pueblos. Ante esa actitud arrogante, el poeta indica que el Señor ha visto las acciones y las vejaciones de las personas malas, y recompensa a los desvalidos y huérfanos. La respuesta divina a esa actitud prepotente generada por la maldad es de juicio: ¡Rompe el brazo del inicuo y castiga la maldad del malo!

vv.16-18: Y para complementar esa afirmación de juicio, y también para introducir las afirmaciones de esperanza, el salmo añade una alabanza (v.16): El Señor es rey eterno y actuará para desaparecer las naciones, en una referencia a las que son enemigas del pueblo de Dios. La actitud divina de juicio se relaciona con la enemistad de las naciones no se fundamenta en un rechazo étnico.

Las palabras finales del salmo son declaraciones de fe y esperanza para la gente que sufre. Dios escucha el clamor de la gente humilde, los anima y les presta atención. El Señor hace justicia al huérfano y al oprimido, pues su propósito es erradicar la violencia de la tierra. De acuerdo con el salmo, el Dios bíblico tiene el poder, la autoridad y el deseo de finalizar con las actitudes de maldad que traen injusticias en la humanidad.

Termina el salmo con varias afirmaciones de fe que responden efectivamente a las declaraciones teológicas adversas de la primera sección del poema: ¡La arrogancia de la gente malvada tiene su término! ¡La prepotencia de los opresores tiene su final! ¡La hostilidad de las personas egoístas tiene su fin! ¡La agresividad de los hombres y las mujeres de maldad terminará!

Salmo 11: «El refugio del justo»

Este poema pone en clara evidencia la alegría y el contentamiento del salmista al reconocer la seguridad que genera su confianza en el Señor. Aunque está en medio de dificultades y problemas, el salmista afirma que el fundamento de su seguridad proviene del Dios que toma en consideración a la gente recta de corazón y hace justicia a las personas malas y perversas. El poema revela en su clamor que las personas rectas verán el rostro divino, que es una expresión figurada para indicar que recibirán el favor y la misericordia de Dios.

El salmo es posiblemente un cántico individual de confianza, aunque evoca algunos temas de los salmos de lamentación. El adorador recurre al Señor en medio de algún peligro extremo, y se presenta ante Dios cuando está a merced del enemigo que le ataca. Posiblemente en contexto original de esta oración es el Templo de Jerusalén, aunque no necesariamente sea el entorno del culto. Quizá el salmista encontró refugio y santuario en el Templo, desde donde se dirige a los amigos que el ayudaron a escapar de sus enemigos.

El título hebreo relaciona al salmo con David, y dedica el poema «al músico principal», que puede ser una referencia a su uso posterior en la liturgia del Templo. Algunos estudiosos indican que es un salmo pre-exílico, y que se puede relacionar con algún episodio descrito en la Escritura (p.ej., 1 S 18).

La estructura del poema no es compleja, y puede dividirse en dos secciones principales. Los temas fundamentales son la angustia de la persecución y el gozo de la esperanza.

- Sentido de desesperanza del salmista: vv.1-3
- Restauración de la confianza en el Señor: vv.4-7

vv: 1-3: La primera frase del salmo es posiblemente su verdadero título: «En el Señor he confiado», que también puede traducirse como «en el Señor me refugio». La confianza y el refugio del salmista está en el Templo (v.4), que es el símbolo visible de la presencia divina invisible. La situación personal del salmista podía ser de peligro mortal (véase Ex 21.12-25; 1 R 1.50), que fue la dinámica que le movió a buscar refugio y santuario en el Templo.

Aunque el poema puede referirse a las crisis regulares de la vida, en ese contexto de dolor personal y adversidad extraordinaria el salmista se sorprende que alguien le recomiende huir a los montes, que evada su responsabilidad. El poeta no desea abdicar ante los desafíos formidables que debe enfrentar; por el contrario, desea enfrentar la adversidad sin huir de la comunidad.

La imágenes que se utilizan en el poema son extraordinarias. «Decir a mi alma» es una manera figurada de indicar que le han preguntado, aunque el poema no identifica a los que le interpelan. La referencia a «huir a los montes» puede traer a la memoria las narraciones patriarcales de Lot, en las que un ángel le indica que huya a los montes antes del juicio a Sodoma y Gomorra (Gn 19.24). Algunos estudiosos piensan que esa expresión es una especie de frase idiomática para describir momentos de desesperación y persecución.

Se le recomienda al poeta huir, pues la gente malvada y enemiga se prepara para el combate, se organiza para vencerle. Sus enemigos tienen arcos y saetas dispuestos para la guerra, aunque el ataque se organiza en lo oculto, el conflicto es solapado y la dificultad actúa de forma disimulada. Los rectos de corazón son los recipientes de las dificultades y angustias generadas por la gente malvada.

La comprensión e interpretación del versículo tres es compleja. La referencia a los «fundamentos» puede ser una frase poética que alude a los principios legales y morales básicos que se incluyen en Ley de Moisés. Otras personas que estudian el pasaje piensan que es una posible alusión a las instituciones básicas de la sociedad: p.ej., las organizaciones que mantienen y sostienen el orden social, político, económico y religioso.

La ambigüedad de las imágenes y las polivalencias semánticas ponen de relieve la belleza del escrito. Y la pregunta retórica, «¿qué puede hacer el justo?», es una forma de indicar que las dinámicas que azotan y destruyen los fundamentos de la vida son superiores a las fuerzas y energías de la gente de bien. En efecto, cuando los cimientos morales de la sociedad se destruyen, la gente justa se convierte en fugitiva, se subvierte el orden natural de la existencia humana, se transforma la dinámica lógica de la vida.

vv.4-7: La segunda sección del salmo incluye una serie importante de declaraciones teológicas, que reafirman el fundamento de seguridad del salmista. Que Dios esté en su «santo Templo», es una referencia no solo al santuario físico de Jerusalén ubicado en el monte Sión, sino al lugar celestial y eterno donde el Señor opera como juez de la humanidad, desde su trono (Hab 2.20; Sof 1.7; Zac 2.13). ¡Sus ojos están atentos a las acciones de las personas! Esa particular característica divina le permite «probar» al ser humano, que es una metáfora que surge de los procesos de afinar metales en la antigüedad (Jer 6.27-30).

En ese importante proceso de juzgar y evaluar las acciones de la gente, el Señor se percata de la violencia que generan y propician las personas malvadas. Esas actitudes malsanas son repudiadas por el Señor, que ama la justicia porque esencialmente es un Dios justo. Y el resultado de esas acciones llenas de maldad es que el Señor enviará su juicio como calamidades extraordinarias: p.ej., fuego y azufre, que son imágenes que evocan el juicio divino a las antiguas ciudades se Sodoma y Gomorra (p.ej., Gen 19.20; Is 30.33; Ez 38.21-22; Ap 9.17). El «viento abrasador» puede aludir tanto a las tormentas volcánicas como a las tormentas calientes y secas del desierto, que sofocaban a quienes las vivían y sufrían (Is 21.1; 40.7; Jer 4.11; Os 13.15). La copa es también otra imagen de juicio divino en las Escrituras (véase Lam 4.21).

El salmo comienza y finaliza con confesiones de fe y esperanza. La gente que confía en el Señor descubre la justicia divina y verán el rostro de Dios.

Salmo 12: «Oración pidiendo ayuda contra los malos»

Este salmo presenta la súplica sentida y honda de una persona que reacciona con admiración y preocupación ante la maldad rampante que se manifiesta impunemente en la humanidad. El salmista deplora la falta de sinceridad en la sociedad, y no se resigna a ver a la gente piadosa y fiel sufrir por causa de esas actitudes impropias y destructivas en el mundo. El poema comienza y finaliza con expresiones serias de lamento y consternación: Porque se acabaron los piadosos y desaparecieron los fieles (v.1); y porque los malos rondan cuando la infamia es enaltecida (v.8).

El género literario del salmo es posiblemente de lamentación de la comunidad, aunque contiene algunos componentes de súplica individual (vv.5,7). Su uso litúrgico en el Templo se pone de manifiesto con la clara y directa referencia a la palabra del Señor (v.5), que revela su uso en liturgias proféticas. Como el lenguaje utilizado y la descripción de los problemas descritos se pueden relacionar con diversos períodos de la historia de Israel, es muy difícil precisar con exactitud la fecha de redacción del poema, aunque tradicionalmente se ha relacionado con David, específicamente con las postrimerías del reinado de Saúl. Sin embargo, como pueden encontrarse varias similitudes del salmo con algunas porciones del libro de Isaías (Is 33.7-12) y otros profetas (p.ej., Os 4.1-3; Mic 7.2-7), es posible afirmar el origen pre-exílico del poema.

Del autor del salmo es muy difícil hacer comentarios, que no sean que se trata de alguna persona que ha experimentado las dificultades de la vida y que ha sido testigo de las injusticias de la sociedad, particularmente de la hipocresía de las personas. El título hebreo dedica el salmo «al músico principal» y lo identifica directamente con la colección de salmos de David. «Seminit» es posiblemente una alusión al instrumento de ocho cuerdas que debía acompañar el cántico del poema, o a la octava parte del ritual que se relaciona con el salmo.

La estructura del salmo puede dividirse en cuatro secciones básicas:

- Clamor de salvación: v.1
- Descripción del problema: vv.2-4
- La respuesta divina: v.5
- Las palabras del Señor son limpias: vv.6-8

v.1: El salmo comienza con una declaración de fe y seguridad. El Dios del salmista tiene el poder de salvación, aunque la genta piadosa y fiel esté en necesidad, crisis y exterminio. Cuando el salmista reconoce la gravedad del problema que le rodea —p.ej., se acabaron los piadosos y desaparecieron los fieles—, implora la ayuda divina, y clama por la intervención salvadora del Señor. En este versículo se introduce el tema que motiva la oración del salmista y se presenta la dificultad, en el resto del salmo se expande el asunto y se explican las consecuencias de la dificultad.

La forma abrupta de comenzar el poema pone en evidencia la naturaleza de la crisis: Se acaba la bondad, se olvida la piedad y se ignora la fidelidad. Para el salmista la crisis social llega hasta afectar el estado anímico, social y espiritual de la gente buena, noble y grata, hasta llegar a disminuirla, diezmarla, acabarla y desaparecerla, que son formas figuradas de decir que la virtud está en peligro de extinción. La referencia a «los hijos de los hombres», aunque en su contexto inicial se relaciona con el pueblo de Israel, refleja una realidad y condición que afecta a toda la humanidad.

vv.2-4: En el segundo versículo el salmista indica el origen de la crisis: La mentira, la adulación y la hipocresía. Se identifica con precisión la base del conflicto que afecta a la sociedad: ¡Comunicaciones que no se fundamentan en la verdad! Ante esta situación de desinformación e hipocresía, el poema añade que la lengua que habla con jactancia será destruida por el Señor (v.3). La mentira genera dinámicas sociales y personales adversas que no contribuyen positivamente a la implantación y disfrute de la paz.

La referencia a la adulación describe las actitudes de personas que, aunque utilizan un lenguaje inocente, neutro, positivo y grato, intentan humillar, ofender, agredir y explotar a la gente que le rodea. La frase «doblez de corazón» —en hebreo «corazón y corazón»— (v.2) es otra descripción figurada de la hipocresía. Y las referencias a la lengua jactanciosa o los labios aduladores, representan al ser humano en su totalidad, describen más que al órgano físico de comunicación oral a las actitudes de la gente que se fundamentan en la mentira para vivir.

Para el salmista los diálogos y las conversaciones que no se basan en la justicia son motivo de dificultad personal y de crisis nacional. La gente que piensa que la mentira y el engaño pueden salvarle y protegerle, se tropezarán con una verdad firme, clara y segura: ¡El Señor les destruirá!

v.5: En este versículo se encuentra en centro teológico y literario del poema. El Señor responde a la crisis descrita y que se desprende de la hipocresía de la sociedad: El Dios del salmista se «levantará» (Is 33.10) —que en hebreo es un grito de guerra— y salvará a los pobres que son oprimidos y a los necesitados que gimen. Ante las dificultades que llevan hasta la extinción a la gente de bien, el Dios que se especializa en intervenciones liberadoras se manifiesta de forma extraordinaria. Los pobres serán liberados y los necesitados serán escuchados (véase Ex 2.24), que es una forma poética de aludir a los cambios positivos que experimentarán.

vv.6-8: La sección final del poema pone claramente de manifiesto la importancia y la seguridad que se fundamentan en las palabras del Señor. En contraposición a las palabras aduladoras y mentirosas de la gente, se presenta la palabra divina que es limpia y purificada. La imagen de la plata refinada en el horno (véase Job 23.10; Sal 66.10; Prov 17.3; Is 48.10; Zac 13.8-9) siete veces (véase Gn 4.15,24; Sal 79.12) enfatiza el argumento: Ante el mensaje de mentira se presenta la revelación de la verdad, frente a la hipocresía hiriente se articula la verdad liberadora, y para contrarrestar la suciedad de la lengua viperina se manifiesta la pureza de la voz divina.

Y la consecuencia inmediata de la intervención de la palabra divina es que la gente necesitada y pobre serán guardados, protegidos, preservados y salvados poe el Señor. El Dios que interviene y responde a la oración del salmista atribulado, también tiene la gran capacidad y el firme deseo de salvar a la gente que ha sufrido vejaciones, hipocresías, adulaciones y heridas en la vida. El Señor está presto a intervenir para salvar de forma radical y permanente a la gente que es víctima de injurias y atropellos.

El versículo final del salmo es una lamentación que describe el origen de sus preocupaciones: El resultado inmediato de que la gente malvada esté en control de los procesos y dinámicas humanas es que se enaltece y se celebra la infamia, la hipocresía, las vejaciones, las injurias y las mentiras. Cuando las personas que dirigen instituciones —p.ej., políticas, económicas, militares, eclesiásticas o sociales— fundamentan sus decisiones en la maldad en sus diversas manifestaciones, entonces se glorifican las dinámicas que generan injusticias y dolor en la gente piadosa, fiel y necesitada.

Salmo 13: «Plegaria pidiendo ayuda en la aflicción»

Este salmo, que es la oración de petición personal de ayuda más corta del Salterio, revela el clamor intenso de una persona que se allega al Señor en momentos de aflicción extrema y gran dificultad. La plegaria se articula en la forma de lamentación individual y, aunque en forma condensada, incluye los elementos característicos de este tipo de salmos. Para algunos comentaristas judíos este poema describe las aflicciones y los problemas del pueblo de Israel que vive en un contexto histórico y social de vecinos hostiles y enemigos.

El problema real del salmista y el contexto inmediato de la oración no se pueden determinar con exactitud de la lectura del poema. Aunque el salmista se siente cercano a la muerte (v.3) y perseguido por sus adversarios y enemigos (vv.2,4), el entorno básico de la oración puede ser motivado por alguna enfermedad o por la separación de Dios. Lo íntimo de la plegaria impide identificar la fecha de composición del poema o precisar la identidad del autor. El salmo se dedica «al músico principal» y se relaciona con David.

La estructura del poema es la siguiente:
• Lamento de una persona desesperada: vv.1-2
• Petición de ayuda y apoyo al Señor: vv.3-4
• Afirmaciones de fe y esperanza: vv.5-6

vv.1-2: La primera sección del salmo presenta cuatro preguntas retóricas, típicas de los salmos de súplica (véase Sal 74.10; 79.5; 80.4; 89.46; 94.3). Con las interrogantes «hasta cuándo?», el salmista pone de manifiesto la naturaleza y profundidad de la crisis; además, produce un efecto poético extraordinario en la oración. Las preguntas sucesivas revelan la gravedad del problema y produce un efecto estético que se intensifica con la repetición. ¿Hasta cuándo... me olvidarás, ...esconderás tu rostro de mí, ...tendré conflictos en mi alma con angustias en mi corazón, y ...será enaltecido mi enemigo?

El poema revela la preocupación más honda del poeta, y también manifiesta las perplejidades de la vida: ¿Hasta cuándo el Señor permitirá la aflicción de la gente buena, grata, noble, digna, justa y santa? La pregunta básica del poeta es extraordinaria y fundamental: ¿Porqué el Señor no interviene para detener el sufrimiento de la gente, particularmente para finalizar los dolores de personas buenas? Con gran virtud literaria el salmo articula una de las preocupaciones más importantes de la vida: El sufrimiento de gente inocente. Esa preocupación real y existencial ha generado en el salmista conflictos profundos y angustias extremas.

vv.3-4: Luego de articular las preguntas que le brindan al salmo sentido de urgencia e inmediatez, el salmista se dirige nuevamente al Señor para implorar su intervención. Los imperativos son categóricos: Mira, responde y alumbra. Reconoce el poeta que el Señor es su Dios, y que tiene la capacidad de intervenir para evadir la burla del enemigo y evitar su muerte. La manifestación de Dios le iluminará y «le abrirá los ojos», para que sus enemigos no le venzan y se alegren de su derrota.

La expresión «alumbra mis ojos» es una forma poética de pedirle a Dios vitalidad, poder y energía, pues esas nuevas fuerzas le evitarán «dormir» —que es la imagen bíblica común para describir la muerte (véase Job 3.13; 14.12; Jer 51.39,57; Sal 76.5)–, o «resbalar», que también hace referencia al mismo proceso final de la vida (véase Sal 38.16; 121.3; Prov 24.11).

El salmista está seriamente preocupado no solo por el triunfo definitivo de sus enemigos —que, en efecto, implica su muerte—, sino por las connotaciones teológicas de esa victoria. Si las referencias a la muerte revelan que en ese estado final no se pueden manifestar los actos salvadores de Dios, eso indica que la implantación de la justicia se debe llevar a efecto en medio de las vivencias de los individuos y los pueblos.

vv.5-6: La sección final de la ración revela un importante cambio en la actitud del salmista. De la preocupación por su vida y el triunfo de sus enemigos se mueve a la alabanza y gratitud a Dios. El salmista confía en la misericordia divina, se alegra por la salvación que el Señor le brinda, y canta por el bien que Dios le ha hecho. No le detienen las persecuciones de sus enemigos, ni se amilana ante la muerte, ni mucho menos se dobla frente a la posibilidad de la derrota. El salmista enfrenta la vida con autoridad y valentía pues confía en el Señor que le ha hecho bien y es la fuente de su salvación.

La misericordia de Dios es la manifestación concreta y real de su amor extraordinario y entrañable, la revelación de su compromiso salvador con el pueblo del pacto y la alianza, y la actualización de su dedicación a la gente en necesidad. La versión de los LXX añade al final del salmo una referencia al Dios Altísimo, que puede haber sido una añadidura basada en el Salmo 7.17.

SALMO 14: «NECEDAD Y CORRUPCIÓN DEL HOMBRE»

Con una pública negación de Dios de la persona necia, el salmista articula su percepción de la sociedad que vive en corrupción y disfruta la injusticia. El salmo es una especie de denuncia pública que identifica y pone de manifiesto los pecados que corrompen y destruyen a las sociedades; además, fundamenta la maldad de los individuos y los pueblos en la negación de Dios, que de acuerdo con el poema es una clara manifestación de insensatez. El poema también incluye el tema de la esperanza, pues Dios mismo está con la generación de los justos (vv.5-6); y finaliza con una nota de salvación y futuro, al hacer referencia al fin del cautiverio del pueblo (v.7).

La finalidad teológica del salmo es educar a la gente justa que vive en medio de sociedades llenas de maldad y corrupción. El propósito es indicar que Dios no ignora las acciones despreciables de quienes, fundamentados en su necedad, se desvían y no hacen lo bueno. Esas personas, de acuerdo con el poema, no tienen discernimiento, y al final temblarán de espanto al descubrir que Dios acompaña y afirma a su pueblo. El mensaje fundamental del salmo es que lo que parece sabio, para las personas corruptas, en realidad es una clara manifestación de insensatez.

El salmo es un poema sapiencial que incluye el lamento individual de quien reconoce la maldad en el mundo (vv.1-6). Posiblemente se utilizaba como parte de la liturgia en el Templo en momentos de crisis nacional o en instantes de sufrimiento personal. No intenta presentar el pesimismo exagerado de alguna persona frustrada, sino que pone de relieve el dolor y la angustia de las personas que sufren injustamente en la sociedad y no ven posibilidades de renovación y transformación en los pueblos. Incluye el poema, además, una muy clara crítica e interpelación profética a la sociedad israelita que confunde, invierte y contrapone los valores de bondad y maldad. Posiblemente el poema es de composición pre-exílica, que fue revisado durante el período exílico. El título hebreo del salmo lo dedica «al músico principal» y lo relaciona con David (véase la Introducción).

La estructura literaria del salmo, en su versión castellana, reconoce cuatro estrofas, que disponen el tema de forma lógica y progresiva:

- La persona necia niega la intervención divina en el mundo: v.1
- El Señor busca alguna persona justa, y no la encuentra: vv.2-3
- Descripción de las acciones de las personas corruptas: vv.4-6
- La salvación proviene del Señor: v.7

v.1: En el primer versículo se revela el tema principal del poema: El fundamento de la corrupción y de las acciones desagradables y despreciables en la sociedad es una declaración negativa respecto a Dios. Para el salmista la mayor necedad en la vida es negar a Dios, que más que una profesión de ateísmo es un rechazo a la capacidad de intervención divina en los asuntos humanos. La expresión «no hay Dios» lo que hace es negar o poner en duda que Dios intervenga activamente en la sociedad. Más que una afirmación filosófica que rechaza la existencia de Dios, la idea es declarar su incapacidad e impotencia en los asuntos humanos. Además, el pasaje afirma que la consecuencia de esa negación es una conducta inadecuada, perversa y malsana. Los individuos y los pueblos que asumen esa postura teológica no hacen lo bueno, se corrompen, actúan de forma despreciable.

La palabra castellana «necio» intenta comunicar el contenido semántico que se incluye en el hebreo *nabal*, que no transmite las ideas de tonto, inepto o bufón. El término hebreo designa a alguna persona que actúa fundamentada en presuposiciones y asunciones erróneas. El relato del hombre de nombre Nabal (1 S 25) es un magnífico ejemplo del la idea que transmite la palabra. Nabal era un hombre prominente que actuó de forma inadecuada con David. La palabra hebrea identifica a la gente que comete errores de juicio en la vida, aunque tengan autoridad o poder.

vv.2-3: Estos versículos continúan el tema anterior, y subrayan de forma categórica las consecuencias nefastas y adversas de actuar con insensatez ante Dios, y de vivir de manera desviada y corrupta, sin hacer lo bueno. El Señor evaluó la actitud de las personas «desde el cielo», como si estuviera en algún balcón, para tratar de identificar y distinguir a las que no se hubieran contaminado con esas actitudes y acciones pecaminosas. Sin embargo, de acuerdo con el salmista, «no hay ni siquiera uno». La maldad había llegado a tal grado que, ante los ojos asombrados del poeta, la corrupción se había extendido por toda la sociedad, la maldad reinaba en el mundo, la gente malhechora gobernaba.

vv.4-6: Anta la maldad infame y flagrante de la gente corrupta y malvada, el salmista inquiere y se pregunta por el discernimiento, la sabiduría o la prudencia de la gente que «devora» u oprime al pueblo y no invoca al Señor. El poeta hace uso del recurso literario de la pregunta retórica para enfatizar la extensión y gravedad del comportamiento humano malsano y sus consecuencias en las personas de bien. Relaciona de esta forma el salmista el comportamiento hostil de la gente corrupta con el rechazo a la intervención de Dios. Quienes actúan con violencia contra la gente de bien, honesta y justa rechazan el diálogo con Dios, que se puede manifestar si le invocan.

La actitud de la gente corrupta que oprime a sus conciudadanos equivale a rechazar el diálogo con el Señor, que representa la justicia y la dignidad humana. No se percatan que Dios es la esperanza de la gente de bien, y que ante esos actos de injusticia el Señor no se mantiene inmóvil o ignorante. Ante la intervención divina los corruptos temblarán de espanto, pues el Dios bíblico acompaña a la gente que sufre y es oprimida. La gente que actúa fundamentada en la maldad se burla de los planes de los pobres, pues no se percatan que la esperanza de la gente menesterosa se fundamenta en la capacidad, el deseo y el compromiso que tiene el Señor de intervenir en medio de la dinámicas diarias de la humanidad.

v.7: Posiblemente este versículo es una adición exílica al salmo. El objetivo es enfatizar el tema de la esperanza en un período de desolación, derrota y destierro. El salmista añade una nota poética extraordinaria. Su afirmación, confianza y anhelo es que de Sión —es decir, de la ciudad de Jerusalén, que es una manera de referirse al linaje de David, en una clara alusión a la esperanza mesiánica— proviene la salvación, la restauración, la liberación, la salud y el bienestar del pueblo. Esa intervención liberadora de Dios generará gozo y alegría en el pueblo de Israel, también conocido como Jacob.

Este salmo continua los temas que ya se ponen de manifiesto de forma incipiente en algunos poemas anteriores (Sal 10; 12): afirma cómo deben responder las personas justas ante la manifestación rampante de la maldad y la corrupción. El Salmo 53 es una forma revisada de este salmo con algunas variantes. La traducción de este poema a la versión griega de la Biblia, que incluye algunos elementos adicionales, es la que cita el apóstol Pablo en el Nuevo Testamento (Rom 3.13-18). De vital importancia en la interpretación del salmo es la distinción y contraposición que hace de la gente. Para el salmista, las personas son necias o sensatas. Los primeros se pervierten, corrompen, extravían y obstinan; los segundos son honrados, prudentes, bondadosos y agraciados. Los primeros niegan a Dios; los segundos le buscan. El fundamento del éxito y fracaso en la vida, de acuerdo con el salmista, está en la actitud que tenga la gente respecto a Dios: los insensatos le niegan y fracasan; los sabios le afirman y triunfan.

Salmo 15: «Los que habitan en el monte santo de Dios»

La gran pregunta del Salmo 15 inquiere sobre las personas capaces de presentarse y vivir ante la presencia misma de Dios. Más que un interés físico, en efecto, el salmista está interesado en identificar los principios morales, los valores éticos, las conductas adecuadas, las actitudes propias, los comportamientos requeridos. La preocupación del poeta es muy importante, pues es una forma figurada de poner de manifiesto las condiciones requeridas para participar del culto al Señor de forma digna y adecuada. De acuerdo con la traducción de Reina-Valera, la pregunta fundamental es la siguiente: ¿Quién habitará o morará en el Tabernáculo divino o en su Monte Santo? (v.1).

Este salmo es una liturgia de entrada al Templo (véase también Sal 24.3-6; Is 33.13-16; Miq 6.6-8). Posiblemente se utilizaba cuando un grupo de fieles se disponía a entrar al santuario, y en la puerta le recibía un oficial del culto, posiblemente un levita, que respondía a la petición del grupo de entrar al recinto sagrado para participar de las ceremonias religiosas. Es probable que en el proceso incluía algún rito de purificación. La finalidad del salmo es educativa: Se afirma el carácter íntegro que debe distinguir a las personas que adoran en el Templo; el poema relaciona el culto y la conducta, la adoración y el estilo de vida, el lugar santo y la moral de las personas. Los profetas de Israel fueron paladines de esa relación íntima (Is 1.12-17; Am 5.21-24; Jer 7.1-15; Miq 6.6-8). El título hebreo del salmo lo relaciona con David (véase la Introducción).

La estructura del salmo no es compleja, pues puede dividirse en tres secciones básicas o estrofas:

- ¿Quién está capacitado para entrar al Templo?: v.1
- Calificaciones éticas y morales: vv.2-5b
- Identificación de la persona íntegra: v.5c

Ante la preocupación del poeta, el salmo responde con la identificación de varios niveles de comportamiento (vv.2-5). En primer lugar se presentan algunos principios éticos generales (v.2); posteriormente se revelan conductas específicas (vv.3-5a) que propician la entrada al Templo. El poema se redacta con afirmaciones positivas (vv.2,4a) y negativas (vv.3,4b-5a). Los requisitos para la participación efectiva en el culto al Señor son varios, posiblemente once, según el poema.

1- La persona íntegra (v.2a); es decir, la que vive según los principios de la honradez. Identifica una cualidad genérica, que es una manera adecuada de introducir el resto de las características necesarias y los comportamientos adecuados que se identifican a continuación (véase Prov 28.18; Sal 84.12).

2- Los hombres y las mujeres que practican la justicia (v.2a). Alude también a un principio ético general, pues la palabra justicia —*sedeq*, en hebreo— abarca la totalidad de las relaciones humanas e interpersonales.

3- La gente que «habla verdad en su corazón» (v.2b); es decir, que son sinceras y actúan con objetividad, que no utilizan la voz para herir, ofender o angustiar a otras personas. La expresión hebrea transmite la idea de «decir la verdad interna o mentalmente»; es una manera de identificar la persona que actúa de forma correcta pues sus decisiones se fundamentan en principios adecuados que han sido aquilatados e incorporados en la vida.

4- Los individuos que no usan la lengua para calumniar, difamar o maldecir (v.3a). Identifica a quienes fundamentados en la mentira hieren a otras personas con sus expresiones mentirosas, chismes y malas palabras. La idea está en paralelo con la característica anterior: ¡Quien fundamenta su vida en el principio de la verdad que está en su corazón, no calumnia ni miente!

5- Las personas que «no hacen mal al prójimo» (3b). Identifica un principio ético general e impostergable que incentiva y fomenta las características y los comportamientos previos y posteriores.

6- Los hombres y las mujeres que no admiten reproches contra sus vecinos (v.3c). Pone de manifiesto a las personas que respetan la dignidad de sus vecinos, que no injurian ni hablan con falsedad, que no incentivan la difamación ni propician la calumnia.

7- La gente que rechaza a los indignos y honra a los que temen al Señor (v.4a,b). Se identifican de esta forma figurada a las personas que distinguen y se oponen a la gente que actúa fundamentada en la maldad y reconocen aprecian a los que viven de acuerdo a los principios morales que se desprenden de la revelación de Dios. La gente «indigna» es la que ha sido rechazada y reprobada por el Señor, ¡son sus enemigos!; y los que «temen a Dios» son los fieles, humildes, justos y santos, ¡son sus amigos!

8- Los hombres y las mujeres que reconocen la seriedad del juramento y no cambian sus versiones aunque el decir la verdad les perjudique (v.4c). Se alude a las personas honestas que reconocen el valor intrínseco de la verdad. La expresión identifica a la gente íntegra y sin tacha, cuyos principios morales no se doblegan ante la conveniencia.

9- Las personas que no prestan dinero con usura (v.5a). El salmista describe a la gente que afirma y vive de acuerdo con las normas éticas relacionadas a la administración del dinero promulgadas por la Ley (véase Ex 22.24; Lev 25.37; Dt 23.20; Ez 18.17; Prob 28.8). Lo contrario a la usura es prestar de forma generosa, que es una virtud recomendada y reiterada en la Escritura (véase, p.ej., Dt 15; Sal 37).

10-Los individuos que no aceptan soborno contra la gente inocente (v.5b). Se refiera a las personas que no se corrompen y actúan según la Ley (Ex 23.8; Dt 16.19; 27.25). Los sabios reprueban claramente esa actitud inmoral (Prov 17.23) –p.ej., aunque se disimule con algún regalo (Prov 15.27)–, y los profetas la denuncian de forma vehemente (Is 5.23; Miq 3.11; Ez 22.12).

11-El salmo finaliza con una conclusión clara y precisa: «El que actúa según estos principios nunca falla» (v.5c). La gente que vive con integridad y de acuerdo a esta serie de principios éticos positivos, enfrenta la vida con integridad y moral, según el poema, y no resbala en sus caminos; es decir, tiene la capacidad moral de mantenerse erguido en la vida. Los hombres y las mujeres que viven de acuerdo con estos principios se distinguen y sobresalen en los grupos, pues actúan con verticalidad y honestidad aún en medio de las crisis de la vida.

La traducción de la pregunta original del poema requiere alguna explicación adicional. Para la comprensión adecuada del salmo es necesario analizar con algún detenimiento las palabras «habitar» y «morar» que se incluyen en la versión Reina-Valera. El término castellano traducido como «habitará» transmite la idea que se encuentra en una raíz hebrea, *gwr*, que identifica la habitación temporera de alguna persona peregrina o extranjera; alude, en efecto, a alguna habitación temporal y transitoria: p.ej., describe a Abrahán en las tierras de Canaán o Israel en Egipto. Por el contrario, el otro término importante del versículo, «morará», que se incluye Reina-Valera, transmite la idea hebrea de *skn*, que se refiere a una habitación estable y definitiva: p.ej., describe las viviendas permanentes en algún vecindario.

La gran pregunta básica del salmista no solo se refiere a las personas que llegan al Templo para adorar, sino que transmite la idea de habitación permanente, manifiesta el sentido de vivienda estable, y revela los conceptos de comunión, intimidad, cercanía, familiaridad y fraternidad. El poeta piensa, no solo en la experiencia temporera de entrar al santuario a participar de las ceremonias religiosas, sino que incluye las ideas de vivir con integridad para habitar permanentemente en las moradas divinas.

SALMO 16: «UNA HERENCIA ESCOGIDA»

El Salmo 16 es una oración que pone de relieve el sentimiento profundo y grato de alabanza, contentamiento y confianza en el Señor. Comienza con una petición de protección (v.1), y en el entorno de los sacrificios fútiles a los dioses paganos (v.4b), reconoce las virtudes que llegan a la gente íntegra y los dolores que esperarán a los idólatras (vv.3-6), el salmo finaliza con una serie importante expresiones de alegría y profesiones de seguridad y confianza por el apoyo divino.

El fundamento del gozo del salmista es su reconocimiento claro y seguro de que el Señor es su confianza y su bien (v.2). Dios le guarda y le protege, porque el salmista le ha reconocido públicamente como su Señor. Esa confianza es posiblemente la clave indispensable para la comprensión e interpretación adecuada del poema.

Las expresiones iniciales de seguridad del salmista son el corazón del poema (vv.1-2), y el resto del salmo se explica las implicaciones de esa confianza (vv.3-11). Lamentablemente el texto hebreo del salmo no está en un estado óptimo de conservación, y esa peculiaridad textual adversa es un factor determinante en la comprensión, traducción e interpretación del poema (vv.2-4a).

El contenido del salmo revela su carácter sapiencial y educativo. Es ciertamente una plegaria individual de confianza, que pone de relieve la lealtad de la persona que ora y se presenta ante el Señor (véase Sal 115; 135). Posiblemente el contexto de esta oración es el día de la consagración o dedicación de algún sacerdote o levita (Ex 29; Lv 8;21; Nm 8). En esa ocasión memorable, el nuevo sacerdote declara su lealtad al Señor y afirma el compromiso y responsabilidades que contrae con sus nuevos colegas de servicio en el Templo; posteriormente el salmista pone en evidencia sus propósitos y esperanzas. El poema también pudo haber sido utilizado en otros contextos de oración, p.ej., por israelitas que deseaban manifestar públicamente su fidelidad al Señor.

De particular importancia en la lectura y análisis del salmo son sus elementos sapienciales —p.ej., la oposición del bien y el mal—, que le relacionan temáticamente con el segundo relato de creación (Gn 2-3). La ideología de la conquista de la Tierra Prometida y el reparto de la tierras que presupone el poema (Nm 18.20; Dt 10.9; 18.1; Jos 17.5; Miq 2.5; Sal 11.6), le relaciona directamente con los círculos sacerdotales, que de acuerdo a los relatos bíblicos no heredaron la tierra como el resto de las antiguas tribus.

De significación indiscutible es el elemento humano del poema. La lectura del salmo pone de manifiesto lo corpóreo, lo físico, lo humano. Respecto al poeta se habla, p.ej., de la conciencia (v.7), la diestra (v.8), el corazón (v.9), el alma (v.9), la carne (v.9). Y en torno a Dios se alude a su presencia y su diestra (v.11). El salmista y Dios están a la diestra el uno del otro, que equivale a decir que están juntos, cercanos. Esa afirmación es una manera figurada de poner de relieve la intimidad del diálogo, la profundidad de la oración, la seriedad de la petición, lo importante de la relación. Y esa afinidad se revela en los sentimientos de gozo, satisfacción, alegría y seguridad del poeta. La oración es un magnífico ejemplo del diálogo íntimo que produce sentido de esperanza en la gente piadosa que adora y ora.

En el título hebreo del salmo, de significado incierto (véase Introducción), se incluye la palabra *Mictam,* que puede ser traducida como «oración en voz baja» o, inclusive, como «poema» (Sal 56–60). El salmo se atribuye a David.

La estructura del poema es la siguiente:

- Petición de protección: v.1
- Profesión de fe ante Dios y de solidaridad ante sus colegas: vv.2-3
- Declaración en torno a los idólatras: v.4
- El Señor es la porción de su herencia: vv.5-6
- Alabanza al Señor: vv.7-8
- Expresión de alegría y seguridad: vv.9-11

v.1: El salmo comienza con una petición clara y directa: Señor guárdame, pues en ti he confiado. El poeta reconoce la capacidad divina que le inspira seguridad, y le permite refugiarse en el Señor. Ese elemento de confianza y seguridad no es el sentimiento momentáneo que inspira a alguna persona en el instante de la crisis, sino la convicción seria y responsable que le orienta en la vida, el valor que le brinda sentido de dirección a su existencia, y el principio rector que guía sus decisiones, acciones y proyectos. La seguridad y confianza que se ponen de manifiesto al comenzar el salmo no se fundamentan en alguna emoción superficial sino en una convicción firme: El Dios bíblico tiene la capacidad y potestad de proteger a su pueblo.

vv.2-3: El reconocimiento del poder divino impele al salmista a declarar dos verdades básicas e insustituibles: Que el Señor es su todo, y que desea trabajar y apoyar a la gente santa e íntegra. En primer lugar, el poema pone de relieve el señorío divino, y revela que la bondad divina es el mayor de los bienes. Añade, además, que su trabajo y dedicación están al servicio de las personas intachables, santas e íntegras. La frase traducida en la versión Reina-Valera como «alma mía», lo que hace es subrayar que estas afirmaciones surgen de los más profundo de su ser, enfatiza la seriedad y sinceridad de las declaraciones. Esta plegaria no es la oración que se improvisa sin tomar en consideración las implicaciones de sus palabras, sino el resultado de la reflexión sosegada y sobria que reconoce el poder divino y confía en su misericordia.

v.4: Luego de las profesiones de fe y seguridad en el Señor, el salmista alude a la gente idólatra. Indica que aumentarán los dolores para las personas que sirven a otros dioses, y añade que él no participará de sus actos idolátricos y apóstatas. La expresión «ni en mis labios tomaré sus nombres» es una forma figurada de decir que rechaza todo lo que se relaciona con las prácticas paganas que ofrecen sacrificios o «libaciones» o otros dioses. Pone de esta forma en evidencia el salmista su fe monoteísta, sus convicciones religiosas enraizadas en las tradiciones teológicas más profundas del pueblo de Israel.

Las libaciones eran ofrendas de vino, agua o aceite que se presentaban y ofrecían a las divinidades cananeas (Ex 29.40; Lv 23.13; Nm 15.5-10; 2 S 2313-17). Las «libaciones de sangre» son posiblemente una referencia a la prácticas idolátricas que fueron terminantemente prohibidas y rechazadas en Israel. Inclusive, la frase puede ser más que una referencia figurada de crítica religiosa, pues puede aludir las prácticas de sacrificios de animales dedicados a los baales cananeos.

vv.5-6: En esta sección del poema se pone de manifiesto la ideología de la conquista y distribución de las tierras conquistadas en Canaán (véase Jos 13–22); además, relaciona el salmo con la tradición levita, que no recibió tierras en el proceso de repartición (Jos 21). El salmista reconoce que el Señor es la porción de su herencia y su copa —por esta razón específica se relaciona el salmo con algún levita o sacerdote—. Con esas expresiones declara abiertamente que su pasado, presente y futuro le pertenecen al Señor. Para el poeta, la existencia y las realidades de la vida no son producto del azar ni el resultado de las casualidades; su vida ha estado a la merced de la misericordia divina, que le produce seguridad y esperanza.

La «copa» de vino distribuida entre las personas invitadas a algún banquete era símbolo de futuro, destino y suerte. La «heredad» y las «cuerdas» aluden a las formas de medir las tierras en la época de Josué (Jos 14–19; Nm 18.20). La «porción» que le ha tocado al salmista es Dios mismo, por eso bendice al Señor y se alegra, pues esa herencia en mayor que la totalidad de las tierras conquistadas.

vv.7-8: El salmista bendice al Señor que le aconseja y enseña. Y como respuesta a esa iniciativa divina, el salmista le ha dado prioridad al Señor, le ha concedido un sitial de distinción, y le ha permitido tener un lugar prominente en su vida. Reconoce, además, que no será conmovido, ni vacilará, ni andará dubitativo por la vida, porque el Señor está a su lado.

La referencia a la «conciencia» que enseña al salmista durante las noches, alude literalmente a los riñones, que en el antiguo pensamiento y percepción semita era el asiento de las emociones y los sentimientos más profundos (Sal 7.9; 26.2; Jer 11.20). La comunicación efectiva del sentido del poema requiere que la traducción no sea literal, pues se transmitirían ideas confusas o equivocadas en las culturas post-modernas y occidentales.

vv.9-11: La sección final del poema está reservada para la alabanza y la gratitud. ¡Se alegra el corazón, el alma se llena de gozo y la carne descansa! El contentamiento del salmista es completo, pues incluye componentes sentimentales, intelectuales y físicos. Y añade un extraordinario elemento teológico adicional: Ni aún la muerte puede disminuir el gozo ni detener la vida del salmista. Se nota en el poema un sentido de futuro que desborda los límites de la teología de la época. Hay una referencia al futuro que sobrepasa los límites de la muerte. El poema trasluce un aire de eternidad que posteriormente en la teología bíblica se desarrollará con vigor.

«No dejar el alma en el Seol» equivale a decir que la muerte no tendrá la última palabra en la vida del salmista, revela que su esperanza sobrepasa los límites de la vida terrenal, y subraya una convicción teológica profunda de seguridad y futuro. El «Seol» era el lugar que en la antigüedad bíblica se pensaba constituía la habitación de la gente muerta.

La frase «ver la corrupción» es otra manera figurada de indicar que la muerte no puede detener la felicidad del poeta, que fundamentaba su seguridad está en el Dios cuya existencia sobrepasa los límites del tiempo. En el Nuevo Testamento (véase Hch 2.27; 3.35) se interpretan estas palabra e ideas como un anuncio profético de la resurrección del Cristo.

El versículo final del salmo subraya una vez más el tema de la felicidad y la seguridad. Dios mismo le mostrará el significado real de la vida y la existencia, pues ante su presencia el gozo y la felicidad son abundantes y eternos. El salmo comienza con el reconocimiento de la bondad de Dios, y finaliza con la afirmación de la senda de la vida y la revelación de su presencia. El poema inicia con la manifestación de la bondad divina y termina con la revelación del camino que permite disfrutar su compañía.

SALMO 17: «PLEGARIA PIDIENDO PROTECCIÓN CONTRA LOS OPRESORES»

Este Salmo presenta la oración intensa de un adorador que entiende que es perseguido injustamente y llega ante la presencia del Señor para que se le haga justicia. El poema revela el gran sentido de integridad y los valores morales de la persona que adora, y reclama la intervención divina para que le libere de las acciones hostiles y despiadadas de sus enemigos. ¡Es una clara petición de ayuda y liberación, una plegaria emotiva de socorro y apoyo, una oración intensa que reclama de Dios protección y atención!

El poema incluye también una descripción de los adversarios que le persiguen, y manifiesta el firme reclamo de que sean derribados y destruidos. Con gran capacidad poética e imaginación literaria el salmista utiliza el lenguaje religioso y militar para presentar su caso ante Dios. Finaliza el poema con una gran afirmación de seguridad, con una clara declaración de esperanza, con una intensa profesión de fe.

La oración está escrita con las expresiones típicas que caracterizan los salmos de lamento o súplica individual (véase Sal 7), aunque la lectura cuidadosa del los versículos 3-5 revela que también puede relacionarse con las oraciones de personas inocentes. Se ha propuesto como el contexto vital del salmo, su lectura en un muy antiguo festival del pacto en Israel; sin embargo, la intensidad de la plegaria puede revelar que se trata de la petición honesta de una persona que es falsamente acusada, que reclama la intervención divina para demostrar su inocencia. El mismo salmo sugiere que la persona que lo recitaba pasaba la noche orando y meditando en el santuario, y por la mañana recibía la respuesta divina a su petición, posiblemente a través de alguna profecía u oráculo.

El texto del salmo no revela mucho del autor. Posiblemente el poeta vivió durante los años finales de la época pre-exílica, o los primeros años del exilio en Jerusalén. El título hebreo relaciona el salmo con David, que es una forma común de incluir el poema en la tradición literaria del famoso monarca de Israel (véase la Introducción).

La estructura literaria del salmo revela tres oraciones básicas, que hacen referencia tanto a la persona inocente como a los adversarios que le acusan.

- Oración que afirma la inocencia del adorador: vv.1-5
  - La oración: vv.1-2
  - Descripción de las dificultades: vv.3-5
- Oración que alude a los ataques de los enemigos: vv.6-12
  - La oración: vv.6-8
  - Descripción de los ataques: vv.9-12
- Oración por la destrucción de los enemigos y por la liberación del salmista: vv.13-15

vv.1-2: El salmo comienza con una serie de peticiones directas a Dios, que le brindan al poema su carácter de súplica, su sentido de urgencia, su entorno de crisis: «¡Oye, atiende, escucha!». El poeta se presenta ante Dios para solicitar su atención inmediata, y para reclamar la intervención divina en su defensa. Además, el salmista afirma con seguridad que su causa es justa, recta y verdadera. Y al sentirse perseguido y humillado por sus opresores y enemigos, se allega ante Dios para suplicar su respuesta, y para reclamar su misericordia y justicia.

El salmista solicita con vehemencia la justicia divina contra los ataques a los que es objeto, pues afirma y declara su inocencia. Esta es una oración genuina y sincera de alguna persona que siente en su vida los golpes inmisericordes de la injusticia. No debe interpretarse esta plegaria en términos de alguna actitud insolente e impropia del adorador, pues su petición no se fundamenta en la prepotencia y ni el orgullo, sino en el reclamo firme y decidido de una persona que es perseguida de forma injusta y se allega a Dios para que se le haga justicia. Esta oración no desea enfatizar la desesperanza humana sino intenta descubrir la justicia divina. La esperanza del salmista es que Dios reconozca que es una persona justa, que habla la verdad y que actúa con rectitud, aunque sus enemigos lo calumnien, persigan e intenten matarlo.

vv.3-5: En esta sección, el poema continúa el tema de la integridad e inocencia del salmista. El poeta afirma que Dios ha probado su corazón y le ha visitado de noche, que son imágenes que revelan su seguridad e indican que posiblemente su plegaria fue nocturna en el entorno del Templo. ¡Dios mismo le ha probado y ha descubierto su inocencia! Y el salmista, en respuesta a esa acción divina, afirma, inclusive, que ha resuelto que su boca no cometa delito, en referencia a su actitud de decir la verdad y mantener su integridad aún en momentos de crisis. Se enfatiza de esta forma la importancia de sus valores morales y éticos.

La inocencia del salmista se revela no solo en su hablar sino en sus acciones. ¡Ha resuelto guardarse de la senda de la gente violenta!, que es una forma de decir que desea mantener la sobriedad en la crisis, que intenta continuar con su actitud humilde y de respeto en medio de las adversidades y las dificultades de la vida. ¡Rechaza de esta forma el salmista la violencia como medio para resolver su problema! ¡Responder con violencia no es la manera de superar su condición! Además, en su oración le pide a Dios que le ayude a continuar en el camino del bien, para que sus pies no resbalen, utilizando las imágenes que ya se ponen de manifiesto en el primer Salmo. ¡Aún en medio de la persecución y la injusticia el salmista mantiene su integridad y afirma su estilo de vida recto! La crisis de la persecución y dificultad de la injusticia no le han hecho claudicar en sus principios ni olvidar sus valores.

vv.6-12: La segunda sección del poema tiene una estructura literaria similar a la primera: Junto a la petición de ayuda del salmista, se incluyen varias razones por las cuales Dios debe intervenir y responder a su plegaria. El salmista pide en realidad tres cosas fundamentales: que Dios le escuche, que se revele de forma salvadora, y que le proteja. El poeta invoca libremente al Señor pues reconoce que Dios tiene la capacidad y el deseo de escuchar su clamor, para responder con misericordia, salvación y liberación.

La petición del salmista reconoce el deseo divino de ayudar a su pueblo, que describe como «la niña de los ojos de Dios», en una extraordianria imagen del valor y la importancia que tiene para Dios el dolor y la necesidad de los adoradores. En su suplica implora también la protección divina, que describe como «esconderse bajo la sombra de sus alas», que es una manera figurada de afirmar la capacidad de ayuda y protección divina. La imagen posiblemente alude a los querubines cuyas alas extendidas protegían el Arca del pacto en el Templo (1R 8.6-7). Necesita el salmista protección de sus opresores y enemigos que intentan quitarle la vida.

El poeta separa algún espacio en su oración para describir a sus enemigos. En primer lugar los presenta en términos generales, para posteriormente destacar poéticamente lo que le intentan hacer. Los perseguidores y adversarios del salmista son gordos —que es una manera despectiva de indicar que comen desordenadamente—, arrogantes y traicioneros; además, los compara a los animales salvajes —p.ej., león y leoncillo— que están ansiosos por agarrar su presa y devorarla. La idea es clara: El salmista se siente amenazado de muerte por una serie de enemigos que le atacan injustamente; su esperanza está anclada únicamente en la intervensión extraordinaria de Dios.

vv.13-15: El salmo finaliza con una oración de afirmación, seguridad y esperanza. Con un grito de guerra y utilizando un lenguaje militar —«¡levántate!»— el poeta reclama la intervención de Dios: ¡Sal a su encuentro, derríbalos, libra mi vida con tu espada! La oración revela urgencia, y también manifiesta un gran sentido de esperanza. Sus enemigos son personas que confinan sus vidas a la realidad que experimentan y sienten; son personas materialistas que están cautivas en las poseciones y la comida; son individuos sin proyección al porvenir ni valores éticos de justicia y nobleza. En estas imágenes se ponen de manifiesto la diferencia fundamental entre el salmista y sus enemigos: el poeta confía en Dios y vive de acuerdo con sus principios de justicia y rectitud; los enemigos rechazan los valores divinos pues fundamentan sus vidas en el materialismo.

La palabra final del salmo es una declaración de esperanza, una afirmación de seguridad, una profesión de fe: El futuro del salmista no es la derrota ante sus enemigos, sino ver el rostro de Dios, disfrutar la justicia divina y satisfacerse al descubrir en su vida atributos y semejanzas con Dios. El porvenir del poeta no se relaciona con el triunfo de sus enemigos, que han rechazado abiertamente la justicia divina, sino con su relación con Dios que le permite identificarse con sus valores e incorporar en su estilo de vida algunas características divinas. ¡Ya no serán sus enemigos los que determinen la vida del salmista, sino ver el rostro de Dios!

La sección final del salmo culmina con una particular forma poética conocida como quiasmo. En primer lugar, el salmista afirma su inocencia (vv.3-5), que continúa con la descripción de sus enemigos (vv.9-12); ahora ora por la destrucción de sus enemigos (vv.13-14a) y afirma su esperanza en la liberación del inocente (vv.14b-15). Esta estructura poética se reafirma con el uso inicial de la expresión «causa justa» (v.1), que tiene su claro paralelo al concluir el poema con la frase «veré tu rostro en justicia» (v.15); y en el uso de las imágenes visuales tanto al comienzo como al final del poema —p.ej., «vean tus ojos la rectitud» (v.2) y «veré tu rostro en justicia» (v.15)—.

La frase de difícil comprensión y traducción «estaré satisfecho cuando despierte a tu semejanza» (v.15), en el contexto religioso del Antiguo testamento, puede referirse al ritual de pasar la noche orando en el Templo de Jerusalén, para levantarse en la mañana con la confianza y seguridad de que Dios ha escuchado las oraciones y ha dado respuesta a las plegarias. Algunos comentaristas han relacionado la expresión con el juicio final, aunque las traducciones y versiones antiguas no dan base a esa interpretación de forma explícita.

En la comunidad cristiana, sin embargo, esa frase se ha relacionado tradicionalmente con el poder extraordinario de la resurección, que le permite al creyente recibir la respuesta adecuada a sus oraciones y disfrutar plenamente de la victoria que le puede brindar el Señor de la vida. Despertar a la semejanza de Dios y ver su rostro son imágenes de triunfo contra la muerte, son metáforas de victoria contra las adversidades más angustiantes y hostiles de la vida.

Salmo 18: «Acción de gracias por la victoria»

El Salmo 18, uno de los más largos del Salterio, es una muy sentida oración de acción de gracias del rey por la victoria y la protección que Dios le ha brindado en medio de las grandes dificultades y adversidades de la vida. Es una plegaria intensa que reconoce y aprecia las intervenciones salvadoras de Dios. Y el fundamento de esa gratitud es la confianza plena que el poeta tiene en el Dios vivo. La importante afirmación teológica «¡Viva Jehová y bendita sea mi roca!» (v.4), pone claramente de manifiesto la base teológica de la plegaria; y, además, revela el corazón de la religión bíblica: ¡el Dios de los salmistas y los creyentes está vivo!

La declaración «Dios vive» es una afirmación de la voluntad divina de intervención en medio de las realidades humanas. La vida de Dios no se contrapone a su muerte, sino que destaca su capacidad de acción, enfatiza su deseo de manifestación, subraya su compromiso de responder a las necesidades y plegarias de su pueblo. Todo el salmo es un gran poema de alabanza al Dios que interviene en la historia en favor del rey que ha ungido y ha estado amenazado de muerte por diversos enemigos, adversidades y problemas. Las intervenciones divinas en el poema revelan sus capacidades como Señor de la historia, a la vez que ponen de relieve la importancia del rey en la implantación y mantenimiento de ese reino.

Este poema continúa la tradición teológica del Salmo 2, en el cual Dios presenta a su rey ungido o mesías para que le represente y tome control y dominio sobre las naciones. En este sentido, el Salmo 18 es una especie de confirmación de la fidelidad de las promesas de Dios, que ha mantenido su palabra a través de los conflictos y en medio de las crisis de la vida. Un texto paralelo del salmo, solo con variantes menores, se encuentra en 2 Samuel 22. Posiblemente esta repetición revela la historia de la transmisión oral y textual del salmo, tanto entre los sacerdotes y adoradores del reino del norte como en los del sur.

La oración puede muy bien clasificarse como un cántico individual de gratitud, aunque las referencias al rey, tanto en el título hebreo como al final del poema (v.50), indican que también puede relacionarse con los salmos de David o reales. Algunos estudiosos del salmo han dividido su estructura en dos grandes secciones: la primera (vv.1-30), es el lamento de una persona falsamente acusada; y la segunda (vv.31-50), una expresión de gratitud real. En nuestro estudio afirmamos la unidad literaria del poema que revela los diversos estados de ánimo de una persona que identifica su dolor antes de proceder a manifestar su agradecimiento.

El poema es, en efecto, la expresión de gratitud del rey. Probablemente, este tipo de salmo se recitaba por el rey, o por su representante, en algún tipo de culto en el Templo, al regreso del campo de batalla, para agradecer la victoria y liberación de los enemigos; aunque también es posible que fuera parte de uno de los festivales anuales del pueblo, p.ej., como el de los Tabernáculos.

El mismo título del salmo indica que es de David, aunque al finalizar el poema el nombre del famoso rey se incluye en tercera persona. Posiblemente el salmo fue escrito por alguno de los poetas de la corte real para ser utilizado por los monarcas del linaje de David. Tanto los temas que incluye (p.ej., su relación con la literatura cananea) como la ortografía antigua y la similitud temática con otros poemas antiguos (p.ej., Ex 15; Hab 3; Dt 32–33), ubican la composición del salmo en la época pre-éxílica temprana; posiblemente, durante el período post-exílico pudo haber tenido aluna revisión estilística.

El título hebreo del Salmo es extenso y complejo. La referencia a David lo relaciona directamente con la monarquía; la frase «al músico principal» indica que en su historia de redacción y transmisión el poema formó parte del repertorio de himnos que se utilizaban en el Templo; y la alusión a Saúl ubica el salmo en un período histórico preciso, pero el estudio del pasaje paralelo en 2 Samuel no nos permite identificar algún triunfo específico de las victorias de David sobre el primer rey de Israel.

La estructura literaria del salmo puede dividirse en siete secciones temáticas básicas, que nos servirán de guía en nuestro estudio:

- Alabanza inicial: vv.1-2
- Relato del dolor: vv.3-6
- Intervenciones divinas: vv.7-15

- Liberación y salvación: vv.16-19
- Confesiones de justicia y fidelidad: vv.20-30
- La victoria proviene del Señor: vv.31-45
- Alabanza final: vv.46-50

vv.1-2: La primera linea del poema pone de manifiesto claramente el tono, el tema y el propósito del autor: «Te amo, Señor, fortaleza mía». Revela, además, la intimidad del salmista con su Dios, pues el verbo hebreo traducido por «amor» en castellano, también transmite la idea de la compasión divina por su pueblo, y evoca los conceptos de exaltación, alabanza, gratitud y reconocimiento. En la misma primera declaración poética se indica que el Señor es la fortaleza del adorador, que claramente es una imagen de seguridad, esperanza y futuro. De esta forma se anticipa en mismo tema de seguridad que posteriormente se desarrollará en el poema (vv.31-42).

Las imágenes de seguridad y esperanza, que sn frecuentes en el Salterio, se multiplican en esta primera sección del poema: ¡Roca, castillo, libertador, fortaleza, escudo, fuerza y refugio! El poeta transmite las ideas de estabilidad y firmeza que provienen de Dios; en efecto, enfatiza el poder divino ante la fragilidad humana. Desde el comienzo del salmo se pone en clara evidencia el fundamento de la esperanza del salmista, su gratitud se basa en la naturaleza divina que genera seguridad en los adoradores. Las imágenes, que provienen esencialmente de dos campos —el militar y el de la naturaleza—, le brindan a las personas que leen el salmo un sentido grato de futuro, pues confían e invocan un Dios que es estable, firme, fuerte, protector, salvador y libertador de enemigos.

La respuesta del adorador ante la intervención divina es de amor. Al sentirse seguro, ama; al recibir la protección divina, ama; al experimentar la salvación, ama; al encontrarse liberado, ama; al descubrir la fuente de su fortaleza, ama; y al sentirse estable, ama. La respuesta humana a la intervención divina es de amor, pues transmite los sentimientos más hondos y sinceros.

vv.3-6: Fundamentado en la seguridad divina, el salmista invoca al Señor para ser salvado de sus enemigos. Clamó al Señor pues reconoce que solo Dios es digno de esa alabanza. Se allegó a la presencia divina pues su teología le brinda el fundamento de su seguridad y petición. La oración del salmista se basa en las afirmaciones teológicas previas (vv. 1-2), que prepararon el camino para identificar las crisis y expandir el tema del triunfo divino.

El tema general del poema es que ante los peligros que le presentan sus enemigos, el salmista oró a Dios por salvación y fue liberado de sus problemas. En el desarrollo del salmo, ese gran tema teológico se expende al utilizar la antigua mitología cananea para ilustrar el poder divino de liberación. El Dios bíblico, de acuerdo con las afirmaciones del salmista, no solo libera al rey de sus enemigos históricos sino que tiene la capacidad y el poder de responder efectivamente a los desafíos que le presenta la antigua mitología cananea, representada por Baal y su panteón.

En el poema, la salvación se presenta de forma cósmica y extraordinaria, para poner de manifiesto el poder divino. Los enemigos son agentes de la muerte, de la destrucción y del seol, que se contraponen a las imágenes del Dios de la vida. Los enemigos se representan en el poema como fuerzas fantásticas que se atentan contra la voluntad divina, y el rey, como ungido de Dios, debe triunfar sobre ellas. Dios escuchó desde su Templo, que puede ser una referencia no solo al santuario en Jerusalén sino al trono celestial.

vv. 7-15: El escuchar divino no es una actitud de recepción pasiva y silente de alguna plegaria, sino el inicio de la actividad salvadora y liberadora de Dios. Al escuchar, Dios responde al clamor del pueblo. Y ante la intervención divina, o teofanía, se producen cataclismos extraordinarios: p.ej., temblores, humo, fuego, tinieblas, aguas, oscuridad, nubes, granizos, truenos y relámpagos. La tierra toda se conmovió y sintió la presencia divina, pues sus cimientos se extremecieron. También el cielo fue testigo de la manifestación de Dios, pues la claridad del día cedió el paso a la oscuridad, a las tinieblas. La creación toda se vió afectada por la manifestación del Dios que se indigna, y en su furor cabalga sobre los queribines, vuela sobra las alas del viento, se esconde en las tinieblas, y altera considerablemente las estaciones de la naturaleza y los movimientos de la tierra.

El lenguaje que se utiliza en esta sección, que tiene elementos en común con otras naciones del Oriente Medio antiguo, evoca la manifestación divina en el Sinaí (Ex 20) y la liberación de los israelitas de manos de los egipcios (Ex 15), que a sus vez se convirtió en una forma importante de expresar poéticamente las intervenciones de Dios en las guerras (p.ej., véanse, Dt 33.2-3; Jue 5.4-5; Sal 68.7-8). ¡La oración del salmista ha desatado la ira divina contra sus enemigos! ¡Dios se prepara para la batalla! El Dios bíblico se mueve, ante la petición del poeta, de su trono celestial a las realidades cotidianas del adorador, para responder a sus necesidades. El idioma poético revela que la respuesta a la oración fue de apoyo y liberación.

En estas manifestaciones de Dios a través de los fenómenos meteorológicos y geológicos de la naturaleza, la voz de Dios se asocia con los truenos, y se describen los relámpagos como sus flechas o armas de combate. El objetivo teológico de estas teofanías es poner de manifiesto el poder de Dios sobre la naturaleza y la historia humana. Y la imagen de «los cimientos del mundo» presupone la creencia de los antiguos hebreos, que imaginaban que el mundo era una gran masa de tierra seca que se asentaba sobre unas bases que se hundían en las profundidades de un gran océano subterráneo.

vv.16-19: En esta sección del poema se unen las imágenes de liberación cósmicas con las de salvación históricas. Dios intervino y sacó al salmista de las muchas aguas, que es una manera de referirse al caos, a la crisis, al problema que han generado sus adversarios. El salmista reconoce que Dios lo libró de su enemigo poderoso y de los que le aborrecían, que le asaltaron en el día de su desgracia. El Señor fue su apoyo y libertador, porque se agradó de su actitud, de se oración, de su petición, de su plegaria.

La liberación del salmista comenzó al iniciar su oración. La salvación se gesta al pronunciar las primeras palabras de su plegaria, «te amo» (v.1). El amor produjo en el salmista actitud de humildad, y ese acto de humillación conmovió al Dios eterno. Dios se agradó del gesto del salmista, apreció su actitud y escuchó su oración. Dios está enojado pues la rebelión contra el rey, que es su ungido, es una rechazo abierto a su autoridad y señorío.

vv.20-30: En esta sección prioritariamente se describe la bondad divina. Luego de articular de forma vibrante e intensa las intervenciones de Dios en la naturaleza y en la historia, el poeta separa un lugar para identificar y afirmar las virtudes divinas. De particular forma, el salmista alude al amor que Dios le ha manifestado (vv.20-24), destaca la misericordia divina hacia la humanidad en general (vv.25-27), retoma el tema de gratitud personal e íntima (vv.28-29), para finalizar con una gran declaración teológica de alabanza y gratitud (v.30).

El Señor ha premiado al salmista porque es un Dios justo, y su naturaleza santa le impide ignorar los conflictos y adversidades de sus siervos. En su oración, que no es una manifestación egoísta de orgullo espiritual sino una declaración sincera de su condición, el salmista afirma su conducta limpia y recta con las imágenes «limpieza de manos» y «guardado sus sus caminos»; y destaca sus valores éticos y morales con frases que revelan su integridad –p.ej., «no me aparté impíamente de mi Dios», «todos tus juicios estuvieron delante de mí», «no me he apartado de tus estatutos», «fui recto» y «me he guardado de hacer lo malo»–. Finalmente, el poeta añade que Dios le recompensó al ver su estilo de vida noble y grato, al percatarse de su compromiso con la verdad y la justicia.

Al continuar, el poeta se mueve de los niveles personales a los generales. Se hace una relación clara entre el comportamiento humano y las actitudes divinas. Dios particularmente distingue y bendice a la gente misericordiosa e íntegra, y rechaza y castiga a las personas tramposas. En efecto, el Señor salva a los afligidos y humilla a los altivos. Y ese sentido de justicia divina le permite al salmista declarar que el Señor es su luz y fortaleza, que le permitirá vencer en la batalla, aunque sus enemigos se ubiquen o escondan en la seguridad de las ciudades amuralladas.

vv.30-45: Luego de la descripción de las intervenciones extraordinarias de Dios en la naturaleza y del reconocimiento de la justicia divina, el poeta separa un lugar para describir al Señor y a su ungido. Es un gran esfuerzo poético por articular la naturaleza divina no en términos filosóficos sino de forma práctica y concreta. A la seria pregunta teológica, ¿quién es Dios?, el salmista responde en términos de sus actividades e intervenciones salvadoras: Dios interviene en medio de las realidades humanas para traer liberación, salvación y esperanza

El estudio de la sección revela varios paralelos poéticos con los versículos 4-19. En esa estrofa poética inicial, el autor enfatiza la intervención divina y la liberación de su ungido; en esta nueva estrofa el poeta destaca las actividades militares del ungido, aunque se pone claramente de relieve que sus fuerzas provienen del Señor. Ambas porciones presentan el mismo sentido de victoria del siervo ungido del Señor, pero desde diferentes perspectivas. El lenguaje utilizado está lleno de simbología y belleza poética, y evoca la gran victoria del pueblo de Israel al cruzar el Mar Rojo (Ex 15).

Un detalle literario de gran importancia teológica se revela en la particular expresión, «En cuanto a Dios, perfecto es su camino» (v.30), que es el tema fundamental del gran poema que culmina el libro de Deteronomio (32.4). El término hebreo (*tamim*) traducido al castellano por «perfecto» describe algo completo e íntegro, y desde la perspectiva moral marca el carácter de las personas cuya conducta es consistente, coherente, confiable. Dios es perfecto pues lo que dice se comprueba con los que hace; es decir, la perfección divina revela la continuidad entre su decir y su hacer; es perfecto pues se relaciona con la humanidad de forma coherente y ordenada, justa e íntegra, consistente y confiable. El rey y ungido también es *tamim*, pero en el sentido de su rectitud que le proviene de su relación con Dios (vv.23,25).

Ante la gran pregunta teológica ¿quién es Dios?, el poeta responde de forma pragmática: el que prepara adecuadamente al ungido para enfrentar las batallas. Dios es quien orienta y guía al ungido y le da poder y autoridad, le prepara el camino y lo adiestra en las armas necesarias para el combate. Además, Dios es quien le brinda las energías necesarias para perseguir y vencer a los adversarios dondequiera que se escondan. Y en su campaña de triunfo militar Dios mismo lo lleva a lugares extraños, tierras extranjeras donde también esos pueblos se rindieron ante el ungido del Señor.

vv.46-50: La sección final de salmo es una afirmación de fe y seguridad del poeta, que reconoce que Dios le ha ayudado a vencer su enemigos. El Dios vivo es roca, salvación, justicia y liberación. El salmista reconoce el poder de la acción divina y expresa su gratitud, revela su confianza. Ante sus actos de liberación histórica y su poder sobre la naturaleza y el cosmos, el salmista es testigo de las bondades y virtudes divinas entre las naciones. Además, reconoce que los triunfos del rey, del ungido, y de David y su descendencia son producto de la misericordia divina.

Tanto el Salmo 2 como el 18 se refieren al rey de Israel como ungido del Señor o «mesías». En ambos casos el poeta enfatiza la capacidad divina de liberación y redención; sin embargo, el Salmo 18 no tuvo la exposición que recibió el Salmo 2 en la literatura de la iglesia primitiva. El apóstol Pablo, en su carta a la iglesia de Roma, alude y cita el Salmo 18.50, en sus comentarios referente a los gentiles, pero no elaboró las implicaciones cristológicas del poema.

Este salmo puede ser la voz de alguna persona que está en crisis y se presenta ante Dios para que le ayude a superar las dificultades que le angustian. Alguien que es capaz de afirmar que Dios vive tiene esperanza y futuro. El salmo finaliza con la expresión pública de una persona agradecida, que reconoce que sus triunfos en la vida se relacionan con las intervenciones salvadoras de Dios.

SALMO 19: «LAS OBRAS Y LA PALABRA DE DIOS»

El Salmo 19 es una pieza literaria de gran belleza poética —referente a esta obra, C.S. Lewis escribió que era el mejor poema del Salterio, además de ser una de las mejores líricas jamás escritas en el mundo—, que pone claramente de manifiesto cuatro temas de gran importancia teológica, académica, educativa y pastoral. En primer lugar, el salmo habla de la gloria divina que se manifiesta en la creación (vv.1-6): La voz de Dios se hace sentir en el cielo y en la tierra a través de la contemplación de la naturaleza. El poema continúa para elogiar y afirmar el valor de la Ley del Señor (vv.7-11): Con gran maestría artística y profundidad teológica el poeta hace una concatenación de virtudes de la Ley divina. Prosigue el salmo con una confesión de humildad y reconocimiento de sus limitaciones (vv.12-13): ¡El poeta no quiere ofender a Dios ni de forma inconsciente! Y culmina con una profesión de fe en la que se exalta a Dios como su roca y redentor (v.14), que son imágenes que resaltan la seguridad y la fortaleza divinas.

Para la identificación precisa del género literario del poema debemos afirmar, en primer lugar, su unidad. Una lectura inicial del salmo revela por lo menos dos secciones temáticas mayores. La primera es una especie de himno a la creación, que pone especial énfasis en el sol (vv.1-6); y la segunda, un tipo de literatura sapiencial que desea subrayar las virtudes de la Ley (vv.7-14). Junto a las diferencias temáticas también se manifiestan otras divergencias: p.ej., la primera sección utiliza el nombre genérico para referirse a Dios —en hebreo, *El*–; mientras que en la segunda, sistemáticamente se hace referencia a Dios con su nombre propio —en hebreo, *Yahwé*–.

Sin embargo, junto a esas diferencias, que pueden ser parte de la creatividad poética del autor o también revelar la compleja historia de redacción y transmisión oral y textual del salmo, se ponen de manifiesto otros elementos temáticos y literarios que apuntan hacia su unidad. La primera parte del salmo es, posiblemente, la afirmación teológica general, y la segunda, su explicación práctica; al inicio del poema se hace la declaración religiosa, que posteriormente se comenta para identificar sus implicaciones reales e inmediatas. De esta forma el redactor final del poema y del libro ponen en paralelo dos de los grandes temas del Salterio y de la Biblia: la creación de Dios y la revelación de su Ley. Respecto a la unión de este par de temas, es importante indicar que en la literatura en Oriente Medio antiguo se encuentran varios escritos que relacionan las imágenes del sol y la creación con los temas de la ley y la justicia.

De acuerdo con nuestro análisis, el salmo es un himno a Dios que enfatiza los temas educativos de la literatura sapiencial. Posiblemente el poema, que de forma inicial pudo haberse leído en dos partes en entornos privados, con el tiempo se usó como parte de la liturgia del Templo, específicamente en eventos educativos que resaltaban la importancia de la Ley. Esas mismas características revelan que su historia de redacción fue larga, y que, aunque comenzó en una época pre-éxilica, finalizó en el período post-exílico, cuando se dio gran importancia a los temas sapienciales. Respecto al título hebreo del Salmo, que lo relaciona con David y lo dedica al músico principal, véase la sección correspondiente en la Introducción.

La estructura literaria del salmo puede dividirse de la siguiente forma:

• Alabanzas al Dios creador: vv.1-6
• Valor de la Ley: vv.7-11
• Reconocimiento de la impotencia humana: vv.12-13
• Profesión de fe del salmista: v.14

vv.1-6: El salmo comienza con una gran afirmación teológica: La creación es testigo de la grandeza divina, la naturaleza habla de su presencia extraordinaria, y el sol, personificado, delata su existencia grata, al pasease alegremente por el infinito. ¡Los cielos y el firmamento, que son sinónimos poéticos, revelan la gloria de divina! El cosmos extraordinario e imponente pone claramente en evidencia la existencia y las virtudes del Dios creador. De forma figurada, la creación repite la adoración del pueblo de Dios, que al enumerar los actos salvadores del Señor los afirman como parte de la gloria divina (Sal 29).

Junto a las imágenes del cielo se unen las referencias al día y la noche, se alude a la luz y las sombras, se evoca la claridad y la oscuridad. De día, el sol ilumina el camino; y de noche, la luna y las estrellas rompen la monotonía de las tinieblas. Toda esa manifestación de poder, belleza y autoridad delata la grandeza divina. Y, aunque no hay palabras, ni lenguajes, ni se escuchan voces, los días y la noche declaran esa extraordinaria sabiduría y transmiten el mensaje de alabanza, que llega a todos los rincones de la tierra; ¡se manifiesta hasta en los extremos del mundo!

La imagen del sol es un ejemplo magnífico de la gloria de Dios. Aunque en las culturas antiguas del Oriente Medio, el sol era considerado como dios, para el poeta la lumbrera mayor es solo parte de la creación divina y recorre el firmamento para delatar la gloria del Señor. Es como un esposo al salir feliz de su alcoba nupcial; es como un gigante, coloso o guerrero que se pasea orgulloso para afirmar y celebrar sus triunfos. ¡Nada se esconde del calor del sol!, que equivale en el salmo a afirmar que nada puede evitar que la gloria divina llegue a los lugares más remotos y aislados de la creación divina.

El poeta no está interesado en explicar el origen y desarrollo de sus teorías y teologías, únicamente presupone que todo lo que existe tiene la capacidad de reflejar las virtudes de quien le creó. Su propósito es afirmar que la creación no es producto del azar y que esos actos, junto al resultado de la creación, son testigos del poder divino (véase Gn 1–2; Is 40–55). Y esa capacidad de creación le hace merecedor del reconocimiento y de la alabanza de la humanidad.

La lectura cuidadosa del poema revela que el salmista mantiene bien delimitadas la esencia divina y la naturaleza. Éste no es un poema panteísta ni un ejemplo de religión natural. La creación es como una congregación que se presenta ante Dios a adorar, no se funde ni confunde con la divinidad. Este salmo es un magnífico ejemplo de la experiencia religiosa saludable que distingue bien entre creador y creación.

En el Oriente Medio antiguo se han encontrado varios ejemplos de himnos a divinidades que se relacionaban con el sol —p.ej., en

Babilonia a Shamash, y en Egipto a Aten–, sin embargo, en esos poemas se deifica la naturaleza, que no es el caso en la literatura bíblica.

vv.7-11: La segunda parte del poema pone de manifiesto las implicaciones prácticas de las alabanzas al Dios creador. La unión de las dos partes del salmo se revela claramente al descubrir que el Señor que crea también tiene la capacidad de revelar su Ley. En esencia, esta sección exalta, celebra y afirma las virtudes de la Ley, las instrucciones y las enseñanzas de Dios. Con gran capacidad poética y literaria, el salmista presenta seis imágenes de la Ley divina, con las virtudes que emanan de su cumplimiento. El estilo sapiencial es similar al que se incluye en el libro de los Proverbios 1–4 y al Salmo 119.

Desde la perspectiva literaria, el poema está muy bien elaborado, pues presenta seis aspectos importantes que amplían nuestra comprensión de la palabra hebra, *tora*: Ley, testimonio, mandamiento, precepto, temor y juicios. Para el salmista esas palabras son más que expresiones sinónimas pues complementan el sentido del término y explican el contenido semántico de la expresión. La *tora* divina es el conjunto de enseñanzas que demandan del pueblo obediencia, rectitud, fidelidad, valores, humildad y justicia. Y esa Ley divina, de acuerdo con el poeta, es perfecta, fiel, recta, pura, limpia y verdadera.

El efecto que produce esa revelación de Dios a la humanidad es extraordinario: convertir el alma, hacer sabio al sencillo, alegrar el corazón, alumbrar los ojos, permanecer para siempre y afirmar la justicia. El poema enfatiza la labor de la *tora* en la conducta humana. No está interesado el salmista en especular en torno a las virtudes ideales de la Ley, sino poner de manifiesto las implicaciones reales y prácticas de la fidelidad a los mandamientos de Dios. La Ley tiene la función de amonestar y llamar a la conducta adecuada, además, cumplirla y guardarla produce recompensa.

El estudio ponderado de la poesía en esta sección del salmo (vv.7-11) muestra una serie de relaciones entre las imágenes de la Ley divina y el árbol del conocimiento del bien y del mal del libro de Génesis (véase Gn 2–3). Cada referencia a la Ley divina en el poema alude a algún aspecto del famoso árbol del relato de la creación. De esta forma esta estrofa del poema se une a la primera sección (vv.1-6) que presenta el tema de la creación: El Dios que crea también revela su Ley a la humanidad. El salmo comienza con una declaración teológica general en torno a la creación para proseguir con una afirmación específica de la importancia de la Ley para la humanidad.

vv.12-13: El reconocimiento de la grandeza divina en la creación y la afirmación de la importancia de la Ley produce en el salmista un sentido de humildad e impotencia. La alabanza al Dios creador y el compromiso con la *tora* hace que el poeta reconozca su pequeñez y fragilidad. Mirar los cielos y el sol, y evaluar las virtudes de la Ley le llevan al auto-estudio y la reflexión. El salmista desea inclusive identificar sus errores más íntimos, descubrir sus conflictos más hondos para superarlos y de esa forma evitar las soberbias y la rebelión, que se pueden manifestar en idolatrías, adulterios.

Contemplar la gloria divina, según se revela en la naturaleza y en la Ley, hace que el salmista desee la integridad, y le desafíe a vivir de acuerdo con los preceptos divinos. Descubrir la grandeza de Dios le hace reconocer sus imperfecciones, que es el primer paso hacia el disfrute pleno de la vida.

v.14: El poema finaliza con una declaración de humildad grata y con el reconocimiento de la grandeza divina. Una vez se contempla la gloria divina en los cielos, se reconocen las virtudes de la obediencia a la Ley y se aceptan con humildad las imperfecciones humanas, las palabras que se pronuncian y afirman son gratas, justas, serias, dignas, nobles. El aprecio del poder divino que se revela en la naturaleza y la Ley, genera humildad y responsabilidad, cualidades indispensables para allegarse ante Dios en oración y adoración.

Las mismas actitudes de respeto sincero a la creación y a la voluntad divina son el fundamento de la extraordinaria declaración teológica que culmina el salmo: ¡El Señor es mi roca y redentor! El Dios creador y revelador de la Ley genera en el creyente seguridad, propicia en la persona que adora un sentido protección y seguridad, y su voluntad e intervención en la naturaleza son las fuerzas que capaces de salvar y redimir a su pueblo.

Las lecturas cristianas de este salmo destacan el poder creador de Dios y la importancia de la obediencia; además, reconocen el valor de la humildad que propicia el triunfo en la vida. El sol ha sido interpretado como figura de Cristo, y la ley se relaciona con las enseñanzas del evangelio.

El apóstol Pablo aplica parte del salmo a la predicación del evangelio (v.4 y Rom 10.18). Y la iglesia no solo mira la creación y la naturaleza para afirmar la gloria divina sino que enfatiza la labor de restauración y la nueva creación que se lleva a efecto mediante el sacrificio de Cristo.

Salmo 20: «Oración pidiendo la victoria»

En el Salmo 20, la comunidad se congrega en el Templo para suplicar la intervención divina en favor del rey, ya que el futuro del pueblo estaba íntimamente ligado a las empresas militares del rey. El buen gobierno, la prosperidad, el bienestar y la seguridad de la nación dependían en gran medida de las ejecutorias administrativas y las destrezas militares del monarca. Este salmo, en efecto, revela las relaciones íntimas entre la religión y la guerra en la antigüedad. Presupone que algún tipo de conflicto bélico está por comenzar, y que el pueblo se congrega en el Templo para desearle el triunfo al rey y para suplicarle al Señor su protección y ayuda.

Una de las características más importantes de las sociedades del Oriente Medio antiguo era la frecuencia de las guerras. Era un mundo lleno de hostilidad en el cual las dificultades internacionales y los conflictos diplomáticos se dirimían con violencia, invasiones y agresiones. En el antiguo Israel, las guerras se relacionaban con las manifestaciones divinas, pues se representaba a Dios como «Señor de los ejércitos» o como «varón de guerra» (Ex 15.3). En Israel, junto a los preparativos bélicos regulares —p.ej., planificación, entrenamiento, equipo militar y voluntad para luchar— debemos añadir la importante dimensión religiosa. El triunfo en la batalla, para el pueblo, no dependía de esos importantes y muy necesarios preparativos sino de la oportuna intervención divina. Esa percepción teológica requería que, antes de comenzar alguna campaña militar, el pueblo y el rey se reunieran en el Templo para solicitar y propiciar el favor divino y prepararse adecuadamente para el combate. El rey no solo era el comandante el jefe de los ejércitos sino el representante de Dios en medio de la batalla.

El género literario de este salmo es una liturgia real que debía ser utilizada en algún acto religioso en el Templo. Podía ser leído en las ceremonias de aniversario de la entronización del rey, en algún festival anual del pueblo, o, más probablemente, se incluía como parte importante de las ceremonias y los sacrificios previos al comienzo de una guerra (véase 2 Cr 20; 1 S 7.9-10; 13.9-12). Este tipo de ceremonia religiosa con implicaciones militares eran comunes en el Oriente Medio antiguo.

Aunque el salmo incluye el antiguo tema de la guerra del Señor, posiblemente es del período pre-exílico tardío, pues no se solicita ni se presupone la presencia misma de Dios en el campo de batalla. De la lectura del salmo es imposible identificar su autor, aunque ciertamente debió haber estado muy cerca de monarca, pues conocía muy bien las dinámicas reales, religiosas y militares relacionadas con los conflictos bélicos. Respecto al título hebreo del poema, véase la Introducción.

La estructura literaria del salmo no es compleja:

• Oración intercesora: vv:1-5
• Declaraciones de seguridad y apoyo: vv.6-8
• Afirmación de fe y seguridad: v.9

vv.1-5: La primera sección del salmo es una especie de oración de intercesión en favor del rey, que no está dirigida a Dios específicamente, sino que se articula en una serie de buenos deseos hacia el monarca. El pueblo desea que el Señor le escuche, defienda, envíe ayuda, sostenga, acepte de sus sacrificios, dé conforme a su corazón, cumpla sus planes y conceda todas sus peticiones. Junto a sus peticiones respecto al rey, el pueblo añade que se alegrará de la intervención divina y públicamente demostrará su agradecimiento. Lo que el pueblo realmente solicita es que Dios escuche al rey en el día de conflicto, pues esa acción divina es fuente de esperanza y seguridad para la comunidad.

La referencia al Dios de Jacob es una manera poética de evocar la historia de la salvación del pueblo, al aludir y recordar los actos liberadores de Dios en el pasado. El uso de esa expresión es una referencia a la liberación de Egipto (Ex 19.3), pues el nombre Jacob podía utilizarse para describir a todo el pueblo de Israel (Sal 78.5.71; Is 2.5; Jer 30.7,10,18). Además, el nombre posiblemente significa «que el Señor te proteja», que en el contexto de esta oración del rey es muy pertinente y necesario. Respecto a la palabra hebrea *selah* véase la Introducción.

vv.6-8: El salmo incluye una sección importante en la cual se incorpora la participación de personas específicas, además del rey y el pueblo. Posiblemente esta parte de la ceremonia se relaciona con las palabras de algún sacerdote, levita o profeta que respondía a la oración del pueblo y del monarca. Es una forma de indicar que hay un cambio fundamental en la liturgia, pues la declaración tiene una gran carga teológica: Ahora se conoce que Dios salvará a su ungido, pues lo atenderá desde el cielo y lo ayudará con su mano derecha, que es una forma figurada de enfatizar su poder. Posiblemente esta intervención litúrgica se produce luego de los sacrificios del rey, es una respuesta cúltica a las plegarias del pueblo y del monarca.

En esta sección se incluye también una muy importante declaración teológica, que tiene implicaciones contemporáneas: La fuerza verdadera del pueblo de Dios no radica en el poder militar ni la efectividad de su equipo bélico, ni tampoco se relaciona con las estrategias que pueda elaborar para responder a los desafíos que le presentan la guerras, sino en el poder divino y en las ayudas que el pueblo puede recibir del Señor en el momento de la crisis (véase, p.ej., 1 S 17.45-47; Sal 33.16-17; 147.10-11; Is 30.1; 1 Co 1.25). La teología del salmo afirma la importancia de contar con el apoyo divino antes de comenzar las grandes campañas militares y los esfuerzos bélicos.

v.9: El salmo finaliza con una declaración de vida hacia el rey; termina con una especie de reconocimiento y aprecio público. En efecto, en todo el poema la figura del monarca es importante y fundamental: p.ej., es el ungido, el pueblo intercede ante Dios por él, y sus victorias traerán seguridad y prosperidad a la comunidad. Sin embargo, el pueblo mismo reconoce que el verdadero rey no es el monarca físico sino Dios. En efecto, más importante que la figura histórica del rey es el Dios que ha llamado y ungido al monarca. Aunque se acepta la importancia del líder davida, el pueblo afirma que la capacidad de responder a sus oraciones proviene de Dios. El monarca, en este sentido, es sólo un instrumento en las manos divinas, que debe mostrar su fidelidad para lograr la victoria en la guerra y en la vida.

Culmina el poema con una oración comunitaria, que se fundamenta en la convicción de que el verdadero rey es Dios. De esta forma se pone en evidencia clara los niveles de compromiso que deben tener los creyentes. Aunque las autoridades humanas son importantes y pueden merecer nuestro respeto, nuestras lealtades mayores y últimas están con Dios. Las fuerzas militares no pueden convertirse en la base de nuestra esperanza, pues los creyentes confían en «el nombre del Señor», no en el equipo bélico ni en sus estrategias.

Salmo 21: «Alabanza por haber sido librado del enemigo»

El Salmo 21 forma parte de la secuencia de poemas (véase Sal 18 y 20) que ponen claramente de relieve la dependencia del rey de Israel en las fuerzas y las intervenciones de Dios. Comienza con una alabanza al Señor por los beneficios que le ha concedido al rey (vv.1-6), prosigue con la exclamación profética que alaba las fuerzas e intervenciones de Dios (v.7), continúa con las expresiones de gratitud del pueblo por la convicción de la que la ira divina hacia los enemigos del rey le ayudará a sobreponerse a ellos (vv.8-12), y termina con una alabanza y afirmación divina (v.13).

Este poema, que muy bien catalogarse como un salmo real, no es una súplica como en otros casos (Sal 20), sino las acciones de gracias del pueblo por los favores que el Señor le ha concedido al rey. Posiblemente se leía como parte de alguna liturgia en el Templo, en ceremonias de entronización de los monarcas, en celebraciones de renovación real o, inclusive, en actividades militares previas a las batallas (véase 2 Cr 20.5-19). El propósito teológico del poema es destacar el poder divino sobre el monarca: ¡Todo lo que el rey es y también todo lo que hace se le debe a Dios! El salmo enfatiza las acciones divinas que favorecen al monarca, que, a su vez, generan bendición al pueblo. La ideología real que el salmo presupone revela que el rey tenía el privilegio de orar a Dios de forma destacada durante la ceremonia. El tema expuesto presupone la época pre-exílica, y su autor debió haber sido algún funcionario del Templo, posiblemente muy cercano al rey y a las ceremonias reales.

Este salmo incorpora el lenguaje de acción de gracias con el de la confianza en el Señor, y participan en la liturgia junto al rey, algún sacerdote o profeta y la congregación. La unidad del poema se revela no solo en la frase que sirve de paréntesis temático al salmo –p.ej., «en tu poder, Señor» (vv.1,13)–, sino en la repetición de palabras e ideas que afirman la belleza poética y temática del salmo –p.ej., alegría (vv.1,6), salvación (vv.1,5)–.

La estructura literaria del salmo es la siguiente:

- Título y propósito del poema: v.1
- Oración de intercesión: vv.2-6

- Declaración de esperanza en torno al rey: v.7
- Confianza en las intervenciones de Dios: 8-12
- Alabanza de la congregación: v.13

vv.1-6: El salmo comienza con unas palabras de gratitud a Dios por las bondades divinas manifestadas al rey. El tema subyacente del poema es la bondad divina que le brinda al rey el triunfo sobre sus enemigos (vv.1,4). La victoria militar del rey es producto de la intervención de Dios. Posiblemente las referencias a la vida que el Señor le da al rey se relacionan con las oraciones que se hacían antes de comenzar alguna batalla (v.4). Y la corona sobre la cabeza del rey indica la aprobación divina a sus esfuerzos y programas (v.3).

Las referencias a la «vida» y «largura de días eternamente y para siempre» (v.4) se han relacionado con la idea de inmortalidad que se le confería al monarca, según se manifiesta en otros pueblos del Oriente Medio antiguo. Algunos estudiosos pienasan que el rey recibía el regalo de la inmortalidad el día de su coronación, aunque en el contexto del presente salmo la referencia puede más bien ser a la protección que el Señor le dará al rey durante la guerra. Y junto a la vida, el rey también recibirá «gloria», «salvación», «honra», «majestad», «bendición» y «alegría» (vv.5-6), que son atributos divinos. La recepción de esas bendiciones revela el favor divino hacia el monarca. El rey refleja las virtudes divinas como su representante en batalla. Y referente a la palabra hebrea *selah* véase la Introducción.

v.7: En este versículo se nota un importante cambio litúrgico en el salmo. En la primera sección (vv.1-6), se presume que la congregación se dirige a Dios en gratitud y presenta los favores divinos hacia el rey. Ahora el salmo mueve las acciones de Dios del pasado al presente. Ya no se agradecen las intervenciones divinas en la historia del pueblo, sino que se alude a la confianza presente del rey que produce la misericordia divina.

Este versículo es el centro literario y teológico del poema, y resume el tema expuesto. El fundamento del triunfo del rey, y por consiguiente el bienestar y la paz del pueblo, es la confianza en el Señor. Esa actitud de fidelidad genera la misericordia del Dios Altísimo, en una referencia al Dios del pacto. En el pacto, Dios mantiene su misericordia y bondad, pero el pueblo debe renovar continuamente su confianza y compromiso. Estas palabras de afirmación posiblemente las decía algún sacerdote o profeta que participaba en la ceremonia.

vv.8-12: Esta sección presenta los deseos de victoria del pueblo. El gran problema en la interpretación del salmo, sin embargo, es la identificación de la persona aludida. La referencia a «tu mano», «tus enemigos» y «tu diestra», ¿es a Dios o al rey? Aunque la discusión lingüística en torno al tema es interesante, la verdad es que el rey representa a Dios, y en ese sentido los deseos de triunfo al monarca y al Señor son los mismos.

Toda esta sección, que utiliza un lenguaje militar intenso y descriptivo, revela el triunfo definitivo del rey y del Señor sobre los diversos enemigos, que serán destruidos y deshechos por las manifestaciones extraordinarias de la ira divina. Intentar el mal contra Dios o su representante, el rey, trae consecuencias nefastas (v.11). La primera sección del salmo (vv.1-6) incluye las bendiciones que recibe el rey por la misericordia divina; y la sección final (vv.8-12) describe los juicios que llevará a efecto contra los enemigos del Dios, que también son adversarios del rey. En la antigüedad, la derrota era considerada como una maldición.

v.13: la oración final del salmo incluye elementos militares. Posiblemente era la respuesta del pueblo a las declaraciones de la sección anterior (vv.8-12). La petición de la comunidad es que la oración de victoria que se hace en el salmo se convierta en realidad histórica. El pueblo canta y alaba al poder de Dios, pues reconoce que ese es el fundamento indispensable de la victoria del rey. La palabra «engrandécete» es como un grito de guerra que prepara al pueblo para la batalla (Nm 10.35).

La lectura cristiana de este salmo identifica varios temas de gran importancia y pertinencia. En primer lugar reconoce que los triunfos en la vida son el resultado de las manifestaciones de la misericordia y el amor de Dios. Además, varias palabras del poema cobran dimensión nueva desde la perspectiva cristiana:

- La corona del rey (v.3) se convierte en la corona de gloria y dignidad de Cristo (Heb 2.9), y también en la corona de la vida de los creyentes (Sant 1.12; Ap 2.10);
- la vida que Dios le da al rey (v.4) se transforma en la vida eterna que los creyentes obtienen mediante la fe en Cristo Jesús (Jn 5.26);

- la gran gloria del monarca (v.5) llega a ser la gloria divina que se manifiesta en la vida y el ministerio de Cristo (Jn 13.31);
- y la alegría (v.6) del rey se revela como el gozo intenso producto de la presencia de Cristo en la gente de fe (Jn 15.11).

SALMO 22: «UN GRITO DE ANGUSTIA Y UN CANTO DE ALABANZA»

El Salmo 22 es de importancia capital para la teología cristiana pues fue utilizado por los primeros evangelistas de la iglesia para representar de forma intensa y dramática la pasión de Cristo (Mt 27.46; Mc 15.34). Los sentimientos de dolor y angustia que se ponen de manifiesto en el salmo sirvieron de base para describir los sufrimientos y la agonía de Jesús en la cruz. Esa peculiaridad literaria y teológica pone a este poema en una posición privilegiada en el análisis y exposición del Salterio.

El poema consta de dos secciones temáticas y literarias básicas. En la primera parte, el salmista revela sus dolores intensos y angustias profundas; particularmente destaca la extraordinaria crisis que genera el sentirse abandonado por Dios en el momento de necesidad. Ante esa situación de crisis profunda, el salmista le suplica a Dios su intervención y misericordia para experimentar nuevamente su presencia y protección (vv.1-21). La segunda sección del salmo incluye dos cánticos de acción de gracias por la liberación obtenida; el salmista revela su profunda gratitud al sentir que su oración fue contestada y al experimentar la presencia divina (vv.22-31).

La lectura iniciar del salmo puede identificar, por lo menos, tres tipos diferentes de estilos literarios. En primer lugar se descubren lamentos o súplicas (vv.1-21); también se encuentran oraciones (vv.11,19-21); y también se identifican alabanzas y acciones de gracias (vv.22-31). Sin embargo, aunque el poema revela diferencias temáticas y literarias importantes, la unidad del salmo se pone claramente en evidencia al estudiar el salmo como un todo y percatarse que sus dos secciones básicas se complementan. El salmista, que expresa su dolor y queja ante Dios por su condición de soledad, enfermedad y angustia, revela también su gratitud, al sentir que su plegaria ha sido contestada.

Las peculiaridades literarias y estilísticas del salmo revelan que posiblemente se utilizaba en el Templo en celebraciones litúrgicas, en las cuales se destacaban el lamento individual y la gratitud. Este salmo debe entenderse como una oración o petición de ayuda individual, cuyo marco de referencia eran los cultos para apoyar las peticiones y presentar las necesidades de personas de la comunidad que estaban enfermas, amenazadas de muerte o en crisis mayores en la vida. En este tipo de acto, la persona que presentaba su petición también esperaba el mensaje del sacerdote o el oráculo del profeta, que le anunciaba la intervención divina que apoyaba su confianza y esperanza en el Señor. La fecha de composición del salmo es difícil de precisar por la naturaleza general de la oración, aunque las referencias litúrgicas apuntan hacia una fecha pre-exílica.

El título hebreo del salmo es de difícil comprensión, pues une las referencias al «músico principal» y a «David» (véase la Introducción) con la frase hebrea *ajelet-sahar*, que puede significar «la gacela de la aurora». Esa expresión parece ser el título de alguna canción antigua que debía servir de melodía para cantar el salmo.

La estructura literaria del salmo es compleja, debido a los temas expuestos, el uso litúrgico del poema y su historia de redacción:

- Lamento individual: vv.1-21
- Olvidado por Dios y por la humanidad: vv.1-10
- Petición de ayuda: v.11
- Rodeado de problemas: vv.12-18
- Oración de liberación: 19-21
- Acciones de gracias de la persona que sufre: vv.22-26
- Acciones de gracias de la congregación: vv.27-31

Otra forma de leer, estudiar y comprender el salmo se revela al descubrir una estructura literaria alterna. En la primera sección del salmo se disponen de forma alternada el lamento (vv.1-2, 6-8, 12-15) y las confesiones (vv.3-5, 9-10, 16-18). Esa estructura prepara el camino para los himnos de la segunda sección del poema, que incluyen gratitudes individuales (vv.22-26) y comunitarias (vv.27-31).

vv.1-5: El salmo comienza con una manifestación de dolor intenso (vv.1-2) y una confesión de fe y seguridad (vv.3-5). El sentimiento de soledad y angustia que presupone la primera expresión del poeta, «¿Por qué me has desamparado?», se contrapone a las afirmaciones teológicas de confianza: Dios es santo y ayudó a nuestros padres en el momento de la crisis y necesidad. De un lado se articula la intensidad de la aflicción; y del otro de afirma la esperanza en el Dios que ya tiene experiencia en escuchar el clamor de su pueblo. El poeta hace gala de sus capacidades literarias y teológicas al poner claramente de manifiesto al comienzo del salmo la relación íntima entre la angustia y la esperanza en la vida; además, el salmista revela el ambiente sicológico que va a guiar el desarrollo de su tema: dolor, soledad y clamor, y alabanzas, descanso y liberación.

El poema presenta de forma elocuente uno de los grandes misterios de la vida y una de las mayores dificultades de la teología: Explicar la realidad humana de sentir el olvido del Señor, de experimentar el silencio divino, de vivir la incomprensión de tener y adorar a un Dios poderoso que no interviene en la vida. Esa contradicción teológica y existencial es de muy difícil comprensión y explicación. Sin embargo, la respuesta inequívoca del salmista es que la teología saludable se fundamenta no en la experiencia del momento sino en la seguridad y la confianza que indica que el Dios bíblico interviene en el instante oportuno, como lo hizo con los antepasados del pueblo de Israel, que fueron liberados y no fueron avergonzados.

vv.6-11: Una vez más la gran articulación poética del salmo presenta el lamento (vv.6-8) y la confesión (vv.9-11) de manera alternada. El salmista se siente humillado y rebajado, despreciado y oprimido, avergonzado y herido. Mientras la crisis inicial era el silencio de Dios, el problema actual es la actitud de las personas que lo ven y se burlan. El salmista se siente como un gusano —que puede revelar tanto su estado anímico como su condición física—: Apocado como ser humano y reducido al mundo animal. La actitud de los que le rodean complica aún más su precaria condición de salud, pues no solo hacen gestos de rechazo y oprobio —p.ej., torcer la boca y menear la cabeza son expresiones de burla y hostilidad—, sino que le desafían teológicamente y cuestionan su integridad religiosa (v.8).

La respuesta al dolor que generan las reacciones de la comunidad es de profesión de fe y seguridad. El salmista reconoce que ha sido creado por Dios, y que desde antes de nacer y durante el proceso de crecimiento y desarrollo humano la presencia divina le ha acompañado. La aceptación de la crisis y de las actitudes impertinentes de los que le rodean no le hacen claudicar en su fe, por el contrario sirven de plataforma para continuar las declaraciones de seguridad y confianza: «No te alejes de mí, porque la angustia está cerca y no hay quien me ayude» (v.11).

En el momento de la crisis el salmista se mueve del dolor a la oración, del lamento a la petición. Ante el dolor, el salmista reconoce que únicamente la presencia divina puede ayudarle y socorrerle. No pide el poeta ser sanado o liberado de la muerte, solo suplica que termine el distanciamiento de Dios, que finalice el silencio divino. Al sentirse desamparado, el salmista también se siente distante a Dios.

vv.12-18: Con una serie de imágenes de violencia y terror, el salmista continua su lamento, desarrolla su petición, describe su condición: Lo rodearon los toros, lo amenazaron los leones, sus huesos de descoyuntaron, su corazón se derritió, se secó su vigor o su boca, su lengua se pegó al paladar, lo rodearon los perros, los malignos lo torturaron, y enflaqueció. El salmista está al borde de la muerte, siente que su vida se escapa, su condición se empeora, su futuro se extingue. Y ante su gravedad de su situación, sus enemigos no se compadecieron y se repartieron sus vestidos y su ropa.

vv.19-21: Y una vez más, junto a las expresiones de dolor y agonía se articula una declaración de fe y seguridad. Se reconoce al Señor como fortaleza y socorro, y se solicita liberación de la espada y de los perros —que es una manera despectiva de referirse las personas traidoras—, y salvación de la boca del león y los cuernos de los toros —que son imágenes que destacan la fortaleza, peligrosidad y agresividad de los enemigos—. El salmista pide al Señor que no se aleje, pues la distancia divina propicia sus dificultades, la lejanía de Dios facilita sus dolores. En la cercanía de Dios está la salvación y la esperanza.

vv.22-26: Comienza con estos versículos el primer himno de alabanza y gratitud del salmo. Luego de los lamentos y las profesiones de fe, el salmista mueve el poema hacia un nuevo género literario, hacia una forma de expresión novel, hacia un tema de renovación y gratitud. Del ambiente de enfermedad y muerte de las secciones anteriores, el salmo ahora explora el tema de la alabanza al Señor. Quedan atrás las angustias, las soledades y lo silencios de Dios para que irrumpa la alegría y el sentido de futuro.

El salmista alaba al Señor, anuncia el nombre divino —que es una forma figurada de afirmar la naturaleza y el poder de Dios—, y reclama de la congregación del pueblo de Israel más alabanzas y glorificaciones. El tono y el tema del salmo cambia radicalmente del lamento y súplica a la gratitud. Y el fundamento de las alabanzas es que Dios no menospreció el dolor del afligido sino que le escuchó y respondió a su petición (v.24). Los que temen al Señor son descendientes de Jacob y de Israel, nombres que aluden a la revelación del pacto (v.23), que pone de manifiesto la fidelidad divina y su capacidad de intervención.

Un Dios que es fiel al pacto o alianza merece ser alabado por toda la congregación, y requiere que se le paguen los votos y las promesas (v.25). Y la gente agradecida reconoce que es por la intervención divina que los humildes se alimentarán, alabarán al Señor y vivirán para siempre (v.26).

vv.27-31: La alabanza a Dios se mueve de la congregación de Israel y Jacob a toda la humanidad. Los confines de la tierra y las naciones adorarán, se volverán y reconocerán al Señor. La gente poderosa de la tierra, y hasta los muertos y las persones no nacidas, también se postrarán ante Dios, reconocerán el poder divino y aceptarán su reino.

La sección final del salmo mueve el tema de la alabanza de los niveles individuales de alguna persona enferma hasta incorporar una dimensión comunitaria, internacional y cósmica. De la crisis de enfermedad y posible muerte de alguna persona que adora en el Templo, el salmo llega a la alabanza que sobrepasa los límites individuales y llega con vigor a los reinos de la tierra y a los no nacidos. Esa es una forma hebrea presentar la totalidad, de representar la tierra y el cosmos, de aludir al señorío absoluto de Dios.

Este salmo es de particular importancia para la iglesia cristiana por su relación con las narraciones de la pasión de Cristo, que es el clímax de su ministerio terrenal. Una lectura de esas narraciones evangélicas revela que las citas que incluye del Antiguo Testamento son frecuentes —¡se han identificado desde 13 hasta 17 citas directas o alusiones indirectas!— y que ocho de esas citas provienen del libro de los Salmos. De la referencia al Salterio, cinco se relacionan con el Salmo 22, dos con el el 69, y una con el 31. Y estos salmos son todos de peticiones de ayuda de parte de una persona que sufre, generalmente identificados como «súplicas individuales».

La frase más famosa relacionada con estos salmos de súplica es la expresión citada por Jesús en el Calvario: «Dios mío, Dios mío, ¿por qué me has desamparado?» (Sal 22.1; Mt 27.46; Mc 15.34). Quien cita estas palabras se identifica con el resto del salmo, que revela las peticiones de ayuda de alguien herido de muerte, que se siente abandonado por Dios en el momento de dolor y necesidad. Quien alude al poema se solidarizaba con la gente que sufre los dolores más desesperantes de la vida. Quien evoca estas palabras del salmo, que posteriormente se hacen parte de las narraciones de la pasión, se incorpora al grupo de personas extraordinarias que se sobreponen al sentido de soledad que producen los problemas, y reconocen que Dios no les deja ni aún en los momentos más angustiantes de la vida.

La lectura cristiana del salmo afirma que en la vida están unidos los temas de sufrimiento y alabanza. En efecto, la vida no se vive desde la perspectiva unilateral del dolor o del triunfo, pues hay que reconocer que junto a las adversidades del camino también se manifiestan experiencias de celebración que complementan la existencia humana. Esta unidad litúrgica que manifiesta el salmo —p.ej., la súplica y la gratitud— es un recordatorio que en la realidad la vida está unida a la muerte, y que la evaluación sobria y sosegada de la existencia humana debe tomar en consideración la totalidad de las experiencias que incluyen tanto el dolor como la gratitud.

Salmo 23: «Jehová es mi pastor»

El Salmo 23 es la joya de la corona del Salterio. Su mensaje de esperanza y fortaleza se transmite mediante el uso de dos imágenes muy populares en la sociedad del Oriente Medio antiguo. En primer lugar se presenta a Dios como el pastor que cuida diligentemente a sus ovejas (vv.1-4); y se añade la figura del anfitrión que agasaja a su invitado con un banquete extraordinario (vv.5-6). El poema revela un sentido profundo y grato de confianza, y manifiesta la seguridad del salmista en la fidelidad y el amor de Dios. Por su singular belleza literaria y su mensaje de apoyo y consuelo, ha gozado del favor y reconocimiento de generaciones de creyentes, tanto judíos como cristianos.

La metáfora de Dios como pastor es de importancia capital para la comprensión adecuada del poema. Este artificio literario se ha convertido en una de las imágenes más utilizadas para representar la naturaleza divina. De particular virtud teológica e interpretativa es que esta figura literaria evoca, insinúa, propone y describe, pero no limita las posibilidades de su interpretación ni elimina las alternativas de su aplicación. La imagen del Dios-pastor es polisémica, y su significado varía, crece, cambia y se desarrolla con las capacidades y la imaginación de los lectores del poema. La figura del Dios-pastor, además, marca el paso de todo el poema y revela la gran capacidad de comunicación teológica del autor.

En las culturas del Oriente Medio antiguo, en las cuales la sociología pastoril era de vital importancia, la imagen del pastor de ovejas era muy popular. La responsabilidad primordial del pastor era el bienestar y la seguridad de las ovejas. Su trabajo era cuidar y alimentar al rebaño, y protegerlo de los peligros asociados a los animales feroces, las inclemencias del tiempo y las dificultades del camino.

Una peculiaridad semántica de la palabra «pastor» era que también se utilizaba para identificar y designar no solo a las divinidades sino a líderes nacionales, particularmente a reyes, que debían cumplir responsabilidades de protección a sus comunidades. Los dioses antiguos y los reyes eran pastores de sus pueblos, y se visualizaban con «vara y callado» –p.ej., con mazo y bastón–. Buenos ejemplos de la designación rey-pastor y dios-pastor es que al famoso monarca Hamurabi se le llama «el pastor» o «el pastor del pueblo», y al dios Shamash se le conoce como «el pastor de los pueblos del mundo»

El uso metafórico de la palabra «pastor» también se manifestó en Israel, y con cierta regularidad se indica que el Señor es pastor de su pueblo (véase Gn 49.24; Sal 28.9; 74.1; 95.7; 100.3; Jer 31.10; Mic 7.14;), y que los reyes, que eran a última instancia lugartenientes de Dios, también eran vistos como pastores de la comunidad (Sal 78.70-72; Jer 23.1-4; 49.20; Mic 5.4). La imagen se relaciona íntimamente con el peregrinar del pueblo de Israel por el desierto al salir de Egipto (Sal 77.20; 78.52-53; 80.1), y también con la experiencia de regreso del exilio en Babilonia (Is 40.11; 49.9-10). En efecto, el uso de la imagen del Dios-pastor, que tenía una larga tradición política, religiosa y social, evocaba en la comunidad antigua de Israel no solo las ideas tradicionales de los pastores de ovejas del campo, sino aludía a la importancia de los líderes políticos del pueblo y las virtudes de las intervenciones divinas en la historia nacional.

El salmo ha sido catalogado como uno de acción de gracias, y si se relaciona directamente con David, puede ser visto como un salmo real. Sin embargo, la lectura cuidadosa del poema revela que es un salmo de confianza en el Señor. Posiblemente era utilizado en el Templo durante algunas celebraciones de acción de gracias. Pudo haber sido usado como un salmo individual o, si se interpreta al individuo como representante del pueblo, como una expresión de gratitud y confianza de la comunidad. Lo general de las imágenes y la falta de detalles históricos hace muy difícil la identificación precisa de la fecha de composición del poema, aunque posiblemente es de origen post-exílico. Y respecto al título hebreo y la referencia a David, véase la Introducción.

La estructura literaria del salmo es la siguiente:

* El Dios-pastor: vv.1-4
* El Dios anfitrión del banquete: vv:5-6

vv.1-4: La primera sección del poema presenta la metáfora de Dios como el pastor y el salmista como la oveja de su rebaño. Posiblemente la primera frase del salmo incluye lo fundamental e impostergable del poema: «El Señor es mi pastor, nada me falta»; el resto del poema es la explicación e implicación de esa declaración teológica inicial. El mensaje es de protección, provisión, confianza, seguridad, apoyo y fidelidad. Se pone de relieve la relación íntima y particular del salmista con su Dios, que se fundamenta y se nutre del recuento de las intervenciones salvadoras del Señor a través de la historia del pueblo.

La idea del Dios-pastor alude a la liberación de Egipto, a la protección por el desierto del Sinaí y a la llegada a la Tierra Prometida. Dios fue pastor del pueblo durante ese período tan fundamental de la historia nacional, y el salmista lo reconoce y los presenta como su pastor personal, quien no solo cuida al pueblo como comunidad política, religiosa y social, sino que le atiende como persona, con sus necesidades particulares.

El verbo hebreo, traducido en Reina-Valera en futuro como «faltará», debe ser vertido en castellano en tiempo presente. La frase debe indicar: «nada me falta», pues todo el salmo es una afirmación de la presencia divina que supera los límites del tiempo. Dios no está cautivo en el pasado ni en el futuro, vive en un eterno presente, desde el cual evalúa la historia pasada, analiza la vida actual y se proyecta al porvenir.

La idea del poeta es la siguiente: «Mientras el Señor sea mi pastor, no tendré carencias, nada me falta, en el presente continuo que me lleva del ayer hasta el mañana». Esta idea evoca una vez más la experiencia del desierto, en la cual Dios le suplió al pueblo para que no pereciera (Dt 2.7; Sal 34.10).

Las imágenes de descanso y reposo (v.2) contribuyen destacadamente a la idea de seguridad que transmite el poema. La frase «confortará mi alma» quiere decir que renueva la vitalidad del salmista, que restablece sus fuerzas, que le ayuda a enfrentar la vida con seguridad (Sal 19.7; Lam 1.11,16,19). Esa restauración divina le permite seguir los caminos de la justicia fundamentado en el nombre de Dios, que implica seguir una conducta recta, y vivir con nobleza y dignidad. «Por amor a su nombre», es decir, por motivo de lo que Dios es, haciendo honor a su naturaleza santa y justa. La fortaleza del Señor le permite vivir de acuerdo con los principios y los valores que se desprenden de la justicia. Y su seguridad y confianza se apoyan en la reputación divina, pues el nombre de Dios se asocia a su auto-revelación a través de la historia (Sal 25.11; 31.2; 106.8; Is 43.25; 48.9).

La frase «valle de sombra de muerte» o «valle extremadamente profundo y oscuro» es una forma hebrea superlativa que transmite la idea de oscuridad total e intensa. La expresión es una manera de destacar la dificultad, subrayar la crisis y enfatizar la adversidad, en contraposición a los «delicados pastos» y las «aguas de reposo» que simbolizan la calma y la sobriedad (v.2). Aunque está en medio de la crisis, el salmista declara su seguridad y no le teme al mal, porque confía que el Señor le acompaña (Gn 26.3,24; 28.15; 31.3; Dt 31.6; Jos 1.5,9). Le infunden aliento la vara y el callado de Dios, que son símbolos inequívocos de autoridad y poder. La vara era como un mazo para defenderse de los enemigos y los animales salvajes (2 S 23.21; Mic 7.14); y el callado, un bastón largo que se usaba como apoyo y sostén.

vv.5-6: La imagen de Dios en el poema cambia de pastor a anfitrión. La cultura nómada y pastoril se mantiene, aunque la idea es presentar a Dios como quien auspicia un gran banquete. La invitación a comer en estas culturas antiguas es mucho más que un acto físico para satisfacer el hambre, es un gesto serio de hospitalidad, una demostración elocuente de solidaridad y alianza. En esas comunidades, las alianzas y los pactos se celebraban con grandes banquetes (Gn 18.5-8; 19.2-3;

Sal 41.9; Lc 22.17-21), y la falta de solidaridad hacia alguna persona —
es decir, no invitarlo a la cena o al banquete, no incorporarlo al grupo
celebrante—, equivalía a quedarse solo en el desierto inhóspito, cuyo fin
podía ser de muerte.

El salmista es invitado al banquete en «presencia de sus
angustiadores», que es una manera de reconocer su dignidad y afirmar
su prestigio. «Los angustiadores» eran los enemigos del salmista, las
personas que le causaban dificultad. El Dios-pastor y anfitrión no solo
invita al poeta a la cena sino que le manifiesta públicamente su amistad
y afirma que han establecido un pacto. Ese reconocimiento se pone de
manifiesto en la unción de la cabeza con aceite, que era otra demostración importante de hospitalidad y solidaridad (Lc 7.37-38, 46). La
copa rebosante es una magnífica alusión al anfitrión generoso, dadivo-
so y grato. Estas imágenes del banquete pueden relacionarse con los
rituales de acción de gracias que se llevaban a efecto en el Templo (Sal
22.22-26; 116.13).

El reconocimiento de Dios como pastor y anfitrión hace que el
salmista disfrute del bien y la misericordia. Se pone claramente de
manifiesto en el poema la transformación de las circunstancias del
salmista. De la crisis mortal que produce el «valle de la sombra de
muerte», ahora disfruta las bondades y la misericordia de Dios. ¡Ya no
se preocupa por sus angustiadores! ¡Solo disfruta la hospitalidad y ge-
nerosidad del anfitrión!

La frase final del salmo cierra con broche de oro el poema, pues
«morar en la casa del Señor» es fuente de esperanza y seguridad. Y esa
convicción no solo le permite agradecer y disfrutar las bendiciones
divinas en el presente sino que le impele a anticipar el futuro lleno de
esplendor y promesa. La expresión «todos los días de su vida» se refiere a la existencia natural del poeta; y los «largos días» infieren el futuro
indeterminado, el porvenir indescriptible, el mañana que se acerca.
Culmina el poema con una declaración de fe y seguridad: El futuro del
salmista esta relacionado con Dios, representado en la casa del Señor.

La importancia que la iglesia le ha dado a este salmo nunca puede
sub-estimarse. En primer lugar se identifica una muy importante dimensión personal e individual del Dios-pastor. En la parábola de Jesús,
que la cual el pastor deja a las noventa y nueve por buscar a la perdida
(Lc 15.4), se pone de relieve esa particular dimensión íntima, personal

e individual del poema. Además, las primeras comunidades cristianas identificaron a Jesús con el buen pastor (Jn 10.11), y también lo reconocían como guardián de sus almas (1 P 2.25; 5.4). El salmo ha sido particularmente usado en cultos funerales, pues pone en evidencia la seguridad de los creyentes que sobrepasa los niveles del tiempo.

Respecto a este salmo una palabra adicional es importante. El salmista presenta a Dios como pastor, en una cultura donde el pastor no tenía mucho pestigio social ni ocupaba posiciones destacadas en la escala económica y política de su tiempo. Para el poeta, el Dios bíblico se hizo pastor, que es una manera figurada de revelar la capacidad divina de hacerse frágil, de humillarse a sí mismo, de tomar forma de servidor, de hacerse semejante a las personas, de hacerse vulnerable. Con esa imagen, el poeta bíblico le brinda a la iglesia una lección de humildad: Un Dios cuya gloria no pueden contener los cielos de los cielos, se hizo pastor para enseñarnos el camino del servicio y la humildad.

Salmo 24: «El rey de gloria»

El Salmo 24 es un poema litúrgico que presenta al Dios de Israel como el gran rey de gloria. Consta de tres elementos distintivos, con sus respectivas características literarias, temáticas, educativas y teológicas. La primera sección es un poema breve de alabanza al Dios creador (vv.1-2), que enfatiza el dominio divino sobre toda la naturaleza y la humanidad. Posteriormente el salmo incluye una serie de instrucciones en torno a las cualidades morales necesarias para llegar al Templo y adorar a Dios (vv.3-6). La sección final articula un poema que puede relacionarse con las celebraciones de la entrada del Arca del pacto al Templo de Jerusalén o con su retorno, luego de alguna campaña militar triunfante (vv.7-10).

Por las peculiaridades estilísticas de sus secciones muy es difícil determinar con seguridad el género literario del salmo como un todo. La primera parte (vv.1-2) es un himno corto de reconocimiento y alabanzas al Dios que es dueño y señor del mundo y sus habitantes. La segunda sección incluye una liturgia (véase Sal 15; Is 33.14-16) que posiblemente se utilizaba como parte de las ceremonias de entrada al Templo de Jerusalén. En esos actos, los peregrinos preguntaban quiénes podían entrar (v.3), les respondía uno de los sacerdotes (vv.4-5), para finalizar con una palabra de afirmación, posiblemente dicha por algún representante de los peregrinos (v.6).

La parte final del poema se puede relacionar con las liturgias de procesión del Arca del pacto, y también se articula en forma de preguntas y respuestas. Las personas que llevan el Arca y dirigen la procesión, claman (v.7) y reclaman (v.9) la apertura de las puertas del Templo (vv.7,9), y los porteros responden en dos ocasiones con una pregunta y una afirmación de la identidad de Dios (vv.8,10). Este tipo de ceremonia religiosa y militar presupone la transportación del Arca del pacto, que era símbolo de la presencia divina, en una forma similar a la que se llevó a efecto durante el reinado de David, desde la casa de Obed-edom al Templo (2 S 6.12-19).

Posiblemente, en la pre-historia oral y literaria del salmo, cada una de estas secciones tenía su entorno litúrgico particular y definido, sin embargo, una vez el poema se presenta en forma final, la unidad temática proviene de la alabanza al Dios que es creador y rey. En su estado actual, este salmo es posiblemente un himno que se utilizaba como parte de las ceremonias anuales de celebración del reinado de Dios. Posteriormente, como se desprende de la lectura del título en la Septuaginta, este poema fue utilizado en las sinagogas e iglesias como parte de los cultos del primer día de la semana.

La fecha de composición del salmo es difícil de preciar por la diferencias y las peculiaridades de sus secciones, aunque, posiblemente, en su forma actual, el poema es de origen pre-exílico, de tiempos monárquicos tempranos, pues evoca las celebraciones militares y refleja una teología de la creación en respuesta a la mitología cananea. Referente al título hebreo del salmo, véase la Introducción, al igual que en torno al doble uso de la palabra *selah* (vv.6,10).

La estructura básica del salmo se desprende claramente de sus marcadas diferencias temáticas y estilísticas:

• Himno de alabanza al Dios creador: vv.1-2
• Identificación de los verdaderos adoradores: vv.3-6
• Alabanza al Rey de gloria: vv.7-10

vv.1-2: El salmo comienza con una muy firme y clara declaración teológica: ¡La tierra y su plenitud, y el mundo y sus habitantes pertenecen al Señor! (Sal 50.12; 89.11; 1 Co 10.26). La primera gran afirmación del poema es de dominio y señorío, de autoridad y poder. El Dios bíblico es dueño de todo lo que existe, pues «fundó» la tierra sobre los mares y la «afirmó» sobre los ríos. El mundo todo le pertenece al Dios creador.

La lectura del poema revela las percepciones del mundo que tenían las antiguas culturas del Oriente Medio. En esa época, se pensaba que la tierra estaba sobre las aguas, sostenida por pilares que eran la base de las montañas, y una gran bóveda celese separaba las aguas que estaban sobre los cielos de las que estaban en la tierra y debajo de la tierra. El salmo presupone esa antigua cosmología (véase también Gn 7.11; 49.25; Ex 20.4; Dt 33.13; Job 26.10; Sal 136.6).

De peculiar importancia en la comprensión del poema es notar el lenguaje utilizado en estas declaraciones. El poeta evoca las imágenes de la antigua mitología cananea para poner de manifiesto su argumentación teológica. En esa mitología, el dios *Yam* —que se traduce como «mar»—, también conocido como *Nahar* —que literalmente significa «ríos»—, representa una amenaza al orden establecido en el cosmos. Ese peligro es superado únicamente cuando el dios Baal vence a Yam, y establece su reino.

Fundamentado en esas imágenes, el poeta hebreo demitologiza y despersonaliza las divinidades cananeas y las ubica en el plano de la naturaleza que ha sido creada por Dios, y que debe obedecer a sus mandatos. El Dios bíblico controla las fuerzas del mar y de los ríos, que representan el desorden y el caos, y crea la tierra para establecer su reino.

Mientras los seres humanos fundan sus ciudades en lugares estables y firmes, el Dios bíblico —en contraposición al dios cananeo, Baal— tiene la capacidad y la voluntad de establecer el mundo y la humanidad sobre cuerpos de agua, que representan el caos primitivo y la inestabilidad. La creación bíblica es el establecimiento de orden divino al controlar y vencer las fuerzas antagónicas del caos. Se pone claramente de manifiesto, desde el comienzo mismo del poema, el interés teológico del poeta: Destacar la capacidad creadora de Dios, en contraposición a la impotencia de las divinidades paganas y la pequeñez humana.

vv.3-6: Esta sección del salmo incluye parte de alguna antigua liturgia de subida al «monte del Señor» donde estaba ubicado el

Templo de Jerusalén. Ese monte, también conocido como Sión, no solo era un centro cúltico de gran importancia religiosa, política y económica para el pueblo, sino el lugar que representaba la morada misma del Dios creador (Sal 2.6; 3.5; 15.1; 43.3; Is 2.3; 30.29; Mic 4.2). Subir al monte de Dios equivalía a adorar y reconocer el poder divino.

El tema del salmo se articula en forma de diálogo, entre los peregrinos que desean ascender al monte y entrar al Templo, y la persona encargada de la puerta. La pregunta inicial es teológicamente básica e impostergable: ¿Quién puede subir al monte y entrar al Templo? ¿Quién está capacitado para entablar un diálogo serio y una conversación sincera con Dios?

La primera parte del salmo afirma la creación divina (vv.1-2), y la segunda pone de manifiesto e identifica a las personas que reconocen la capacidad creadora de Dios (vv.3-6). En primer lugar se afirma la creación, y ahora, en la segunda parte del salmo, se ponen de relieve las características morales y éticas necesarias para llegar al Templo y adorar al Dios que crea.

La expresión «limpio de manos», que aparece únicamente aquí en el Antiguo Testamento, identifica a la persona de conducta intachable y carácter íntegro; alude a quienes actúan en la vida fundamentados en la justicia y no desobedecen los mandamientos de Dios (Dt 26.13); y representa a las personas obedientes y fieles a la voluntad del Señor. La frase «puro de corazón» indica que la persona íntegra no solo actúa bien sino que su vida está fundamentada en los principios correctos, que en lo más íntimo de su ser se anidan los valores que guían sus decisiones.

«No elevar su alma a cosas vanas» es, posiblemente, una frase hebrea idiomática que indica la actitud correcta en la adoración, es una manera de rechazo firme a la idolatría. Tanto en los salmos como en la literatura profética a los ídolos paganos se les llama «vanos» o «vacíos» (Sal 31.6; Jer 18.15; Jon 2.8). Y «jurar con engaño» puede identificar tanto a la persona que hace falsas declaraciones en contraposición a los mandamientos de la Ley (Ex 20.16), como a los que basan sus juramentos en ídolos o dioses paganos.

El resultado de llegar al monte del Señor con integridad es el disfrute de la bendición de Dios, que se traduce en justicia y salvación.

«Buscar el rostro del Señor», es una forma poética de aludir a la adoración, de reconocer su poder, de aceptar su voluntad, de afirmar su capacidad creadora. La referencia al Dios de Jacob alude a la fidelidad divina al establecer pactos con la humanidad.

vv.7-10: El tema central de la sección final del salmo es el Rey de gloria. Culmina el poema con una gran afirmación teológica que reconoce sin dudas a Dios como Rey. La idea del poeta es celebrar al Señor que es fuerte y valiente, y que con sus ejércitos es poderoso en batalla. Al comenzar el salmo se alaba al Dios creador; prosigue el poema con la identificación precisa de las personas que pueden llegar a adorar al Templo; y finaliza con la alabanza del pueblo que reconoce que su Dios no solo es creador sino rey.

Ese concepto de la monarquía divina es también común en el antiguo Oriente Medio. Luego de vencer al dios Yam, Baal era reconocido como rey en la mitología cananea; y en las ciudades al sur de Ugarit se conocía al dios Shapash con los importantes títulos «justo rey, rey de reyes». En este sentido, el poeta bíblico construyó su salmo en una tradición muy conocida entre los vecinos de Israel. Su finalidad teológica era afirmar que el verdadero rey del mundo, que es ciertamente la divinidad que tiene el poder de crear, es el Señor, no las divinidades paganas. La comunidad debe llegarse al Templo con las actitudes de adoración correctas, para reconocer y humillarse ante este Dios, que, a la vez, es creador y rey.

Como parte de su poema, el salmista incluye un estribillo de gran significación teológica. La afirmación «alzad, puertas... y entrará el Rey de gloria» alude de forma poética a la entrada de la ciudad de Jerusalén, que a pesar de su majestuosidad y grandeza no es suficientemente amplia para dar paso a Dios. Estas expresiones poéticas, en las cuales se personalizan las puertas de la ciudad, son una especie de llamado al regocijo, un reclamo de contentamiento, una manifestación felicidad. ¡Las extraordinarias puertas de la ciudad, con todo su esplendor y belleza, no son suficientes para hacer justicia a la llegada del Rey, que es fuerte, valiente y poderoso! Es también posible, que el poeta evocara con las imágenes de las «puertas eternas» al templo celestial, que servía de modelo al Templo de Jerusalén, que era su contraparte terrenal. La palabra «gloria» revela un componente especial de los atributos divinos, que transmiten las ideas de majestad, poder y esplendor (Sal 21.5; Is 6.3). El Rey de gloria es el Dios que crea, el que reclama adoración sincera y justa, y el manifiesta su poder en medio de las grandes batallas de su pueblo.

El idioma utilizado es de guerra y batallas. El Rey que llega a la ciudad es un guerrero valeroso y triunfante. Se utilizan de esta forma las imágenes del Dios de los ejércitos que estaba presente en las batallas de conquista de Canaán. Se evocan las ideas bélicas de conquista, que ponen de manifiesto no solo el triunfo sobre los pueblos cananeos sino sobre sus divinidades. La referencia a «los ejércitos» en la Biblia es una posible alusión a las tropas y milicias del pueblo de Israel (Ex 7.4; 12.41; Sal 44.9), aunque también puede relacionarse con los astros o seres angelicales. En este caso, es posiblemente una manera figurada de expresar el poder absoluto del Señor; la Septuaginta, al traducir la misma expresión, lo hace con el término griego *pantokrator*, que significa «todopoderoso».

El Dios de los ejércitos gobierna sobre las milicias y los astros, que es una manera poética de reconocer que es señor de «la tierra y su plenitud» (v.1).

Las lecturas cristianas del salmo se relacionan tradicionalmente con la teología de la creación, que destaca la importancia e implicaciones ecológicas del poema, y con las implicaciones éticas y morales de la adoración. Como el mundo es creación divina, los creyentes deben hacer buen uso de los recursos naturales que están a nuestra disposición. La reponsabilidad en la administración de esos recursos es fundamental, no solo para hacer justicia a las generaciones venideras sino para responder adecuadamente a la teología del salmo. Y esa eseñanza teológica reclama que la gente que se presenta para dorar a Dios debe hacerlo con integridad y moral.

La llegada del Rey a la ciudad se ha relacionado con el anuncio del Señor que «está a la puerta y llama» (Ap 3.20). Y ese fundamental tema de la venida del Señor debe enfatizar la importancia de allegarse a Dios en adoración con las manos limpias y con pureza de corazón, que son maneras de presentar el tema de la integridad. El rey que viene debe encontrar un pueblo que viva en santidad y afirme la justicia.

Salmo 25: «David implora dirección, perdón y protección»

Una buena pista para comprender adecuadamente el mensaje del Salmo 25 se descubre al leer el comienzo y el final del poema. El salmista comienza con una plegaria de humildad ante Dios (v.1) y finaliza con la petición de redención para el pueblo de Israel (v.22). En forma de paréntesis se revela un particular deseo de intervención divina en respuesta de su oración humilde. Y el cuerpo del salmo confirma esta característica temática y teológica pues elabora ideas y conceptos que prosiguen y profundizan la intensión del poeta: p.ej., no desea ser avergonzado (v.2), pide que el Señor le muestre sus caminos (v.4), afirma que Dios es bueno y recto (v.8), y solicita el perdón por amor al nombre divino (v.11).

El salmo se articula de forma alfabética (véase Sal 9–10) y dispone sus temas de manera libre y espontánea. Las reflexiones son de carácter sapiencial, pues el poeta está interesado en los siguientes temas, característicos de esa tipo de literatura: pide a Dios que le muestre sus «caminos» (vv.4,5,8,9), reconoce la importancia del «temor al Señor» (vv.12,14), afirma la «bondad y la rectitud» divinas (v.8) y celebra que el ser humano gozará el «bienestar» del Señor (v.12). El estilo alfabético en el idioma hebreo puede ayudar al proceso de memorización del poema y a la comprensión de su mensaje, pero dificulta la elaboración ordenada y continua de los temas. En este caso particular, la disposición alfabética se interrumpe con la ausencia de dos letras hebreas —p.ej., *w* y *k*— y por la repetición de otras dos —p.ej., *p* y *r*—.

Otra forma de analizar la estructura interna del poema se revela al descubrir al que junto a la disposición alfabética se manifiesta un ordenamiento semántico en forma de quiasmo; es decir, los temas expuestos y las palabras utilizadas se presentan de forma paralela al comenzar y terminar el salmo. Según esta propuesta, el salmo debe entenderse fundamentado en la siguiente estructura:

A: (vv.1-3): «No sea avergonzado» (v.2), esperar en el Señor» (v.3), «mis enemigos»: (v.2), y «mi alma» (v.1).

B: (vv.4-7): «Pecados» (v.7) y «Jehová» (v.4).

C: (vv.8-10): «Bueno» (v.8), «enseñar» (v.8), «camino» (v.8) y «pacto» (v.10).

D: (v.11): Perdón de pecados.

C': (vv.12-14): «Bienestar» (v.13), «enseñar» (v.12), «camino» (v.12) y «pacto» (v.14).

B': (vv.15-18): «Pecados» (v.18) y «Jehová» (v.15).

A': (vv.19-21): «No sea avergonzado» (v.20), «esperan en el Señor» (v.21), «mis enemigos» (v.19) y «mi alma» (v.20).

En este tipo de literatura de estructura concéntrica o en forma de quiasmo el tema central del poema se presenta al centro del salmo. Fundamentados en este análisis estructural se desprende que la intensión más importante del poeta es poner de manifiesto su petición a Dios para el perdón de sus pecados, tema que se confirma al leer las ideas e imágenes expuestas en el salmo.

Generalmente el salmo se ha relacionado con las peticiones o súplicas individuales, aunque también puede ser estudiado como una oración de confianza a Dios. Posiblemente se utilizaba en la adoración de la comunidad en el Templo cuando se enfatizaban los temas sapienciales como el de la bondad divina y los caminos de la humanidad, con sus implicaciones éticas. El salmo es de composición tardía, quizá es de origen post-exílico. Respecto al título hebreo, véase la Introducción. El texto hebreo lo relaciona con David, y la LXX lo describe como un salmo.

El estudio sistemático del salmo se basará en la siguiente división de versículos:

• Oración inicial: vv.1-7
• Confianza en la bondad divina: vv.8-14
• Oración final: vv.15-21
• Apéndice: v.22

vv.1-7: La primera oración del salmo pone de relieve la intensión del poeta y revela el tema que desea destacar. Como en la sociedad hebrea el gesto de levantar las manos demuestra una actitud sincera de oración, el salmista no solo lo hace de forma física sino de forma figurada: Levantar el «alma» es una referencia poética a presentarse con humildad y reconocimiento ante Dios. La expresión equivale a decir «en ti confío» (vv.2,20) o «en ti he esperado» (v.21). Es una manera poética de enfatizar su piedad ante Dios, es una forma sencilla de allegarse al trono divino para que el Señor evalúe su existencia completa y responda a su petición.

Esa imagen revela el estilo de todo el salmo, que es de petición personal, y afirma que, en medio de las dificultades y los peligros de la existencia humana (vv.17,18,22), el salmista confía en Dios (v.2). La imagen destaca, además, la relación del salmista con Dios: p.ej., se transmiten las ideas de confianza, seguridad, integridad, alegría, disposición, claridad mental.

El salmista «levanta su alma» ante el Señor, que es el Dios de su salvación (v.5), y confía que no será avergonzado (v.2). Su esperanza se fundamenta en una gran seguridad teológica: ¡La gente que espera en el Señor no será confundida! (v.3). Su petición es que el Señor le muestre sus caminos y sendas, que equivale a pedir la forma adecuada de actuar en la vida con justicia, rectitud y verdad. Su oración incluye el perdón de sus pecados, basados no en sus acciones de juventud sino en la misericordia y la bondad divinas (v.7).

El tema de la confianza del salmista en el Señor se manifiesta de forma continua y firme en esta primera sección del poema. Esa confianza se nutre de su dependencia de Dios y del reconocimiento de la naturaleza divina, que es capaz de mostrar, enseñar y encaminar al salmista, que son verbos que ponen de manifiesto el interés educativo de Dios. El poeta confía en el Señor que es fiel a sus promesas y es bondadoso con su pueblo. En ese entorno de confianza y seguridad, el salmo indica que, como las misericordias de Dios son perpetuas, sus enemigos no se alegrarán de las calamidades y de problemas que pueda tener. El poeta confía en el Dios que salva, redime y transforma.

vv.8-14: En esta sección del salmo, el poeta continua con las imágenes de confianza, protección, ayuda y misericordia divinas. Estos sentimientos se articulan en forma de alabanzas al Dios que inspira la seguridad del salmista. En ese idioma hímnico, se presentan algunos atributos divinos de gran importancia: p.ej., Dios es bueno, recto, misericordioso, verdadero, perdonador y bondadoso. Y se contrapone a esa descripción de Dios se contrapone al pecado humano (vv.8,11).

La bondad divina se revela en su deseo de enseñarle a los pecadores sus caminos, las formas orales y éticas de vivir. A los humildes y los manos se les hará justicia (v.9), y se les enseñará el pacto con sus implicaciones (v.10). La persona que teme a Dios –p.ej., que reconoce la grandeza y el poder del Señor– es la que sigue los caminos verdaderos –que son las manifestaciones concretas de justicia y bondad– y es la que disfruta el bienestar y la herencia de la tierra. Esas personas son las que «conocen» el pacto que Dios ha establecido con su pueblo, y tienen «comunión íntima» o amistad con el Señor. La comunión con Dios está ligada al conocimiento y obediencia al pacto.

En esta sección se incluye el corazón del salmo. «Por amor a su nombre» –es decir, por su naturaleza santa, por su fidelidad, por su esencia misericordiosa, y por su compromiso con la gente que se humilla–, Dios perdonará el pecado del salmista «que es grande» –frase que puede ser una alusión solapada a las mayores faltas en la antigüedad: el adulterio o la idolatría– (v.11). ¡Aunque el pecado del salmista es grande el perdón divino es mayor!

La pregunta retórica ¿quién es el hombre que teme a Jehová? (v.12; véase también 24.3) revela la preocupación profunda del poeta. Temer al Señor no se relaciona con actitudes de miedo o ansiedad, es una manera de expresar el reconocimiento y la reverencia a Dios que se traduce en actitudes nobles, en decisiones justas, en maneras de vivir rectas, en comunicaciones verdaderas, en relaciones interpersonales gratas. La genta que teme al Señor «heredará la tierra» (v.13), que es una manera de prosperar y bendecir no solo al individuo sino a la familia y a la posteridad.

vv.15-21: El salmista ahora retoma su oración de petición y humildad. Su mirada está siempre en el Señor, pues ya ha experimentado la liberación de la «red» (v.15), que simboliza los problemas y las dificultades que le han afectado y herido en la vida. Continuamente el poeta mira al Señor, que es una frase similar a «levantar el alma» (v.1). Y también solicita la mirada divina, que equivale a pedir la misericordia y el favor de Dios.

En la petición sentida del salmista, se reconoce la gravedad de su condición: soledad, aflicción, angustias, congojas y trabajos. Su situación es agónica, difícil y compleja. Además, el poeta acepta sus pecados y reconoce que está rodeado de enemigos. Y ante la realidad conflictiva que le rodea, el poeta levanta un grito de angustia hasta el trono divino y pide liberación, solicita que se proteja su vida, que no sea avergonzado. El fundamento de su petición es la integridad y la rectitud divinas, pues ha confiado en el Señor.

v.22: El versículo final se considera una adición litúrgica al salmo pues no se incluye en el ordenamiento acróstico tradicional —esa peculiaridad literaria puede revelar la fecha post-exílica de la adición, pues en ocasiones, durante ese período, se eliminó la *waw* final del alfabeto hebreo y se sustituyó por una nueva *p* para compensar—, e introduce el tema de la redención de Israel, que no se ha incluido en el resto del poema. El propósito del texto es transformar la oración individual en una plegaria comunitaria. La petición de ayuda y las manifestaciones de piedad personales ahora se modifican para presentar una oración del pueblo que espera la manifestación liberadora de su Dios. Este versículo ubica al salmo en una nueva dimensión cúltica, pues mueve el tema de la protección y el perdón de los planos personales a los nacionales.

Las lecturas cristianas del salmo destacan el interés educativo del poema. El salmo relaciona de forma íntima la oración y la educación. Para el poeta esas prácticas religiosas no están reñidas, al contrario, se complementan. La oración a Dios no solo presenta peticiones y alabanzas sino que es una oportunidad extraordinaria para reflexionar sobre las complejidades y los problemas de la vida. No solo el análisis crítico de las realidades nos ayuda a superar los problemas, sino la confianza en Dios.

Esa comprensión de la existencia humana y sus desafíos es fundamental para la teología cristiana. El apóstol Pablo, posiblemente en una alusión indirecta a nuestro salmo, indicó que «la esperanza no avergüenza» (Rom 5.5). Su mensaje afirma que las tribulaciones generan un tipo de esperanza y seguridad que viene como garantía de las manifestaciones del amor de Dios mediante las acciones del Espíritu Santo. La esperanza no es una convicción ilusoria y enajenante sino la seguridad de la manifestación del amor que libera, redime y salva. La oración a Dios incentiva la esperanza que a su vez prepara el camino para la liberación.

Salmo 26: «Declaración de integridad»

El Salmo 26 presenta la petición sentida de una persona íntegra y justa que reclama la justicia divina. El poeta, mediante el buen uso de diversa imágenes literarias, presenta la causa de una persona que clama por el juicio de Dios, que en este contexto del salmo es una expresión que lo vindique, una respuesta que reconozca su integridad. Los componentes fundamentales del poema son los siguientes: la oración sincera que pide la intervención divina, las declaraciones de inocencia y rectitud, y la certeza de que Dios le escucha para responder en el instante adecuado.

Por lo general de las afirmaciones del salmo es difícil determinar con precisión su género literario. Tradicionalmente se ha entendido como un lamento individual, en al cual el salmista presenta su dificultad y congoja, que pudo haber sido alguna enfermedad mortal. Sin embargo, otra forma de entender el género del poema es relacionarlo con las ceremonias de llegada al Templo, en el cual los peregrinos participaban con los sacerdotes de alguna liturgia de entrada. En estas ceremonias de entrada al Templo, que precedían los cultos propiamente dicho, se afirmaba la integridad de los participantes y se destacaba la importancia de adorar fundamentado en un estilo de vida que reflejara la naturaleza y voluntad del Dios que recibía la adoración. El salmo posiblemente es de origen pre-exílico, y es probable que su autor perteneciera a los círculos sacerdotales que conocían de primera mano las dinámicas relacionadas con esas procesiones. Respecto a su título hebreo, véase la Introducción.

Para facilitar el análisis y la explicación del salmo, proponemos la siguiente estructura temática, que destaca la importancia de la integridad y la inocencia del poeta:

- Declaración de integridad: v.1
- Oración para que Dios lo escudriñe: vv.2-5
- Declaración de inocencia: vv.6-7
- Oración para que Dios le ayude: vv.8-10
- Declaración de integridad: vv.11-12

v.1: El primer versículo del salmo pone de manifiesto los temas que posteriormente se desarrollarán en el poema. A la oración y petición inicial—«Júzgame, Jehová»—, se une la afirmación de seguridad del salmista —«porque yo he andado en integridad»—, para culminar con una declaración de fe —«he confiado asimismo en Jehová sin titubear»—. Estos tres elementos se presentan de forma alternada en el salmo, que intenta declarar la integridad e inocencia del peregrino que se allega al Templo a adorar y participar de las ceremonias religiosas —p.ej., oración, vv.2,9-10; afirmación de seguridad, vv.3-8,11a; y declaración de fe, v.12—.

La palabra hebrea traducida al castellano como «júzgame» transmite la idea de vindicación; es una invitación a que se reconozca la integridad de la persona que clama; es una manera de poner de manifiesto las virtudes de alguien que ha vivido de acuerdo a los principios éticos y morales que se revelan en la Ley. Con esa palabra inicial se transmite la idea central del poema: ¡Una persona íntegra solicita a Dios el reconocimiento de sus valores, testimonio y acciones!

La oración inicial, en la cual se afirma y reconoce la integridad del peregrino, es un requisito indispensable para entrar al Templo a adorar. Esta declaración y petición de justicia es una especie de respuesta a las preguntas retóricas que se han hecho anteriormente —p.ej., Sal 15.1; 24.3—. Ante la interrogante de quiénes pueden entrar al Templo, el salmista responde «¡júzguenme a mi!», evalúen mi caso, estudien mi vida, analicen mi testimonio. Su respuesta se basa en la seguridad de que ha vivido confiando en el Señor sin claudicaciones ni titubeos.

vv.2-5: Fundamentado en las afirmaciones iniciales, el poeta continúa su oración a Dios. Ahora le pide al Señor tres cosas básicas: escudríñame, pruébame y examina mis pensamientos íntimos y mi corazón. Solicita un examen riguroso de vida y conciencia. El salmista sabe que las acciones divinas estarán matizadas por las manifestaciones de su misericordia. Además, el poeta declara que, por haber reconocido el amor y la verdad de Dios, ha rechazado abiertamente las actitudes y los comportamientos de personas hipócritas, malignas e impías. Su estilo de vida le ha llevado a rechazar las reuniones falsas y las acciones injustas. En efecto, se solicita el reconocimiento divino y humano de una persona cabal, noble, justa, digna, seria, responsable, respetuosa.

Un componente teológico importante en el salmo es la contraposición de la reunión de los malvados e impíos (v.5) y las «congregaciones» que bendicen al Señor (v.12). La persona íntegra es la que rechaza las dinámicas adversas y desagradables que se manifiestan en grupos que se guían por la hipocresía, la mentira y la maldad, y afirma las reuniones donde se manifiesta la misericordia y la bendición de Dios. De forma explícita el poeta subraya la importancia de las reuniones en las cuales se rechazan los estilos de vida impropios y para afirma las reuniones del pueblo de Dios, que presuponen la afirmación de los valores más dignos y gratos.

vv.6-7: El peregrino en estos versículos pone de manifiesto su deseo de adorar, y se lava las manos en inocencia para declarar las maravillas de Dios. El poema revela la relación íntima entre la adoración verdadera y el estilo de vida que afirma la verdad y la integridad. Alrededor del altar hay que andar con manos limpias, con actitudes adecuadas, los acciones justas, con decisiones fundamentadas en la verdad.

La ceremonia de lavarse las manos revela, al mismo tiempo, la inocencia del peregrino, y también su necesidad de purificación. Parece ser que parte de los requisitos de entrada al Templo incluía un acto de lavamiento de las manos. Únicamente cuando las manos estaban limpias es que la persona podía entrar al Templo, pues ese acto era el símbolo de la pureza de mente y corazón. Llegar al Templo y pasearse alrededor del alter era símbolo de estar ante la presencia de Dios.

vv.8-10: En estos versículos el salmista continúa sus peticiones y oraciones. Fundamentado en su amor al Templo, que es Casa de Dios y morada de su gloria, el poeta le pide al Señor que su futuro no sea similar al de personas pecadoras y sanguinarias, que se caracterizan por la maldad y el soborno. No desea el poeta verse en el lugar de pecadores, pues presupone que recibirán el resultado de sus acciones malvadas e injustas, que es el juicio y la reprimenda de Dios.

El salmista ama la Casa de Dios porque representa la presencia divina, alude a la gloria y el esplendor del Señor. El poeta ama el Templo, no por la belleza, grandeza, y lujos de sus instalaciones, ni por sus particulares cualidades arquitectónicas, sino porque es lugar de encuentro divino-humano, es entorno educativo transformador, es espacio sagrado y redentor, es recinto de las misericordias y amor.

vv.11-12: La sección final del poema lleva a feliz término la redacción del salmo. El salmista declara con seguridad que, por la misericordia y la redención de Dios, andará en integridad y rectitud. Esas actitudes de justicia le permitirán bendecir al Señor como parte de la congregación de su pueblo.

El poema finaliza con una declaración teológica que pone en justa perspectiva las relaciones entre Dios y el pueblo que le adora: La adoración a Dios debe hacerse con integridad y humildad. Además, la misericordia divina y su amor son los factores indispensables para la redención y la liberación de la humanidad.

Las justificaciones y declaraciones de inocencia que hace el salmista en este poema en momentos chocan con las enseñanzas de humildad de Jesús. Posiblemente este salmo pudo haber muy bien sido recitado por el fariseo que se auto-justificaba ante el publicano, según el relato evangélico (Lc 18.11-14). En efecto, el poema parece no reflejar adecuadamente la teología paulina de que la humanidad toda ha pecado (Rom 3.23). En algunas ocasiones, inclusive, el salmo puede transmitir la idea que quien se allega a Dios está lleno de arrogancia.

Antes de confinar la interpretación cristiana del poema a esa particular perspectiva farisaica y adversa es menester entender que la persona que ora presenta su caso ante Dios, que lo conoce íntimamente. Su oración es sincera y se fundamenta en la actitud normal de un adorador que se presenta ante Dios en un momento de crisis mayor o antes de llegar al Templo a adorar. Su objetivo no es destacar las virtudes que posee o la integridad que le caracteriza, sino superar la dificultad, solucionar el problema de enfermedad o entrar finalmente al Templo. Las declaraciones de integridad están en función de su objetivo final. El propósito del salmo no es la justificación individual de adorador; su meta es suplicar la misericordia divina.

En ese sentido, el salmo puede utilizarse en los entornos cristianos, pues revela una serie de sentimientos naturales que afloran en momentos de adversidad. Nos allegamos a Dios y le hablamos con sinceridad y honestidad. Reflejamos, en nuestras plegarias, la realidad de nuestra condición. Ante el Dios justo, no podemos llegar con disimulos o caretas, sino con sinceridad e integridad.

Salmo 27: «Jehová es mi luz y mi salvación»

El Salmo 27 es otro de los grandes favoritos de las iglesias y las sinagogas, pues enfatiza el importante tema teológico de la confianza en el Señor, que es el corazón y el fundamento de la religión bíblica. De forma elocuente el poema revela la naturaleza y extensión de la seguridad divina, que se manifiesta en medio de las grandes crisis de la existencia humana. Su mensaje de aliento y fortaleza consta de dos partes principales: la primera (vv.1-6), es una expresión de plena confianza de una persona que se allega a Dios para afirmar su seguridad en la prueba, y esas convicciones le llevan a la adoración y alabanza; la segunda sección (vv.7-14) presenta una oración de súplica individual, que surge de esa misma actitud de confianza y seguridad que se tiene en Dios.

Aunque este salmo en muchas ocasiones se ha estudiado como dos unidades independientes, por las diferencias marcadas de estilo y contenido de ambas secciones –p.ej., la primera parte (vv.1-6) se identifica con los salmos de confianza, y la segunda (vv.7-14), con las súplicas individuales–, la unidad del poema se pone claramente de manifiesto al analizar con cuidado su contenido. El análisis detallado del texto revela un particular interés litúrgico y temático que se descubre en el uso y la repetición de una serie de palabras clave en sus dos secciones mayores: salvación (vv.1,9), enemigos (vv.2,12), corazón (vv.3,8,14), levante (vv.3,12), buscar (vv.4,8) y vida (vv.4,13). Y, en efecto, esta peculiaridad lingüística y teológica no es producto del azar.

Posiblemente esta liturgia es una súplica de ayuda del rey, y se relaciona con las actividades oficiales del monarca, particularmente antes de salir a algún combate o cuando se celebraba el aniversario de su ascensión al trono. En estos cultos participaba tanto el rey como el pueblo y los sacerdotes. Es muy difícil identificar con precisión la fecha de composición del poema, aunque el idioma bélico y los temas expuestos apuntan hacia el período pre-exílico. Respecto al título hebreo del salmo, véase la Introducción.

La estructura literaria del poema es la siguiente:

• Declaración de seguridad y confianza: vv.1-6
• Oración que solicita la intervención divina: vv.7-13
• Respuesta final: v.14

vv.1-6: En la primera sección del poema se ponen las bases de la confianza y la seguridad que el salmista tiene en el Señor. Esas convicciones le hacen superar el temor y la ansiedad ante las más difíciles adversidades y problemas. Para el poeta, el fundamento de su seguridad es el Señor, descrito en el salmo como luz, salvación y fortaleza. Esas imágenes le brindan al poeta el material semántico necesario para comunicar con claridad el corazón de su mensaje. El temor se supera cuando se descubren las cualidades divinas que le brindan al poeta un sentido de futuro y esperanza. El Señor es luz, para contemplar la gloria divina; es salvación de los peligros de la vida; y es fortaleza y protección en medio de la batalla.

La luz disipa las tinieblas, que en el contexto particular del salmo representan a los enemigos y adversarios del poeta. En cierto sentido es una imagen que evoca al Salmo 23.4, en el cual se alude a la penumbra del «valle de sombra de muerte», y se afirma que aún en medio de esa gran adversidad y oscuridad el poeta no tiene temores. La figura literaria, además, tiene implicaciones militares (Sal 18.29), y revela que, inclusive, ante los peligros y las amenazas que se relacionan con los conflictos bélicos, el salmista manifiesta su seguridad y confianza, pues el Señor tiene la capacidad y el deseo de eliminar esas tinieblas.

La imagen de la salvación pone claramente de manifiesto las ideas de victoria y liberación, pues ese lenguaje soteriológico en la Biblia está cargado de gran significación teológica y militar. El poema indica que Dios es la fuente de las victorias del pueblo y revela, además, la habilidad divina de propiciar el triunfo en la guerra.

La tercera imagen del versículo inicial, traducida en Reina-Valera como «fortaleza», también puede significar «refugio». El propósito del poeta es transmitir las ideas de seguridad y firmeza en términos militares. El Señor actúa en su pueblo como un castillo bien fortificado y asegurado. Esa imagen transmite un sentido amplio de confianza, particularmente en actividades previas a la guerra, y recuerda las acciones de Dios en eventos que celebran las intervenciones divinas en medio de la historia nacional.

Los adversarios del salmista –¡que también lo son de Dios!– son descritos como malignos, angustiadores y enemigos; se relacionan con ejércitos que están preparados y dispuestos para la guerra. En esta sección se identifica la naturaleza del conflicto que genera el salmo y propicia la oración. El salmista está frente a un grave peligro, que se compara a los ambientes de guerra, y declara su confianza y seguridad en el Señor. ¡La peligrosidad y complejidad de la crisis no disminuye su sentido de esperanza y fortaleza! La seriedad y gravedad del problema se transmite con la imagen de «comer mis carnes», que iguala a los enemigos y angustiadores con animales salvajes que se preparan para devorar su presa.

La expresión «no temerá mi corazón» es una frase idiomática que también transmite el sentido de seguridad y confianza del salmista.

«Corazón» es un término hebreo de gran importancia teológica –¡aparece como 850 en el Antiguo Testamento!– que muy raras veces se utiliza en sentido literal y fisiológico (2 R 9.24). Generalmente se relaciona con el mundo intelectual (Sal 83.5) y describe las decisiones y la voluntad humanas (Sal 141.4), más que las dinámicas emocionales y sentimentales. El corazón identifica la esencia última del ser humano, revela su identidad más honda, representa a la persona misma, sin mediación alguna.

Fundamentado en la confianza que le inspira el Señor que es luz, salvación y fortaleza, el salmista desea llegar al Templo, adorar a Dios, y presentar sus ofrendas y sacrificios ante el altar. La respuesta divina a esos actos ceremoniales es de más protección, y de reconocimiento y testimonio público ante los enemigos del salmista. El poeta se allega a Dios con cánticos y alabanzas, para recibir las respuestas divinas a sus peticiones.

«Demandar a Jehová» es una forma de decir que se dispone llegar ante al Señor. «Todos los días de su vida» es una manera de afirmar que disfruta estar ante la presencia del Señor, simbolizada por el Templo de Jerusalén. «Buscar a Dios en su Templo» puede aludir al acto de llegar ante los sacerdotes o profetas cúlticos para solicitar alguna profecía antes de salir al combate. «Esconder en el Tabernáculo» es posiblemente una referencia al asilo y la seguridad que proveía el santuario en momentos de crisis durante la guerra. La «roca» es símbolo de defensa y seguridad, y la imagen alude a que el salmista está fuera de los peligros que representan sus enemigos. Y «levantar la cabeza sobre los enemigos» es una expresión de triunfo y reconocimiento de victoria no solo ante su comunidad sino frente a sus adversarios.

vv.7-13: La segunda parte del salmo incluye una oración intensa de súplica, que utiliza un particular lenguaje litúrgico y descriptivo para poner de manifiesto la gravedad de su caso. El tema de la oración va de los general a lo particular: el salmista afirma que buscará el rostro de Dios, como lo ha hecho en el pasado, y reafirma su seguridad y convicción que únicamente Dios puede liberarlo de sus crisis. Inclusive, aunque se manifiesten en la vida problemas agudos e inimaginables –p.ej.,como el rechazo ingrato e injusto de un hijo de parte del padre y la madre, o el testimonio falso de testigos–, su esperanza en el Señor no se debilita. Hubiese desmayado el salmista si no estuviera seguro que recibirá la bendición divina en la vida.

El lenguaje formal, repetitivo y litúrgico en el salmo es claro, y es un criterio para identificar el poema con las ceremonias del Templo.

- ¡Oye, Jehová, mi voz con que a ti clamo!: v.7; Sal 64.1; 141.1
- ¡No escondas tu rostro de mí!: v.9a; Sal 102.3; 143.7
- No me dejes ni me desampares/Dios de mi salvación: v.9d-e; Sal 38.21
- Enséñame, Jehová, tu camino: v.11a; Sal 86.11; 119.33
- Y guíame por senda de rectitud/a causa de mis enemigos: v.11b-c; Sal 5.8
- No me entregues a la voluntad de mis enemigos... y los que respiran crueldad: v.12; Sal 41.2
- ¡Espera en Jehová!/¡Sí, espera en Jehová!: v.14a,c; Sal 37.34
- ¡Esfuérzate y aliéntese tu corazón!: v.14b; Sal 31.24

El salmista se presenta ante Dios y suplica su ayuda. Las peticiones son directas: oye, ten misericordia, respóndeme, no escondas, no apartes, no me dejes, no me desampares, enséñame, guíame, y no me entregues. Cinco peticiones positivas e igual número de súplicas negativas. El poeta reclama la acción divina tanto en los actos redentores directos como en la protección para evitar la complicación de su caso. El salmista clama por la misericordia divina pues, aunque se presenta como una persona que busca el rostro divino, reconoce que no puede responder con efectividad a la crueldad y violencia de sus adversarios.

La referencia a los falsos testigos (v.12) puede ser una buena pista para comprender la complejidad de la situación del salmista. En las sociedades hebrea y judía que presupone el salmista, las dinámicas legales en las cortes no tenían abogados defensores ni fiscales; el testigo y la persona acusada se presentaban ante el juez, que debía analizar el caso con detenimiento. Y como el testigo era una pieza clave en el proceso, la justicia dependía en gran medida de su honestidad, dignidad y veracidad. Por esa razón jurídica y ética los Diez Mandamientos (Ex 20.16; Dt 19.18; Prov 6.19; 14.5) incluyen un claro rechazo a los falsos testimonios, pues no solo ponían en peligro la vida y el futuro de alguna persona inocente, sino que atentaban contra la voluntad divina que requería la implantación de la justicia. Ante la acusación falsa, el salmista se allega ante Dios para que le haga justicia.

La sección final del salmo (v.13) pone en evidencia una vez más la seguridad y la confianza del salmista. La crisis que experimenta es de tal magnitud que si no fuera por su confianza en la bondad de Dios, si no hubiese sido por su seguridad en la misericordia divina el poeta hubiese desfallecido. Se manifiesta en el salmo, de acuerdo a la teología bíblica, un sentido de justicia con claras implicaciones inmediatas y terrenales. El salmista espera la intervención salvadora de Dios en su vida. Su ideal de justicia no se relaciona con el futuro escatológico e indeterminado sino con el reconocimiento público de su inocencia a lo largo de su vida.

v.14: El poema finaliza con tres afirmaciones claras de seguridad y confianza en el Señor: Espera en Jehová, y esfuérzate y aliéntese tu corazón. Estas palabras de fortaleza y convicción posiblemente eran pronunciadas por el sacerdote para responder a las peticiones del salmista. Ante las grandes dificultades de la vida, se recomienda a la persona que se allega ante Dios a adorar que espere en el Señor, que significa mantener la esperanza, continuar el sentido de seguridad, proseguir con su convicción de que la bondad divina le acompaña. «Esperar en el Señor» es la frase teológica que transmite la voluntad divina al rey, al salmista, a la persona que adora, a la gente en crisis, a los pueblos con dificultad, a las comunidades en desesperanza.

El salmo culmina con una evocación al discurso de Moisés a Josué, antes de entrar a la Tierra Prometida (Dt 31.7). Esas palabras se relacionan con la transferencia del poder, con el apoyo divino al pueblo y sus líderes, con la seguridad de la presencia divina, con la expectativa de victoria, con las imágenes del pacto de Dios con su pueblo. Finaliza el poema con un tono de triunfo, pues evoca una época gloriosa de conquista y regocijo.

El tema de la confianza en el Señor, que se revela claramente en este salmo, también se manifiesta con fuerza en el Nuevo Testamento. Ante las angustias, inseguridades y preocupaciones de los primeros creyentes, el Evangelio de Juan presenta un gran mensaje de seguridad y esperanza en boca de Jesús: «Estas cosas os he hablado para que en mi tengáis paz. En el mundo tendréis aflicción, pero confiad, yo he vencido al mundo» (Jn 16.33).

Una lectura cristiana del salmo afirma prioritariamente el importante tema de la seguridad que tienen los creyentes en la capacidad divina de intervenir en medio de las realidades de la vida para implantar su justicia en el mundo. Además, reconoce que la oración sentida manifiesta las dinámicas que se revelan en este salmo. Junto a las grandes afirmaciones teológicas que revelan nuestra confianza en el Señor, también se muestran nuestras inseguridades y preocupaciones reales, cuando debemos enfrentar situaciones de dificultad y crisis. La confianza que permite superar los conflictos de la vida es la que se pone en Dios.

Salmo 28: «Plegaria pidiendo ayuda, y alabanza por la respuesta»

El Salmo 28 incluye, en primer lugar, una súplica de una persona que siente que su vida está gravemente amenazada por algún peligro inminente —p.ej., enfermedad mortal, o adversidad personal, familiar, nacional o internacional—, y al sentir que Dios ha escuchado su petición de ayuda, continúa el poema con una serie intensa de alabanzas de gratitud al Señor.

Comienza el salmo con un clamor a Dios, una petición sentida a que se escuchen los ruegos de una persona que adora con necesidad, y que no desea experimentar un futuro desagradable (vv.1-2), como las personas que mueren. El poema prosigue con una afirmación de justicia, en la cual se reclama el juicio divino hacia la gente que hace iniquidad y actúa con maldad (vv.3-5). Continúa el salmo con una alabanza que afirma a Dios como la fortaleza y el escudo del poeta (vv.6-7). Al finalizar, la alabanza a Dios se expande para incluir no solo al adorador sino al ungido de Dios y su pueblo (vv.8-9).

Tradicionalmente este salmo se ha relacionado con el género de súplicas individuales. Una lectura cuidadosa el poema revela, sin embargo, que se trata, más bien, de una liturgia de súplica que consta de cuatro secciones básicas, en las cuales participan tanto la persona que adora como un sacerdote o alguno de sus representantes. Estas celebraciones se llevaban a efecto en el Templo, posiblemente en relación a la crisis de alguna persona afligida, que muy bien podía ser el rey. Del estudio del poema es muy difícil determinar su fecha de composición, aunque generalmente se relaciona con el período pre-exílico. Respecto al título hebreo del salmo, véase la Introducción.

El estilo literario que revela el salmo es digno de estudio por su intensidad. El poeta utiliza con gran habilidad la técnica literaria de la repetición y el contraste para incentivar las respuestas del oyente, para transmitir los sentimientos de la persona que adora. Se manifiestan de esta forma los énfasis teológicos del poema. Los paralelos son magníficos.

- La petición que indica: Señor «oye la voz de mis ruegos» (v.2); y la afirmación posterior: el Señor «oyó la voz de mis ruegos» (v.6)
- «Los que hacen iniquidad» (v.2) y «la perversidad de sus hechos» (v.3), se contrastan con «los hechos de Jehová» (v.5)
- «Las obras de las manos» de las personas malvadas, se contraponen a las «obras de las manos de Dios» (v.5)
- El salmista «bendice a Jehová» (v.6), y el sacerdote «bendice» a la heredad del Señor (v.9)
  La estructura literaria del salmo no es compleja:
- La oración de súplica: vv.1-4
- El juicio divino: v.5
- Alabanza del salmista: vv.6-7
- Afirmación de esperanza y salvación: vv.8-9

vv.1-4: El poema comienza con un clamor al Señor, una petición de ayuda y una preocupación seria, unidas a una afirmación de la seguridad que proviene de Dios, y una manifestación de alabanza y humildad en el Templo. El poeta clama con intensidad al Señor y suplica no ser abandonado, pues el rechazo divino y el «desentendimiento» (v.1) de Dios equivalen a la muerte. El salmista pide ser oído en su clamor, pues su oración se fundamenta en la sinceridad requerida para presentase ante el Señor en su santuario.

El acto de «alzar las manos» (v.2) hacia el Templo, común en el Oriente Medio antiguo, es una manera física de representar la sinceridad de su plegaria, una forma simbólica de transmitir sus sentimientos nobles, una gesticulación de humildad y respeto ante Dios. Posiblemente el gesto no solamente representaba la petición del adorador, sino el deseo de recibir la respuesta divina.

La oración se dirige a Dios como «Roca mía» (v.1). En términos generales, la imagen de la roca transmite las ideas de fortaleza, estabilidad, seguridad y permanencia, y representa uno de los apelativos divinos más antiguos y significativos en la Biblia (Gn 49.24; Dt 32.4). Posiblemente, en el Israel pre-monárquico, la simbología de la roca aludía al Monte Sinaí, y se relacionaba con las virtudes y la importancia del pacto de Dios con su pueblo. Además, en el contexto de este salmo, el término se puede asociar con al lugar santísimo del altar, que estaba construido sobre roca firme. El salmista oraba al Señor, que era su «Roca», en el altar que estaba construido sobre un fundamento estable y duradero, que simbolizaba la misma presencia de Dios.

La preocupación básica del salmista es que, si el Señor le deja, se convierte en una persona semejante a las que «descienden al sepulcro». La angustia del poeta no es morir, pues conoce las realidades de la vida, y entiende que la muerte es parte de la existencia humana. Su ansiedad proviene del «desentendimiento» de Dios, que es una forma de silencio divino. Esa incomunicación divino-humana puede hacer que el salmista baje al sepulcro a formar parte del grupo de personas que viven en el silencio absoluto (Sal 30.9), porque el mundo del *sheol* es el de la muerte y la incomunicación (Sal 94.17). La comunión con Dios se fundamenta y se nutre del diálogo íntimo, la conversación grata, la comunicación sincera, la relación cordial. El mundo del sepulcro y de la muerte es silencioso, vacío, tenebroso, misterioso.

Paulatinamente, la petición del salmista se hace más específica a medida que el poema avanza (vv.3-4). ¡No desea ser tratado como las personas malvadas o inicuas, que tienen su futuro en el sepulcro silencioso! Esas personas merecen el justo juicio divino por sus actos de maldad, por la falsedad de sus acciones, por la mentira de sus maquinaciones. Aunque hablan de paz, «en sus corazones» o en el interior de sus vidas maquinan guerra, maldad, hostilidad, muerte. Merecen recibir, en efecto, el fruto adverso de sus obras, el resultado malsano de sus hechos, el producto erróneo de sus manos. En su clamor, el salmista no solo pide ser liberado de la ira divina sino que aboga para que sus enemigos reciban la retribución justa y merecida de sus acciones.

v.5: Aunque este versículo continúa el tema del juicio hacia los enemigos del salmista, la forma de comunicación poética varía. En su oración, el salmista se refería a Dios en segunda persona (vv.1-2); ahora transmite sus afirmaciones refiriendose al Señor el tercera persona. Posiblemente, estas palabras eran pronunciadas por el sacerdote, o alguno de sus representantes, en la liturgia se llevaba a efecto en el Templo. Si, por el contrario, el evento se celebraba en los entornos legales o jurídicos, quien las pronunciaba era el juez o su representante oficial. El mensaje es claro: El juicio divino se fundamenta en el comportamiento de las personas, tema que se pone de relieve en la literatura profética (p.ej., Jer 24.6; 42.10; 45.4). De esta forma, junto al mensaje contra sus enemigos, el poeta afirma su integridad personal.

«Atender a los hechos de Dios» es tomar en consideración las intervenciones históricas del Señor en la vida del pueblo; y la referencia a la «obra de sus manos» puede ser una alusión al poder creador del Señor. De esta forma el salmo se alude a dos de las características divinas de más importancia bíblica: El Señor interviene en la vida de su pueblo pues es el creador del mundo, el cosmos y la humanidad. Se incorpora en el poema de esta manera una declaración de gran importancia teológica: Dios destruirá a las personas que no prestan atención a las manifestaciones divinas en el pueblo y en la naturaleza.

vv.6-7: Luego de la súplica personal y la declaración de justicia divina, el salmista expresas sus alabanzas a Dios, de forma anticipada, pues está seguro que recibirá la respuesta divina. Bendice al Señor que es fortaleza y escudo, que es una manera de afirmar la seguridad y protección que emanan del Señor. Y porque Dios escuchó sus ruegos y le ayudó, el poeta confía, canta y alaba al Señor con gozo.

vv.8-9: El salmo finaliza con otra declaración teológica de importancia capital: El Señor es la fortaleza, salvación y bendición de su pueblo; y también es el refugio y salvación de su ungido. El poema culmina con una oración de intercesión por el rey ungido de Dios y con una petición de apoyo y sustento. Se suplica al Señor que pastoree al pueblo para siempre, que es una manera de reconocer su poder protector y su deseo de ayuda y socorro en medio de las vicisitudes y dificultades de la vida.

Esta oración es parte de la liturgia de intercesión por el rey y el pueblo. El salmo, que comienza con una súplica personal (vv.1-4), prosigue con una declaración del juicio divino por el sacerdote (v.5), a la que sigue una expresión de alabanzas y gratitud del salmista (vv6-7), para finalizar con la declaración de bendición para el pueblo y su rey (vv.8-9).

Una lectura cristiana de este salmo puede relacionar el silencio de Dios con las expresiones de Jesús en la cruz del Calvario, particularmente con una de sus plegarias intensas: «¿Dios mío, Dios mío, porqué me has desamparado?» (Mt 27.46). El Señor Jesús, de acuerdo con el evangelista, sintió la soledad personal y experimentó el silencio divino al enfrentar cara a cara el odio de la turba infame y al recibir las hostilidades crueles de quienes le acecinaban. Sin embargo, aunque el Maestro sintió los resentimientos humanos y el distanciamiento divino se mantuvo fiel a su misión y vocación. ¡Ni aún el dolor agónico detuvo su sentido de dirección en la vida! Para Jesús era más importante la salvación de la humanidad que su dolor inmediato.

Esa posiblemente es una magnífica enseñanza del Salmo 28. Ante las grandes dificultades de la vida, frente a las adversidades que nos hacen sentir la soledad, y en medio de las vicisitudes que conspiran contra nuestra paz y felicidad, debemos superar ese sentimiento de silencio y sobreponernos a esa sensación de soledad, pues nuestra confianza está en el Dios que supera las distancias y las incomunicaciones para intervenir de forma salvadora.

Salmo 29: «Poder y gloria de Jehová»

El Salmo 29 es un cántico maravilloso de alabanzas al Señor que se manifiesta de forma extraordinaria en la creación, particularmente en los fenómenos naturales como truenos, relámpagos, lluvias, temblores, fuegos, vientos y tempestades (véase Sal 19.1-6; 104). El poema comienza con un reclamo directo a la alabanza divina; inicia con un llamado al reconocimiento de la gloria y el poder de Dios (vv.1-2). El cuerpo del salmo lo provee una sección teológica y literariamente muy importante, que compara la voz y las acciones divinas a las inclemencias meteorológicas (vv.3-9). Esta sección pone claramente de manifiesto las virtudes del poder divino y presupone las antiguas teofanías que relacionaban las manifestaciones de Dios con la naturaleza. Finaliza el salmo con una serie de declaraciones en torno a las bendiciones de Dios al pueblo (vv.10-11), fundamentadas en las alabanzas iniciales.

El salmo es claramente un himno que celebra la grandeza y el poder de Dios, y se utilizaba en el Templo como parte de las liturgias que afirmaban la revelación divina y la capacidad creadora de Dios. Por sus referencias directas al Señor como rey (v.10), es también posible que el entorno original del poema haya sido las celebraciones nacionales relacionadas con victorias militares del monarca de Israel. Del estudio de los temas expuestos y las imágenes utilizadas se desprende que este es quizá uno de los salmos más antiguos de la Biblia (posiblemente del siglo 11 ó 10 a.C.), y acompaña los cánticos que apoyaban los triunfos militares del Israel premonárquico −p.ej., el Cántico del Mar (Ex 15.1-18) y el Cántico de Débora (Jue 5.1-31)−

La versión griega de la Biblia hebrea −la Septuaginta o los LXX− añade a su título hebreo que este salmo se utilizaba al final de la Fiesta de los tabernáculos (Lv 23.33-36,39-43; Nm 29.12-38; Dt 16.13-15). Ese detalle litúrgico e histórico, más bien, puede revelar el uso posterior del poema en la sinagoga. Por otro lado, en el Talmud Babilónico se indica que este poema formaba parte de la liturgia del último día de la gran fiesta de otoño, en una posible referencia a la Fiesta de las semanas o de la cosecha (Ex 23.16), también conocida en tiempos del Nuevo Testamento como Pentecostés. Respecto al título hebreo del salmo, véase la Introducción.

El estudio ponderado del salmo revela, además, que el poema incluye una serie de temas que son característicos de la literatura cananea −p.ej., el énfasis en la «voz» divina, el interés en la topografía y la toponimia, y la referencia al dios que se sienta como rey−. Esa relación temática y literaria indica que, es posible, que varias imágenes e ideas que se elaboran en este salmo bíblico provengan de cánticos antiguos dedicados previamente al famoso dios cananeo Baal. Esos conceptos fueron transformados y despojados de sus trasfondos y contenidos politeístas, al ser utilizados para describir las virtudes y las intervenciones del Dios de Israel en la naturaleza y la humanidad.

La estructura literaria del salmo es sencilla:

- Llamado a glorificar al Señor: vv.1-2
- Alabanzas a la voz divina: vv.3-9
- Declaración teológica final: vv.10-11

vv.1-2: El salmista reclama la alabanza a Dios, con una serie de imperativos categóricos: tributad, dad, adorad. La referencia a los «hijos de los poderosos» −en hebreo, «hijos de dios»−, puede identificar a las criaturas celestiales y angélicas que están ante el trono celestial de Dios; y también puede ser una alusión implícita a las estrellas del cielo que también alaban al Señor (Dt 4.19). Esa misma expresión fue traducida al griego de la Septuaginta como «ángeles» –p.ej., Dt 32.8–, y en la literatura ugarítica una frase similar se ha entendido como referente al panteón cananeo. De esta forma el reclamo de alabanza inicial del salmo se hace al concilio divino, a los seres celestiales y angelicales, a las estrellas del cielo, al cosmos. El poema comienza con un reclamo cósmico a la alabanza, que tiene repercusiones inmediatas para la congregación de Israel, el pueblo de Dios: ¡Toda la creación alaba al Señor!

Las imágenes de gloria y poder le brindan al salmo un sentido bélico de autoridad y fuerza. Y esa implicación militar se acentúa con la alusión al «nombre» divino. En el Cántico del Mar, que es un poema que celebra las victorias militares del Señor en la liberación del pueblo de Israel de las tierras de Egipto, se indica: «Jehová es guerrero. ¡Jehová es su nombre!» (Ex 15.3). De esta forma se asocia el nombre divino con las guerras, y el salmo alude a esa relación. La «gloria» se refiere a la naturaleza divina y al poder que manifiesta en la naturaleza. ¡La alabanza al nombre de Dios es fuente de fortaleza y seguridad! Y la referencia a «la hermosura de su santidad» apunta hacia la esencia misma de la naturaleza divina, que fundamenta su poder militar en la santidad.

El cosmos y la humanidad alaban al Señor al afirmar su poder militar, al reconocer la gloria de su nombre, y al disfrutar la belleza de su santidad. El término «gloria» le brinda al salmo un sentido importante de unidad (vv.2,3,9): de un lado, representa la suma de los atributos divinos; y del otro, alude al esplendor que Dios manifiesta como rey en el cosmos y el mundo.

vv.3-9: El corazón temático del salmo es la voz de Dios. En siete ocasiones se alude a la voz divina: Está sobre las muchas aguas, se manifiesta con gran potencia y gloria, y se revela como llamas de fuego, terremoto y torbellino. En la tradición bíblica, la expresión puede ser una alusión a los truenos (véase Ex 9.23, texto hebreo; Job 37.2; Sal 18.13), que representan poéticamente a la voz divina. Es importante notar respecto a la palabra hebrea traducida como «voz», que también puede ser una manera fonética de llamar la atención del oyente, de forma tal que el sujeto de los verbos de toda la sección es el Señor. En este sentido metafórico y literario, la voz de Dios es oída, vista y sentida.

La lectura del pasaje revela que su contenido temático es la descripción de una tormenta extraordinaria. ¡Dios se manifiesta en medio de la tempestad! ¡El Señor guía ese fenómeno poderoso de la naturaleza! ¡El salmo reconoce al Señor como Dios de la creación (Sal 8; 19)! Esa peculiar relación entre los fenómenos meteorológicos y el Dios bíblico también se manifiesta en el Cántico del Mar (Ex 15.1-18) y en los poemas antiguos de guerra en Israel (Jue 5.4-5,19-21). Y aunque por lo general los profetas y salmistas destacan de las intervenciones divinas la implantación de la justicia, en este contexto se enfatiza su poder y majestad como Señor del universo y director de las fuerzas que se manifiestan en la naturaleza.

Posiblemente la intensión del poeta al utilizar estas imágenes era establecer una polémica contra Baal. Esas ideas que relacionan a las divinidades con la naturaleza eran comunes en el Oriente Medio antiguo. P.ej., en relatos varios que presentan al panteón cananeo se establece que Baal se manifestaba en las tormentas, y que su voz era oída en los truenos.

En respuesta a esas percepciones, el salmista de forma poética rechaza esa teología referente al dios cananeo y relaciona el poder únicamente con el Señor Dios de Israel. ¡En el salmo se utilizan los nombres de Dios en dieciocho ocasiones! Esa era una manera implícita de afirmar de forma categórica el poder de Dios sobre las divinidades paganas, particularmente sobre Baal. ¡La fuerza que mueve los fenómenos atmosféricos y la creación no es la de Baal sino la del Señor!

La referencia a «las aguas» (v.3) no es tanto una alusión a las lluvias ni al Mediterráneo, sino a las aguas del caos primigenio (Gn 1.1-3) o al diluvio (v.10). «Potencia» y «majestad» son atributos de autoridad y gloria que enfatizan el poder divino sobre las divinidades paganas.

Por su fortaleza, durabilidad y esplendor, «los cedros» eran conocidos en la antigüedad como los príncipes del bosque. Las montañas del Líbano, que se extendían como una cien millas y se podían elevar hasta sobre diez mil pies, representan la frontera norte de Israel. El Sirión era el nombre que los fenicios daban al Hermón (Dt 3.8-9). El mensaje del pasaje es claro: Ante la voz divina, tanto los árboles fuertes como las montañas más altas, obedecen al Señor y ¡saltan como los becerros! Esa misma imagen de poder divino sobre la naturaleza y los árboles se mantiene hasta el final de la sección, en la que se afirma que la voz divina «desgaja las encinas» —esta expresión es de difícil traducción del hebreo, y puede significar «hace a las ciervas retorcerse en parto»—, y «desnuda los bosques» (v.9).

Las «llamas de fuego» (v.7) aluden quizá a los relámpagos. El «desierto de Cades» (v.8) es posiblemente un referencia a la región que está enclavada al sur de Judá, y evoca las imágenes del Monte Sinaí, alude a la liberación de los hijos y las hijas de Israel. ¡La voz divina se escucha, acepta y respeta tanto en el norte, en Siria, como en el sur, en Cades. Las imágenes destacan el poder divino de forma geográfica.

La sección finaliza con una afirmación teológica. El resultado de la voz de Dios en la naturaleza es que en su Templo, que representa la morada eterna e ideal del Señor, y que también alude al lugar de culto y adoración del pueblo, se proclame la gloria divina. La gran teofanía o revelación divina que se describe en el salmo, incentiva el reconocimiento y la proclamación de la gloria del Señor, que simboliza su esplendor y esencia santa, tanto en la corte celestial como en el Santuario de Jerusalén.

vv.10-11: La sección final del salmo, que tiene como propósito básico declarar al Señor vencedor, incorpora imágenes antiguas de canaán y algunas tradiciones bíblicas. La referencia a que el Señor «preside sobre el diluvio» tiene eco en los antiguos relatos cananeos, en los cuales coronan a Baal cuando conquista las fuerzas del caos representadas en el diluvio o las aguas descontroladas. El texto afirma que quien vence sobre las aguas caóticas no es Baal sino el Señor, como ya se ha puesto claramente de manifiesto en las narraciones del diluvio en el libro de Génesis (Gn 7.17).

En la teología bíblica, las aguas no son divinidades que atentan contra el poder divino, sino fuerzas de la naturaleza que obedecen a los designios del Señor. El resultado de sus gestiones sobre la naturaleza, es que el Dios bíblico «preside» y «para siempre se sienta como rey», que son buenas imágenes de poder, victoria, autoridad y triunfo.

El resultado de la victoria definitiva de Dios sobre la naturaleza y sobre Baal es poder y paz para el pueblo. El triunfo de Dios se traduce en la manifestación del poder de la paz en la comunidad. La voz divina que se manifiesta con furia en la naturaleza genera los ambientes necesarios para la paz, pues se han superado las fuerzas del caos, se han eliminado las dinámicas de rebelión, y se han transformado las imágenes paganas de Baal. El salmo de esta forma finaliza con una muy importante afirmación teológica de seguridad, protección y calma.

Una lectura cristiana de este salmo puede destacar el tema de la gloria divina. Para el salmista, la gloria era parte fundamental de la esencia de Dios que representaba su esplendor, virtud y magestad. Según el Evangelio de Juan (Jn 1.14), cuando «el Verbo se hizo carne», en una muy clara referencia al nacimiento y ministerio de Jesús, los creyentes tuvieron la oportunidad de ver la «gloria divina». Esa gloria de Dios, de acuerdo con Juan, se manifestó en la figura de Jesús de Nazaret, cuyos milagros eran «signos» o «señales» de la magestad, el poder, la gloria y el misterio de Dios (véase, p.ej., Jn 2.11; 11.4,40).

La gloria divina, que se revela en la voz del Señor descrita en el salmo, es la autorevelación de su santidad, esencia, pureza y carácter. En el Nueto Testamento esa gloria se manifiesta en la encarnación de Jesús, particularmente en su muerte, resurrección y ascensión. Los creyentes dan la gloria a Dios en sus actos y celebraciones de alabanzas y adoración, y también al vivir de acuerdo con las enseñanzas que ponen de manifiesto su carácter.

SALMO 30: «ACCIÓN DE GRACIAS POR HABER SIDO LIBRADO DE LA MUERTE»

El Salmo 30 pone de manifiesto claramente la gratitud sincera de una persona que se ha sentido al umbral de la muerte y reconoce que la intervención divina le ha permitido disfrutar de nuevo la vida. Recoje el poema la oración de una persona agradecida a Dios al ser sanado de ulguna enfermedad mortal. El samista canta y glorifica al Señor, y también exhorta al pueblo a imitarle, pues ha descubierto que la ira divina es momentánea, pero su misericordia es eterna. De forma dramática el poema presenta la capacidad de transformación que tiene el Señor: ¡Cambió sus dolores y lamentos en bailes y celebraciones! Por esas acciones y capacidades divina el salmita no puede permanecer callado.

La lectura cuidadosa del salmo pone de relieve su relación temática (Is 38.10-28) y sus paralelos literarios con la oración de Ezequías (vv.5-6,10 e Is 38.18-19). Es posible que el tipo de oración que se presenta en este salmo se debía hacer cuando las plegarias habían sido contestadas (p.ej., Sal 6), cuando regresaba la salud, cuando se había superado la crisis de enfermedad. Este salmo es una cántico individual de gratitud que reconoce la buena salud como un regalo de Dios.

Posiblemente el contexto original del salmo eran las ceremonias de gratitud que se llevaban a efecto en el Templo de Jerusalén. En esos casos, los adoradores se allegaban al Templo para agradecer alguna intervensión extraordinaria de Dios. El título hebreo del salmo (véase Introducción), que refleja una adición tardía al poema, indica que debía cantarse en la dedicación de la Casa, en una posible alusión, según el Talmud Babilónico, a la Fiesta de la dedicación del Templo o Hanukkah, luego de su desacralización por Antíoco Epifano, en los tiempos de Judas Macabeo (I Mac 4.42-60), en el c.164 a.C. El título también puede ser una referencia a la rededicación del segundo Templo en el siglo sexto a.C., luego del exilio en Babilonia. Es difícil determinar la fecha de composición precisa de este salmo, aunque es posible que provenga de una época pré-exílica.

La estructura literaria del salmo puede ser la siguiente:

- Glorificación y gratitud al Señor: vv.1-3
- Invitación al cántico y la celebración por el favor divino: vv.4-5
- Evaluación de las intervenciones de Dios: vv.6-12

vv.1-3: El poema comienza con una gran declaración de fe, seguridad y gratitud: El salmista glorifica al Señor como su Dios porque reconoce que una intervención divina le exaltó e impidió que sus enemigos se alegraran de su condición de salud. En la antigüedad, se pensaba que las enfermedades eran producto del juicio divino por los pecados de las personas (véase p.ej., Job 6–7; Jn 9). Los enemigos eran posiblemente sus antiguos amigos y personas de la comunidad que lo juzgaban inadecuadamente e interpretaban su condición como una manifestación del juicio y la ira divina por sus pecados.

La palabra hebrea traducida al castellano como «exaltar», transmite la imagen de haber sido sacado de algún pozo, destaca la idea de haber sido liberado de alguna dificultad mayor. «Subir el alma del *seol* — o lugar de los muertos—» e «impedir que descendiera a la sepultura» son imágenes de muerte que revelan la naturaleza de la crisis que experimentaba el salmista.

vv.4-5: Al reconocer la intervención salvadora del Señor, el salmista exhorta a «los santos» de Dios a cantar al Señor y a celebrar su santidad. Fundamentado en la gratitud y seguro de haber recibido respuesta a su plegaria, el poeta no sólo canta sino que incentiva la alabanza del pueblo. «Los santos» son los amigos del salmista y también el resto del pueblo que se congrega en el Templo. La gratitud identifica y celebra la santidad de Dios, y esa es una manera poética de adorar y reconocer la naturaleza divina. La santidad es la esencia divina más íntima y extraordinaria.

Una de las enseñanzas más importantes que recibió el salmista, al pasar por esos momentos difíciles de tribulación y enfermedad, es la fundamental distinción entre el favor del Señor y la ira divina. La gratitud a Dios y la superación del problema le permite al poeta distinguir y evaluar adecuadamente las experiencias de llanto y alegría en la vida. La ira divina es momentánea; y su favor, permanente. El llanto de la noche da paso a la alegría de la mañana.

vv.6-12: Luego de poner de manifiesto la relación adecuada entre el ser humano y Dios, el salmista identifica y describe parte de sus problemas: el orgullo y la arrogancia. Cuando estaba disfrutando de salud y prosperidad, se declaró invencible, diciendo: «¡No seré jamás conmovido!» (v.6). Cuando Dios lo ayudó a disfrutar de las abundancias de la vida, no respondió con humildad y gratitud, sino con vanidad, arrogancia y prepotencia. Esa actitud le trajo turbación personal y lejanía de Dios. La arrogancia es fuente de desorientación personal y motivo del distanciamiento divino.

En la teología del pacto entre Dios e Israel, el pecado de la arrogancia es de particular importancia. Esa actitud de orgullo humano rechaza las virtudes de las intervenciones de Dios (Dt 8.17-18), para ubicar el bienestar y la paz como resultado de las gestiones humanas. La misericordia divina pasa a un segundo plano, pues la gestión personal y el orgullo individual ocupan el lugar preponderante.

Sin embargo, el orgullo no es la última palabra del poeta; la arrogancia no es el sentimiento final; la prepotencia cede al paso al reconocimiento de la misericordia divina. Aunque entiende sus limitaciones y debilidades, el salmista es capaz de orar, clamar y suplicar al Señor. El reconocimiento humilde de su condición es el primer paso para su restauración y renovación. El salmista una vez más solicita la misericordia de Dios y reconoce que el Señor es su ayudador (v.10).

Las imágenes de muerte que se incluyen en el salmo (v.9) revelan la importancia de la salud y el bienestar del poeta. Todavía se nota un tono prepotente, pues las expresiones revelan el orgullo aún latente del poeta. ¡En el mundo de los muertos no hay comunicación con Dios, únicamente reina el silencio! ¡La muerte del salmista no avanzará la causa del Señor! Las preguntas se articulan desde la perspectiva del suplicante.

Sin embargo, por la misericordia divina, las realidades adversas serán transformadas. El «lamento» o las tristezas se convertirán en «baile» —que era una manera de expresar la felicidad y el triunfo (1 S 18.6; Sal 149.3; 150.4)—; las ropas ásperas —símbolo del luto, penitencia y la crisis— se cambiarán por vestiduras de alegría y felicidad. El Dios del salmista cambia las realidades de dolor, angustia y muerte, en experiencias de renovación, vida y futuro.

El salmo finaliza con himnos de alabanzas, con cánticos de triunfo, con expresiones de gratitud. El salmista reconoce que Dios es su «gloria», es decir, su fuente de poder y esplendor, el origen de sus triunfos. No puede el salmista permanecer callado, pues el silencio es signo de la muerte. El Señor es su Dios, y fundamentado en esa importante convicción, el salmista le ofrecerá alabanzas por siempre. De esta forma el salmo culmina en la misma nota de entusiasmo y gratitud que se manifiesta al comienzo: El salmista glorifica, clama, canta y alaba. El énfasis teológico del poema no es tanto en lo que el ser humano ha recibido sino en lo que Dios le ha dado.

Una lectura y evaluación cristiana del salmo se manifiesta al analizar su perspectiva de la muerte. Para el salmista la muerte es la última palabra, pues no beneficia ni al ser humano ni a Dios. Con la muerte finaliza su existencia, sin sentido de porvenir. La muerte es como una fosa, un pozo, es el *Seol* o el lugar silencioso de las personas muertas.

Desde el punto de vista cristiano, la muerte es superada por el sacrificio de Jesús y la resurrección de Cristo. Para el apóstol Pablo, la muerte es un enemigo que fue derrotado por Jesús en la cruz (1 Co 15.56). Con su muerte y resurrección, el Señor de la vida enfrentó cara a cara a la muerte, y la venció.

Salmo 31: «Declaración de confianza»

El Salmo 31 presenta una declaración intensa de confianza, en la cual el poeta se presenta ante Dios con un gran sentido de seguridad, pues actúa como si ya el Señor le hubiese concedido los beneficios que solicita. Es una oración de ayuda en momentos de crisis y angustia, y el tema general se pone de manifiesto en la primera declaración: «En ti, Jehová, he confiado» (v.1; véase, también, 7.1). Ese gran tema de seguridad, estabilidad y confianza se articula de forma poética con diversas imágenes, tales como, «roca fuerte» (v.2), «fortaleza» (v.2), «castillo» (v.3) y «refugio» (v.4). El mismo tema se enfatiza al final del salmo, pues, fundamentado en la bondad y en la misericordia divina, se afirma que el Señor guarda a quienes le temen y esperan en Dios (vv.19-21).

Este salmo es un buen ejemplo de las oraciones de las personas que actúan en la vida fundamentados en que Dios responde a sus plegarias. Ese sentido grato de confianza es una nota indispensable para la comprensión adecuada del poema, que consta de tres secciones importantes. En la primera parte (vv.1-8), el salmista declara su confianza y seguridad en el Señor; la segunda sección (vv.9-15) revela las dificultades que ha vivido –p.ej., enfermedades (vv.9-12) y calumnias (vv.13-15)–; y en la conclusión (vv.16-24) incluye una serie de alabanzas por el beneficio divino, y añade una exhortación a la comunidad a que se esfuerce y espere en el Señor.

El salmo es probablemente una súplica individual, que consta de una oración   de petición de ayuda (vv.1-18), seguida por un cántico de acción de gracias y alabanza (vv.19-24). Quizá el salmo se utilizaba en el Templo en actos de adoración, en los cuales las personas se allegaban a Dios para suplicar su apoyo y fortaleza en momentos de enfermedad y persecución; al que le seguía la sección de alabanzas, al sentir que Dios le había escuchado y respondido a sus clamores. Posiblemente entre estas dos secciones se llevaba a efecto alguna actividad cúltica –p.ej., la declaración de algún profeta o sacerdote–, que le brindaba a la persona que adora el sentido de seguridad y respuesta divina.

La unidad del salmo se revela al estudiar con detenimiento el particular uso de una serie de expresiones y palabras hebreas, traducidas en ocasiones al castellano de diversas maneras, que se repiten en toda la obra: p.ej., «confiar» y «esperar» en el Señor (vv.1,19), «no sea yo confundido o avergonzado» (vv.1,17), «líbrame» (vv.2,15), «sálvame» (vv.2,16), «mano» y «manos» (5,8,15), «he esperado» y confío» (vv.6,14), y «misericordia» (vv.7,16,21). Respecto al título hebreo del salmo véase la Introducción.

La naturaleza litúrgica del salmo hace muy difícil la identificación precisa de la fecha de composición. Sin embargo, por lo general del lenguaje, que permite utilizar la oración en diversos momentos de dificultad –p.ej., diversas amenazas de enemigos (v.4,11), acusadores idólatras (v.6) y enfermedades (vv.9-10)– es posible que el salmo provenga del período post-exílico. Esa percepción de la fecha redacción tardía del salmo se refuerza al notar las muchas expresiones litúrgicas que incluye el poema, particularmente en expresiones paralelas en otros salmos y en los libros de Jonás, Lamentaciones y Jeremías:

- Lenguaje cúltico del Salmo 31 que se repite en el Salterio:
  v.1 y Sal 119.40
  v.2 y Sal 102.3
  vv.4 y Sal 9.16; 71.5
  v.7 y Sal 118.24
  v.9 y Sal 69.18
  v.10 y Sal 102.4
  v.14 y Sal 140.7
  v.16 y Sal 109.26
  v.20 y Sal 61.5
  v.22 y Sal 116.11; 28.1
  v.24 y Sal 27.13.
- Lenguaje cúltico que se incluye fuera del libro de los Salmos:
  v.6 y Jon 2.9
  v.22 y Jon 2.5
  v.9 y Lam 1.20
  v.21 y Lam 3.54
  v.10 y Jer 20.18
  v.12 y Jer 48.38
  v.13 y Jer 20.10
  v.17 y Jer 17.18.

La estructura literaria del poema se fundamenta en el análisis literario, teológico, litúrgico y temático. De acuerdo con esta evaluación, el salmo puede dividirse en dos secciones mayores: En la primera sección (vv.1-18) se puede identificar una estructura en forma de quiasmo; y la segunda es una oración de gratitud por la bondad y la misericordia de Dios (vv.19-24).

- Súplica de ayuda: vv.1-18
  A- Oración: vv.1-5
  B- Confianza: vv.6-8
  C- Súplica: vv.9-13
  B'- Confianza: v.14
  A'- Oración: vv.15-18
- Cántico de acción de gracias: vv.19-24

Del análisis de la estructura del salmo se revela la importancia de la súplica y la gratitud al Señor. La misma disposición del poema pone de manifiesto que el salmista actúa con gratitud y agradecimiento al percatarse que Dios ha respondido a sus súplicas.

vv.1-5: El salmo comienza con una serie importante de declaraciones de confianza y seguridad hacia Dios. Porque ha confiando en el Señor, el poeta desea claridad, justicia, liberación y orientación. Fundamentado en su teología, que entiende a Dios como su roca fuerte, fortaleza, castillo y refugio, el salmista solicita la intervención del Señor. El salmo utiliza la expresión figurada «inclina a mi tu oído» (v.2), pues el poeta desea que Dios le escuche, que equivale a recibir su petición. El poeta describe al Señor como «Dios de verdad» (v.5), para contraponer las mentiras de sus perseguidores con la redención divina.

Ser liberado de «la red» es una figura del lenguaje que revela la complejidad y dificultad de la crisis (Sal 9.15). Los enemigos del salmista son descritos como cazadores que intentan capturarlo como si fuera algún animal salvaje (Is 51.20; Ez 19.8). El salmo presenta a una persona que ante los ataques hostiles del enemigo confía en el Señor que escucha y responde a sus peticiones.

En ese entorno de dificultad y angustia, el salmista exclama: «En tu mano encomiendo mi espíritu» (v.5), que, según el Evangelio de Lucas, fueron las últimas palabras de Jesús en la cruz (Lc 23.46); posteriormente Esteban repitió la misma expresión antes de ser apedreado y martirizado (Hch 7.59). La expresión del salmista no es de fatalidad o resignación, sino el reconocimiento de la capacidad divina de proteger y redimir a su pueblo. La intensión del poeta es entregarle su causa, su dolor, y su dificultad a Dios; inclusive, el salmista se allega ante el Señor para presentarle su vida completa y recibir, del Dios que no miente y es fiel, su redención, liberación, y salvación. La fraseología utilizada en el salmo evoca las experiencias de libración del pueblo de Israel de la cautividad de Egipto.

vv.6-8: El salmista contrapone dos conceptos de gran importancia teológica: al Dios de verdad (v.5) con los ídolos vanos (v.6). El Dios fiel y verdadero manifiesta su misericordia porque ve las aflicciones, porque conoce las angustias. El salmista se goza y alegra, y también espera y confía en el Señor, porque entiende que su vida no está a merced de los enemigos. Dios conoce del salmista sus «angustias del alma» (v.7), que son los conflictos serios que afectan adversamente la salud integral de las personas, y lo puso en «lugar espacioso» (v.8), que es una figura del lenguaje para describir las condiciones físicas que superan las limitaciones y restricciones asociadas a las desgracias y las dificultades de la vida.

vv.9-13: En esta sección del salmo se encuentra la razón fundamental de su súplica: El salmista reclama la misericordia divina porque tiene un problema grave que le causa llanto, angustia, debilidad y tristeza. ¡Sus enemigos le molestan, sus vecinos le acosan y sus amigos huyen de él horrorizados! Su condición es tal que se han organizado los conspiradores para quitarle la vida.

Aunque el lenguaje utilizado en litúrgico, que sugiere una interpretación figurada de las expresiones, las imágenes del poema transmiten la idea de alguna enfermedad que ataca al adorador y le lleva al umbral de la muerte (vv.9-10). La calamidad es de tal magnitud ha afectado adversamente sus ojos, su alma —es decir, su vida o su garganta, en hebreo— y sus huesos.

Junto a la crisis física del poeta se manifiesta en una muy seria dificultad social. La comunidad, que incluye enemigos y amigos del salmista, se ha organizado para asesinar al poeta en crisis de salud. Su enfermedad biológica tiene serias implicaciones sociales: ¡El salmista se siente solo, olvidado, sin fuerzas, como muerto! La imagen del «vaso quebrado» (v.12), que transmite las ideas de que no es útil ni necesario, es muy importante (véase Jer 22.28; 48.38): ¡El poeta se siente destrozado y sin posibilidades de recuperación! En efecto, el salmista se siente temeroso y acosado por las multitudes.

v.14: La respuesta que sigue a la súplica es de confianza y seguridad. El salmista confía en el Señor, y le reconoce como «su Dios», que es una forma de intimidad que genera apoyo y fortaleza. Ante la enfermedad y la dificultad social de la crisis, el salmista pone de manifiesto su profesión de fe. Confía en el Señor que es refugio, fortaleza, roca y castillo (vv.2-4).

vv.15-18: Esta sección incluye una oración de confianza similar a la que comenzó el salmo (vv.1-5). El centro del clamor es la liberación de sus enemigos, perseguidores e impíos. Esa liberación de las dinámicas de mentira, vergüenza, soberbia y menosprecio se fundamenta en la misericordia divina (v.16). La salvación del salmista, que le hace superar la crisis de salud y le permite vencer las dinámicas sociales que afectan su seguridad personal, es el resultado de su confianza en el Dios que tiene en sus manos los «tiempos» (v.15). Y esa referencia a los «tiempos» es posiblemente una alusión poética a toda la vida y existencia del poeta, que incluye su pasado, presente y futuro.

El salmista no desea ser avergonzado porque ha invocado al Señor, y reclama la humillación de sus enemigos, en la frase que pide que los impíos «estén mudos en el seol» (v.17). La palabra de sus enemigos es mentirosa y soberbia; y la actitud que manifiestan es de rechazo y menosprecio. La petición del salmista al Señor es clara, directa y firme: «Líbrame de manos de mis enemigos» (v.15); es decir, finaliza con esta persecución que intenta matarme.

vv.19-24: El salmo finaliza con una oración de acción de gracias que enfatiza la bondad de divina y afirma misericordia de Dios. El poeta siente que su oración ha sido escuchada —que equivale a decir que Dios ha respondido a su clamor—, y presenta al Señor una plegaria sentida de alabanzas y bendiciones: ¡Dios es grande por su bondad (v.19), y bendito por su misericordia (v.21)! El Señor guarda a los que le temen, protege a los confían en su bondad, y salva a su pueblo de las mentiras y engaños de las «lenguas contenciosas» (v.20).

El salmista bendice al Señor por las maravillas que ha hecho en su favor. La expresión «ciudad fortificada» (v.21) puede ser mejor traducida como «en momentos de angustia», y así se destaca la idea de la misericordia divina en la crisis. Y aunque el salmista se sentía alejado y separado de la presencia divina —p.ej., «excluido de delante de los ojos de Dios»—, por la naturaleza de la crisis de salud y la gravedad de su condición social (v.22), Dios respondió a su petición e intervino en el instante oportuno.

Finaliza el salmo con exhortaciones a amar a Dios, y con reclamos directos a esforzarse y esperar en el Señor. Culmina el poema con frases de aliento y seguridad: Dios guarda a sus fieles y santos, y retribuye con creces a quienes actúan con soberbia y maldad. Esas convicciones teológicas hacen que el salmista termine si poema con frases de confianza y futuro: ¡El corazón de la gente que espera en el Señor debe tomar aliento (v.24)! ¡La vida de las personas que confían en Dios no está a merced de las dificultades! ¡La esperanza de los hombres y mujeres de bien está en la misericordia divina!

Esta sección final de gratitud y alabanzas al Señor se relaciona íntimamente con el resto del poema, pues es una especie de recapitulación de los temas expuestos, es una manera de responder a la oración de súplica:

• Dios guarda a quienes le temen (v.19); y el salmista confía en el Señor (v.1)
• Dios protege a su pueblo de las lenguas contenciosas (v.20); y el Señor ha salvado al salmista de «labios mentirosos» (v.18)
• Dios manifiesta su misericordia al salmista (v.21); y el salmista clama por la misericordia divina (v.16)
• Dios escuchó la oración del salmista (v.22); y el salmista clama para ser oído por Dios (v.2)
• Dios ama a los santos y retribuye a los enemigos (v.23); y el salmista espera en el Señor y aborrece a los idólatras (v.6)

La lectura cristiana de este salmo ha enfatizado la afirmación «En tu mano encomiendo mi espíritu» (v.6). Esas palabras de seguridad y fortaleza del salmo, según el evangelio, fueron repetidas por el Cristo sufriente y agonizante (Lc 23.46). En un momento de crisis extrema y muerte, cuando las personas pueden proferir maldiciones y reproches, de acuerdo con el testimonio bíblico, Jesús prefirió declarar a los cuatro vientos que su vida completa estaba en las manos de Dios. Su vida estaba en las manos divinas no a la merced del odio de los líderes judíos. El mayor poder que enfrentó Jesús en la cruz no fue el del imperio romano, que aceptó cobardemente su muerte, sino el poder divino que tiene la capacidad de dar y quitar la vida.

Esa idea de seguridad y triunfo también se puso claramente de manifiesto en el martirio de Esteban, y también en momentos de crisis y dificultad extrema de otros creyentes a través de la historia. La vida de la gente de fe no depende del capricho de la gente poderosa ni de las circunstancias cambiantes de la existencia humana. Las personas de fe confían en la presencia salvadora y oportuna de Dios.

Salmo 32: «La dicha del perdón»

El Salmo 32 es el segundo de los siete que tradicionalmente la iglesia ha identificado en el Salterio como «de arrepentimiento» (véanse Sal 6; 38; 51; 102; 130; 143). Aunque el poema no incluye ninguna oración penitencial en la cual se confiesen transgresiones e iniquidades, el tema que se expone afirma las virtudes que se desprenden del arrepentimiento y la confesión de pecados. Este salmo incluye la oración de gratitud sincera de una persona que llega a adorar a Dios, y al reconocer humildemente sus pecados, recibe el perdón divino. El salmo, en efecto, continúa la importante tradición educativa que se pone claramente de manifiesto en el libro de los Proverbios, en el que se declara con sabiduría y autoridad: «El que oculta sus pecados no prosperará, pero el que los confiesa y se aparta de ellos alcanzará misericordia» (Pr 28.13).

El salmo pone de relieve claramente las virtudes de una persona «bienaventurada» (vv.1-2), que es una manera de aludir a la gente dichosa y feliz (vease Sal 1). El contentamiento humano está íntimamente relacionado con el perdón de los pecados y las transgresiones. La felicidad, de acuerdo con el salmo, es el don divino que disfrutan las personas a quienes no se les atribuye culpa, iniquidad ni engaño. La gente dichosa es la que reconoce que el camino del éxito en la vida no es el del encubrimiento de rebeliones (v.5) sino el de la confesión humilde. El salmo destaca que el perdón divino es fuente de alegría y fundamento de seguridad.

Tradicionalmente este salmo se ha estudiado como un cántico individual de gratitud, que formaba parte de las ceremonias de acción de gracias en el Templo de Jerusalén, en que la gente ofrecía ofrendas por sus pecados (Lv 4.27–5.19; 14.1-57) y expresaba su gratitud por alguna liberación o sanidad (vv.3-4). Sin embargo, los temas pedagógicos y el lenguaje que tradicionalmente se relacionan con la literatura sapiencial pueden indicar que se trata más bien de un salmo de educación, que ha transformado los temas tradicionales de la sabiduría en una oración de gratitud y alabanza al Señor. El análisis de los temas expuestos, particularmente el interés sapiencial, revela que posiblemente es un salmo de origen post-exílico. Y respecto al título hebreo del salmo, que incluye tanto «Salmo de David» como «Masquil», y en torno a las referencias a *selah* (vv.4,5,7), véase la Introducción.

El análisis temático del poema sugiere una interesante y útil estructura literaria quiástica del salmo:

A: Enseñanza sapiencial: vv.1-2
B: Expresión de gratitud: vv.3-5
B': Expresión de gratitud: vv.6-8
A': Enseñanza sapiencial: vv.9-10
Conclusión: v.11

El la sección A y B se manifiestan de forma paralela algunos términos hebreos idénticos, que han sido traducidos al castellano con expresiones similares: p.ej., «trasgresión» y «rebelión» (vv.1,5), «pecado» (vv.1,5), «iniquidad» (vv.2,5), y «cubrir» o «encubrir» (vv.1,5). Y en la segunda sección A' y B' también se manifiesta el mismo estilo de expresiones similares y en paralelos: p.ej., «los santos» (v.6) y «los que esperan en Jehová» (v.10), «las muchas aguas» (v.6) y «los muchos dolores» (v.10), y «rodear» (vv.7,10).

vv.1-2: El salmo comienza con una afirmación teológica y práctica de lo que constituye la felicidad verdadera. La gente bienaventurada y dichosa es la que ha sido perdonada. Y ese gran sentido de perdón divino le hace actuar sin engaños en la vida. No describe el salmo a la persona perfecta, sino a la que reconoce su condición precaria, y espera y disfruta la misericordia y el perdón de Dios. ¡El salmo describe a la gente que disfruta la vida con sus desafíos y sus posibilidades!

El fundamento de esa alegría plena proviene del Señor, quien perdona transgresiones, pecados, e iniquidades. «Trasgresión» es el acto de rebeldía consiente en contra de la voluntad de Dios (Sal 51.1); «pecado» es el término genérico que designa la ofensa y el caminar fuera de los designios divinos (Sal 51.2); e «iniquidad» es la palabra que describe la distorsión voluntaria de la voluntad del Señor, alude a la falta de respeto a la revelación divina (Sal 51.2). «Engaño» es la actitud de mentira y falsedad, el acto malvado contra la integridad y la verdad en otras personas; y «culpa» representa el sentimiento humano al fallar ante Dios y la gente. Estas palabras están en paralelos poéticos en el salmo y reflejan la amplitud de significados relacionados con el pecado humano y sus consecuencias.

vv.3-5: En esta sección se describe la actitud que enferma y oprime a las personas. Callar y encubrir los pecados produce en la gente envejecimiento prematuro, enfermedades, y llantos y gemidos constantes. El poeta describe su condición como grave, pues la mano del Señor —es decir, su juicio—, se manifestó sobre él de forma continua. Su vida se transformó de verdor a sequedad, que son imágenes que describen la transformación negativa de su vida.

Sin embargo, al declarar su pecado y al confesar sus rebeliones, experimentó el perdón divino. El silencio del salmista trajo dolor y angustias; y su confesión propició la misericordia del Señor.

vv.6-8: En estos versículos del salmo se articulan tres ideas importantes para la vida. En primer lugar, luego de evaluar las implicaciones transformadoras de su experiencia de silencio, confesión y perdón, el salmista llama a la comunidad sensible a la voluntad divina —p.ej., «todo santo»—, a unirse a esta manifestación de arrepentimiento y confesión (v.6). La gente debe allegarse a Dios en el momento adecuado de la vida —p.ej., en el «tiempo que pueda ser hallado», para que las crisis y las dificultades de la existencia humana, descritas figuradamente en el salmo como las «inundaciones de muchas aguas», no lo ahoguen ni destruyan.

Posteriormente, la oración afirma la esperanza y la seguridad que se fundamentan en Dios. El Señor es el refugio del salmista, pues le guarda en los días de angustia y le protege con «cánticos de liberación» (v.7). Reafirma de esta manera el poeta la base teológica del salmo: La esperanza del salmista está en Dios, que es su refugio, guardador y liberador.

Finalmente, en forma de oráculo profético, el salmista indica que Dios le hará entender y le enseñará el camino adecuado para disfrutar las bienaventuranzas. El Señor fijará sobre él «sus ojos», que es una manera figurada de revelar el favor divino.

vv.9-10: El oráculo anterior continúa en esta sección. El Señor le hará entender al salmista el camino que debe proseguir en la vida, en contraposición de las actitudes irracionales de los animales —p.ej., el caballo o el mulo—, que deben ser sujetados y movidos con equipo especial —p.ej., cabestro y freno—, pues no desean obedecer, no tienen capacidad de análisis crítico (Pr 26.3). Esa actitud de rebelión y hostilidad hacia Dios traerá dolores para las personas infieles e impías. Para la gente que espera en el Señor, le espera la misericordia y la bienaventuranza.

v.11: El salmo finaliza con varias expresiones de júbilo y alegría, típicas de los salmos de acción de gracias, y también con una exhortación a cantar al Señor. La expresión «rectos de corazón», que incluye en la Biblia hebrea solo aquí y en 2 Cr 29.32, alude a las personas justas y fieles. En el entorno literario y teológico de este capítulo, representa a la gente que ha confesado sus pecados, distingue a las personas que sido perdonadas por Dios, y describe a los hombres y las mujeres que disfrutan la alegría plena, el gozo intenso y la justicia misericordiosa de Dios. El poema culmina en la tradición de sabiduría que se manifiesta al comienzo del Salterio (Sal 1.5-6).

La iglesia cristiana al leer estos salmos penitenciales afirma la importancia del perdón y del arrepentimiento. El perdón divino y humano no es el resultado de las estrategias sicológicas que incentivan la salud mental y espiritual. De acuerdo con los pasajes bíblicos estudiados, el perdón se fundamenta en el arrepentimiento sincero y genuino ante Dios. No hay perdón sin confesión de pecados, sin identificación de la trasgresión. El silencio del salmista —es decir, el deseo de encubrir su vida y sus acciones—, no facilita la manifestación de la misericordia divina.

Aunque la confesión de los pecados se hace únicamente a Dios, el salmista reconoce públicamente que debe arrepentirse y llegar ante Dios con actitud de humildad. El perdón lo brinda el Señor, pero la comunidad es importante en el proceso, pues es testigo de la actitud de la persona que desea el perdón y la misericordia divina.

El apóstol Pablo alude a los primeros versículos de este salmo en la Epístola a los romanos (Rm 4.7-8). El énfasis apostólico recae sobre la capacidad divina de salvar, restablecer y rehabilitar al ser humano, independientemente de sus actos y obras. El perdón divino se fundamenta en el arrepentimiento, no en la buena conducta que exhiban las personas ni en el carácter bondadoso que puedan manifestar. Esa importante doctrina cristiana también se pone de relieve en la teología juanina, que destaca la importancia de la confesión en el proceso del perdón divino (I Jn I.8).

SALMO 33: «ALABANZAS AL CREADOR Y PRESERVADOR»

El Salmo 33 es un himno de alabanzas y gratitud al Dios que gobierna el mundo con poder, sabiduría, justicia y amor. Fundamentado en esa convicción, el salmista proclama con seguridad y firmeza que los fieles tienen su esperanza y confianza en el Señor. Y exhorta a la gente justa e íntegra a alegrarse, alabar, aclamar y cantar por las manifestaciones de la justicia, el derecho, la misericordia y el amor de Dios. Esas alabanzas al Señor se entonan a viva voz y con instrumentos musicales –p.ej., arpa, salterio, decacordio–.

El cántico incluye varios de los temas fundamentales de la teología hebrea –p.ej., creación, historia, alianza o pacto, y adoración–, dispuestos de forma integrada. Para el poeta, estos importantes temas no eran asuntos aislados, independientes o remotos, sino manifestaciones extraordinarias de la misericordia y la justicia de Dios. Y el estudio sobrio de estas doctrinas le puede brindar al ser humano respuestas relevantes a las preguntas importantes en torno a origen del mundo, la naturaleza y la humanidad. Entre los temas principales que se revelan en el poema se encuentran los siguientes: el poder que se manifiesta en la creación a través de la palabra del Señor, la fragilidad y precariedad de los planes y las acciones humanas y las virtudes de la providencia divina.

El salmo puede catalogarse muy bien como un himno de alabanzas al Dios que manifiesta su autoridad y poder en medio de la naturaleza, y que demuestra su compromiso con la humanidad a través de la misericordia y la justicia. Posiblemente el salmo se utilizaba en las celebraciones litúrgicas que se llevaban a efecto en el Templo con motivo del festival de otoño. Esos actos incluían el recuento de las narraciones y los poemas que afirmaban la creación y celebraban la historia de la salvación. El salmo también puede relacionarse con la celebración de la renovación del pacto o alianza de Dios con su pueblo. La versión hebrea del salmo no incluye ningún título, pero la traducción de la Septuaginta lo atribuye a David, en lo que puede ser una omisión involuntaria del manuscrito masorético o alguna añadidura del texto griego. El salmo no hace indicaciones respecto a su autor, y, aunque es difícil precisar la fecha de composición, es posible que provenga de la época post-exílica.

El salmo demuestra varias características literarias que deben mencionarse. En primer lugar, es un poema alfabético, aunque no acróstico. En este tipo de poemas el mensaje se articula en una estructura regular que dispone el mensaje del salmo en veintidós unidades, como en el número de letras en el alfabeto hebreo. Contrario a los poemas acrósticos, no se incluyen las letras ni se presenta orden alfabético. Además, el poema utiliza un número considerable de frases litúrgicas, y también hace uso continuo de palabras repetidas o con la misma raíz hebrea. La estructura literaria del salmo puede ser la siguiente:

• Llamado a la alabanza al Señor: vv.1-3
• Contenido de la alabanza: vv.4-19
  ⁂ Por la palabra del Señor: vv.4-9
  ⁂ Por los planes del Señor: vv.10-12
  ⁂ Por la mirada del Señor: vv.13-15
  ⁂ Por el poder del Señor: vv.16-19
• Afirmación de la esperanza en el Señor: vv.20-22

vv.1-3: Los primeros tres versículos del salmo incluyen una serie importante de imperativos categóricos: ¡Alégrense, aclamen y canten al Señor! El mandato inicial del salmo es a la alegría, la alabanza y el cántico, para poner claramente de manifiesto el tono festivo del poema. La gente justa e íntegra canta bien y con hermosura al Señor, que es una manera de afirmar las bondades del cántico.

Es muy difícil en la actualidad comprender el significado preciso de la expresión «cántico nuevo» (v.3). En primer lugar puede aludir a alguna melodía o cántico que se escribía especialmente para la ocasión, o puede ser una referencia a los cánticos entonados en las ceremonias de renovación del pacto. En más probable, sin embargo, que con esta frase litúrgica el salmista se refería a la novedad perenne de las alabanzas que se daban al Señor por sus victorias (Sal 96.1; 98.1; 149.1). Tanto en el Antiguo (Is 42.10) como en el Nuevo Testamento (Ap 5.9) la expresión se ha interpretado desde una perspectiva escatológica (Ap 5.9).

A las voces de la gente que adora se unen armoniosamente los instrumentos musicales. Y aunque el texto bíblico en el salmo identifica únicamente dos instrumentos musicales –p.ej., el arpa y el decacordio–, en ellos se representa la totalidad de la orquesta que se utilizaba para acompañar las alabanzas en el Templo (Sal 150). La palabra hebrea traducida por «arpa» en Reina-Valera también se ha vertido al castellano como «lira» o «cítara»; y el «decacordio» era un tipo de arpa de diez cuerdas. La versión Reina-Valera añade al versículo dos la palabra «salterio», que pude dar la impresión de un tercer instrumento musical. Una mejor traducción del texto hebreo es la siguiente: «Aclamen al Señor con arpas/entonen melodías con el decacordio».

En el orden canónico, en este salmo se incluye la primera referencia explícita a la importante relación entre los salmos, la música y los instrumentos musicales. En este poema se pone claramente de manifiesto una importante verdad histórica: El propósito básico de los instrumentos era colaborar con los esfuerzos humanos de alabanzas a Dios, pues la música era parte del mundo de lo sagrado.

vv.4-9: Luego de entonar las alabanzas al Señor y de exhortar a la comunidad a unirse al gran coro de gente agradecida, el salmista procede a identificar la base teológica de su cántico. El salmo, en su poesía y belleza literaria, articula las razones por las cuales las alabanzas son pertinentes y necesarias, y entre las ideas que expone en torno a Dios que fundamentan sus palabras, se encuentran las siguientes: Rectitud, fidelidad, justicia, derecho y misericordia. La lectura sosegada del poema revela que la alabanza a Señor es la respuesta humana al Dios que manifiesta su misericordia y amor mediante la implantación adecuada de la justicia.

De particular importancia en este salmo es el concepto de la palabra de Dios que manifiesta, pues a través de la voz divina la creación se hizo realidad. De acuerdo con el salmista, por el poder de la palabra divina fueron hechos los cielos y «todo el ejército de ellos» (v.6), en referencia a los astros y las estrellas. Además, el poder de su voz también tiene la capacidad de «juntar las aguas del mar» (v.7), en una posible alusión a la liberación de Israel de las tierras de Egipto (Ex 15.1-18). De esta forma el poeta une dos temas de gran importancia teológica e histórica para el pueblo de Israel: la creación del mundo y el éxodo de Egipto. La creación del mundo pone de manifiesto el poder divino en el tiempo y el espacio; y el éxodo demuestra el compromiso del Señor con la salvación y liberación de su pueblo.

La idea de que el mundo fue creado a través de la palabra divina es antigua en el Oriente Medio –p.ej., en Egipto–, fundamentada posiblemente por las creencias de que las cosas no existían hasta que fueran nombradas e identificadas. En Israel esta doctrina de creación tomó fuerza y se manifiesta con claridad en varias porciones bíblicas, particularmente en el primer relato de creación del libro de Génesis (Gn 1.1–2.4a). De esta forma el poeta también incluye en su mensaje una respuesta a las teologías cananeas, egipcias y babilónicas: la naturaleza existe por la iniciativa del Dios de Israel, que interviene en la creación mediante el uso poderoso de su palabra.

El poeta exhorta a su comunidad inmediata y a la humanidad a reconocer el poder divino, con palabras como «temed» y «temblad» (v.8), porque el mundo es el resultado de la acción creadora de la palabra de Dios (v.9).

vv.10-12: Esta sección mueve el tema del reconocimiento de la creación divina a la alabanza al Señor que tiene control absoluto de la historia. El poeta destaca el tema de los planes de Dios. El salmista contrapone el «plan de las naciones» (v.10) y las «maquinaciones de los pueblos» (v.10), que por su naturaleza humana son imperfectos y temporales, con la voluntad divina, que por su origen justo y misericordioso «permanece para siempre» (v.11). El Señor hace nulos y frustra esos planes humanos pues no tienen la capacidad de comprender adecuadamente «los pensamientos del corazón de Dios» (v.11). Mientras la creación descansa en la palabra divina, la historia se mueve guiada por los planes del Señor. Esos temas están ligados en la teología bíblica pues revelan dos perspectivas de la misma naturaleza de Dios: El control divino sobre la historia presupone y se fundamenta en su poder creador; su deseo salvador se relaciona con la autoridad que manifiesta sobre la naturaleza; y las intervenciones redentoras del Señor en la historia de su pueblo son el resultado de su dominio absoluto sobre todo lo creado.

El poeta finaliza esta porción del salmo con una muy importante bienaventuranza y declaración teológica. La nación bienaventurada es la que fundamenta su existencia en los planes y la implantación de la voluntad de Dios, no la que se ufana de vivir para la ejecución de sus planes, que están caracterizados como meras aspiraciones humanas sin sentido de permanencia y futuro.

vv.13-15: En estos versículos el poeta destaca la importancia de la mirada divina, que observa desde la perspectiva del poder y del dominio absoluto. La frase «el lugar de su morada» se refiere al trono divino (v.14), alude a sus habitaciones, insinúa su lugar de reposo y meditación más íntima. El poeta afirma de esta manera figurada que el Dios bíblico no está ajeno a las realidades humanas, sino que está pendiente de su creación. No es una divinidad remota, ausente y lejana, sino el Señor íntimo que salva, el Dios presente que transforma, y el Señor cercano que escucha.

El Dios que crea mira desde los cielos y evalúa la condición de su creación. El Señor observa desde su morada eterna y analiza la realidad diaria de los habitantes de la tierra. La mirada de Dios se orienta hacia las dinámicas humanas. Y ese deseo divino se basa nuevamente en la teología de la creación: ¡Como Dios creó la humanidad, está atento a las acciones y obras humanas! De acuerdo con el salmista, ¡la distancia entre el Creador y sus criaturas es ínfima!

El salmo desarrolla su mensaje, en primer lugar, desde la creación del cosmos (vv.4-9), prosigue con la intervención divina en los asuntos humanos nacionales e internacionales (vv.10-12), hasta llegar al mundo personal e inmediato de los seres humanos (vv.13-15). Se revela en el poema un muy importante sentido de progresión temática y teológica, que va guiando el salmo de los niveles cósmicos a la realidad cotidiana. El propósito es destacar el poder divino que se manifiesta tanto en la creación extraordinaria hasta en las dinámicas humanas ordinarias.

vv.16-19: Esta sección del salmo contrapone las fuerzas humanas con el poder divino. El rey no se salva por la multitud de sus ejércitos, ni el guerrero triunfa por sus fuerzas (v.16). La sabiduría política y las estrategias militares de los monarcas no son suficientes para obtener la victoria en la vida. La preparación militar y el equipo bélico de los soldados no producen seguridad en el guerrero. Ni los caballos, que esa época eran considerados como una arma de guerra indispensable para la victoria (Ex 15.1,4; Jue 5.19-22), podrán darle la victoria al rey a sus ejércitos. El corazón del mensaje es que los preparativos humanos no deben constituir el fundamento de la seguridad de los pueblos. El propósito del poeta es afirmar que aunque las personas puedan demostrar algún tipo de poder o nivel de autoridad esos esfuerzos humanos no pueden compararse a la magnitud del poder divino.

El ojo de Dios Señor (v.18), que es buen símbolo de su sabiduría, cuidado, conocimiento y providencia (Ez 5.5; Job 36.7; Sal 34.16; 1 P 3.12), observa y protege a la gente que teme, adora y sirve al Señor. Y la misericordia divina se manifiesta para salvar personas en peligros de muerte. Las imágenes de «muerte» y «hambre» representan peligros mortales, situaciones terminales en la vida, son buenos ejemplos de aflicciones intensas y crisis agudas.

vv.20-22: Fundamentado en la teología de la creación y en la capacidad divina de intervención y redención, el salmista finaliza su poema con una nota de confianza, obediencia y seguridad. El salmo culmina con una afirmación muy seria de esperanza colectiva: ¡Nuestra alma espera al Señor (v.20)! Ya no es solo el poeta el que reconoce la grandeza divina sino toda la comunidad que se le une en estas expresiones de gratitud y reconocimiento. El Señor es ayuda y escudo (v.20), fuente de las alegrías (v.21), base de su confianza (v.21), y misericordioso (v.22). El salmista reconoce, junto al pueblo que adora, que la respuesta divina a la confianza humana es la misericordia y el amor.

La teología básica del salmo es de fundamental importancia para las iglesias cristianas. La esperanza de las sociedades contemporáneas no debe fundamentarse en la fuerza de sus ejércitos ni en sus capacidades militares, sino en la seguridad que se basa en la confianza en el Dios creador. El camino de la paz para las sociedades contemporáneas no es el bélico, sino el de la paz que se basa en la implantación de la justicia.

Durante la crisis de Jesús en el huerto del Getsemaní (Mt 26.36-46; Mc 14.32-42; Lc 22.39-46), uno de los discípulos ofreció el Señor su espada, para responder con violencia a la injusticia y agresión del imperio romano. El Señor rechazó el ofrecimiento y le reprendió, pues la violencia no es el camino para implantar la paz, pues genera más violencia, hostilidad y resentimientos. Los planes humanos están saturados de injusticias y agresiones, la voluntad divina se caracteriza por la paz y la justicia.

SALMO 34: «LA PROTECCIÓN DIVINA»

El Salmo 34 es un cántico individual de gratitud al Dios que atiende y responde al clamor de la gente pobre y necesitada (vv.1-10); además, es un poema educativo y sapiencial que pone claramente de relieve la importancia de comprender lo que significa la felicidad verdadera: Consiste en temer al Señor, pues Dios recompensa las acciones humanas de manera justa (vv.11-22). El salmo incluye varias oraciones que reclaman la misericordia divina; también contiene algunas expresiones de gratitud por las respuestas recibidas de Dios.

El poema es de tipo acróstico, y al igual que el Salmo 25, disponen el mensaje siguiendo las letras ordenadas del alfabeto hebreo. En ambos casos, sin embargo, falta la sexta letra «*waw*», y se añade al final del salmo otra letra «*pe*», para finalizar con el número completo de los veintidós caracteres hebreos. Esta peculiaridad literaria ha hecho pensar a algunos estudiosos que los dos salmos fueron compuestos por la misma persona. El estilo alfabético del salmo junto al tema sapiencial que expone pueden ser buenos indicadores de que el salmo proviene de la época post-exílica. Es muy difícil, dada la naturaleza acróstica del salmo, determinar su uso litúrgico preciso en el Templo. Es posible que se utilizara como otros salmos de acción de gracias, donde el énfasis se daba al proceso educativo de los adoradores.

La unidad del salmo se pone en evidencia por la disposición acróstica del poema, y también por el uso repetido de algunos conceptos y expresiones. Entre las palabras e ideas que se utilizan por lo menos en tres ocasiones en el texto hebreo del salmo, se encuentran las siguientes: oír (vv.2,6,11,17), librar (vv.4,17,19), temer (vv.7,9a,9b,11), bien (vv.8,10,12,14), mal (vv.13,14,16,21) y justo (vv.15,19,21).

El título hebreo del salmo posiblemente alude a un incidente en la vida de David que se relata en I Samuel 21.10-15, aunque la persona aludida no es Abimelec sino Aquis, rey de Gat. David fingió estar loco y «cambió su manera de comportarse» (I S 21.13), que el salmo interpreta como que «mudó su semblante». La confusión en la identificación del monarca puede explicarse de varias formas: En primer lugar, pudo haber sido un error inconsciente del escriba que añadió el título del salmo en los manuscritos hebreos; es más probable, sin embargo, que el nombre «abimelec» —que literalmente significa en hebreo «mi padre es rey»— haya sido el título genérico de los monarcas filisteos, de la misma forma que «faraones» era nomenclatura general de los reyes egipcios.

Aunque la estructura literaria natural del poema la brinda su naturaleza acróstica, desde la perspectiva temática el salmo puede dividirse en las siguientes secciones primarias:

- Alabanzas al Señor: vv.1-3
- Testimonio por las acciones de Dios: vv.4-10
- El significado de temer al Señor: vv.11-22

vv.1-3: El salmo comienza con una serie de alabanzas y bendiciones al Señor, que ponen de relieve la intensión fundamental y básica del poeta. El salmista reconoce y afirma la importancia de esa actitud de humildad, gratitud y reconocimiento divino, pues declara que sus alabanzas a Dios deben ser permanentes y continuas. Esa declaración teológica inicial revela su compromiso de vida, su razón de ser misional: ¡El salmista vive para bendecir al Señor! Posteriormente en el salmo, se explican las implicaciones de ese estilo de vida orientado hacia la alabanza. Y el significado fundamental de «bendecir al Señor» es responder con obediencia a su voluntad, tanto en sus palabras como en sus acciones en la vida.

Su «alma», que es una forma figurada de referirse a toda la vida y existencia del salmista, se gloriará en el Señor, y servirá de testimonio para la gente humilde. Y «los mansos» aluden al pueblo de Dios, representan las personas que deben enfrentar las vicisitudes e injusticias de la vida con valor, fe y autoridad.

«Gloriarse en Dios» es una frase que reconoce los atributos divinos, no es una expresión de arrogancia o prepotencia, sino la aceptación humilde del poder y la autoridad de Dios sobre su vida completa. No desea el poeta atraer la atención hacia su persona, sino orientarse él mismo, y aún guiar a otras personas, hacia el Señor. Aunque la gente se gloríe en sus riquezas (Sal 49.7), en sus ídolos (Sal 97.7), en su sabiduría (Pr 20.14) o en su poder (Jer 9.23), las personas de fe se glorían en el Señor, pues es el Señor de misericordia, juicio y justicia (Jer 9.23).

Finaliza esta sección inicial del salmo con un llamado al pueblo a unirse a esas expresiones de engrandecimiento y exaltación al Señor. «Exaltar el nombre de Dios» es un forma de expresión poética que reconoce la naturaleza santa del Señor y se relaciona con la actitud humilde de aceptar su poder creador; destaca la capacidad divina de intervención en medio de las vivencias de su pueblo, pues es una manera de reconocer la grandeza de Dios.

vv.4-10: En esta sección de salmo se ponen de manifiesto las intervenciones de Dios en la vida. El Dios del salmista oye el clamor de su pueblo y le libra de sus temores (vv.4,6), alumbra los rostros de quienes le miran (v.5), y envía a su ángel para defender a quienes le temen (v.7). La gente bienaventurada –referida en el poema como «este pobre» (v.6)– es la que confía en el Dios bueno (v.8). Los animales salvajes, como los leones, pueden tener necesidad (v.10), pero la gente que confía en el Señor no carecerán de nada (Sal 23.1).

La referencia a «los leoncillos» se basa en la lectura del texto hebreo (v.10), pues en las versiones griegas, sirias y latinas se alude literalmente a los «ricos» o los «poderosos». Los leones jóvenes, que son famosos por su autosuficiencia y por sus capacidades de caza (Job 4.10-11), pueden tener necesidad, pero la gente que teme y confía en el Señor espera y confía en la provisión divina. La idea del pasaje es clara: Las fuerzas humanas no son suficientes para lograr el triunfo en la vida.

Confiado en esas convicciones teológicas, el salmista exhorta con seguridad a la comunidad a que se tema, reverencie, respete y reconozca el poder y la misericordia divina. La frase «los que le temen», que está en paralelo con «los santos» (v.9), es una expresión técnica que se refiere a la comunidad fiel y leal al Señor.

La figura del «ángel o mensajero del Señor» (v.8) se presenta en los textos más antiguos de la Biblia (Gn 16.7; Ex 14.19) no como un ser diferente a Dios sino como una representación del mismo Señor, que hace que las personas experimenten su presencia y voluntad de forma más sensible, inmediata y real. En este caso, el salmista presenta al «ángel del Señor» como un guerrero independiente, o como parte del ejército divino, que tiene como función especial proteger y defender a las personas fieles. La imagen de acampar fortalece la idea militar del ángel del Señor, que se menciona únicamente aquí –y también en el Salmo 35.5-6–, en todo el Salterio.

vv.11-22: La segunda sección de este salmo incluye una serie de enseñanzas que destacan el importante tema de la felicidad que proviene de la justicia divina. El poeta se une de esta forma al grupo de salmos que enfatiza las virtudes educativas de las experiencias religiosas y pone claramente de manifiesto la importancia que se daba a la educación en los círculos religiosos de Israel. El tema fundamental de esta sección es «el temor al Señor» (v.11), con sus implicaciones (vv.12-14) y consecuencias (vv.15-22).

La metodología de enseñanza toma la forma tradicional de los maestros sabios que aludían a sus estudiantes como «hijos» (v.11). Ese estilo didáctico, que también se manifiesta en Egipto y Babilonia, puede revelar la importancia del hogar y de la función paternal en los procesos educativos (Ex 12.26; Dt 6.6-9).

La verdadera sabiduría, de acuerdo a esta tradición bíblica, es el temor al Señor, que se refiere directamente a la reverencia a Dios y el reconocimiento divino, experiencias necesarias e impostergables para desarrollar y fundamentar los valores morales y las convicciones espirituales indispensables para el éxito en la vida. De esta forma se afirma y reitera categóricamente que el principio básico de la sabiduría es el temor al Señor (Pr 1.7). La gente que «teme al Señor» fundamenta las decisiones que toman y basan lo que hacen en la vida en las enseñanzas de la Ley y en los principios que se destacan en la palabra de Dios.

En ese contexto educativo, el salmo revela algunas de las características necesarias para disfrutar la vida plena: Hablar la verdad, apartarse del mal, hacer el bien, y buscar y seguir la paz (vv.13-14). La vida abundante está reservada para las personas que rechazan el engaño como estilo de vida, y las que afirman la paz, que es un resultado importante de la implantación de la justicia. La enseñanza del salmo es vital: La vida plena es la que no se fundamenta en la maldad de las mentiras y falsedades, sino la que desarrolla un estilo de vida que propicie la justicia, que es el valor que precede a la paz.

«Los ojos del Señor» (v.15), que representan su conocimiento y sabiduría, están atentos a las personas justas. Dios ve y escucha el clamor de la gente que afirma la justicia como un valor impostergable en la vida, pues desea librarla de todas sus angustias, dificultades y problemas. El Señor observa y escucha sus plegarias, pues está muy cerca de los «quebrantados de corazón» y de los «contritos de espíritu» (v.18), frases que destacan las dificultades intensas a las que la gente justa debe someterse.

La frase hebrea «el rostro del Señor» en la traducción de Reina-Valera se ha incluido como «la ira divina» (v.16). El rostro es como un espejo que puede reflejar los sentimientos de las personas. En este contexto, el rostro de Dios revela su ira, manifiesta su furor, transmite su sentimiento de juicio. La ira divina se manifiesta contra la gente malvada, pues se contraponen a las personas justas. El juicio de Dios desea inclusive «eliminar la memoria de ellos», que es una manera metafórica de referirse a que Dios evitará hasta la influencia de maldad que puede ejercer el recordar sus nombres o acciones.

Las aflicciones y los problemas que debe enfrentar la gente justa en la vida son muchas, sin embargo, el Señor le librará de todas ellas. El salmista reafirma de esta forma su sentido de seguridad y esperanza: Por la intervención divina, los huesos de las personas justas —que son la parte interna más íntima de las personas y que en este contexto le dan contextura y apoyo al cuerpo— no serán quebrados. La imagen de «romper los huesos» alude a situaciones de enfermedad extrema y mortal (Sal 51.10; Is 38.13) o a alguna opresión intensa (Miq 3.3). La idea es que Dios impedirá la destrucción de su pueblo.

La seguridad del poeta es que el Señor librará a la gente justa de las adversidades y calamidades de la existencia humana, e impedirá que su vida interior sufra a causa de las acciones adversas y hostiles de sus enemigos. ¡La propia maldad de sus acciones les destruirá finalmente!

Finalmente, el salmo afirma que la gente justa será redimida por Dios pues le han manifestado al Señor su confianza plena y seguridad.

La reflexión cristiana en torno a este salmo destaca el concepto del temor al Señor, que puede fácilmente ser malinterpretado. La idea fundamental que transmite la frase bíblica «temor al Señor» no es el miedo patológico ni revela alguna actitud medrosa ante los desafíos de la vida. Temor a Dios es reverencia, reconocimiento de sus santidad, aprecio de su justicia, aceptación de su voluntad, e incorporación de sus preceptos. Temor a Dios es la actitud positiva en la vida que le permite a las personas enfrentar las adversidades con seguridad y fortaleza.

Es posible que una frase en las narraciones de la pasión en el Evangelio de Juan se relacione con este salmo: «No será quebrantado hueso suyo» (Jn 19.36), en referencia al cuerpo de Jesús. En el salmo (v.20), el mensaje es de esperanza y seguridad. Los huesos, que pueden representar en el poema la integridad humana, serán protegidos por Dios mismo, que impedirá que se hiera mortalmente esa esencia humana especial e irreducible. El evangelista vio en la imagen del salmo una referencia ideal a la actitud de Dios en torno al cuerpo de Cristo: No permitirá el Señor que se desacralice el cuerpo exteriormente herido de Jesús, pero que interiormente está firme y seguro.

Salmo 35: «Plegaria pidiendo ser librado de los enemigos»

El Salmo 35 presenta el lamento sentido y el dolor intenso de una persona que se allega ante Dios para explicar su causa, al entender que ha sido acusada y amenazada injustamente; además, el salmista eleva al Señor su oración pues la ingratitud la hecho que la gente que le rodea se convierta en adversaria y respondan con maldad a sus gestos de solidaridad y bondad. El lenguaje del poema incluye imágenes militares y también pone de manifiesto el ambiente jurídico de las cortes.

El salmo se compone de tres peticiones básicas, seguidas por tres promesas de gratitud o afirmaciones de seguridad de parte del salmista. Y aunque cada sección del salmo tienen su particularidad literaria y temática, la unidad del poema se revela en el uso del lenguaje religioso tradicional: ¡Posiblemente el salmo pone de manifiesto tres perspectivas diferentes de la crisis que enfrentó el rey ante las posibilidades reales de guerra!

El poema debe interpretarse como un salmo real en el cual el rey, amenazado por sus enemigos, y en representación del pueblo, eleva al Señor esta oración de petición de apoyo y ayuda. Probablemente las naciones enemigas se organizaron utilizando como excusa la violación de algún tipo de tratado o acuerdo entre sus naciones y el monarca de Israel. Ese contexto explicaría el uso del lenguaje militar y legal en el salmo. Este salmo se utilizaba en celebraciones religiosas o asambleas en el Templo de Jerusalén, ante la amenaza inminente de naciones enemigas o antes de salir a la batalla. Tanto el rey como el pueblo participaban de esta liturgia.

No es posible determinar con precisión la fecha de composición del salmo, por la naturaleza general del idioma utilizado y por lo común de las imágenes literarias propuestas; tampoco es posible identificar algún contexto histórico particular que explique los conflictos que se exponen en el poema, aunque es posible que provenga luego del período posterior a la deportación a Babilonia, en la época post-exílica temprana. Respecto al título hebreo del poema véase la Introducción. El Salmo se atribuye a David.

El análisis de la estructura literaria del salmo revela tres secciones temáticas mayores, que se identifican a continuación:

- La amenaza de guerra: vv.1-10
- El trasfondo del conflicto: vv.11-18
- Una oración por la victoria en la batalla: vv.19-28

vv.1-10: Esta primera sección del salmo contiene la oración de petición de ayuda divina ante la crisis que plantea la posibilidad de guerra. El lenguaje utilizado es militar y legal, pues el rey desea poner claramente de manifiesto la naturaleza de la dificultad enfrenta y la gravedad del problema que debe superar. Ante la posibilidad inmediata de guerra, el salmista suplica la intervención divina contra sus enemigos y perseguidores. La petición del salmista es clara, firme y decidida: Que Dios dispute, pelee, eche mano a las armas de combate y se levante, para que sus enemigos se avergüencen y confundan. El salmista, al reconocer la gravedad de la crisis, entiende que únicamente el Señor puede intervenir en favor de su causa para darle la victoria.

La primera petición del salmo pone de relieve la doble naturaleza legal y militar del problema, que caracteriza toda la oración. El uso de las palabras «disputa» y «pelea» revela la complejidad de la crisis. De un lado, hay un problema legal que requiere la intervención de un buen jurista; del otro, se manifiesta la posibilidad bélica que requiere la organización militar. La palabra «disputa» destaca las ramificaciones legales del conflicto, aunque en ocasiones se puede utilizar en contextos militares para referirse al «ataque» en el campo de batalla (Jue 11.25); «pelea» subraya directamente las implicaciones bélicas del clamor.

La lectura y evaluación de los vv.2-3 revela que en la mente del salmista se destacan las imágenes militares, pues presenta a Dios como un guerrero victorioso, como un héroe militar (Ex 15.3; Dt 32.41; Sal 24.8). La frase «yo soy tu salvación» (v.3) es posiblemente una expresión de apoyo, seguridad y afirmación pronunciada por algún sacerdote o profeta antes de salir a la batalla; era una especie de anticipación de la victoria que se esperaba por la intervención divina. La salvación es el resultado de la intervención divina que libera al pueblo de la calamidad que atenta contra su existencia y porvenir. El concepto hebreo de salvación incluye las ideas de victoria sobre los enemigos (Sal 60.11; 144.10) o sobre las fuerzas del caos primitivo (Sal 65.5-8), e incorpora los importantes conceptos de vindicación (Sal 72.4; 76.10), ayuda (Sal 69.15), y liberación de conflictos y calamidades (Job 30.15; Sal 18.20; 85.8).

El «escudo» era la protección móvil que el soldado utilizaba en el brazo; el «pavés» se refiere a la protección del cuerpo; y la lanza, que tenía su funda, era un arma de unos cuatro pies de largo, que tenía en su extremo una punta afilada de piedra, bronce o hierro, y podía ser lanzada como una especie de jabalina (1 S 18.11; 20.33) o utilizada en batallas cercanas como una espada (1 S 26.8).

Las peticiones que se incluyen en los vv.4-6 revelan la confianza del monarca en las acciones de Dios y su deseo hacia sus enemigos. Para sus enemigos, el rey desea vergüenza y confusión, y añade que vuelvan atrás, el viento los mueva como a la paja, y que sus caminos sean tenebrosos y resbaladizos. La repetición de la palabra «sean» revela que puede tratarse de una adaptación de las maldiciones que se incluían en los pactos antiguos, para quienes no cumplieran con las estipulaciones del acuerdo. El rey le pie a Dios que ponga en efecto las maldiciones que se identificaron en el pacto con las naciones que le amenazan. La aplicación de esas peticiones del salmista o maldiciones era una manera de vindicación de la integridad y justicia del monarca amenazado.

Las referencias «al ángel del Señor» (vv.5-6) introduce un nuevo factor en la batalla, que alude a las antiguas intervenciones divinas para ahuyentar y perseguir al enemigo (Ex 14.19). En este contexto, el «ángel» es el mensajero del Señor que tiene como finalidad básica apoyar los esfuerzos bélicos del pueblo de Dios. Es una imagen magnífica para destacar la capacidad divina de responder con efectividad a las amenazas de los enemigos, y es una particular fuente de esperanza para el salmista, que se siente acosado y abatido por las artimañas del enemigo.

La actitud hostil y despiadada de sus enemigos, para el poeta, es inexplicable: ¡Sin motivo alguno organizaron un complot para destruirlo, y sin causa cavaron un hoyo para apresarlo! Ante tal gesto de injusticia y traición, el salmista pide al Señor que recaigan sobre sus enemigos las trampas y los engaños que prepararon en su contra (vv.7-8). Para describir la actitud impropia de sus enemigos, el salmista utiliza varias imágenes que aluden a los cazadores que intentan atrapar a sus presas con «redes» y «hoyos».

Para finalizar la primera sección del poema (vv.9-10), el salmista anticipa la victoria y afirma que el Señor le hará justicia. Se alegrará «su alma» y «todos sus huesos» clamarán de jubilo, son maneras figuradas de expresar el contentamiento profundo e intenso del salmista. Una gran enseñanza del salmo es que el Dios bíblico libra y salva a la persona afligida, pobre y menesterosa de quienes intentan despojala de sus bienes.

vv.11-18: La segunda sección del salmo, que pone de manifiesto el trasfondo y contexto del problema, introduce nuevamente los términos legales: Se alude a los testigos y al proceso de interrogación. Es posible que estos versículos aludan al proceso legal en el cual el rey era interrogado y escuchaba las personas que testificaban en relación a la ruptura del tratado que era el centro de la controversia. El argumento real era, sin embargo, que su actitud había sido de fidelidad y respeto a los acuerdos, y que su conducta demostraba solidaridad y humildad. Se revela claramente las inconsistencias entre las acciones del rey y la de sus adversarios.

La referencia a los «testigos malvados» —en hebreo, «testigos de violencia— alude a las antiguas leyes deuteronómicas (Dt 19.15), en las cuales se indica que para sustentar una acusación se necesitan dos testigos que coincidan en sus declaraciones. Un testigo falso recibía el mismo castigo que estaba estipulado para el delito que se le imputaba al acusado injustamente (Dt 19.19).

El argumento del salmista es firme y certero: Actuó en el marco de los acuerdos y manifestó misericordia. Aunque le pagaron mal por el bien que hacía, manifestó solidaridad, con sus vestiduras ásperas, ayunos y oraciones, cuando enfermaron sus compañeros, a quienes identifica como «hermanos» (v.14), que ahora le perseguían y calumniaban. Su actitud ante la calamidad de sus enemigos fue de apoyo e intercesión, y la compara a la humillación y el luto que se manifiesta con la muerte de la madre.

La respuesta a sus gestos de amistad y fraternidad fue de alegría ante la adversidad, y se organizaron para destruirle. La expresión «crujir de dientes» alude a la hostilidad y agresividad, revela la actitud de maldad que fomenta la adulación, el escarnio y la truhanería. Como respuesta a las actitudes humildes del rey, sus adversarios reaccionan con vileza, amargura y traición. Los enemigos interpretaron las manifestaciones de humildad del salmista, como signos de debilidad, como indicadores de impotencia, como parámetros de inseguridad.

Al final de la sección el salmista incluye nuevamente un clamor de esperanza, incorpora una petición de ayuda, y presenta una oración de gratitud, seguridad y futuro. El poeta inquiere: ¿Hasta cuándo Dios permanecerá pasivo ante la actitud hostil de sus enemigos, que se organizan como leones dispuestos para devorar su presa? Sin embargo, antes de renegar y ofender a su Dios, el poeta declara su fe y afirma su esperanza en el Señor: «¡Te alabaré en medio de numeroso pueblo!» (v.18).

vv.19-28: La sección final del salmo incluye una oración que pone de manifiesto la esperanza y seguridad del salmista. El rey ora para que se le haga justicia, por su vindicación, y también clama para que sus adversarios reciban su merecido. Su petición inicial es que sus enemigos no se alegren de sus desgracias y dolores, pues son contentamientos infundados, sin causa.

«Giñar el ojo» (v.19) es un gesto de complicidad, y revela la actitud hostil y beligerante de sus enemigos. La referencia a la «paz» (v.20) tiene gran importancia en los tratados internacionales antiguos; en este contexto, la expresión «no hablan paz» alude a la actitud de los enemigos que está en clara contraposición a las estipulaciones pacíficas del tratado. Y la imagen de «ensanchar la boca» (v.21) es un gesto de burla y hostilidad (Is 57.4).

Para el salmista el testigo verdadero es el Señor (v.22). Y fundamentado en esa convicción le pide a Dios acción (vv.22-24): Solicita la intervención divina; reclama que el Señor no guarde silencio ni se aleje en el momento de la dificultad; pide que se le haga justicia; y anhela que Dios sea su defensor. El salmista demanda que se reconozca su causa de forma publica (v.25): que sus enemigos no se alegren de su adversidad, y que no afirmen que lo han derrotado. En su oración, el poeta dirige a sus enemigos una muy sentida imprecación: Que sean avergonzados y confundidos quienes se confabularon y engrandecieron para atentar en su contra (v.26).

Para finalizar el salmo y la oración el poeta incluye una alabanza al Señor (vv.27-28). La gente que apoya al salmista debe cantar y exaltar al Señor, pues Dios ama la paz de su siervo. Y en ese contexto de alabanza y gratitud, el salmista declara que su lengua hablará de la justicia divina y mantendrá la alabanza al Señor todo el día. Esas expresiones son producto de alguien que está confiado en su inocencia y sabe que su Dios le hará justicia en el momento oportuno.

La lectura cristiana del salmo pone de manifiesto dos temas de gran importancia teológica y pastoral. En primer lugar, el poema afirma las virtudes del Dios que rescata a las personas que están en necesidad, particularmente a los pobres y los menesterosos; además, el salmo afirma la importancia de la paz para sus siervos y siervas. El Dios bíblico no ignora el clamor de la gente que vive en angustia continua, producida por las diversas crisis e injusticias humanas; también el salmista afirma que la paz no es el ideal inalcanzable para la gente de fe, sino el propósito de nuestros programas y esfuerzos. La paz, que es el resultado de la implantación de la justicia, es un valor impostergable para los creyentes.

De la lectura del salmo se desprende, además, una singular actitud humana que no debe ignorarse en la vida: la realidad y maldad de los odios injustificados. De acuerdo con el poema, el salmista no se explica el origen de los resentimientos de sus enemigos. Una idea similar se revela en el Evangelio de Juan con respecto a Jesús. En el contexto de las narraciones de la pasión, Juan pone en boca del Maestro una muy importante frase que se asemeja y posiblemente alude al sentimiento del salmista: «Pero esto es para que se cumpla la palabra que está escrita en su Ley: "Sin causa me odian"» (Jn 15.25).

La mejor respuesta a los odios sinrazón es la integridad y la conducta intachable, es el valor ante la adversidad, es la entereza en la crisis, es la firmeza ante el dolor, es la esperanza frente a la tribulación, y es la sabiduría ante la irracionalidad. Tanto el salmista como Jesús vivieron en carne propia el dolor agónico de ver a sus antiguos amigos que se confabularon contra ellos; sin embargo, atendieron el problema con salud mental y espiritual. No es la violencia la mejor solución a las manifestaciones de odio, sino la sabiduría que reconoce la capacidad divina de intervenir en el momento oportuno, y la capacidad humana de manifestar integridad y entereza en el momento adecuado.

SALMO 36: «LA MISERICORDIA DE DIOS»

El Salmo 36 se distingue en la Escritura por su belleza literaria y por las imágenes que utiliza para describir la gloria divina (vv.5-9). De particular importancia es la célebre frase «en tu luz veremos la luz» (v.9), que pone de manifiesto la importancia que el salmista le da a la revelación divina, que se convierte en el fundamento de la vida y la existencia humana: ¡Ver la luz equivale a vivir! Y esa afirmación teológica también se ha convertido en base para el desarrollo de importantes doctrinas y credos de la iglesia.

El salmo contiene tres temas de gran importancia teológica y pastoral. En primer lugar, se ponen de manifiesto las actitudes humanas que se fundamentan en la maldad e impiedad (vv.1-4); se indica que las personas insensatas y tontas son que incorporan en sus vidas ese estilo de vida. Le sigue una afirmación de alabanza al Señor, que enfatiza varios de los atributos divinos: p.ej., misericordia, fidelidad y justicia (vv.6-10). Para finalizar, el salmo incorpora una súplica por la misericordia de Dios, para evitar el sufrimiento de las personas justas y rectas de corazón (vv.11-13). Esa progresión temática apunta hacia la unidad del poema.

Tradicionalmente, este salmo se ha catalogado y analizado de varias formas: como lamento individual o nacional, o como poesía sapiencial. Y, en efecto, una lectura cuidadosa del poema revela que incluye elementos de varios géneros. Posiblemente este salmo es una pieza poética escrita para la devoción privada y colectiva del pueblo, que debe ubicarse en la tradición sapiencial y educativa del Salterio (p.ej., Sal 1;14). Quizá el salmo se utilizaba como parte del proceso pedagógico del Templo, en el cual el adorador se veía como una persona perseguida por opresores arrogantes. La influencia sapiencial del poema puede ser un indicador que su composición es de la época postexílica. El salmo se atribuye a David, y respecto a su título hebreo, véase la Introducción.

Preliminarmente, la estructura literaria del poema puede determinarse de forma temática, como se expone a continuación:

- El comportamiento de la gente malvada: vv.1-4
- La misericordia divina: vv.5-9
- Una súplica por el favor del Señor: vv.10-12

Sin embargo, el estudio cuidadoso y sobrio del salmo revela que también incluye una particular estructura de quiasmo.

A. El comportamiento de la gente malvada: vv.1-4
B. La misericordia divina: vv.5-9

B'. Súplica por la misericordia del Señor: v.10
A'. Oración de protección de la gente malvada: vv.11-12

vv.1-4: El tema inicial del salmo es el comportamiento de la gente malvada. La impiedad que les caracteriza les hace perder el temor al Señor, que es el principio de la sabiduría (Pr 1.7), y les impela a jactarse y creer que sus acciones no serán descubiertas ni rechazadas. La maldad que motiva sus acciones les hace perder la sensatez, proferir palabras inicuas, y les impele al fraude: ¡Rechazan el hacer el bien como estilo de vida! Esas personas meditan en la maldad, pues han decidido vivir de acuerdo a esos principios malsanos.

Para el salmista el fundamento de este tipo de comportamiento está muy dentro de las personas, «en su corazón» (v.1). Al no temer a Dios, que equivale a rechazar sus postulados y valores, han quedado ciegos y no pueden percatarse el peligro en que viven. Actúan sin criterios morales que les impele a pensar y vivir según la insensatez y la maldad. ¡Hasta en sus camas —en referencia al momento de descanso y reflexión final del día, que debe utilizarse para meditar en la Ley (Sal 1.6)– la gente impía se dedica a la maldad! En efecto, el salmo explora la naturaleza del mal y sus consecuencias.

Un problema en el texto hebreo del salmo no se revela necesariamente en las traducciones al castellano de la Biblia. En los manuscritos hebreos al comenzar el salmo se incluye una palabra que tradicionalmente se traduce como «oráculo». A este término hebreo, generalmente en las Escrituras, le sigue el nombre divino, para formar la frase «oráculo del Señor». Posiblemente esa referencia directa a Dios se perdió en las transmisiones del salmo.

Para superar esta dificultad en el texto, la versión Reina-Valera ha unido la palabra hebrea a la idea de trasgresión e impiedad, y así formar la frase «la maldad del impío me dice».

vv.5-9: Le sigue al tema del comportamiento inicuo y la depravación humana, la manifestación extraordinaria de la misericordia de Dios, que sobrepasa los límites terrenales y ¡llega hasta los cielos! (v.5). El salmista desarrolla el tema de la misericordia divina y lo expende en relación a la fidelidad del Señor, que se levanta hasta las nubes, su justicia que es como los montes, y sus juicios como abismos grandes.

La misericordia del Señor es hermosa y extensa, y revela la esencia del carácter divino. Las imágenes literarias enfatizan la grandeza y las virtudes de los atributos del Señor. Y fundamentado en esa naturaleza misericordiosa, el Dios bíblico conserva, protege, ampara y salva a los seres humanos y los animales, que es una manera de reconocer la importancia del balance ecológico necesario para la salud ambiental. El ser humano, al reconocer esa grandeza, se cobija en la sombra de las alas de Dios, que es una imagen de protección y seguridad (v.7).

La respuesta divina a esa actitud de humildad humana es de apoyo y reconocimiento. ¡El Señor desea satisfacer las necesidades humanas! La unión de la misericordia divina y la humildad humana producen bienestar. La gente piadosa se siente bien alimentada y saciada; además, esas personas justas beberán del «torrente de las delicias divinas» (v.8), que es una imagen de saciedad y de satisfacción amplia y grata. La imagen del agua que produce vida, regocijo y satisfacción se aplica en este contexto a la misericordia de Dios (véase, además, Is 12.3; Jer 2.13). Ese deseo divino de salvar a la humanidad se pone de manifiesto en la idea de la luz (v.9): Únicamente a través de la luz divina el ser humano puede ver su propia luz, que es una manera figurada de referirse a la vida plena que emana de la gracia y el poder divinos.

La frase «manantial de la vida» (v.9) se refiere posiblemente a la capacidad divina de brindarle vida a la humanidad de forma continua e inagotable (Pr 10.11; 13.14; 14.27; 16.22). En el libro del profeta Jeremías se incluye una expresión similar aunque un poco más completa y extensa, al referirse a Dios como «fuente de agua viva» (Jer 2.13).

vv.10-12: La sección final del salmo es una súplica intensa que reclama una vez más la misericordia y la justicia divinas. El salmista, para culminar el poema, reafirma la importancia de los atributos de Dios y presenta nuevamente la decadencia humana. Las personas soberbias están prestas a «golpear con el pié» y manipular a la gente justa y noble. Sin embargo, el futuro de esas personas malhechoras e impías es la caída de la cual no podrán levantarse jamás.

El salmo termina con los dos temas básicos que guían su mensaje: Las actitudes y la naturaleza de la gente malvada; y la revelación de la misericordia divina. A esos temas el salmista añade un asunto adicional de gran importancia teológica y práctica, al indicar que el futuro de las personas que fundamentan sus vidas y decisiones en la maldad es ser derribados sin posibilidad de incorporación. De esta forma el salmo finaliza con un tema que ya se había expuesto en el salmo anterior (Sal 35.5-6): La caída de la gente soberbia es una realidad.

Las lecturas cristianas del salmo identifican varios temas de gran relevancia y pertinencia. En primer lugar, el salmo presenta la complejidad de la naturaleza humana, destaca sus componentes de maldad, revela la iniquidad que se anida en el corazón de las personas. Esa realidad es la que se manifiesta en el mundo y propicia las injusticias y desesperanzas en la humanidad. El gran mensaje cristiano es el siguiente: Las personas que basan sus vidas en los principios malsanos, injustos e inicuos están sentenciadas a la caída y destrucción, para no levantarse jamás.

El salmo también afirma, en contraposición a la naturaleza humana, la misericordia divina. La contraparte de la maldad de las personas es la bondad y la fidelidad de Dios. Ante las manifestaciones de egoísmo y soberbia que atacan fuertemente a la sociedad contemporánea, se presenta airosa la misericordia divina que ilumina los caminos de los hombres y las mujeres de bien. Únicamente al descubrir la luz divina es que podemos disfrutar nuestra luz, que son expresiones metafóricas para referirse a la vida plena y grata que Dios le brinda a la gente justa, noble y fiel.

Las imágenes del agua y la luz del salmo (vv.8-9) se desarrollan aún más en el Nuevo Testamento. De particular importancia es la interpretación de esas imágenes en relación al ministerio público de Jesús de Nazaret que, de acuerdo con el evangelista Juan, es «la luz del mundo» (Jn 9.5) y «el agua de la vida» (Jn 7.37-39).

Salmo 37: «El camino de los malos»

El Salmo 37 presenta un tema de gran importancia teológica y práctica. El salmista explora el tema del sufrimiento de la gente justa y la prosperidad de la gente malvada, que es una preocupación que supera los límites del tiempo y las culturas. La pregunta básica del poema es la siguiente: ¿Dónde está la justicia divina, cuando hombres y mujeres nobles, piadosas, santas y justas sufren desgracias, a la vez que personas malvadas, impías, ingratas e injustas disfrutan de la prosperidad y viven felices? Este salmo trata de responder al importante tema del sufrimiento de la gente inocente, al igual que el libro de Job (véase, también, Sal 49; 73).

Los diversos temas que se exponen ponen claramente de manifiesto que el poema es un salmo educativo, que se relaciona íntimamente con la literatura sapiencial. Consiste de veintidós estrofas dispuestas de forma ordenada y acróstica, de acuerdo con el alfabeto hebreo, para apoyar posiblemente los esfuerzos de memorización de los estudiantes (véase Sal 9–10). Cada estrofa presenta una enseñanza particular — p.ej., como si fuera un proverbio corto—, que se relaciona directa o indirectamente mente con el tema general del salmo: La retribución y la recompensa de las acciones humanas. Además, cada estrofa está compuesta por cuatro lineas poéticas, con la excepción de los vv. 14-15, que tienen seis líneas, y los vv. 25-26, que tienen cinco.

El autor es posiblemente una persona de edad avanzada, un maestro de la sabiduría y la moral de la comunidad, que utiliza su experiencia en la vida para destacar algunos valores que son indispensables para vivir con salud mental y espiritual. Su objetivo es afirmar a las nuevas generaciones que los aparentes triunfos y gozos de la gente malvada es únicamente temporero y transitorio. El final de la gente que maquina maldades y prospera es la destrucción, mientras que las personas que encomiendan al Señor sus caminos recibirán y disfrutarán la justicia divina.

La identificación precisa de la fecha de composición del salmo es una tarea compleja. De un lado, las referencias a las disposiciones del pacto (v.22) y las alusiones a la posesión de la tierra prometida (vv.9,11,18,22,29,34) pueden indicar su origen preexílico; del otro, el arreglo acróstico y los temas de sabiduría pueden ubicarlo luego del exilio en Babilonia. Referente al título hebreo del salmo, véase la Introducción.

La naturaleza acróstica del salmo hace muy difícil identificar alguna estructura temática y literaria general. El contexto básico del uso del salmo es posiblemente las escuelas de sabiduría que tenían como finalidad apoyar los esfuerzos educativos del pueblo afirmando los valores morales, éticos y espirituales que le daban sentido de cohesión e identidad nacional a la comunidad.

Una estructura temática general que puede contribuir al estudio de las ideas que se exponen en el salmo es la siguiente:

- La importancia de confiar en el Señor: vv.1-11
- Los impíos perecerán: vv.12-20
- La bendición de los justos: vv.21-31
- Retribución y recompensa de los malvados: vv.32-40

vv.1-2 (En hebreo, la primera letra es Alef, que se suceden en el poema): La primera enseñanza del salmo es un llamado a resistir la tentación de envidiar el éxito de las personas malvadas (Pr 24.19; 23.17; 24.1). ¡Ese tipo de prosperidad mal habida no tiene fundamento moral! ¡Esa forma de triunfo basado en la injusticia es superficial! Para el salmista, esa actitud impropia de personas malignas y malhechoras es comparada con la hierba de los campos, que es cortada y se seca, es decir, no perdura, no echa raíces, no tiene futuro. ¡Esa forma de triunfo es temporera e ilusoria!

vv.3-4 (Bet): La segunda lección subraya la importancia de la confianza en el Señor. En contraposición a la actitud insana de las personas malvadas, se presenta el estilo de vida que se fundamenta en el hacer el bien, que revela la importancia de descansar y deleitarse en Dios. Mientras que los impíos viven para ellos mismos y para satisfacer sus deseos egoístas, la gente piadosa recibirá la recompensa divina de la tierra —que alude a la estabilidad—, disfrutará del atributo divino de la verdad —que pone de manifiesto la naturaleza divina—, y recibirá las peticiones de su corazón —que es una manera de indicar que sus oraciones serán contestadas—.

La frase «confía en el Señor» es como un antídoto a la envidia y al resentimiento. Y «deleitarse» en el Señor sugiere la idea de permitir confiadamente que Dios le cuide y proteja. El salmista contrasta de esta forma dos estilos de vida: el de las personas injustas, que no tiene futuro, y el de la gente noble, que tiene porvenir y se proyecta al mañana.

vv.5-6 (Guímel): El tema de la confianza en el Señor prosigue, y se expande. Encomendarse al Señor y confiar en su voluntad hace que se manifieste la justicia, incentiva la revelación del derecho divino. La esencia del buen vivir no son las posesiones ni los recursos económicos sino la confianza en el Señor, que es una manera figurada de indicar que se han asimilado los valores morales, éticos y espirituales que se relacionan con su naturaleza santa y justa. Los actos de piedad y contrición preparan el camino para las intervenciones de Dios. La respuesta divina a la confianza humana es la manifestación plena y grata de la justicia.

Las imágenes de la luz y el mediodía son importantes en el salmo. Indican que aunque algunas nubes pueden oscurecer temporeramente el panorama de la existencia humana, con el tiempo la oscuridad dará paso a la iluminación que es símbolo de la presencia del Señor.

v.7 (Dálet): La idea básica del versículo se relaciona con las virtudes de la paciencia y la fidelidad. Ante el Señor se guarda silencio reverente, y se espera con un alto sentido lealtad, humildad y reconocimiento. ¡El éxito momentáneo de la gente que hace lo malo no debe turbar ni alterar a la gente piadosa!

vv.8-9 (He): El consejo de este proverbio es directo y claro: La ira y el enojo no son los mejores aliados de la humanidad. La gente justa no debe sucumbir ante la tentación de hacer lo malo, porque el resultado de esas acciones es la destrucción; mientras que la recompensa de las personas que confían en el Señor es la posesión y el disfrute de la tierra, que es un símbolo de prosperidad, estabilidad, futuro y bendición divina.

vv.10-11 (Vau): El salmista continúa aquí el tema que comenzó en la estrofa anterior. La paciencia y la fidelidad son valores indispensables para disfrutar las bendiciones divinas. La maldad y sus consecuencias serán exterminadas, mientras la gente mansa heredará la tierra y disfrutará de verdadera paz. Según el salmista, el futuro de la maldad es la destrucción, mientras que el porvenir de la bondad es el disfrute pleno de la vida.

Esta enseñanza es el fundamento de una de las bienaventuranzas más importantes de Jesús, de acuerdo con el evangelista Mateo (Mt 5.5): ¡Los mansos heredarán la tierra! En boca del famoso predicador de Nazaret las implicaciones espirituales del salmo superan los límites de los territorios palestinos, para abarcar el horizonte teológico mucho más amplio del Reino de Dios. La gente mansa es la que supera las tentaciones de la impiedad, es la que no se detiene ante los avances de los impíos, es la que no cede ante las tentaciones de ver la prosperidad de la gente malvada. La mansedumbre es un valor indispensable para incentivar la misericordia divina, y es el principio básico que motiva la acción liberadora de Dios.

vv12-13 (Zain): Esta enseñanza pone de relieve las contradicciones en la vida. Las personas impías se organizan para oprimir y sacar partido de la gente justa. La expresión «rechinar los dientes» alude a la actitud de violencia que se manifiesta al aprovecharse de las personas más necesitadas. El gran problema de las personas malvadas en el Salterio no sólo es que llevan a efecto sus planes egoístas e injustos, sino que fundamentan sus triunfos en el dolor y la opresión de los humildes, fieles y mansos de la sociedad. La respuesta del salmista a esa actitud de impiedad e injusticia es clara y firme: Dios se burla de esas personas inicuas, pues conoce que este tipo de triunfo no durará mucho, es pasajero y transitorio. El Dios bíblico está consciente de las actitudes malas de la gente opresora y en su momento hará justicia.

vv.14-15 (Chet): Este proverbio pone claramente de manifiesto un principio ético fundamental en la vida: El mal que se organiza y ejecuta contra personas inocentes y fieles, a la postre se revierte contra quienes lo planificaron. Es el llamado principio de bumerang (Sal 7.12-16): La maldad regresa a herir a quienes la maquinan y ponderan. Las imágenes de la espada y los arcos simbolizan la violencia y la opresión y con frecuencia se utilizan para acentuar la maldad. La gran enseñanza es la siguiente: El pecado a la postre destruye a la persona pecadora, la maldad finaliza con la gente malvada, y la violencia culmina con las personas violentas (Sal 7.15-16; Jer 2.19; 5.25; 6.21).

vv.16-17 (Tet): El mensaje del proverbio no se relaciona necesariamente con las virtudes de la riquezas y las calamidades relacionadas con la pobreza. El salmista enfatiza, esencialmente, el contraste básico entre la vida de las personas pecadoras y la gente justa. El objetivo del poema es poner claramente de relieve las virtudes de lo poco que se ha conseguido con justicia, en contraposición de la desdicha de las riquezas que se fundamentan en la injusticia y la opresión.

vv.18-19 (Yod): Porque el Señor conoce muy bien «los días», es decir, las formas de vida, de la gente íntegra, les dará la heredad que les corresponde y no serán avergonzados en los tiempos difíciles, que en el salmo también se conocen como «días de hambre». El mensaje del salmo es que el Señor es la provisión de su pueblo en tiempos de hambre, que en la antigüedad eran vistos como calamidades mayores, como juicios divinos (1 R 17.1-16).

v.20 (Caf): La idea central del versículo se relaciona con el destino adverso de la gente malvada e impía. Los enemigos del Señor serán consumidos de forma total y absoluta, se disiparán como el humo. La traducción y comprensión de la compleja expresión «como la grasa de los carneros», puede entenderse mejor «como la gloria de los pastos», pues el mensaje es de destrucción total, aniquilación absoluta. El salmista desea afirmar que la vida de las personas inicuas es como la hierba y las flores de los campos, transitoria, pues al poco tiempo de florecer se secan y queman.

vv.21-22 (Lámed): Este proverbio (Pr 3.33) pone de manifiesto las diferencias abismales entre en el comportamiento de las personas impías y las justas. Se revela el fundamento de las acciones bondadosas: la misericordia. Esa misericordia, que ciertamente de acuerdo con el salmo es parte de la naturaleza y la revelación divina, hace que la gente leal sea bendita y herede la tierra, que es una imagen de prosperidad, bonanza, futuro, paz. Los hombres y las mujeres que no actúan según los principios de bondad y misericordia divinas, en contraposición clara a las bienaventuranzas y dichas que emanan del Señor, son malditos cuyo fin es la destrucción.

vv.23-24 (Mem): El mensaje revela la soberanía divina (Pr 24.16), el poder del Señor que orienta, ordena y guía a la humanidad. Reside en Dios la capacidad y el poder para aprobar los caminos, las acciones, los esfuerzos, las decisiones, los proyectos y las prioridades de las personas. Esa manifestación de autoridad y poder divinos impide que las calamidades humanas sean terminales. El Dios bíblico, según este proverbio, sostiene de la mano a las personas justas para impedir que sus caídas sean finales y definitivas.

vv.25-26 (Nun): El salmo afirma la misericordia divina que sobrepasa los límites del tiempo y de las generaciones. ¡Dios no desampara a la gente justa! El salmista declara esta verdad desde la perspectiva personal, revela su comprensión de la vida, manifiesta su entendimiento de las dinámicas sociológicas y sicológicas de la existencia humana: Dios bendice a la gente justa y leal y también a su descendencia. A través de su vida, el salmista ha visto cómo Dios provee el sustento necesario para que las personas se conviertan en bendición para las futuras generaciones.

vv.27-28a (Sámec): La idea de estos versículos de difícil comprensión y traducción se relaciona con las diferencias fundamentales entre el bien y el mal, y las implicaciones de esas actitudes (vv.3-4; Pr 2.28). Como el Señor ama la rectitud, la gente fiel sigue el camino del bien.

vv.28b-29 (Ayin): En contraposición a esa idea grata de fidelidad y bondad, el resultado final de las personas que deciden guiar sus vidas fundamentadas en el mal será la destrucción, tanto de ellos como de su descendencia. La gente justa heredará la tierra (v.9), símbolo de futuro y bondad, y «vivirá para siempre», que implica la idea de totalidad, sin que necesariamente sea una referencia precisa al concepto de eternidad que se pone de manifiesto posteriormente en la historia bíblica.

vv.30-31 (Pe): Este proverbio pone en evidencia clara, de acuerdo al pensamiento hebreo, la relación íntima y clara entre la boca, la lengua y el corazón. El corazón, que alude en la cultura hebrea a la mente y a las dinámicas del pensamiento, dirige la comunicación que se transmite a través de la boca y la lengua. Un corazón fundamentado en los valores que emanan de la revelación de la Ley divina habla con sabiduría, y sus pies no resbalan, es decir, llega a su meta y logra sus objetivos en la vida.

vv.32-33 (Tsade): Se revelan en estos versículos las actitudes de las personas malvadas contra la gente justa: los espían e intentan matarlos (Pr 1.11). Sin embargo, el Señor no permitirá que el mal se enseñoree y triunfe contra los hombres y las mujeres justas. ¡No serán condenados cuando los juzguen! El Señor no los dejará nunca. La alusión a «matarlo» no solo se refiere al asesinato de personas justas sino a su destrucción legal a través de las cortes. Dios, que es el foro último de implantación de la justicia, declara inocente a las personas fieles y leales que son juzgadas injustamente.

v.34 (Cof): Se afirma aquí una vez más el tema de la paciencia, se destaca la importancia de la fidelidad, y se pone de manifiesto el triunfo del bien contra las fuerzas del mal. Ya en este salmo se han incluido y destacado algunos de estos temas (véase, p.ej., vv.7,9,11).

vv.35-36 (Resh): La idea del mensaje es la transitoriedad de la gente impía. A primera vista, las personas malvadas lucen bien, coloridas, fuertes y frondosas, que son imágenes de bondad; sin embargo, al poco tiempo todas esas bellezas se desvanecen y desaparecen. El énfasis de estos versículos es de ilusión y engaño (Pr 1.3).

vv.37-38 (Sin): Dios considera y mira a las personas justas, que son formas figuradas de indicar el favor divino, maneras de revelar la dicha y virtud que esperan a la gente de paz (Pr 23.18). Y en contraposición a ese futuro de esperanza y bondad se revela el porvenir de las personas transgresoras e impías: destrucción y extinción.

vv.39-40 (Tau): Finaliza el poema con un pensamiento que recoge el fundamento teológico que guía las enseñanzas del salmista. El Señor le brindará a las personas justas las siguientes virtudes: Salvación, fortaleza, ayuda y liberación. Porque tuvieron confianza en el Señor y paciencia, recibirán el apoyo necesario en momentos de angustia y desesperanza. En efecto, el salmo culmina con el mensaje un seguridad y fortaleza: No estará desamparada, en los momentos de crisis, la persona que confía en el Señor.

De singular importancia teológica y pastoral para las iglesias cristianas es la afirmación directa en torno a los mansos que se incluye en este salmo (v.11). Esa declaración se incorporó en el discurso de Jesús, de acuerdo con el evangelista Mateo, en una extraordinaria bienaventuranza (Mt 5.5). Las bienaventuranzas, que ponen de manifiesto el corazón del mensaje cristiano, sirvieron de marco para contextualizar su mensaje. Esa relación directa e íntima del salmo con el mensaje cristiano se manifiesta también con fuerza en las otras bienaventuranzas: p.ej., personas pobres, que sufren, que tienen el hambre y sed de justicia, misericordiosas, pacificadoras, y el sufrimiento por causa de la justicia.

Salmo 38: «Oración de un penitente»

El Salmo 38 contiene la oración sentida de una persona enferma que, junto a la calamidad física, enfrenta el abandono de sus familiares y amigos, y experimenta la persecución y el rechazo de sus enemigos. El salmista expresa de forma intensa en este poema un profundo sentimiento de abandono y alienación, que se fundamenta en una percepción teológica similar a la de los amigos de Job, pues relaciona su enfermedad con algún pecado que debe ser confesado y perdonado.

El presupuesto teológico del poema es que la gente sufre enfermedades como resultado de sus iniquidades, y debe presentarse ante Dios y confesar su transgresión para recibir sanidad. Este salmo pone de manifiesto la forma en que la comunidad antigua entendía las enfermedades, no solo como un problema médico y clínico sino como un fenómeno social, sicológico y espiritual, que afectaba adversamente la totalidad de la persona y su entorno. El salmo es una oración personal que le recuerda al Señor la angustia y aflicción de su siervo.

El género literario del salmo es de súplica o lamentación, y su uso principal en la sociedad israelita, posiblemente, era la plegaria personal de personas enfermas que se allegaban a Dios en oración para presentar su causa y esperar la misericordia divina. Aunque el salmo revela claramente que la enfermedad se manifestaba en la piel (vv.5,7,9), el poema no parece que se utilizara en las ceremonias religiosas que se asocian a los ritos de sanidad que se incluyen en el libro del Levítico (Lv 13–15). En el Sal 6, que también es un salmo de enfermedad, el cambio en el tema y el tono de la oración pueden ser indicadores de alguna respuesta profética en la liturgia, respuesta de seguridad y esperanza para la persona que adora, que no es el caso en el Sal 38.

Este poema se escribe en veintidós estrofas, que representan las letras del alfabeto hebreo, aunque no es acróstico, y cada versículo incluye dos líneas poéticas, con la excepción del v. 12 que tiene tres y destaca el tema que se enfatiza en la nueva sección del poema. El idioma utilizado es generalmente estereotipado y común en plegarias de clamor y súplicas. Por lo elaborado de su estructura literaria y los temas expuestos, el salmo revela la creatividad de su autor, que proviene del período preexílico, posiblemente de la época de David o quizá de los tiempos de Jeremías. Respecto a su título hebreo, que lo asocia con David, véase la Introducción.

Aunque la expresión hebrea «para recordar» que se incluye en el título del salmo (también en el Sal 70), en ocasiones se relaciona con las ofrendas memoriales (Lev 2.2; 24.7), su uso en este salmo no necesariamente indica algún uso litúrgico. En este contexto específico la frase puede ser un recordatorio a la persona que adora que debe tener memoria de las grandes acciones e intervenciones de Dios en la historia nacional y entre las personas del pueblo que han recibido el favor divino. La frase también puede ser un indicador del uso que se le dio al Salmo posteriormente en la historia. La versión griega del Antiguo Testamento indica que esta oración debía utilizarse en las ceremonias de los sábados, que confirma su uso litúrgico regular.

La estructura básica del salmo se desprende del análisis temático:

• Petición de misericordia: v.1
• Descripción de la enfermedad: vv.2-10
• Reacción de amigos y relacionados ante la enfermedad: vv.11-20
• Petición de apoyo y liberación: vv.21-22

v.1: La oración inicial revela la preocupación central del poema (véase también Sal 6.1). El salmista no desea recibir el furor ni la ira divina. Entiende su situación inmediata como la manifestación del castigo y juicio de Dios. De acuerdo con la oración, el salmista relaciona su condición personal de salud a la voluntad divina. El salmo revela la oración de alguien que se siente seriamente angustiado por alguna calamidad física, y no puede explicar el origen de su condición de otra forma. Su explicación es religiosa, espiritual, personal: ¡Dios le castiga por algún pecado o maldad que debe confesar (v.18)!

El fundamento teológico de esta percepción y comprensión de la vida no es difícil de entender. En primer lugar, el salmista experimenta el dolor y la angustia de la enfermedad; luego, afirma que Dios es poderoso y supremo, y que debió, por lo menor, haber permitido el problema; y, finalmente, entiende que para superar su condición, debe confesar sus pecados. Ese tipo de teología es la que también se manifiesta en el libro de Job, particularmente se revela en el análisis que hacen sus amigos de la calamidad que le azotaba. En el Evangelio de Juan también se incluye un relato muy interesante que presenta la misma percepción teológica que une las enfermedades con los pecados (Jn 9); sin embargo, el Señor, según la narración evangélica, indicó que la enfermedad del invidente no era producto del pecado sino una oportunidad extraordinaria para manifestar la gloria de Dios.

vv.2-10: La descripción de la enfermedad comienza con una afirmación metafórica: ¡Todo se debe a las saetas divinas y la mano del Señor! De acuerdo con el salmista, la calamidad que le embarga y el dolor que le aflige es el resultado inmediato de la acción de Dios, que le persigue y asecha, como un cazador a su presa. La referencia a «la mano» del Señor es símbolo de poder y autoridad, y forma parte de la metáfora del juicio divino y la hostilidad que afirma el salmo (1 S 6.3,5; Job 19.21; Sal 32.4; 39.10).

Las imágenes de las saetas o flechas divinas que se utilizan en la Biblia (véanse Dt 32.23; Job 6.4; Sal 7.12; Lam 3.12) posiblemente provienen de la mitología cananea: Resheph, en la ciudad de Ugarit, era el dios de las pestilencias y enfermedades, y entre los fenicios se conocía como «el arquero». El salmista posiblemente utiliza esta idea antigua para enfatizar el origen divino de su calamidad.

La relación directa entre la enfermedad y el juicio divino se revela claramente en el v.3: La carne está enferma por la ira divina, los huesos están destruidos por su pecado. La metáfora incluye la totalidad física del enfermo. La carne se refiere a la parte exterior de su cuerpo, los huesos aluden a su condición interna. De acuerdo con estas expresiones, el pecado humano mueve el juicio de Dios hasta afectar adversamente la totalidad de su estado de salud.

La descripción poética de la enfermedad es tan amplia que puede abarcar a casi la totalidad de los problemas de salud. La referencia a la carne y los huesos es posiblemente una forma literaria para aludir un número amplio de enfermedades. De particular importancia para el poeta son las siguientes condiciones físicas: llagas supurantes y de mal olor, locura e insanidad mental, desviación en la columna vertebral, úlceras, debilidad, dolor en el cuerpo, taquicardia, dificultad en la respiración, impotencia y ceguera (vv.5-9).

Las condiciones físicas, internas y emocionales a las que alude el poeta son extensas, y pueden abarcar infinidad de enfermedades. El objetivo del salmo, posiblemente, es ofrecer a las personas enfermas la posibilidad de identificarse con alguna de esas condiciones de salud para que el poema tuviera relevancia y sentido de inmediatez. Por ese propósito de pertinencia temática no es posible identificar la enfermedad específica del poeta, que más que revelar la naturaleza particular de su condición de salud intenta articular una oración que sirva de guía a las personas que sufren calamidades físicas.

vv.11-20: La consecuencia inicial de la enfermedad en el salmista es el sentimiento profundo de culpa y de distanciamiento de Dios que se manifiesta en la primera sección del poema. ¡El salmista une su condición precaria de salud a su estado espiritual pecaminoso! A esa realidad espiritual, física y emocional básica se debe añadir el resultado social de la calamidad: ¡La respuesta de la comunidad a su condición de salud! El salmo describe la actitud de alejamiento y separación que manifiestan sus amigos, compañeros y personas cercanas (v.11); sus enemigos procuran continuamente su mal, mediante artimañas y engaños (v.12); y los contrarios le pagan mal por bien (v.20).

La respuesta de la comunidad ante su enfermedad ha sido adversa. Y aunque este sentimiento agudo de persecución y hostilidad puede revelar algún nivel de paranoia del salmista, el sentimiento de soledad y el ambiente de rechazo ponen en clara evidencia la dificultad social en la cual el salmista está inmerso. La crisis existencial del poeta tiene dos dimensiones inmediatas y complejas: la física, que se relaciona con su enfermedad y con su condición frágil de salud; y la social, que se manifiesta en la actitud impropia de la comunidad ante la precariedad de su salud. Posiblemente la apariencia física generada por la enfermedad física provocaba rechazo en la comunidad, que podía estar preocupada por las posibilidades de contagio. En la antigüedad se pensaba que estar cerca de alguna persona enferma podía facilitar la contaminación, independientemente del problema de salud.

Las reacciones del salmista ante las actitudes de la comunidad son de silencio y prudencia. Actúa como si estuviera sordo y mudo frente a esas actitudes de poca solidaridad y rechazo. La esperanza del salmista no está en las acciones de amigos, enemigos y familiares, sino en la capacidad divina de responder a las necesidades humanas. El poeta se dice a sí mismo que, como confía en el Señor, sus enemigos no deben alegrarse de sus congojas y calamidades (v.16). Y cuando reconoce la posibilidad real de su dolorosa caída, recurre a la confesión sincera de sus pecados y transgresiones.

vv.21-22: La sección final del salmo incluye una muy importante oración de esperanza y seguridad, que repite algunos temas y recuerda varias expresiones de otros salmos (p.ej., Sal 22.1,11,19). El salmista reconoce que únicamente Dios puede escucharle en el momento de la crisis, y afirma que sólo el Señor puede ampararlo en el momento de la dificultad. Aunque los enemigos se multipliquen y se acerquen de forma agresiva y peligrosa, el poeta confía en Dios y reclama del Señor su cercanía, protección, ayuda y liberación. El salmo, que comienza con una petición por la misericordia divina (v.1), finaliza con una afirmación de fe y seguridad (v.22). Lo que le brinda al salmista su sentido de esperanza y seguridad en medio de la crisis personal y social es la gran afirmación teológica con la que concluye el poema: ¡Señor, salvación mía! (v.22).

Este poema es parte del grupo de salmos que se conoce tradicionalmente en las liturgias cristianas como de arrepentimiento o penitenciales (Sal 6; 32; 51; 102; 130; 143), particularmente utilizados durante la Semana Santa. La lectura cristiana de estos salmos revela las complejidades físicas, sociales, sicológicas, teológicas y espirituales de las enfermedades. Además, el análisis de la teología que se manifiesta en estos poemas revela la antigua relación entre las enfermedades y los juicios de Dios que deben ser estudiados con detenimiento y revisados con sobriedad teológica para su uso en la sociedad contemporánea.

Posiblemente la gran enseñanza del salmo se relaciona con un tipo de teología antigua que debemos abiertamente rechazar en la actualidad: Las enfermedades no son producto del juicio divino a las personas. Junto al mensaje del libro de Job y la revelación de Jesús al ciego de nacimiento (Jn 9), este salmo puede ser un buen ejemplo de que las percepciones antiguas de la salud y las enfermedades deben ser revisadas a la luz de la totalidad del mensaje bíblico. Y aunque, en efecto, puede haber condiciones de salud que sean el resultado inmediato de las acciones humanas, no podemos indicar que todas las enfermedades que sufren las personas son las respuestas divinas de juicio e ira a los pecados de la humanidad.

Las experiencias de salud y bienestar físico varían de persona a persona. En ocasiones, la gente se enferma de forma temporera y recobra posteriormente la salud. En otros casos, la enfermedad es prolongada, compleja y se convierte en una condición terminal que antecede a la muerte. Y aunque ambas condiciones requieren la consolación divina y el favor misericordioso del Señor, son los casos terminales, como parece ser la experiencia del salmista, los que más hieren y afectan adversamente a la gente.

El Salmo 38 no ofrece una solución clara a ese dilema agudo. La única respuesta del salmista a esta condición compleja y precaria de salud es la oración. La articulación misma del salmo es una forma de elocuente de enfrentar la vida y la muerte. Aunque la salud se ha ido, el salmista continúa su oración, mantiene su plegaria, prosigue con su vida de piedad. La última palabra de su clamor es reveladora, pues su oración está dirigida al Dios que es la fuente de su salvación. La expresión final del poeta no es la desesperación enfermiza ni el reproche frustrado sino la seguridad que proviene de la fe en el Señor.

Salmo 39: «El carácter transitorio de la vida»

El Salmo 39 es el testimonio personal de una persona que sufre de forma silenciosa por mucho tiempo, y que ante tanto dolor ha decidido exponer ante Dios su queja y lamento. El salmista se cansó de sufrir calladamente y, en oración, le pide apoyo y fortaleza al Señor. Y esa petición de ayuda divina está acompañada de una meditación intensa sobre la brevedad y precariedad de la vida.

La oración del salmista está caracterizada por lo personal e íntimo, que en varias ocasiones puede revelar niveles autobiográficos. Aunque el trasfondo del sufrimiento y dolor no se pone claramente de manifiesto en el salmo, es posible que se trate de alguna enfermedad o inclusive de las condiciones de salud que llegan con los años. De todas formas, el motivo de la oración es secundario ante el análisis y las reflexiones que se presentan en torno a la vida. De particular importancia en el poema son los pensamientos en torno a la proximidad de la muerte.

Este salmo es una súplica personal o lamento que transmite el sentimiento de dolor de una persona que se siente débil e impotente ante la vida. Posiblemente este salmo no se escribió para su uso litúrgico en el Templo, sino para que sirviera de guía a las oraciones personales de personas angustiadas y afectadas por las diversas calamidades de la vida como las enfermedades y la vejez.

Los temas que se revelan en las reflexiones ubican el poema en la tradición educativa de la literatura sapiencial. En efecto, podemos relacionar el sentimiento del autor del salmo con el mensaje del libro del Eclesiastés, aunque sin el pesimismo extremo del Qohelet. Por sus relaciones temáticas y literarias con la literatura de sabiduría, posiblemente el salmo se escribió luego del exilio en Babilonia. Y respecto a los títulos hebreos, que relacionan el salmo con «el músico principal», Jedutún (Sal 62.1; 77.1) y David, y sobre la expresión *selah* (vv.5,11) véase la Introducción.

La estructura literaria del salmo es sencilla:

- Descripción del estado anímico del salmista: vv.1-3
- La transitoriedad de la existencia humana: vv.4-6
- Oración y petición de ayuda: vv.7-13

vv.1-3: El salmo comienza con una palabras de reflexión personal. El salmista habla consigo mismo y afirma que sus palabras ante Dios deben ser sobrias, prudentes y sabias. La filosofía de esa actitud en la vida es que es mucho mejor estar callado que hablar palabras impropias de las cuales la gente deba arrepentirse posteriormente. El poeta ha decidido a permanecer en silencio para evitar el pecado de la palabra soez; ha optado por esconder sus sentimientos para impedir la expresión imprudente; ha escogido la ruta de la prudencia para eliminar la posibilidad de la comunicación indeseable. Como está consciente de las dificultades que le rodean, el salmista no desea complicar aún más su situación con expresiones que pueden ser impropias y pecaminosas.

Las imágenes que se utilizan para describir la actitud del salmista revelan un gran poder de autocontrol y sobriedad: «guardar mi boca con freno» (v.1), «enmudecer con silencio» (v.2) y «callar aún respecto de lo bueno» (v.2), que también puede muy bien significar «me callé más de lo conveniente». Y aunque se sentía acosado por sus enemigos y adversarios, que describe como impíos (v.1), que le incitaban a hablar y responder, el salmista siguió el camino del silencio. Inclusive, el poeta, cuando su corazón se enardecía y su meditación se encendía como un fuego, prefirió hablarle a Dios antes que responder imprudentemente con reproches y insultos.

Sin embargo, la firme determinación de permanecer en silencio cedió el paso a una serie de reflexiones personales que se articulan en forma de diálogo con Dios. La frase «se enardeció mi corazón» se utiliza en la Biblia (Dt 19.6) para describir la intensidad del sentimiento de una persona que ha perdido un ser querido. El salmista siente la energía que proviene como de un fuego (Jer 20.9), y decide comunicarse con el Señor.

vv.4-6: Cuando el salmista se decide a expresar sus preocupaciones ante Dios, lo hace de forma sobria, prudente, respetuosa, sabia y grata (Job 7.16; 8.9; 14.1-2; Ec 6.2). El poeta inquiere sobre el significado de la existencia humana de manera indirecta, y pregunta sobre el propósito de la vida de forma respetuosa. No le dice directamente al Señor sus sentimientos al ver que las personas impías prosperan y la gente justa sufre. No llega ante Dios con preguntas directas en torno a la justicia divina. La forma de diálogo es indirecta, y las preguntas mismas incluyen parte de las respuestas. El poeta desea saber lo siguiente: ¿Cuál es el propósito de su vida? ¿Qué tiempo tiene para vivir? ¿Cuánta es la fragilidad de su existencia?

El propio salmista responde parcialmente a sus interrogantes ante Dios. La vida es muy corta, que ante Dios es nada (v.5), y es transitoria y volátil como un soplo, como el aire que lo controlan fuerzas invisibles al ojo humano. La expresión traducida al castellano en las versio-

nes Reina-Valera «término corto» (v.5), proviene de la expresión hebrea «un palmo menor», que era la medida más pequeña en el sistema
bíblico –p.ej., se refería a la medida de los cuatro dedos de la mano– (I
R 7.26; Jer 52.21). De esta forma el salmista reduce la existencia humana, desde la perspectiva divina, a algo pequeño e insignificante. Posteriormente la metáfora se expande para indicar que la vida es como
uno soplo (v.5) o una sombra (v.6) que fortalecen los componentes de
lo insustancial y efímero de la existencia.

El propósito del poema es poner de relieve que la gente que se
afana y lucha desmedidamente para amontonar riquezas no sabe quién
posteriormente las disfrutará (v.6), por la naturaleza temporal de la
existencia humana. Por más que se afanen las personas por aumentar
sus capacidades económicas en la vida deben reconocer que al final la
vida es corta y les permite disfrutar sus haberes únicamente de forma
parcial y temporera. Al final, de acuerdo con el salmista, nadie sabe
quién disfrutará el fruto del trabajo arduo e intenso.

vv.7-13: La oración final del poema regresa a la pregunta básica:
¿Qué se debe esperar del Señor? La respuesta implícita es clara: Es
mucho más que riquezas, deleites, fama, prestigio, poder, victoria, salud, salvación, prosperidad y paz. La esperanza del salmista está en el
Señor, que tiene el poder de liberarlo de sus transgresiones y pecados;
además, Dios posee la capacidad de evitarle ser la burla de sus enemigos e insensatos. Como la vida es transitoria, el salmista opta por lo
fundamental de las virtudes divinas. Y esa convicción le instó a permanecer silente ante las adversidades de la vida (v.9), pues reconoció lo
efímero de la existencia y la capacidad divina de liberación.

Una sección del salmo revela la teología que une las enfermedades
con los pecados (vv.10-11). El salmista clama para que el Señor le
quite la «plaga» que le afecta, que es una manifestación de la mano
divina que se revela en forma de juicio. Y añade directamente el poeta
que el Señor castiga a los pecadores, en referencia a las calamidades y
plagas mencionadas anteriormente (v.10), y los deshace, pues el ser
humano es como el polvo.

La alusión a «las plagas», en este contexto del salmo, puede muy bien
ser una referencia metafórica general al juicio divino, no necesariamente se
relaciona con las enfermedades. Y, aunque ciertamente el Dios bíblico juzgará al ser humano por sus iniquidades, el propósito del castigo divino es la

corrección, la transformación de la conducta, la renovación de las actitudes, y la modificación de las acciones y motivaciones en la vida.

El poema finaliza con una petición adicional, que pone de manifiesto el peregrinar teológico y espiritual del salmista. El poeta le pide al Señor que escuche su clamor y oiga su oración, e implora que vea sus lágrimas (v.12). Reconoce también su condición de forastero y advenedizo ante Dios, que destaca el reconocimiento de su fragilidad y dependencia. Y culmina con una afirmación de seguridad personal: ¡Para no perecer y poder triunfar en la vida se necesita el apoyo divino! ¡Se requieren las fuerzas del Señor para proseguir y ser victorioso en la vida!

Las referencias a los «forasteros» y «advenedizos» ponen de manifiesto la transitoriedad de la vida. Ese tipo de personas puede habitar únicamente en los lugares para las cuales tienen permiso expreso del dueño de las tierras. En estas imágenes se resalta la idea de dependencia de Dios y se subraya el concepto de amparo divino. También pueden ser un indicador de que el salmo proviene de una época donde el pueblo no poseía la tierra, p.ej., la época postexílica.

La enseñanza fundamental del poema se relaciona con la transitoriedad de la vida. Afectado, posiblemente, por las dificultades que experimenta, el salmista entiende que la vida es breve, frágil, transitoria y temporal. Los dolores que vive, mueven al poeta a interpretar la existencia desde la perspectiva del tiempo, y le desafían a explicar la existencia como algo pasajero. Por carecer de salud y estar rodeado de conflictos el poeta no comprende adecuadamente las virtudes e implicaciones a largo plazo del significado de vivir. Cautivo en su dolor existencial, el salmista no puede entender las dimensiones de la vida que superan las realidades inmediatas.

En torno a este tema, la perspectiva cristiana supera los límites del tiempo y se sobrepone a las dificultades físicas. El significado de la vida no depende de las condiciones que rodean la existencia humana sino de la fe que se fundamenta en el Cristo de Dios y se basa en la esperanza de la resurrección. En la Primera epístola de Pedro se toma la idea de transitoriedad del salmo y se presenta a los creyentes como «extranjeros y peregrinos» (1P 2.11; Sal 39.12); tema que se desarrolla aún más en la Epístola a los Hebreos, cuando se indica que los grandes héroes de la fe reconocieron que fueron «extranjeros y peregrinos sobre la tierra» (He 11.13).

Para el salmista la vida tenía significado en términos del tiempo y las condiciones que rodeaban su existencia. De acuerdo con la teología del Nuevo Testamento, la vida cobra dimensión nueva a la luz de la teología de la resurrección que añade la perspectiva de eternidad y futuro a la fe. La comprensión de la existencia y el aprecio a la vida no se deben fundamentar en ideas transitorias y débiles, sino en conceptos firmes y estables. La esperanza en la resurrección le provee a la gente la seguridad necesaria para descubrir y apreciar la existencia humana como regalo divino, que no está cautiva a los límites del tiempo.

SALMO 40: «ALABANZA POR LA LIBERACIÓN DIVINA»

El Salmo 40 consta de dos secciones principales, que unen un cántico personal de acción de gracias por las intervenciones del Señor en el pasado (vv.1-10) con una súplica o lamento individual (vv.13-17), que se articula desde una situación de peligro extremo; varias afirmaciones teológicas (vv.11-12) sirven de enlace entre las dos partes del poema. En la primera sección, el salmista afirma: Ante situaciones de crisis el Señor ha respondido a sus clamores de forma salvadora en el momento preciso. Y fundamentado en esas acciones previas de Dios, el salmista se allega ante la presencia divina para suplicar una nueva manifestación redentora.

Tradicionalmente este salmo se ha entendido como la unión de dos poemas independientes. Esa teoría se basa prioritariamente en dos características del salmo. En cada sección se manifiestan diferentes estilos y formas literarias —p.ej., acción de gracias (vv.1-10) y súplica individual (vv.13-17)—; y, además, los versículos 13-17 constituyen, casi sin variaciones, el Salmo 70. El presupuesto literario del salmo es que cada sección formaba un salmo independiente que finalmente se unieron para responder a las necesidades de adoración del pueblo.

Una lectura cuidadosa del salmo, sin embargo, revela elementos que ponen de manifiesto su unidad literaria. En primer lugar, es importante reconocer que varias palabras e ideas de importancia se repiten en las dos secciones básicas del poema, entre las que podemos identificar las siguientes: pensar (vv.5,17), aumentar (vv.5,12), enumerar (vv.5,12), ver (vv.3,12), agradar (vv.6,8) y salvar (vv.10,16). Además, las diferencias de forma o estilo literario de las dos secciones del salmo no necesariamente se relacionan con diferencias de autor sino con sus peculiaridades litúrgicas. Al igual que el Salmo 27, este poema se utilizaba en los cultos y manifiesta una progresión lógica desde las gratitudes por las intervenciones pasadas del Señor hasta los clamores y súplicas por las manifestaciones divinas en el presente. De esta manera este salmo se mueve del recuento histórico a la oración actual.

Es probable que este salmo formara parte de las liturgias que utilizaba el rey para suplicar la intervención de Dios ante la proximidad de alguna crisis nacional. El salmo posiblemente proviene del período preexílico, cuando estaba en función todavía la monarquía en Israel, y el autor era posiblemente una persona allegada al rey. El Salmo 70, que es la revisión menor del Sal 40.13-17, puede ser el intento de la comunidad postexílica de rescatar un antiguo salmo de la monarquía para su uso posterior, en el período cuando la institución del rey había dejado de existir en Israel. Respecto a los títulos hebreos del salmo, véase la Introducción.

La estructura del poema es la siguiente:

• Oración de acción de gracias: vv.1-10
• Oración de transición: vv.11-12
• Súplica ante la crisis: vv.13-16
• Oración por las intervenciones futuras del Señor: v.17

vv.1-10: Esta sección del salmo pone las bases teológicas para que el rey pueda presentar sus peticiones ante Dios. La espera paciente hace que el Señor se incline y escuche el clamor del rey. El Dios bíblico está atento a las necesidades de su pueblo y responde a sus clamores en el momento adecuado (Ex 3.1-15). La idea inicial del poema es afirmar que las oraciones y peticiones previas hechas al Señor por el rey tuvieron sus contestaciones en el momento adecuado. La paciencia es un elemento fundamental en la oración, pues pone en la esfera humana la necesidad de demostrar su confianza en el Señor sin tomar en consideración las presiones del tiempo.

La intervención divina sacó al rey, y por consiguiente al pueblo, del «pozo de la desesperación» y «del lodo cenagoso» (v.2), que son imágenes que ponen de relieve la naturaleza de las crisis que ha tenido que enfrentar su reinado, revelan la complejidad de los problemas.

«Poner los pies sobre peñas» y «enderezar sus pasos» (v.2) revelan que las intervenciones divinas generan estabilidad, seguridad, fortaleza y firmeza. La idea es destacar la transición de la inseguridad a la seguridad, de lo frágil a lo estable, de lo que no tiene fundamento a lo que tiene una base permanente. Finalmente, las acciones de Dios, hacen que el rey entone alabanzas y «cánticos nuevos» (Sal 33.3), que es una imagen de júbilo, contentamiento y felicidad, para que la gente vea lo que puede hacer el Señor con su pueblo y reconozca su poder y autoridad (v.3).

El salmo, una vez reconoce la capacidad divina de intervención, presenta una importante bienaventuranza. Es dichosa la gente que confía en el Señor y no se deja impresionar ni engañar por las personas soberbias ni se desorientan por las palabras y actitudes de las mentirosas. Son felices quienes no permiten que las actitudes arrogantes y hostiles les desconcierten ni atribulen; viven alegres quienes no se desvían en la vida para seguir en pos de «la mentira» (v.4), que en la Biblia con frecuencia alude a los dioses falsos de los pueblos paganos (Sal 24.4). Y en contraposición a las prepotencias y falsedades humanas, el Señor aumenta de forma extraordinaria sus maravillas y pensamientos positivos hacia su pueblo. ¡No es posible contar o enumerar esas bendiciones divinas (v.5)!

Las referencias a los sacrificios y las ofrendas en el salmo (vv.6-7) deben entenderse a la luz de las leyes y mandamientos para los reyes que se incluyen en el libro del Deuteronomio. Cuando el salmista indica «en el royo del libro está escrito sobre mí» (v.6), posiblemente se refiere a esas estipulaciones legales, conocidas como «la torá de los reyes» (Dt 17.14-20). El corazón de esas leyes se relaciona no solo con las exigencias cúlticas del monarca sino con las dimensiones internas y espirituales de sus responsabilidades.

Dios exigen del rey y del pueblo algo más que sacrificios, ofrendas, holocaustos y expiaciones. Hacer la voluntad divina es mucho más importante que llevar a efecto los ritos tradiciones, cumplir con las demandas morales y éticas es superior a la celebración de ceremonias, tener la «Ley en el corazón» es mejor que memorizarlas e ignorarlas y no cumplirlas (I S 15.22; véanse los siguientes textos proféticos: Is 1.11-17; Jer 6.20; 7.21-23; Am 5.21-25; Miq 6.6-8; y los siguientes sapienciales: Pr 15.8; 21.3,27; Sal 50.8; 51.16-17). La idea del salmista no es rechazar el sistema de sacrificios sino ponerlos en justa perspectiva: Las ceremonias religiosos externas deben fundamentarse en compromisos serios que nazcan en el interior de las personas.

La frase «has abierto mis oídos» alude a la acción divina que prepara a las personas a escuchar, atender y aceptar la voluntad divina. Ese acto de Dios genera en las personas obediencia y fidelidad. En algunos manuscritos de la versión griega del Antiguo Testamento la expresión hebrea del pasaje se traduce como «me has dado un cuerpo», que es la forma que se cita el salmo en el Nuevo Testamento (He 10.5).

La incorporación de la Ley divina en el corazón del rey produce la afirmación de la justicia. El resultado de la identificación y el reconocimiento de los valores importantes en la Ley del Señor hace que la gente anuncie la justicia, publique la fidelidad, celebre la salvación, no oculte la misericordia y promueva la verdad. Esos valores, que ponen de manifiesto el fundamento moral y ético de la Ley, se convierten en expresión pública, se manifiestan en medio de la «gran congregación» (v.10), que puede ser tanto una referencia a la comunidad que se reunía a adorar en el Templo como a todo el pueblo de Israel.

vv.11-12: La transición entre las dos secciones del salmo se hace con estos versículos. El salmista se mueve de esta manera del reconocimiento público de las manifestaciones de Dios en el pasado, al reclamo de la acción divina en el presente. El tono de la oración se modifica para poner de manifiesto la naturaleza de la crisis, para revelar la gravedad del problema.

La oración es esencialmente una anhelo de misericordia y una petición para que la verdad divina le acompañe para siempre. El salmista se siente rodeado de males, entiende que sus acciones malvadas le han alcanzado, percibe que no puede levantar la cabeza (v.12), que es una imagen de humillación, dolor, derrota, angustia, desesperanza. Los problemas que le aquejan se han multiplicado ¡más que los cabellos de su cabeza (v.12)!, que es una manera figurada de afirmar que son muchos e incontables. Como resultado de su crisis, hasta el corazón le falla, que más que una condición cardiaca de salud puede referirse al dolor interno que le producen estar en medio de tanta adversidad.

vv. 13-16: El salmista prosigue con su clamor y presenta su caso ante el Señor. Esta sección del salmo se repite, solo con cambios menores, en el Salmo 70 (véase el comentario a ese salmo). Su petición es directa y clara, pues necesita urgentemente liberación y socorro (v.13). En su plegaria pide la intervención divina contra sus enemigos, caracterizados en el poema como «los que buscan mi vida para destruirla», «los que desean mi mal» y «los que se burlan de mí». Fundamentado en sus preocupaciones y necesidades, el poeta pide a Dios que sus adversarios sean avergonzados, confundidos y asolados.

Del clamor de venganza el salmo pasa a la afirmación de los creyentes. La gente que busca al Señor debe gozarse y alegrarse; las personas que aman la salvación divina deben enaltecer al Señor (v.16). En ese cambio de tono el salmo reafirma la capacidad divina de actuar en el momento oportuno.

v.17: Finaliza el poema con una declaración teológica de seguridad, esperanza y futuro. El salmista reconoce públicamente y afirma que aunque esté en alguna situación extrema de aflicción, necesidad o crisis, el Señor no le olvidará. Reconoce, además, que su ayuda y liberación provienen del Señor, a quien le suplica que no demore su intervención salvadora. Con esta oración se culmina un poema que se mueve desde las alabanzas por las acciones divinas en la historia hasta la esperanza por lo que el Señor puede hacer en el futuro.

Desde la perspectiva cristiana este salmo puede leerse con sentido de realidad. La vida es compleja y las personas deben entender que ante las adversidades no deben sucumbir ni sentirse destruidas. El salmista reconoce que tanto su pasado como su futuro están en las manos del Señor. El poeta afirma que las acciones divinas en la historia son el preámbulo de sus intervenciones del futuro.

Además, el salmista propone un tipo de experiencia religiosa que esté a tono con los valores éticos y la conducta de las personas. Más que una experiencia religiosa superficial y legalista el salmo reclama, de acuerdo a la lectura cristiana, un estilo de vida que se base en convicciones que afirmen la justicia y los valores que identifican las relaciones de Dios con su pueblo.

Salmo 41: «Oración pidiendo salud»

El Salmo 41 —que finaliza el primer «libro» o colección de poemas del Salterio, véase Introducción— es una súplica o lamento individual que presenta la angustia y desesperanza que produce una enfermedad grave. La persona enferma, que se siente abandonada por sus amistades y perseguida por sus enemigos, se allega ante Dios, su única fuente de esperanza, para presentar su causa y dolor, e implorar la misericordia divina. El salmista le pide enérgicamente al Señor que le auxilie en su calamidad y que lo libre de esa enfermedad mortal. El tema de personas enfermas que se presentan ante Dios con sus congojas y ansiedades es común en el Salterio (Sal 6; 38; 88; 102.1-11).

La identificación precisa del género y estilo literario del poema es complicada, esencialmente por la variedad en los estilos y el lenguaje que utiliza. Lo que comienza con una reflexión sapiencial (vv.1-3), continúa con una oración (vv.4,10), prosigue con súplicas (vv.5-9), y culmina con alabanzas, manifestaciones de confianza y gratitud, y una doxología (vv.11-13). Esta variedad de géneros y expresiones es posiblemente parte integral de la liturgia que se relacionaba con las enfermedades y las plegarias de personas enfermas que llegaban al Templo a suplicar la intervención divina para su sanidad.

En este particular tipo de culto tomaban parte no solo la persona necesitada de salud sino algún sacerdote que respondía a las plegarias con expresiones de seguridad y apoyo. Las referencias sapienciales del poema pueden ser un indicador de su origen postexílico. Y respecto al título hebreo del salmo, que lo relaciona con «el músico principal» y lo atribuye a David, véase la Introducción.

La estructura literaria del poema se puede relacionar con su uso litúrgico en el Templo:

- Palabras iniciales del sacerdote: vv.1-3
- Respuestas de la persona enferma: vv.4-10
- Plegaria por sanidad: v.4
- Lamento por la crisis: vv.5-9
- Plegaria por sanidad: v.10
- Expresión de integridad de la persona enferma: vv.11-12
- Doxología: v.13

vv.1-3: Las palabras iniciales del salmo son típicas de la literatura sapiencial y ponen de relieve el propósito didáctico del salmista. Además, esta sección también puede ser característica de las bendiciones que ofrecían los sacerdotes a las personas en necesidad. El contexto de esta bendición, que toma forma de bienaventuranza, es la dinámica litúrgica que antecede las oraciones de la persona enferma. La bendición sacerdotal se fundamenta en las acciones positivas de la persona que requería la intervención divina.

La recepción de la misericordia divina se relaciona con los estilos de vida generosos que responden a las necesidades de las personas pobres. La referencia a los «pobres» que se incluye en la versión Reina-Valera se fundamenta en el texto griego del salmo, pues no aparece en los manuscritos hebreos. La comprensión adecuada del poema requiere esa lectura.

La persona bienaventurada y dichosa, que ciertamente caracteriza a la gente que apoya las causas de los menesterosos, recibirá la bendición divina, que consiste en ser librado en el día malo, en una clara alusión a las intervenciones liberadoras del Señor. ¡Esa dicha divina evita que sean entregados a la voluntad de sus enemigos! El Señor le dará vida, lo protegerá y disfrutará de alegría y bienandanzas en su existencia. Esas personas bienaventuradas, además, recibirán apoyo especial si se enferman, pues el Señor «ablandará su cama», que es una manera de indicar que, en medio de las adversidades de salud, les hará la vida más placentera y grata.

El sacerdote pronuncia estas palabras a las personas enfermas como una especie de preámbulo a la oración de petición de salud que están próximas a ofrecer. Se pone de relieve de esta forma en el salmo la relación íntima entre la misericordia divina y la solidaridad humana. La teología que manifiesta esta acción revela que no debe solicitar la misericordia de Dios quien no ha manifestado misericordia a las personas en necesidad.

vv.4-10: Luego de poner en justa perspectiva las relaciones adecuadas entre Dios, la persona en necesidad y los menesterosos, el salmista presenta su oración. Suplica la misericordia divina pues reconoce que su condición precaria de salud está ligada a su pecado, que era una forma de explicar el origen de las enfermedades en la antigüedad. Ese reconocimiento público de su condición pecaminosa no le impide presentarse ante Dios, pues se reclama la misericordia no la justicia divina. Sanar el «alma» es una manera de referirse a la sanidad de forma total y absoluta, pues el alma alude a lo más íntimo y preciado de la persona que adora.

La reacción de sus enemigos ante la enfermedad que le agobiaba fue de desprecio, calumnias, mentiras, murmuración, malos pensamientos y acusación. Esperaban su muerte, y si lo visitaban era para recoger malas noticias y divulgarlas. Esa actitud de la persona enferma revela las complicaciones sicológicas de su salud precaria, que le hacía reaccionar con cierto grado de paranoia hacia quienes le visitaban. Sus enemigos y los que le aborrecen pensaban que el origen de su enfermedad era maligno, del cual no podría liberarse y levantarse.

Su condición física y emocional se complicó con la actitud traicionera de sus amigos más íntimos de confianza, a quienes se refiere como «el hombre de mi paz» y «el que de mi pan comía» (v.9). La amistad en la antigüedad presuponía un tipo de alianza o pacto que se afirmaba con alguna comida y que debía ser respetado. Sus amigos rechazaron esa comprensión formal y grata de la amistad, y decidieron unirse al coro de sus enemigos, pues su oración revela que «alzaron el pié contra mí» (v.9), que es una forma figurada de indicar que propiciaron su caída, una manera de presentar la traición de la cual fue objeto.

vv.11-12: Una vez finaliza su oración por sanidad y presenta la queja contra sus enemigos y amigo, el salmista pone de relieve su sentido de integridad. El contentamiento de Dios debe manifestarse de forma práctica y concreta, en la actitud de sus enemigos. Si la persona enferma ha hallado gracia ante los ojos de Dios, debe demostrarse en su triunfo sobre las actitudes y deseos de sus enemigos. El salmista recurre a declarar su integridad, que es una manifestación divina. La lógica del pensamiento es la siguiente: Como el salmista es una persona íntegra, y la integridad es fruto de la misericordia divina, entonces sus enemigos no podrán alegrarse de su desgracia y enfermedad.

v.13: La doxología que finaliza este salmo también concluye el primer libro del Salterio, véase la Introducción. Aunque el salmista está enfermo, perseguido y humillado, decide alabar y bendecir al Señor de forma permanente. Las condiciones de salud y las dificultades interpersonales no pueden ser un escollo en las relaciones con Dios, que se especializa en intervenir de manera redentora en el instante oportuno de la vida.

Una lectura cristiana del salmo descubre que en el Evangelio de Juan se interpreta la referencia a la actitud hostil y agresiva de los amigos del salmista (v.9), como un anuncio de la traición de Judas a Cristo (Jn 13.18). El evangelista releyó el salmo —que originalmente era utilizado en liturgias para apoyar a las personas enfermas— a la luz de la actitud de Judas ante el ofrecimiento de las autoridades religiosas y políticas de la época. La imagen de traición del salmo y su posterior lectura evangélica pone de relieve no solo la falta de respeto al concepto de pacto y alianza antigua, sino que revela una falta grave de solidaridad que era un valor fundamental en las culturas del Oriente Medio antiguo.

Libro Segundo: Salmos 42-72

> *¿Por qué te abates, alma mía,*
> *y te turbas dentro de mí?*
> *Espera en Dios,*
> *porque aún he de alabarlo,*
> *¡salvación mía y Dios mío!*
> Salmo 42.5

SALMO 42: «MI ALMA TIENE SED DE DIOS»
SALMO 43: «PLEGARIA PIDIENDO VINDICACIÓN Y LIBERACIÓN»

Comienza con estos poemas (Sal 42—43) el llamado segundo libro del Salterio (Sal 42—72), que incluye la segunda de las colecciones relacionadas con David (Sal 51—65; 68—70), y otros grupos de salmos que se asocian a «los hijos de Coré» (Sal 42—49) y Asaf (Sal 50).

La división entre los libros segundo y tercero del Salterio (Sal 42—72 y 73—88) es muy difícil de justificar desde las perspectivas temática y literaria, pues las personas que leen los salmos de forma cautelosa y sistemática pueden identificar, en el análisis de los bloques de poemas, una muy importante disposición casi perfecta en quiasmo o de forma concéntrica que no puede obviarse.

- De los hijos de Coré: Sal 42—49
- De Asaf: Sal 50
- Salmos de David: Sal 51—65; 68—70; 86

- De Asaf: Sal 73—83
- De los hijos de Coré: Sal 84—85; 87—88

Esa disposición estructural destaca la importancia de David en el mismo centro esta sección del Salterio, asunto que también se pone claramente de manifiesto en los temas que articulan los salmos que se relacionan con el antiguo monarca israelita.

Los Salmos 42 y 43 –con los cuales comienza el segundo «libro» o sección del Salterio, véase la Introducción– son esencialmente un solo poema. Su contenido es una oración intensa de alguna persona piadosa que, lejos del Templo de Jerusalén, añora estar en sus moradas. Posiblemente el salmista estaba en tierras extrañas, quizá exiliado, en medio de un ambiente lleno de hostilidad. Fundamentado posiblemente en esa lejanía y añoranza, el poeta se presenta ante Dios con esta súplica de gran belleza literaria y extraordinario contenido teológico.

La unidad literaria y temática de estos salmos se pone claramente de manifiesto al descubrir y analizar las siguientes particularidades:

- La repetición en tres ocasiones del famoso estribillo en 42.5,11; 43.5
- El doble uso de las mismas afirmaciones teológicas y expresiones poéticas (p.ej., 42.9 y 43.2; 42.3b y 42.10b).
- El descubrimiento de manuscritos hebreos antiguos que presentan ambos salmos como una sola composición.
- Y la falta de título en el Salmo 43, que es algo muy raro en el segundo «libro» del Salterio.

Respecto al género literario del poema, aunque es posible interpretarlo como un lamento comunitario o como una plegaria real, es mejor analizarlo como una súplica o lamento individual. El salmo revela, en efecto, el clamor sentido de algún sacerdote o levita, que decide articular sus sentimientos de frustración y pena de la vida en el exilio. ¡Es posiblemente un poema de la Diáspora judía que pone de manifiesto su origen postexílico! Cabe también la posibilidad, y no debe descartarse, de que el poema exprese las penurias y los sentimientos de una persona enferma que no puede llegar al Templo a adorar por su condición de salud. Respecto al título hebreo del salmo, que relaciona el salmo «al músico principal» y como un «masquil de los hijos de Coré», véase la Introducción.

El análisis de la estructura literaria y temática de todo el poema revela su disposición en formas alternadas entre las súplicas y los estribillos. Esta estructura, lejos de fijar el salmo de manera estática y aburrida, le brinda al poeta la capacidad de moverse de la angustia y la desolación a la seguridad y la esperanza. Esos artificios literarios le brindan al poema belleza literaria y amplitud teológica.

- Súplica y anhelo por la casa de Dios: 42.1-4
- Estribillo: Por qué te abates, alma mía: 42.5
- Súplica y recuerdo de las intervenciones de Dios: 42.6-10
- Estribillo: Por qué te abates, alma mía: 42.11
- Oración de liberación: 43.1-4
- Estribillo: Por qué te abates, alma mía: 43.5

vv.1-4: La afirmación inicial del salmo, que se presenta con una imagen que proviene de la naturaleza y del mundo animal, revela los anhelos más hondos y sinceros del poeta (v.1). Como los ciervos buscan las corrientes de aguas, que son indispensables para vivir de forma saludable, refrescante y balanceada, así el «alma» del salmista, que identifica su vida completa, desea la presencia y el favor divino. La sed espiritual del salmista se revela en esta imagen, su anhelo de Dios se manifiesta en esta idea, su necesidad de la presencia divina se presenta en los versículos.

Luego de la declaración poética inicial se explica su intensión teológica. ¡El salmista tiene sed de Dios! Sin embargo, cualquier divinidad no puede mitigar su sed. Su «alma», es decir, su existencia total demanda la presencia del «Dios vivo», que es una forma de contraponer al Señor del salmista con las divinidades paganas, que no tienen vida ni poseen la indispensable capacidad de movimiento que producen bienestar.

La pregunta retórica en torno a llegar ante la presencia de Dios (v.2), puede ser una referencia al Templo, y expresa el deseo ardiente del salmista de regresar a la Casa de Dios y participar de sus actividades litúrgicas. La pregunta también puede traducirse como «¿Cuándo iré a ver el rostro de Dios?» (Sal 27.4).

La lejanía del Templo y la incapacidad de participar en sus festivales le hacen llorar, «sus lágrimas fueron su pan de día y de noche» (v.3). Del símil del agua viva el poeta se mueve a la metáfora de las lágrimas continuas. Al percatarse de esa dolorosa realidad, las personas que le rodean le preguntan: «¿Dónde está tu Dios?» (v.3), que era una manera de reprochar su fidelidad, una forma de criticar su devoción. La pregunta, en efecto, transmite implícitamente el sarcasmo de las personas infieles que critican al pueblo de Dios cuando pasan por alguna tribulación o cuando no les va bien en la vida (Sal 79.10; 115.2; Jl 2.17; Miq 7.10). El interrogante, además, puede revelar el contexto histórico del salmo, pues en el exilio, se pensaba, que el Señor les había abandonado.

Al sentirse alejado del Templo y abandonado por Dios el salmista recurre a las memorias para superar su depresión. Su condición anímica, que le impele a «derramar su alma» (v.4), que ilustra su gesto sincero de introspección y profundo análisis personal. En su deseo de superar la crisis que le embargaba, el poeta recuerda los tiempos mejores: los peregrinares al Templo y su liderato en esos procesos, las alegrías y alabanzas del pueblo, y las fiestas solemnes. Ante la angustia existencial de la distancia y frente la imposibilidad real de regresar al Templo, el salmista recuerda, pues recordar es volver a vivir esas experiencias de gran significación cultural y espiritual.

v.5: Con este estribillo el salmo se divide en tres partes (vv.5,11; 43.5), que contribuyen de forma particular, significativa y específica al desarrollo del tema general del poema: la angustia y el abatimiento del salmista, junto al anhelo de Dios y la nostalgia por el Templo.

Fundamentado en los recuerdos de memorias gratas y extraordinarias, el salmista le habla a su alma, que es una forma poética de afirmación personal y reflexión íntima: La exhorta a no abatirse, la llama a no turbarse, y la motiva a alabar y esperar en el Señor, pues le reconoce como su fuente de salvación y su Dios. Aún en medio de las angustias producidas por la separación, la distancia y la crítica, el salmista decide mantener su esperanza en el Señor, reafirma su confianza en Dios, y celebra la presencia divina.

vv.6-10: El salmo prosigue con el reconocimiento de que la depresión continúa. Ante la aceptación de esa realidad existencial, el poeta recurre nuevamente a Dios: Le recuerda que su alma prosigue «abatida» (v.6), que revela su estado anímico débil, y pone de manifiesto su depresión profunda. Y una vez más el recuerdo de las pasadas intervenciones de Dios son el fundamento de su esperanza.

El poeta trae a la memoria, ya no los festivales y las celebraciones en el Templo, sino una serie de importantes alusiones geográficas. Se trata posiblemente de una referencia al lugar de su nacimiento, o a varios lugares de interés que el salmista visitó durante su vida. Las montañas de Hermón –de donde proceden «los hermonitas» (v.6)– identifican el origen del río Jordán, y aunque el monte Mizar es de ubicación incierta, puede estar ubicado en por esa misma región. Esos lugares le evocan la presencia divina, que en el momento de crisis personal se convierten en fuente de esperanza.

En el versículo 7 se regresa nuevamente a las imágenes del caos y la dificultad. Los abismos que responden a la voz divina han caído sobre el salmista. Son figuras literarias que aluden a problemas serios, conflictos graves y adversidades mortales: En efecto, ¡las aguas y los abismos tienen poder destructor! El texto puede ser una indicación del origen divino de sus dificultades.

¡La experiencia de dolor persiste! ¡La depresión continúa! ¡La angustia se mantiene! La referencia al agua, que es un elemento constante en el salmo, se convierte en elemento que atenta contra la vida del poeta. Sin embargo, el salmista confía en la misericordia divina, que se revela en sus cánticos, y, fundamentado en esa convicción teológica, eleva su oración al Dios de su vida (v.8).

La oración del salmista (vv.9-10) contiene una afirmación de esperanza, una preocupación seria, una motivación personal, y una reacción a sus críticos. El Dios del salmista es como una roca. Esa imagen divina revela estabilidad, fortaleza, seguridad, defensa, firmeza. Es una forma de contraponer la dinámica de los ríos en movimiento con lo estable y firme de la presencia de Dios. Aunque está herido por las diversas circunstancias de la vida, el salmista afirma que su Dios no se mueve ante los avances del caos destructor, y se mantiene incólume frente a las fuerzas aniquiladoras de los ríos caudalosos. La inclusión del nombre personal de Dios, Yahvé o Jehová, en este salmo elohísta (véase Introducción) es posiblemente una adición posterior.

Como no puede entender adecuadamente el origen de su calamidad, el salmista sinceramente se pregunta, ¿por qué el Señor lo ha olvidado? La naturaleza de sus dolores y la extensión de su depresión no pueden explicarse de otra forma, según el sentimiento del poeta, que no sea el olvido divino. Sin embargo, a la vez que acaricia esa posibilidad de olvido, también se reafirma en su convicción teológica y espiritual. Su Dios, que es como una roca firme, le impele a superar el luto y el dolor que provienen de las opresiones de sus enemigos. Esos enemigos son los que le afrentan y hieren sus huesos, y los que también le desafían diariamente preguntándole por su Dios (vv.3,10).

v.11: Una vez más el estribillo del salmo reafirma la fe del poeta y le inspira a esperar y confiar en el Señor.

43.1-4: La sección final de poema se incluye en el Salmo 43. Del lamento y las súplicas de las primeras dos secciones (42.1-4; 6-10) se pasa a la oración que reclama justicia, defensa, liberación divinas. El salmista le presenta directamente a Dios su causa, e implora que le libere de la gente impía, engañadora e inicua (v.1). Del recuerdo y las memorias pasadas, el salmista se mueve a la petición directa a Dios, que describe como fortaleza, que pone de manifiesto las ideas de protección, seguridad y victoria (v.2). El poeta en esta ocasión no intenta superar la depresión evocando la historia pasada, sino fundamenta su caso en la naturaleza divina que tiene la capacidad de ayudarle a superar su crisis. Ya no está interesado en describir la acción de sus adversarios sino los presenta ante Dios.

Mientras que el salmista anteriormente indicaba que el Señor lo había olvidado (42.9), ahora entiende que lo ha «desechado» o rechazado (43.2), elevando de esta forma su crítica y revelando así la profundidad de su dolor. Sin embargo, como Dios es su fortaleza, superará la tentación de mantenerse derrotado y en luto (v.2).

En su oración, además, implora que se manifiesten la luz y la verdad divinas, que son los valores y los principios que le ayudarán a regresar al Templo. Esa actitud de confianza en el Señor le ha permitido superar la depresión, y llegar al altar de Dios para manifestarle su alegría, gozo y alabanzas. En vez de luto, ahora el salmista manifiesta el contentamiento que expresa con su arpa al reconocer nuevamente que el Señor es su Dios.

v.5: El salmo finaliza con el estribillo que una vez más pone de manifiesto la seguridad y esperanza del salmista en el Dios que es su salvación.

Para las iglesias y los creyentes, el gran tema que se desprende de la lectura y análisis de este importante poema bíblico se relaciona con la ausencia divina y con el silencio de Dios. El salmista en su oración nos presenta el dolor agónico y la depresión que se manifiestan al sentirnos alejados del Señor y al entendernos distantes de los símbolos que le representan. La evaluación del salmo revela el alto nivel de depresión que puede llegar a las personas que anidan internamente esos sentimientos de frustración, añoranza y lejanía.

En definitiva, aunque el recuerdo de las intervenciones divinas y el recuento de las acciones pasadas de Dios son fuente de esperanza y seguridad, es la oración sabia y sobria la que nos ayuda a superar los estados de ánimo que se contraponen a nuestra salud mental y emocional. Ese sentido de alabanza y gratitud que le ayudó al salmista a vencer su depresión no es enajenación ni negación de la realidad, sino una demostración firme y grata de confianza y seguridad que provienen de la fe en Dios.

Salmo 44: «Liberaciones pasadas y pruebas presentes»

El Salmo 44 presenta una súplica o lamento de la comunidad después de sufrir una grave derrota militar. En el presente orden canónico, es la primera oración de súplica de la comunidad en el Salterio. El poema revela el profundo sentimiento de angustia, dolor y frustración del rey y su ejércitos al experimentar una derrota, que no solo diezmó sus milicias y les convirtió en objeto de burla entre sus vecinos, sino que les presenta un muy serio problema teológico: ¿Cómo es posible que un Dios conocido en la historia por sus grandes triunfos militares haya perdido esta batalla? ¿Qué explicación lógica puede ayudarles a comprender esa seria contradicción?

El estilo literario o forma de este poema se relaciona con los campos de batalla, particularmente con las experiencias de adoración luego de perder una guerra. De la misma forma que algunos cánticos e himnos se entonaban para celebrar los triunfos militares (Jue 5), también había salmos que se utilizaban para ocasiones de derrota y frustración. No parece ser el Templo de Jerusalén el mejor contexto litúrgico para este salmo, pues de su lectura se desprende que no se trata de una amenaza de guerra o la proximidad de algún peligro mortal. El salmo presupone que ya la guerra se ha perdido (vv.9-12) y que hay víctimas (v.12). Posiblemente este salmo es parte de las ceremonias que se llevaban a efecto inmediatamente luego de las batallas.

La identificación precisa de su fecha de composición es muy difícil, pues sus referencias históricas son muy generales y se pueden relacionar con diversas derrotas del pueblo a través de su existencia. Posiblemente el salmo es preexílico, pues presupone que la monarquía está en funciones en Israel y que el rey es el comandante en jefe de los ejércitos; además este es un salmo elohísta que presupone que el pueblo ha sido fiel a Dios, cosa que los escritores luego del exilio no dirían.

El autor del salmo es posiblemente un israelita que presenció y experimentó el fracaso militar, y trajo a la memoria del pueblo la crisis de pérdida que produce una derrota del Dios que se especializa en las victorias. El salmista está teológicamente en la tradición de Job y el Siervo del Señor en el libro de Isaías, pues en medio de las dificultades y los dolores, mantiene su integridad. Respecto al título hebreo del poema, que lo atribuye «al músico principal» y lo identifica como un «masquil de los hijos de Coré», véase la Introducción.

La estructura literaria del salmo se desprende del análisis de las personas que participan de su lectura. El lenguaje de poema revela una disposición alternada entre en primera persona singular y plural, que puede ser un indicar importante de la participación del rey y los soldados. Este análisis también revela una estructura concéntrica o en forma de quiasmo en cada sección mayor del poema.

- Intervenciones divinas en la historia: vv.1-8
    * El pueblo: Intervenciones divinas: vv.1-3
    * El rey: Apropiación del pasado: v.4
    * El pueblo: Fundamento de la confianza en Dios: v.5
    * El rey: Declaración de fe: v.6
    * El pueblo: Declaración de confianza: vv.7-8
- La súplica o lamento: vv.9-22
    * El pueblo: Dolor por la crisis: vv.9-14
    * El rey: Declaración de vergüenza: vv.15-16
    * El pueblo: Declaración de inocencia: vv.17-22
- Oración final: vv.23-26
    * El rey y el pueblo oran por liberación y ayuda

vv.1-8: El salmo comienza con un tono positivo, con una serie de afirmaciones del pueblo en torno a las intervenciones de Dios en la historia nacional. Estas declaraciones de júbilo preparan el camino para las súplicas y lamentos posteriores. Se indica que desde niños escucharon el recuento extraordinario de esas manifestaciones salvadoras del Señor, pues era responsabilidad de cada padre israelita contar a sus descendientes las «maravillas» divinas en favor de su pueblo (Ex 10.2; 12.26-27; 13.14-15; Dt 4.9; 6.20-25; Sal 78.3-8).

Se afirma, además, al comenzar el salmo, que la mano divina les dio al pueblo la tierra para habitar, y que para lograr ese objetivo el Señor tuvo que echar y arrojar a las naciones que vivían en esos lugares. La conquista de la tierra prometida no se llevó a efecto, según esta interpretación teológica de los eventos, mediante el poder y la astucia de las fuerzas militares de Israel, sino por el brazo, la diestra y la luz del rostro del Señor (v.3), que son metáforas de poder, triunfo, autoridad, favor y ayuda. ¡La existencia misma de Israel como nación antigua se relaciona con las intervenciones de Dios! Y el fundamento teológico y militar de esa acción de conquista fue la misericordia divina que se compadeció del pueblo.

La próxima sección (vv.4-8) del salmo incluye una oración intensa que revela las convicciones teológicas del salmista. El Señor es rey, que destaca el componente de mando, fuerza, autoridad y poder, y envía su salvación a Jacob, que esa forma antigua y poética de referirse al pueblo de Israel. Fundamentados en la ayuda que le brinda el Dios que es rey y salvador, el pueblo siente que puede sacudir a los enemigos y hollar a sus adversarios (v.5).

La seguridad de triunfo no la brinda las armas y los equipos bélicos —p.ej., arcos y espadas (v.6)–, sino la seguridad de que el Señor los guardará y protegerá de sus enemigos, y que avergonzará a los que le aborrecen (v.7). La afirmación teológica básica que sustenta esas convicciones militares les impele a gloriarse en el Señor y a alabar su nombre para siempre (v.8). De acuerdo con el salmista, las victorias militares del pueblo dependen directamente de las intervenciones salvadoras de Dios. Para la evaluación y comprensión de la palabra hebrea *selah* (v.8), véase la Introducción.

vv.9-22: El tono del salmo cambia considerablemente en esta sección. Del espíritu inicial de triunfo, confianza, seguridad y celebración, el poema se mueve a la súplica intensa y grave, al lamento hondo y profundo. Ya no se aluden a las victorias históricas ni se hacen referencias a los triunfos militares.

En contraposición a las intervenciones salvadoras de Dios en el pasado, ahora se manifiesta la cruda realidad de la derrota y el sufrimiento. De acuerdo con el salmista, el Señor ha «desechado» o rechazado a su pueblo, y ha permitido que le avergüencen, pues ya no sale al campo de batalla con los ejércitos (v.9), que era una creencia antigua que le brindaba al pueblo esperanza y seguridad (2 S 5.24; Jue 6.6).

La descripción de la derrota es intensa y viva: Algunos soldados retrocedieron desmoralizados o fueron apresados y saqueados, y otros combatientes fueron asesinados o llevados al exilio como botín de guerra (vv.10-11). El salmista explica de forma gráfica y descriptiva la naturaleza y extensión de la derrota: ¡El Señor vendió a su pueblo de forma gratuita! Esta imagen de «venta» es común en la Biblia (Dt 32.30; Jue 2.14; 3.8; 4.2,9; 10.7; 1 S 12.9), y destaca la idea de estar a la completa disposición de los enemigos, evoca la idea de esclavitud, subraya el componente del cautiverio.

La descripción de la derrota continúa, y se explican y amplían aún más las calamidades (vv.13-16). El pueblo que anteriormente cantaba sus triunfos por las intervenciones de Dios, ahora es objeto de afrenta, escarnio y burla de parte de sus vecinos. ¡La naciones le «mueven la cabeza»! (v.14) en señal de mofa y rechazo (Sal 22.7; 64.8; 109.25; Jer 18.16; Lam 2.15), y el pueblo se siente avergonzado, humillado, confundido, vituperado y deshonrado. ¡El enemigo y vengativo le ha vencido!

La oración cambia nuevamente de tono cuando el salmista trata de identificar el origen de la calamidad. Aunque les ha llegado el tiempo de la derrota, el pueblo no sa ha olvidado del Señor ni ha faltado al pacto (v.17); en medio de las adversidades relacionadas con la derrota, el pueblo no ha vuelto su corazón atrás ni se ha apartado del camino divino (v.18). No entiende el poeta aún por qué el Señor les arrojó «al lugar de los chacales», que es una expresión proverbial de juicio, ruina, devastación y destrucción (Is 34.13; 35.7; Jer 9.11; 10.22; 49.33; 51.37), y permitió que las «sombras de la muerte» le cubrieran, que es una metáfora de problemas agudos y crisis mayores (Sal 23.4; Is 9.1).

Un sentimiento de reproche se asoma al salmista cuando prosigue la presentación de su caso ante Dios (vv.20-22). El poeta no identifica el origen del problema en la infidelidad del pueblo, pues ese tipo de actitud, descrita como olvido o idolatría (véase Ex 9.29,33; Esd 9.5; Sal 88.9; 141.2; 143.6; Is 1.15) –p.ej., «alzar las manos hacia un dios ajeno» (v.20)–, hubiera sido rápidamente descubierta por el Señor, pues conoce los secretos del corazón, es decir, conoce los pensamientos más profundos y los sentimientos más hondos (v.21). Esa linea de pensamiento le lleva a concluir que las calamidades y derrotas que el pueblo experimenta provienen del Señor, que permite que los maten como ovejas que llevan al matadero (v.22), que tradicionalmente se relaciona con el juicio a los malvados (Jer 12.13).

vv.23-26: El salmo concluye con una serie de clamores que reclaman la intervención salvadora de Dios. Los imperativos de las oraciones son categóricos: ¡Despierta, levántate, ayúdanos y redímenos! El salmista llama al Señor para que manifieste su misericordia (v.26). ¡El Señor no puede permanecer dormido ante el dolor de su pueblo! ¡No puede esconder su rostro e ignorar la aflicción y la opresión de su pueblo! (v.24). El poeta y el pueblo están extremadamente agobiados, se sienten postrados, derrotados y destruidos.

La palabra final del salmo es de esperanza. «Levántate» es parte de los gritos de combate antiguos que presagiaban las intervenciones salvadoras de Dios (Num 10.35; Jue 5.12; Is 60.1); la palabra se relaciona con la guerra santa y con los triunfos asociados al movimiento del Arca del pacto. El fundamento de esa acción liberadora no es la bondad o inocencia del pueblo sino la misericordia de Dios.

La iglesia cristiana lee el Salmo 44 con sentido de preocupación y esperanza. El poema presenta de forma viva las angustias relacionadas con las derrotas en la vida, cuando tenemos un Dios que tradicionalmente se especializa con victorias y triunfos. El salmo plantea de manera directa el problema del fracaso, articula el desafío que trae la caída, y presenta las implicaciones teológicas que esas esperiencias le presentan a las personas creyentes.

La respuesta a estas interrogantes no es fácil. Una guía podemos tener, posiblemente, al repasar la historia pasada y percatarnos de las intervenciones salvadoras de Dios, que pueden ayudarnos a anticipar triunfos en el futuro. Sin embargo, la fuente de esperanza mayor del salmo es que aunque el salmista había experimentado la derrota, todavía confiaba en la misericordia divina. Una gran enseñanza del salmo es que el futuro de la humanidad está relacionado directamente con las manifestaciones de la gracia de Dios.

El apóstol Pablo leyó este salmo y se impresionó con el v.22, que alude a las ovejas que son llevadas al matadero. Para el apóstol la idea del texto se relaciona con la experiencia del martirio. De acuerdo con la Epístola a los Romanos (Rom 8.36), nada nos puede separar del amor de Cristo, incluyendo el martirio. Y también es posible que aluda a este mismo versículo del salmo, desde la perspectiva de la muerte, en su Epístola a los Corintios (I Co 15.31; 2 Co 4.11).

SALMO 45: «CÁNTICO DE LAS BODAS DEL REY»

El Salmo 45 es un poema real que tiene sus características particulares. En primer lugar no es una oración a Dios, sino un poema dedicado al monarca de Israel en ocasión de su boda con una princesa de la ciudad de fenicia de Tiro (v.12). El poema describe las vestiduras de los novios y alude a las dinámicas de la celebración nupcial. El salmista idealiza la figura del monarca, que será recordado y reconocido por las naciones de forma permanente (v.17).

La importancia del salmo se pone rápidamente de relieve al estudiar las bodas de los monarcas en la antigüedad, que constituían un acontecimiento público extraordinario, tanto a nivel nacional como internacional. Estos eventos podían tener implicaciones políticas, pues eran formas de diplomacia para garantizar la paz y afirmar convenios entre naciones; a la vez, eran celebraciones que manifestaban gran importancia religiosa, pues el monarca se asociaba con las divinidades. En el particular caso del pueblo de Israel, el rey era hijo de Dios (Sal 2.7). Y posiblemente su inclusión en el Salterio se relaciona esas las lecturas e interpretaciones mesiánicas que desde muy temprano en la historia se han dado a este poema.

El estilo literario del poema lo identifica en la categoría de salmo real o davídico. Específicamente el salmo debía ser usado durante la ceremonia nupcial del monarca, según se revela en su título hebreo, que lo presenta como una «canción de amores». Como es un salmo sin paralelos en el Salterio, se pueden encontrar algunos paralelos en el libro del Cantar de los cantares. Aunque con el tiempo, el salmo pudo haber sido utilizado en bodas de personas no asociadas a la monarquía

—p.ej., en el posterior judaísmo— su contexto inicial fueron las ceremonias reales en Jerusalén. Su autor es posiblemente un sacerdote judío que participaba en ese tipo de ceremonias, y el poema debe provenir del período preexílico, cuando la monarquía tenía el poder para llevar a efecto tratados y ejercer la diplomacia internacional. Respecto al título hebreo del salmo, que relaciona el salmo con «el músico principal», alude a «los lirios» (Sal 60; 69; 80) y hace referencia a «los hijos de Coré», véase la Introducción.

La estructura literaria del poema es la siguiente:

- Introducción del autor: v.1
- Alabanzas al novio: vv.2-9
- Alabanzas a la novia: vv.10-15
- Palabras finales al rey: vv.16-17

v.1: Con las palabras iniciales del poema se revela la alegría profunda del poeta que dedica su cántico al rey. «Su lengua», en referencia a la forma de comunicación oral, es como pluma de escribiente diestro, que alude a la facilidad de expresión que manifiesta a su amplio conocimiento (Esd 7.6).

vv.2-10: El salmista, en su descripción del novio, no ha escatimado en elogios ni ha economizado imágenes. El rey es descrito en todo su esplendor real. Es el más hermoso de los hombres, tiene gracia e inteligencia al hablar (v.2), posee gran fortaleza física (4), Dios le ha bendecido por siempre (v.2) y, además, es valiente y próspero (vv.3-4).

En su descripción del novio, el poeta también pone de manifiesto sus habilidades militares: Utiliza las armas de guerra con propiedad y destreza —p.ej., la espada (v.3) y las saetas (v.5)—, y los valores que guían su estilo de vida son la verdad, la humildad y la justicia (v.4), cualidades indispensables para los monarcas de Israel. La instauración de la justicia y la protección de las personas desvalidas era la principal responsabilidad del rey. Y como el monarca ama la justicia y aborrece la maldad su trono será eterno, que revela la tradición teológica de la promesa de Natán a David (2 S 7.1-14).

Fundamentado en todos esos atributos, el novio recibió la unción divina, que es símbolo del favor del Señor. Las referencias a la mirra, el áloe y la casia revelan el aroma de sus vestidos reales y nupciales, que son reconocidos en otros reinos y monarquías. La mirra se utilizaba tanto en perfumes como en unciones (Ex 30.23), y era considerada como un magnífico regalo. El áloe es una sustancia aromática que puede provenir del sándalo, y se utilizaba en perfumes, embalsamamientos o como incienso para quemar y aromatizar el ambiente. La referencia a la casia, que posiblemente es una adición tardía en el texto, se extrae de arbustos similares a los manzanos, y era un ingrediente especial para elaborar perfumes. La idea del texto es enfatizar el aroma que despedía el novio, que era una forma figurada de simbolizar su alegría y felicidad.

Entre las visitas de importancia que llegan a la boda están hijas de reyes, que revela el poder de convocación del novio. Y la reina exhibe prendas de oro de Ofir, que alude al oro más fino (Is 13.12; Job 28.16). No es posible establecer la localización precisa de Ofir, aunque en la actualidad se piensa que estaba ubicada en Arabia, posiblemente entre las ciudades de Meca y Medina.

vv.10-15: El poeta se mueve de las alabanzas al novio a la descripción de la novia. La primera afirmación es para que olvide su pasado y aprecie la importancia y las virtudes de su futuro (v.10). Ya no se conocerá por ser la hija de su padre, sino por ser la reina. Ahora tendrá una nueva identidad que le dará poder y reconocimiento público, particularmente de su tierra natal, Tiro, de donde vendrá la gente con regalos e implorarán sus favores (v.12). Esa acción de desprendimiento familiar y humildad producirá que el rey reconozca su hermosura y la desee (v.11).

La novia, también identificada como la «hija del rey» (v.13), llegará a sus habitaciones con el esplendor de los vestidos y las prendas más hermosas. Los vestidos serán bordados, y sus prendas serán se oro fino (vv.13-14). Su belleza motivará al resto de las doncellas del harem que le sigan y le admiren, y con alegría y gozo entrarán al palacio real. El salmista, en contraposición al autor del Cantar de los cantares, no destaca la belleza física ni los atributos personales de la novia, únicamente pone de manifiesto sus vestidos y las damas que le escoltan.

vv.16-17: Las palabras finales del salmo están dedicadas al rey. El futuro del matrimonio es la procreación, y los hijos de esa unión —en este contexto, príncipes— pondrán el alto la memoria de sus padres.

Para la comunidad hebrea, las futuras generaciones tenían la responsabilidad de recordar a sus antepasados. El reconocimiento público y el aprecio general del novio y la novia se manifestará mediante la vida de sus hijos que les recordarán y afirmarán con sus acciones.

Aunque la lectura inicial de este salmo reconoce que se trata esencialmente de un poema de amor, que debe ser leído en la boda del rey de Israel, la iglesia cristiana y también la sinagoga han visto en sus líneas unas muy claras alusiones y mensajes mesiánicos. En la Epístola a los Hebreos se releen los vv.6-7 y se hace una referencia directa y clara a Jesucristo (Heb 1.8-9). ¡El trono y reinado de Cristo supera los límites del tiempo! Además, el análisis piadoso del poema ha relacionado el amor del rey por la novia como un símbolo especial del amor de Cristo por su iglesia.

Salmo 46: «Dios es nuestro amparo y fortaleza»

Este importante y popular salmo se relaciona temáticamente con los poemas que se conocen como los «Cánticos de Sión» –Sal 48; 76; 84; 87; 122–, en los cuales se alaba la gloria de la ciudad de Jerusalén –conocida poéticamente como Sión–, se destaca su esplendor como ciudad santa, y se le declara «ciudad de Dios» (v.4), lugar donde vive y reina el Dios Altísimo en su santuario (vv.4-5; Sal 48.1-3). El salmo es, además, una gran afirmación de fe, pues celebra las intervenciones protectoras y liberadoras de Dios en medio de las dificultades del pueblo. El mensaje fundamental del poema es el siguiente: El Señor es, en momentos de crisis y desesperanza, amparo, fortaleza, auxilio, refugio y fuente de esperanza y seguridad.

El tono general del salmo es en forma de himno, sin embargo, el poema carece de la exhortación inicial a la alabanza, que es característica de ese tipo de género literario en el Salterio (véase Introducción). Y aunque falta una declaración explícita y clara que aluda a Sión o a la ciudad de Jerusalén, esa relación se descubre de forma implícita con la referencia a la «ciudad de Dios» (v.4). Algunos estudiosos indican, fundamentados en las imágenes y los mensajes que se exponen en el poema, que el salmo es más bien una oración personal de confianza y seguridad.

El salmo incluye los temas del caos primitivo (vv.2-3) y del río (v.4), que son comunes en las culturas del Oriente Medio, y que tradicionalmente se han asociado al antiguo dios El. Y como en los documentos descubiertos en la ciudad de Ugarit se indica que el trono de ese dios El estaba ubicado a la cabecera de dos ríos, es posible que el Salmo 46 se deba relacionar con el establecimiento del trono y del culto de David en la cuidad de Jerusalén.

Un importante antecedente hebreo de este salmo se puede encontrar en el Cántico del Mar (Ex 15.1-18), pues ambos poemas manifiestan temas en común: p.ej., la protección divina (Ex 15.2 y Sal 46.1,7,11); la autoridad de Dios sobre el caos de las aguas (Ex 15.4-5,8,10 y Sal 46.2-3); y la seguridad que produce de la morada divina (Ex 15.17 y Sal 46.4). Este salmo puede ubicarse literariamente en la transición entre los antiguos poemas hebreos y los posteriores Cánticos de Sión, posiblemente se desarrolló durante la monarquía de David, al hacer de la ciudad de Jerusalén el centro político y religioso de Israel. El autor es quizás un oficial del Templo, relacionado tanto con las tradiciones antiguas de la región como con las nuevas dinámicas introducidas en la administración del rey David.

Este salmo también puede estudiarse a la luz de la crisis que provocó el asedio de la ciudad de Jerusalén en el año 701 a.C. Los ejércitos sirios, liderados por el famoso general Senaquerib, esperaban la rendición del pueblo por la falta de agua. Sin embargo, Ezequías, rey de Judá, emprendió una obra extraordinaria de ingeniería, que le permitió superar la crisis y vencer al ejército de Siria: Construyó un túnel para llevar al interior de la ciudad las aguas que provenían de la fuente de Guijón, que estaba a las afueras de los muros de la ciudad, y llegaban a una gran cisterna, conocida como el estanque o piscina de Ezequías (2 R 19.20). Como los israelitas no se rindieron y se manifestó una plaga mortal sobre el ejército asirio, el general tuvo que desistir de sus planes invasores y regresarse a su país para salvar su vida y la de sus soldados (2 R 19.35). El pueblo atribuyó esa victoria a la misericordia divina. El Salmo 46 revela ese sentimiento de triunfo y esperanza.

Respecto al título hebreo del salmo, que lo relaciona «al músico principal» y a «los hijos de Coré», véase la Introducción, al igual que referente a la expresión «Salmo sobre Alamot», de significado incierto, que ha sido traducida en ocasiones como «voces de tono alto».

La estructura del salmo, que destaca el tema del refugio divino, se pone claramente de manifiesto en la identificación de los temas que expone, en la separación que introduce en el poema la palabra hebrea *selah* (vv.3,7,11; véase la Introducción), y en la repetición del estribillo de seguridad y esperanza (vv.7,11).

- Refugio divino en medio de los cataclismos: vv.1-3
- Refugio divino en medio de las naciones: vv.4-7
- Refugio divino en medio de los poderes de la naturaleza y los pueblos: vv.8-11

La estructura del poema revela ciertas peculiaridades literarias y teológicas que no deben ignorarse. La palabra fundamental del salmo es tierra, que se incluye en las tres secciones del poema (vv.2,6,8,9,10). Las primeras dos secciones del salmo están íntimamente ligadas por el uso de los siguientes términos: auxilio (vv.1,5), remover y conmover (vv.2,5), y bramar (vv.3,6). Las dos secciones posteriores se relacionan con la afirmación del concepto de naciones (vv.6,10), que destaca el tema inicial del poema (v.1). Y el salmo incluye un refrán (vv.7,11) que subraya el propósito teológico del poema: Dios es amparo, fortaleza, auxilio y refugio.

vv.1-3: El salmo comienza presentando el tema de seguridad que lo caracteriza. La idea es que Dios es la fuente de esperanza del pueblo en momentos de crisis y tribulaciones. La afirmación de fe es contundente y clara: Aunque se manifieste el caos en la naturaleza, la humanidad y el mundo, el poeta permanecerá confiado en Dios. El Señor es la fortaleza del pueblo en momentos peligros, de adversidad y de caos universal.

La gran imagen literaria del poema es la de un gran terremoto que afecta la tierra, los montes y el mar. Aunque la tierra sea removida, los montes se traspasen a la mar, las aguas se turben y bramen, y los montes tiemblen, el salmista no desmayará ni desfallecerá pues confía en el Señor. Ante las amenazas formidables de la naturaleza, se presenta airoso el Dios de la creación, que es capaz de establecer el orden necesario para la convivencia adecuada.

Este lenguaje de los cataclismos que se utiliza en el salmo se incluye también en otras porciones bíblicas (Is 24.19-20; 54.10; Hag 2.6). El objetivo de estas imágenes es poner de manifiesto el poder del caos que atenta contra el orden divino y que se revela contra la creación de Dios. El orden que se manifiesta en la naturaleza es producto de la intervención creadora de Dios (Gen 1.1-2), que con su voz transformó la tierra, que estaba «desordenada y vacía», en un mundo natural que es capaz de sustentar la vida. La «creación» del pueblo de Israel (Ex 15.17) también es el producto de la acción de Dios en la historia, que no solo controla las aguas y detiene el caos sino que interviene en la historia para hacer valer su palabra y redimir a su pueblo.

vv.4-7: En esta sección del salmo el tema del Dios creador que establece el orden y detiene el caos destructor, cede el paso a la idea de la ciudad de Dios. En esa ciudad, que es «santuario de las moradas del Altísimo», Dios está presente para protegerla de las calamidades y crisis que se originan en las naciones y los reinos. Aunque las dificultades se presenten como «terremotos» de naciones, no hay que temer, hay que mantener la calma y la seguridad. La cuidad de Dios no vacila ni se conmueve, pues la presencia divina le acompaña. En esa ciudad impera el bienestar y la prosperidad, y su mismo nombre lo revela y celebra: ¡El nombre «Jerusalén» significa ciudad de paz.

Como el Señor ha establecido su vivienda en esa ciudad ideal, los ríos la «alegran» (v.4), que evoca imágenes de abundancia, fertilidad y prosperidad. La referencia a las corrientes también se relaciona con la presencia divina (Is 8.6; 33.21); y trae a la memoria al río que nacía en el jardín del Edén, que posteriormente se dividía en cuatro brazos (Gn 2.10). ¡Las corrientes de agua dan vida a la ciudad! Y de acuerdo con el salmo, la ayuda divina llega al pueblo «al clarear la mañana» (v.5), de una forma similar a la que los israelitas, al salir de las tierras de Egipto, fueron liberados de quienes les perseguían (Ex 14.27).

Las formas de referirse a Dios en el poema revelan niveles de sentido de gran importancia teológica y pastoral, y transmiten conceptos de significación extraordinaria. El nombre divino «Dios Altísimo» (v.5) —en hebreo, El-Elyon— es posiblemente de origen cananeo, pues los jebuseos que vivían en Jerusalén ya adoraban al Señor con esa fórmula (Gen 14.18-24). La inclusión de «Jehová de los ejércitos» en el estribillo (vv.7,11) revela la idea militar del poeta: ¡El contexto es de guerra!, y el Señor es el comandante en jefe del las huestes. La frase «está con nosotros» evoca la teología del Emanuel (Is 7.14; 8.8,10), pues la compañía del Señor es un elemento básico en la religión de Israel (Gen 21.20; 26.3,24; Ex 3.12; Dt 31.6; Jos 1.5; 3.7; Jue 6.12; Sal 23.4; Am 5.14). Y la alusión al «Dios de Jacob» (vv.7,11), que es una manera poética de referirse al Dios del pueblo de Israel, pone de manifiesto la importancia del pacto y la alianza que el Señor ha hecho con su pueblo (Sal 20.1).

El estribillo o refrán del salmo (vv.7,11) asegura la presencia divina en medio de las realidades del pueblo de Israel. En la época de la conquista, los ejércitos eran los soldados, y en el período del exilio aluden a las estrellas y los astros del cielo. La idea del poema es subrayar que el Señor es como un castillo, como un alcázar, como una fortaleza impenetrable; y su presencia liberadora y restauradora se convierte en lugar de refugio y defensa contra los ataques de los enemigos.

vv.8-11: La sección final del salmo invita a los lectores a contemplar las obras de Dios no solo en la ciudad de Dios, Jerusalén, sino en todo el mundo. La paz que se necesita en la humanidad es producto de la intervención divina de forma extraordinaria, que el poeta describe como «portentos» (v.8), que son manifestaciones especiales de Dios que sobrepasan nuestros límites de comprensión.

El Dios de la paz finaliza con las guerras, al destruir los armamentos bélicos —p.ej., quiebra el arco, corta la lanza y quema los carros de fuego— (v.9). Y el reconocimiento de esa intervención divina hace que los creyentes confíen en el Señor, reconozcan su capacidad transformadora y exalten a Dios en medio de la multitud de las naciones de la tierra.

El salmo finaliza con el estribillo ya estudiado (vv.7,11), que confirma la teología que se ha expuesto en todo el poema. El Dios de los ejércitos, que alude a las conquistas militares, y el de Jacob, que hace referencia al pacto, acompaña al pueblo para servirle de fuerza, refugio, seguridad, fortaleza, castillo y alcázar.

Este salmo sirvió de inspiración a Martín Lutero para escribir el himno «Castillo fuerte es nuestro Dios», que ha servido de apoyo a diversas generaciones de creyentes que deben enfrentar las mil y una adversidades en la vida. Tanto el salmo como el himno celebran la presencia divina en los problemas y afirman la confianza que se debe tener en Dios para superar las crisis. En el salmo, Dios interviene a través de la ciudad, y en el himno es mediante las manifestaciones salvadoras de Cristo.

El Dios del salmo interviene en la ciudad y es un aliado indispensable de su pueblo. En esa tradición teológica, Mateo presenta a Jesús de Nazaret como el Emanuel (Mt 1.23), que es una manera de poner de manifiesto nuevamente la importancia de la presencia divina en el pueblo. Jesús inspira confianza en los creyentes y es fuente de esperanza y seguridad en la humanidad: Venció al mundo (Jn 16.33), calmó las fuerzas de los vientos y las aguas (Mr 4.35-41), sanó a los enfermos (Mr 7.31-37), liberó a los endemoniados (Mr 5.1-20), respondió a las necesidades de la gente (Mt 15.21-28; Mr 7.24-30), es fuente de paz (Jn 20.21) e, inclusive, venció los poderes de la muerte (Mt 28.1-10; Mr 16.1-8; Jn 20.1-10).

Salmo 47: «Dios, el rey de toda la tierra»

El Salmo 47 pertenece al grupo de poemas del Salterio que celebran a Dios como rey de Israel, de las naciones y del universo. Este particular grupo de poemas se conoce también como «Salmos de entronización» (Sal 47; 93; 96–99) y destaca la soberanía divina sobre toda la creación. En cuatro ocasiones el poema afirma directamente que el Señor es rey (vv.2,6,7,8), no solo del pueblo de Israel sino de toda la tierra (vv.2,7,8).

El género literario o tipo de salmo de este poema es el himno, con el cual los «pueblos todos» —en una clara referencia a Israel y el resto de las naciones— son llamados a alabar y celebrar la monarquía divina. Y aunque el entorno inicial en el cual el salmo era utilizado se ha relacionado con alguno de los festivales anuales del pueblo —p.ej., el del Año Nuevo o el del Pacto—, es más probable que este tipo de poema era la culminación de una tradición antigua que comenzaba con himnos de victoria (Ex 15.1-18), proseguía con algún cántico general de triunfo (p.ej., Sal 29), y finalizaba con este tipo de alabanza al reinado del Señor. Posiblemente este salmo era utilizado para celebrar la ascensión de Dios a su trono, y para afirmar el poder divino sobre las naciones.

Este poema puede provenir de la época en que la nación de Israel, durante el reinado de David, comenzó a ser reconocida como un imperio en la constelación de pueblos del antiguo Oriente Medio. El autor debe haber sido un funcionario del reino que deseaba afirmar el poder divino luego de las victorias militares de los ejércitos israelitas. El título hebreo del salmo lo relaciona con el «músico principal» y con los «hijos de Coré» (véase la Introducción), y la expresión hebrea *selah* divide al salmo en sus dos secciones (véase la Introducción).

Este salmo presenta una estructura literaria bien definida y organizada, característica que revela que el poema fue importante en la historia y las fiestas del pueblo. La estructura es repetitiva y se puede dividir en dos secciones básicas:

- Llamado a la alabanza: v.1
- Alabanza por las victorias divinas: vv.2-5
- Llamado a la alabanza: v.6
- Alabanza por la monarquía divina: vv.7-10

La elaboración cuidadosa de la estructura literaria del salmo se pone de manifiesto, además, en varias particularidades estilísticas: al descubrir el uso de la expresión «porque» (vv.2,7) para introducir la razón de la alabanza; la incorporación de una declaración teológica final para concluir el poema (v.10); los versículos que introducen las secciones de alabanzas (vv.2,7) utilizan de forma paralela las referencias a «rey» y «toda la tierra»; y la unidad del salmo se revela en el uso continuo de las palabras «pueblos» (vv.1,3,9), «rey» (vv.2,6,7,8), y «tierra» (vv.2,7,9). Esta estructura puede revelar también la presencia de una procesión litúrgica de dos filas: en la primera fila se invita a batir las manos y aclamar al Señor (v.1); y en la segunda, se insta a tocar los instrumentos y cantar al Señor.

v.1: El salmo comienza con un llamado a la alabanza al Señor, que es típico de las himnos. En este particular caso el reclamo del poeta no es al pueblo de Israel sino a los «pueblos», en una posible alusión a las naciones que han sido derrotadas en batalla (v.3). En la antigüedad, cuando un pueblo era derrotado se convertía en vasallo no solo de los ejércitos triunfadores sino de sus divinidades. La victoria de Israel sobre sus enemigos les permitía expandir sus percepciones teológicas a otros pueblos, que es el caso de este salmo. Para el salmista, los pueblos conquistados debían reconocer el señorío y la soberanía de Dios, y el reinado y la monarquía del Señor.

«Batir las manos» es símbolo de gozo y regocijo (2 K 11.12; Sal 98.8). Y la expresión de aclamación inicial no se basa únicamente en el sentimiento de alegría y triunfo del pueblo, sino en la intensión de reconocer y afirmar públicamente al Dios que también es rey.

vv.2-5: Luego del llamado a las alabanzas, se indican los motivos del reclamo. El Señor es «temible» (v.2), es decir, inspira reconocimiento, temores y admiración (Sal 65.5). Además, la expresión «rey grande» (v.2) –que era muy conocida entre los asirios para referirse a sus monarcas (2 R 18.19)– en Israel se atribuye únicamente al Dios de toda la tierra (Sal 24.1; Mal 1.14) y pone de manifiesto la idea del Señor que establece pactos con su pueblo. Esa misma expresión también recuerda los gritos con que se proclamaban a los reyes de Israel (2 R 9.13). Los aplausos, los toques de trompetas y las aclamaciones del pueblo formaban parte de los eventos relacionados con la entronización del rey (2 S 15.10; 1 R 1.39-40; 2 R 11.12).

En este contexto el salmista alude a Dios como Yahvé –o Jehová, en la versión Reina Valera– y como «Altísimo» –en hebreo, *Elyon*–. El uso de esta terminología es revelador, pues pone de manifiesto el poder divino a nivel nacional e internacional. «Altísimo» puede ser utilizado como adjetivo de calidad o como nombre propio para referirse al Señor (Dt 32.8). Su uso es de origen pre-israelita y subraya la idea del Dios supremo, que es más alto y poderoso que las demás divinidades. El salmista eliminó el contenido politeísta del término y lo aplicó al Señor, para destacar su poder y autoridad sobre los pueblos conquistados y sobre sus dioses.

Esa percepción en torno a Dios les hace entender que el Señor les dará la victoria sobre los pueblos y las naciones, que serán sometidas «bajo los pies» (v.3) de los israelitas, que es una frase idiomática que destaca la naturaleza del triunfo del pueblo, describe la victoria total, la conquista definitiva. La expresión es posiblemente de origen muy antiguo, y se fundamenta en la imagen del ejército vencedor que ponía el pie sobre el cuello de los vencidos (Jos 10.24; Sal 8.6; 110.1).

Dios es quien da las «heredades» (v.4), que es una referencia a la Tierra Prometida o Canaán (Sal 28.9; 105.11), pero que en este contexto también puede incluir a las naciones conquistadas. Jacob es una manera poética de referirse a Israel, y su hermosura es otra alusión a Canaán, aunque también puede relacionarse con el Monte Sión.

La palabra hebrea traducida por «subió», que puede significar ascender la cielo (Gen 17.22; 35.13; Jue 13.20), en este contexto alude a la llegada al Templo, que implicaba ascender al Monte Sión (Sal 24.3). La presencia divina era representada por el Arca del pacto (2 S 6.5,16,17) que era llevada en procesión al santuario. Sin embargo, como el Templo era la representación física de la morada de Dios, se convertía en lugar de encuentro divino y humano. El movimiento del Arca se llevaba a efecto en medio de las alabanzas, el júbilo, las aclamaciones y el sonido de las trompetas, que se utilizaban en ocasiones especiales –p.ej., las celebraciones del Año Nuevo (Lev 23.24; Num 29.1) y las coronaciones de los reyes (1 R 1.39; 2 R 9.13; 11.12).

v.6: En este versículo comienza la segunda sección del salmo, que repite con cinco imperativos categóricos (vv.6-7) el llamado a cantarle al Dios que es «nuestro rey». En esta ocasión, sin embargo, no se identifican las personas que son llamadas a la alabanza. Presumiblemente el salmista se dirige a los cantores y músicos del Templo, pero tiene en mente tanto a las naciones conquistadas como al pueblo de Israel, llamado en esta sección «pueblo del Dios de Abraham» (v.10). El poema en esta sección expande los temas expuestos en su primera parte.

vv.7-10: Como «Dios es el rey de toda la tierra», hay que alabarlo con inteligencia, con maestría o profesionalidad, que pone de manifiesto la idea de la alabanza a Dios de forma educada, organizaba y ejecutada por personas preparadas para llevar a efecto esa encomienda. El rey de Israel no solo gobierna sobre su pueblo sino sobre las naciones, que es una manera de poner de manifiesto la universalidad del Dios que no está cautivo en las fronteras de Israel, sino que su poder sobrepasa los límites nacionales para manifestar su autoridad sobre toda la tierra.

La referencia del salmo al «santo trono» de Dios (v.8) es única en el Antiguo Testamento. Es posible que en este contexto el trono sea una alusión al Arca del pacto. Sin embargo, otros pasajes presentan el trono divino asociado a los querubines (Sal 18.10), a Jerusalén (Jer 3.16-17) o a los cielos (1 R 22.19; 2 Cr 18.18; Sal 103.19; Is 66.1). Y la referencia a la unión de los príncipes de los pueblos con el pueblo del Dios de Abraham, alude al cumplimiento de las antiguas promesas divinas (Gn 12.3; 17.6; 35.11; y véase también, Is 2.2-5; Miq 4.1-4; Mt 8.11). La frase «los escudos de la tierra» (v.10) se refiere a los príncipes de las naciones.

Es posible que en ocasiones representantes de las naciones vecinas de Israel presenciaran los festivales nacionales y formaran parte de los actos litúrgicos. También es probable que el salmo aluda a los pueblos conquistados que deben reconocer, al ser vencidos, el poder del Dios de Israel sobre sus dioses.

El salmo finaliza con una profesión de fe intensa: ¡El Señor es muy enaltecido! La palabra traducida por «enaltecido» (v.10) puede evocar la referencia al Dios «Altísimo» (v.2) y aludir al Dios que «subió» con júbilo (v.5). Culmina el poema con una declaración de seguridad, con una expresión de triunfo, con una manifestación de confianza. Es enaltecido, alabado y reconocido el Dios que le brinda el triunfo al pueblo sobre sus enemigos. El poema termina con el reconocimiento público del Dios que es rey sobre toda la tierra.

Las lecturas judías y cristianas de este salmo han expandido sus posibilidades de interpretación. En las sinagogas se relacionó la referencia al sonido de las trompetas (v.5) con las celebraciones de Año Nuevo, particularmente durante el *Rosh ha-Shanah*; y la referencia a la subida divina (v.5) del salmo le permitió a los primeros cristianos utilizar el poema como una de las lecturas para afirmar la Ascensión del Señor.

Los salmos del reinado del Señor, y específicamente los que se relacionan a su representante el mesías, son el trasfondo teológico y escritural de las enseñanzas de Jesús sobre el Reino de Dios. A través del ministerio de Jesús de Nazaret, ese reinado de Dios en la historia se acerca, llega y está presente, y la humanidad está llamada a reconocerlo, recibirlo y entrar en él.

Aunque el tema del Reino de Dios es muy importante en el mensaje del predicador palestino, es raro que el Nuevo Testamento le atribuya al Señor este título real. Solo en momentos extraordinarios se indica que Jesús es rey (véase, p.ej., Mt 2.2; 21.5; 27.37.42; Lc 23.3; Jn 18.37), y únicamente después de la resurrección (1 Tim 6.16) o de la parusía (Ap 19.16) se le atribuye el título de «Rey de reyes». En el libro de Apocalipsis de utilizan las imágenes del Salmo 47 para afirmar la importancia del trono divino (Ap 4.9; 19.6), pues estar «sentado en el trono» (4.10; 5.1,7,13; 6.16; 7.10), en efecto, equivale a un título cristológico.

La realeza de Dios, desde la perspectiva cristiana, pone de manifiesto su universalidad, su capacidad y deseo de revelar su gloria y justicia a todos los pueblos, su compromiso con las personas en necesidad sin tomar en cuenta sus realidades nacionales, étnicas, lingüísticas, sociales, políticas e ideológicas.

Salmo 48: «Hermosura y gloria de Sión»

El Salmo 48 es otro de los «Cánticos de Sión» (véase Sal 46; 76; 84; 87; 122), que debía ser cantado cuando el pueblo de Israel, en sus peregrinaciones anuales, «subía» al Templo de Jerusalén, que estaba ubicado en el punto más alto de la ciudad. Con motivo de las grandes fiestas nacionales, las peregrinaciones al Templo formaban parte de las celebraciones anuales del pueblo (Ex 23.14-19; Dt 16.1-17). En este salmo se exalta el poderío divino que brinda seguridad y protección a la ciudad de Jerusalén, que es considerada «santa» por el salmista. El mensaje básico del poema es que gracias al Templo, que es la morada del Dios digno de ser alabado, la ciudad de Jerusalén no cae en las manos de los enemigos.

Este poema está compuesto en forma de himno, y es parte de los salmos que se dedican a Sión como ciudad santa y protegida del Señor. Una lectura cuidadosa del poema revela, sin embargo, que el reconocimiento real y la alabanza verdadera no es a la ciudad de Jerusalén, sino al Dios que cuida la ciudad y le brinda seguridad y protección. Posiblemente el salmo se cantaba cuando los peregrinos llegaban al Monte de Sión, antes de llegar al Templo, y comenzaban los preparativos de alabanzas y se elevaban sus oraciones, previo a la entrada al santuario.

El contexto emocional del autor del salmo, y también el de los peregrinos que lo entonaban, es la alegría de llegar nuevamente al Templo y reconocer que Dios había salvado a la ciudad de un peligro inminente. Tanto la ciudad como el Templo representaban la identidad nacional para el pueblo de Israel. Posiblemente el salmo fue redactado tarde durante el período de la monarquía. El título hebreo del salmo lo identifica como un «cántico» y como uno de los «salmos de los hijos de Coré» (véase Introducción).

La estructura literaria del salmo no es compleja:

- La ciudad del gran rey: vv.1-3
- Dios y sus enemigos: vv.4-7
- Alabanzas a Dios: vv.8-11
- La procesión: vv.12-14

vv.1-3: El salmo comienza con una gran afirmación teológica: ¡El Señor es grande y digno de ser enaltecido! Y prosigue con una descripción poética de Jerusalén, que se identifica como «ciudad de nuestro Dios», «monte santo», «hermosa provincia», «gozo de toda la tierra», «monte de Sión» y «ciudad del gran rey». La importancia de la ciudad se relaciona fundamentalmente con la presencia divina, y el salmista, al reconocer esa realidad, alaba al Señor que mora en Sión.

La frase hebrea traducida como «hermosa provincia» expresa de forma superlativa la belleza y grandeza de la ciudad, pues para el salmista es el lugar donde el cielo y la tierra se unen. El «gozo de toda la tierra» es una frase proverbial que enfatiza la importancia de la ciudad ante los ojos del poeta.

La referencia a «los lados del norte» no es únicamente geográfica sino metafórica. De acuerdo con las creencias antiguas de los cananeos, «en el norte» se encontraba ubicada la cima de los montañas donde se reunía su panteón (Is 14.13). Y para los ciudadanos de Ugarit, Safón era el monte donde residía el dios Baal-Hadad. Para el salmista, sin embargo, el Dios verdadero no habita en esas montañas lejanas, utópicas y mitológicas, pues reside en el monte de Sión, que es su verdadera morada y su «monte santo».

El Dios del salmista se pasea por sus palacios y se presenta ante su pueblo como un refugio, como un castillo que protege a sus moradores. Es un guerrero que cuida su ciudad. La verdadera seguridad de Jerusalén no la brindan sus murallas sino la presencia divina que actúa como protección constante.

vv.4-7: La segunda sección del poema presenta el conflicto entre y los ejércitos enemigos que han llegado para atacarla y vencerla. Según el salmista, la derrota que recibieron fue total y absoluta. Se maravillaron, se turbaron y huyeron ante la intervención salvadora de Dios. El temor produjo dolores como de parto, símbolos de agonía y pánico (Is 13.8; 21.3; Jer 4.31; 6.24). El miedo que se apoderó de los enemigos de Jerusalén fue como el viento Solano o destructor, que sopla desde el desierto con altas temperaturas y destruye hasta las naves de Tarsis, que eran las más fuertes, las que podían navegar en alta mar. La imagen es poderosa pues los vientos proceden del extremo este y llegan hasta el oeste del mundo conocido.

La ubicación de Tarsis no se ha determinado con precisión. Algunos textos parecen ubicar el lugar en Arabia, la India o las costas de África (I R 10.22; 22.48); otros pasajes sugieren alguna localización en las costas del Mar Mediterráneo (Jon 1.3); inclusive, algunos estudiosos piensan que se trata de Tarseo, en la Península Ibérica, que en la antigüedad era considerada como uno de los puntos más distantes de la tierra.

Esta estrofa relaciona «la ciudad de nuestro Dios» con la «ciudad del Señor de los ejércitos» (v.8), que es una manera de enfatizar el poder militar que el Señor utiliza para proteger a Sión. ¡Dios mismo será quien cuide y proteja la ciudad!

vv.8-11: El poema prosigue con las afirmaciones de los peregrinos que llegan a la ciudad para participar de las fiestas. Indican que solo habían oído de la capacidad de protección divina, pero que ahora habían constatado y disfrutado ese poder redentor del Señor. Se acordaron de la misericordia divina en el Templo, pues la misma edificación es un testimonio de las hazañas de Dios a través de la historia del pueblo.

Como el nombre de Dios, que representa su reputación, esencia y presencia, así llega el poder y la justicia del Señor hasta los confines de la tierra, que es una forma de aludir a la universalidad de Dios. La intervención liberadora de la justicia divina producirá alegría y gozo en la ciudad de Jerusalén, y también en «las hijas de Judá», que constituyen el paralelo poético de Sión (v.11).

vv.12-14: En la última sección del poema los sacerdotes hacen una especie de invitación a los peregrinos, antes de regresar a sus ciudades, a disfrutar la presencia divina en la ciudad y a memorizar la imagen de protección y seguridad que se pone de manifiesto en sus recintos santos. Se les pide a los visitantes que caminen libremente por la ciudad, se les insta a observar sus torres, muros y palacios, para que puedan contar a las futuras generaciones, y a quienes no habían visitado la ciudad aún, la protección que el Señor le brinda a la ciudad de Jerusalén. La ciudad misma es testigo de un Dios protector y guía, y cuya acción liberadora y justa sobrepasa los niveles de la vida.

La referencia a que el Señor nos guía «aún más allá de la muerte» (v.14) puede ser una alusión a la gran batalla mitológica entre el dios cananeo Baal y su enemigo, Mot, el dios de la muerte. El salmista afirma de esta forma, utilizando una imagen antigua conocida tanto en Canaán como en Israel, que el Dios bíblico ayuda a su pueblo aún en los más grandes y complejos conflictos de la existencia humana.

En este salmo Dios recibe varios títulos y apelativos de importancia:

- Nuestro Dios (vv.1,8,14), que pone de manifiesto su relación íntima con su pueblo, Israel.
- Gran rey (v.2), que alude al que defiende la ciudad y la protege.
- Refugio (v.3), que enfatiza la seguridad y la protección.

- Señor de los ejércitos (v.8), que pone de relieve la capacidad divina de combatir para implantar la justicia.
- El que guía al pueblo más allá de la muerte (v.14), que destaca la presencia divina aún en los momentos más difíciles de la vida.
- El que afirma la ciudad para siempre (v.7), es decir, el que la estableció y procura su bienestar y futuro.

La lectura cristiana de este salmo toma con mucha cautela la teología de la ciudad que será protegida para siempre. Aunque el salmo es producto de la gratitud de los ciudadanos que reconocen y agradecen las intervenciones salvadoras de Dios en la historia, debemos estar consientes que llegó el momento cuando la ciudad fue saqueada y el Templo destruido —p.ej., 587 a.C., con el triunfo de los ejércitos de Babilonia y el comienzo del exilio—. La fe no puede estar nunca fundamentada en que no nos llegarán los males que tememos, sino en la presencia divina aún en medio de esas dificultades.

Las amenazas de destrucción del Templo no detuvieron ni amilanaron a Jesús, que prosiguió su ministerio entendiendo que el Señor es más importante que el santuario y la ciudad de Jerusalén. Inclusive, lloró por la Jerusalén que no reconoció la visita de Dios (Lc 19.41-44), y que mataba a los profetas y apedreaba a los mensajeros de Dios (Lc 13.34). De acuerdo con el evangelista Juan, el nuevo templo, en el cual que se producen los encuentros redentores y transformadores entre Cristo y la humanidad es el cuerpo de Jesús (Jn 1.14) y el de toda persona que sigue sus mandamientos (Jn 14.23). El apóstol Pablo continuó esa tendencia teológica al afirmar que el cuerpo de cada persona es templo del Espíritu Santo (1 Co 5.19).

Salmo 49: «La insensatez de confiar en las riquezas»

El Salmo 49 es uno sapiencial o didáctico que trata nuevamente el tema general de la retribución (véase Sal 37). El objetivo primordial del poema es explorar la afirmación en torno a que todos los seres humanos son iguales ante la muerte; y añade, además, la convicción de que las personas ricas no pueden, aunque intenten, llevarse a la tumba las riquezas que han acumulado durante la vida. A diferencia de otros salmos sapienciales o didácticos, en este poema no se articulan los grandes temas que afectan adversamente la moral humana, sino que se expone un solo asunto: La muerte en el contexto de la abundancia y la escasez. La finalidad de los salmos de sabiduría es orientar al pueblo en torno al sentido verdadero de la vida; también presentan duras críticas a los falsos valores que traen desgracias y dolores a la humanidad.

El estudio sistemático y profundo de la literatura sapiencial en la Biblia ha descubierto dos formas básicas de comunicación. El primer tipo de comunicación, articula la sabiduría y los temas discutidos de forma educativa, pedagógica y didáctica; el mejor ejemplo de este tipo de literatura sapiencial es el libro de los Proverbios. La segunda forma de comunicación de la literatura de sabiduría es la que articula el mensaje de forma más teórica, en la cual se exploran los temas intelectuales, filosóficos y teológicos, desde una perspectiva concreta, ética y moral; los mejores ejemplos de estas formas de comunicación se encuentran en los libros de Job y Eclesiastés.

El Salmo 49 —que se escribe en el espíritu de Job 21.7-15, en donde se analiza un tema similar referente a la prosperidad de los ricos y la desgracia de los pobres— está en la segunda tradición literaria, que es más académica, especulativa, teórica y filosófica. Nuestro salmo se distingue de ella en que, en vez de explorar varios temas en el mismo poema, explora solamente un asunto. Además, el propósito de salmo es pedagógico, aunque un buen contexto para el tema del salmo pudo haber sido el diálogo de una persona sabia con alguien preocupado por el tema de la muerte y sus implicaciones éticas. Inclusive, es posible que este tipo de salmo no haya tenido un contexto litúrgico inicial en el antiguo Israel, sino el entorno de una conversación franca y esclarecedora. La persona con el dilema moral se acerca al sabio, para recibir lo que en el día de hoy conoceríamos como «una sesión de consejería». La respuesta del salmista al complejo y serio dilema del rico que prospera es la siguiente: ¡La vida que sigue los preceptos divinos es superior a la que posee riquezas sin sentido de futuro ni esperanza!

Por la naturaleza de los temas expuestos, se piensa que éste posiblemente fue uno de los últimos salmos en redactarse en la época postexílica. El autor del poema debió ser parte del liderato religioso de la época, que estaba preocupado por los temas éticos y por la comprensión de las dificultades morales de la vida. El título hebreo del salmo lo relaciona con el «músico principal» y con «los hijos de Coré», además, el poema se divide temáticamente en dos ocasiones por la palabra hebrea *selah* (respecto a estos asuntos, véase la Introducción).

La estructura literaria y temática del salmo es la siguiente:

- Introducción al tema de la sabiduría: vv.1-4
- Las limitaciones de las riquezas: vv.5-12
- Los dos destinos finales: vv.13-20

vv.1-4: El salmista se presenta como una persona que ha descubierto el secreto de la vida que produce felicidad y dicha. Y fundamentado en esa importante convicción genera un carácter internacional, pues convoca a «todos los pueblos» y a los «habitantes del mundo» (v.1) a escuchar la sabiduría de sus consejos y reflexiones. El propósito de la llamada del poeta es captar la atención de la comunidad, sin distinción de clases sociales o niveles económicos, para compartir la sabiduría que se expresa con inteligencia y capacidad.

El mensaje que el salmista se presta a anunciar es universal e inclusivo, y se describe como un «proverbio» o un «enigma» (v.4). Los proverbios o refranes didácticos son expresiones espontáneas de la sabiduría popular. Son esencialmente dichos breves, sentencias o máximas, que se articulan de manera poética, se basan en la observación de la existencia humana y sirven de orientación práctica para la vida. La palabra hebrea traducida generalmente por «proverbio», puede significar también «alegoría» (Ez 17.2; 20.49), «poema» (Num 21,27; Sal 78.2), «instrucción» (Pr 10.1) y «oráculo» (Num 23.7).

La música en la antigüedad era utilizada en ocasiones para inducir algún tipo de estado de éxtasis profético (I S 10.5; 2 R 3.5). Mediante la música, el profeta recibía el mensaje de Dios que posteriormente transmitía al pueblo. La frase «declararé con el arpa mi enigma» (v.4) alude a esa antigua forma de recepción y comunicación de las enseñanzas de sabiduría que el salmista se propone presentarle al pueblo. La palabra hebrea traducida aquí por «enigma», puede verterse en castellano como «acertijo» (Jue 14.12), «parábola», e inclusive como «alegoría» (Ez 17.2) o «pregunta difícil» (I R 10.1). El mayor enigma de la existencia humana es la relación compleja, y a veces contradictoria, entre la vida y la muerte. Y aunque esos enigmas son muy difíciles de descifrar, el salmista articula en su poema sus reflexiones personales en torno al tema, que entiende provienen de Dios.

vv.5-11: Luego de la introducción general del tema que espera dirimir, el salmista introduce la pregunta que ocupa su preocupación fundamental y prioritaria, y guía sus reflexiones: «¿Por qué temer en los días de adversidad, cuando la iniquidad de mis opresores me rodee?» (v.5). En efecto, en momentos de dificultad extrema, especialmente cuando la muerte amenaza, los temores relacionados con los enemigos poderosos adquieren nueva dimensión. El salmista finaliza su reflexión con un estribillo que revela el corazón del mensaje: ¡Los seres humanos no son eternos y su fin es la muerte como el resto de los animales! (vv.12,20).

El mensaje del salmista es claro y directo: ¡La gente de bien no le teme a las personas malvadas y opresoras, ni se atemoriza en los días de adversidad y angustia! La humanidad toda está sujeta a las mismas leyes de la vida y la muerte. Y aunque las personas que utilizan el poder económico y político para la opresión y la maldad confían en sus bienes y se jactan de sus riquezas, no pueden «redimir a su hermano ni pagar a Dios rescate» (v.7). ¡Las muchas riquezas no pueden pagar el rescate de una vida, que tiene un muy alto precio! (v.8). Y aunque el objetivo que tienen es «comprar» una forma de existencia que le permita vivir «para siempre, sin jamás ver corrupción» (v.9) —es decir, ¡desean adquirir la vida eterna mediante la inversión de sus recursos económicos!–, el fin de sus días es similar al del resto de las personas y los animales. La gente rica y opresora muere de la misma forma que las personas sabias, insensatas y necias. ¡En lo íntimo de sus pensamientos las personas que tienen riquezas desean preservar sus recursos económicos y mantener el poder a través de las generaciones! Sin embargo, las leyes naturales de la vida no se los permiten.

El mensaje del salmista es el siguiente: Ante la muerte todos los seres humanos son iguales. Las personas ricas no son más fuertes por sus recursos económicos, ni la gente pobre es inferior por la carencia de bienes. Todos los seres humanos llegan igualmente a la muerte y al sepulcro, aunque la gente rica haya tratado de preservar su memoria, prestigio y poder por haber dado nombre a terrenos y países.

El mensaje del salmista presupone la imagen del rescate, que en una sociedad que acepta y propicia la esclavitud es muy importante. En ese mundo, una persona compra a un esclavo, que se convierte en propiedad de quien lo adquirió. Sin embargo, aunque en la vida fue esclavo al umbral de la muerte está al mismo nivel de su amo. ¡No existen los recursos económicos para rescatar a alguien de la muerte!

vv.12,20: El estribillo del salmo, que presenta alguna variación, revela la enseñanza del poema: ¡La gente no siempre gozará los honores de la vida! ¡Las personas son semejantes a las bestias del campo que perecen! El mensaje es de reconocimiento de humildad. Los honores no son eternos, y desconocer esa realidad de la vida lo que hace es complicar la existencia.

vv.13-19: En esta sección del salmo se retoman los temas que se exponen en la primera parte del poema. En esta ocasión, sin embargo, es la imagen de la muerte la que se pone de manifiesto. Como si fuera un pastor que conduce a sus rebaños a lugares tranquilos y seguros, la muerte lleva a los opresores y ricos a la tumba y al *seol* (v.14).

Sin embargo, el salmista no se siente como oveja que es llevada cautiva al matadero, sino como una persona segura y esperanzada, que confía en el Señor, que le «redimirá del poder del *seol*» (v.15). El poeta afirma que llegará el momento cuando la gente recta se enseñoreará de los opresores que tienen su morada en la muerte. Dios mismo tomará al salmista, que es una persona sabia e inteligente, para revelerle los grandes secretos de la vida.

La enseñanza del salmo es de gran importancia para la humanidad: No se debe temer cuando alguien se enriquece y aumenta la gloria de su casa, pues cuando muera no podrá llevarse nada consigo. Mientras viva puede disfrutar las dichas y el reconocimiento que le proveen sus recursos, pero cuando llega la hora de la muerte, cuando entre a la «generación de sus padres» y no vea más luz (v.19), no podrá llevarse los honores y las glorias que ha adquirido en la vida. En el corazón de esta enseñanza está la idea de la resurrección de las personas sabias, pues el Señor redimirá la vida del salmista y el Señor lo tomará consigo (v.15).

La lectura cristiana de este salmo pone en perspectiva la gran enseñanza de la literatura sapiencial, que el principio y fundamento de la verdadera sabiduría es el temor y la reverencia al Señor (Pr 1.7). Desde esta perspectiva, se ponen de manifiesto dos mensajes prioritarios para los creyentes: No se debe temer en momentos de adversidad y conflictos de la vida (v.5), ni se debe pensar que los recursos económicos brindan alguna ventaja al momento final de la vida (vv.7-9). La confianza del salmista se fundamenta en la convicción de que Dios redimirá finalmente su vida del poder de la muerte (v.15). Esa seguridad le brinda sentido de dirección en la vida y le provee propósito para la existencia.

La esperanza del salmista sobrepasa los límites de la vida y la muerte. Y fundamentados en esa convicción los escritores del Nuevo Testamento desarrollaron la doctrina de la resurrección. La muerte no tiene la última palabra en la existencia humana, pues basados en la vida, el ministerio, la pasión, el mensaje, la muerte y la resurrección Jesús de Nazaret, la iglesia afirma con seguridad una nueva dimensión escatológica de la vida, la resurrección de los muertos (1 Co 15.1-58).

El tema de las riquezas y la pobreza es también de gran importancia evangélica. En primer lugar, fundamentado en la convicción de que donde está el corazón también están las riquezas, el Señor instó a sus seguidores a hacer tesoros en el cielo donde no se dañan con la polilla ni el moho, ni donde lo pueden hurtar los ladrones; y posteriormente añadió: «No podéis servir a Dios y a las riquezas» (Mt 6.19-21,24), que era una manera de rechazar la confianza que pueden depositar las personas en las riquezas, en contraposición a la seguridad que proviene del Señor. Ese fue posiblemente el contexto ideológico para la afirmación: «¡Cuán difícilmente entrarán en el reino de Dios los que tienen riquezas!» (Mr 10.23).

SALMO 50: «DIOS JUZGARÁ AL MUNDO»

El Salmo 50 es un poema de denuncia profética. Incluye una serie de represiones de Dios al pueblo por haber sido infiel al pacto y muestra las características básicas de la verdadera adoración al Señor. El estilo del poema, que emplea un lenguaje rudo, revela las denuncias tradicionales y las exhortaciones características de la literatura profética. El salmo organiza sus temas en forma de juicio, e incluye en el desarrollo de sus ideas al juez, los oyentes, los testigos, el acusado y la acusación. El propósito del autor es poner claramente de manifiesto que Dios es el juez de la tierra, particularmente de su pueblo.

Este salmo se dispone literariamente en forma de liturgia, y se puede relacionar con las ceremonias de renovación del pacto o alianza en el antiguo Israel. La naturaleza profética del poema se pone claramente en evidencia al descubrir que algunas porciones mayores del salmo se presentan como oráculos o palabras divinas, que presumiblemente algún profeta del culto articulaba (vv.5,7-15,16b-23). Y aunque es muy difícil precisar el entorno preciso de la celebración, posiblemente la referencia a Sión (v.2) lo relacione con las ceremonias que se llevaban a efecto en el Templo de Jerusalén, y el uso de nombres divinos antiguos –p.ej., *El Elohim* (traducido como superlativo, «Dios de dioses», v.1) y *Elyon* (traducido como «Altísimo», v.14)– lo identifique como un salmo que proviene posiblemente del inicio del período monárquico en Israel. Estas peculiaridades literarias pueden ser buenos indicadores que este salmo era parte de las liturgias que se llevaban a efecto durante la Fiesta de los Tabernáculos (Dt 31.10-11). El autor debe haber sido un profeta del culto que se convirtió en el portavoz de grupos populares que se sentían marginados y oprimidos. Respecto al título hebreo del salmo, que lo identifica como un «salmo de Asaf», y la referencia a *selah* (v.6), véase la Introducción.

La estructura literaria del salmo revela tres partes básicas:

- Apertura del juicio: vv.1-6
- El significado verdadero de los sacrificios: vv.7-15
- El significado verdadero de la Ley: vv.16-23

vv.1-6: El salmo comienza con una especie de introducción hímnica, en la cual los nombres del Señor juegan un papel prominente: Dios de dioses (v.1), Yahvé –traducido en Reina-Valera como «Jehová»– (v.1), nuestro Dios (v.3), Dios es el juez (v.6). Al comienzo del poema se pone de manifiesto de forma inequívoca que el Señor es juez, que se relaciona con la antigua ciudad de Jerusalén, que alude al éxodo y que recuerda el pacto con su pueblo en el Sinaí. La expresión «Dios de dioses» (v.1) es una forma hebrea que expresa el superlativo; no se debe utilizar esta frase para afirmar o para negar la existencia de otras divinidades antiguas.

En la apertura solemne del juicio, el Señor –que en este proceso legal a la vez es Dios y juez– llama a tres testigos. En primer lugar, se convoca desde Sión (v.2) –o desde la ciudad de Jerusalén, que es la morada divina—, a toda la tierra: desde «donde nace el sol hasta donde se pone» (v.1); también se llama a «los cielos y la tierra», para aludir al pacto en el Sinaí (v.4); y finalmente se requiere la presencia de los «santos» de Dios, «los que hicieron pacto con sacrificios» (v.5), en una clara referencia a su pueblo (Ex 24.5-8), que serán las personas juzgadas.

En ese entorno legal se afirma claramente que los cielos declaran la justicia divina, pues el Señor es juez (v.6). El lenguaje que el poema utiliza (vv.2-3) evoca las revelaciones divinas en el Sinaí, donde se estableció la alianza y pacto de Dios con el pueblo, y donde se recibió la Ley (Ex 19.16-19). A la vez, ese lenguaje también se asocia con el amanecer, cuando los rayos del sol irrumpen en la tierra y pueden hacer recordar la revelación en el Monte de Sinaí.

La función de los cielos y la tierra en el salmo se puede aclarar al analizar los temas y la estructura literaria del «Cántico de Moisés» (Dt 32.1): En las celebraciones litúrgicas regulares de los israelitas, los cielos y la tierra se ponían de testigos silentes del pacto que se había llevado a efecto entre el Señor y el pueblo de Israel. Las imágenes del fuego consumidor y las tempestades poderosas (v.3) en muchas ocasiones se relacionan en la Biblia con teofanías especiales, con revelaciones extraordinarias de Dios en medio de la humanidad. Con esas imágenes el poeta evoca la teología del pacto, y alude a la fidelidad que se reclama del pueblo.

El salmista hace una convocación solemne para presenciar el juicio del pueblo de Dios (v.4); el poeta llama a los diversos sectores cósmicos a ser parte del proceso legal contra la comunidad que selló un pacto de fidelidad con el Señor. ¡Dios mismo juzgará al pueblo por sus acciones!

vv.7-15: En las dos secciones que prosiguen (vv.7-15,16-23) se presenta una serie intensa de acusaciones contra el pueblo. ¡Es el Señor mismo quien se levanta a testificar contra su pueblo! ¡El Dios del pacto se dispone a presentar las acusaciones! Se subraya la urgencia del proceso legal con las palabras «oye» y «escucha» (v.7), y se revela el conocimiento pleno de las acusaciones, pues el juez interpela a los acusados como «pueblo mío», «Dios tuyo», «testificaré contra ti» (v.7).

La primera serie de acusaciones Dios muestra su profundo descontento. Ese sentimiento divino no se fundamenta en los sacrificios propiamente dichos, ni en las celebraciones cúlticas en el Templo. Los sacrificios, los holocaustos, los becerros y los machos cabríos (vv.8-9) son símbolos de la fe del pueblo que tienen importancia religiosa y pueden formar parte de las ceremonias litúrgicas que se llevan a efecto de forma adecuada.

La preocupación del Dios del pacto no se relaciona con las dinámicas externas de las celebraciones, sino con sus implicaciones internas, éticas, personales y emocionales. El poeta está seriamente preocupado con los «sacrificios de alabanza» (v.14), con el «pagar los votos al Altísimo» (v.14) y con «invocarle en el día de la angustia» (v.15). La crítica del poeta, que se ha convertido en la voz de quienes no tienen voz, se relaciona con el corazón mismo de la experiencia religiosa. Dios no tiene necesidad de todo el sistema de sacrificios, ni el Señor no está cautivo en las ceremonias religiosas.

La expresión «sacrificios de alabanzas o de acción de gracias» es de difícil comprensión. En primer lugar, puede referirse a las ofrendas de acciones de gracias que se llevaban al altar de manera común o compartida (Lv 7.12; 22.29; Am 4.5); o también la expresión puede aludir a algún himno de gratitud y alabanzas que se entonaba a Dios (Sal 26.7; 42.4; 69.30). El punto que desea afirmar al salmista es que Dios no se come lo que se presenta en los sacrificios, pero esos sacrificios pueden ser buenos vehículos de comunicación de un sentimiento religioso noble y grato.

«Pagar los votos al Altísimo» se relaciona con las ideas de fidelidad, lealtad y responsabilidad. Y la referencia a «invocar al Señor el día de la angustia» (v.15) pone de manifiesto la importancia de confiar y esperar en la intervención divina en el momento oportuno. El resultado de esa actitud de alabanza, lealtad y confianza es la liberación humana y la honra divina. Como resultado de la libración que ha recibido, el ser humano honra al Señor.

vv.16-23: La tercera sección del salmo presenta el segundo ciclo de acusaciones. En esta oportunidad, sin embargo, las críticas son más específicas, los reproches son más intensos, las acusaciones son más concretas. Dios está muy indignado, y revela de forma clara por qué presenta este pleito legal contra su pueblo: Las relaciones sociales del pueblo se han corrompido, las manifestaciones de solidaridad se han esfumado, el respeto a la familia se ha perdido.

Dios mismo se dirige a la persona malvada para acusarles de una serie extensa de acciones impropias e inadecuadas: Hipocresía respecto a las leyes e incumplimiento del pacto (v.16); rechazo a la corrección y desobediencia (v.17); robos y adulterios (v.18); mentiras (v.19); y calumnias (v.20). No se cumplen varios de los Diez mandamientos, particularmente los que se relacionan con el prójimo, los que organizan las dinámicas sociales de la comunidad: P.ej., hay violación de las leyes de propiedad –¡robos!–, se ha ofendido la integridad familiar y matrimonial –¡adulterios!–, y se ha roto con el fundamento de la fraternidad –¡calumnias y falsos testimonios!–. La crítica divina no se relaciona con las dinámicas y mecánicas de los sacrificios, sino con el cumplimiento de las leyes que ponen de manifiesto unas relaciones interpersonales justas.

La palabra final del salmo es de amonestación intensa, que puede revelar un deseo de conversión y arrepentimiento. Para la gente que se olvida de Dios, que es una referencia a las personas descritas como malvadas en la sección anterior (vv.16-21), le aguarda la destrucción divina fulminante y final (v.22). Sin embargo, a las personas que ofrecen sacrificios de alabanzas al Señor, que es una forma poética de referirse a la lealtad y la fidelidad al pacto, recibirán la salvación que proviene del Señor (v.23).

La respuesta cristiana a la teología de este salmo se relaciona con el testimonio de los profetas. Este salmo es una respuesta profética a las dinámicas religiosas que divorcian la experiencia religiosa en el culto de sus manifestaciones concretas en la comunidad. La crítica profética del salmo no es necesariamente al sistema de sacrificios, sino a la actitud impropia de separar las actividades religiosas de sus consecuencias morales. La experiencia religiosa saludable es la que participa de los símbolos de la fe y afirma las implicaciones éticas que se desprenden de sus enseñanzas. Para que el culto tenga pertinencia y significación adecuada, debe celebrar la afirmación de la justicia y los valores de la fe en los diversos órdenes de la vida; de otro modo, se convierte en una serie de ritos que carecen de repercusiones reales en la vida de la gente que adora.

Esa teología de continuidad entre el culto y la vida la vemos ejemplificada en la vida de Jesús de Nazaret, que no solo cumplió con las tradiciones religiosas de su pueblo sino que las atemperó a las necesidades reales de la comunidad. En efecto, Jesús asumió la teología de este salmo y la aplicó a su ministerio, pues su actividad misionera estuvo íntimamente relacionada con la implantación de la justicia. Rechazó públicamente la actitud injusta y opresora de los cambistas en el Templo (Mt 21.12-17; Mc 11.15-19; Lc 19.45-48; Jn 2.13-22), y respondió a las necesidades de las personas que por diversos motivos experimentaban marginación en la sociedad palestina del siglo primero – p.ej., mujeres, niños y niñas, leprosos, enfermos físicos y mentales, pobres, etc.–.

Salmo 51: «Arrepentimiento, y plegaria pidiendo purificación»

Con el Salmo 51 llegamos al corazón mismo de las plegarias en la Biblia. El poema es una súplica individual que pone claramente de relieve los importantes temas del arrepentimiento y la contrición, y revela también los sentimientos más intensos del salmista que piden a Dios perdón, purificación y renovación interior. Como respuesta a la misericordia divina, el poeta se compromete a dar testimonio del amor y la piedad del Señor y de trabajar por la conversión de la gente pecadora. En su forma actual, este salmo está íntimamente relacionado con el poema anterior, y es una especie de respuesta a la acusación divina, que aguarda la reacción y actitud del pueblo. Y esa respuesta se presenta con firmeza y claridad: «al corazón contrito y humillado no despreciarás tú, oh Dios» (Sal 17b).

Este salmo es el más conocido del grupo de poemas que se conocen en el Salterio como «Salmos penitenciales» (Sal 6; 32; 38; 102; 130; 143), que a su vez son una subdivisión de las súplicas individuales (p.ej., Sal 5; 7; 10; 13; 17). Es una oración intensa que revela a una persona con en graves problemas que se presenta ante Dios para confesar su naturaleza pecaminosa y pedir perdón. El salmista está consciente de su propia miseria, reconoce su condición de maldad y acepta la gravedad de su culpa, pues ha roto la alianza o el pacto con Dios (v.4). Sus peticiones y súplicas se fundamentan en su realidad humana, que revela la maldad, pero que también confía en la providencia divina que manifiesta el amor. Posiblemente el contexto vital de salmo no es el entorno litúrgico de los cultos de purificación en el Templo, sino la oración personal e individual de alguien que se siente abrumado por su pecado. Su autor es una persona fiel que se allega al Señor para implorar su misericordia durante el período exílico, o mejor, en la época postexílica.

Los paralelos de este salmo con la literatura profética, particularmente con la que se desarrolla en el destierro, son muchos e intensos:

- v.1: Is 43.7
- v.2: Is 43.25; 44.22; Jer 2.22; 4.14
- v.3: Is 59.12-13; 65.5-7
- v.4: Is 42.44; 25.12; 66.4
- v.5: Ez 16.2-4; Jer 2.11; Is 43.27
- v.7: Ez 36.25; Is 1.18
- v.8: Ez 37
- v.9: Is 59.2; Ez 39.23-24
- v.10: Jer 31.33-34; Ex 36.26; Ez 11.19; Jer 32.29; Is 51.7
- v.11: Jer 23.39; 33.25; Is 63.10,11b
- v.14: Ez 3.18-20; 33.6,8,9: Is 61.10-11
- v.16: Hos 6.6; Am 6.21,22
- v.17: Is 57.15b; 61.1b; 66.2b

El título hebreo del salmo, que ocupa dos versículos en la versificación hebrea, lo relaciona con David; particularmente alude a un particular episodio en la vida del famoso monarca israelita, en el cual participan también Betsabé, la esposa de Urías, y el profeta Natán (2 Sam 11–12). Sin embargo, la lectura cuidadosa del salmo revela que las ideas expuestas se relacionan mucho mejor con períodos históricos posteriores, específicamente con el siglo sexto y quinto a.C.: p.ej., la actitud de rechazo de los sacrificios (vv.16-17), la idea de un nuevo comienzo (v.10), y la particular expresión «santo espíritu» (v.11) son características del pensamiento exílico y postexílico. Una buena época para ubicar la composición de este salmo va desde los años de Jeremías y Ezequiel hasta los de Nehemías. El título hebreo de este salmo es posiblemente producto del interés del redactor final del poema de relacionar una experiencia adversa en la vida de David con la realidad humana llena de maldad que se repite en muchas personas; además, el episodio descrito pone de manifiesto el arrepentimiento del monarca.

La estructura literaria del salmo se relaciona íntimamente con los temas expuestos, y es la siguiente:

- Invocación inicial: vv.1-2
- Confesión de pecado: vv.3-5
- Oración por limpieza y renovación: vv.6-12
- Compromiso y acción de gracias: vv.13-17
- Liturgia final: vv.18-19

Aunque desde la perspectiva literaria podemos identificar varias secciones del poema, la interacción, integración y relación interna del salmo se ponen claramente de manifiesto. En primer lugar, el salmo incluye una serie de términos que se relacionan con las ideas de transgresión: Rebeliones (v.1); maldad y pecado (v.2); rebelión y pecado (v.3); pecado y hacer lo malo (v.4); maldad y pecado (v.5); pecados y maldades (v.9); transgresores y pecadores (v.13); y homicidios (v.14). En estas expresiones se revela el ambiente de angustia que vivía el salmista, y se pone de manifiesto con claridad la conciencia de maldad que poseía. Sin embargo, junto a la miseria humana el poeta pone de relieve la naturaleza amorosa de Dios. Reconociendo su condición pecaminosa, fundamenta su oración en la misericordia divina, e implora perdón y renovación. La sección final desea incorporar al poema los temas de Jerusalén y los sacrificios (vv.18-19).

vv.1-2: En la sección inicial del salmo se revela el propósito fundamental de la oración, la finalidad primordial del poema. El salmista acude a la presencia divina para implorar su piedad, para suplicar que sus rebeliones sean borradas, y para solicitar ser lavado de su maldad y limpiado de su pecado. El salmista revela en estos versículos el reconocimiento de su condición, y el conocimiento de la gracia divina. El poeta pone de manifiesto su necesidad inmediata y reclama la intervención salvadora de Dios.

La primera expresión del salmo, «ten piedad de mi» —o, «manifiesta tu gracia y misericordia hacia mi»—, solicita el perdón divino y apela a las bondades del Señor. El salmista no fundamenta su petición en su crisis personal adversa sino en la naturaleza de Dios, que se describe como misericordia y piedades, expresiones que generalmente aluden al amor divino, según se ha manifestado en el pacto o la alianza del Señor con su pueblo. La oración del salmista no se basa en el remordimiento ni se ancla en las preocupaciones del poeta. La plegaria se mue-ve del nivel personal para llegar a la esfera divina y explorar las diversas posibilidades de la gracia y perdón de Dios. La confesión del pecado es el paso inicial para el perdón pues activa la misericordia y el amor del Señor.

En hebreo, la expresión «ten piedad» transmite la petición de un favor inmerecido. «Misericordia» es una palabra que revela un sentido profundo e intenso de amor divino y alude a su capacidad y deseo de cumplir sus promesas. «Multitud de piedades», que también puede entenderse como «abundante misericordia», es una frase que pone de manifiesto el sentimiento de seguridad y confianza que transmite la gracia de Dios, similar a la de una madre hacia su hijo o hija, o a los sentimientos interpersonales más profundos. «Borra» pone de relieve el deseo del salmista de ser restaurado, su anhelo de ser transformado, como si se eliminara y olvidara sus actitudes malsanas pasadas. «Rebe-liones» es una referencia al rechazo absoluto de la autoridad. «Láva-me» es un verbo vigoroso que transmite un sentido fuerte, se utiliza para describir el proceso de limpiar la ropa, a la que hay que sacarle el sucio con cierta energía. La palabra «iniquidad» puede aludir a algún acto deliberado maldad. «Límpiame» es un término litúrgico que pone de manifiesto el proceso de purificación ritual. Y «pecado» es la pala-bra que describe al acto de fallar o cometer un error; y en el contexto religioso, describe a la persona que conscientemente actúa de forma impropia.

En este versículo, es importante notar los paralelos, pues tienen implicaciones teológicas. Tres palabras destacan el amor divino: pie-dad, misericordia y compasión; y a tres expresiones ponen de manifies-to su perdón: borra, lávame y limpiame.

vv.3-5: A la actitud de humillación ante el Señor, el salmista añade la confesión de sus pecados. El poeta reconoce sus rebeliones, pues el peca-do está siempre presente en su vida; y añade, con humildad y contrición, que ha pecado contra Dios, que ha hecho lo malo, que ha actuado de forma impropia, que se ha comportado de manera inadecuada. Posible-mente la expresión «contra ti solo he pecado» puede ser una indicación de que su pecado era de corte religioso —¡idolatría!—, aunque no pode-mos ignorar que los pecados contra Dios tienen implicaciones éticas que afectan seriamente a la comunidad. En efecto, la injusticia que se comete contra el prójimo es un pecado ante Dios y una violación al pacto o alianza.

La confesión de pecados debe entenderse a la luz del resto de la oración, que revela a Dios como misericordioso (v.1), piadoso (v.1), justo (v.4), puro (v.4) y salvador (v.12). El salmista debe reconocer su maldad para poder ser liberado, perdonado y salvado por el Dios que es particularmente reconocido como misericordioso, justo y puro. Esa actitud de confesión y reconocimiento de pecado es una especie de doxología de arrepentimiento y juicio, en la cual se alaba al Señor, se acepta la culpa y se implora la misericordia divina (véase Jos 7.19-21; Am 4.13). La respuesta divina que manifiesta su perdón confirma su naturaleza justa y pura.

La referencia a la maldad en que ha sido formado y el pecado de la concepción (v.5) deben ser entendidas de forma adecuada y prudente. No debe interpretarse el texto como una referencia adversa al estilo de vida y el comportamiento ético de la mamá del salmista. Posiblemente el pasaje alude al mundo pecaminoso que rodeaba toda la vida del poeta, desde el momento mismo de su nacimiento. Se contrapone de esta forma la justicia divina y la maldad humana, la pureza de Dios y la impiedad de las personas, las virtudes del Señor y las transgresiones de la gente.

vv.6-12: Esta sección incluye una oración a Dios que implora, de forma sentida e intensa, purificación, limpieza, renovación y salvación. Luego de reconocer su condición y aceptar su culpa, el salmista explora el extraordinario mundo de la misericordia divina. Como el Señor ama la verdad y le ha ayudado sabiamente a comprender su realidad existencial, el poeta se anima a expresar sus peticiones de liberación y restauración.

En su oración, el salmista pide ser limpiado con hisopo, que era un arbusto de hojas pequeñas cuyas ramas se utilizaban en algunas ceremonias de purificación ritual (Lv 14.4-7,49-53; Nm 19.18). Se usó en la Pascua para aplicar la sangre del cordero al dintel y postes de la casa (Ex 12.22). También se utilizaba en los ritos de limpieza de personas leprosas (Lev 14) y para la purificación de alguna persona que tocara a un muerto (Nm 19.18).

Desea el poeta ser limpio, y reconoce que si el Señor interviene en su vida y lo «lava» (v.7) será más blanco que la nieve (Is 1.18), que es una manera figurada de enfatizar la transformación y la renovación. La intervención divina trae gozo, alegría y «recreación de los huesos que has abatido», que es una forma poética de aludir al cambio radical en la vida y el estado de ánimo del salmista. La imagen de los huesos puede referirse a la vida completa (Sal 35.10).

En su oración el salmista pide que el Señor esconda su rostro de sus pecados y repite su anhelo de que se borren sus maldades. Lo que necesita, en efecto, es «un nuevo corazón y un espíritu recto» (v.10); lo que requiere es una forma alterna de ver e interpretar la vida; lo que anhela es una manera novel de establecer las prioridades en la existencia humana. No quiere ser eliminado de la presencia divina ni desea que el espíritu santo se aleje. Lo que el salmista requiere es que regrese el gozo de la salvación y que lo sustente la nobleza y la bondad. Su petición es la renovación de su vida, el disfrute pleno de la presencia de Dios, con sus implicaciones de paz, bienestar, alegría, felicidad, salud y salvación. La enseñanza de esta oración del salmista es que el arrepentimiento, la contrición y la humillación mueven a las personas de los sentimientos de culpa y angustia al disfrute de la restauración plena, grata, noble, digna y transformadora.

De particular importancia teológica es la unión y relación de los conceptos del «espíritu recto» (v.10) dentro del salmista y el «espíritu santo» renovador de Dios (v.11). De acuerdo con el salmista, el espíritu de Dios tiene el poder y la capacidad de producir en el interior de las personas sentimientos de rectitud, nobleza y felicidad. Esa afirmación teológica es base para el desarrollo de la teología del Espíritu Santo según se pone de manifiesto en el Nuevo Testamento. Además, la secuencia de peticiones del salmista se pueden relacionar con las promesas del nuevo pacto en la teología de Ezequiel (36.25-27) y con el mensaje del nuevo corazón de Jeremías (24.7; 31.33).

vv.13-17: La respuesta del salmista a la misericordia de Dios es su compromiso y dedicación de enseñar a transgresores y pecadores los caminos divinos para que puedan convertirse de esas acciones malvadas. Ante una manifestación extraordinaria del amor de Dios, el poeta responde con gratitud y compromiso: Dedicará su vida al proceso pedagógico que tiene como finalidad la modificación sustancial de la conducta humana. En su petición, además, el poeta se compromete fielmente a «abrir sus labios» para alabar al Señor (v.15), que es una manera figurada de indicar su agradecimiento y de poner claramente de manifiesto su firme deseo de responder positivamente a la revelación divina. Al comenzar el salmo el poeta se reconoce como pecador (vv.1-2), sin embargo, en esta ocasión, y como respuesta a la acción misericordiosa del Señor, se compromete a enseñarle los caminos divinos a las personas que están cautivas en sus maldades.

La expresión «líbrame de homicidios» (v.14) —literalmente, «líbrame de la sangre»— puede ser una alusión a la muerte prematura que puede llegar al salmista como castigo por sus maldades y por consecuencia de sus pecados. Y «cantar su justicia» es más que una expresión musical sino el reconocimiento y aprecio de la justicia divina.

vv.16-17: Esta sección del salmo evalúa negativamente el sistema de sacrificios en el Templo. Más que los sacrificios de animales que se presentaban en el altar del Templo de Jerusalén, que el salmista está dispuesto a ofrecer, están las alabanzas al Señor (v.15), «el espíritu quebrantado», y «el corazón contrito y humillado» (v.17). Según el salmista, Dios no desea tanto los holocaustos como las actitudes humanas que ponen de manifiesto el quebrantamiento, la humildad y la contrición. De acuerdo con el poeta, las demostraciones rituales externas no son tan importantes para Dios como la asimilación de la verdadera experiencia religiosa, que genera en el adorador y adoradora el reconocimiento de su condición pecaminosa y le mueve a llegar ante Dios con humildad para recibir el perdón.

Esta particular interpretación del sistema de sacrificios y ofrendas, en la que se enfatiza el espíritu quebrantado, se encuentra también en la literatura profética (p.ej., Is 66.1-3), y revela un sentimiento popular de rechazo a los abusos del sistema ritual referente al tamaño de los sacrificios y también sobre las necesidades de Dios (Mic 6.6-7; Sal 50.8-13). La respuesta verdadera a la manifestación de la misericordia divina se relaciona, según el salmista, con las convicciones profundas y las acciones concretas, no con el sistema de ritos que podían llevarse a efecto de forma mecánica, sin compromiso ético ni valores morales.

vv.18-19: La parte final del salmo es posiblemente una adición postexílica que desea añadir una dimensión comunitaria a la oración individual que se presenta en sección anterior (vv.1-17). Provienen de la época anterior a los años 445-443 a.C., cuando los muros de Jerusalén, destruidos por los ejércitos de Nabucodonosor, rey de Babilonia, no habían sido restaurados.

Generalmente los salmos de oraciones penitenciales finalizan con un voto de compromiso y dedicación, en este caso, sin embargo, la preocupación del salmo se mueve del nivel personal al colectivo. Específicamente el poeta desea la restauración de la ciudad de Jerusalén y la reconstrucción de sus muros, temas de gran importancia luego del retorno de los judíos desde Babilonia (Sal 102.13,16,21). El arrepentimiento personal que produjo el perdón divino y la restauración, se mueve al nivel nacional. El salmo culmina con el deseo de restauración nacional, que presupone la contrición y humillación del pueblo.

El pensamiento final del salmo es una especie de revisión a la idea de los sacrificios expuesta anteriormente (vv.16-17). El salmo presenta su declaración teológica postrera: Es únicamente por la bondad del Señor hacia Sión que serán aceptados los «sacrificios de justicia» —que es una manera de enfatizar la importancia de las implicaciones éticas y morales del sistema de ofrendas—; es solo por su misericordia que el Señor se alegrará de los holocaustos, ofrendas y sacrificios en el altar.

Los temas y las ideas que se articulan en este salmo son una especie de anticipo al ministerio de Jesucristo. Algunas de las ideas evangélicas expuestas, que se presentan de forma progresiva, son las siguientes: petición (v.1), limpieza (v.2), confesión (v.3), restauración (v.7), conversión (v.10), salvación (v.12) y proclamación (v.15). Además, la práctica de la oración, las súplicas intensas y la otorgación del perdón, fundamentado en la misericordia divina y el arrepentimiento humano (Mt 18; Lc 7.36-50; 15; Jn 8.1-11), constituyen el fundamento teológico del ministerio de Jesús de Nazaret. En la curación del ciego de nacimiento (Jn 9.7), se pone de relieve la idea de «lavar», y en la sanidad de las personas enfermas, particularmente leprosas, se manifiesta la teología del «purifícame» (Sal 51.7).

SALMO 52: «FUTILIDAD DE LA JACTANCIA DEL MALO»

La clasificación de Salmo 52 en las categorías literarias tradicionales del Salterio es muy difícil, pues une elementos que provienen de la literatura profética con la sapiencial. En primer lugar, el salmista denuncia con firmeza y valor la prepotencia y arrogancia de las personas poderosas, que no se inhiben ni dudan utilizar la calumnia, el poder y la mentira para lograr sus objetivos malsanos. Posteriormente anuncia el castigo que recibirán esas personas, que se contrasta con la paz, el gozo y la prosperidad que disfrutará el salmista por causa de su confianza en el Señor. El gran tema del salmo es la identificación de las fuerzas vitales que sostienen la vida con propósito: De un lado se presentan las mentiras y las riquezas que sostienen las actividades de las personas poderosas y prominentes; del otro, la misericordia divina que produce gente íntegra, noble y justa.

Algunos estudiosos piensan que el entorno inicial de este salmo son las liturgias de entrada al Templo de Jerusalén. En esas liturgias se producían diálogos que ponían de manifiesto temas como los que se articulan en este salmo. Sin embargo, no son necesariamente esas ceremonias religiosas las que explican las peculiaridades de este poema. Posiblemente el contexto inicial de este salmo es algún tribunal de justicia al cual comparece la persona malvada. El tema fundamental es el conflicto básico entre los estilos de vida y los valores de las personas prepotentes, injustas y arrogantes en contraposición a las personas humildes, sencillas y justas. La crisis la produce la reacción de esas personas poderosas a los anhelos de justicia y los reclamos necesarios de bienestar de la comunidad. Ante las peticiones de justicia de los humildes, los poderosos reaccionan con jactancia, engaños, mentiras, humillaciones y maldad. Como respuesta a las personas justas, los arrogantes actúan con calumnias, fraudes, corrupción, y agresiones físicas y verbales. La injusticia y la impunidad le permiten a esas personas injustas acumular riquezas y utilizar el poder económico, social, religioso y político para mantener en cautiverio a los humildes.

El autor del salmo es posiblemente un profeta aguerrido que se resistió a permanecer callado ante esas injusticias de las personas poderosas y prepotentes, presentó su caso ante las autoridades del pueblo. En el nombre del Señor, este profeta valiente hace sus acusaciones y dicta la sentencia, pues fundamenta su caso en la importante tradición bíblica que afirma el valor de los humildes y celebra las intervenciones históricas de Dios para la implantación de la justicia. Una posible fecha de composición del salmo es la época postexílica, cuando se manifestaron en el Templo varios conflictos socioreligiosos y políticos entre grupos proféticos y sacerdotales, fundamentados en la reorganización del culto en Jerusalén, luego del regreso de los exiliados e Babilonia. Los profetas criticaban seriamente el poder de los sacerdotes en el Templo, pues querían hacer el culto más democrático y participatorio. El título hebreo relaciona el salmo con un episodio interesante en la vida de David. Lo asocia específicamente al momento en el cual Doeg, el edomita, le dice a Saúl que David visitó al sacerdote Ahimelec en Nob para pedirle ayuda en su viaje de huida del monarca israelita (I Sam 21–22). El escriba que añadió estos detalles históricos al salmo, posiblemente estaba pensando en David como el que articula el poema, y dicta la sentencia contra Doeg (I Sam 22.22-23), o inclusive contra Saúl. Según el testimonio bíblico, el informe del edomita resulto en la matanza de muchos sacerdotes en Nob. Respecto a la palabra hebrea *selah* (vv.3,5) véase la Introducción.

La estructura literaria del salmo es la siguiente:

* Acusación profética: vv.1-4
* Anuncio del castigo divino: vv.5-7
* Confianza en los beneficios divinos: 8-9

vv.1-4: La primera sección del salmo es la acusación. El salmista, que se presenta como si fuera un profeta, articula con valentía las graves acusaciones: jactancia, mentiras, engaños, maldad y perversión. El caso se fundamenta en las actitudes hostiles y prepotentes de las personas malvadas que no solo se glorían de sus acciones perversas: ¡Han optado por la mentira en vez de la verdad! ¡Han decidido actuar con injusticia en vez de vivir de acuerdo con la honradez y la rectitud! ¡Sus palabras son perversas y su lengua engañosa! La imagen de la espada afilada subraya el tema en la lengua engañosa y las palabras calumniosas, que también se presentan en otros salmos (Sal 55.21; 57.4; 64.2-3) y en el Nuevo Testamento (Stg 3.1-12). El poeta pone claramente de manifiesto los valores que sustentan a ese tipo de personas, en contraposición a la gente humilde que recibe el golpe de esas acciones opresoras e injustas.

Los reproches que se presentan con autoridad en este poema también se articulan en otros salmos (Sal 4.2; 58.1; 62.3-4). En este particular contexto, el salmista se dirige literariamente a una persona específica en singular, aunque su mensaje tiene repercusiones comunitarias y nacionales. El poeta critica seriamente a las personas que fundamentan sus decisiones en la vida en el poder que poseen y en la humillación de los débiles. La fuerza profética del salmo se incrementa al reconocer que el mensaje del poema no está dirigido únicamente a alguna persona en particular sino a todo un pueblo, que debe rechazar este tipo de estilo de vida arrogante, hostil, agresivo, violento, mentiroso y engañoso.

«Poderoso» (v.1), en este contexto, es posiblemente un sarcasmo que prepara el camino para la sentencia final: «Dios te destruirá para siempre» (v.5). La palabra hebrea puede referirse a un guerrero, para destacar su poder y fuerza, aunque en este contexto su significado está más cerca de una persona con poder político y económico, de acuerdo con la descripción de sus actitudes y acciones. La imagen alude a la gente que ha puesto sus esperanzas en el producto de sus esfuerzos y dedicación, en rechazo abierto a la misericordia divina.

La traducción del texto hebreo, vertido en castellano como «¡La misericordia de Dios es continua!, es muy poco segura. En la versión griega de la Septuaginta, se indica «héroe de maldad», que hace más sentido con la idea del salmo y se apega mejor al contexto temático del poema. Una posible traducción del versículo es la siguiente:

«Por qué te jactas, oh poderoso,
de maldad contra el piadoso».

vv.5-7: Esta sección del salmo presenta la sentencia inapelable del poeta y articula el corazón del mensaje profético: A la persona poderosa, arrogante, malvada y prepotente, Dios la destruirá para siempre, la arruinará y la echará de su casa, y la desarraigará de la tierra (v.5). La palabra del profeta es firme y clara: El futuro de la arrogancia es la destrucción, el porvenir de la prepotencia es el desarraigo, y el mañana de la maldad es la ruina eterna. La destrucción es total y definitiva, e incluye casa y campo, que representan los entornos básicos de las personas, su hogar y su centro de trabajo.

Esta teología del salmista es eco del mensaje fundamental de Jeremías, cuya profecía consistía «en arrancar y destruir, arruinar y derribar» (Jer 1.10). El salmista sigue de esta forma el modelo de los mensajes proféticos, que comienzan con la presentación de las denuncias para posteriormente seguir con el anuncio del juicio (Is 3.16-26; 22.15-19; Am 1.3–2.5).

La reacción de las personas justas a las intervenciones divinas es de júbilo y felicidad. ¡Dejaron la cobardía y decidieron a reclamar sus derechos! La destrucción de los poderosos y lo que ellos representan es fuente de esperanza y liberación de los humildes, que interpretan esa caída como el resultado de la intervención divina. El fundamento de la caída de las personas poderosas, según el salmo, es el rechazo de Dios como fortaleza, protección y apoyo, es la actitud soberbia que les impele a confiar en sus propias riquezas y fuerzas, y que les mantuvo en sus maldades.

vv.8-9: La porción final del salmo pone de manifiesto el testimonio del poeta. El salmista expone su experiencia, y le agradece a Dios su intervención. Habla elocuentemente de la bondad y la misericordia divinas. Alaba al Señor por lo que ha hecho, espera en el nombre de Dios —que es una manera literaria de enfatizar su presencia y esencia—, porque interviene positivamente para responder a las necesidades de su pueblo, identificados en el salmo como «santos» (v.9).

La imagen de «olivo verde» (v.8) es símbolo de esplendor, vitalidad y prosperidad (Jer 11.16; Os 14.6). En este particular contexto, el salmista se ve a sí mismo con sentido de futuro y felicidad, fundamentado en las intervenciones divinas que le hacen justicia y le ubican en el lugar prominente. La base de la esperanza del poeta es la misericordia divina, en la cual confía «eternamente y para siempre», que es una frase figurada para referirse a su compromiso y seguridad en el Señor. El salmo contrapone la jactancia y altivez de las personas poderosas —descritas como desarraigadas (v.5)–, con la humildad y el compromiso de la gente humilde y santa, comparadas con el «olivo verde». Se contrapone también la firmeza y estabilidad de la casa de Dios (v.8), con las ruinas y la destrucción de la casa del poderoso (v.5). En esencia, el salmista representa los valores nobles y justos de la misericordia divina, que están diametralmente opuestos a los principios que representan los podeosos, que confían en sus riquezas y se fortalecen con mentiras y engaños.

Las lecturas cristianas del salmo afirman la teología de la justicia divina. El Dios del pacto y la alianza sostiene a la gente humilde y rechaza a las personas soberbias. El Señor del salmo no cede ante los avances del mal ni pacta con los hombres y mujeres que representan la maldad y la injusticia. Es el Dios que sostiene a las personas que luchan por la implantación de la justicia, y ayuda a quienes trabajan para el establecimiento de la paz. El salmo evoca las intervenciones divinas que propiciaron la liberación del éxodo.

En esta tradición profética del salmo, Jesús de Nazaret articula su mensaje de denuncias a las injusticias y de rechazo a quienes se benefician de esos sistemas (Mt 23.13-19). En ocasiones, sus mensajes contra las personas ricas son particularmente fuertes (Lc 6.24-26; Mc 10.23-28), pues sus haberes fiscales pueden ocultar las injusticias que generan las decisiones y las instituciones humanas.

En esta misma tradición de salmos de denuncia profética, que consistía esencialmente de la denuncia de las injusticias, se encuentran los siguientes poemas: 14; 50; 53; 75; 81; 95.

Salmo 53: «Insensatez y maldad de los hombres»

Los Salmos 53 y 14 son variaciones sutiles del mismo poema, que representan una muy seria denuncia profética, y de esa forma se relaciona con el poema anterior, Salmo 52. La estructura literaria es esencialmente la misma, con solo algunas excepciones. En primer lugar, el nombre hebreo genérico para referirse a la divinidad, *elohim*, sustituye al nombre personal de Dios —p.ej., Yahvé o Jehová, en las versiones Reina-Valera—; esa práctica es muy común en la colección de salmos conocidos como eloístas (Sal 42–83). Además, el título hebreo del Salmo 53 añade dos expresiones técnicas de muy difícil comprensión y traducción (véase la Introducción): *mahalat*, que puede referirse a alguna enfermedad o aludir al coro; y *maskil* que posiblemente puede traducirse como instrucción, para referirse a las enseñanzas que debía transmitir el salmo.

La diferencia más marcada entre estos dos poemas se revela en el versículo 5, que indica, en un texto de difícil comprensión, que la intervención divina llega en contra de las personas malvadas en Israel, mientras que en el pasaje paralelo de Sal 14.5-6 se indica que esa acción de Dios se manifiesta para proteger a los israelitas pobres de fuerzas foráneas. Posiblemente, en el largo proceso de compilación del libro de los Salmos, estos poemas pertenecían a colecciones pequeñas e independientes de salmos que se incorporaron con el paso del tiempo en la edición final del Salterio (véase la Introducción).

Los cambios sutiles en estos poemas le brindan a cada salmo identidad propia. El Salmo 14 puede referirse a la gente malvada en Israel, y presenta el juicio divino que les corresponde. En caso del Salmo 53 es diferente, pues el poema presupone que Israel ha estado en crisis y que la intervención divina llega para destruir a sus enemigos. Los «necios» del Salmo 14 son israelitas, mientras los del Salmo 53 son extranjeros que desafían al Señor.

SALMO 54: «PLEGARIA PIDIENDO PROTECCIÓN CONTRA LOS ENEMIGOS»

El Salmo 54 es el clamor de una persona que atraviesa un crisis mayor y se allega ante Dios para presentar su causa. El salmista está particularmente interesado en recibir el auxilio divino para ser liberado de la violencia, los ataques y la persecución de sus enemigos. La oración incluye cuatro peticiones básicas y fundamentales, que revelan la urgencia del clamor y que ponen claramente de manifiesto el estado anímico del poeta: sálvame, defiéndeme, oye y escucha.

Las peticiones que se incluyen en el salmo constituyen un magnífico ejemplo de las súplicas individuales, pues son fórmulas que se repiten con cierta frecuencia en el Salterio. Además, el poema contiene los tres elementos básicos de este tipo de oración de súplica: el lamento, la confesión de fe y de esperanza y la petición. El contexto inicial del salmo es posiblemente el clamor de una persona humilde y necesitada que se siente amenazada y angustiada por enemigos violentos y se presenta al Templo para suplicar a Dios su intervención salvadora. Posiblemente esta oración era también utilizada por el rey en momentos de crisis nacional, específicamente ante las amenazas de los enemigos. El salmista es posiblemente una persona fiel que reconoce la capacidad divina para responder a su clamor y librarlo de sus enemigos. La fecha de composición es muy difícil de precisar con exactitud, aunque se ha sugerido la época de las reformas de Josías y la renovación deuteronomística en Jerusalén, por las referencias a las alabanzas del nombre divino (v.6).

El título hebreo relaciona el salmo con un particular incidente en la vida de David. Posiblemente la fraseología inicial del poema, «hombres violentos buscan mi vida» (v.3), se asoció a la actitud de hostilidad, agresividad y persecución de Saúl (I Sam 23.15). Los zifeos, que eran los habitantes de Zif —una pequeña ciudad en la región montañosa de Judea, como a 3 millas al sureste de Hebrón—, fueron los que le avisaron a Saúl del escondite de David (I S 23.19; 26.1). Y respecto al resto del título hebreo —p.ej., *Neguinot* y *Masquil*—, véase la Introducción.

La estructura literaria del salmo es sencilla:

- Petición de ayuda: vv.1-2
- Descripción de la crisis: v.3
- Clamor de juicio: vv.4-5
- Votos de seguridad: vv.6-7

vv.1-2: Al comienzo mismo del salmo se manifiesta la angustia y el sentido de persecución del poeta. Las peticiones revelan que se necesita una intervención divina salvadora. El salmista el pide a Dios que le salve de un situación de peligro, reclama la justicia divina, y anhela que su oración sea escuchada. La invocación es urgente, el anhelo es intenso, la plegaria es profunda. El clamor es directo —sálvame, defiéndeme, oye y escucha—, y se hace en el nombre del Señor. El poeta presenta «las razones de su boca» o peticiones, que se fundamentan en el poder divino.

El paralelo poético entre el nombre de Dios y su poder indica que para el salmista la invocación del nombre divino era una manera de poner de manifiesto sus virtudes y capacidades liberadoras. El nombre de Dios no es solo una referencia a su identificación, ¡es la representación misma de su esencia, presencia y poder! El nombre de Dios es una alusión a su naturaleza redentora y liberadora. Por esa comprensión teológica es que el poeta invoca el nombre divino y sustenta su plegaria en esa convicción.

v.3: En esta sección se identifican a los enemigos del salmista, que son descritos como «extraños» y «hombres violentos», personas que no viven de acuerdo a los principios que emanan de la presencia y la voluntad divinas. Esta porción del salmo revela el porqué de la oración: ¡Gente soberbia, hostil y despiadada amenaza la vida del salmista!

La referencia a «extraños» puede aludir a personas extrajeras, y puede ser una pista que nos ayude a identificar el poema como una plegaria real. Este referencia también puede ser interpretada como una alusión a que el adorador está en el exilio en medio de pueblos desconocidos. Si la expresión es metafórica, entonces describe la actitud de algunas personas en la comunidad israelita que se confabulan para perseguir al salmista y desear su mal. Esas personas, de todas formas, no respetan la voluntad divina ni aceptan las implicaciones redentoras de su manifestación histórica.

vv.4-5: El salmista responde con seguridad a la descripción de sus enemigos. Es el Señor quien le ayuda, sostiene su vida y devolverá el mal a sus enemigos. La esperanza del poeta está en el Señor, que interviene para defenderlo y apoyarlo en el momento oportuno. ¡El salmista proclama su plena confianza en Dios! Su auxilio proviene del Señor.

Una vez el salmista ha expresado su confianza en la intervención divina su plegaria se orienta en contra de sus enemigos. La suplica es la siguiente: ¡Córtalos por tu verdad! Esta petición, que solicita la destrucción total de sus adversarios y enemigos, es fuente de esperanza para el salmista. El auxilio divino se manifiesta en la destrucción de sus perseguidores, que es una manera concreta de demostrar la liberación. Este clamor, más que un deseo de venganza, revela el deseo intenso del salmista: la implantación de la justicia.

vv.6-7: La sección final del salmo concluye la oración con varias expresiones de gratitud y alabanza, y articula un voto de seguridad y esperanza. El poema presupone que el salmista ya ha sido liberado de sus enemigos y del peligro en que estaba. Particularmente ya se ha percatado de la derrota de sus perseguidores.

Esa seguridad del salmista se fundamenta principalmente en la bondad del Señor y en su poder liberador. El poeta alabará el nombre divino y ofrecerá sacrificios voluntariamente al Señor porque lo ha librado de toda angustia y le ha permitido ver la destrucción de sus enemigos. El poema culmina con una declaración de fe y seguridad; el salmo termina con una palabra de gratitud y reconocimiento.

Una lectura cuidadosa y detallada del salmo revela que utiliza dos formas del nombre divino. Se alude en primer lugar a Dios (vv.1,2,3,4), y también se presenta a Yahvé (vv.4,6) —o Jehová, en Reina-Valera—. Además, en el desarrollo del poema se enfatiza la importancia del nombre divino (vv.1,6) y se afirma que es bueno (v.6). Esas referencias relacionan el salmo con el Dios de la liberación de Egipto (Ex 3.14), que es fuente de identidad, seguridad y esperanza para el pueblo de Israel. Desde esta perspectiva, el salmista clama al Dios del éxodo, que tiene la capacidad de escuchar el clamor de su pueblo y descender a liberarlos. La bondad del nombre de Dios, que es sinónimo de su presencia y esencia, es su virtud liberadora.

Las imprecaciones del salmo, que presentan el deseo de destrucción total de los enemigos, aunque no suene bien en oídos cristianos deben ser entendidas en el contexto del salmista. ¡Esas expresiones revelan sus sentimientos de frustración y sus anhelos de venganza! Desde la perspectiva cristiana, podemos entender esos sentimientos aunque no los propiciamos, pues el poder del perdón es mucho mayor que el del resentimiento y la revancha.

En el clamor del salmista, además, se revela también el deseo de justicia que tenía el poeta, aspecto de la imprecación con la cual las iglesias muy bien pueden identificarse. Ese clamor lo que pide es que Dios no se detenga hasta que le haya hecho justicia al salmista, que se siente amenazado, y haya retribuido a quienes maquinaron su mal.

En el ministerio de Jesús las súplicas juegan un papel preponderante. Respondió a los clamores de personas en necesidad, p.ej., enfermos y endemoniados, y también imploró a Dios en varias ocasiones de necesidad. En su estilo de vida, de acuerdo con las narraciones evangélicas, puso en práctica la teología que se revela en este salmo: Imploró a Dios en la angustia, reconoció la presencia hostil de enemigos que deseaban su mal, implantó la justicia, y bendijo al Señor por haber respondido a su clamor.

Salmo 55: «Plegaria pidiendo la destrucción de enemigos traicioneros»

El Salmo 55 es una súplica individual que expone ante Dios el dolor intenso de sentirse perseguido y angustiado por sus enemigos (v.3), y traicionado por algún amigo íntimo (vv.12-14). En medio de sus calamidades, el salmista le pide a Dios que lo defienda y lo libre de sus adversarios y de sus problemas. Las peticiones de ayuda para responder adecuadamente a los ataques de sus enemigos (vv.1-2,9,15), se apoyan en las actitudes de violencia de los que se le oponen (vv.9b-14,20-21), en el sufrimiento intenso que padecía (vv.2b-8), y en su sentido de esperanza en Dios (vv.16-19,23). El salmo incluye también una muy importante e intensa exhortación a depender y confiar en Dios (v.22).

El poema pone de manifiesto un conflicto muy serio entre el salmista y un grupo de personas, entre los que se encuentran algunos amigos muy cercanos. El origen del problema puede ser la traición de su amigo o la anarquía en la ciudad, que muy bien puede aludir al período postexílico, particularmente los primeros años luego de la deportación a Babilonia, en que la ciudad de Jerusalén estaba en medio del caos de una reorganización social y económica, y atravesando una crisis política luego de la guerra. En contexto inicial del salmo, desde esta perspectiva del destierro, no pueden ser las liturgias en el Templo que estaba destruido y en ruinas, sino el clamor de una persona piadosa que, al vivir las inseguridades familiares, espirituales, personales e interpersonales de la ciudad, se allega ante Dios para suplicar su misericordia y liberación.

El título hebreo del salmo lo dedica al músico principal, utiliza las expresiones *neginot* y *masquil*, y se relaciona con David (véase la Introducción).

Por las complejidades y dificultades temáticas, textuales y literarias del salmo, es difícil de precisar con seguridad su estructura. La siguiente propuesta, sin embargo, destaca y afirma los temas más importantes del salmo.

- Súplica a Dios: vv.1-3
- Descripción de la aflicción: vv.4-8
- Imprecación: vv.9-11
- Traición de un amigo: vv.12-15
- Confianza en el Señor: vv.16-19
- Descripción de la traición: vv.20-21
- Seguridad en el Señor: 22-23

vv.1-3: El salmo comienza con una petición de ayuda que se articula con una serie de imperativos: ¡Escucha mi oración, no te escondas de mi súplica, atiéndeme, respóndeme! Desde el comienzo mismo del poema el salmista revela su objetivo primordial y pone de relieve el ambiente sicológico que le rodea, pues clama y se conmueve. La finalidad es ser escuchado por Dios, que es una manera de implorar su intervención salvadora.

El fundamento de la plegaria del salmista es la voz del enemigo y la opresión del impío, que se han confabulado para perseguirlo y angustiarlo. El salmista necesita la intervención divina ante las acciones inicuas y adversas de sus enemigos. El poeta sabe que Dios no está sordo, ni ajeno, ni despreocupado, ni distante, por eso clama con intensidad; reconoce la capacidad divina de intervención, y esa convicción le impele a confiar y allegarse a Dios con sentido de seguridad.

vv.4-8: Luego de la plegaria inicial, el salmista procede a describir su condición. Se siente angustiado, temeroso, dolorido y tembloroso; inclusive, le «envuelve el espanto» (v.5), que es una forma figurada de enfatizar su desesperación, revelar su estado anímico y describir su congoja. La imagen del problema es clara: El salmista está frente una situación de crisis mayor, pues se siente débil, asustado y amenazado de muerte.

En medio de ese ambiente de persecución y angustia interna, el poeta desea huir de su realidad, desearía transformar su situación. Las imágenes son reveladoras e ilustrativas: Si tuviera alas, volaría lejos para descansar; si pudiera huir, viviría en el desierto, que es símbolo de soledad y refugio. ¡Su deseo firme es terminar con su realidad de dolor! La complejidad de las dificultades hacen que quiera escapar de los problemas, que describe como «viento borrascoso, de la tempestad» (v.8), imágenes que destacan la fuerza del problema y revelan la violencia de la crisis.

vv.9-11: A la oración y descripción del problema le sigue una imprecación; el poeta oiensa en alta voz y expresa sus sentimientos en torno a quienes le hacen mal y le hieren. La frustración se apodera del salmista, que manifiesta sus pensamientos más hondos, revela sus angustias más sentidas, expone sus anhelos más profundos: ¡Desea la destrucción total de sus enemigos! La petición del salmista es que sus enemigos sean destruidos de forma total y absoluta; y reclama, además, la confusión de sus lenguas, que es también una manera de destrucción por la falta de comunicación efectiva (véase Gn11.7-9).

Los enemigos del salmista están presente en todas las esferas de la ciudad: Rodean los muros, y no se apartan de sus plazas. Los muros simbolizan la protección de enemigos que provienen del exterior; y las plazas son los lugares, junto a las puertas de la ciudad, donde se hacían los negocios y su reunían los ancianos para implantar la justicia. El poeta describe una ciudad en crisis, y la describe de forma figurada con las siguientes expresiones: violencia, rencilla, iniquidad, trabajo, maldad, fraude y engaño. Junto al sentimiento interno de persecución y frustración, el salmista añade un ambiente social de anarquía, descomposición, desesperanza y crisis.

vv.12-15: En esta sección se revela un de los problemas mayores del salmista: ¡El origen de su desgracia y dolor es la traición infame de un amigo! Según el salmo, el poeta hubiese soportado las afrentas de los enemigos, y también hubiese superado las acciones hostiles de quienes le aborrecen. La crisis se manifiesta en grado sumo, sin embargo, cuando se percata de la identidad del traidor: ¡Una persona íntima, a quien trataba como guía, confidente, compañero de experiencias religiosas! En efecto, ¡era parte de la familia!

Al descubrir esa realidad amarga y dolorosa, el salmista se siente frustrado nuevamente, y articula otra imprecación: ¡Que la muerte los sorprenda! ¡Que desciendan vivos al seol! De esta forma enfatiza lo inminente de la destrucción; subraya la velocidad del juicio; expresa un sentimiento intenso de hostilidad hacia sus enemigos; y manifiesta el rechazo absoluto al grupo de personas que conspiran contra el salmista. La imagen del seol puede relacionarse con la suerte de los partidiarios de Coré (Nm 16.31-33).

vv.16-19: El salmista toma la palabra nuevamente para clamar al Señor y afirmar su esperanza de salvación. Indica que su oración continua propiciará la intervención divina. Dios escuchará la voz del salmista y redimirá su alma, que son expresiones alusivas a las persecuciones y las guerras que se llevaban a efecto en su contra. Y cuando el Señor escucha, quebranta a quienes persiguen al salmista, que son personas inescrupulosas, que no cambian ni temen a Dios.

La expresión «tarde, amanecer y mediodía» refleja la costumbre oriental de ubicar el comienzo del día a la caída del sol. Además, pone de relieve la oración constante del salmista.

vv.20-21: En esta sección se retoma el tema de la traición, y se describe a la persona aludida como perversa pues violó el pacto de amistad y de paz, que es una forma de describir la confianza mutua y respetuosa que debe existir entre verdaderos amigos y amigas. El arma mortífera del traidor es la palabra engañosa que, aunque puede ser blanda como la mantequilla o suave como el aceite, es mortal como la guerra, y hace daño como las espadas desenvainadas.

vv.22-23: La parte final del poema incluye palabras de seguridad y esperanza, algunas maldiciones hacia los enemigos, y una declaración de confianza. Según el salmista, Dios no dejará caída para siempre a la persona justa, pues sostendrá a quienes se apoyen en él. Confía que el futuro de quienes le persiguen, que son descritos como sanguinarios y engañadores, será el pozo de la perdición; además, les desea que no lleguen a la mitad de sus días, que es una manera de desearles la muerte a destiempo. Por su parte, el salmista confiará en el Señor.

El mensaje final del poema es de consolación y futuro. La palabra hebrea que se traduce al castellano como «carga» (v.22) aparece solo en este versículo en la literatura bíblica. Posteriormente, en los documentos rabínicos alude a algo pesado, dando paso a su interpretación como una preocupación seria o una angustia mayor. La carga representa el dolor angustioso y es símbolo de la gravedad del problema que afecta al salmista.

A través del tiempo este salmo se ha relacionado con la pasión de Cristo. De particular importancia para esta interpretación son las referencias a la traición de un amigo íntimo, que se pueden relacionar sin mucha dificultad con las decisiones y acciones de Judas referente a Jesús.

Además, la condena de Jerusalén, que es una ciudad violenta y asesina de profetas (Lc 13.34-35), es un tema que se incluye en el salmo y que se pone de manifiesto claramente en el mensaje de Jesús. El Señor, en su ministerio público, denunció abiertamente las injusticias que caracterizaban a la sociedad de su época, rechazó de forma pública la corrupción que se manifestaba en el Templo y en las instituciones religiosas (Jn 2.13-21), y denunció con firmeza las acciones irresponsables de líderes religiosos y políticos (Mt 23).

Salmo 56: «Oración de confianza»

El Salmo 56 es una oración personal intensa, que está cargada de expresiones de seguridad y confianza en Dios. Comienza con una muy sentida petición por la misericordia divina (v.1) y continúa con el reclamo a que frustre los planes de sus enemigos, y añade que el Señor les pague conforme a la iniquidad de sus corazones (v.7). Los adversarios del salmista son descritos como devoradores, opresores y soberbios, revelando de esa forma la naturaleza y las complicaciones de la crisis. La oración finaliza con expresiones de gratitud. ¡El salmista se compromete a llevar a efecto los votos que hizo y ofrecerle al Señor sacrificios de alabanza!

Este poema es uno de los muchos salmos de súplica individual que implora la intervención divina para la liberación de sus enemigos. Como es típico del Salterio, la identidad precisa de los enemigos no se indica, pero se les describe como personas agresivas, malvadas, hostiles, conspiradoras y confabuladoras. Posiblemente el contexto inicial del poema es la oración íntima de un israelita piadoso —¡que podía ser el rey!— , que debía enfrentar las acusaciones y hostigamientos de sus enemigos. Con el paso del tiempo, sin embargo, el salmo se utilizó en el Templo de Jerusalén como una oración de súplica comunitaria, en la cual el pueblo se comprometía a cumplir con las estipulaciones litúrgicas (vv.12-13) al ser liberados de la calamidad por el Señor. El salmo proviene, de acuerdo con nuestra lectura e interpretación, de la época postexílica — luego del año 587/6 a.C.–, cuando el pueblo sintió la presión del destierro y experimentó la vida fuera del territorio nacional de Israel.

El título hebreo del salmo es importante en la historia de su interpretación. Se dedica al músico principal (véase Introducción) y se añade la expresión: sobre «La paloma silenciosa en paraje muy distante», que es una traducción probable, pero no necesariamente fiable. La misma oración puede ser traducida como «la paloma de los dioses lejanos». En la versión griega de la Septuaginta, la oración se presenta como: «Para el pueblo que ha sido removido lejos de su santuario»; y en el Targum arameo se indica, con un muy claro sentido interpretativo: «Referente a la congregación de Israel, que es comparada a un paloma silenciosa en el tiempo cuando están lejos de las ciudades, y regresan y alaban al Dios del mundo». Posiblemente este título identifica una melodía antigua que debía servir de apoyo a la oración que se hace en el salmo.

La nota histórica del salmo hace una referencia importante a un episodio de la vida de David que se encuentra en los libros de Samuel (véase I S 21.10-15; 27; 29; 30). Esos pasajes comentan la vida de David entre los filisteos, particularmente en la ciudad de Gat. La rela-

ción del salmo con David puede fundamentarse en el uso de la palabra
hebrea traducida al castellano como «alabo», que posiblemente se relacionó con otra palabra hebrea de grafía similar, pero de significado
diferente, que transmite la idea de actuar con locura (I S 21.13). Aunque el relato de David entre los filisteos no indica directamente que el
famoso líder de Israel estuvo preso (I S 21), del contexto se desprende
esa idea, pues se indica que posteriormente escapó (I S 22.1).

La estructura literaria se desprende del descubrimiento e identificación del estribillo que es un indicador importante de las secciones
del poema:

- Clamor por la misericordia divina: vv.1-3
- Alabanzas y expresiones de confianza en Dios: v.4
- Descripción de las acciones de los enemigos: vv.5-9
- Alabanzas y expresiones de confianza en Dios: vv.10-11
- Respuesta del salmista a la liberación divina: vv.12-13

vv.1-3: La introducción del salmo está llena de expresiones de súplica y petición, p.ej., «ten misericordia», y por comenzar la descripción del conflicto. El poeta clama al Señor pues siente el ataque mortal
de sus muchos enemigos, de quienes indica que lo devorarían, oprimi-
rían y pisotearían continuamente. El salmo enfatiza la naturaleza intensa y continua del peligro al indicar que los ataques son «todos los
días» (v.1) y «todo el día» (v.2). Los adversarios son peligrosos pues
pelean en su contra con soberbia.

Ese tipo de clamor intenso es característico de los salmos de
súplica (p.ej., Sal 4.2; 6.3; 26.11; 27.7; 51.3; 86.16). La referencia a
los enemigos como «el hombre» (vv.1,4) es importante en el poema,
pues la palabra hebrea utilizada transmite la idea de fragilidad. El
salmista está preocupado por lo que pueda hacerle un ser humano,
que no es fuerte y victorioso como Dios, sino que lo caracteriza la
debilidad. Ya desde el comienzo del poema se pone en contraposición la fortaleza divina y la naturaleza humana precaria (véase Is 40.6-
7). Los verbos que se usan en estos versículos sugieren la idea de un
conflicto militar, que pueden ser expresiones figuradas para enfatizar
la gravedad de la crisis.

El pensamiento final de esta sección es de seguridad y confianza:
¡El antídoto al temor es la confianza en Dios! Esta afirmación de fe

prepara el camino para la importante declaración teológica del estribillo del salmo, que enfatiza la misma idea de seguridad y confianza.

vv.4,10-11: El estribillo del poema presenta tres temas básicos: la
promesa de liberación de parte de Dios, la confianza plena del salmista
y la superación de los temores. El poeta, luego de plantear su causa ante
el Señor, relaciona la alabanza a Dios con la confianza y la superación
de los temores. Se pone de relieve claramente con esta afirmación
litúrgica que el fundamento de la esperanza del salmista está en el Dios
a quien alaba. De esta manera poética el salmista también contrapone
el poder divino a la fragilidad humana. No teme el salmista a lo que
pueda hacerle el hombre pues confía en las promesas de Dios. El ser
humano es débil, y Dios es fuerte; las personas son frágiles, y el Señor
es poderoso; en efecto, los hombres y las mujeres no tienen la capacidad de amedrentar a la gente de fe, pues la alabanza genera esperanza y
propicia la liberación.

La diferencia básica entre el estribillo del v.4 y el de los vv.10-11 es
la repetición de la alabanza a Dios, en la también cual se incorpora el
nombre personal del Señor. Las preguntas retóricas que se incluyen al
terminar los refranes requieren la respuesta de seguridad y confianza:
«¿Qué me puede hacer el hombre?» ¡Nada! (vv.4c,11b).

vv.5-9: En esta sección del salmo se presentan las acciones de los
enemigos del salmista. ¡El objetivo de sus maquinaciones es quitarle la
vida! Todos los días se dedican a pervertir las acciones del justo, y le
dedican sus pensamientos malvados. Se reúnen a confabular, se esconden para sorprenderlo, y estudian cuidadosamente los pasos del salmista
para atacarlo en el momento de más debilidad. La expresión «asechar
el alma» revela la maldad y gravedad de sus acciones: Intentan destruir
completamente al salmista, ¡desean su fin!

Ante tal grado de maldad y persecución, el salmista responde con
una imprecación intensa: Pide a Dios que le pague a sus enemigos de
acuerdo a sus iniquidades y maldades. Este es un clamor para que se
manifieste la justicia divina. La expresión «pueblos» es este particular
contexto puede referirse a los enemigos tradicionales de Israel y de su
rey: Quizás es una alusión no solo a las grandes potencias de la antigüedad —p.ej., Egipto, Asiria y Babilonia—, sino las naciones vecinas —
p.ej., Edom, Moab, Amón, Siria y Filistea—. El salmista de este modo
mueve al salmo del nivel personal de su crisis al contexto nacional. De

esta forma este poema también puede utilizarse como una plegaria colectiva en momentos de gran necesidad nacional.

El salmista prosigue su clamor y revela el amor divino. Afirma con seguridad que el Señor «cuenta», es decir, toma en consideración las veces que ha huido; además, le pide a Dios que considere seriamente sus lágrimas, y que entienda sus dolores internos. La imagen de las lágrimas es muy interesante, pues la redoma es un trozo de cuero cocido de tal forma que puede contener los líquidos –p.ej., agua y vino–. Revela el salmista de esta forma el conocimiento íntimo que el Señor tiene de sus preocupaciones y dolores. Y la referencia al «libro» pone de relieve la creencia antigua de que Dios va anotando en una especie de libro las buenas y malas acciones de las personas, para evaluarlas detalladamente el día del juicio final (Dan 7.10; Mal 3.16; Ap 20.12; 21.27).

Las imágenes que utiliza el salmista en este salmo son interesantes y muy descriptivas. Los malvados, en primer lugar, son como animales salvajes que le asechan continuamente con la intensión de devorarlo; en segundo término, Dios anota en su libro las huidas del salmista, por causa de las agresiones y hostigamientos de sus enemigos; y finalmente se articula la imagen del odre, que es el saco de cuero para llevar agua, que podía salvarle la vida a los nómadas en el desierto.

Para culminar esta sección del poema se repiten las afirmaciones de esperanza y seguridad. Los enemigos retrocederán cuando el salmista clame, pues el Señor le acompaña. Aunque está en medio de la crisis, el salmista sabe muy bien una cosa: ¡Dios está a su favor! Y ese sentido de seguridad le prepara adecuadamente para enfrentar las adversidades y renovar su fe an alabanzas y gratitudes al Señor.

vv.12-13: La parte final del salmo presupone que las súplicas del poeta ya han sido escuchadas y respondidas. El salmista expresa su gratitud, y se presenta ante Dios con la promesa de mantener sus votos y ofrecer sacrificios de alabanza, que son expresiones litúrgicas de agradecimiento ante el pueblo, por las intervenciones divinas. Reconoce el poeta que ha sido librado de la muerte, y también ha sido protegido de las caídas mortales que le pueden impedir «caminar delante de Dios», que es una forma manera figurada de referirse a los estilos de vida que incorporan los valores y las enseñanzas que se desprenden de la Ley del Señor. El salmista agradece al Señor su intervención liberadora, pues puede andar en «la luz de los que viven», que es una figura que alude a las oscuridades del seol, o «la morada de los muertos», también descrita como «país de la oscuridad y las tinieblas» (Job 10.21-22).

El salmo, que comenzó con un clamor por la misericordia divina, concluye con una alabanza por la respuesta divina, que le ha permitido vivir delante de Dios, no a merced de sus enemigos. Este sentimiento de confianza plena es característico de los salmistas, que luego de presentar sus plegarias al Señor revelan su seguridad plena y su agradecimiento, pues actúan seguros que el Señor les ha escuchado y les responderá en el momento oportuno.

Este salmo puede muy bien manifestar los sentimientos más hondos de los creyentes y las iglesias. En primer lugar se reconoce la existencia de dificultades y de enemigos. Y el salmista responde a esa realidad con afirmaciones de seguridad y esperanza: La gente justa confía en el Señor, aunque el enemigo se manifieste con hostilidad y fuerza. El Dios del salmista tiene la capacidad de escuchar y responder al clamor de la gente. El Señor no ignora ni una sola lágrima de los ojos de los creyentes que se allegan con humildad y esperanza a exponer sus causas.

El Dios del salmo es el Dios que escucha, responde y libera. Sin la intervención divina los creyentes estrían a merced de los enemigos y de las injusticias de la vida; sin la manifestación extraordinaria de la misericordia de Dios la gente de fe no podría vivir segura y fortalecida.

Jesús de Nazaret comprendió muy bien las enseñanzas de este salmo y escuchó los clamores de los necesitados, respondió a sus necesidades íntimas y liberó a las personas cautivas. No permaneció indiferente a las lágrimas de la gente (Lc 7.13), y su mensaje se puede resumir en la oración que indica: Yo he venido para que tengan vida en abundancia (Jn 10.10).

SALMO 57: «PLEGARIA PIDIENDO SER LIBERADO DE LOS PERSEGUIDORES»

El Salmo 57 continúa el grupo de oraciones personales en las que el salmista busca refugio en el Señor, como respuesta a un conflicto serio y grave. La crisis del salmista se identifica en castellano como «quebrantos», pero en hebreo transmite la idea de destrucción. Junto a la petición de ayuda, el salmo incluye un cántico de acción de gracias, en el cual se afirman los temas clásicos de la esperanza, la confianza en el Señor y las promesas solemnes de alabar a Dios como testimonio público en medio de los pueblos y las naciones. Un estribillo litúrgico nos permite identificar las dos secciones mayores del salmo (vv.1-4,6-10), y le añade el componente de la alabanza al Señor, tanto en los cielos como en la tierra.

Como el poema anterior, este salmo tradicionalmente se identifica como una súplica individual, aunque no cumple con todas las características literarias tradicionales de ese tipo de poema. El Salmo 57 se asemeja al 56 en el lenguaje, la forma y el pensamiento. De particular importancia en la identificación del estilo literario del poema son las continuas afirmaciones de esperanza y seguridad que se ponen de manifiesto en su lectura. El salmista se presenta ante Dios como si estuviera en el Templo, confiado en la protección divina, y está listo a expresar sus gratitudes y alabanzas al Señor ante los pueblos y naciones, porque el amor y la misericordia divina es tan grande como los cielos.

El salmista debe haber sido un israelita piadoso que se sentía agobiado por los problemas y perseguido por los enemigos, y llegaba al Templo —que funcionaba no solo como centro religioso y espiritual sino como lugar de refugio— a implorar la misericordia de Dios. Llegaba en la tarde a adorar, y en la mañana siguiente el sacerdote le daría la palabra necesaria, según su inocencia o culpabilidad. Posteriormente, el salmo se relacionó con el rey y las formas de enfrentar las adversidades nacionales. Por la teología que expone el poema, p.ej., sus referencias al Dios Altísimo, se puede presumir que la fecha de composición del salmo es preexílica; la identificación de «tus alas» puede ser una alusión al Arca del pacto y a sus querubines alados, que eran parte del altar antes de la destrucción del Templo y a la posterior experiencia de deportación del pueblo a Babilonia.

El título hebreo del salmo lo relaciona con «el músico principal» y con David (véase Introducción); y la referencia a «No destruyas» puede indicar posiblemente el comienzo de una melodía con la cual este salmo se debía entonar (véase, además, Sal 58; 59; 75); la expresión se puede asociar con una de las oraciones de Moisés (Dt 9.26). «No destruyas» puede haber sido también una frase proverbial o un dicho popular entre los vinicultores que se resistían a destruir las primeras uvas que salían dañadas, pues pensaban que tenían el potencial de la vida que posteriormente podía surgir (I S 26.9; Is 65.8).

De igual forma Israel tenía el potencial de la vida que le daba Dios y no debía ser destruido. La referencia histórica del salmo alude al episodio cuando David se escondió en una cueva de Saúl (1 S 22.1-2; 24). También el poema utiliza en dos ocasiones la palabra hebrea *selah* (véase Introducción).

La estructura literaria del salmo es la siguiente:

- Clamor por la misericordia divina: vv.1-4
- Alabanza a Dios: v.5
- Actitudes de los enemigos: vv.6-10
- Alabanza a Dios: v.11

vv.1-4: El salmo comienza con un doble clamor por la misericordia divina. El salmista atraviesa un momento de crisis mayor, desgracia y quebranto, y reconoce que solo en el Señor puede conseguir apoyo y ayuda. Clama al Dios Altísimo, que le favorece, que manifestará su amor extraordinario y su verdad al salvarlo de la infamia y agresión de quienes le acosan y oprimen. Se siente asediado y abatido, pues sus enemigos le atacan como si fueran leones o fieras salvajes, a quienes describe como personas que «vomitan llamas», con dientes como lanzas y flechas, y lengua como espada afilada. Las lanzas, flechas y espada afilada son las armas de guerra; y los animales son fieros, voraces, fuertes, aguerridos: ¡Son símbolos la violencia contra el salmista! La imagen es clara: Un grupo de enemigos que han decidido hacer guerra y destruir al salmista, que se allega ante Dios para implorar su misericordia y amor.

Las imágenes de Dios en el poema son interesantes y reveladoras. El salmista se refugia en «las alas del Señor», y relaciona de esta forma la protección divina con las amplias alas protectoras de las águilas, que proveen seguridad, abrigo, apoyo a sus aguiluchos. Además, las «alas» pueden aludir a los dos querubines que cubrían con sus alas el Arca del pacto, que era un signo importante y visible de la presencia divina en medio del pueblo, era una forma pictórica de representar la protección de Dios en medio de las vivencias y el peregrinar de la comunidad (1 R 6.23-28; 8.6-7). También la referencia a las «alas» de Dios puede aludir a la idea de que el Señor viajaba sobre los querubines (2 S 22.11; Sal 18.11), en el contexto de sus intervenciones salvadoras.

Mientras las imágenes divinas producen seguridad, las que describen a los enemigos ponen de manifiesto las ideas y los sentimientos de violencia, agresión y hostilidad.

El Dios del salmista es misericordioso, protector, salvador y Altísimo. La esperanza del salmista se fundamenta en el Señor que desde los cielos interviene en medio de las realidades humanas, y manifiesta su misericordia y verdad, que son demostraciones concretas de su amor y su justicia. El poeta fundamenta su seguridad y confianza en la certeza de la revelación divina que le ampara y le favorece, hasta que pasen las dificultades mortales y quebrantos destructores. Aunque su vida peligra en medio de enemigos hostiles y despiadados, el salmista confía en el Señor, que intervendrá de forma salvadora para liberarlo de quienes le acosan y angustian.

vv.5,11: El estribillo del salmo divide temática y literariamente los dos componentes mayores del poema. La afirmación teológica es de alabanza, esplendor y gratitud. Dios es exaltado en los cielos, y en le tierra se manifiesta su gloria. La idea es comparar a Dios con el sol. Mientras el día se manifiesta, el sol se ubica en su cúspide, y desde ese punto elevado del cielo envía sus rayos e ilumina la tierra con su esplendor o gloria. Previamente el salmista había indicado que Dios enviará desde los cielos la salvación en forma de misericordia y verdad (v.3). De esta manera se compara la gloria divina con su misericordia o amor extraordinario y con la verdad, que es una manera concreta de poner de manifiesto su justicia. Este estribillo o refrán revela el uso litúrgico del salmo en el Templo.

vv.6-10: La segunda sección mayor del salmo se dedica principalmente a presentar las actitudes y acciones contra el salmista, y revela su reacción ante la agresión de sus enemigos. Se utilizan redes para abatirlo y cavan hoyos para destruirlo. La imágenes se relacionan con las actividades de caza: ¡El salmista es perseguido como si fuera un animal salvaje! Sin embargo, las trampas que los enemigos han preparado para «abatir el alma» del salmista (v.6), que es una manera de intentar matarlo, son ineficientes para detenerlo y destruirlo. De acuerdo con el salmo, Dios mismo le protege de esas asechanzas y agresiones, de lo que es salmista está profundamente agradecido.

Animado por su esperanza en Dios, el salmista canta y entona salmos e himnos al Señor por su intervención salvadora. Y en su gratitud, que incluye la totalidad de su vida —p.ej., alma mía (v.8)—, utiliza instrumentos musicales —p.ej., salterio arpa— para cantarle a Dios en la mañana, y entre los pueblos y las naciones. El salmista reconoce con humildad la importancia de la manifestación redentora del Señor, y desde muy temprano en el día se presenta ante Dios para afirmar que su misericordia llega a los cielos y su verdad a las nubes. El poeta celebra la revelación del Señor con cánticos que afirman su poder salvador, que se pone en evidencia hasta en los cielos. Su testimonio de gratitud se escuchará entre los pueblos y naciones, que es una alusión a las comunidades no israelitas. El salmista se allega a Dios en gratitud, al reconocer que su oración fue contestada o para afirmar su seguridad de que Dios responderá a su clamor en el momento oportuno.

La referencia a «la mañana» (v.8) alude a la práctica judía de llegar al Templo antes del alba para comenzar las oraciones (Sal 59.16; 88.13; 119.147). Con algunas variantes menores, estos versículos (vv.6-10) también se encuentran en el Sal 108.1-5.

El Salmo 57 puede servir de buen modelo educativo para destacar los temas de la protección divina hacia su pueblo. La imagen de las alas de Dios, que cubren y protegen a los creyentes, es una referencia femenina al Señor. Esta característica divina, de acuerdo con el salmista, supera la distinción tradicional de géneros, y enfatiza su capacidad y deseo de protección. El salmista le enseña de esta forma a las iglesias y los creyentes de todos los tiempos que el Dios bíblico tiene el deseo y el poder de manifestarse en medio de las vivencias del pueblo para protegerlo, así como las águilas cuidan a sus crías (Is 40.31).

Esa teología de protección divina se manifiesta también en la teología de Jesús, de acuerdo con los evangelios, cuando comparó a Dios con la gallina que cuida a sus polluelos debajo de sus alas (Lc 13.34). La imagen del salmo hace eco en el mensaje del Señor, quien destaca el amor divino al pueblo de Israel y particularmente a la ciudad de Jerusalén y a sus habitantes.

Salmo 58: «Plegaria pidiendo el castigo de los malos»

El Salmo 58 es una oración intensa que pide el castigo contra los jueces que no practican la justicia y se aliaron a los poderosos para defraudar a la gente inocente y humilde del pueblo. El poema presenta el eterno problema de la violencia y las injusticias que abaten a la humanidad. Además, incluye una serie de maldiciones que ponen de manifiesto su deseo de justicia, aunque para la comunidad cristiana pueden parecer muy agresivos.

El género literario del salmo es difícil de precisar con exactitud. Posiblemente se trata de una súplica o lamento de la comunidad que se allega ante Dios para implorar la implantación de la justicia. Es, además, un tipo de denuncia profética a las prácticas impropias de los jueces, que se creían poderosos o «dioses» frente a los sectores humildes y desposeídos de la sociedad. Esta oración podía ser parte de algunos de los festivales nacionales que se celebraban en el Templo, y en el que es posible participaran algunos profetas litúrgicos. Esta forma de crítica se relaciona principalmente con la época preexílica, y con prácticas similares a las que llevaba a efecto Amós en el santuario de Betel (Am 7.10-17). El salmista debió haber sido un profeta muy relacionado a las instituciones religiosas y jurídicas de Israel.

El título hebreo del salmo lo relaciona al «músico principal» y con David (véase Introducción), y añade una referencia a «no destruyas» (véase comentario al Salmo 57). Las traducciones de este salmo pueden variar porque incluye algunas palabras de muy difícil comprensión.

La estructura literaria del salmo es la siguiente:

- Acusación contra los jueces poderosos: vv.1-2
- Descripción de las acciones de los jueces: vv.3-5
- Imprecaciones: vv.6-9
- Venganza y recompensa: vv.10-11

vv.1-2: El salmo comienza con una serie de acusaciones serias a los «poderosos» que implantan la justicia en Israel. Luego de dos preguntas retóricas, que requieren respuestas negativas de las decisiones legales de los jueces, se describen sus acciones cotidianas: maquinan maldad y transmiten violencia. Desde el inicio mismo del poema se pone de relieve la naturaleza del problema: El sistema judicial no es equitativo ni implanta la justicia. La acusación es severa y grave: Fundamentados en la maldad premeditada, toman decisiones que afectan no solo a individuos indefensos sino a la comunidad en general, a la tierra.

La palabra hebrea traducida como «poderosos» tiene en este contexto sentido dudoso. La mismas consonantes hacen posible otras traducciones del texto: p.ej., «Cuando vosotros habláis, la justicia calla»; o como se traduce en algunas versiones modernas: «¡Vosotros dioses!», que es una forma irónica de referirse a los jueces como si fueran divinidades. La idea es que las personas que se les ha dado el poder para implantar la justicia en el pueblo han rechazado esa responsabilidad, y se han dedicado a inclinar la balanza legal en contra de los sectores más humildes de la comunidad.

Este tipo de denuncia es común en la literatura profética, en la que abundan los reproches y las críticas contra las personas que practican la injusticia. Estas críticas, se presentan particularmente contra los sectores de la sociedad que tenían como responsabilidad primaria la implantación de la justicia: p.ej., jueces y reyes.

vv.3-5: En la segunda sección del salmo se ponen de relieve las conductas impropias de los magistrados. Se expone de forma clara y pública la corrupción de los jueces. En primer lugar se indica que son impíos, mentirosos y corruptos desde el nacimiento, desde la matriz, desde el comienzo mismo de sus vidas. De esta forma de destaca la naturaleza y gravedad de la maldad. El salmista indica que las injusticias que llevan a efecto no es un tipo de comportamiento aprendido sino una manifestación malsana que está profundamente arraigada en ellos.

A esa afirmación inicial le añade una imagen extraña pero muy ilustrativa. Los jueces injustos son como las mortales serpientes venenosas, que no se dejan apaciguar, calmar o desorientar por los encantadores. La percepción antigua es que los encantadores hipnotizaban a las víboras con sus música, y de esa forma las controlaban y las hacían inofensivas. El mensaje profético fundamental es que los jueces injustos «cierran sus oídos» y se niegan a escuchar el clamor de la gente que implora justicia, como si fueran «víboras sordas». Este tipo de juez, ciego y empecinado en su comportamiento corrupto e injusto, inyecta su veneno mortal a la sociedad.

vv.6-9: Esta sección del salmo incluye una serie de peticiones de juicio, imprecaciones o maldiciones hacia los jueces injustos. El salmista presenta siete maldiciones, que simbólicamente puede ser un deseo perfecto de juicio y destrucción. Las peticiones del salmista, que son intensas y firmes contra los jueces injustos, son las siguientes:

- Que se rompan sus dientes;
- Que se rompan sus muelas;
- Que desaparezcan como las aguas;
- Que se rompan sus saetas cuando disparen;
- Que se deshagan, como el caracol;
- Que no vean el sol, como los abortos;
- Y que los arrebate la tempestad.

La idea de las maldiciones es que reciban en vida el resultado de sus acciones injustas. Las imágenes de venganza van desde la eliminación de los dientes y muelas, símbolos de la maldad y las formas que devoraban a sus víctimas, hasta la muerte, que revela el estado último de la realidad humana. Los deseos son firmes y claros: El salmista pide la eliminación de este tipo de persona que trae a la comunidad desgracia, desesperanza, injusticia y opresión. Estas imágenes ponen de manifiesto la fragilidad humana, mientras los «poderosos» piensan en la autosuficiencia simbolizada por las serpientes y en el poder y la fuerza representada en las fieras y sus dientes voraces.

vv.10-11: La porción final del salmo revela dos ideas básicas. En primer lugar presenta la alegría del justo cuando tiene la oportunidad de ver su venganza. La imagen de muy clara y pictórica: Lavar los pies en la sangre de sus enemigos. La idea es que el salmista se regocijará con la destrucción de los jueces injustos, que perecerán de forma violenta, de la misma manera en que vivieron.

A esa idea de venganza e implantación de la justicia se une una muy importante afirmación teológica. El salmista reconoce que para el justo hay galardón, pues sobre los jueces injustos humanos está el juez divino y eterno. Esta es una expresión de confianza absoluta. El salmista afirma categóricamente que Dios hará triunfar la justicia sobre la tierra. Se declara con seguridad que hay recompensa para la gente que ama la justicia, pues el Dios del salmista es esencialmente justo.

Este es uno de los salmos más violentos del Salterio. Representa el sector que entiende que la justicia debe ser implantada en la tierra, en el mismo lugar donde se manifestó la injusticia. La crítica es hacia las personas que deben ser los representante absolutos de la justicia y se convierten en engañadores de la sociedad. La corrupción les ciega, y actúan de forma impropia. Esas acciones no solo afectan adversamente a quienes llevan ante esos tribunales a que se les haga justicia sino a toda la tierra, a toda la sociedad.

Las lecturas cristianas de este salmo deben tomar en consideración su afirmación teológica final. La persona justa disfrutará finalmente la justicia divina por la misericordia y el amor de Dios recompensará a la gente que es fiel. El futuro de esos jueces, y de los que ellos representan, es la perfecta destrucción; el porvenir de la gente justa es el disfrute del galardón divino.

En sus discursos, Jesús de Nazaret siguió este tipo de lectura esperanzadora de los salmos. La gente bienaventurada, de acuerdo con uno de sus mensajes más importantes (Mt 5), es la que tiene hambre y sed de justicia, la pacificadora. Para el Señor, la justicia no era un extra optativo sino un requisito indispensable. Y en la parábola del juez injusto (Lc 18.1-8) puso de manifiesto se compromiso con la gente que no se detiene a esperar pasivamente que se le haga justicia, sino que lucha por transformar las acciones o inacciones que impiden que la justicia se haga realidad en la sociedad.

Salmo 59: «Oración pidiendo ser liberado de los enemigos»

El Salmo 59 en un poema que pone de manifiesto el dolor de una persona que se siente profundamente angustiada e injustamente perseguida. Es la súplica intensa de quien debe enfrentar dificultades extraordinarias y conflictos terribles a causa de las acciones hostiles de una serie de enemigos que califica como «perros». Y como respuesta a esa crisis, el salmista se presenta ante Dios con humildad y seguridad con una serie de peticiones, que ponen claramente de manifiesto su fe y su sentido de seguridad en la intervención divina. Su confianza se fundamenta en la certeza de que Dios pondrá fin a la violencia de sus enemigos, para que se revele de forma especial el triunfo del Señor y su justicia.

Este poema manifiesta las características básicas de los salmos de súplica individuales, aunque con el tiempo se le añadieron algunos elementos se las lamentaciones y peticiones comunitarias (p.ej., vv.5,8,11-13). Es posible que este salmo fuera inicialmente una súplica personal que con el tiempo se revisó para su uso colectivo y nacional.

Si la persona que ora es el rey, entonces los llamados «perros» (vv.6,14) son sus enemigos nacionales e internacionales que intentan atacarle como individuo y como representante del pueblo. En ese particular caso, este sería un salmo pre-exílico que pone de manifiesto las dificultades políticas internas y externas que debían enfrentar los monarcas de Israel. Con el paso del tiempo, sin embargo, esta oración se leyó y se revisó en el entorno del destierro, como el clamor de una nación que debía enfrentar continuamente las complejas adversidades sociales, políticas, económicas y espirituales del exilio. Luego del destierro en Babilonia, Israel estuvo expuesto a la dominación de potencias extranjeras y experimentó el contacto político y militar íntimo con naciones paganas y enemigas.

El título hebreo del salmo es ciertamente complejo (véase la Introducción). En primer lugar, relaciona el poema con el «músico principal»; respecto a la expresión «No destruyas», véase el comentario al Salmo 57; es un «miktam» de David (véase la Introducción); y se relaciona con un interesante episodio de la vida de David, cuando huía del rey Saúl, que se relata en I Samuel 19.11-17. El salmo manifiesta una serie importante e interesante de paralelos lingüísticos con I Samuel 19.11,24.

Aunque la estructura literaria del salmo es compleja, el estribillo del poema (vv.6,14) nos puede brindar una pista de ayuda y apoyo.

- Peticiones y quejas: vv.1-5
- Estribillo: Los enemigos son como perros: v.6
- Descripción de los enemigos, confianza del salmista y petición de juicio: vv.7-13
- Estribillo: Los enemigos son como perros: v.14
- Descripción de los enemigos y alabanza a Dios: vv.15-17

Una estructura alterna de este salmo se puede encontrar al identificar algunos paralelos temáticos en las diversas secciones del poema.

- Llamado de ayuda, lamento y oración: vv.1-5 y vv.11-13
- Estribillo sobre los enemigos: vv.6-7 y vv.14-15
- Afirmación de la confianza en Dios: vv.8-10 y vv.16-17

vv.1-5: Lo que distingue específicamente la primera sección de este salmo es la súplica individual, el clamor intenso de una persona que se siente acosada, la oración ferviente de alguien que ha experimentado la angustia de la persecución. Y como su situación es sumamente difícil, se allega ante Dios con una serie de peticiones dramáticas e intensas: Líbrame (vv.1,2), ponme a salvo (v.1), sálvame (v.2), despierta (vv.4,5), ven a mi encuentro (v.4), mira (v.4), castiga (v.5) y no tengas misericordia (v.5). Ese tipo de clamor por liberación es característico de los salmos de súplica (véase, p.ej., Sal 25.20; 31.2,15; 39.8; 51.14; 107.6). Su afirmación y protesta se fundamenta en su inocencia (vv.3b-4a). Los enemigos son personas poderosas que se han confabulado contra el salmista, aunque el poeta no puede identificar con precisión su falta, su pecado o su delito.

En medio de su crisis aguda, el salmista clama al Señor de los ejércitos (v.5), que es el Dios de Israel, para que intervenga de forma salvadora. Esa referencia al Señor pone de manifiesto su confianza en el Dios que puede vencer en las batallas, pues ese nombre guerrero de Dios se asocia a los triunfos del pueblo de Israel luego de la salida de Egipto y en el período de conquista en Canaán. El salmista clama para que el Señor «despierte», le visite, «mire» y evalúe el caso. Está tan confiado en su inocencia que reclama la intervención divina para que sus enemigo, que ahora identifica con precisión como «las naciones» (v.5) reciban su merecido castigo. ¡No puede haber misericordia, de acuerdo con el salmista, para quienes se organizan para hacer el mal injustamente contra las personas inocentes!

La intensidad de las imprecaciones de la oración revela que el salmista pertenecía al grupo de personas que no se amilanó ante las amenazas y ataques de los enemigos. ¡Respondieron a la hostilidad de los adversarios con valor, firmeza y fidelidad a Dios!

La estrofa finaliza con la palabra hebrea *selah* (véase Introducción), que sirve de identificación a la transición temática y literaria.

v.6: El estribillo o refrán del salmo es corto y claro: Los enemigos del poeta son como perros salvajes que merodean la ciudad, y con sus ladridos anuncian que están dispuestos al ataque y a devorar a sus víctimas. La imagen es poderosa y descriptiva. El presupuesto filosófico de la comparación es que los perros no son domésticos. Se alude a animales salvajes que en su frenesí no reconocen amistades ni respetan fronteras.

vv.7-13: Esta sección del salmo prosigue el tema de los enemigos y mantiene la imagen de los perros. La descripción se hace más precisa: ¡Esos perros, por dientes tienen espadas! Los enemigos utilizan la calumnia y las mentiras para agredir y perseguir al salmista. Hablan con espadas en sus labios, pues las palabras que emiten son mortales y las expresiones que salen de sus bocas incitan a la violencia. Y además de ofender al salmista perseguido afirman que las plegarias y peticiones de ayuda nadie las escucha, nadie las oye, nadie las atiende.

El salmista reacciona ante esas actitudes de arrogancia y prepotencia con seguridad y confianza. El Señor se ríe de sus adversarios, se burla de las naciones enemigas. El fundamento de la esperanza del salmista está en Dios, que es su defensa y refugio. La imagen es la de un castillo o alcázar que protege al pueblo en momentos de guerra y crisis nacional. Dios es protección y apoyo para el salmista que se siente desfallecer por la multitud de los conflictos y la complejidad de las calamidades. El Dios de la misericordia irá delante del salmista, que es una afirmación de apoyo, y le permitirá ver su deseo hacia sus enemigos.

Los deseos del salmista hacia sus enemigos son una serie intensa de imprecaciones o maldiciones. Reaccionó el poeta como un ser humano angustiado y cansado de las injusticias a las que es sometido. Su oración intensa reclama la implantación de la justicia, que en este caso se relaciona íntimamente con la destrucción de sus enemigos (vv.11-13). En primer lugar: ¡El salmista no quiere que sus enemigos mueran de repente! ¡No desea la destrucción de sus adversarios se manifieste de un solo golpe! El objetivo es que el pueblo no olvide rápidamente lo que ha sucedido. El salmista le pide a Dios que los abata y los disperse con su poder (v.11), para que el sufrimiento sea largo y tormentoso. La dispersión o el exilio era en la antigüedad una calamidad extraordinaria pues desarraigaba a una comunidad de las tierras de sus antepasados. Esa manifestación del juicio divino era el resultado inmediato del pecado de la mentira, de la calumnia, de la acusación falsa, de la blasfemia. La soberbia les llevó a maldecir y mentir, que son actitudes humanas claramente rechazadas por Dios.

La segunda maldición del salmista solicita que Dios acabe o extermine a sus enemigos con el furor de su ira, pues no desea que existan más. Ya está cansado el salmista de las agresiones y las injusticias y solicita la manifestación de la justicia divina que presupone la destrucción de sus enemigos. La finalidad es que se conozca en Jacob, que es una forma poética de referirse la pueblo de Israel, y hasta en los confines de la tierra que el Señor es el que gobierna al mundo, que es una manera de afirmar que la justicia divina no puede ser ignorada o rechazada.

Finaliza esta sección con otra referencia a la palabra hebrea *selah* (véase la Introducción).

v.14: Una vez más se introduce el estribillo del salmo, que afirma nuevamente la actitud agresiva e inmisericorde de los enemigos.

vv.15-17: La sección final del poema continua y expende el tema del estribillo. Los enemigos que actúan como perros andan por la ciudad errantes buscando comida, y al no encontrar alimentos se quejan toda la noche. La finalidad poética es burlarse de los enemigos, que no tienen la capacidad de encontrar comida y lo único que pueden hacer es aullar y quejarse.

El salmo finaliza con una gran afirmación de fe, seguridad y confianza en el Señor. El salmista cantará al poder divino y alabará de mañana su misericordia porque ha reconocido que Dios es su amparo en el día de angustia. ¡El Señor es su fortaleza y refugio! ¡El Señor es fuente de misericordia!

Las alabanzas y la seguridad del salmista se contraponen a los ladridos y desesperanza de los perros, que son sus enemigos. El cántico del salmista pone claramente de manifiesto su confianza en el Dios que tiene la capacidad de librarlo de sus enemigos (vv.1,2) y de ponerlo a salvo en «el día de angustia» (v.16). El salmo comienza con una petición de liberación y finaliza con una manifestación de misericordia.

Las iglesias cristianas y los creyentes pueden ver en este salmo una de las características de Dios más importantes: El Señor está al lado de la gente que sufre injusticias en la vida. Los enemigos del salmista son poderosos, pero el poder que ostentan no puede compararse con las manifestaciones de autoridad, justicia y misericordia divinas. En esa lucha desleal, entre la gente fiel y necesitada y los adversarios poderosos, el Señor interviene de forma dramática para poner fin a esa serie injusticias. Y en agradecimiento al Dios que es nuestro amparo, refugio y fortaleza, le cantamos y entonamos alabanzas a su poder y a su misericordia.

Este salmo se ha relacionado a través de la historia con la pasión de Cristo. Y, en efecto, podemos relacionar las dinámicas de persecución injusta contra Jesús, con las afirmaciones teológicas del poema. También contra Jesús se confabularon las personas poderosas de su

época para asesinarlo. Aunque era inocente, sus enemigos se organizaron para destruirlo, querían silenciar su voz profética y misericordiosa,
deseaban detener su movimiento liberador, anhelaban opacar la luz de
sus enseñanzas sublimes. Ante esas manifestaciones inhumanas de odio
y hostilidad el salmista se expresó con imprecaciones y maldiciones;
Jesús, sin embargo, puso de manifiesto el poder del perdón y del amor.

SALMO 60: «PLEGARIA PIDIENDO AYUDA CONTRA EL ENEMIGO»

El Salmo 60 es una oración compuesta para ser utilizada en los
cultos penitenciales. El pueblo invoca al Señor luego de experimentar una crisis nacional que tiene proporciones catastróficas. La respuesta divina a esa petición de auxilio consiste en un mensaje de
salvación, seguridad y esperanza. La súplica a Dios del poeta se
fundamenta en la confianza y en la seguridad de que el Señor tiene
la capacidad y el deseo de intervenir de forma liberadora, para cambiar la suerte del pueblo. Las personas no tienen el poder de ayudar
a Israel a hacer proezas y vencer al enemigo. Sólo el Señor tiene esa
capacidad y potestad.

La clasificación de este salmo es compleja por ciertas dificultades
internas que manifiesta, aunque el poema revela algunas características
literarias y temáticas que pueden ayudarnos: p.ej., el clamor se dirige a
Dios de forma directa, se describe el sufrimiento, que toma forma de
queja, se articulan las peticiones en momentos de gran dificultad nacional, y se incorpora alguna confesión de fe y afirmación de seguridad. Posiblemente este salmo es un lamento u oración de súplica colectiva que expresa la petición del pueblo y sus líderes durante un período
extraordinario de crisis nacional, derrota militar y humillación colectiva. El contexto de vida de este salmo son posiblemente las reuniones
nacionales de oración en el Templo de Jerusalén, luego de que el pueblo
experimentaba alguna dificultad mayor, que podía ser producto de la
guerra o resultado de las inclemencias de la naturaleza.

El título hebreo relaciona al salmo con una serie importante de
campañas militares de David (2 S 8.3-14; I Cr 18.3-12), y revela
claramente la histórica animosidad entre Israel y Edom. Aunque la

fecha de redacción del poema en el período de la monarquía temprana es posible, el salmo más bien proviene de una época posterior, cuando las confrontaciones con los edomitas se hicieron más
intensas y agrias, quizá cercana a la caída del Reino del Norte (c.721
a.C.) o mejor durante el período exílico, cuando los edomitas co-
operaron con los babilonios en el saqueo y destrucción de la ciudad de Jerusalén (Sal 137.7; Abd). Y la referencia a los doce mil
edomitas vencidos, que difiere de la cifra que se presenta en 2 Samuel
8.13 y 1 Crónicas 18.12, puede ser que revele la existencia de diversas tradiciones antiguas sobre el mismo asunto, también puede
ser una corrupción en el texto o puede deberse a algún error de los
copistas.

La referencia en el título debe ser a «Los lirios del testimonio»
(véase también en Sal 80), que puede ser una manera de referirse al
proceso por el cual se utilizaban flores en procesos antiguos de vatici-
nios, o también el título de alguna melodía antigua. Aram-Naharaim,
o Aram de los dos ríos, era una vasta llanura entre los ríos Jacob y
Éufrates, en la parte norte de Mesopotamia, que de acuerdo con los
israelitas estaba relacionada con los patriarcas y matriarcas (Gn 12.4;
24.4,10). Aram de Soba era un reino al norte de Damasco (1 S 14.47;
2 S 8.5; 10.6,8; 1 R 11.23). La localización del valle de la sal es impre-
cisa, aunque posiblemente alude a alguna región al sur del Mar Muerto, posiblemente en territorio edomita.

La estructura literaria del salmo es la siguiente:

• El reclamo del pueblo de Dios: vv.1-5
• La promesa divina: vv.6-8
• La oración de ayuda y apoyo: vv.9-12

vv.1-5: La primera sección del salmo presenta una queja intensa y
sentida. Y como los verbos están en pasado, se infiere que el pueblo
está padeciendo una serie de calamidades sociales y dificultades políticas relacionadas con alguna catástrofe nacional de proporciones mayores. Las imágenes poéticas son reveladoras. Se trata, en primer lugar, de
una experiencia similar a la de un poderoso terremoto, que sacude y
destruye la tierra, y que produce desolación, angustia y aturdimiento
general. Además, se presenta al pueblo como si estuviera aturdido, como
si Dios mismo lo hubiera embriagado con el vino de su ira.

La crisis, que para el poeta en producto de la intervención divina y fruto del juicio de Dios, hizo que el pueblo se sintiera desechado y quebrantado. En efecto, la comunidad sintió el furor del juicio de Dios. Y esa queja profunda del salmista, que culpa el Señor por lo sucedido, culmina con una petición de liberación y salvación. El poeta, en medio de la grave crisis que el pueblo experimenta, no solo presenta su queja sentida y agónica ante el Señor sino que incluye una clamor de apoyo y articula una petición de ayuda: «¡Para que se libren tus amados, salva con tu diestra y óyeme!». Implora la misericordia hacia el pueblo, que describe como «los amados» del Señor.

El poema también incluye en esta sección una referencia a la palabra hebrea *selah* (véase la Introducción).

vv.6-8: En esta sección del salmo se incorpora una persona que habla en nombre de Dios, en el estilo de un oráculo profético. Se afirma que el Señor es un Dios victorioso, peor que sus intervenciones salvadoras se relaciona íntimamente con la colaboración cercana de los pueblos de Efraín y Judá, que representan a todo el pueblo de Israel. Dios habla desde su santuario, que evoca la imagen del pueblo congregándose el Templo, en una especie de asamblea nacional, para implorar sus manifestaciones liberadoras y salvadoras.

El mensaje divino alude una serie de pueblos y regiones, que es una manera simbólica de destacar el poder divino sobre esas naciones. Se identifican las siguientes ciudades: Siquem —antigua cuidad palestina situada cerca de 60 km. al norte de Jerusalén—; el valle de Sucot y Galaad —ubicados al este del río Jordán—; y Manasés —al norte de las montañas de Efraín, que en este contexto representa toda la región norte de Israel—. De Efraín se dice que es casco o yelmo protector; a Judá lo presenta como legislador, en una posible alusión al poder y la autoridad que se relaciona con el rey David; en torno a Edom se indica que es solo una jofaina o palangana para lavarse los pies, y la referencia a «echar su sandalia», es una manera simbólica de tomar posesión; y la poderosa Filistea será objeto del contentamiento divino. La imagen divina es la de un guerrero invencible que utiliza a esos pueblos como sus instrumentos de batalla. La teología del poema destaca la imagen del Dios que gobierna los pueblos de la tierra.

Con ese mensaje profético, el Dios guerrero responde al clamor de un pueblo herido por la derrota militar y avasallado por sus consecuencias catastróficas. Las imágenes son de triunfo y esperanza.

Los vv.5-12 se repiten solo con variaciones menores en el Salmo 108.6-13, donde se relacionan con una oración que reclama la manifestación del día final y escatológico del Señor, para poner claramente de relieve su venganza y juicio, al establecer su señorío sobre las naciones. Esta repetición literaria y temática revela las formas en que los salmos eran utilizados a través de los siglos, al aplicarlos a nuevas experiencias teológicas y para responder a situaciones noveles de vida.

vv.9-12: La tercera sección del poema incorpora nuevamente a la persona que hablaba en los primeros versículos, que puede ser el rey o alguno de sus representantes. Como respuesta al mensaje profético de esperanza, se plantea una interrogante práctica y concreta: ¿Quién le llevará a Edom, reconocida como «ciudad fortificada» y especialmente protegida, posiblemente para responder a la agresión y conquistarla? La pregunta es muy válida, pues el Señor permitió la derrota al no ir con ellos a la batalla. Ese reconocimiento hace que el salmista acepte una vez más la necesidad de ayuda divina y articule una nueva petición. Los seres humanos no pueden ayudarle, es vano el esfuerzo de los guerreros, pues el socorro verdadero contra los enemigos proviene únicamente del Señor.

La afirmación final del salmo se fundamenta en el mensaje de esperanza y en el clamor de socorro y la petición de ayuda. Los enemigos serán aplastados, pues Dios tiene la capacidad y el poder de intervenir de forma liberadora y de manera extraordinaria. La declaración teológica es fundamental e importante: «¡Con Dios haremos proezas!».

La expresión teológica que finaliza el salmo revela la transformación del mensaje poético: El clamor comienza con una queja por el juicio divino, pero finaliza con una afirmación de fe y esperanza. La crisis nacional no es la última palabra divina para su comunidad, pues junto al Señor, el salmista, en representación del pueblo, tiene el poder de hacer cosas maravillosas. La palabra poética que culmina el salmo revela el cambio de actitud del poeta: De la queja a la esperanza; del reproche a la afirmación; de la amargura a la seguridad.

El mensaje profético de este salmo pone claramente de manifiesto que el Señor es fiel a sus promesas. Las derrotas y las crisis, aunque en ocasiones se sienten como grandes terremotos en la vida, no constituyen el fin de las relaciones de Dios con su pueblo. El Dios bíblico se ha comprometido a acompañar a su pueblo no solo en momentos de triunfo y alegría sino en momentos de dificultades extremas y derrotas. La misericordia divina está siempre presente y su compasión se revela en momentos de necesidad.

Este salmo puede ser fuente de apoyo y seguridad de quienes sienten que la vida les ha traicionado y herido mortalmente. Únicamente con Dios se pueden hacer proezas, se pueden transformar las crisis en oportunidades de triunfo. Esa afirmación teológica del Salterio se debe unir al mensaje del apóstol Pablo, que afirma que los creyentes en Cristo son personas vencedoras. En su descripción de las dificultades que pueden llegar a herir mortalmente a la gente de fe, el sabio apóstol indica que «a los que aman a Dios todas las cosas los ayudan a bien» (Rom 12.28).

Salmo 61: « Confianza en la protección de Dios»

Este salmo presenta la oración intensa de una persona piadosa que clama al Señor «desde el extremo de la tierra», que posiblemente es una forma figurada de referirse al destierro, a la distancia e imposibilidad de visitar el lugar en el cual anhela estar. El poema articula la súplica sentida e intensa de un individuo de fe que, al sentirse lejos de Jerusalén, implora apoyo divino para llegar al Templo y presentar sus votos y sacrificios al Señor. El salmista atraviesa una particular situación difícil, y en su oración pide al Señor por sí mismo y por el rey. La naturaleza del peligro que motiva ansiedad y las preocupaciones del poeta no es descrita en el salmo, aunque puede tratarse de alguna crisis militar.

De acuerdo con la estructura y los temas que se incluyen y exponen en el poema, se puede catalogar este salmo como uno de lamento individual, que incluye una intercesión por el rey. Un problema en el análisis del salmo se relaciona con los vv.6-7, que articulan una oración en favor del monarca, que no parece, a primera vista, relacionarse fácilmente con el resto del clamor. Esa oración se hace en tercera persona, y añade al poema un particular componente literario, que algunos estudiosos han entendido como una añadidura posterior, pues refleja las preocupaciones de la comunidad por el rey de Israel. Otros eruditos ven en esta oración un tipo de cortesía y respeto al monarca, en los contextos litúrgicos y cúlticos del pueblo. Sin embargo, si pensamos que la persona que clama es posiblemente el rey o su representante, entonces esta sección del poema (vv.6-7) puede muy bien ser parte de las contribuciones del coro a la adoración en el Templo. De esta manera estos versículos serían parte integral del salmo.

Es muy posible que el contexto inicial en el cual este salmo se utilizaba en la adoración era en momentos de crisis nacional; específicamente puede reflejar las dinámicas y las preocupaciones del pueblo durante el exilio en Babilonia. El rey, como representante del pueblo, se allegaba al Señor para implorar su misericordia y solicitar un tipo de salvoconducto o apoyo especial para poder llegar al Templo y ofrecer sus sacrificios. En el período exílico y post-exílico este salmo tomó dimensiones mesiánicas y se interpretaba como una clamor por el cumplimiento de las profecías en torno al la dinastía de David.

El título hebreo del salmo lo relaciona con David, con el levita músico que se encargaba de dirigir los cánticos en el Templo y con «Neginot», que es una posible referencia a la musicalización de las alabanzas (véase la Introducción).

La estructura literaria del salmo no es compleja:

- Invocación o clamor a Dios: vv.1-3
- Declaración de fe: vv.4-5
- Oración por el rey: vv.6-7
- Confianza del salmista: v.8

vv.1-3: El salmo comienza con una invocación, en la cual se implora al Señor que escuche y atienda el clamor del salmista. La oración se hace desde «el extremo de la tierra», que puede ser una referencia a la gran distancia que le separaba del Templo, aunque puede ser también una referencia poética al exilio en Babilonia. El poeta se allega ante el Señor y presenta su oración desde los «confines del mundo», para expresar la nostalgia y el dolor de estar distante y desterrado en unas tierras lejanas. Su corazón desmaya, que revela la intimidad de sus sentimientos y la naturaleza de la crisis.

En su oración, el salmista reclama la intervención divina para que lle lleve a una roca elevada, pues el Señor ha sido su «refugio» y «torre fuerte» ante los enemigos que ha enfrentado. Las imágenes en torno a Dios son muy importantes para la comprensión del poema. Dios es refugio, alcázar, bastión, fortaleza, baluarte, torre firme de vigilancia o castillo que le protege de los ataques de los enemigos. La idea que transmite la imagen es de cobertura y seguridad en medio de las dificultades.

La referencia a la «roca» puede ser una alusión al monte Sión y al Templo, en Jerusalén, que representan para el salmista la presencia divina que inspira seguridad, y futuro. Esta imagen también puede ser una forma de referirse a Dios, que ya en la literatura poética se compara a la roca (Sal 18.2; 19.14), por las ideas de estabilidad, firmeza y sentido de permanencia.

vv.4-5: De la petición de apoyo, el salmista mueve su clamor para poner de manifiesto su sentido de seguridad, su firme esperanza y su anhelo de futuro. El poeta afirma que, aunque está en medio de una grave crisis, habitará en el Tabernáculo —literalmente, «tienda de campaña» (Ex 33.7-11), que posiblemente es un término arcaico para referirse al Templo, que representa la casa de Dios, su presencia y su capacidad de escuchar y responder a su clamor—, y que estará seguro debajo de la cubierta de sus alas. Entiende el salmista que Dios escucha su clamor y le ha dado la «heredad», que es una referencia a la Tierra Prometida, una alusión a las intervenciones liberadoras del Señor que les sacó de Egipto y les llevó a Canaán.

La imagen de las alas es importante en el poema. Es una referencia femenina de Dios, revela el rostro materno del Señor. El Dios que protege a su pueblo, y particularmente al salmista en medio de sus crisis, se compara a las águilas que extienden sus alas protectoras para cubrir y apoyar a sus aguiluchos. La idea es de cobertura y sostén en medio de las realidades de la vida.

Las dos secciones iniciales del salmo contrastan de forma marcada en el sentido del tiempo. En el primer clamor se pone de relieve lo temporal y transitorio de las dificultades, aunque se reconoce responsablemente la gravedad de los problemas. En la sección siguiente (vv.4-5) se destacan los elementos de permanencia. La protección divina no es temporal sino definitiva y segura. La gente que teme al nombre de Dios son las que reconocen su naturaleza santa y confían en sus promesas.

vv.6-7: Esta parte del poema introduce el tema del rey. La oración revela un deseo positivo de futuro y seguridad hacia el monarca. El clamor pone de manifiesto los mejores anhelos para el rey, pues su bienestar tenía repercusiones inmediatas en la comunidad. Se pide a

Dios muchos años de vida para el rey, pues la longevidad es signo de bendición divina y prosperidad. La frase «estar siempre delante de Dios» alude a la fidelidad y la obediencia del monarca; es una manera de poner de manifiesto su actitud hacia las promesas divinas. Y la actitud de humildad y obediencia real mueve al Señor a manifestar su misericordia y su verdad, que son símbolos de protección y apoyo.

v.8: Finaliza el poema con una afirmación de fe y compromiso. El salmista, que ya ha presentado su clamor al Señor, ha declarado su sentido de seguridad y ha solicitado la bendición divina hacia el rey, ahora se presenta ante el Señor para ofrecer sus alabanzas y cumplir sus responsabilidades religiosas. El poeta cantará a Dios y honrará sus promesas y obligaciones en el Templo. Anticipando la respuesta positiva a sus plegarias, el salmista profesa su fidelidad y obediencia al Señor.

El Dios del salmista tiene la capacidad de escuchar las oraciones de su pueblo. Ya en la liberación de Egipto se puso de manifiesto su deseo de liberación, ante el cautiverio y la opresión del faraón. En esta ocasión el poeta, fundamentado en esa teología, clama al Señor para que le libre nuevamente de un nuevo cautiverio, de una nueva modalidad de esclavitud. Y el Dios bíblico responde una vez más para salvar y redimir a las personas que se sienten descorazonadas y defraudadas en la vida.

De acuerdo al salmista, este Dios que responde provee una fortaleza que le protege, manifiesta su amor como las águilas que protegen a sus crías, y revela su misericordia y verdad para brindar sentido de futuro y esperanza a la gente en crisis. El Dios del salmista y de los creyente no permanece callado ante las oraciones de su pueblo, sino que responde con intervenciones liberadoras que producen alabanzas sinceras y gratitudes continuas en la gente de fe.

SALMO 62: «DIOS, EL ÚNICO REFUGIO»

Este es un salmo de profunda confianza espiritual; es un poema de profesión de confianza en Dios, aún en medio de los mayores peligros de la vida. ¡La paz verdadera se encuentra en Dios!, que protege a sus fieles y retribuye a cada persona de acuerdo con sus acciones de bondad o maldad. Para el salmista, el Señor es roca, salvación y refugio, que son imágenes que subrayan las ideas de estabilidad y fortaleza. Es Dios quien únicamente tiene la capacidad y el poder de proteger y mantener la dignidad y el prestigio de las personas.

El salmista se dirige a Dios únicamente al final de su discurso, pues principalmente dedica su poema a afirmar la seguridad que le produce su teología. El objetivo específico del poeta es destacar la fortaleza que genera su convicción y relación con Dios. En medio de una crisis de persecución —varios estudiosos relacionan el problema con alguna enfermedad mortal—, en la cual se revelan personas conspiradoras y mentirosas, el salmista reconoce que la salvación proviene del Señor y rechaza las ayudas humanas, que describe como superfluas, temporales y engañosas.

Por la serenidad que afirma y transmite, este poema se puede catalogar como un salmo de confianza individual. Y como describe la seguridad que manifiesta el salmista en momentos de dificultad, aunque no especifica la naturaleza específica de las dificultades, se puede inferir de su lectura que la persona que lo usa se allega al Templo para buscar el refugio que provee el Señor contra sus enemigos. En ese contexto, el salmista recibe el oráculo o el mensaje divino de apoyo y fortaleza. La identificación de la fecha de composición del poema es muy difícil, por la naturaleza amplia y general de los temas expuestos, aunque es posible que provenga del los primeros años del período post-exílico.

El título hebreo del salmo lo relaciona con la tradición musical del Templo y con David; además, lo asocia a Jedutún (véase también Sal 39), que posiblemente identifica un tipo de confesión (véase Introducción).

La estructura literaria del poema revela la progresión de los temas expuestos:

- Convicción en tiempos de crisis: vv.1-7
- Exhortación a la comunidad: vv.8-10
- La revelación divina: vv.11-12

vv.1-7: La primera sección del poema pone de manifiesto claramente la confianza que experimenta el salmista en medio de las dificultades y los conflictos que enfrenta. Revela una estructura interna muy bien definida, pues comienza y termina con una especie de estribillo que revela su confianza y seguridad (vv.1-2 y 5-6). El salmista afirma su seguridad y confianza en momentos de adversidad, pues entiende que su salvación proviene del Señor, a quien describe como gloria, roca fuerte y refugio. Dios es para el salmista fortaleza, alcázar, protección y fundamento.

En medio de esas declaraciones de seguridad absoluta, el poeta revela el conflicto que debe enfrentar. Se siente traicionado y perseguido por un grupo de personas que han creado un plan para destruirlo. Las imágenes de la crisis son descriptivas: La confabulación tiene como objetivo su destrucción, pues conspiran, con mentiras y engaños, para «arrojarlo de su grandeza», que revela el deseo de desprestigiarlo, despojarlo de su buen nombre, borrar su fama, herir su dignidad. ¡El poeta se siente como una pared que se desploma, como una cerca que se derriba, como una tapia a punto de caer!

Las imágenes del poema son militares, pues sus adversarios avanzan como un ejército. Y en medio de esos ataques mortales contra su integridad, solamente Dios es la fuente de seguridad, únicamente el Señor provee el fundamento de la esperanza. La salvación que proviene de Dios se manifiesta como gloria, roca y refugio.

La expresión «no resbalaré mucho» (v.2) es reveladora. El poeta reconoce y acepta que, ante la gravedad de la crisis y la complejidad de las dificultades, puede tambalearse y resbalar, aunque no lo suficiente para perder el equilibrio y la fortaleza que proviene del Señor. Referente a la doble inclusión del término hebreo *selah* (vv.4,8), que declara una pausa en el uso litúrgico del salmo, véase la Introducción.

vv.8-10: En la segunda sección del salmo el poeta se dirige al pueblo con una finalidad educativa. El propósito es que aprenda a confiar en el Señor aun en medio de los conflictos y adversidades de la vida. Como Dios es el refugio de la humanidad, es necesario «¡esperar en él en todo tiempo!» (v.8).

Junto a la exhortación a tener esperanza y confiar en el Señor, el poeta incluye un imperativo categórico que expande el tema teológico y le añade belleza literaria al salmo. «¡Hay que derramar el corazón ante el Señor!», que es una manera de expresar los sentimientos más hondos, una forma de revelar sus deseos, aspiraciones y esperanzas. Ante Dios, de acuerdo con el salmista, hay que revelar lo más profundo de nuestras inquietudes, frustraciones y anhelos. Según el poema tan importante es la lamentación y el clamor como ante quién se lamenta y clama.

En medio de las recomendaciones pedagógicas al pueblo, el salmista incluye una reflexión personal en torno a sus adversarios, a los que identifica como «hijos de los poderosos». ¡Los compara al soplo del aire, los llama mentira! Aunque pueden tener alguna autoridad y prestigio humano, la verdad es que son falsedad. Y añade, que no se debe confiar en la violencia o el poder de esas personas pues, aunque aumenten sus riquezas, no son fuente de seguridad no son gente íntegra.

El poeta analiza la fuerza, el poder y las virtudes de sus enemigos, los pesa en balanza y descubre que «son menos que nada». En su mensaje al pueblo, les insta a confiar en el Señor y a rechazar la seguridad que puede provenir de las personas. La seguridad del pueblo y de la gente sabia no está en las fuerzas de las personas poderosas sino en el Señor. No se puede poner el corazón —es decir, la confianza y la esperanza— en las personas, sino en Dios, en quien «descansa y reposa el alma» (vv.1,5) de las personas de fe.

vv.11-12: La parte final del poema es una especie de conclusión que utiliza un recurso literario extraño para los lectores modernos del Salterio. Se trata de un proverbio numérico que aparece con cierta frecuencia en la literatura sapiencial (véase, p.ej., Pr 30.18,21,29). El propósito literario es destacar la enseñanza; es una manera de poética subrayar el mensaje; es una forma de enfatizar la teología. El poder y la misericordia, la autoridad y el amor provienen de Dios, que retribuye a las personas de acuerdo con sus actos. Este mensaje final del salmo (v.12b) es la única sección que se dirige a Dios directamente.

Para las iglesias y los creyentes este salmo transmite un claro mensaje de seguridad y esperanza. La confianza humana no puede depositarse en manos humanas, por más poderosas que parezcan, pues al final la gente puede equivocarse o actuar con maldad. La esperanza de la gente debe estar en el Señor que es fuente de seguridad y apoyo. Solamente de Dios proviene la salvación que necesita la humanidad. Únicamente el Señor tiene la capacidad y el deseo de responder al clamor humano con justicia.

El análisis del salmo pone de manifiesto una serie de características importante de Dios, que es roca, salvación, refugio y gloria. Esa naturaleza divina es la que inspira confianza, esas particularidades de Dios —¡que se contraponen claramente a las acciones humanas—, son las que motivan a la fidelidad de las personas, las que incentivan la lealtad de la gente, las que promueven las buenas acciones de los creyentes. Esas características ponen de manifiesto la integridad divina, que se contrapone a las mentiras y engaños de los adversarios. El Dios del salmista tiene el poder y la misericordia, que se traducen en acciones de justicia.

Jesús de Nazaret siguió las enseñanzas de este salmo al enseñar a sus discípulos a confiar en el Señor (p.ej., Mr 4.40; Jn 14.1; 16.33). El propósito de Jesús no era afirmar la inacción, sino presentar la confianza en Dios como un valor que les motivaba a ser personas de bien, a trabajar por la justicia y a vivir a la altura de las exigencias del reino.

Salmo 63: «Dios, satisfacción del alma»

El Salmo 63 afirma la seguridad que proviene de Dios, e incentiva la relación íntima con el Señor, que tiene implicaciones, valores y consecuencias para la comunidad. Posiblemente el propósito básico del poema es articular los deseos de buscar al Señor y mantenerse al amparo de su amor y misericordia, en medio de alguna situación difícil de la vida. El salmo revela la petición de un israelita piadoso de gozar la presencia y el auxilio de Dios en el Templo de Jerusalén. El poema se mueve anímicamente de la nostalgia por lo que ha perdido por la crisis que atraviesa, a la esperanza de recuperación y disfrute de la presencia y bendición de Dios.

Aunque los estudiosos no se ponen de acuerdo sobre el particular género literario de este salmo, posiblemente se trata de una súplica individual en la cual el poeta articula una serie de peticiones cuando atraviesa una seria dificultad personal. En su estado actual, el poema se incluye en la tradición de los salmos David, de acuerdo con su título hebreo. Posiblemente la mención de la tierra árida y la referencia sequedad hizo que el poema se atribuyera al famoso monarca de Israel, mientras estaba fugitivo en el desierto (véase 1 S 23.14; 2 S 15.22-23). Es importante notar, sin embargo, respecto a esta referencia histórica, que el salmo alude al Templo, ¡que fue construido por Salomón, luego de la muerte de David! (1 R 6–8).

Determinar con precisión la fecha de redacción del salmo es muy difícil, aunque posiblemente, por sus referencias al Templo y al rey, proviene de la época de la monarquía. Este tipo de salmo individual se

utilizaba en la antigüedad para apoyar la devoción individual, especialmente en casos de personas perseguidas y atribuladas. Es posible, también, que este salmo provenga de las experiencias de algún israelita exiliado, que anhela regresar al Templo de Jerusalén reconstruido.

La estructura literaria del poema es la siguiente:

• El salmista tiene sed de Dios: vv.1-2
• Manifestación de la misericordia divina: 3-8
• Los enemigos serán vencidos y el rey se alegrará: 9-11

vv.1-2: La primera sección del poema expone lo que hace, siente y
experimenta el salmista. Para demostrar su afirmación teológica inicial,
que el Señor es su Dios, indica que le busca de madrugada, que su alma
tiene sed del Señor, y que su carne le anhela —es decir, todo su cuerpo, su
vida completa—. Aunque experimenta alguna crisis y dificultad mayor,
que se compara a las tierras áridas y sequedades de los desiertos, desea
ver y disfrutar nuevamente el poder y la gloria de Dios, además de participar de las ceremonias religiosas en el santuario, que es una manera de
referirse al Templo de Jerusalén. El poeta, en medio de las dificultades
que atraviesa, recuerda sus experiencias en Jerusalén, y las añora.

La imagen del desierto es importante en el poema, pues revela la
intensidad de la crisis, la gravedad del problema. Los desiertos son
tierras vastas y extensas donde escasea la vegetación y las fuentes de
agua. La vida en esos lugares remotos y hostiles es complicada y difícil.
En este salmo, la referencia al desierto representa el entorno de dificultad física que experimenta el poeta, que anhela superar la crisis y disfrutar de la presencia de Dios.

vv.3-8: El salmista en esta sección, fundamentado en las anteriores
declaraciones de esperanza, revela sus deseos hacia el futuro. Su anhelo
es regresar al Templo para participar de las ceremonias cúlticas y poder
alabar, glorificar y bendecir a Dios. La expresión «alzaré mis manos»
(Sal 28.2; 2 Tim 2.8) es símbolo de oración, alabanza, humildad, reconocimiento del poder divino y gratitud ante la majestad del Señor. El
poeta desea dejar atrás el problema y proyectarse al futuro beneficial de
la misericordia de Dios.

Para el poeta, la misericordia divina es mayor que la vida, y por esa
razón fundamental le alaba. El alma del salmista, que representa en este
contexto poético todo su ser, será saciada de «médula y grosura» —p.ej.,

aceite y manteca—, que de acuerdo con las estipulaciones legales del Pentateuco (Lv 3.16; 7.23) estaban reservadas para el Señor. La idea es que recibirá alimentación divina, abundante y extraordinaria.

La revelación de la misericordia hace que el salmista alabe al Señor con sus labios, con su boca, en su lecho y ¡hasta en las noches! El poeta desea dejar meridianamente claro que sus alabanzas al Señor serán permanentes, pues los labios y la boca representan su vida completa, y el lecho y la noche aluden a la continuidad del tiempo. El alma del salmista —es decir, su existencia plena— está muy cerca y apegada del Señor, pues la diestra divina le ha sostenido y ha sido su socorro. Además, la expresión «de regocijo en la sombra de sus alas», como el águila protege a sus aguiluchos, revela una vez más el rostro maternal y misericordioso de las imágenes de Dios en el salmo. La idea que se destaca es de protección, seguridad, cobertura, abrigo, confianza, refugio.

vv.9-11: En la sección final se revelan dos temas de gran importancia teológica y práctica para el salmista. En primer lugar, se ponen de manifiesto los deseos hacia sus enemigos, que describe como las personas que intentaban «destruir su alma», que es una manera figurada de enfatizar la seriedad de sus actuaciones. «¡Caerán en los sitios bajos de la tierra!», en una posible alusión a la morada de los muertos. Lo que le espera a sus enemigos es la muerte segura, la destrucción violenta —p.ej., «morir a filo de espada» o «ser presa de los chacales o lobos»—. En la antigüedad, era vergonzoso, espantoso e impensable morir sin ser sepultado, pues el cuerpo se convertía en alimento de los animales salvajes (Is 14.18-20; Jer 7.23).

Se pone término al salmo con el deseo hacia el rey, que se alegrará y regocijará en Dios. Además, el poema añade que cualquier persona que jura o que fundamenta sus acciones en el rey —que puede referirse tanto al monarca humano como a Dios, rey de Israel por excelencia—, será alabada, valorada y apreciada. Mientras la gente que habla la verdad será reconocida, y las personas mentirosas serán calladas, que es una manera de aludir a la muerte.

El salmista culmina el poema con una nota de alegría: La gente fiel se alegrará en Dios, que tapará definitivamente la boca a las personas engañadoras y mentirosas. La fidelidad genera la alegría divina, y la mentira produce destrucción y muerte.

Las iglesias y los creyentes descubren en este salmo un gran sentido de intimidad y recogimiento. El poeta desea poner de manifiesto la seguridad que produce estar cerca de Dios y buscarle en la mañana. Y la gente de fe, que debe enfrentar las más agrias adversidades de la vida contemporánea, descubre en sus líneas la palabra grata que sirve de bálsamo al espíritu humano quebrantado.

Jesús utilizó ese anhelo de eternidad y vida cuando le indicó a sus seguidores, el último día de la gran fiesta de los Tabernáculos: «Si alguien tiene sed, venga a mí y beba. El que cree en mí, como dice la Escritura, de su interior brotarán ríos de agua viva» (Jn 7.37-38).

Salmo 64: «Plegaria pidiendo protección contra enemigos ocultos»

Este salmo solicita el apoyo divino contra una serie de enemigos de gran poder e importancia que se organizan como un ejército para calumniar y perseguir a una persona inocente, como si fuera un ataque militar con espadas y flechas. El salmista, que es víctima de las intrigas, confabulaciones y mentiras de sus adversarios, pide ayuda al Señor, que tiene la capacidad y el deseo de transformar el curso de las acciones humanas y hacer que sus enemigos caigan en su propias trampas y engaños. El salmo, que revela maestría literaria, sensibilidad artística y belleza poética, presenta la súplica de la persona que ora, a la vez que habla de quienes son responsables de sus penurias y de las formas en que organizan y llevan a efecto sus planes malvados.

Tradicionalmente este salmo se ha estudiado como si fuera un lamento individual, que revela las angustias de alguien preocupado por el peligro que corre su vida, no tanto por el resultado de alguna catástrofe nacional o personal. El poema pone de manifiesto las ansiedades del salmista ante las amenazas y conspiraciones de sus enemigos y se allega ante Dios para pedir su protección y apoyo. El contexto en el cual se utilizaba originalmente este tipo de salmo en muy difícil de determinar, aunque con el tiempo pasó a ser usado como guía de oración de personas en peligro. Fundamentado en los temas expuestos y el estilo literario, no es posible identificar una fecha precisa de composición, aunque posiblemente proviene de una época pre-exílica. El título hebreo del poema lo relaciona con David (véase la Introducción).

La estructura literaria del salmo se dispone de la siguiente forma:

- Petición e invocación del salmista: vv.1-2
- Confabulaciones de sus enemigos: vv.3-6
- Intervención divina: vv.7-10

vv.1-2: El salmo comienza con la súplica y queja del poeta. Se articula con tres imperativos de gran importancia teológica: Escucha, guarda y escóndeme. Revela el poema desde el comienzo mismo el sentido de urgencia de la persona que ora. La petición es que escuche su voz, que le guarde del enemigo, y que le proteja de los ataques, maniobras y conspiraciones de sus adversarios, que identifica como malignos y malvados.

Los oponentes del poeta provocan el terror en la sociedad: Amparados en la impunidad y el anonimato, matan y tratan de ocupar la posición de Dios. Se pone de relieve rápidamente la necesidad del salmista y la peligrosidad de los conspiradores. La primera sección del salmo ubica al lector y orante en el contexto de la crisis y del peligro inminente.

vv.3-6: Prosigue el salmista con la descripción de las personas confabuladoras, y presenta con lujo de detalles las maquinaciones, artimañas y complots en su contra. De acuerdo con el poema, sus enemigos tienen lenguas son como espadas y sus palabras son amargas y peligrosas como las saetas. ¡Los ataques son mentiras y calumnias! Los adversarios del salmista se esconden para dispararle flechas sin temor, preparan lazos a escondidas para sorprenderle, y organizan cuidadosamente sus maldades y ataques. Son malhechores peligrosos, pues mediante las murmuraciones y los falsos testimonios destruyen reputaciones y vidas.

Las imágenes son militares, el ambiente sicológico es de guerra, persecución y desesperanza. Quienes atacan y conspiran con engaños contra el salmista son como soldados dispuestos para la batalla, o como cazadores que se aprestan a preparar las trampas para atrapar a sus presas. El salmista se presenta ante esos ataques y adversarios como una persona frágil e impotente, intimidado por el poder de sus enemigos.

Esta sección culmina con un pensamiento muy importante, que posiblemente es una cita de algún proverbio antiguo conocido (Jer 7.9). La gente conspiradora planea sus maldades y organiza cuidadosamente sus acciones. Esa actitud hostil e insana se fundamenta en lo que emana de lo más profundo de sus corazones, que es una manera de indicar que sus maldades no son el resultado del azar o la improvisación, sino el producto de las actitudes agresivas y malévolas que surgen de los profundo de sus vidas.

vv.7-10: La parte final del poema introduce las reacciones de Dios a las actitudes de los conspiradores de maldad. Como si fuera un guerrero, el Señor responde a los ataques y maquinaciones de los enemigos del poeta con saetas. Además, ataca con plagas y cambia el curso de las cosas para hacer que los atacantes y adversarios reciban las maldades y los ataques que prepararon contra el salmista. Para sorpresa de los enemigos del poeta, la respuesta divina tomó dimensiones militares y transformó las dinámicas del conflicto.

El resultado de la intervención divina es la sorpresa de quienes presencien el resultado de sus acciones salvadoras. ¡La gente se espantará y amedrentará! ¡Se anunciarán las obras de Dios y se comprenderán sus actos! ¡Por esas manifestaciones del Señor, la gente justa se alegrará y confiará! ¡Los hombres y las mujeres rectas se gloriarán!

El salmo, que comienza con una súplica y queja, finaliza con una afirmación de las manifestaciones liberadoras del Señor, que genera entre las personas conspiradoras temores, y entre las personas justas produce alabanzas, contentamientos y confianza.

Uno de los temas de importancia que revela el salmo se relaciona con las persecuciones y las mentira. El poeta debe enfrentar una serie de enemigos poderosos que maquinan maldades y mentiras en su contra. Se esperanza esta en Dios, que tiene el poder y el deseo de apoyar su causa y responder a los ataques enemigos con valor, autoridad y poder.

De acuerdo con las narraciones del Nuevo Testamento, Jesús padeció persecución desde su nacimiento hasta su muerte. En primer lugar por Herodes y la infraestructura política y militar de la época (Mt 2); posteriormente, durante su ministerio, por las autoridades religiosas; y finalmente, al enfrentar la cruz, fue objeto de mentiras y falsos testimonios (Mt 28.8-15). El triunfo de Jesús sobre la muerte, mediante su resurrección, es una forma extraordinaria de vencer las injusticias y poner claramente de manifiesto el poder divino contra las mentiras, las confabulaciones, los engaños y los falsos testimonios.

SALMO 65: «LA GENEROSIDAD DE DIOS EN LA NATURALEZA»

El Salmo 65 consta de dos partes principales. En la primera (vv.1-8) se presenta un himno de alabanzas por la extraordinaria misericordia divina que manifiesta hacia la gente pecadora y por el poder de Dios que se revela en la creación. La segunda sección (9-13) es un poema de acción de gracias por la buena cosecha que el pueblo disfruta. De particular importancia es la percepción del Señor que manifiesta el salmo, que lo caracteriza con una serie importante de afirmaciones teológicas. El Dios del salmista es digno de alabanzas, receptor de sacrificios y votos, perdonador de rebeliones, salvador, justo, fuente de esperanza y creador. En efecto, el poema pone de relieve una teología avanzada e integrada que sirve de fuente de esperanza y de motivo de alabanza y adoración.

Aunque el salmo presenta algunas características literarias que lo podrían identificar como un himno –p.ej., las expresiones de alabanzas iniciales(v.1,6-7)–, un análisis más sosegado e interno del poema lo reconoce como un cántico de acción de gracias, posiblemente usado en la liturgia del Templo como agradecimiento por las buenas cosechas. El autor debe haber sido un israelita agradecido, que se presenta al Templo para alabar y reconocer la intervención divina en la naturaleza, que tiene como resultado final la fertilidad de la tierra. Posiblemente este es un poema pre-exílico, que pone de manifiesto las vivencias campesinas de la antigua comunidad israelita. El título hebreo del salmo lo identifica con la tradición musical y con David, y lo caracteriza técnicamente como un salmo (véase la Introducción).

La estructura literaria del poema es la siguiente:

- Alabanzas al Dios que habita en Sión: vv.1-4
- Reconocimiento del Señor como creador: vv.5-8
- Afirmación del Dios de las cosechas: vv.9-13

vv.1-4: La sección inicial del poema presenta al pueblo reunido en Sión –que es una forma poética de referirse a la ciudad de Jerusalén– para ofrendar sus sacrificios, presentar sus votos y cumplir sus responsabilidades religiosas en el Templo. Las razones básicas que se afirman para expresar las alabanzas al Señor, son las siguientes: Porque Dios oye la oración de su pueblo, perdona las iniquidades, rebeliones y pecados de la comunidad, y sacia a los adoradores de los bienes y las bondades que representan el Templo y sus rituales. El pueblo, en efecto, es bienaventurado —es decir, dichoso, feliz y bendecido— por la misericordia divina que le escogió para participar de las ceremonias religiosas en Sión. La participación de Israel en la vida cúltica del Templo, de acuerdo con el salmista, es una manifestación de la gracia y la misericordia de Dios.

Como el Dios del salmista escucha las plegarias de su pueblo, el poema afirma que «toda carne» (v.2) se allegará ante su presencia con sentido de reconocimiento y gratitud. Esa importante referencia literaria alude posiblemente a todo el pueblo de Israel, aunque una lectura posterior del salmo lo puede aplicar a todas las naciones. Comienza el salmo con una alabanza y finaliza esta sección con la afirmación del bien divino, que llega a las personas que participan de las actividades de la Casa de Dios (v.4), pues el Templo representa la presencia misma del Señor.

vv.5-8: La siguiente sección del salmo revela una teología avanzada y pertinente. Se articulan importantes descripciones divinas que ponen de relieve la profunda fe del salmista. Se alude a la justicia divina que es motivo de reconocimiento poético, y se afirma categóricamente que Dios es salvación y esperanza. Además, el poema destaca las virtudes del Señor como creador. El mensaje fundamental es que Dios es señor del mundo y de la historia de la humanidad.

Aunque el poema no indica específicamente las acciones divinas que le han ganado las alabanzas, el reconocimiento y las aclamaciones, posiblemente la actitud del salmista se fundamenta en las importantes referencias a la creación y al poder divino sobre la naturaleza. El Señor afirma con poder y valentía los montes, calma las olas y los mares, y apacigua a las naciones. También su poder extraordinario se manifiesta en el contentamiento de los días —que es una manera de referirse al buen orden y al bienestar de toda la naturaleza—, pues «alegra las salidas de la mañana y de la tarde» (v.8). Esas capacidades divinas son fuente de esperanza para los israelitas y también generan seguridad en los pueblos más distantes y remotos de la tierra y el mar, que es una forma de afirmar la universalidad divina. La imagen del poeta es como si la naturaleza toda danzara alegremente ante la palabra y las órdenes de un Dios creador.

vv.9-13: La sección final del salmo revela la teología de la fertilidad que se manifestaba en Israel. Las imágenes revelan buen conocimiento del mundo de la agricultura y del campo. Se compara a Dios con un agricultor eficiente, que prepara la tierra adecuadamente para que produzca fruto abundante. De particular importancia en la poesía es la referencia al agua, que escasea en el desierto, pero que es absolutamente necesaria para la agricultura.

El Señor riega la tierra con sus ríos de aguas abundantes, dispone la semilla necesaria, prepara adecuadamente los surcos para que las corrientes de agua puedan penetrar el terreno, y, finalmente, bendice los frutos. Dios, de acuerdo con la teología y las imágenes del poema, es el que trabaja tras bastidores para que producir buenas estaciones del año y hace que las nubes lleven las aguas necesarias para transformar «los pastizales del desierto en collados de alegría» (v.12). Ese ambiente de bonanza y prosperidad hace que las manadas regresen a los campos y que haya fruto abundante en los graneros. El resultado de esa manifestación de poder divino es que la naturaleza canta de júbilo.

Este salmo revela la importancia que tiene para Dios la naturaleza y la creación. Presenta el poema al Señor como un agricultor que se esmera en labrar bien la tierra, pues el fruto posterior es resultado de un buen trabajo en la preparación del terreno, la selección de la semilla y el desarrollo de un sistema de riega adecuado y saludable. Ese respeto divino por la naturaleza es un gran mensaje para la sociedad actual, que se relaciona con la naturaleza de modo hostil e irresponsable.

El Dios del salmo está muy seriamente preocupado por la creación, pues el mal trato a la naturaleza se manifiesta en dificultades para la humanidad. La contaminación de los aires, los cuerpos de agua y la tierra son fuente de enfermedades y crisis en la humanidad. En efecto, la mala mayordomía de los recursos naturales que Dios nos ha dado puede repercutir en una crisis ecológica de proporciones catastróficas para la humanidad. En este sentido, la teología del salmo nos convoca al respeto y al reconocimiento de la dignidad de la creación de Dios.

Salmo 66: «Alabanza por los hechos poderosos de Dios»

El Salmo 66 es un gran poema de alabanzas y gratitud a Dios por sus obras de liberación sobre los enemigos del pueblo y por las «cosas admirables» (v.5) que ha hecho por la humanidad. El poema invita a la tierra a bendecir, adorar y cantar al Señor; y, además, llama a los pueblos a ver y disfrutar las intervenciones maravillosas de Dios. El propósito del salmista es convocar a la creación para que proclame y afirme la gloria divina, y para que celebre el poder de Dios en medio de las vivencias humanas.

Este poema contiene una serie compleja de elementos de hímnicos y de acción de gracias que complican su catalogación literaria. La primera sección (vv.1-12) enfatiza los elementos de alabanzas que caracterizan los himnos del Salterio; mientras que la segunda parte del salmo (vv.13-20) pone claramente de manifiesto y también subraya los temas relacionados con la gratitud. Esta diferencia literaria y temática en el salmo ha hecho que algunos estudiosos lo analizan como dos composiciones inicialmente independientes que con el tiempo se unieron para formar nuestro poema actual.

Sin embargo, se leemos el poema como un salmo de acción de gracias de la comunidad, podemos notar que las dos secciones se unen de manera lógica y adecuada. La primera sección es el recuento de las intervenciones divinas, por las que el salmista expresa su gratitud al final del poema. La unidad literaria y temática del salmo se descubre, al analizarlo como una expresión de gratitud del pueblo que recuerda y celebra las intervenciones liberadoras de Dios a través de la historia.

Fundamentado en la identificación de los temas expuestos, que parecen relacionarse con los que se destacan en la segunda sección del libro de Isaías, la fecha de redacción del salmo es posiblemente el período exílico, cuando el poema se utilizaba en alguna de las ceremonias nacionales de gratitud. Desde esta perspectiva teológica e histórica, el salmo es la afirmación de la esperanza de una comunidad desterrada que anhela ver y disfrutar nuevamente las intervenciones liberadoras del Señor en medio de las penurias del exilio. Su autor es quizá un israelita que desde la distancia del exilio añora y espera que se repitan las manifestaciones redentoras de Dios en favor del pueblo.

La estructura literaria del salmo es compleja, por los cambios temáticos y las diferencias de estilo de sus diversas secciones. Aunque el poema tiene dos secciones mayores, cada parte puede subdividirse de la siguiente forma:

- Alabanzas y gratitudes a Dios: vv.1-12
  * Himno de alabanzas al Señor por su poder extraordinario: vv.1-7
  * Expresiones de gratitud de la comunidad a Dios: vv.8-12
- Gratitud personal por la liberación divina: vv.13-20
  * Presentación de las ofrendas a Dios: vv.13-15
  * Dios escucha la oración del salmista: vv.16-19
- Alabanzas al Señor: v.20

vv.1-7: La primera sección del salmo ofrece al lector un himno y cántico de alabanzas al Señor. El poema invita a toda la tierra a cantar, aclamar y darle gloria a Dios con las alabanzas. Es un llamado a la humanidad completa, representada con la imagen de la tierra. Y esas alabanzas se presentan al Señor como una expresión de gratitud por las obras de Dios, y por el poder que manifiesta para vencer a los enemigos del pueblo. Toda la tierra se presentará en actitud de adoración y cantarán al nombre divino.

Esta sección del poema puede dividirse, a su vez, en dos estrofas primarias, de acuerdo con la inclusión de la expresión hebrea *selah* (vv.4,7). En la primera (vv.1-4) se afirma la grandeza y la gloria del Señor de forma general, y en la segunda (vv.5-7) se especifican las intervenciones divinas dignas de encomio y recordación. La unidad literaria de estas estrofas se revela claramente al descubrir el uso de una serie importante de imperativos: Aclamad, cantad, dad, decid, venid y ved.

El salmista hace una llamado general a ver y disfrutar las obras admirables que el Señor ha hecho por la humanidad. Con su poder especial y eterno, Dios hace que el mar se convierta en tierra seca y que el río se divida. Son alusiones a las intervenciones salvadoras del Señor con el pueblo de Israel, al salir de las tierras de Egipto y cruzar el Mar Rojo (Ex 14.21-22), para posteriormente llegar a la Tierra Prometida y pasar el río Jordán (Jo 3.14-17). Ante esas manifestaciones maravillosas de su poder, el pueblo se alegra y canta alabanzas al Señor. Además, su acción liberadora hace que las personas rebeldes no serán enaltecidas, pues los ojos divinos atalayan sobre las naciones del mundo; que equivale a decir, que el Señor vigila y protege a su pueblo de los ataques e injusticias de los pueblos enemigos.

vv.8-12: La segunda sección de la primera parte del poema llama a los pueblos a bendecir y alabar al Señor. Las razones para que las naciones manifiesten esas alabanzas son variadas, y todas revelan gran importancia teológica e histórica. Las imágenes de Dios son reveladoras e importantes, pues describen al Señor como protector, salvador, fundidor, cazador y guerrero.

El Señor preserva la vida de su pueblo y no permite que sus pies resbalen. En primer lugar se destaca la capacidad de protección divina. Además, de acuerdo con el salmista, Dios prueba a su pueblo: Lo purifica como si fuera plata —que alude a los procesos de eliminación de las impurezas de los metales preciosos—; los mete en redes —que es una imagen importante del mundo de la caza, revela la dificultad de salir de algún conflicto serio—; les pone cargas pesadas sobre los hombros —que apunta hacia el cautiverio y los trabajos forzosos—; permite que cabalguen sobre sus cabezas —que revela una costumbre antigua en la cual el guerrero vencedor ponía un pié sobre la nuca de los vencidos, en señal de triunfo—; y no evita que pasen por el fuego y el agua —que simbolizan, en este contexto poético, los graves peligros y las calamidades mortales que deben enfrentar en la vida, en una posible referencia al exilio en Babilonia—.

vv.13-20: Esta segunda parte del poema revela las convicciones y reflexiones de un individuo piadoso, no alude a las experiencias de la comunidad y a las acciones del pueblo. El salmista entra al Templo con sus ofrendas y holocaustos para pagar sus votos y ofrecer sus sacrificios. El contexto es de angustia y crisis (v.14), y para implorar la respuesta divina ofrece animales engordados, carneros, toros y machos cabríos. La presentación del macho cabrío revela al salmista como un figura de gran liderato y responsabilidad en el pueblo, pues tradicionalmente eran los jefes de las antiguas tribus de Israel los únicos que ofrecían este tipo de ofrendas al Señor (Nm 7.16-17,88). La separación de estrofas en el salmo se revela una vez más por la incorporación de *selah* (v.15).

Una vez que presenta sus ofrendas en el Templo, el salmista llama a toda la comunidad, que identifica como «los que teméis a Dios» (v.16), a escuchar su testimonio de fe. ¡El poeta separa tiempo de calidad para contarle al pueblo lo que el Señor ha hecho por él! Clama y exalta al Señor, y reconoce que si en su interior se anidara la maldad, Dios no le hubiese escuchado ni respondido. En efecto, el poeta reconoce que el Señor oyó su plegaria y atendió a su súplica.

El salmo finaliza con una afirmación doxológica, termina con una declaración de fidelidad divina. El poeta alaba al Señor porque no rechazó su oración ni alejó de él su misericordia.

Este poema pone de relieve la importancia de las alianzas divinas y humanas. El Señor se revela como apoyador de su pueblo y se manifiesta como libertador en momentos de adversidad y crisis. El salmista alaba al Señor al hacer el recuento de esas intervenciones salvadoras en medio de la historia, que le preparan para esperar y confiar en manifestaciones futuras de liberación.

El Dios bíblico, según este salmo, está aliado a su pueblo, particularmente en momentos de dificultad y problemas. No está ajeno el Señor a los conflictos humanos que traen a las personas desasosiego y desesperanza. De singular importancia para Dios son la situaciones que requieren la defensa de la vida y la integridad de las personas. No es neutral el Señor ante los ataques de los enemigos de su pueblo. Dios no se queda inerte frente a las maquinaciones hostiles que hieren la dignidad humana y ofenden el sentido de justicia en las personas.

Salmo 67: «Exhortación a las naciones para que alaben a Dios»

Esta salmo es un cántico de acción de gracias de la comunidad, que expresa su felicidad y contentamiento por la cosecha abundante. El poeta suplica la misericordia divina y clama por la bendición de Dios, pide el resplandor del rostro divino, que es una manera poética de solicitar su favor. Esa manifestación de amor y gracia divina, que de forma práctica se demuestra en la cosecha abundante y la implantación de la justicia, hace que en todas la naciones de la tierra se conozca el camino, la voluntad y la salvación de Dios.

Aunque el poema mezcla diversos tipos de géneros literarios, particularmente la súplica y la alabanza, el salmo es esencialmente uno de acción de gracias a Dios por la comunidad. Posiblemente este tipo de salmo formaba parte de las celebraciones cúlticas relacionadas con las fiestas de la cosecha. Su unidad literaria se revela en el uso de la frase que solicita la bendición de Dios al comienzo y al final del poema (vv.1,7). Tradicionalmente se ha ubicado la fecha de composición del salmo en la época post-exílica. Su autor debe haber sido un israelita agradecido por la cosecha que guía a la comunidad en este cántico de alabanzas y gratitud. Y el título hebreo del salmo lo relaciona de forma destacada con la tradición musical del Templo de Jerusalén (véase Introducción).

La estructura literaria del poema se revela en relación al estribillo (vv.3,5), que divide el poema en tres secciones básicas:

- Oración por la bendición divina: vv.1-2
- Estribillo: ¡Que todos los pueblos alaben al Señor!: v.3
- Alegría en las naciones por la implantación de la justicia divina: v.4
- Estribillo: ¡Que todos los pueblos alaben al Señor!: v.5
- Exhortación a bendecir a Dios: vv.6-7

Un análisis sobrio adicional del salmo revela, además, una estructura literaria concéntrica, o quiasmo, que destaca en su centro el tema de la justicia divina (v.4). Posiblemente ese es el tema que el poeta deseaba subrayar al articular este salmo. La estructura alterna es la siguiente:

A Bendición de Dios: v.1
B La tierra conocerá el camino y la salvación divina: v.2
C Estribillo: Alabanzas a Dios: v.3
D Las naciones se gozarán y alegrarán por la justicia de Dios: v.4
C' Estribillo: Alabanzas a Dios: v.5
B' La tierra dará su fruto: v.6
A' Bendición de Dios: v.7

vv.1-2: El salmo comienza con la expresión de un deseo. Solicita el poeta la misericordia y la bendición divina, para que en la tierra —es decir, en la humanidad— se conozca y aprecie el camino del Señor, que es una manera figurada de referirse a su voluntad (Sal 1.1). El salmista desea que el Señor haga «resplandecer su rostro» —es decir, que el Señor manifieste su placer y regocijo— sobre el pueblo, para que las naciones todas reconozcan y acepten la salvación que proviene de Dios. De acuerdo con el salmo, las bendiciones divinas que se ponen de manifiesto en el pueblo de Israel deben servir de incentivo a las naciones del mundo para que le reconozcan como Señor y salvador.

Esta exhortación inicial del salmo, que anhela la manifestación de la piedad y misericordia divina, se inspira muy posiblemente en las antiguas bendiciones que pronunciaban los sacerdotes (Nm 6.23-26). La imagen de «resplandecer el rostro» se refiere, posiblemente, a la manifestación de la bondad y la benevolencia del Señor. Esa idea se relaciona quizá con las prácticas antiguas que empleaban los sacerdotes para conocer y determinar el favor divino. Se echaban las suertes con una moneda, algún tipo de chapa o piedra pulida, y si quedaba a la vista el lado pulido y brillante, entonces era una señal del brillo de Dios hacia la persona que buscaba conocer la voluntad divina.

vv.3,5: El estribillo del poema es una buen marcador literario. Divide el salmo en tres secciones, cuyos temas distintivos se ponen claramente de manifiesto. ¡Formula un anhelo de dimensión internacional! Es una exhortación firme a la alabanza universal, es un reclamo general al reconocimiento de la grandeza del Dios de Israel, y de su poder extraordinario sobre la tierra, de acuerdo con el tema general que se revela en el poema. El término hebreo *selah* (vv.1,4) contribuye a las directrices musicales del salmo (véase la Introducción).

v.4: La segunda estrofa del salmo, que representa el centro literario y teológico del poema, revela un tema de importancia capital para la teología bíblica en general y para este poema en particular: Dios juzga al mundo con equidad y rectitud, y «pastorea» las naciones de la tierra, que es una manera poética de referirse al justo gobierno divino. En el corazón mismo del salmo se enfatiza el tema de la justicia divina, que será motivo de felicidad en todo el mundo.

vv.6-7: La sección final del poema pone de relieve el producto real e inmediato de la bendición divina. ¡La tierra fértil produce su fruto en abundancia! La fertilidad de las tierras bíblicas no es el resultado del azar meteorológico sino del favor de Dios. En la antigüedad se pensaba que las cosechas abundantes era signos de la bendición de Dios. Y esa bendición extraordinaria debe ser reconocida entre las naciones.

La teología que se manifiesta en este salmo es que el Señor es el Dios de Israel, las naciones y de toda la tierra. Esa gran afirmación teológica es básica para el ministerio de Jesús y para la labor misionera de las iglesias. El Dios bíblico no está cautivo en una región ni está confinado en ninguna religión. Es el Señor de la historia y la humanidad, que interviene en la naturaleza para producir frutos en abundancia, para responder a las necesidades del pueblo.

El tema de la justicia es fundamental en el estudio de este salmo, y en las discusiones teológicas y misioneras contemporáneas. La justicia no es el tema para la especulación filosófica, sino el proyecto de Dios para la humanidad. En el salmo se afirma de forma categórica que las naciones y los pueblos reconocerán al Dios bíblico cuando comiencen a vivir las implicaciones de la justicia divina, que produce equidad y paz entre las naciones.

Salmo 68: «El Dios del Sinaí y del santuario»

Este salmo es un extraordinario y vibrante himno de alabanzas al Señor, que interviene en la historia para salvar y redimir a su pueblo. El poema es un cántico de triunfo que incluye un recuento de los grandes actos de Dios en favor de su pueblo, desde las acciones del Señor en el monte Sinaí hasta la llegada triunfante a la Tierra Prometida. Afirma el salmista que Dios escogió para morar la humilde colina de Sión, en vez de seleccionar montes más elevados en la región, para poner destacar el amor y la misericordia divina. El salmo revela una evaluación del pasado del pueblo para incentivar la alabanza en todos los reinos de la tierra.

La belleza literaria del salmo no esconde sus complejidades literarias y teológicas. En primer lugar, la transmisión del texto hebreo ha sido deficiente, haciendo muy difícil su lectura y comprensión —esta característica explica las diferencias entre las distintas versiones y traducciones del salmo—; además, el análisis de muchas palabras del poema es desafiante, pues son frases y expresiones que no aparecen con frecuencia en al Antiguo Testamento. A esos retos de exégesis, interpretación y hermenéutica debemos añadir que el salmo contiene una serie extensa de temas cuya unidad no se manifiesta claramente a simple vista.

El salmo posiblemente debe ser catalogado como un himno que exalta y afirma las victorias del Señor en la historia del pueblo, es una súplica sentida que pone de relieve las manifestaciones divinas en favor de su pueblo, es una oración que describe al Señor en su paso victorioso por la vida del pueblo de Israel. Identificar la fecha de redacción es un trabajo complicado, pues el salmo contiene una serie de arcaísmos y temas muy antiguos de la historia de Israel, aunque del análisis temático se desprende que debe haber sido una composición post-exílica, por sus similitudes con la segunda sección del libro del profeta Isaías (40–55) y por las preocupaciones litúrgicas que incluye, que presenta inclusive una referencia procesional breve (vv.24-27). Posiblemente este poema fue redactado finalmente, utilizando expresiones antiguas y temas históricos del pueblo, para ser utilizados en alguno de los festivales nacionales, para ensalzar la figura del Señor.

Es extremadamente difícil identificar una estructura literaria precisa del poema, debido a sus complejidades literarias, textuales, temáticas y teológicas. Como han sido muchas las propuestas que se han hecho, nuestro esfuerzo es solo preliminar y tentativo, pues intenta identificar y agrupar los temas y las preocupaciones mayores del salmo, que recibe su unidad literaria por el contexto litúrgico antiguo en el cual se utilizaba. La propuesta nuestra analiza seis secciones mayores, que se identifican a continuación:

- Llamado a la intervención de Dios: vv.1-3
- Cántico antiguo de exaltación al Señor: vv.4-10
- Descripción de las victorias divinas: vv.11-18
- Alabanzas al Dios de la salvación: vv.19-23
- Referencia a una procesión en el Templo: vv.24-33
- El Dios de Israel da fuerzas y victoria a su pueblo: vv.34-35

vv.1-3: El salmo comienza con un reclamo a Dios para que los enemigos sean derrotados. Inicia el poema con una especie de llamado a la guerra y a la victoria. Además, la exhortación inicial recuerda las palabras de Moisés cada vez que iniciaba la procesión con el Arca del Pacto (Nm 10.35). Con la palabra ¡levántate!» (v.1; Is 60.1), el poema evoca las antiguas victorias militares de Dios en la época de la salida de Egipto y conquista de Canaán.

Las imágenes utilizadas iluminan las acciones divinas. Cuando Dios se «levanta» —es decir, se prepara para el combate— los enemigos se disipan como el humo, que no tiene coherencia ni fortaleza interna; y los malvados e impíos —que es una manera despectiva de referirse a los adversarios— se derriten como la cera, para enfatizar la incapacidad de resistir la intervención de Dios, que se revela como un fuego. Además, la manifestación del Señor genera en las personas justas alegría, gozo y danzas.

vv.4-10: En la segunda sección del poema se identifica claramente el tema teológico central que se manifiesta y explora a través del salmo. Se presenta a Dios como el guerrero dispuesto para la batalla que responde a los clamores de su pueblo, particularmente ayuda a quienes están en necesidad y angustia. El salmista llama al pueblo a cantar y alabar al Señor al reconocer su naturaleza divina y sus intervenciones históricas. Es fundamental para la comprensión del poema analizar las imágenes de Dios que incluye y elabora.

El Señor «cabalga sobre los cielos» —que es una expresión atribuida antiguamente a Baal, reconocido en Canaán como dios de las tormentas y la fertilidad—; se denomina Jah —que es una forma muy antigua y abreviada del nombre propio de Dios (Yahwe), y evoca la revelación de Dios durante el peregrinar por el desierto del Sinaí—; es padre de huérfanos, defensor de viudas, apoyo de desamparados y libertador de cautivos —en clara alusión a las implicaciones éticas y morales del Pacto o Alianza, según se revelan en los códigos legales y las narraciones del Pentateuco (Ex 22.22-24; Dt 10.17-18)—; y la referencia a su «santa morada» alude posiblemente a la morada eterna de Dios en los cielos (2 Cr 30.27; Jer 25.30), aunque también puede relacionarse con el Templo de Jerusalén, específicamente con el Monte Sión donde estaba enclavado el santuario. Este Dios libertador de los cautivos, hace que la gente rebelde habite en los desiertos, que es una imagen apropiada de un tipo de vida complicada y azarosa, que alude a la existencia llena de dificultades, crisis, angustias y desesperanzas.

Pare el poeta, la imagen de Dios que se destaca es la de un militar que sale al frente de sus ejércitos dispuesto para la guerra, y el contexto del conflicto es el peregrinar por el desierto del Sinaí, a la salida de Egipto, para conquistar la Tierra Prometida en Canaán (vv.7-10). El salmo alude a las manifestaciones divinas que revelan su misericordia, particularmente para apoyar y bendecir a la gente pobre y necesitada. Ante el paso victorioso del Señor, la tierra tiembla, los cielos se conmueven, la lluvia abunda, y el pueblo agotado y exhausto se reanima y disfruta la bondad divina. ¡Son expresiones literarias que delatan una teofanía extraordinaria! El salmista alude a los milagros que Dios hizo durante el período que Israel estuvo en el desierto, de acuerdo con las narraciones del Pentateuco (Ex 19.16-18; 20.18). ¡Aún la naturaleza reacciona ante la manifestación divina!

Al final de la estrofa (v.10), la imagen divina se modifica para representar al Señor como un pastor que guía a su rebaño hacia la toma de posesión de la Tierra Prometida. El poeta se mueve literariamente del Dios guerrero al Dios pastor.

vv.11-18: En esta estrofa se retoma el tema de la tierra, que ya se ha explorado anteriormente. El objetivo poético es enfatizar la manifestación del Señor que tiene como objetivo la conquista de la Tierra de Canaán. Solo bastó la palabra divina para que los reyes cananeos con sus poderosos ejércitos huyeran y reconocieran su impotencia y derrota. Dios, identificado como el Omnipotente (v.14) –traducción del nombre divino «El Shaday»–, no necesitó al pueblo para poner de manifiesto su voluntad, pues ante la presencia divina los reyes salieron huyendo.

El pueblo se quedó «echado en los tiestos», que parece ser una alusión al reproche que se dirige a las antiguas tribus de Israel que no quisieron participar de un combate (Jue 5.6). La referencia a las palomas, que tienen alas de plata y plumas de oro, aunque puede aludir a algún objeto que formaba parte del botín de guerra, es una posible referencia poética al pueblo de Israel. La imagen de triunfo incorpora el tema de las mujeres, que se describen como anunciadoras del triunfo y repartiéndose el botín (v.12).

Las referencias geográficas del texto tienen gran importancia teológica. El monte Salmón –posiblemente es una de las cimas del Guerizim, muy cerca de Siquem (Jue 9.48), aunque no podemos excluir que aluda a alguna montaña de la región del norte– y la región montañosa de Basán, en donde se encuentra el famoso monte Hermón –con una altura de más de 2,700 mt. sobre el nivel del mar– inútilmente sienten envidia y hostilidad hacia monte Sión, la morada del Señor (Sal 78.68; 132.13-14). La idea es que las montañas del norte son más altas e imponentes que las del sur, donde está Jerusalén. Sin embargo, el salmista no se da ninguna explicación del fundamento ni de los criterios de la selección divina. Únicamente se indica que fue el deseo divino habitar en el monte Sión por siempre (v.16).

El salmo continúa con la imagen del Dios guerrero y presenta el equipo bélico: ¡Los carros de guerra son miles y miles! Se enfatiza de esta forma el poder divino que no necesita ayuda de los ejércitos de Israel. Además, el poeta repite el peregrinar divino: Del Sinaí al santuario del Señor. El texto (v.17), que es de difícil comprensión y traducción, destaca las intervenciones de Dios en la historia nacional: Desde la época de la revelación a Moisés en el desierto del Sinaí, hasta la llegada a la tierra Prometida, el establecimiento de Jerusalén como capital del reino, y la posterior selección del monte Sión para la construcción del Templo, que es reconocido como la morada divina.

La referencia a que el Señor «subió a los montes» y «recibió dones de los hombres» —que posteriormente se aplica a Cristo, según la teología paulina (Ef 4.8)—, alude a la costumbre antigua de los reyes vencedores, que subían a las cimas de las montañas, llevando con ellos algunos enemigos presos, para que se reconociera su triunfo y para recibir el tributo o botín de guerra. La línea final de la sección, que alude a los rebeldes (v.18b), posiblemente debe ser traducida como: «¡Hasta los rebeldes se rindieron a ti, Jah Dios!».

vv.19-23: La cuarta estrofa del poema consiste de una doxología. El poeta bendice al Señor por los beneficios que recibe: Dios es salvador y liberador, y, además, derrota a los enemigos —que describe como llenos de pecados (v.21)—,y permite la venganza, que es una forma antigua de implantación de la justicia.

vv.24-33: En esta sección del salmo se retoma poéticamente el importante tema teológico de la marcha victoriosa del Señor, que se mueve desde el Sinaí hasta Jerusalén. Incluye esta estrofa una procesión litúrgica (vv.24-27) que evoca las intervenciones antiguas del Señor y preparan el camino para las manifestaciones contemporáneas de Dios.

El poema presenta a los cantores, los músicos y las doncellas en medio de sus actos cúlticos. Es un ambiente festivo de bendición, celebración, alegría y esperanza. De forma figurada, el poeta incluye en el salmo referencias a algunas de las antiguas tribus de Israel —p.ej., Benjamín, Judá, Zabulón y Neftalí—, en representación de todo el pueblo. El objetivo del salmista es pedirle al Señor que actúe en consonancia con los tiempos antiguos: Que confirme su presencia en el pueblo con actos salvadores; que reprima y elimine a sus enemigos, que describe como gente armada; que rechace las ofrendas y holocaustos de sus enemigos hasta que se sometan a la autoridad y el poder del Señor; y que disperse a los pueblos violentos que se complacen en hacer guerra, en su afán de riquezas y de humillar a las naciones.

Esas manifestaciones divinas harán que pueblos como Egipto y Etiopía, junto a otros reinos de la tierra, reconozcan el poder y la soberanía de Dios, y canten alabanzas al Señor. La expresión «extender las manos» es un gesto de reconocimiento divino, una forma de manifestar humildad, una manera de aceptar el señorío del Dios de Israel, una gesticulación piadosa. Dios, que se describe poéticamente como «el que cabalga sobre los cielos de los cielos» —es una imagen superlativa para enfatizar su extraordinario poder— se dejará sentir en la historia de forma poderosa: ¡Hará oír su voz en medio de la vivencias humanas!

En esta estrofa se incluyen dos temas de gran importancia teológica y contextual: El salmista pide el fin de las guerras y afirma que los pueblos gentiles reconozcan al Dios de Israel. Esta es posiblemente una buena indicación de la fecha de composición final del salmo, pues estos temas se enfatizaron durante el período post-exílico.

vv.34-35: El salmo culmina con el reconocimiento absoluto del poder de Dios. Además, el poema afirma que el Señor ha manifestado su amor, misericordia, fuerza y vigor hacia su pueblo, Israel. Se cumple de esta forma el objetivo del salmista que era presentar las intervenciones de Dios en medio de la historia del pueblo de Israel, hasta llegar al Templo. Las implicaciones del mensaje es que el Dios que actuó en la historia pasada del pueblo tiene la capacidad y el deseo de intervenir nuevamente en su historia presente para crear un futuro de justicia y paz.

La aplicación de este salmo debe tomar en consideración muy seriamente las imágenes de Dios que revela. Esas imágenes divinas ponen de manifiesto las prioridades del Señor a través de la historia. De particular importancia son las referencias a Dios como padre de huérfanos, defensor de viudas, apoyo de personas desamparadas, y libertador de los cautivos. Esos atributos divinos revelan un Dios que está profundamente preocupado por la humanidad, específicamente por esos sectores marginados que no tienen esperanza en las instituciones tradicionales de la sociedad.

El Dios del salmista, el que «cabalga sobre los cielos de los cielos», no escatimó su realeza y poder para escuchar el clamor de la gente en necesidad y responder con acciones liberadoras. Ese Dios Omnipotente compromete su autoridad y poder hace que hasta los reyes más poderosos huyan ante las manifestaciones de su misericordia y justicia. Y ante esa revelación de la misericordia divina el pueblo todo se regocija.

Jesús de Nazaret vivió de acuerdo con la teología del salmo. Su prioridad ministerial fueron las personas enfermas, marginadas, endemoniadas, cautivas, explotadas, rechazadas, angustiadas, desesperanzas... Respondió a los poderes de la época con el mensaje de justicia que tiene implicaciones pastorales en la sociedad contemporánea.

Salmo 69: «Un grito de angustia»

Este poema, que manifiesta varias similitudes con el Salmo 22, revela la oración intensa de una persona inocente que se allega a Dios para presentar su causa. El salmista se siente en grave peligro de muerte, por causa de alguna enfermedad mortal o quizá por la persecución injusta y las amenazas de sus enemigos. Revela, además, el sentido hondo de abandono que siente, al sufrir el rechazo de sus familiares y la falta de solidaridad de sus amigos y de la comunidad. El clamor del salmista es un grito de súplica que pide a Dios le proteja de las aflicciones intensas que padece; y también clama para ser defendido de los ataques crueles de sus enemigos, pues su vida corre peligro.

Este salmo muy bien puede catalogarse como una de súplica individual, pues el poema presenta el clamor sentido, penitente e intenso de algún judío piadoso en la época cercana al regreso del destierro en Babilonia. ¡Su anhelo es que la reconstrucción del Templo comience lo antes posible! Este tipo de salmo se utilizaba tanto en ceremonias religiosas en las que participaban diversas personas en crisis extraordinarias, o también se podía usar en devociones privadas familiares en las que las personas afligidas se presentaban ante Dios para exponer su causa y dolor. Este clamor de un individuo también podía representar la oración de todo el pueblo en instantes de dificultad nacional. El título hebreo del poema lo asocia a la tradición musical del Templo, lo identifica como un salmo de David, y posiblemente debía cantarse con la melodía de una canción conocida como «Lirios» (véase la Introducción).

La estructura literaria del salmo es la siguiente:

• Súplica y petición de liberación: vv.1-4
• Oración de confesión y humillación: vv.5-19
• Acciones de los enemigos del salmista: vv.20-29
• Alabanzas a Dios: vv.30-36

vv.1-4: El salmo comienza con una petición intensa. Como se siente abrumado y en peligro de muerte, el poeta clama por la salvación y liberación de Dios. Las imágenes describen su estado de ánimo, revelan la complejidad de la crisis. Las aguas están prestas a ahogarlo —le han llegado «¡hasta el alma!» (v.1)—; está hundido en el cieno profundo —que símbolo de las calamidades y los peligros que debe enfrentar—; ya no puede tocar fondo y las corrientes de aguas lo arrastran —que pone de manifiesto la intensidad del problema—; está cansado de llamar —aunque pide auxilio y ayuda, sus fuerzas no son suficientes para superar esta adversidad; además, se ha cansado de llamar, se ha quedado ronco en el proceso, y se le cierran los ojos del cansancio. Y aunque espera en Dios fielmente, su situación personal se torna más adversa y difícil por la complejidad del problema.

Sus enemigos se han multiplicado como los pelos de su cabeza, que revela la multitud de adversarios que entendía podía tener. Los adversarios del salmista eran poderosos, y posiblemente lo acusaban injustamente de algún robo (v.4). Ante esa situación potencialmente letal, el salmista se ampara en el Señor y en su conocimiento, y, aunque reconoce su insensatez, sabe que Dios es justo y está consciente de sus pecados.

vv.5-19: En esta sección del poema (vv.5-8), el salmista reconoce sus pecados y faltas, pues sabe que Dios le conoce muy bien. Con humildad le pide al Señor que sus acciones no sean motivo de dificultad o desorientación para ninguna persona justa y piadosa, tampoco desea la confusión de la gente que busca al Dios de Israel. Inclusive, por causa del Señor, el salmista afirma, que ha sido desconocido por sus hermanos y por la comunidad. Se presenta la crisis del salmista en términos personales, familiares y comunales.

Prosigue el salmista con una afirmación de su fe —«lo consumió el celo del Señor»—, que generó una actitud de rechazo y persecución en la comunidad. Entre los vituperios que recibió están los siguientes: Insultos, afrentas, calumnias, rechazos y bromas. Y la respuesta del salmista ante esa actitud hostil, fue de lloro, aflicción y humillación — p.ej., la referencia a las ropas ásperas es señal de luto, dolor, angustia o penitencia—. Es posible que los adversarios, como los amigos de Job, interpretaran esas acciones del salmista como el reconocimiento de culpa, como la aceptación de sus maldades y pecados.

La situación del salmista era tema de conversación en la ciudad, particularmente en las puertas, que era el lugar donde se reunían los líderes de la comunidad para divulgar noticias de importancia, para dilucidar los pleitos, y donde se implantaba la justicia en el pueblo (Rut 4.1).

Ante el reconocimiento de la actitud de sus enemigos, el salmista ora a Dios para implorar su misericordia y para reclamar alguna intervención salvadora. Su petición se pone de manifiesto en una serie de imperativos categóricos e inminentes: Sácame del lodo (v.14), respóndeme con tu misericordia (v.16), mírame conforme a tus piedades (v.16), acércate a mi alma y redímela (v.18), y líbrame de mis enemigos (v.18). Se revela claramente la intensidad de la oración, se manifiesta la profundidad de la plegaria, se subraya la naturaleza de la dificultad. Finalmente, ante la complejidad del problema, el salmista presenta a todos sus adversarios ante el Señor (v.19), reconoció que el Señor puede pagarles conforme a sus injusticias y acciones llenas de maldad.

vv.19-29: En la tercera gran sección del salmo el salmista reconoce que sólo Dios conoce su «afrenta, confusión y oprobio» (v.19). Ese reconocimiento de su condición humana y frágil —posiblemente para lograr alguna respuesta positiva y solidaria (v.20)—, en vez de recibir simpatías de parte de sus enemigos los que hace es exacerbarlos aún más. La respuesta de los enemigos revela con claridad las intensiones malvadas y actitudes inhumanas que tenían. ¡Le dieron hiel por comida y vinagre por bebida! Esa última actitud fue utilizada por los creyentes primitivos para representar los sufrimientos y la pasión de Jesús (Mt 27.34,48; Mr 15.23,36; Lc 23.36; Jn 19.28-29).

El poema incluye una serie importante de maldiciones (vv.22-28). El salmista responde a las agresiones de sus enemigos con una concatenación de imprecaciones violentas. Les desea: que caigan es las trampas que preparan (v.22); que se queden ciegos y sin fuerzas (v.23); que reciban la ira, el enojo y el juicio de Dios (v.24); que sus palacios sean destruidos y no quede entre ellos persona viva (v.25); que la maldad los alcance y no reciban justicia (v.27); y que sean borrados del «libro de los vivientes» —esta expresión alude a la creencia antigua referente a que Dios tenía un libro donde apuntaba a las personas que todavía estaban vivas (Ex 32.32)–. El fundamento de esas maldiciones es que persiguieron a una persona en dolor, no manifestaron misericordia, ni demostraron solidaridad (v.26). Y basado en su convicción personal, en su teología de redención, y también en las acciones ingratas de sus enemigos, el salmista le pide a Dios que le otorgue su salvación y lo ponga en alto, aunque esté afligido y sea una persona miserable.

vv.30-36: La sección final del salmo incluye varias alabanzas al Señor. Además, se evalúa el sistema de sacrificios del Templo, y se destacan las actitudes internas de adoración, en contraposición de la presentación de bueyes y becerros. Para el salmista, era más importante la vida de las personas que llevan sus ofrendas al Templo que los mismos sacrificios.

En esta misma sección se afirman algunas prioridades teológicas que tienen repercusiones de gran importancia par la humanidad, de acuerdo con el salmista. La alabanza verdadera y justa hace que la gente oprimida de goce y disfrute, propicia que las personas menesterosas serán escuchadas, y facilita que los prisioneros serán liberados (vv.32-33). Según la teología del salmista, las alabanzas al Señor tienen repercusiones transformadoras y liberadoras para la gente en necesidad.

Los versículos que concluyen el salmo se dedica a exhortar a toda la creación —p.ej., cielos, tierra y mares (v.34)— a alabar al Señor. Dios merece ser alabado pues salvará a Sión, que es una manera poética de referirse a la reconstrucción del Templo de Jerusalén y a la reedificación de la ciudad y sus murallas. El salmista bendice al Señor pues reconoce que Jerusalén será restaurada y el pueblo de Israel regresará del exilio para habitarla.

Este salmo revela la realidad humana de la persecución de personas de manera injusta, y demuestra el poder de la oración para responder con salud mental y espiritual a las crisis de la vida. El salmista debe enfrentar una serie de calamidades personales, fundamentados en acusaciones injustas o en enfermedades mortales. Y aunque se siente angustiado y acosado, reconoce que el Señor está de su lado y que su causa está bien representada por el Señor. Finalmente el salmista afirma que las actitudes humildes y justas en la vida pueden lograr más que las ceremonias religiosas carentes de significado y de implicaciones éticas y morales.

Las iglesias pueden tomar este salmo como signo de apoyo y de solidaridad con la gente que sufre. El Dios del salmista está al lado de las personas en dificultad extrema. Las imágenes de aguas corrientes, inundaciones y pozo cenagoso ponen de manifiesto la intensidad de la crisis. Las repuestas del salmista revelan su comprensión de las intervenciones de Dios para liberar a las personas en ese tipo de dificultad. No prevalecerán los que actúan con injusticia, pues el Señor ve a la gente oprimida y oye a las personas menesterosas.

Salmo 70: «Súplica por la liberación»

Con muy pocas variaciones, este poema es similar al Salmo 40.13-17. En efecto, se trata de una oración de liberación, pues el salmista se siente perseguido y atribulado. Su petición se fundamenta en la aflicción que experimenta, y reconoce que el Señor es su ayuda y libertador. En su oración pide una intervención redentora de Dios en su favor.

Posiblemente, en su fórmula original, este breve salmo formaba parte de una liturgia en el Templo en la que el rey presentaba sus plegarias al Señor ante la posibilidad de una crisis o ante la cercanía de alguna calamidad nacional. Con el tiempo, la sección cúltica que se incluía en el Salmo 40 se utilizó independientemente para transmitir y enfatizar la súplica de una persona que adora cuando siente en medio de una crisis mayor (vv.13-17). Quizá este salmo proviene de una época pre-exílica, aunque su desarrollo independiente probablemente se llevó a efecto luego del destierro en Babilonia. El poema presenta las características básicas de las súplicas individuales, que en este caso específico se relaciona con el rey de Israel o con su representante. Y las diferencias con el Salmo 40 se relaciona con el cambio de algunas palabras, particularmente en la identificación del Señor, que sustituye el nombre personal de Dios, Yahweh, por el de Elohim, que es el genérico.

La particular relación y los paralelismos de este salmo con el anterior (Sal 69) es digna de mencionar. En ambos poemas se revelan las siguientes peculiaridades temáticas y literarias: Comienzan con un sentido de urgencia, invocan el juicio sobre los que se oponen a la justicia divina (70.2-3 y 69.23-27), y apelan a Dios con base a las necesidades personales (70.5 y 69.29). Además, el Salmo 40, del cual el 70 recibió su contenido, también tiene algunos elementos en común con el 69, p.ej., los dos poemas comienzan con referencias a la cieno profundo y ponen de manifiesto un sentido de grato liberación.

El título hebreo que se incluyó con el poema relaciona el salmo con la tradición musical del Templo y con David, e indica que es para «Conmemorar», en una posible indicción de su carácter litúrgico. La expresión puede significar que el salmo debía cantarse al momento de presentar las ofrendas de recordación, de acuerdo a las ofrendas mencionadas en el Pentateuco (Lv 2.2; 24.7).

La estructura del poema es la siguiente:

- Petición de ayuda y súplica: v.1
- Referencia a los enemigos: vv.2-4
- Afirmación de la esperanza del poeta: v.5

v.1: El salmo comienza con una súplica en la que pide a Dios socorro y liberación. Se revela el ambiente psicológico del salmista en la urgencia del clamor. La crisis debió haber sido de gran envergadura, pues las peticiones en torno a sus enemigos ponen de manifiesto deseos intensos y firmes.

vv.2-4: En esta sección del poema se presentan algunas peticiones en torno a sus enemigos, que revelan algunas de sus características. El salmista pide que sus adversarios sean avergonzados y confundidos, que retrocedan, y que reciban el pago por sus acciones y afrentas. Entre sus acciones se encuentran las siguientes: Buscan su vida —que es una alusión a sus intensiones asesinas—, desean su mal y se burlan de él.

En contraposición a sus enemigos, el salmista afirma que las personas que buscan al Señor deben gozarse y alegrarse. Los que aman la salvación divina afirman: Engrandecido sea el Señor. La presentación de los dos grupos —p.ej., los enemigos y los que buscan de Dios— revela la división de la comunidad y la crisis interpersonal en la que se encontraba el salmista.

v.5: El salmo finaliza con dos temas de importancia: En primer lugar se revela el estado anímico del salmista; además, se afirma su fe. De un lado, el poeta manifiesta su sentimiento profundo, que lo caracteriza como una persona afligida y menesteroso, se destaca de esta forma la depresión en la que se encontraba el poeta. Sin embargo, no es la crisis la que tiene la última palabra en el poema, sino la manifestación de seguridad y esperanza. El Señor es ayuda y libertador, es apoyo y salvación, es seguridad y futuro. El último clamor del salmista es «Señor, no te detengas».

La lectura cristiana de este salmo pone de manifiesto la esperanza que puede manifestar un creyente, aunque esté en medio de una situación de crisis externa e inmerso en una depresión interna. La última palabra de Dios para las iglesias y los creyentes no es la de desolación y juicio, sino la de esperanza y liberación.

El Señor responde al clamor de la gente en necesidad y espera que los creyentes sigan su ejemplo. La expresión «Engrandecido sea el Señor» debe ser más que una declaración teológica en el culto, sino el fundamento para el estilo de vida que contribuye destacadamente al bienestar de la humanidad.

Salmo 71: «Oración de un anciano»

Este salmo consiste básicamente en la oración de una persona anciana que, a pesar de las persecuciones de las que es objeto, las enfermedades que ha sufrido, y las adversidades que ha tenido que enfrentar en la vida, mantiene su confianza y seguridad incólume en el Señor. Su seria convicción religiosa le impela a allegarse ante la presencia divina para solicitar ayuda y protección. El salmo presenta el clamor de una persona que ha vivido muchos años, pero que ahora debe enfrentar un conflicto potencialmente mortal, y reconoce que ya se encuentra sin muchas energías y fuerzas. Por esa razón pide socorro al Señor para no quedar defraudado.

Este poema se puede catalogar satisfactoriamente como un salmo de súplica individual, en el que una persona de edad avanzada presenta su causa y crisis ante la presencia divina. Posiblemente estos salmos eran parte de ceremonias en el Templo en las que individuos presentaban sus peticiones a Dios en momentos de dificultad personal, o en representación del pueblo o del rey. Este tipo de poema se popularizó en la época post-exílica, pues le brindaba a la persona adoradora posibilidades cúlticas que no estaban cautivas en las ceremonias tradicionales del Templo. El salmista debió haber sido un creyente de avanzada edad que, en medio de una crisis, decide invocar una vez más la ayuda divina que a través de su vida había experimentado.

El salmo revela similitudes con otros poemas del Salterio –p.ej., Sal 22; 31; 70–, relación que puede explicarse por la capacidad y el deseo que tenía el poeta de leer y utilizar con libertad, en la articulación y expresión de sus plegarias y oraciones, otros salmos que estaban disponibles para la comunidad. Además, el autor de este salmo dominaba el lenguaje poético tradicional que se utiliza con regularidad en el Salterio. Este poema no tiene título hebreo, que puede ser una indicación de la antigua relación del salmo con el anterior (véase Sal 70): ¡Debían leerse juntos! Sin embargo, la Septuaginta le añadió posteriormente un título griego, que lo atribuye a David y lo describe como un cántico que debía ser entonado por los hijos de Jonadab durante el período de la cautividad babilónica.

El análisis estructural del salmo es un poco complicado, pues algunos estudiosos lo evalúan en dos secciones poéticas mayores, que se pueden identificar por la inclusión del concepto de vergüenza al comenzar y al finalizar la unidad: p.ej., vv.1-13a y vv.13b-24. Esa dos secciones básicas, a su vez, presentan divisiones internas que revelan las estrofas del poema. Para otros analistas es posible ver, en los vv.13 y 24, un incipiente estribillo temático, que en nuestro análisis tomaremos en consideración. Inclusive, algunos eruditos descubren en el poema una estructura concéntrica, en la que se destaca el tema de la oración y esperanza en la ancianidad.

A Oración de confianza del salmista: vv.1-4
B Afirmación de la esperanza del salmista: vv.5-8
C Oración de la persona anciana: vv.9-13
C' Esperanza de la persona anciana: vv.14-18
B' Afirmación de la esperanza del salmista: vv.19-21
A' Confianza del salmista: vv.22-24

Sin embargo, nuestro análisis revela que el poema se puede estudiar con efectividad dividiéndolo en tres estrofas básicas:

- Petición y manifestación de confianza en Dios: vv.1-8
- Súplica y petición de apoyo: vv.9-16
- Manifestación de confianza en el Señor: vv.17-24

vv.1-8: Fundamentado en el las pasadas intervenciones salvadoras de Dios, el salmista se refugia en Dios porque a través de su vida nunca lo ha defraudado (vv.1-3). Se revela de esta forma la seriedad de sus convicciones, la profundidad de sus creencias, la sobriedad de sus clamor. Reclama la atención divina y pide socorro, liberación, justicia, salvación. Su Dios es como una «roca de refugio» o lugar seguro de habitación —que revela la idea de protección, estabilidad y fortaleza—.

El poeta continúa su oración y revela el origen de su dificultad y la base de su esperanza (vv.4-6). Sus enemigos son impíos, perversos y violentos. Se describe de esta forma la actitud de sus adversarios, la naturaleza hostil de quienes le acusa o persiguen. También se pone claramente de manifiesto la esperanza y la seguridad que le produce haber confiado en el Señor desde el vientre de su madre hasta los días de su juventud. Esa relación histórica de intimidad hace que el poeta se presente ante el Señor con alabanzas continuas. La idea es poner en evidencia la alianza y pacto que existe entre Dios y el anciano, inclusive desde antes de nacer (v.6).

La sección culmina (vv.7-8) con una reiteración de su confianza en el Señor que es su refugio fuerte, que hace que su boca se llene de alabanzas. Además, reconoce el salmista que ha vivido ejemplarmente ante la comunidad, pues ha sido como «prodigio» para muchas personas. De esta forma la sección comienza con el refugio que le provee el Señor (v.1), y finaliza con el mismo tema (v.7).

vv.9-16: En la segunda sección del salmo el poeta expande los temas anteriores, y pone de relieve las acciones de sus enemigos; además, reitera sus peticiones de ayuda y apoyo al Señor. Su oración se articula reconociendo que ha recibido el apoyo divino a través de su vida, y reclama no ser abandonado en el tiempo de la vejez, cuando sus fuerzas se acaban. ¡Este es el tema central del salmo!, pues presenta el corazón del clamor, pone de manifiesto el propósito teológico, y subraya la finalidad litúrgica de la oración. Una persona avanzada en años se allega ante el Señor para implorar su intervención liberadora en esta etapa de su vida: ¡El anciano no desea ser desechado, abandonado, ignorado por el Señor!

Entre los problemas que el poeta identifica, se encuentran los siguientes: Sus enemigos —a quienes describe como que «asechan su alma» o dicho literalmente, a sus «acusadores», expresión que posteriormente en la historia bíblica vino a representar el nombre propio de Satán (Job 1.6; Sal 109.6; Zac 3.1-2)—, para destacar la actitud violenta y malsana de sus acciones—, conspiran para perseguirlo y apresarlo; también hablan en su contra, diciendo que Dios no lo apoyará, que lo ha desamparado y que no hay quien lo proteja y lo libre.

El salmista, entonces, ora con más intensidad (vv.12-13): ¡Reclama la cercanía divina, y pide el pronto auxilio del Señor! Y añade una nueva imprecación hacia sus enemigos: Pide al Señor y desea que sean avergonzados, perezcan, y sean cubiertos de deshonra y confusión. Sus enemigos, que identifica en este contexto como «adversarios (literalmente, "acusadores") de su alma» y «los que buscan su mal», pues desea enfatizar la profundidad de sus maldades y el potencial mortal del conflicto.

Su oración finaliza con una buena afirmación de esperanza y seguridad. Aunque esté en medio de una serie de calamidades personales, el anciano salmista recupera su ánimo para esperar en el Señor y alabarle aún más que antes. Fundamentado en esa seguridad, entonces el poeta expondrá la justicia divina, anunciará la salvación del Señor, ¡que son incontables!, y recordará las intervenciones poderosas de Dios, que, en efecto, son demostraciones concretas de su justicia.

vv.16-24: En esta sección final el salmista rememora su juventud, y también reafirma su decisión juvenil de proclamar los actos poderosos del Señor, que particularmente denomina «maravillas», pues reconoce que Dios «ha hecho grandes cosas»(v.19). Nuevamente pide al Señor que no ser desamparado, aunque ya tenga canas, pues quiere seguir anunciado hasta la posteridad la justicia divina, que «llega hasta lo excelso», que es una manera poética de describir lo inefable e inimaginable del poder de Dios.

La oración revela la sabiduría que le ha dado la vida. Es una persona con experiencia, pues ha presenciado y experimentado las complejidades, las angustias y los maldades de la vida, y reconoce que el Señor le ayudará a ponerse de pie nuevamente. Una vez el salmista se haya levantado de su condición, por la manifestación extraordinaria de la consolación del Señor, entonces se aumentará su grandeza, prestigio y honor (v.21), serán avergonzados y confundidos sus enemigos (v.24), y presentará sus alabanzas y cánticos con alegría al Señor (vv.22-23), que reconoce como «redentor» (v.23).

La importante referencia teológica al Señor como el Dios Santo de Israel (v.22), revela el uso de un particular título divino asociado principalmente con el libro del profeta Isaías (Is 1.4; 5.19; 10.20; 12.6; véase también Sal 78.41; 89.18). Y la inclusión del salterio y el arpa en el salmo, alude a los instrumentos musicales que se utilizaban en las celebraciones cúlticas en el Templo.

Este salmo pone de manifiesto el tema de la ancianidad como un tema de actualidad teológica y social. Las personas de avanzada edad, que han vivido con intensidad y han invertido sus vidas en diversos contextos de la sociedad, cuando llegan al período terminal de sus vidas se sienten angustiados, perseguidos, abandonados, rechazados, postergados e ignorados, tanto por la sociedad como, en ocasiones por los familiares y amigos. El tema que se pone de relieve en el Salmo 71 es que Dios está preocupado por esta persona de avanzada edad, y responde a su clamor y necesidad.

La lectura contextual de este poema debe tomar en consideración que los creyentes contemporáneos deben seguir el ejemplo divino, particularmente el que presentó Jesús de Nazaret, al responder a los clamores de las personas en necesidad. La prioridad misionera del Señor eran los seres humanos y sus necesidades existenciales. De esta forma, el salmo se convierte en un gran desafío para responder a las diversas necesidades de las personas ancianas, pues en este ministerio seguimos el ejemplo de Jesús y revelamos comprensión y aplicación del salmo.

Salmo 72: «El reinado de un rey justo»

El Salmo 72 es un poema que presenta una oración en favor del rey. Su propósito fundamental es pedirle a Dios que le conceda al monarca de Israel la capacidad de implantar la justicia en el pueblo, pues esas acciones equitativas son el fundamento de la paz. Desde una perspectiva universal, el salmo pone claramente de manifiesto las esperanzas que cifran los súbditos en las acciones de sus reyes, pues revela la importancia que se daba al deseo de justicia. En efecto, le correspondía al rey establecer y mantener un orden social, político y económico justo, y responder a los clamores de justicia de la comunidad, particularmente debía establecer el derecho de los sectores más marginados de la sociedad.

Este poema ha sido catalogado tradicionalmente como un salmo real, por las referencias continuas al monarca de Israel. Su contexto inicial era posiblemente el evento de entronización de algún monarca; aunque también podía ser utilizado en las ceremonias anuales que se llevaban a efecto en el Templo para afirmar su reinado. Con el tiempo, este salmo se usó en las liturgias de diferentes reyes de Israel, hasta que, luego del período exílico, cuando la monarquía no ejercía poder político en el pueblo, se relacionó el poema con las expectativas mesiánicas de la comunidad. Fundamentados en las promesas hechas a David (2 R 7), tanto los exégetas judíos como la iglesia primitiva leyeron este salmo desde esa importante perspectiva mesiánica.

Este poema proviene ciertamente de la época monárquica, cuando la figura del rey ejercía su autoridad y poder en el pueblo de Israel, y fue escrito para las celebraciones reales. El título hebreo lo relaciona con Salomón (véase Introducción), posiblemente por la referencia al «hijo del rey» (v.2) que incluye. Sin embargo, al igual que en los salmos que hacen alusiones a David, este poema es de algún autor anónimo, que conocía muy bien los anhelos de justicia de su comunidad y dominaba las particularidades políticas de las celebraciones religiosas. En el Targúm del salmo, o la versión al aramea del poema, se indica que Salomón hizo esta oración en forma de profecía; y la versión griega del poema alude a Salomón como el monarca del poema.

La estructura temática básica del poema se revela e identifica al descubrir y evaluar sus estrofas, que pueden identificarse de la siguiente manera:

• Oración para el beneficio del rey: vv.1-4
• Deseo que permanezca un reino justo: vv.5-7
• Reconocimiento internacional del monarca: vv.8-11
• Intervenciones justas del rey: vv.12-14
• Buenos deseos hacia el monarca: vv.15-17
• Alabanzas al Dios de Israel: vv.18-19
• Referencia a la terminación de los salmos de David: v.20

vv.1-4: La primera estrofa del poema es una especie de introducción, pues revela las preocupaciones básicas del salmista. La oración pide a Dios que le imparta un sentido de equidad y rectitud al monarca, para que pueda responder adecuadamente a los clamores de justicia y salvación que tienen las personas afligidas, identificadas también en el salmo como «personas menesterosas». En ese proceso ético, moral y legal, el rey debe aplastar a los opresores, que son las personas que establecen los sistemas injustos y llevan a efecto planes que cautivan a los sectores menos privilegiados de la sociedad.

La palabra hebrea traducida por «juicios» (v.1), significa, además, estatutos u ordenanzas, y revela la amplitud de las responsabilidades del monarca. El salmo, además, pone en paralelo poético las figuras «del rey» y la «del hijo del rey» (v.1), para identificar la misma persona. Esa referencia al «hijo» es una manera de indicar que el monarca no es un usurpador del reino, sino el descendiente legal al trono. Las imágenes paz y justicia en los montes y collados, revela la prosperidad y la abundancia que se desprende de la implantación de la justicia, pues se establecen sistemas equitativos que llevan armonía y bienestar a toda la comunidad: ¡Hasta los rincones más lejanos y remotos del pueblo disfrutan las consecuencias de las acciones justas del gobernante!

vv. 5-7: La segunda estrofa del poema revela los anhelos de seguridad y prosperidad de las comunidades. Cuando los reyes o los líderes políticos ejercen sus funciones fundamentados en la justicia y la equidad, los pueblos desean que su administración no termine. Las imágenes literaria utilizadas ponen de manifiesto ese sentido de esperanza y eternidad, pues en la antigüedad se pensaba que el sol y la luna iban a permanecer para siempre, que es la idea que comunica la frase «de generación en generación» (v.5). «Temer» al monarca es respetarlo, apreciarlo, distinguirlo, afirmarlo, celebrarlo, reconocerlo y honrarlo; la palabra no contiene el componente de miedo con la cual se asocia en castellano.

El poema destaca el mensaje de permanencia y estabilidad real con las figuras de la lluvia y el rocío sobre la hierba, que hacen florecer la tierra. La expresión «hasta que no haya luna» (v.7) enfatiza el sentido de continuidad y eternidad que se pide a Dios sobre los monarcas justos, pues ese el anhelo más profundo de los pueblos. Cuando las autoridades políticas de los pueblos actúan de acuerdo con los principios básicos de la justicia se propicia el ambiente adecuado para la fertilidad de la vida.

vv.8-11: Las virtudes de la administración justa no se confinan, de acuerdo con el poema, a los límites nacionales e internos del pueblo, sino que sobrepasan sus fronteras y tienen implicaciones internacionales importantes. Su dominio no se limitará a sus territorios sino que llegará «de mar a mar» o hasta «los confines de la tierra», que son figuras poéticas que enfatizan la extensión se su señorío, la amplitud de su reconocimiento, el respeto internacional que ha recibido.

La administración justa, según el salmo, vence y postra a los enemigos, que alude como a «moradores del desierto», y reyes de Tarsis, Sabá y Seba. «Lamerán el polvo» es una imagen de humillación. Las referencias geográficas revelan que el salmista tenía en mente al mundo conocido de la antigüedad, tanto cercano como lejano. Tarsis y las islas representan el extremo oeste, mientras que Sabá y Seba aluden a comunidades que estaban ubicadas en el sur de la actual Arabia —posiblemente Yemen— y Egipto o Etiopía. El mensaje es de hegemonía internacional, que hace que los monarcas de esas naciones se humillen ante el rey israelita que actúa con justicia, y le sirvan.

vv.12-14: El salmo retoma el tema de las implicaciones de la implantación de la justicia para el apoyo de las personas en necesidad especial. El rey librará al menesteroso, socorrerá al afligido, y tendrá misericordia de los pobres y los salvará. En su misión de implantación de la justicia, el monarca tiene la responsabilidad de eliminar el engaño, erradicar la violencia y «redimir el alma y la sangre» (v.14) de las personas indefensas, que es una imagen importante para revelar las implicaciones reales e inmediatas de las injusticias, que pueden llevar a personas inocentes a la muerte.

vv.15-17: Es esta estrofa se destacan nuevamente las oraciones y los buenos deseos en favor del rey. El monarca justo recibirá tributos de otros pueblos —p.ej., Sabá—, se orará por él y se le bendecirá continuamente, disfrutará la prosperidad y fertilidad de la tierra, mantendrá su honor y buen nombre para siempre, lo llamará «bienaventurado», y en él serán benditas todas las naciones. El propósito del pasaje es poner de manifiesto los beneficios personales que obtendrá el monarca si se decide ser un rey justo. Esas bendiciones tienen implicaciones nacionales e internacionales, económicas y religiosas, materiales y espirituales, temporeras y eternas. Como en el caso de Abraham, el rey justo será bendición para los pueblos (v.17; Gn 12.3; 15.5; 17.16). La bienaventuranza describe a una persona feliz, dichosa, alegre, bendecida.

vv.18-20: El salmo finaliza con dos bendiciones de gran importancia teológica en el Salterio. Se bendice al Señor, que llama y unge al rey para que implante la justicia, porque es el único que hace maravillas. Y fundamentado en ese reconocimiento divino, el salmista reconoce el nombre glorioso del Señor y pide que toda la tierra sea llena de su gloria. Las expresiones «amén y amén» afirman y enfatizan el deseo del salmista.

v.20: Con este versículo, que no aparece en algunos manuscritos hebreos, se pone término al segundo libro del Salterio que se relacionan con las oraciones de David (Sal 42–72). Posiblemente en algún momento en la historia de la redacción y compilación de los Salmos, esta sección marcaba el final de la obra. La colección de Asaf se inicia con el próximo poema (Sal 73).

Este salmo revela las expectativas que tenía la comunidad antigua de Israel respecto a sus monarcas. Y entre esas importantes responsabilidades se encontraba la administración de la justicia, que era el baluarte para el disfrute de la paz. Esas acciones reales se relacionaban con la defensa de las personas marginadas y desposeías, y la organización del pueblo para enfrentar las agresiones internacionales. El monarca tenía importantes responsabilidades que tenían que ver con las decisiones políticas internas como las externas. Sus ejecutorias debían tomar en consideración las implicaciones de las decisiones nacionales e internacionales.

La lectura contextual del poema pone de manifiesto el deseo de paz con justicia que manifiestan los pueblos a través de las edades, y la importante responsabilidad ética y moral que tienen los líderes políticos en el establecimiento de las políticas necesarias que propicien ese ambiente adecuado de justicia que permite de florezca la paz.

Ese clamor por el rey justo que se manifiesta en el salmo es un gran desafío para los líderes religiosos y políticos en la actualidad. El clamor bíblico a Dios por los líderes políticos pide justicia para las personas marginadas, no solicita ningún beneficio especial de las autoridades, ni

requiere favoritismos particulares, ni mucho menos reclama preferencias injustas. El modelo de la oración del poema revela la preocupación
básica del salmista, que también se manifiesta con fuerza en el ministerio de Jesús: Lo más importante en el establecimiento del reino es la
implantación de la justicia (Mt 6.33).

Libro Tercero: Salmos 73-89

Gracias te damos, oh Dios, gracias te
damos, pues cercano está tu nombre;
los hombres cuentan tus maravillas.
Salmo 75.1

SALMO 73: «EL DESTINO DE LOS MALOS»

Los Salmos 73–89 constituyen el tercer libro del Salterio. En esta sección se destaca la figura de Asaf, con quien se asocian, por lo menos, 12 salmos –p.ej., Sal 50; 73; 74; 75; 76; 77; 78; 79; 80; 81; 82; 83–. Según el testimonio bíblico (I Cr 15–16), Asaf fue seleccionado por David para cumplir responsabilidades de importancia en la administración del culto en Jerusalén: Junto a Hemán –a quien se atribuye el Sal 88– y Etán –o Jedutún, con quien se relaciona el Sal 89–, supervisaba la música en el Templo.

Este tercer libro del Salterio pondera, analiza y articula el serio problema de los sufrimientos y angustias del pueblo de Dios, Israel, a manos de sus enemigos tradicionales. Los salmistas se plantean una serie importante de preguntas, que intentaban poner de relieve la realidad de los problemas básicos del pueblo: ¿Donde está la justicia, si las naciones idólatras e impías, como Babilonia y Asiria, disfrutan de prosperidad y bonanza, mientras el pueblo del Señor vive en medio de conflictos, dificultades y angustias históricas? ¿Cómo es posible que un Dios justo, redentor y santo, conocido por sus intervenciones salvadoras y transformadoras en medio de las realidades humanas, permitiera esas manifestaciones de injusticia, dolor y desesperanza de Israel?

El Salmo 73 retoma el tema que ya se ha expuesto en otros poemas (p.ej., Sal 37; también 49; 94): Existe una aparente contradicción entre la moralidad humana y el éxito en la vida. De acuerdo con el análisis del salmista, las personas malvadas en la sociedad prosperan, y las piadosas y humildes, a menudo, pasan por angustias y necesidades extremas. Esa situación presentaba un gran desafío teológico e intelectual, pues en la antigüedad se pensaba que el éxito en la vida se relacionaba directamente con la bendición divina, mientras que los fracasos y las dificultades, a menudo se asociaban con el juicio del Señor.

Este salmo, sin embargo, no enfatiza la naturaleza temporera de la prosperidad de las personas malvadas, que ciertamente reconoce como una realidad existencial, sino que reflexiona en torno al tema y pone de manifiesto su descubrimiento: La verdadera prueba del bienestar humano y de la dicha en la vida no está en la ostentación del poder ni el disfrute de las riquezas sino en la relación con Dios. Según el salmista, el sentido de la vida no es un coeficiente de la riquezas, pues éstas pueden conducir a la ruina. El poema pone de relieve un conflicto ético, personal y social complejo y muy serio, que supera los límites del tiempo: ¡La perplejidad que generan las inconsistencias morales en la vida!

Por los temas expuestos y la concatenación de asuntos que incluye, este salmo se puede catalogar como uno de tipo sapiencial, aunque se pueden identificar algunos elementos de lamentos o súplicas personales, o expresiones de gratitud y testimonio. Su contexto inicial en la vida del pueblo de Israel era el educativo, en el cual se pasaban de generación en generación las enseñanzas que provenían de las reflexiones y análisis de la existencia humana. Por la universalidad del tema expuesto, la identificación precisa de la fecha de composición es imposible, aunque quizá proviene del período monárquico. Su autor debe haber sido un israelita que llevaba un vida llena de dolores, tormentos, enfermedades, fatigas y sufrimientos, como la gran mayoría de las personas. El título hebreo del poema lo asocia con Asaf, que es el antepasado de una familia de levitas que eran cantores en el Templo (véase Introducción).

La identificación de la estructura literaria del poema es una tarea compleja, por la extensión de los temas que incluye y por la elaboración de las ideas que desarrolla. Nuestro análisis se fundamenta en la identificación de temas mayores y la siguiente división de estrofas:

- Dios es bueno con su pueblo: vv.1-3
- La prosperidad de la gente malvada: vv.4-12
- Las dificultades de las personas justas: vv.13-17
- La infelicidad de la gente malvada: vv.18-22
- La esperanza de las personas buenas: vv.23-28

De acuerdo con otros análisis literarios, que descubren un tipo de estructura concéntrica en el ordenamiento temático interno del salmo, su centro teológico se encuentra en el versículo 17. Revela, ese versículo, el gran descubrimiento intelectual, moral, teológico y espiritual del poeta, al entrar al santuario del Señor: ¡Comprendió el destino final de las personas arrogantes y malvadas! Aunque nosotros no vamos a utilizar esta estructura como fundamento de nuestro estudio, reconocemos la importancia de ese tema y de esa estrofa para la comprensión adecuada del texto bíblico.

vv.1-3: El salmo comienza con una declaración de fe positiva. Antes de iniciar el análisis del tema fundamental del salmo y descubrir el problema principal del poema, el salmista presenta su conclusión teológica: ¡Dios es bueno con su pueblo! Las personas de «limpio corazón» (v.1) —es decir, las que actúan con rectitud y buena conciencia en la vida— deben esperar la bondad divina, deben confiar en el favor y la misericordia del Señor.

Junto a esa importante afirmación de fe inicial, el salmista reconoce el problema que inspira sus reflexiones: La prosperidad de las personas impías y arrogantes. Ese descubrimiento le confunde y desorienta, que describe como que casi le hacen resbalar en la vida. La imagen literaria del terreno resbaloso revela la naturaleza compleja y difícil de la crisis: Aunque puede caminar por esos terrenos, su paso no es seguro ni firme.

vv.4-12: La segunda sección del poema revela el análisis que hace el poeta de la vida de las personas arrogantes. Como están llenos de orgullo, no les preocupa la muerte —¡pues se sienten fuertes!—, no se enfrentan a las dificultades cotidianas, ni les azotan los sinsabores continuos de la vida. Esa actitud de prepotencia, les mueve a actuar con violencia, pues se sienten impunes ante la comunidad que les rodea. Se burlan de la vida y hacen planes para actuar de forma violenta; además, la altanería que manifiestan les hace hablar en contra del cielo, en referencia a Dios, y contra la tierra, en alusión a las personas. La soberbia que les cautiva, las hace hablar y actuar contra el cielo y la tierra, que es imagen literaria que describe la totalidad de lo creado —que equivale a decir, que ¡manifiestan un orgullo óptimo y supremo!—.

La respuesta del salmista a esas manifestaciones de hostilidad e imprudencia, tanto contra las personas como contra la creación, es de afirmación del pueblo de Dios y de rechazo a esas maquinaciones orgullosas. De un lado, el Señor bendecirá a su pueblo con «aguas en abundancia» (v.10), que representan la prosperidad y el disfrute, ante el asombro y la consternación de las personas impías, que no pueden comprender la sabiduría y el conocimiento de Dios. Para el salmista, el Señor es Altísimo, pues desea destacar la grandeza divina que se basa en la prudencia y la sabiduría, en contraposición a los reclamos de poder que se fundamentan en la prepotencia y la arrogancia.

Las imágenes que utiliza el poeta referente a estas personas malvadas y arrogantes son dignas de mencionar. La soberbia les adorna como una corona o fuente de prestigio (v.6); la violencia les sirve de vestido o cobertura (v.6); y están obesos, que en la antigüedad era símbolo de prosperidad económica, prestigio social y disfrute de la vida (v.7). De acuerdo con el análisis del salmista, esa actitud de orgullo les hace actuar como una especie de monstruo, que les impele a comerse todo lo que existe en el cielo y en la tierra.

vv.13-17: En esta sección se revela la queja del poeta, se manifiesta que preocupación del salmista. Piensa que sus actitudes justas en la vida han sido inútiles, y entiende que sus buenas acciones han sido en vano, pues lo que ha recibido en la vida son azotes diarios y castigos continuos. ¡El sufrimiento y el dolor han acompañado al salmista todas las mañanas! Inclusive, el poeta, ante la gravedad de su condición, hasta se ha sentido tentado de hablar con arrogancia y orgullo, para engañar a su comunidad; sin embargo, le fue muy difícil (v.16) tomar esa postura impropia, pues sus convicciones éticas le impedían actuar de esa forma injusta. ¡Ya se había lavado las manos! (v.13), que en la antigüedad era una señal de inocencia.

El corazón del mensaje se pone en evidencia al leer el versículo 17, que revela el momento de cambio del salmista, subraya el instante de transformación del poeta. Casi resbalan sus pies, y próximo a ceder ante la tentación de la vida orgullosa, vacía y arrogante, entra la santuario de Dios, que representa la presencia divina, y descubre el fin de ese tipo de personas y actitud. El descubrimiento de la revelación divina le permite al salmista rechazar con autoridad y seguridad las tentaciones de la vida prepotente y agresiva. Únicamente el poder divino es capaz de brindar las fuerzas necesarias para resistir las tentaciones persuasivas de la vida fundamentada en los anti-valores de maldad, injusticia y violencia.

vv.18-22: Se articula en esta sección las implicaciones del descubrimiento del poeta (v.17), que es una revisión del tema que se desarrolla anteriormente respecto a la gente malvada (vv.4-12). En esa ocasión se descubren las desdichas y los conflictos de ese tipo de persona que fundamenta sus actos en la maldad. Y la base de las angustias de la gente mala proviene de la acción divina, que los pone «en deslizaderos» o terrenos escurridizos, para que resbalen y se caigan. De acuerdo con el salmista es el Señor quien interviene para transformar sus felicidades en a los problemas serios y complicados que tienen (v.18).

Las desdichas y dificultades de las personas malvadas se describen como «asolamientos» (v.19), para enfatizar la profundidad de la crisis, que los lleva a perecer. Sus triunfos son como un sueño pasajero, como una ilusión temporera, como una pesadilla que al despertar inspira rechazo (v.20).

La reacción inicial del salmista ante los triunfos de ese tipo de persona, que fundamenta sus acciones en la maldad, era de amargura y rechazo. Su torpeza, que se compara a la irracionalidad de los animales, le impedía comprender las diferencias entre las acciones justas de la gente buena y las decisiones de las personas malas. Las riquezas que se fundamentan en la maldad son engaño y conducen a la ruina, son como un espejismo ilusorio. El poeta, al percatarse del fundamento inestable de las riquezas, y de quienes la disfrutan de forma injusta, reconoce que su preocupación y angustia carecían de sentido.

vv.23-28: La nota final del salmo es de felicidad y alegría, pues el tema que concluye el poema pone en justa perspectiva su análisis y experiencias. El fundamento de la seguridad y el contentamiento de las personas es Dios, no son las riquezas que son efímeras. El salmista afirma, respecto a su seguridad y confianza, que el Señor le toma de la mano derecha (v.23), le orienta y le guía, y lo recibe «en gloria» (v.24), que en este contexto del Antiguo Testamento es una alusión a la honra y el honor que le corresponden a las personas de prestigio reconocido; no es una referencia al concepto de eternidad y cielo que se manifiesta posteriormente en la Biblia. Otra posible traducción de esa particular frase (v.24), es la siguiente, que refleja el paralelo poético con la linea anterior: «y me guías con tu gloria». El Dios del salmista, que describe como «roca» y «porción» (v.26), es capaz de satisfacer sus necesidades de forma permanente, no solo en la tierra sino en el cielo, que es una manera de poner de relieve la extensión y grandeza de su poder.

Los pensamientos que concluyen el salmo destaca el contraste entre las personas que, como el poeta, confían y esperan en el Señor, y las que se apartan de su voluntad y amor: ¡Serán destruídos y perecerán! Finaliza el poema con la misma confianza teológica que comenzó: El bien es acercarse al Señor y contar sus obras (v.28), pues Dios es bueno con las personas de limpio corazón (v.1).

Una vez más la poesía del Salterio revela los serios conflictos sociales, económicos, políticos y espirituales entre las personas justas y las malvadas. Los hombres y las mujeres que fundamentan sus acciones en la vida en la bondad divina, y en las implicaciones éticas y morales que generan esas convicciones, enfrentan las adversidades con sentido de esperanza y valor, y no sucumben ante la tentación de seguir los caminos de la mentira, el engaño y las injusticias. La gente de bien espera en el Señor, y no fundamenta su confianza en las riquezas que pueda obtener en la vida. El camino de las personas malvadas está plagado de arrogancias, maldades, soberbias, violencias, pecados, mentiras, engaños, injusticias, opresiones, burlas... Y el paso de la gente noble y buena no puede desviarse atraído por esas actitudes que pueden llamar la atención pero que no conducen a la paz ni se basan en la integridad humana.

De acuerdo con este salmo, el poder que mueve a las personas a superar las tentaciones que producen las riquezas es la cercanía a Dios. Es esa intimidad la que brinda el poder necesario para rechazar las tentaciones de ver la prosperidad de la gente malvada y los sufrimientos que padecen los hombres y las mujeres justas. Las personas de buen corazón confían en el Señor; y las malvadas, en las riquezas. Jesús habló con mucha autoridad respecto a los engaños que generan el amor a las riquezas (Lc 12.12-14; 16.19-31; Mt 6.19-34), y en la Epístola de Santiago se critica de forma severa a los terratenientes ambiciosos (Snt 5.1-6). En su conversión, la gran lección que recibió Zaqueo se relaciona con las virtudes del compartir y con el rechazo absoluto a las riquezas que se fundamentan en el engaño y la mentira (Lc 19.1-10).

En el Sermón del Monte, Jesús tomó el pensamiento inicial de este salmo y señaló como bienaventuradas y felices a las personas de «limpio corazón» (Mt 5.8), que de acuerdo a la teología del salmista describe a la gente que tiene un compromiso serio con la justicia. Y respecto a este mismo tema es importante destacar el contraste que hace Jesús entre los pobres bienaventurados y los ricos malditos (Lc 6.20-26).

SALMO 74: «APELACIÓN A DIOS EN CONTRA DEL ENEMIGO»

El Salmo 74 es un tipo de oración que solicita la intervención divina para que se haga justicia. El poeta clama al Señor para que cambie el estado de cosas que afecta adversamente a su comunidad. Reunido en las mismas ruinas del Templo, que había sido destruido y profanado por los ejércitos babilónicos, el pueblo de Israel apela al Señor y expresa sus angustias y dolores al percatarse de las consecuencias e implicaciones físicas, económicas, morales, políticas y religiosas de la catástrofe que se produjo con la derrota militar, la deportación del liderato del pueblo y el exilio a Babilonia. La comunidad se siente abandonada y desmoralizada, y le pide a Dios su pronta intervención, ayuda y socorro.

Este poema es una especie de continuación del salmo anterior, pues la destrucción del Templo de Jerusalén a manos de los babilónicos es una manifestación específica y concreta de la crisis existencial a la que se alude anteriormente. Además, se relaciona estrechamente con los Salmos 78 y 79, que también tocan y analizan la destrucción de la santa ciudad. Es también tema común en estos poemas la presentación de Dios como pastor de Israel.

La tragedia nacional no se relacionaba únicamente con la destrucción física de la ciudad y del Templo, sino con las implicaciones espirituales de la derrota y la profanación del santuario. La idea de que Dios les había abandonado, constituía para el pueblo un grave problema ético y teológico, pues el Señor se caracterizaba por sus intervenciones salvadoras y liberadoras en la historia nacional. En ese momento de crisis política y dolor espiritual, Israel se preguntaba: ¿Porqué Dios le había abandonado? ¿Porqué no había sido fiel al Pacto?

Fundamentado en su análisis temático, este poema se puede catalogar como un salmo de súplica nacional, en el cual el pueblo se presenta ante el Señor para implorar su intervención liberadora frente a una catástrofe nacional. Posiblemente este sentido hondo de clamor se relaciona con la extensa devastación producida por los ejércitos de Babilonia, cuando Nabucodonozor destruyó la ciudad y el Templo, y llevó al exilio al pueblo de Israel, por los años 587/6 a.C. La lectura del salmo parece indicar que todavía están vivas las imágenes de la derrota militar y que aún persistían las angustias que se desprendieron de la crisis.

Quizá el autor del salmo es un poeta que presenció la guerra y experimentó los dolores relacionados con esa devastadora derrota militar. Con el paso del tiempo, este poema se relacionó con otras catástrofes históricas del pueblo, pues sus pensamientos ponen de manifiesto el sentimiento de dolor profundo que produce ese tipo de calamidad. Posiblemente el salmo se utilizó en primera instancia en las ceremonias que se llevaban a efecto en las mismas ruinas del Templo, y posteriormente en incorporó a la liturgia del Segundo Templo en los días de recordación de las crisis nacionales. El título hebreo del salmo lo relaciona con Asaf e indica que es un *masquil*, en posible referencia al uso educativo que se le daba a este poema (véase la Introducción).

La determinación de una estructura literaria que facilite la comprensión y el análisis del salmo revela algunas peculiaridades que deben ser tomadas en consideración. Las mayores acciones del poema —p.ej., que se manifiestan en la alternancia en el uso de verbos imperativos y perfectos—, revelan una estructura concéntrica, que destaca los versículos 10-11 —¡que enfatiza la victoria sobre los enemigos!—. Además, el poema manifiesta una serie de palabras y conceptos que se repiten con cierta frecuencia: p.ej., acuérdate (vv.2,18); el vociferar (v.4) y gritar (v.23) de los enemigos; y la idea de perpetuidad o eternidad, que se revela claramente en las siguientes expresiones: para siempre, eternas, perpetuamente (vv.1,3,10,19).

Una posibilidad de estructura literaria del poema, para destacar el centro teológico del salmo, es la siguiente:

A Apelación: Recuérdanos: vv.1-3
B Recordatorio: Lo que los enemigos han hecho: vv.4-9
C Petición básica: Destruye a los enemigos: vv.10-11
B' Recordatorio: Lo que el Señor ha hecho: vv.12-17
A' Apelación: Acuérdate de nosotros: vv.18-23

La estructura que utilizaremos para nuestro estudio será la siguiente, aunque reconocemos la importancia temática que se revela en el análisis anterior:

• Dolor por el abandono divino: vv.1-9
• ¿Hasta cuándo, Señor, hasta cuándo?: vv.10-18
• Acuérdate de nosotros: vv.19-23

vv.1-9: El salmo comienza con una serie de preguntas clave, que ponen claramente en perspectiva la preocupación básica del poeta (vv.1-3): ¿Por qué han sucedido estos eventos inimaginables? ¿Hasta cuándo durará esta situación desesperante? ¿Por qué Dios ha desechado a su pueblo? ¿Por qué el Señor —conocido como pastor de su pueblo (Sal 23)— ha manifestado su furor contra su rebaño? ¿Será el juicio divino para siempre o eterno?

Junto a las preguntas fundamentales del poeta, se incluyen dos clamores intensos: En el primero solicita el recuerdo divino, y en el segundo reclama la visita del Señor. El salmista, amparado en la angustia que le embarga, le pide a Dios que se acuerde de su congregación, que recuerde a su pueblo. Y junto a su clamor, el poeta evoca las manifestaciones divinas que le dan sentido de pertenencia e identidad a Israel: El acto de selección desde los tiempos antiguos —en referencia al pacto con Abraham (Gn 12.1-9)—; la redención divina para hacerla «tribu de su herencia» —en alusión a la liberación de Egipto (Ex 15.13; Sal 28.9)—; y la ubicación del santuario y la habitación del Señor en Sión, donde estaba enclavado el Templo —que apunta hacia el pacto hecho con el rey David (2 S 7.1-29)—. El salmista le suplica a Dios que se percate de todo el mal que los ejércitos babilónicos hicieron en Jerusalén, específicamente le invita a «dirigir sus pasos» o visitar los lugares de gran significación espiritual para el pueblo, como el Templo, que describe como «las ruinas eternas» (v.3).

La oración revela la profundidad de la crisis, pone en evidencia la extensión de la dificultad. La imagen del pastor contrasta la relación grata que en la antigüedad se pensaba que los pastores tenían con sus rebaños —p.ej., «ovejas de su prado»— y la hostilidad que presuponen las acciones del juicio divino que el pueblo experimentaba con la crisis babilónica. ¡Los símbolos nacionales han sido destruidos! ¡El pueblo está en peligro de perder su identidad!

Luego de plantease la naturaleza de la catástrofe, el poeta procede a describir las acciones de los enemigos (vv.4-9), que según la oración son también adversarios de Dios.

Los enemigos babilónicos gritan en medio del pueblo (v.4) y han puesto señales de triunfo en la ciudad, que son posiblemente estandartes públicos con los cuales proclamaban la victoria de sus dioses. El poeta describe las acciones bélicas del ejército invasor con la figura de un leñador, que trabaja con sus hachas y martillos para abrirse paso en el bosque. El objetivo de la imagen es doble: subrayar la violencia de la invasión y presentar la destrucción total de la ciudad (v.6). Además, quemaron impunemente el Templo y lo destruyeron (v.7), que era entendido como una profanación del nombre divino.

En medio de ese ambiente de destrucción física, derrota militar y angustia espiritual, el poeta se siente profundamente desmoralizado pues no ve posibilidades ni señales de triunfo. En su crisis, inclusive, no ve la presencia de los profetas ni entiende hasta cuándo durará la devastación.

vv.10-17: La segunda parte del poema comienza con la pregunta anterior: ¿Hasta cuándo, Señor, hasta cuándo? Fundamentado en su preocupación existencial, el salmista inquiere en torno a los insultos y las blasfemias de los enemigos. De acuerdo con este análisis, la humillación del pueblo es también una afrenta a Dios, y las respuestas divinas son formas de defender su honor. El poeta no entiende la inacción divina, que describe como si Dios «escondiera su mano» (v.11). En la antigüedad se pensaba que la mano derecha era símbolo de acción, poder y autoridad. El hecho de mantener la mano inerte en el pecho es símbolo de total inactividad.

Pero en respuesta a la inactividad divina, el salmista hace un recuento de las acciones pasadas del Señor en favor de su pueblo. Se pone de manifiesto en el poema un himno de alabanza, confianza y profesión de fe, que se fundamenta en la seguridad de que Dios es rey y que ha manifestado su poder salvador y libertador a través de la historia de su pueblo. El Señor, según el poema, dividió el mar –que repite la alusión al Mar Rojo y la victoria sobre los ejércitos egipcios (Ex 14.21-22; 15)–, abre la fuente y los ríos –que alude al paso por el río Jordán y la entrada a la Tierra Prometida (Jos 3.14-17)–, y aplasta la cabeza de los monstruos de las aguas y del Leviatán (Is 27.1; Job 3.8; Sal 104.26) –que son formas poéticas antiguas para describir las acciones creadoras de Dios–.

En los pueblos del antiguo Oriente Medio se pensaba con frecuencia que el mundo había sido creado en medio de una lucha cósmica, en la cual los dioses derrotaban a un monstruo temible que vivía en las aguas y que representaba el caos. El salmista utiliza estas imágenes antiguas para poner de relieve el poder divino sobre la naturaleza y los ejércitos de Babilonia. Añade, además, que ese poder creador del Señor se manifiesta de forma clara en el poder sobre los días y las noches, en el establecimiento del sol y la luna, en la manifestación de las estaciones del año, y en la fijación de la tierra y la naturaleza. El Dios del salmista es Señor de la historia y de la naturaleza.

vv.18-23: Fundamentado en esos conceptos teológicos, el salmista articula sus peticiones finales. Se manifiesta en el clamor un sentido de urgencia y vigor. Una serie de imperativos y peticiones gobiernan el ambiente del poema: Acuérdate (en dos ocasiones, vv.18,22), no entregues (v.19), no olvides (en dos ocasiones, vv.19,23), mira (v.20), aboga (v.22), y levántate (v.22). La idea del clamor es clara: Que el Señor no olvide ni ignore lo que los enemigos –descritos como insensatos– han hecho en Jerusalén.

El triunfo de los enemigos de Israel es una blasfemia contra el nombre de Dios. Además, el clamor del poeta evoca la misericordia divina al invocar a las personas pobres, afligidas y menesterosas, y al hacer referencia al pacto. Para el salmista el Señor no puede ignorar lo que los enemigos han hecho pues estaría ofendiendo su propia naturaleza y no avanzaría su causa. Levántate es un grito de guerra, es un clamor a la batalla, es una forma de llamar a las armas. La idea es que Dios intervenga nuevamente en la historia, como lo hizo en el período de la conquista, para liberar a su pueblo. La imagen utilizada es reveladora: La tórtola representa al pueblo de Israel, y las fieras, a Babilonia.

La aplicación de las enseñanzas de este salmo es importante para los creyentes, por la relación de la imagen de pastor con la figura de Jesús. El análisis de esta imagen puede ayudarnos en el proceso. De acuerdo con el poeta, el Señor es el pastor que ha permitido que las fieras ataquen y devoren a sus ovejas. Revela el salmo inicialmente un sentido de crisis y derrota. Las fieras son los enemigos; y las ovejas —descritas también como tórtolas—, el pueblo de Dios. El pastor, que debe preocuparse por el bienestar y la seguridad del rebaño, ¡en el salmo es descrito como quien deja que las ovejas sean atacadas y heridas!

El salmista, sin embargo, revela la importancia de la oración. Aún en medio de las adversidades de la derrota y la crisis, el pueblo clama a Dios e implora su misericordia para que culmine el problema y la angustia lo antes posible. La pregunta «hasta cuando» es una forma de pedir, suplicar e implorar que avance la liberación divina que pondrá término al sufrimiento del pueblo. Las ovejas claman al pastor que tiene la responsabilidad y el poder de liberarlas. Se manifiesta en el poema un sentido de esperanza que revela la relación entre pastor y rebaño. Las ovejas esperan la intervención liberadora del pastor

Jesús, según las narraciones del Nuevo Testamento, continuó esa tradición de pastor libertador, al utilizar esa misma imagen para describir su acción salvadora (Mt 9.36; 18.12-14; Mr 6.34; Lc 15.4-7; Jn 10.7-21). En la parábola del redil (Jn 10.1-6) indica que las ovejas conocen la voz del pastor y la distingue de quienes vienen a usurpar esa importante labor, a quienes llama ladrones, salteadores y extraños. El pastor de los pastores llama a su iglesia a que lleve a efecto una tarea pastoral que ponga en evidencia el compromiso salvador del pastor con su pueblo.

Salmo 75: «Dios abate al malo y exalta al justo»

El Salmo 75 continúa el tema y responde a las preguntas que se articulan en el poema anterior: ¿Hasta cuándo Dios permitirá los triunfos de los malvados e ignorará las victorias de la gente burladora? Esas personas, de acuerdo con el sentir y las experiencias del salmista, continuarán viviendo en la arrogancia e impunidad hasta que Dios, que las utilizó para el juicio al pueblo de Israel, imponga su juicio en su vez.

Esas reflexiones teológicas y personales ponen claramente de manifiesto una percepción de la vida que es fundamental, indispensable e importante: El Dios bíblico es el Señor de la historia.

Esa afirmación teológica del poder divino sobre la historia humana es tema destacado de los himnos y poemas que la gente de fe le ha
expresado a Dios a través de la vida, la Biblia y, en este caso, los Salmos.
Desde las manifestaciones de gozo y liberación que el pueblo de Israel
le expresó a Dios por sus victorias sobre los ejércitos de Egipto y el
faraón a las orillas del Mar Rojo (Ex 15), hasta los cánticos de triunfo,
gozo y esperanza de Ana, María y Zacarías, que le cantaron al Señor
por su triunfo sobre los enemigos (1 S 2; Lc 1), el pueblo de Dios ha
cantado libremente al Creador por sus intervenciones salvadoras en
medio de las realidades más complejas y difíciles de la vida. Inclusive,
la literatura apocalíptica se une a esa tradición de alabanzas, al indicar
que las criaturas angelicales de los cielos entonan himnos por las acciones liberadoras y redentoras del Señor (Ap 15; 19).

Las personas de fe afirman y celebran que Dios está en control del
tiempo y la historia. Generalmente sus acciones redentoras solo se notan a través de la fe, aunque hay instantes donde la revelación divina es
obvia y pública. Y, aunque en ocasiones hay períodos en que parece que
la maldad triunfa en la vida y el mundo, la fe del salmista no está
cautiva en lo que ve y palpa, sino está consciente del poder que ya se ha
hecho realidad en la historia del pueblo de Israel y que está disponible
para redimir nuevamente. Para el salmista, el Dios bíblico tiene el poder de intervenir y cambiar los planes de los gobiernos del mundo.

El Salmo 75 es difícil de clasificar en las categorías tradicionales
del Salterio por las complejidades temáticas y literarias que manifiesta.
Y aunque el poema contiene una introducción hímnica y se ha evalua-
do como un poema de acción de gracias comunal, posiblemente es una
especie de denuncia o exhortación profética que presenta con seguridad y firmeza el juicio divino a las personas arrogantes. Este tipo de
salmo, que tiene su contexto vital en los procesos educativos del Templo, está relacionado con los círculos proféticos que se congregaban en
Jerusalén, y que participaban con cierta regularidad en el culto pre-
exílico. Algunos estudiosos han relacionado este salmo con episodios
específicos en la historia del pueblo de Israel (p.ej., 2 R 19.35); sin
embargo, este tipo de poema, aunque pudo haber sido escrito con al-

gún evento particular en mente, no revela con claridad su contexto histórico preciso. De esa manera le provee al pueblo de Dios un recurso litúrgico extraordinario que supera los niveles del tiempo. El autor debe haber sido un profeta cúltico que respondió con firmeza a las actitudes insanas e inadecuadas de las personas prepotentes y orgullosas.

El título hebreo del salmo lo relaciona con el «músico principal, en referencia a David; identifica posiblemente la tonada en el cual debe ser cantado, «No destruyas»; se relaciona con Asaf, como la mayoría de los salmos del tercer libro del Salterio; y se afirma que es un cántico, para identificar la forma precisa en que debía ser utilizado en el culto.

La comprensión adecuada del salmo puede fundamentarse en la siguiente estructura literaria, que destaca los temas que son prioridad para el poeta.

- Himno de acción de gracias, que celebra el nombre de Dios: v.1
- Mensaje profético u oráculo al pueblo: vv.2-3
- Mensaje a los arrogantes e insensatos: vv.4-8
- Compromiso del poeta ante Dios: vv.9-10

v.1: El salmo comienza con una gran afirmación de fe, con un buen himno de acción de gracias a Dios. El salmista agradece a Dios la revelación de su nombre (Ex 3.14), que es símbolo de su presencia y acción, y declara que las personas celebran y relatan las acciones e intervenciones salvadoras del Señor, conocidas en el poema como «maravillas», para destacar la naturaleza extraordinaria de sus manifestaciones. El salmista comienza su poema con una expresión gozosa de triunfo y seguridad: El Dios bíblico ha revelado su nombre en la historia como un anticipo de su capacidad salvadora y como una clara demostración de su poder redentor.

vv.2-3: En esta segunda sección del salmo alguien, posiblemente un profeta cúltico, toma la palabra para hablar en nombre del Señor, e introduce con claridad el gran tema del poema: el juicio divino. El castigo divino se hará realidad en el tiempo adecuado —véase la expresión, «en el tiempo que yo decida»—, que es una manera solapada de afirmar nuevamente el poder de Dios sobre la naturaleza y la historia. La justicia divina es recta y adecuada, y la manifestación del juicio del Señor hará que en la tierra se manifiesten cataclismos que afectarán a todos sus habitantes. Como es Dios quien sostiene al mundo, la manifestación del juicio divino tiene un poder extraordinario, pues al mover los cimientos de la tierra se afectan adversamente sus moradores. En torno a este tema es importante recordar que en la antigüedad el pueblo de Israel pensaba que la tierra era plana y que estaba sostenida por una serie de columnas que le daban estabilidad y firmeza (véase Sal 46). ¡Solo Dios tiene el poder de tocar y mover los cimientos de la tierra!

vv.4-8: La tercera sección del poema presenta al salmista, que a la vez es profeta y poeta, dirigiéndose a las personas arrogantes, insensatas, impías, malvadas y prepotentes, que son el blanco primordial del juicio divino. El profeta afirma con seguridad y valentía que ese tipo de personas recibirán su merecido. El llamado del salmista es a no enorgullecerse, a no jactarse en la vida, a no hacer alarde del poder que ostentan, a no actuar con orgullo. Se identifica de esta forma con claridad la actitud en la vida que genera el juicio divino. Esas diversas formas de orgullo y prepotencia generan juicio y destrucción.

En hebreo, la expresión «cerviz erguida» o «alzar la frente» literalmente significa «levantar los cuernos», que es una imagen literaria del toro que levanta su cabeza en forma desafiante y agresiva. Hay que tomar en cuenta, además, al estudiar este salmo que esa imagen del toro aguerrido también se relaciona con el culto a la fertilidad o fecundidad que se manifestaba en Canaán. Con una sola imagen el salmista no solo rechaza las actitudes humanas que no revelan humildad y que también se opone a los cultos antiguos cananeos y extra-israelitas.

El poder que hace realidad el juicio divino no proviene de algún lugar identificable en el mundo. No es del oriente, ni del occidente, ni del desierto —formas poéticas para referirse a las naciones y los centros del poder antiguos— que proviene la autoridad divina que hace realidad el juicio del Señor. El juez eterno implanta la justicia, de acuerdo con sus criterios eternos y perfectos, y brinda a cada cual lo que se merece. El poeta utiliza una vez más la imagen de la copa y el vino para referirse al juicio divino: La gente malvada y los impíos de la tierra apurarán la copa de la ira divina y recibirán los resultados adversos de sus acciones impropias y malsanas.

vv.9-10: La parte final del poema presenta al salmista manifestando sus compromisos con Dios. Promete dos cosas fundamentales: En primer lugar se comprometa a anunciar y cantar alabanzas al Señor, al que se refiere como Dios de Jacob. El salmista, además, está seriamente comprometido con la voluntad divina, que intenta destruir el poder de la gente pecadora, pues desea exaltar y afirmar el poder y la virtud de la justicia divina. En el texto hebreo la referencia al «poder» se indica con la palabra «cuerno», poniendo de manifiesto nuevamente la alusión a los toros y a las actitudes de las personas arrogantes y prepotentes.

Las enseñanzas principales de este salmo se pueden relacionar claramente con tres imágenes poéticas: Las referencias al mundo cuyos cimientos tambalean y se mueven, las alusiones a la copa, y las menciones de los cuernos. Son tres las figuras literarias que revelan de formas diferentes la idea del próximo juicio divino. La primera alude al juicio del Señor que afectará no solo a las personas sino a la tierra; en la segunda se piensa en el juicio que trae la bebida, que desorienta, confunde y marea; y finalmente el juicio se asocia a los cuernos, que pintan un cuadro de orgullo, violencia, hostilidad y arrogancia.

En efecto, este poema responde a los interrogantes básicos del mensaje anterior (Sal 74): El Dios bíblico responderá con firmeza, y en el momento preciso, a las personas arrogantes y hostiles que piensan que sus malas acciones humanas son impunes ante Dios y la humanidad. En el instante adecuado, Dios mismo actuará con justicia y rectitud, y responderá a las acciones impías de la gente malvada con juicios que pondrán claramente de manifiesto el compromiso divino con su pueblo y su deseo de justicia en el mundo.

La lectura cuidadosa de este salmo revela que no son ciertas las convicciones malvadas de que Dios no interviene en el mundo, la historia y el universo. Este salmo asegura que el Señor tiene el compromiso y el deseo de actuar en favor de la justicia y en contraposición de la impunidad y la arrogancia. El Señor es un fiel aliado de la las causas que ponen de relieve la justicia en el mundo.

En su ministerio, Jesús de Nazaret mostró de forma extraordinaria la actualización y contextualización de este poema. Jesús fue un profeta de autoridad que anunció con fuerza y vigor el juicio divino a las personas e instituciones que en sus acciones y decisiones afectaban adversamente a las personas humildes y necesitadas. Los mensajes del famoso predicador palestino revelan la aplicación precisa de la teología del Salmo 75: Dios está al lado de la gente que sufre, es aliado de las personas en necesidad, está a merced de los individuos marginados, apoya a los hombres en angustia, y libera a las mujeres en cautiverio.

Salmo 76: «El Dios de la victoria y del juicio»

El Salmo 76 es una magnífica alabanza al Dios que tiene poder sobre los reyes de la tierra y que, además, tiene la capacidad y el deseo de intervenir en medio de las crisis humanas, para salvar la ciudad de Jerusalén y redimir al pueblo de Israel. El poema comienza y finaliza con la descripción de la fama divina fundamentada en sus victorias históricas. La alabanza inicial destaca el reconocimiento que recibe el Señor de parte de su pueblo; las alabanzas finales ya no están relacionadas con Israel sino con las naciones y los monarcas que previamente se habían revelado contra Dios.

Al igual que el Salmo 75, este poema intenta responder a la gran pregunta existencial del Salmo 74, que intenta explicar con sabiduría la prosperidad de la gente malvada y los dolores y angustias de las personas de bien. Aunque no se identifica el momento histórico preciso de la victoria divina que puede relacionarse con este salmo, el salmista desea poner claramente de manifiesto que el Dios bíblico responde al clamor de su pueblo con intervenciones de justicia en el momento adecuado.

De acuerdo con este salmo, que ciertamente debe describirse como un himno o particularmente como uno de los cánticos de Sión, los armamentos humanos no tienen el poder de resistir la ira divina. Y aunque las milicias y sus generales traten de amedrentar al pueblo de Israel, el salmista afirma con seguridad que esos preparativos militares no son efectivos ante la revelación divina. Este poema puede entenderse y estudiarse en la tradición del Salmo 46 (véase también Sal 48; 84; 87; 122; 132), que pone de manifiesto el poder divino en momentos de calamidad extrema. Estos salmos de Sión prestan particular atención a la ciudad de Jerusalén, en la cual está enclavado el Templo, que es la morada visible del Dios invisible.

Posiblemente este es un poema pre-exílico, pues puede relacionarse con algunos eventos específicos de la historia de Israel. Quizá alude a la gran victoria de Israel ante los ejércitos asirios guiados por

el famoso general Senaquerib, en el año 701 a.C. (2 R 18.13–19.37).
Ese importante episodio en la historia nacional sirvió de base para
que se desarrollara en el pueblo una muy importante teología popular que afirmaba con seguridad y esperanza la doctrina de la inviolabilidad de Sión. De acuerdo con esa percepción teológica, Dios evi-
taría la caída y la destrucción de la ciudad de Jerusalén, porque es ese
lugar está el Templo que es su morada visible y terrenal. Este salmo
posiblemente se leía en los festivales nacionales, en las celebraciones
del reinado del Señor sobre su pueblo y el mundo. El autor es quizá
un adorador que ha reconocido y afirma la intervención salvadora de
Dios en medio de una crisis que tenía el potencial de convertirse en
catástrofe nacional.

El título hebreo del salmo lo relaciona con David, como el músico principal; alude a «Neginot», que es posiblemente una referencia musical; lo asocia a Asaf, al igual que la mayoría de los salmos de
esta sección del Salterio; y se afirma que es un cántico. En la versión
griega de este salmo se añade una muy importante referencia a los
asirios, con el propósito de ubicar el poema en el contexto histórico
de la guerra de Israel contra Asiria (701 a.C.).

Aunque para algunos estudiosos la estructura literaria del salmo
puede entenderse en cuatro secciones, nuestro análisis identificará solo
tres, basado no solo en la temática del poema sino en la identificación
de los dos *selah* (vv.3,9; véase Introducción) que claramente dividen sus
estrofas.

- La fama divina: vv.1-3
- Elogio a Dios por sus victorias como guerrero: vv.4-10
- Llamado a hacer votos ante Dios: 11-12

vv.1-3: La primera sección del poema introduce los temas teológicos
que el salmista desea destacar. Alude a las manifestaciones extraordinarias de Dios, hace referencia a su fama, identifica la morada divina y
celebra las acciones liberadoras del Señor. Para el poeta, el Señor es
conocido en Judá e Israel, que es una forma de referirse a todo el pueblo de Dios. Esa referencia es también geográfica, pues es el lugar preciso donde se manifiesta el poder que le brinda la fama al nombre
divino, que en la antigüedad era una manera figurada de aludir a la
esencia de alguna persona, en este caso a Dios. Con el nombre Salem el

poeta se refiere a la ciudad de Jerusalén; y el de Sión alude al monte santo, donde está enclavado el Templo.

De acuerdo con el poeta, en ese preciso lugar histórico, la ciudad de Jerusalén, Dios destruyó los poderes militares de los enemigos, a los cuales alude con sus armas de guerra. Las armas de guerra son las siguientes: las flechas o saetas (en hebreo, «relámpagos») de los arcos — que aluden al equipo que se utiliza a la distancia–; el escudo –que es una referencia a la protección o los sistemas que se usan en conflictos cercanos, cuerpo a cuerpo, o también para protegerse de ataques a la distancia–, y la espada –que es una manera de presentar el conflicto cercano, su dimensión íntima y personal.

La referencia a la ciudad es de suma importancia: ¡El nombre «Jerusalén» significa «ciudad de paz»! Para el poeta, el Dios bíblico finalizará con las guerras en la ciudad de la paz. La destrucción de las armas es una manera de destacar y afirmar el poder divino sobre los conflictos bélicos, y sobre las dinámicas humanas que los generan. La reputación de Dios se fundamenta, de acuerdo con el salmo, en su capacidad extraordinaria y en su firme deseo de traer la paz a la ciudad, que es símbolo de los deseos de justicia e igualdad de la humanidad a través de la historia.

vv.4-10: La sección segunda del salmo es un gran elogio al Dios que es capaz de finalizar con las dinámicas de guerra en el mundo, particularmente en el pueblo de Israel. Esta sección utiliza, para llevar a efecto esta importante descripción del poder divino, un particular lenguaje de guerra y jurídico. La mayoría de las palabras hebreas que se utilizan en esta porción están tomadas de la vida militar o del mundo legal, particularmente de los entornos judiciales: p.ej., despojados (v.5), carro y caballo (v.6), juicio (v.8), y juzgar (v.9). De esa forma se pinta el cuadro de crisis, que manifiesta tanto dimensiones jurídicas como bélicas.

Para el poeta, Dios es poderoso y temible, y en su intervención histórica manifiesta ira, justicia, juicio y salvación. Su poder es mayor que los montes, y hace que los valientes y fuertes sean derrotados. No hay quien pueda permanecer incólume ante la presencia del Dios de Jacob, que cuando se «levanta», que es una manera de poner de manifiesto su grito de guerra (Is 60.1), reprende a los guerreros y establece sus juicios en los cielos y en la tierra.

De particular importancia teológica para el salmista es su firme deseo y compromiso de salvación de «todos los mansos de la tierra» (v.9). La implantación de la justicia de Dios consiste eminentemente en la salvación de su pueblo, descrito en este poema como «los mansos», para enfatizar que la victoria no es el resultado de la sabiduría o de las intervenciones prudentes del pueblo de Israel sino que es el producto de las manifestaciones liberadoras y redentoras del Señor.

En efecto, según la teología del poeta, Dios es glorioso, poderoso, temible, justo y salvador. La victoria del pueblo de Israel sobre sus enemigos y el disfrute de la paz, que se fundamenta en la justicia, no es el producto de las acciones humanas, ni el resultado de los esfuerzos militares de las personas poderosas, sino la manifestación del pode de Dios que destruye las armas para finalizar con los conflictos, que lo que traen a la humanidad es calamidad y dolor.

vv.10-12: La sección final del salmo presenta al salmista en el contexto de alguna asamblea, a la que exhorta a hacer votos ante el Señor y a cumplirlos. La afirmación final es que los pueblos dominados deben traer sus ofrendas al Señor, que es una manera de reconocimiento del poder y la autoridad del Dios de Israel.

Aunque la idea que se transmite en el versículo diez es entendible, su traducción precisa es compleja. El texto enfatiza el resultado liberador de la ira divina, que no viene con intensión de fulminar al ser humano sino para rescatarlo. Los juicios de Dios redundan en agradecimiento del pueblo por la salvación que producen. Otra posibilidad de comprensión y traducción del versículo enfatiza la ira de las personas; sin embargo, ambas interpretaciones del pasaje revelan el resultado redentor del juicio divino. Tanto la ira divina como la humana son en contexto de las manifestaciones salvadoras del Señor.

Este salmo puede relacionarse con varios episodios importantes de la historia de Israel, específicamente en la vida de la ciudad de Jerusalén. El pueblo celebra esas manifestaciones divinas que son símbolo de su poder redentor y restaurador. Dios ha actuado con ira contra los enemigos de Israel pues han tratado de destruir su morada, que es una referencia poética a la ciudad de Jerusalén y al Templo. Este poema es una reacción teológica a los intentos de las naciones enemigas de Israel de someter al pueblo de Dios a la dominación extranjera. El salmista rechaza de forma directa y firme esas actitudes imperialistas de los vecinos de Israel.

Una lectura cuidadosa del poema revela las formas de referirse a Dios. De singular importancia son las alusiones a Dios como temible. El poeta presenta a Dios como guerrero y juez, que preparan el camino para esa particular descripción divina que destaca componentes de temor. En efecto, el Dios de Israel, que se especializa en intervenciones históricas para salvar a su pueblo, se presenta como fuente de temor para los enemigos del pueblo de Dios. Aunque es el Dios del pacto o alianza con su pueblo, y manifiesta su amor a Israel, es implacable contra quienes se organizan para destruir los símbolos de su presencia y poder, como lo son la ciudad de Jerusalén y el Templo. Estos cánticos de Sión enfatizan ese peculiar amor divino hacia la ciudad, que representa su compromiso con la salvación no solo del pueblo de Israel sino de la humanidad. Estos salmos de Sión revelan el firme deseo de Dios de vivir en medio de las dinámicas históricas de su pueblo.

Esa percepción teológica de presencia divina en el salmo se pone claramente de manifiesto en uno de los nombres del Mesías, «Emanuel», pues Dios está al lado de su pueblo. El Dios bíblico no está ajeno a las realidades cotidianas, sino que camina con la comunidad las dinámicas reales de la existencia. No está lejano el Señor de las vivencias diarias, en donde se manifiestan las injusticias y donde se ponen de manifiesto los clamores más intensos del alma humana.

Para la fe cristiana, Jesús de Nazaret se hizo hombre, no para enseñarnos cómo se muere, sino para demostrar cómo se vive. De acuerdo con el evangelista Juan, el Señor Jesús estableció su tienda o morada en medio de las personas (Jn 1.14), y aunque la ciudad de Jerusalén lo rechazó, su nacimiento, vida, ministerio, enseñanzas, milagros, pasión y resurrección, dieron paso a las manifestaciones extraordinarias de la Nueva Jerusalén que desciende del cielo de Dios (Ap 21.1-2).

Salmo 77: «Meditación sobre los hechos poderosos de Dios»

El Salmo 77 continúa las preguntas críticas de la fe. Prosigue el gran tema que se pone de manifiesto en los tres poemas anteriores (Sal 74–76), y explora aún más la crisis fundamental de la vida: ¿Mostrará el Señor nuevamente su amor, gracia, favor y misericordia hacia su pueblo? El tono del poema y el asunto expuesto revela la naturaleza y

extensión de la dificultad y expone la profundidad y amplitud del dolor humano. El clamor intenso del salmista puede presuponer e indicar
que el Señor ha abandonado a su pueblo y hasta puede asumir y entender que Dios ignora las oraciones y las plegarias de la gente de fe. Este
salmo, en efecto, prosigue ese complejo e impostergable tema existencial,
tanto desde la perspectiva de las preguntas ante Dios como desde las
respuestas humanas ante la dificultad: ¿Se habrá Dios cansado de responder las oraciones de su pueblo y ha sustituido sus respuestas por el
silencio inmisericorde?

El poema es un salmo de súplica colectiva, que se articula en la voz
de una persona en angustia extrema y dolor intenso. Este grito y petición de ayuda nace de la imposibilidad humana de entender lo que le
sucede, de la complejidad de la angustia que le embarga y de las
implicaciones de la crisis que experimenta el salmista y el pueblo. Una
persona clama con intensidad, y su clamor sobrepasa los límites del día
y penetra con vigor en las profundidades de la noche. El contexto inicial de este salmo, en su forma actual, es el culto de un pueblo que
clama para que se supere el dolor que atormenta no solo al adorador
sino a la comunidad.

El título hebreo del salmo relaciona el poema con «el músico principal» (véase la Introducción), y también lo asocia con Jedutún (Sal
39; 62) –que era un músico destacado del Templo de Jerusalén (I Cr
16.41)– y, como la mayoría de los poemas de esta sección, con Asaf.

Aunque el idioma de dolor y crisis que se utiliza en el salmo puede
ser antiguo, las descripciones de las calamidades nacionales sobrepasan
los límites del tiempo. Este poema posiblemente utilizó las ideas tradicionales de las victorias de Dios en la historia y la liberación del éxodo
para expresar una nueva angustia histórica, nacional y personal. Posiblemente el salmo, que recibe las ideas del período pre-exílico de Israel,
se fija finalmente luego del exilio en Babilonia. Quizá el trauma que
siente el poeta es la agonía indecible de la deportación a tierras extrañas. El autor es posiblemente un adorador post-exílico que amparado
en las intervenciones salvadoras de Dios en el pasado añora una nueva
manifestación divina.

La estructura literaria del salmo revela dos partes principales. La
primera (vv.1-9) pone de manifiesto un ambiente de nostalgia, un cli-
ma de dolor, un sentido de añoranza, una dinámica de pesimismo; en

la segunda (vv.10-20) el salmista revisa el pasado del pueblo e identifica algunos elementos que generan esperanza. Tradicionalmente la primera sección se ha identificado como un lamento comunal; y la segunda, como un himno de gratitud o de alabanzas a Dios. Sin embargo, la unidad literaria del poema se revela cuando se analiza con detenimiento y se descubre continuidad e intensidad en el uso de varias palabras que se incluyen en ambas partes del poema –p.ej., «voz», vv.1,18; «mano», vv.2,20; «acordar», vv.3,6,11, y «olvidar» v.9–, y cuando se descubre una estructura concéntrica que relaciona las dos secciones del salmo (vv.8-20) e identifica como centro teológico la afirmación que inicia el salmo (vv.11-13): La celebración y afirmación de las obras, los hechos, las maravillas y el poder de Dios.

Nuestro análisis del salmo se fundamenta en la siguiente estructura temática, que ciertamente reconoce y distingue la presencia del término técnico hebreo *selah* (véase Introducción):

- El clamor del salmista: vv.1-9
- Recuento de las intervenciones del Dios: vv.10-20

vv.1-2: El poema comienza con una expresión muy seria del alma humana: «Con mi voz clamé al Señor». La primera palabra del salmista es un grito, un clamor que nace el día de la angustia que se levanta en la noche, que puede ser tanto una referencia física a lo nocturnal como una expresión figurada para describir la complejidad y dificultad de la crisis. La expresión «alzar las manos» más que un acto físico es una expresión metafórica de adoración y alabanza a Dios. El salmista implora a Dios, con fuerza y autoridad, justicia y misericordia.

vv.3-9: Luego del clamor, el poeta recuerda el pasado y revela su crisis personal. En medio del dolor, el salmista se conmovía, se quejaba, su espíritu desmayaba, no podía dormir, y estaba quebrantado y mudo. En efecto, el salmo describe los efectos físicos del dolor nacional, y alude a las implicaciones personales del dolor y problema. ¡Era una especie de pesadilla! La confusión del poeta se fundamenta en la imposibilidad de reconciliación entre el pasado glorioso del pueblo y los problemas presentes que parece no tienen solución. Se revela un muy claro contraste entre el recuento del pasado y el análisis del presente. Solo hay una serie de preguntas sin contestaciones adecuadas, sin respuestas precisas.

Las preguntas que se ponen de manifiesto en el salmo revelan lo más intenso del dolor y lo más profundo de la confusión (vv.7-9). Las interrogantes del salmista se relacionan con el comportamiento divino, se asocian directamente con las intervenciones históricas del Señor: ¿Desechará el Señor para siempre a su pueblo? ¿Finalizó la misericordia divina? ¿Se sustituyó la piedad del Señor por su ira?

En efecto, esas son las preguntas básicas que se desprenden del análisis del dolor y de la evaluación sosegada de la crisis. Con ese ambiente emocional y espiritual el poeta prosigue el salmo. El recuerdo de las acciones liberadoras de Dios en el pasado lo que hacen es confundir al pueblo pues no se pueden reconciliar esas acciones liberadoras del Dios que se especializa en intervenciones salvadoras con el dolor presente y el cautiverio de la comunidad de fe.

vv.10-20: Como el poeta no consigue fundamentar su esperanza en el análisis inicial de la historia del pueblo (vv.1-9), para lograr consuelo y descubrir porvenir el autor del salmo no solo revisa esas intervenciones divinas sino que enfoca su oración en la liberación del pueblo de Israel de las tierras de Egipto. El salmista revisa la historia nacional y recuerda algunas manifestaciones poderosas y liberadoras de Dios: las obras (vv.11-12), los portentos (v.11), las hazañas (v.12), las maravillas (v.14) y el poder (v.12). El poeta reconoce que no hay Dios tan grande y poderoso en el mundo como el Señor de Israel, pues tiene la capacidad, la voluntad y el deseo de intervenir en la historia, en medio de las realidades cotidianas de la comunidad, para rescatar de Egipto y la esclavitud a su pueblo, identificado en el poema como «los hijos de Jacob y José» (v.15).

La historia de la liberación de Egipto es fundamental para resucitar la esperanza del pueblo de Israel. Esa experiencia redentora fue determinante en el nacimiento de Israel como pueblo, a la vez que se convirtió en el paradigma básico que pone de manifiesto la capacidad divina de liberación y salvación. La alusión a la experiencia del éxodo es una forma de afirmar que el Dios bíblico no está cautivo ni ignora el dolor y los cautiverios de su pueblo.

En el poema se evoca de forma figurada la experiencia de la liberación de Egipto, aunque se añaden algunos detalles que no se incluyen en las narraciones del libro del Éxodo (caps. 3–15). De acuerdo con el salmo, la manifestación divina del Sinaí incluye truenos, relámpagos, rayos y terremotos, que en la tradición bíblica se asocian a las teofanías, que son manifestaciones extraordinarias de Dios. El poema de esta forma relaciona directamente dos de las tradiciones más importantes y fundamentales de la formación del pueblo de Israel: la liberación de Egipto y el establecimiento del pacto o la alianza del Dios y su pueblo. El salmo, además, identifica los dos protagonistas de las narraciones de la liberación: Moisés y Aarón. De forma figurada también se identifica a Dios como el gran pastor de Israel, que debe guiar a su pueblo del cautiverio y la redención (v.20).

El recuento de esas experiencias pasadas de liberación se constituyen en los fundamentos básicos de la esperanza del salmista. Ese sentido grato de esperanza del poeta se ancla firmemente en la capacidad divina de liberación: ¡El Dios que intervino en la historia nacional para sacar al pueblo de Israel de Egipto, con mano poderosa y autoridad, puede actuar nuevamente para transformar la experiencia amarga del dolor presente en un futuro liberado.

El peor de los tormentos del salmista es reconocer que la diestra del Señor ha cambiado (v.10), que es una manera de indicar que Dios ya no está interesado en la liberación del pueblo. La pregunta sobre qué dios es tan grande como el Señor (v.13), revela que el salmo proviene de un período cuando el monoteísmo no se había desarrollado de forma plena. Las referencias a «los hijos de Jacob y José» enfatizan las experiencias de la liberación de Egipto (v.15).

Los versículos 16-19 ponen claramente de manifiesto las magníficas capacidades poéticas del autor, pues aluden a la experiencia de la liberación de Egipto de forma extraordinaria: p.ej., las aguas vieron a Dios y temieron (v.16); los abismos se estremecieron (v.16); los cielos tronaron y enviaron rayos (v.17); y las pisadas divinas no dejaron rastro (v.19). En efecto, estamos ante una magnífica pieza poética que contiene no solo gran belleza literaria y buena articulación artística sino que le añade una extraordinaria dimensión teológica de liberación.

La primera impresión al leer este salmo es de tristeza y derrota. Una mirada superficial al poema puede quedar cautiva en el clamor que se basa en el dolor y la desesperanza humana. Sin embargo, cuando se revisa el salmo con detenimiento se descubre que el poeta invoca al Señor continuamente. El clamor del poeta está dirigido al Señor que tiene la capacidad y el deseo de liberación. Dios está presente en el clamor del salmista que comienza su oración con un sentido de añoranza del pasado y la termina con afirmaciones de seguridad, que describen a Dios como el buen pastor que guía a su pueblo.

La teología fundamental de este salmo cobra dimensión nueva en la vida de Jesús de Nazaret, descrito en el Nuevo Testamento como el pastor por excelencia, particularmente como el «buen pastor» que da su vida por las ovejas, es decir, su pueblo (Jn 10). En su ministerio público, el predicador palestino no solo cautivó a las multitudes con su verbo elocuente sino que sus palabras se convirtieron en la manifestación del poder divino que hacía obras, portentos, hazañas y maravillas. No estaba confinado el mensaje de Jesús al sistema auditivo de la comunidad sino que intervino en la historia, como la encarnación de la plenitud de Dios, para traer a los seres humanos la palabra que liberaba y daba sentido de dirección y futuro a las personas.

Salmo 78: «Fidelidad de Dios hacia su pueblo infiel»

El Salmo se identifica tradicionalmente como un poema histórico pues cuenta las experiencias y vivencias del pueblo de Israel en el desierto y en peregrinar antes de entrar a la Tierra Prometida, y, además, pone claramente de manifiesto la historia de la salvación; es decir, el poema recuenta las intervenciones divinas en medio de las realidades cotidianas del pueblo (véase los Sal 105; 106; 136). Este tipo de salmo no cuenta toda la historia del pueblo pues destaca solamente los temas y asuntos que se desean enfatizar en el proceso educativo. El poema presupone una persona que educa y comunica, y una comunidad que escucha y recibe el mensaje. Y en su forma actual tiene más relación estilística y temática con el libro de Deuteronomio (p.ej., el discurso poético de Moisés en Dt 32) que con el resto del Salterio.

La lectura detenida del Salmo pone de relieve que se trata de una serie de enseñanzas descritas en el poema como «ley» (v.1), «palabras de la boca de Dios» (v.1), «parábolas» (v.2), y «cosas escondidas» (v.2). El propósito del autor es enfatizar la importancia de la comparación para su finalidad pedagógica. Se exhorta al pueblo, al evaluar y revisar la historia nacional, a evitar los errores de los antepasados del pueblo para de esa forma no recibir los resultados que esas acciones pecaminosas le trajeron a la comunidad.

Para lograr su objetivo pedagógico, el salmista articula dos fundamentos básicos para la comparación y las enseñanzas. En primer lugar, el pueblo no actuar como «sus padres» o antepasados, que eran una generación «contumaz y rebelde» (v.8); tampoco deben reaccionar como «los hijos de Efraín», en alusión al reino del norte, que actuaron de forma irresponsable al fragor de la batalla (v.9). Esas dos imágenes, en efecto, se convierten en el fundamento de las enseñanzas que se quieren afirmar. Para el salmista, la lectura y el recitar de la historia nacional tiene una gran importancia educativa: Las futuras generaciones del pueblo deben evitar y aprender de los errores del pasado, a la vez que deben afirmar las conductas de fidelidad que trajeron bendición a la comunidad.

El autor del salmo debe haber sido alguna persona sabia involucrada en actividades educativas, posiblemente un levita, que revisa la historia nacional para identificar y afirmar valores que puedan contribuir a la formación y transformación de la comunidad israelita. Como el poema manifiesta un rechazo del reino del norte, Efraín, lo más seguro es que se escribiera en el reino del sur, Judá. El salmo es posiblemente pre-exílico, pues los temas que expone se relacionan con la importancia de David y del Templo, aunque es también posible que con el tiempo se hayan incorporado al poema original algunas reflexiones posteriores que actualizaban las enseñanzas del poema. En contexto original del salmo es posiblemente los círculos educativos de los levitas, que destacaban la importancia del Templo y la centralidad de la adoración para el futuro de la nación. El título hebreo lo identifica como un *masquil* y lo relaciona con Asaf (véase la Introducción).

Respecto a la estructura literaria del poema se han propuesto varias alternativas. Algunos estudiosos dividen el Salmo en tres secciones, que enfatiza las dos grandes imágenes infidelidad relacionadas con los pecados del pueblo: La primera sección se relaciona con las actitudes en la salida de Egipto y el peregrinar por el desierto; y la segunda pone de relieve los actos impropios de la comunidad en Canaán, particularmente en tierras relacionadas con el reino del norte.

- Introducción: vv.1-11
- Errores de los antepasados en el desierto: vv.12-39
- Errores de los antepasados al entrar a la Tierra Prometida: vv.40-72

Otra posibilidad de estructura literaria del Salmo es la siguiente, que destaca el rechazo y la elección de Dios.

- Recital de rechazo: vv.9-64
  * Rechazo de Yahvé por el pueblo: vv.9-58
  * Evento e interpretación: vv.9-11
  * Primer recuento: vv.12-39
  * Segundo recuento: vv.40-58
  * Rechazo del pueblo por Yahvé: vv.59-64
- Recital de elección: vv.65-66

Una tercera estructura literaria del Salmo afirma no solo la importancia del tema de la infidelidad para el salmista en el primer nivel temático sino que pone de relieve los paralelos entre las dos secciones básicas del cuerpo del poema. Además, este análisis destaca la gracia divina como el marco de referencia temático y teológico en el recuento de la historia nacional. De esa forma es la esperanza el tema que se afirma en el proceso educativo.

- Introducción: vv.1-11
- Primer recuento de eventos: Eventos en el desierto: vv.12-39
  * Manifestación de la gracia divina: 12-16
  * Rebelión del pueblo: vv.17-20
  * Ira divina y juicio: vv.21-32
  * Manifestación de la gracia divina: vv.33-39
- Segundo siclo de eventos: De Egipto a Canaán: vv.40-72
  * Manifestación de la gracia divina: vv.40-55
  * Rebelión del pueblo: vv.56-58
  * Ira divina y juicio: vv.59-64
  * Manifestación de la gracia divina: vv.65-72

vv.1-11: La primera sección del Salmo es la introducción, que pone en contexto las enseñanzas que se van a destacar en el recuento de la historia nacional. Es una especie de catequesis que intenta responder a ciertas interrogantes fundamentales de la vida. ¿Cuál es el objeti-

vo de contar y recontar la historia del pueblo? ¿Qué valores educativos
y morales se desean afirmar en el recuento y descripción de la historia
antigua? ¿Cómo esas enseñanzas morales, éticas y espirituales pueden
contribuir a la formación de las nuevas generaciones de israelitas? En
efecto, estas preguntas implícitas revelan que en este contexto educativo hay educador y educando. Ciertamente el poema comienza con una
serie importante de afirmaciones teológicas y presupuestos morales
que ubican el Salmo en un claro entorno pedagógico.

Para el salmista el análisis pertinente de la historia es el fundamento adecuado de la educación transformadora. En efecto, en este salmo
se ponen de manifiesto los actos de infidelidad del pueblo, que no
deben repetirse; a la vez, que se afirman las manifestaciones de la gracia
de Dios. Aprender de la historia es identificar los errores de los antepasados para evitarlos en el presente y el futuro. Ese acto de reflexión
sobria y sabia no solo nota y evita las acciones infieles sino que descubre los actos de virtud para de esa forma mejorar aún más lo que ha
hecho bien. De acuerdo con el salmista, la historia es «proverbio» (v.2),
que en este contexto es una clara referencia a la importancia de la sabiduría en los procesos educativos.

La persona sabia e inteligente, de acuerdo con el salmista, es la que
descubre en la historia los valores necesarios e importantes para vivir
con dignidad y valor. Esa, en efecto, es la gran virtud de la tradición:
No es el recuento del pasado de forma acrítica, sino el análisis adecuado y sabio de la historia que nos permite vivir con prudencia y justicia
el presente y el futuro. La memoria histórica es un elemento fundamental para vivir con salud emocional y espiritual. Y en esa memoria
nacional de Israel, Dios juega un papel protagónico.

La tradición es fundamental en la experiencia religiosa del pueblo
de Dios. Y el presupuesto filosófico y pedagógico de esa expresión es
que la tradición es esencial para la existencia misma de Israel. Para el
salmista, el pueblo de Dios es como una gran familia que tiene una
identidad teológica y espiritual que supera los límites del tiempo. Esa
identidad nacional hay que afirmarla de generación en generación, para
mantener la salud social, política y religiosa de la comunidad. Según el
poeta, la importancia de la tradición es no encubrir a los hijos (e hijas)
y a las generaciones venideras las alabanzas a Jehová, y su potencia, y
las maravillas que hizo (v.4).

El poema comienza con la exhortación del salmista o maestro en torno a la «ley» —hebrero, torá— (v.1), que en este contexto es mucho más que regulaciones jurídicas sino enseñanzas. La invitación al oyente o lector es a «escuchar» e «inclinar el oído» (v.1), pues Dios va a «abrir su boca» y «hablar cosas escondidas» (v.2). De esa forma se le brinda al salmo su contexto de sabiduría y educación. La palabra hebrea traducida en castellano como «proverbios» o «parábolas» (v.2) se refiere a los mensajes que requieren estudios cuidadosos de parte del oyente o que se necesite un tipo de análisis comparativo para descubrir su real significado. Ese tipo de enseñanza esencialmente se transmite utilizando un lenguaje figurado, que ciertamente aumenta las posibilidades de interpretación y aplicación. El propósito de «esas cosas escondidas» que el salmista afirma es que los educandos piensen y analicen con sobriedad y detenimiento el contenido de la enseñanza —p.ej., que se articula en «proverbios» o «parábolas»—, para entenderla y aplicarla a sus vidas.

vv.13-39: El primer ciclo de reflexiones históricas, de acuerdo con el salmista, destaca la actitud pecaminosa de Israel: ¡La infidelidad del pueblo comenzó en Egipto! Afirma el poeta que, aunque Dios siempre ha sido fiel, el pueblo de Israel ha manifestado desde el comienzo mismo de su historia una fuerte tendencia hacia la infidelidad. Contrapone de esta forma el salmista las infidelidades del pueblo y las manifestaciones extraordinarias y los milagros de Dios.

De acuerdo con el poeta, Dios libera al pueblo de Egipto y les ayuda a pasar el Mar Rojo (v.13), les envía la nube que les oriente de día y la columna de fuego en las noches (v.14), provee de la roca el agua necesaria para la subsistencia (vv.15-16), y les brinda el maná (vv.23-24) y las codornices (vv.26-28) para la alimentación; además, para facilitar la salida de las tierras de Egipto, envió las plagas (vv.43-51). El poema hace un breve resumen de los sucesos narrados en el Pentateuco, particularmente en los libros de Éxodo y Números; comienza con lo sucedido en Egipto y finaliza con lo acaecido en el mismo lugar.

vv.40-72: De singular importancia en el análisis del poema es que el autor solo enumera siete plagas o calamidades en Egipto (vv.43-51) en su segundo ciclo de reflexiones: Los ríos convertidos en sangre (v.44), los enjambres de moscas (v.45), las ranas (v.45), las langostas (v.46), los granizos que destruyen y congelan (v.47), las lluvias con rayos, relámpagos y pedriscos (v.48), y finalmente la muerte de los primogénitos (vv.49-51). Se han identificado solo siete plagas para destacar lo perfecto y completo de los juicios divinos.

En la sección final del Salmo se incluye el peregrinar hacia la Tierra Prometida: Se alude a la conquista de Canaán (v.53), se hace referencia a la distribución equitativa de las tierras (v.55), y se presentan las consecuencias nefastas de la infidelidad del pueblo. De acuerdo con el salmista, la falta de lealtad a Dios produce la pérdida del Arca del pacto (v.60), genera el triunfo de los filisteos sobre Israel (vv.61-66), afirma el rechazo del reino del norte luego de la muerte del rey Salomón (v.67), subraya la elección y establecimiento del reino del sur, Judá, como el centro único de adoración y administración pública (v.68), y culmina con la elección del rey David, que es descrito en el poema como un pastor sabio e íntegro (vv.70-72).

El vocabulario relacionado con el pecado y los errores del pueblo es de singular relevancia teológica en el Salmo. Esas capacidades lingüísticas y amplitud literaria contribuyen significativamente al descubrimiento del sentido del poema. El pecado contra Dios tiene diferentes y variadas manifestaciones: Es incredulidad e infidelidad (vv.8,22,32), rebelión (v.17), tentación al Señor (vv.18,41,56), hablar contra Dios (v.19), no guardar el pacto y los testimonios (vv.10,37,56), y olvidarse de las obras redentoras del Señor (vv.7,11). En efecto, el pecado del pueblo es, a la vez, fundamento del juicio divino y base de la misericordia de Dios Ante ese tipo de actitud de rebelión consistente y continua, se necesita, de acuerdo con el poema, la gracia divina.

El estudio cuidadoso y sobrio de este Salmo pone de relieve varios principios teológicos de gran relevancia pedagógica y espiritual. En primer lugar, se revela la importancia que tiene la tradición y la educación en los pueblos y en las comunidades de fe. El poema presupone un ambiente educativo transformador, en el cual se repasa la historia no como un acto de entretenimiento superficial sino como fundamento de vida, como maestra de la existencia. La tradición, lejos de ser un lastre histórico que debe rechazarse, es un instrumento vital para preservar la identidad y afirmar la salud mental y espiritual. Y la historia, estudiada desde este perspectiva analítica, se convierte en fuente de sabiduría, pues nos permite vivir con prudencia y sabiduría al evitar errores pasados y afirmar acciones que se relacionan con la voluntad de Dios.

De singular importancia es el concepto de Dios que el poema presupone. El Dios del salmista es justo, misericordioso y perdonador. Aunque rechaza firmemente las actitudes de infidelidad del pueblo no fundamenta su ira y sus acciones en esas actitudes de deslealtad humana sino que actúa de acuerdo con su extraordinaria naturaleza misericordiosa. El Dios bíblico camina con su pueblo y le acompaña en los momentos de liberación, para celebrar sus victorias, y está atento a los actos fallidos del pueblo, sin perder la paciencia, para manifestar sus juicios y poner de relieve su amor. ¡El propósito divino es que la humanidad aprenda de sus errores!

El Nuevo Testamento presupone el conocimiento de estas tradiciones bíblicas. Y Jesús de Nazaret creció y se desarrolló como predicador y maestro al amparo de estas enseñanzas antiguas de su pueblo. En sus mensajes, Jesús demostró no solo que conocía la historia nacional y que afirmaba las tradiciones de su pueblo sino que respondía con creatividad y seguridad a las interpretaciones que hacían los fariseos. De acuerdo con Mateo, Jesús era el Emmanuel, en la tradición del libro de Isaías; y según el evangelista Juan, el Señor era la encarnación del Dios viviente en medio de la humanidad.

Una gran enseñanza del Salmo es que los creyentes, las iglesias y los pueblos deben leer sus historias personales, denominacionales y nacionales desde la perspectiva de la fe. Para afirmar la salud integral en individuos y comunidades, es necesario descubrir la mano de Dios en el pasado e identificar, con humildad y sobriedad, los errores en la vida. De esa forma las personas y las instituciones se pueden proyectar con fuerza al futuro, para conquistar el mañana y disfrutar el porvenir.

Salmo 79: «Lamento por la destrucción de Jerusalén»

El Salmo 79 es un poema de lamento colectivo que implora a Dios justicia en medio de una crisis de graves proporciones históricas. El salmista reacciona ante una realidad llena de desesperación y angustia, clama al Señor con todas sus fuerzas pues no solo es el poeta que articula los dolores y las frustraciones del pueblo sino el adorador que participa y siente la crisis de su comunidad.

Este poema está en la misma tradición de los Salmos 44 y 74, que desean mover la mano salvadora de Dios ante las acciones destructivas y burladoras de las naciones en general y sus vecinos en particular. El gran tema del poema es que Jerusalén, la santa ciudad, y el Templo, la morada del Dios viviente, han sido invadidos y destruidos por los enemigos. Este Salmo se une al anterior por la referencia a las iniquidades y los pecados de los antepasados (v.8).

El análisis literario y temático del salmo revela que su autor es ciertamente un israelita que presenció las calamidades y la devastación descritas. Quizá el contexto histórico del poema es la destrucción de Jerusalén de parte de los babilónicos en el año 587/6 a.C., aunque otras catástrofes y crisis nacionales pueden relacionarse con las frases y el idioma empleado por el salmista. Posiblemente este salmo era utilizado en asambleas nacionales en las cuales se recordaba la destrucción del Templo, o era parte de las liturgias que se hacían en el Templo frente a la posibilidad de alguna catástrofe, p.ej., alguna sequía o la posibilidad o amenaza de alguna guerra.

La estructura literaria del Salmo no es compleja, pues revela las prioridades temáticas del autor:

- El pueblo se queja ante Dios: vv.1-4
- Recomendaciones: Lo que debe hacer Dios con las naciones paganas: vv.5-7
- Recomendaciones: Lo que debe hacer Dios con Israel: vv.8-12
- El pueblo alaba a Dios: v.13

El análisis detenido del Salmo revela también que el lenguaje utilizado es común en la literatura bíblica, particularmente popular y usado en las expresiones de lamento del pueblo. Los ecos y los paralelos del lenguaje de este poema con otra literatura bíblica se ponen en evidencia en la siguiente tabla:

- v.1c: Jer 26.18; Mic 3.12
- v.4: Sal 44.15
- v.5: Sal 6.4; 13.2; 89.47
- vv.6-7: Jer 10.25
- v.8c: Sal 142.7; 116.6
- v.9d: Sal 23.3; 25.11; 31.4; 54.3; 106.8; 109.21; 143.11

- v.11: Sal 102.21
- v.11c: 1 Sam 26.16
- v.12: Sal 89.51-52; 44.14; Gen 4.15,24; Lev 26.18,21,24

vv.1-4: La primera sección del poema presenta al pueblo dirigiéndose a Dios en una oración de súplica colectiva. La comunidad expone lo que las naciones le han hecho, y articula una serie de acciones nefastas y hostiles contra el pueblo de Israel: Vinieron e invadieron el país —identificado como «la heredad divina»— (v.1), profanaron y quemaron el Templo de la ciudad santa (v.2), destruyeron y redujeron a escombros la ciudad de Jerusalén (v.2), dejaron los cadáveres sin enterrar para que sirvieran de comida a las aves y las bestias (v.2), derramaron la sangre sin que nadie la enterrara —como se afirma en las costumbres del pueblo—(v.3), y convirtieron al pueblo en objeto de burla y mofa por parte de los enemigos (v.4).

En las acciones enemigas descritas se ponen claramente de manifiesto la extensión y naturaleza de la dificultad y la crisis. De un lado, el pueblo había perdido la infraestructura económica que le permitía vivir de forma adecuada en la ciudad; y del otro, los símbolos de la salud y el bienestar espiritual de la comunidad se habían esfumado con la destrucción del Templo, que simbolizaba la presencia de Dios, y con la interrupción del sistema de sacrificios, que propiciaba el perdón para el pueblo.

Los pronombres posesivos utilizados en la oración ponen de manifiesto la urgencia del clamor y la importancia de la plegaria. El salmista, angustiado y horrorizado, comenta la extensión y amplitud de la desgracia indicando quien vive esos dolores es nada menos que «tu heredad» (v.1), «tu santo templo» (v.1), «tus siervos» (v.2) y «tus santos» (v.2). Esa intimidad en la comunicación revela la profundidad del dolor y la urgencia en la necesidad de la intervención de Dios.

vv.5-7: La segunda parte del Salmo incorpora las preguntas clásicas de las crisis: ¿Hasta cuándo, Señor? Una vez se ha articulado el dolor y se ha descrito la desolación, el pueblo inquiere ante Dios: ¿Qué sucederá a quienes les han causado tanto mal? ¿Que pasará con las naciones que se prestaron para humillarles y destruirles?

El pueblo reacciona desde el dolor, la comunidad ora con las heridas abiertas, Israel interpela a Dios en medio de la calamidad, que se presenta con dimensiones magnas. La oración del pueblo se convierte, entonces, en recomendaciones concretas a Dios. El poema incorpora de esta forma una serie de imprecaciones o maldiciones que ponen de relieve el dolor y la angustia de Israel. Y entre las recomendaciones se encuentra la siguiente: Derrama tu ira contra las naciones y sobre los reinos paganos (v.6) pues actuaron en contra del pueblo de Dios. El poeta utiliza una vez más la imagen del fuego para describir la ira divina (v.5).

vv.8-13: En la última parte del Salmo el poeta continua la oración de súplica, aunque ahora cambia el objetivo de la plegaria. Ya no clama por lo que Dios debe hacer con sus enemigos sino por lo que necesita hacer por Israel. Ya no está preocupado por sus adversarios sino reclama a Dios la manifestación de su misericordia.

En la oración, el pueblo y el salmista piden a Dios lo siguiente: Que no se acuerde de los errores, las culpas y las iniquidades de sus antepasados (v.8), que les ayude, libere y perdone los pecados (v.9), que el gemido de los presos llegue a la misma presencia de Dios, que salve a las personas que están sentenciadas a muerte (v.11), y que devuelva a los pueblos vecinos, multiplicada por siete, las afrentas hechas al pueblo y a Dios.

El Salmo finaliza con una expresión de gratitud y alabanza a Dios (v.13). El Señor es descrito como pastor, y el pueblo como ovejas de su prado. De esa forma se une este poema al Salmo 80, que comienza con una plegaria a Dios como pastor de Israel (Sal 80.1).

Este Salmo pone de manifiesto las oraciones que se levantan ante Dios en medio de las crisis y adversidades de la vida. El dolor para el poeta no es una experiencia teórica sino una vivencia real e inmediata. Y desde esos dolores intensos en la vida expresa sus sentimientos más hondos, que revelan no solo el deseo de superación de la adversidad sino un firme deseo de justicia, que en este contexto es el juicio a las naciones que participaron en la destrucción del pueblo de Dios.

El Dios del salmista es capaz de escuchar y responder al clamor del pueblo, aunque en la articulación de esa oración se expresen sentimientos que pueden herir las susceptibilidades de personas que no han experimentado la profundidad del dolor que ha vivido el pueblo y que ha sentido el salmista. El Dios del poeta es misericordioso, pues escucha el clamor y responde a las plegarias.

Ese concepto de Dios compasivo y misericordioso fue el que vivió y predicó Jesús de Nazaret. En sus enseñanzas destacaba el valor del perdón, afirmaba las virtudes de la misericordia, y celebraba el poder del amor. No estaba interesado el Señor en predicar a un Dios que no estuviera cerca del alma humana, ni fundamentaba sus enseñanzas en teologías de divinidades que no se solidarizaran con el dolor humano y la miseria de la humanidad. El Dios de Jesús es pastor, como en el Salmo, pues no deja nunca abandonado a su rebaño, ni deja huérfano a su pueblo.

Los versículos 2 y 3 de este Salmo son citados en 2 de Macabeos en relación a la muerte de los hasídicos cuya confianza fue violada y ofendida por los gobernantes que deshonran la justicia. Y Apocalipsis 16.6 alude al v.3 de este Salmo para referirse a la sangre inocente derramada por santos y profetas.

Salmo 80: «Súplica por la restauración»

El Salmo 80 continúa el tema general de los anteriores (Sal 78; 79), que pone de relieve la angustia y crisis de la destrucción, la posibilidad del peligro, las desesperanzas relacionadas con las guerras, los dolores asociados a las invasiones. En efecto, el contexto del salmo es la destrucción y la dificultad; sin embargo, no se trata ahora de la crisis relacionada con la ciudad de Jerusalén ni con la destrucción del Templo. El salmista se allega a Dios en oración para presentarle al reino del norte, que enfrentaba las amenazas de sus enemigos y debía responder con valor y sabiduría al ambiente de crisis internacional que le rodeaba. El propósito del salmista es suplicar e implorar a Dios su intervención redentora y liberadora para traer la restauración al pueblo que se sentía herido, cautivo y deprimido.

La identificación del poema con el reino del norte se fundamenta en las referencias al pueblo de Dios con las antiguas tribus de Efraín, Benjamín y Manasés (v.1). Y aunque Judá, en el sur, mantuvo la preocupación por las tribus que se dividieron en el norte para evitar la adoración en Jerusalén, para la mentalidad profética el pueblo seguía siendo uno (véase 2 Cr 31.10; Ez 37), como se pone claramente de manifiesto en este salmo.

El salmo es una súplica colectiva o lamento comunitario que se presenta en momentos de una grave crisis nacional. Ese tipo de salmos tenía su contexto litúrgico en actividades cúlticas del pueblo ante las amenazas de algún ejército o enemigo mortal, o, inclusive, frente a la posibilidad de alguna calamidad nacional o desastre natural. La referencia que añade la Septuaginta (LXX) al título hebreo del salmo — p.ej., «referente a los asirios»—, posiblemente es una manera antigua de relacionar el poema con el contexto histórico de la hegemonía internacional de esa nación, quizá por los años 732-722 a.C. cuando el reino del norte fue destruido por los escuadrones y la milicia de Asiria.

Las posibilidades de autor son varias: Pudo haber sido algún adorador del sur que en el Templo de Jerusalén imploraba a Dios la restauración y unión de los dos reinos; también pudo haber sido un israelita del norte que respondió con dolor, angustia y esperanza a la derrota militar frente a los asirios. Algunos estudiosos que ubican la composición del poema en el período luego del exilio en Babilonia, indican que este salmo puede ser un clamor nacional para la restauración de todo el pueblo de Israel, tanto del norte como del sur, luego de la catástrofe del 587/6 a.C. El título hebreo del Salmo lo relaciona con «el músico principal» y con Asaf, además, alude a «lirios» y «testimonio» (véase la Introducción).

La estructura literaria del poema se puede relacionar inicialmente con el estribillo que presenta. Esta repetición, que aparece con algunas variantes en tres ocasiones (vv.3,7,19), identifica el tema general del poema y divide en tres secciones mayores el salmo.

- El pueblo invoca al Pastor de Israel: vv.1-3
- Preocupación nacional: ¡Hasta cuándo!: vv.4-7
- Parábola de la viña: vv.8-19
    * Recuento de los actos salvadores de Dios: vv.8-11
    * Descripción presente de la viña: vv.12-16a
    * Súplicas y compromisos: vv.16b-19

vv.1-3: La primera sección del salmo presenta las peticiones del pueblo a Dios, que se identifica como «Pastor de Israel». De esa forma el poema se relaciona con el salmo anterior y le brinda al clamor un sentido de intimidad, pertenencia y confianza. La oración es intensa y sentida, y transmite un sentido profundo de urgencia, que se revela claramente en los imperativos, pues dan la impresión de que Dios está dormido: Escucha (v.1), resplandece (v.1), despierta (v2) y ven a salvarnos (v.2). En efecto, desde el comienzo mismo del poema se revela la intensidad del clamor.

Las imágenes iniciales son las del pastor y la luz. La primera alude a las responsabilidades del rey-pastor de cuidar, alimentar y proteger al pueblo-rebaño. La segunda imagen, que se incluye en la oración y el estribillo, se relaciona con la salvación. Implorar la luz divina es pedir su intervención salvadora y liberadora. Además, es importante recordar que, de acuerdo con el libro de Génesis, el primer acto de creación fue la luz (Gn 1.3). En ese sentido, el salmista solicita la intervención del Dios que crea, que establece orden, que tiene control sobre la naturaleza y la historia. La referencia a los querubines evoca al Arca del pacto o la alianza, que era el signo visible del Dios invisible, y que también aludía al Señor de los ejércitos, al Dios guerrero que habitaba en medio de las realidades de su pueblo.

El estribillo del salmo es de gran importancia teológica y litúrgica. El pueblo repetía este tipo de estribillo como parte de sus ceremonias y celebraciones. El clamor es de restauración: El pueblo implora la intervención luminosa del Dios que con solo mostrar su rostro demuestra su poder y autoridad. Las variaciones del estribillo –p.ej., que añaden «Dios de los ejércitos» (v.7) o «Oh Jehová, Dios de los ejércitos» (v.19)—, ubican el clamor en el contexto del Dios guerrero, del Señor de las batalles, del Dios que triunfa en los conflictos bélicos. Esa afirmación teológica es fuente de esperanza al pueblo que se siente derrotado y en peligro mortal.

vv.4-7: En esta sección del salmo se ponen de manifiesto las preocupaciones típicas de la gente que enfrenta peligros mortales, se revelan las preguntas básicas de personas que deben responder a desafíos extraordinarios: «¿Hasta cuándo, Señor, hasta cuándo?». Y, en efecto, ese clamor es más que una expresión tradicional en el culto sino la petición de ayuda que surge de lo más profundo del alma humana. El salmista inquiere en torno a su futuro, pues la calamidad tiene el potencial de aniquilación y destrucción total.

Un componente particular de este clamor es el hecho que el salmista le atribuye a Dios el origen del problema. Fue el Señor el que le dio a comer al pueblo «pan de lágrimas» y le dio a beber «lágrimas en gran abundancia» (v.5). Además, fue Dios mismo el que propició las condiciones de burla y escarnio de vecinos y enemigos. De acuerdo con el poeta, la crisis que vive el pueblo está relacionada con la voluntad divina, y esa afirmación teológica les hace preguntar «¿hasta cuándo?», es decir, «¿habrá futuro para nosotros?». Y ante esas preguntas existenciales, el salmista responde con la afirmación teológica del estribillo, que reconoce en Dios la capacidad de triunfo y que afirma su poder redentor.

vv.8-19: La sección final del poema incluye la presentación de una parábola en torno a la viña, que puede dividirse, a su vez, en tres componentes básicos. La primera parte hace un recuento de las intervenciones de Dios en la historia nacional. Comienza en Egipto, prosigue con la entrada a Canaán y alude a los límites territoriales de la Tierra Prometida. La imagen literaria es la de un labrador que trabaja en su viña: Dios es el labrador, y el pueblo de Israel, la viña. El pueblo creció y se extendió: hacia el sur, «los montes» (v.10); hacia el norte, «los cedros» (v.10); hacia el oeste, «el mar» (v.11); y hacia el este, «el río» (v.11). Esas fronteras evocan los límites territoriales de la época davídica, que son símbolo de protección divina y prosperidad.

Sin embargo, toda esa bendición ha desaparecido, ante la vista asombrada del pueblo. En medio de su desorientación y perplejidad el pueblo pregunta nuevamente: «¿Por qué?» (v.12). La gran interrogante es la razón por la cual Dios permitió o propició esta crisis que atenta contra la existencia misma del pueblo. Con la misma imagen de labrador y viña el salmista expone su causa: Las acciones de Dios han puesto al pueblo a merced de animales salvajes y transeúntes. Los enemigos son caracterizados en la parábola como «los que pasan por el camino» (v.12), «el puerco montés» (v.13) y «la bestia del campo» (v.13), expresiones despectivas que revelan el desprecio del pueblo hacia sus adversarios. ¡El labrador-divino ha dejado su vid-pueblo sin protección, a merced de la naturaleza! ¡La gran queja y el reproche fundamental del salmista es que el pueblo se siente solo, vulnerable y desprotegido!

La última parte de esta sección pone de manifiesto una serie importante de súplicas y compromisos. El primer clamor es que vuelva el Dios de los ejércitos (v.14), que es una manera sutil de aludir al Señor triunfante y de conquista. El salmista clama por la visitación y mirada redentora de Dios desde los cielos (v.14), pues esa acción divina es liberadora. Se solicita con urgencia la intervención divina pues fue el Señor-labrador mismo quien la plantó, pero ahora esa viña-pueblo está en peligro de perecer.

El salmo incluye una petición por el rey de Israel (v.17): La mano de Dios debe estar sobre el varón que está sentado a la diestra del Señor, sobre la persona (p.ej., «hijo de hombre») que Dios afirmó para sí mismo. En el contexto canónico de este salmo, la petición es que Dios debe proteger al rey pues representa al pueblo. Esta afirmación presupone que la bonanza real es también la paz para la comunidad. Con el tiempo, tanto la comunidad judía como la cristiana, interpretaron esta referencia poética al monarca histórico desde una perspectiva mesiánica.

Una expresión de compromiso final del salmo pone en evidencia una muy importante afirmación teológica. No fue el Dios-pastor el que abandonó su rebaño sino el pueblo que se apartó de su Señor (v.18). Culmina el poema con la repetición del estribillo, que en este contexto literario le añade al salmo un sentido de seguridad y esperanza.

Los valores y enseñanzas que se desprenden del salmo se revelan en al análisis de las imágenes que utiliza el poeta: Dios es pastor, Señor de los ejércitos y labrador. En efecto, las tres ideas en torno a Dios lo ubican un plano muy cercano al pueblo. El pastor es el que cuida, alimenta y protege al rebaño; el Señor de los ejércitos es el que interviene al fragor de la batalla para darle la victoria; y el labrador es el que se preocupa por mantener la viña en estado óptimo para disfrutar sus frutos. Las tres ideas enfatizan el deseo divino de estar muy cerca de su pueblo, pues esa cercanía incentiva la seguridad, propicia la esperanza y afirma el futuro.

El salmo, sin embargo, presenta a Dios como un mal pastor y labrador; además, solicita la intervención del Señor de los ejércitos pues se siente derrotado y sin esperanzas. El salmista da rienda suelta a su dolor e inseguridad y expresa sus sentimientos más hondos y complejos. Aunque conoce bien la teología de la salvación, no siente que esas grandes afirmaciones teológicas se hacen realidad en su vida. Para el salmista hay discontinuidad entre lo que ha aprendido de Dios y lo que experimenta. Y ante tal confusión se presenta ante el Señor con honestidad y firmeza. No intenta esconder sus sentimientos, los expresa con libertad.

Son los estribillos los que transforman las expresiones de dolor en posibilidades de triunfo y esperanza. Aún en los momentos más agrios de la vida, el salmista reconoció el potencial divino para iluminar con su liberación y salvación las oscuras realidades del dolor humano, tanto personal como nacional.

Jesús de Nazaret se identificó tanto con las imágenes del pastor como con las del labrador de este salmo. Desde la perspectiva del pastor, se presenta como el pastor verdadero que da su vida por las ovejas (Jn 10); para utilizar la imagen del labrador, afirma que él es el verdadero labrador, que hace que la vid de mucho fruto (Jn 15).

Salmo 81: «Bondad de Dios y perversidad de Israel»

El Salmo 81 es esencialmente una denuncia profética en medio de alguno de los festivales nacionales del pueblo de Israel. Su propósito teológico y educativo es llamar la atención del pueblo en torno a la importancia ética y moral de las celebraciones religiosas y nacionales. El profeta se levanta en medio del acto solemne para denunciar las conductas impropias del pueblo. Por su estilo literario y contenido teológico, este salmo se puede relacionar con el 50 y el 95, que incluyen en el mensaje un muy fuerte tono homilético.

Este poema presupone una de las celebraciones nacionales de Israel, que no es muy fácil identificar con precisión basado solo en la lectura del salmo. Esta fiesta solemne (v.3) puede ser una referencia a la de los Tabernáculos que se celebraba en otoño, aunque es también posible que aludan a la renovación del Pacto, al Año Nuevo, a la Luna Nueva o, inclusive, a la Pascua. La importancia educativa del poema, sin embargo, no está fundamentada en la identificación particular y específica de la fiesta sino en la seria crítica profética al corazón mismo de las celebraciones nacionales. Para el profeta, esta celebración cúltica es solo el encubrimiento de la ruptura del pacto o alianza con Dios; además, el poeta rechaza a los enemigos y opresores del pueblo, que se esconden en las dinámicas religiosas y litúrgicas para encubrir sus actos malsanos e impropios de injusticia y opresión. De acuerdo con el salmista, esos actos de injusticia son manifestaciones concretas del rechazo a Dios.

Como el resto de los salmos de Asaf, este poema puede relacionarse con las tradiciones del norte. Esa percepción se robustece con la identificación de los nombres del pueblo, a quienes alude como Jacob (v.1), Israel (v.4) y José (v.4), tradicionalmente asociados a la región norte de la Tierra Prometida. Quizá la crítica a las dinámicas sociales y económicas del pueblo nos ayuda a relacionar el salmo con el período del profeta Oseas, alrededor de los años 740 a.C., en Israel, no en Judá ni en Jerusalén. El salmista debe haber sido un profeta que participaba del culto, aunque por los temas que expone pudo haber sido también un levita relacionado con la teología del Deuteronomio (véase Dt 33.8). El título hebreo del salmo lo relaciona con el «músico principal», con Asaf y con Gitit, que puede ser una alusión al tono que debía cantarse el poema o a algún instrumento musical que debía acompañar en cántico (véase la Introducción). El salmo incluye también una referencia musical, *selah*, que subraya su uso litúrgico (v.7).

La estructura literaria del salmo es la siguiente:

- Celebración y alabanzas: vv.1-5a
- Mensaje profético: La importancia del oír y obedecer 5b-16
  * El pasado: vv.5a-7
  * El presente: vv.8-10
  * El futuro: 11-16

vv.1-5a: La introducción del salmo es similar a la de los himnos de alabanzas a Dios. Se pone de manifiesto de esta manera una serie de exhortaciones que se articulan en forma imperativa, para destacar un profundo sentido de urgencia y expresión hímnica: «Cantad» (v.1), «aclamad» (v.1), «entonad canción» (v.2), «tañed el pandero» (v.2), «tocad trompeta» (v.3). Esas mismas afirmaciones revelan la algarabía y el entusiasmo, revelan la alegría y el gozo: el propósito básico del salmista es enfatizar el contentamiento y la felicidad del pueblo en la fiesta, para contrastarlo posteriormente con la severa y mordaz crítica profética. El evento presupone una importante reunión del pueblo, posiblemente en el Templo de Jerusalén. La identificación de cuatro instrumentos musicales —p.ej., pandero, arpa, salterio y trompeta (no es una referencia al instrumento de metal sino al cuerno de carnero)—, en la simbología bíblica, destaca el hecho de que la alegría era total, completa, absoluta, plena.

La alegría del pueblo se basa en la liberación y posterior salida de Israel de Egipto. Dios mismo hizo del pueblo un «estatuto», una «ordenanza» y un «testimonio» cuando lo liberó de la esclavitud representada por la administración del faraón. Esas expresiones son sinónimas de la palabra hebrea *torá*, que transmite la idea de enseñanzas e instrucciones, no tanto comunica el sentido actual de la rígida y jurídica expresión castellana «ley». De acuerdo con el salmista, Dios constituyó a Israel para que sirviera de modelo educativo.

vv.5b-16: En el contexto mismo de la celebración nacional surge la voz solitaria de un profeta que articula un mensaje diferente al que presupone la festividad. La voz del profeta enfría el entusiasmo de la gente, pues les confronta con su realidad moral, espiritual y existencial. Se revela de esta forma la falsedad radical de tanta celebración vacía de valores éticos, desprovista de principios morales, ajena de implicaciones espirituales. El Dios del pacto o alianza está muy cercano al pueblo y demanda obediencia para manifestar su misericordia y amor.

La crítica profética es firme y fuerte: ¡El pueblo que celebra con ritos y ceremonias las hazañas divinas no escucha la voz de Dios! ¡La gente que celebra las acciones de divinas en su historia nacional no presta atención a la revelación del Señor! ¡Las personas que estaban inmersas en las festividades no obedecen la revelación divina que reclama no solo demostraciones litúrgicas sino vivencias justas y nobles.

Esta sección del salmo comienza con una particular voz profética: «Oí lenguaje que no entendía», es decir, que se escuchó una palabra que no estaba en consonancia con lo que se estaba haciendo en la fiesta. De esta forma dramática comienza el mensaje profético, que se fundamenta en la palabra hebrea «oír», que en la tradición bíblica es muy importante pues no se refiere necesariamente al proceso auditivo sino al acto de obedecer. Esa importancia teológica y espiritual se claramente pone en evidencia al estudiar la oración fundamental del pueblo, de acuerdo con el pasaje del Deuteronomio: «Oye, Israel: Jehová nuestro Dios, Jehová uno es» (Dt 6.4).

Fundamentado en la imagen del oír, el salmista presenta su mensaje profético al pueblo, en medio de la celebración. En primer lugar alude a la experiencia de liberación, que describe como alivio de los trabajos forzosos en Egipto (v.6), y como respuesta al clamor del pueblo en el peregrinar por el desierto (v.7). Sin embargo, se queja el Señor, que el pueblo no escuchó sus amonestaciones ni le obedeció (v.8) cuando se involucró en la idolatría con dioses ajenos y extraños (v.9). Una gran afirmación teológica culmina la presentación de esas ideas: Dios fue quien liberó al pueblo de la tierra de Egipto, y tiene la capacidad y el deseo de llenar la boca de su pueblo, que es una forma poética de afirmar su compromiso con la alimentación adecuada de Israel, sin importar que esté en Egipto, el desierto o en la Tierra Prometida.

Por no oír y obedecer la palabra y la voz divina el Señor permitió que Israel siguiera sus propios caminos, que produjo la crisis (vv.11-12). ¡El pueblo de Israel siguió de acuerdo con la dureza de su corazón en sus propios consejos! Esa fue la acción que propició su destrucción: ¡No escucharon la palabra divina, no le hicieron caso a la voluntad de Dios, no atendieron a la voz del Señor! La sección final del salmo revela claramente el deseo divino de conversión. Si el pueblo hubiese escuchado y obedecido no habría experimentado la crisis y la adversidad. Es la desobediencia el primer paso hacia la destrucción, según este poema.

Este salmo pone en contraposición dos temas fundamentales en la literatura bíblica, particularmente en las tradiciones proféticas: La importancia del culto y los festivales, y la necesidad de obedecer y de ser fiel a la voz y la voluntad de Dios. Este poema es un magnífico ejemplo de la crisis que generan las celebraciones vacías, los cultos sin valores, las fiestas religiosas sin implicaciones éticas, las actividades espirituales sin virtud transformacional.

El propósito del salmista no es rechazar de plano las actividades religiosas sino afirmar la importancia de que se lleven a efecto con conocimiento de sus implicaciones morales y éticas. La finalidad profética no fue disminuir la importancia de las celebraciones litúrgicas en Israel sino enfatizar sus componentes humanos, afirmar sus virtudes interpersonales, subrayar sus propósitos de fraternidad y solidaridad humana. No está interesado Dios en festividades lujosas sin paz, ni en celebraciones pomposas desprovistas de amor, ni en eventos magnos que ignoren la justicia.

Jesús de Nazaret se relacionó muy bien con la teología de este salmo, pues pone de manifiesto estos mismos valores en su crítica firme a las autoridades religiosas de su época. En efecto, el Señor rechazó con vehemencia la hipocresía religiosa que se manifiesta en cultos esplendorosos pero vacíos, en formalismos rituales sin implicaciones morales, en dogmatismos férreos sin interés transformacional. Los profetas de Israel lo anunciaron y Jesús se hace eco de esas palabras:

«Hipócritas, bien profetizó de vosotros Isaías, cuando dijo:
Este pueblo de labios me honra;
Mas su corazón está lejos de mí.
Pues en vano me honran,
Enseñando como doctrinas,
mandamientos de los hombres» (Mt 15.7-9).

Salmo 82: «Amonestación contra los jueces injustos»

El Salmo 82 continúa y reafirma la tradición profética del Salterio. Presenta una muy firme y clara denuncia a los líderes del pueblo, añade un anuncio inminente de castigo, y culmina con un clamor intenso, una sentida expresión de súplica colectiva y comunitaria. El objetivo es poner en evidencia los actos impropios de las personas que son responsables por la implantación de la justicia en la comunidad, además de afirmar el compromiso divino con la gente débil, huérfana, afligida, menesterosa y necesitada. De acuerdo con el salmista, es Dios mismo quien está comprometido con la justicia y las personas marginadas y heridas de la sociedad.

La comprensión del poema se hace un tanto difícil por el contenido y el carácter del salmo. Literalmente se indica que Dios preside unos procesos judiciales para juzgar a los dioses. En vez de incorporar alabanzas y plegarias a Dios, lo que articula el salmo son citas de palabras divinas, preguntas retóricas de Dios que oficia como juez del caso. El contenido del salmo refleja las dinámicas que se ponían de manifiesto en los antiguos procesos judiciales de Israel, y esas mismas dinámicas e imágenes eran utilizadas con cierta frecuencia en la literatura profética de la Biblia para presentar el juicio divino (Is 1.18-20; 3.13-15; Miq 6.1-5; Os 4.1-3).

Aunque es fácil identificar el carácter profético de este salmo, es más complicado ubicar el poema en las tradiciones literarias del resto del Salterio. Proviene de círculos relacionados con Asaf y contiene el recuento de un diálogo en el concilio celestial. Este concilio, se pensaba en la antigüedad, era una especie de encuentro y diálogo de los dioses, y en la Biblia se incluyen algunos relatos de esas importantes reuniones, en los cuales el Dios de Israel participaba de forma destacada como juez supremo o presidente de la corte (p.ej., 1 R 22.19-23; Job 1.6-12; 2.1-6; Zac 1.7-17; 3.1-5; Is 6.1-13; 40.1-8).

En el particular caso del Salmo 82, las divinidades responden a las órdenes del Dios bíblico. Posiblemente el contexto litúrgico de este salmo es la celebración anual de año nuevo en el cual se celebraba la entronización del Señor. La fecha de composición es quizá el período del destierro a Babilonia, pues los temas que se incluyen son similares a los que se incluyen en la segunda y tercera sección del libro del profeta Isaías (Is 40—66). El título hebreo relaciona el salmo con Asaf (véase Introducción).

La estructura literaria del salmo se pone en evidencia al identificar las escenas que el poema presenta. El poema incluye su contenido básico (vv.2-7) en medio de una especie de paréntesis temático que ubica el salmo en su adecuado contexto teológico y literario del resto del Salterio (vv.1,8).

- Presentación de Dios como juez supremo: v.1
- Acusación contra los jueces injustos e impíos: vv.2-4
- Presentación de la sentencia: vv.5-7
- Súplica y clamor del pueblo: v.8

Un análisis alternativo del salmo puede revelar una estructura quiástica, una particular disposición concéntrica, que enfatiza el fracaso de los jueces humanos o de los «dioses» (v.5).

A. Dios juzga en la asamblea divina: v.1
B. Crítica a los jueces o «dioses»: v.2
C. Violaciones de los jueces o «dioses»: vv.3-4
D. Fracaso de los jueces: v.5
C'. Proclamación del estatus de los jueces o «dioses»: v.6
B'. Sentencia a los jueces o «dioses»: v.7
A'. Dios se levanta y juzga la tierra: v.8

v.1: El salmo comienza con la presentación de Dios como juez supremo de su pueblo y también como Señor absoluto del panteón antiguo. El contexto literario y teológico del poema es la corte celestial, en donde Dios se levanta entre las divinidades para juzgar, que es una manera firme de mostrar su autoridad y poder. La escena es solemne y extraordinaria: Dios se «levanta» para tomar las declaraciones pertinentes de los acusados —que posteriormente alude como «dioses» (v.6)—, y para pronunciar la sentencia adecuada y justa. Esos «dioses» eran los jueces y los líderes políticos del pueblo que debían implantar la justicia en la comunidad como representantes divinos. Que Dios se «levanta» es una manera de decir que el juicio ha comenzado y ha iniciado un proceso legal, pues la palabra hebrea transmite el sentido de intervención, autoridad, poder y decisión.

v.2: Con una pregunta retórica se pone de relieve la naturaleza y gravedad de las acusaciones y los delitos. Esta pregunta retórica tiene claras implicaciones proféticas. La acusación es directa y firme. No está tan interesado el salmista en recibir la contestación a sus interrogantes como de presentar su caso. Las personas responsables de administrar la justicia están confundiendo sus deberes al favorecer a los impíos. Se confronta a los jueces humanos con su condición inmoral, con sus actitudes inicuas, con sus prácticas injustas, con sus decisiones viciadas, con sus acciones impropias, con sus sentencias corruptas. Sin paliativos el salmista convertido en profeta denuncia con firmeza la parcialidad de los jueces. Este versículo termina con la expresión hebrea *selah* (véase la Introducción).

vv.3-4: El salmo continua con una muy firme y clara exhortación divina. Las palabras que se utilizan revelan la urgencia y seriedad del reclamo divino: Defended, haced justicia y librad a las personas débiles, huérfanas, afligidas, menesterosas y necesitadas. Con esos imperativos, se revela de manera gráfica el reclamo divino a los jueces y se describe el sector social que recibe el resultado de la imparcialidad jurídica y los dolores de las injusticias humanas.

El salmista pone en justa perspectiva el verdadero proceso judicial: Los jueces deben respetar y afirmar los derechos de la gente marginada y angustiada por la vida. Ha decepcionado a Dios la actitud impropia e injusta de los jueces y líderes del pueblo, que abdicaron a su responsabilidad legal y moral de servir como representantes divinos en la administración de la justicia en Israel. Esos jueces decepcionaron tanto a Dios como a la gente que venía a recibir justicia, pues salieron humillados, maltratados, heridos, indefensos.

vv.5-7: En esta sección del salmo se presenta la sentencia divina a los jueces injustos. Como estos líderes andan en tinieblas, no saben ni entienden; es decir, no tienen la capacidad de comprender la gravedad de sus actos ni tienen la voluntad para enmendarlos. Esas actitudes son tan adversas y tan desagradables ante Dios que se comparan al temblor de los cimientos o fundamentos de la tierra, que es una manera figurada de revelar la mortalidad de la crisis, una forma literaria de poner de relieve la gravedad de la acusación. La maldad de estos jueces es un grave delito ante Dios, pues sus actos no corresponden a los reclamos divinos de justicia para lo que esencialmente fueron comisionados. ¡Por causa de la maldad en que viven, la tierra está en caos!

El poema identifica la confusión de sus interlocutores, los jueces humanos: ¡Les llama «dioses» e «hijos del Altísimo» (v.6)! Se les identifica de esta forma pues es una manera de afirmar que representan a Dios en la administración de su voluntad. Sin embargo, en el ejercicio de sus responsabilidades se «endiosaron» al ignorar y rechazar el fundamento ético, legal, espiritual y moral de sus decisiones. La crítica del salmista es que no van a quedar impunes pues aunque se crean «dioses» morirán como cualquier mortal. De esta forma se presenta la sentencia de muerte contra esos representantes injustos de la justicia.

v.8: El salmo culmina con un grito de fe, esperanza y seguridad. La esperanza del salmista no está en los jueces humanos sino en Dios que es el juez justo de toda la tierra, y que recibirá por herencia las naciones. De esta forma se revela el dominio universal de Dios, se pone en evidencia el poder divino sobre todo el mundo, se hace evidente la autoridad del Señor sobre todo lo creado. Comienza el salmo con la afirmación de que Dios preside la reunión de los dioses y finaliza con una declaración de soberanía divina. Según el salmo, Dios no solo juzga sino tiene control de la tierra y del cosmos. Al final del poema, Dios se «levanta», que es una especie de grito de guerra, una forma de petición de triunfo, una manera de reclamar la intervención transformadora y justa del Señor.

Este salmo revela la importancia que tenían los jueces en la antigüedad, pues eran considerados representantes o mediadores de Dios en la administración de la justicia. Sin embargo, el salmo revela que las actividades de esos jueces no estaban a la altura del cargo que desempeñaban. La gente necesitada no recibía en estas cortes la justicia que necesitaban e imploraban sino por el contrario se tropezaban con manifestaciones mortales y nefastas de injusticias. El salmo pone en clara evidencia el compromiso divino con la justicia y describe claramente el final de los jueces y las personas que actúan con injusticia en la sociedad.

La esperanza del salmista está en Dios. Aunque son necesarios los sistemas humanos de justicia, la fe del poeta no está en la capacidad de los jueces sino en el compromiso divino con la gente necesitada. Y aunque los jueces corruptos no representen adecuadamente la justicia divina, la seguridad de la gente de fe es que Dios tiene la capacidad y la voluntad de intervenir para juzgar con justicia y equidad.

Jesús de Nazaret siguió el modelo de justicia que se revela en este salmo, pues se presenta como el que escucha los clamores del pueblo y responde a sus anhelos de justicia. Esos grandes valores se revelan con claridad en las narraciones del juicio final en que se hace particular justicia a la gente pobre, marginada, menesterosa, angustiada, afligida y perseguida. De acuerdo con ese mensaje del Señor, el criterio básico para recibir la bendición divina no es el despliegue y la celebración de muchas actividades religiosas o de piedad, sino la afirmación de las personas en necesidad. De esa manera la solidaridad se convierte en un criterio teológico y espiritual básico para la vida cristiana.

Salmo 83: «Plegaria pidiendo la destrucción de los enemigos de Israel»

El Salmo 83 es una nueva oración de súplica que se presenta a Dios ante un nuevo peligro; es un clamar intenso que invoca la presencia divina, describe la naturaleza y extensión de la crisis, para finalmente suplicar a Dios una serie de imprecaciones contra los enemigos del pueblo y de Dios. Es una oración colectiva ante algún momento de peligro mortal, frente una particular situación de conflicto internacional. El salmista confía que la intervención de Dios, que no debe permanecer pasivo o callado ante este gran desafío, no solo tiene el poder de finalizar la crisis sino que proveerá los recursos para responder con justicia a las actividades traidoras de los enemigos.

El género literario del salmo es de súplica colectiva y su contexto histórico es una alianza internacional que se organiza para invadir y destruir a Israel. La imagen de se ponen de manifiesto al leer el salmo es la urgencia de la plegaria, la gravedad de la amenaza, la profundidad e intensidad de la oración. No se menciona al Templo ni la ciudad de Jerusalén. Y la referencia a las diez naciones que se confabulan en contra del pueblo más que una indicación histórica —¡nunca estas naciones se organizaron contra Israel al mismo tiempo!—, es ciertamente una declaración teológica: Como el número que revela lo completo en la Biblia es el diez, esta referencia alude a la perfección y peligrosidad de este complot. Se organizan contra el pueblo de Dios un grupo de enemigos bien organizado que representa ante el pueblo una amenaza un peligro real e inminente. La referencia a estas naciones es una manera estereotipada para referirse a todas los pueblos que se confabulan contra Israel a través de la historia.

Quizá el análisis literario y temático del poema puede ayudarnos a ubicar el salmo en el período del destierro en Babilonia, pues estas referencias generales a catástrofes magnas y enemigos complejos pueden ser características de la literatura postexílica. El autor debe haber sido un israelita piadoso que articula la magnitud de los dolores del desastre del destierro en eventos cúlticos de la comunidad. El título hebreo indica que este poema es un «salmo», traducido aquí como «cántico», y es el último de esta serie (Sal 73—83) que se relaciona directamente con Asaf.

La estructura literaria del salmo es sencilla y se desprende directamente de su análisis temático y teológico.

- Invocación urgente a Dios: v.1
- Descripción de la crisis: vv.2-8
- Recuento de las intervenciones salvadoras de Dios e imprecaciones: vv.9-18

Una estructura interna paralela se revela en cada sección mayor del poema. En la primera sección (vv.2-5) revela una estructura quiástica o concéntrica con el tema de los enemigos de Dios (v.2 y v.5); y otra disposición similar se manifiesta en la segunda parte del salmo (vv.10-13) que utiliza con propósitos poéticos y figurados las referencias a los antiguos enemigos de Israel y sus destinos.

v. 1: El salmo comienza con un clamor intenso ante el Señor. Frente a la naturaleza y extensión de la crisis, el poeta clama a Dios para que no permanezca callado, silente y quieto. El propósito es estimular la acción divina ante la posibilidad de una catástrofe nacional. La finalidad poética es poner al Señor ante una importante disyuntiva histórica: La invocación urgente es a que Dios haga algo, pues la comunidad puede tener la sensación de que el Señor ha quedado mudo e inerte (véase 35.22; 39.12; 50.3; 109.1).

vv. 2-8: Comienza esta sección con una descripción genérica de lo que sucede, se articula la crisis, se identifican las naciones enemigas, se presenta la gravedad del problema. Los enemigos del pueblo, que se convierten por asociación en enemigos de Dios, se han organizado para tramar una serie adversa de planes nefastos contra Israel. El objetivo claro de la confabulación internacional es perverso y malsano: ¡Destruir para siempre al pueblo de Dios, borrar su recuerdo de la historia, y finalizar con sus ambiciones nacionales de paz y prosperidad! Intentan lograr sus metas mediante las alianzas traicioneras; desean alcanzar sus objetivos a través de confabulaciones internacionales. El salmista le «recuerda» esas actividades enemigas a Dios pues es una forma sobria no solo de suplicar su intervención liberadora sino una manera humilde de implorar la manifestación de su poder y autoridad. No puede quedar el Señor inmóvil ante las graves amenazas contra su pueblo, su heredad, su nación.

El texto menciona diez naciones que representan a algunos enemigos tradicionales del pueblo de Dios a través de su historia. En efecto, los ejércitos y combatientes edomitas, ismaelitas, moabitas, agarenos, gebalitas, amonitas, amalecitas, filisteos, asirios y tiritas (vv. 6-8) se prepararon para atacar al pueblo de Dios. De acuerdo con las narraciones bíblicas, algunos de esos pueblos están emparentados con Israel —p.ej., los moabitas y los amonitas son descendientes de Lot; y los ismaelitas y los agarenos son hijos de Abrahán—. Otras naciones se han identificado en la historia como enemigas perennes y continuas de Israel —p.ej., los amalecitas y los filiesteos—. Todos estos pueblos se organizaron en una compleja alianza internacional que tenía como finalidad destruir a Israel. Y el salmista no solo identifica el peligro mortal sino clama a Dios por su manifestación salvadora. El versículo ocho finaliza al incorporar la palabra hebrea *selah* (véase la Introducción).

vv.9-18: La sección final del salmo retoma el tema de las súplicas, pero en esta ocasión el poeta insiste en que el castigo que los enemigos se proponían darle al pueblo de Dios, que consistía en la destrucción total, ahora caiga sobre ellos mismos. En el poema se alude a varias victorias extraordinarias del Señor en las cuales se pone de relieve su poder punitivo y su virtud de justicia. Se hace referencia a diversos triunfos del Señor en el período de la conquista. Se recuerda a Madián derrotado por Gedeón (Jue 6); a Sísara y a Jabín, derrotados por Débora, Yael y Barac (Jue 4—5); y se alude a Oreb, Zeeb, Zeba y Zalmuna, que cayeron ante Gedeón (Jue 7.25; 8.5-21).

Además, el poema cita con precisión la expresión de los enemigos, que pone en clara evidencia la maldad de sus planes contra el pueblo de Dios: ¡Quieren heredar o tomar posesión de las tierras que el pueblo de Israel había recibido de parte del Señor! Esas tierras son descritas como «moradas de Dios», para destacar la importancia divina de la región y enfatizar la gravedad de los ataques.

Para finalizar el salo el poeta presenta una serie intensa de súplicas y peticiones. Las imágenes que se articulan son gráficas, el propósito es destacar la intensidad del clamor y el firme deseo de justicia: Torbellinos que amedrentan (vv.13,15), hojarascas delante del viento (v.13), fuego que quema el monte (v.14), llamas que abrasa el bosque (v.14), y tempestad que persigue (v.15). El clamor solicita la intervención divina que traiga vergüenza a los enemigos y ponga en evidencia el poder de Dios. La finalidad básica es que los enemigos reciban la afrenta, se sientan turbados, se desorienten y perezcan.

Culmina el salmo con un clamor que tiene un elemento de misericordia: ¡El salmista desea que los enemigos conozcan el nombre de Dios, que es una manera antigua de reconocer su poder y aceptar su señorío, que se extiende sobre toda la tierra! Aunque esas naciones comenzaron con un deseo de destrucción del pueblo de Dios, la oración final del salmista es por su conversión. La referencia a Dios se hace como Altísimo, para enfatizar su extraordinario poder sobre toda la tierra. El salmista clama para que los enemigos del pueblo y de Dios reconozcan el Señorío divino, y le veneren y le adoren.

Las imprecaciones y los deseos de mal que se incluyen en este salmo pueden herir susceptibilidades religiosas de algunos cristianos. La verdad es, sin embargo, que este poema pone en evidencia las ideas religiosas de la época; particularmente es un buen representante de la ley del talión. Sin embargo, no podemos ignorar que al final el salmista incluyó un elemento extraordinario de misericordia divina. La mejor forma de transformar alguna nación o persona enemiga es procurando su conversión. Y esa parece ser el deseo final del salmista.

Las enseñanzas de Jesús de Nazaret encarnas varias verdades que se articulan en este salmo. Aunque el Señor no organizó un programa educativo, profético o evangelizador internacional, tuvo contactos con personas de otros pueblos y naciones. Inclusive indicó que fuera de Israel había encontrado manifestaciones extraordinarias de fe (Mt 7.24-30; Lc 7.1-1-; 10.29-37; 17.11-19), y su ministerio tocó de forma dramática no solo a su comunidad judía inmediata sino que llegó a los gentiles (Jn 12.20-32). Además, no ignoró ni rechazó las peticiones y las plegarias de personas y grupos internacionales que se allegaban a él (Mc 9.14-29; Mt 20.29-34).

Salmo 84: «Anhelo por la casa de Dios»

Comienza esta sección final del Libro III del Salterio con la segunda serie de salmos relacionados con Coré, que era el líder de un grupo de cantantes levitas relacionados con la época mosaica. La primera colección de esos poemas de Coré se encuentra en Sal 42—49; y la segunda, con la excepción del 86 que se relaciona con David, se incluye en Sal 84—89. Estos poemas, además de enfatizar el gozo de estar en el Templo ante el Señor, utilizan predominantemente el nombre propio de Dios, Yahvé, en contraposición del nombre genérico de la divinidad, elohim, que se incluye en la primera colección de esos salmos.

Aunque el Salmo 84 incluye varias alabanzas al Señor (vv.1,12) y algunas súplicas individuales (vv.8-9), el corazón temático y teológico del poema es la alabanza a la Casa de Dios y Templo de Jerusalén, que de acuerdo con el salmista es la morada terrenal del Dios vivo (v.2). En efecto, este poema es un himno de Sión, pues su propósito fundamental es el anhelo humano por estar en ese extraordinario recinto de lo eterno.

Este salmo presupone una peregrinación a Jerusalén, posiblemente relacionada con la fiesta otoñal de los Tabernáculos (v.6b), que se celebrada luego de la vendimia, y recordaba la peregrinación del pueblo por el desierto luego de salir de las tierras del faraón de

Egipto. Durante el tiempo festivo, los peregrinos que llegaban a la Ciudad Santa se hospedaban en tiendas de campaña alrededor del Templo, para recordar ese importante período de la historia nacional, y para estar cerca de la Casa de Dios y contemplar sus bellezas y virtudes. El autor es posiblemente un peregrino que al llegar a la ciudad de Jerusalén se dirige al monte Sión, donde estaba ubicado el Templo, y comienza a expresar sus sentimientos más nobles y profundos en torno al lugar, que ciertamente representa la morada del Señor viviente. Para este adorador, el Templo es símbolo de esperanza, y alude a una serie de buenas ideas que se relacionan con refugio, protección, abrigo, reposo y gozo. La fecha de composición exacta es muy difícil de precisar, aunque ciertamente su origen es la época monárquica, cuando el Templo y su esplendor jugaban un papel predominante en la vida y experiencia religiosa del pueblo. El título hebreo del poema lo relaciona con el músico principal y con los hijos de Coré, además, hace una referencia a Gittit, que puede ser una alusión a la tonada en que se debía cantar el salmo o a algún tipo particular de instrumento musical (véase la Introducción; además, Sal 8; 81).

La estructura del salmo puede estudiarse en cuatro partes básicas, que se disponen de la siguiente forma:

- Clamor por estar en el Templo de Jerusalén: vv.1-4
- Bendición de los peregrinos: vv.5-7
- Oración por el ungido del Señor: vv.8-9
- Meditación en torno a bondades de estar en el Templo: vv.10-12

Una estructura literaria alternativa descubre una disposición en quiasmo o concéntrica del poema, que destaca el tema de Sión y de contemplar la presencia divina en el Templo.

A. Alabanzas al Dios de los ejércitos: v.1
B. Anhelo por estar en la Casa del Señor: vv.2-4
C. Bienaventuranzas al hombre que tiene en Dios sus fuerzas: vv.5-6
D. Ver a Dios en Sión: v.7
C'. Clamor por el ungido de Dios: vv.8-9
B'. Virtudes de estar en la Casa de Dios: vv.10-11
A'. Alabanzas al Dios de los ejércitos: v.12

vv.1-4: El salmo comienza con una expresión profunda del alma humana. El poeta pone claramente de manifiesto su gozo y felicidad al llegar al Templo, que representa la presencia y la bendición de Dios. ¡Todo el ser del salmita alaba al Señor! Las referencias a alma, corazón y carne son maneras figuradas de enfatizar la plenitud del gozo. El deseo más importante del poeta es estar en la Casa de Dios, ¡aunque sea solo los «atrios (v.2) o la entrada!

Las imágenes del gorrión y la golondrina pueden relacionarse muy bien con la idea de protección divina que se transmite con la famosa frase «debajo de tus alas estarás seguro» (Sal 91.4). Y fundamentado en ese concepto de protección y seguridad divina, el poeta afirma y celebra la dicha y bienaventuranza de habitar en la Casa de Dios. ¡La gente protegida y segura ababa al Señor de forma permanente y perpetua!

Las referencias a Dios al comenzar el salmo son importantes. En primer lugar se alude al Señor de los ejércitos, que es una manera de subrayar el poder divino contra las amenazas y peligros nacionales. Además, se canta al Dios vivo, que destaca la capacidad divina de intervenir en medio de las realidades humanas. Finalmente el salmista alude al Señor como «Rey mío y Dios mío» (v.4), que le añade a la oración la autoridad real y el poder del monarca, a la vez que revela cercanía e intimidad. El Dios poderoso que tiene su morada en el Templo, es Rey que triunfa en las batallas y Señor que se acerca a los adoradores para escuchar sus clamores. El salmo incluye en dos ocasiones (vv.4,8) la referencia a *selah* (véase Introducción).

vv.5-7: La primera sección del salmo finaliza con una bienaventuranza, al igual que el comienzo de la segunda parte del poema. En esta ocasión, sin embargo, la dicha no proviene del habitar en el Templo sino en la capacidad de depositar las fuerzas en el Señor y de «poner el corazón en los caminos divinos» (v.5), que destaca las ideas de confianza y fidelidad plena en el Señor. Ese tipo de confianza hace que la persona que adora transforme sus realidades adversas: ¡Cambian las lágrimas en fuentes!

En el v.7 se encuentra el centro teológico y temático del poema. Los peregrinos en su viaje a Jerusalén se mueven de fortaleza en fortaleza –la traducción Reina-Valera indica: «de poder en poder»—, posiblemente como una medida de seguridad personal en tiempos de peligros para los viajeros. Y ese caminar seguros les permite «ver a Dios en Sión» (v.7), que es la forma poética para indicar que han llegado al Templo, que están en el lugar que representa la misma presencia de Dios.

vv.8-9: La experiencia de ver a Dios y disfrutar su presencia mueve al salmista a interceder por el rey, que ciertamente es el ungido de Dios. Se implora al Dios de Jacob, para enfatizar la idea de escudo, seguridad, protección, apoyo, fortaleza y ayuda. Que Dios ponga sus ojos en algo o alguien, en este caso en el monarca, es fuente de esperanza personal y de seguridad nacional, pues parte de las responsabilidades del rey era la implantación de la justicia y las relaciones con los pueblos vecinos.

vv.10-12: La sección final del poema presenta la tercera bienaventuranza o expresión de dicha (v.12), y utiliza la hipérbole para reafirmar el tema de la Casa de Dios como fuente de seguridad. Un día ante Dios es mejor que mil distante de la presencia divina; y esa distancia se describe en el poema como «moradas de maldad» (v.10). La referencia a los miles revela lo completo y absoluto de la imagen: ¡Basta solo un instante ante la presencia divina para disfrutar de manera plena y grata del poder que protege, redime y transforma! Dios, como es sol y escudo (v.11), tiene la capacidad de proveer a la gente íntegra de gracia y gloria, que son expresiones hebreas que subrayan el tema de la misericordia, el amor y la bondad divina. ¡El Dios bíblico ilumina el camino de la gente fiel y cubre de protección a su pueblo!

El salmo concluye con una muy importante afirmación teológica y ética: Fundamentados en esas convicciones y valores, la persona que confía en el Señor es bienaventurada, que significa que es feliz y dichosa. Para el poeta, la dicha plena se relaciona con el Templo, que es el centro de la presencia protectora y redentora de Dios. La seguridad personal y nacional la brinda el Señor de los ejércitos (vv.1,12), representado por el Templo que es la morada visible y grata del Dios viviente.

El tema que se destaca en este salmo es muy importante para los creyentes en la actualidad. La iglesia es la morada de Dios y templo del Espíritu divino. En este sentido el ministerio de la iglesia cristiana debe servir de albergue y protección a la comunidad. En este sentido la gran virtud de la iglesia no está en su estructura física sino en la comunidad que la compone, pues ese grupo representa la presencia divina en medio de las vivencias del pueblo. El símbolo de seguridad lo brinda la presencia del cristo resucitado entre los creyentes, que transmite salvación, seguridad, liberación, sanidad, fortaleza y esperanza.

Las imágenes de la peregrinación que se describen en el salmo nos pueden hace pensar en el último viaje de Jesús a Jerusalén, de acuerdo con los relatos evangélicos. El Señor afirmó su rostro y orientó su vida y ministerio hacia la Ciudad Santa y hacia el Templo. Dos grandes símbolos de la presencia divina se encontraron cara a cara: El Templo, representante de la historia nacional y del pasado del pueblo, y Jesús, representante de la historia universal y el futuro de la humanidad. Con autoridad suprema el Señor indicó que ese antiguo Templo había dejado de ser casa de oración para convertirse en cueva de ladrones (Mt 21.12-13; Mc 11.11,15-17; Lc 19.45-46; Jn 2.13-22). Jesús de Nazaret se convirtió de esta forma en el símbolo visible de la presencia divina.

Salmo 85: «Súplica por la misericordia de Dios sobre Israel»

El Salmo 85 prosigue la mezcla de temas que se revela en el poema anterior, pues incorpora de forma alternada la pena y el gozo. El salmista disfruta la bondad divina que se revela de forma clara en medio de la historia del pueblo, que implica que esas virtudes no se están sintiendo en el presente de la comunidad. El clamor del poeta es de restauración, que puede implicar una realidad de crisis, cautiverio, dolor y desesperanza. No solo pueden aplicarse las ideas expuestas en el salmo a la época exílica sino que pueden contextualizarse en medio de situaciones de dolor que requieran la intervención salvadora y restauradora de Dios. Para el poeta la crisis es producto de la ira divina.

El contexto de este salmo es la reunión del pueblo de Israel cuando estaban en medio de una crisis mayor, posiblemente una catástrofe nacional. El salmo es una súplica colectiva por la misericordia divina que se puede ubicar históricamente en el período posterior a la vuelta del destierro en Babilonia. Quizá, por las referencias tan seguidas a la tierra (vv.1,9,11,12), la crisis y calamidad nacional es una sequía, que produce escasez y hambre en la comunidad. El clamor del pueblo pide restauración, perdón y vida. ¡Ya no hay motivos para las festividades! El autor del salmo es posiblemente un israelita que conoce las implicaciones de la sequía en el período que siguió el retorno del pueblo a Judá y Jerusalén. Si no hay agua y la tierra no produce, no hay forma de pagar los tributos a Persia que era la potencia mayor en la región. En efecto, la crisis era grave. La oración es una súplica por la vida. El título hebreo del poema lo relaciona con el músico principal, y lo identifica como un salmo para los hijos de Coré (véase la Introducción). Además, la referencia a la expresión hebrea *selah* (v.2), revela el uso litúrgico del salmo.

La estructura literaria del salmo no es compleja y se desprende de una lectura cuidadosa e identificación de los temas expuestos:

• Acciones de gracias por las intervenciones divinas en el pasado: vv.1-3
• Suplica por la restauración nacional: vv.4-7
• Oráculo de paz, salvación y justicia: vv.8-13

vv.1-3: El salmo comienza con el recuento del pasado reciente. El pueblo reconoce la bondad divina e identifica con claridad las manifestaciones de esas manifestaciones de misericordia: El Señor fue propicio a la tierra, volvió —es decir, finalizó— la cautividad, perdonó la iniquidad, cubrió los pecados, reprimió su enojo, y apartó su ira del pueblo. En esas afirmaciones se pone en evidencia la acción liberadora de Dios y se revela el amor divino hacia su pueblo. Es decir, Dios perdona y libera, fundamentado en su misericordia y amor.

vv.4-7: En esta sección del poema se revela una falta de de compromiso liberador de parte de Dios. El salmista y el pueblo se sienten cautivos, amargados y desesperados: Sienten que la manifestación de la ira divina no ha concluido; además, perciben que el enojo de Dios no se ha disipado. Tienen la sensación de que el Señor ha olvidado sus actos salvadores de antaño. Y ante esa experiencia de soledad y abandono claman al Señor por restauración, suplican que se manifieste la misericordia y se haga realidad la salvación.

Entre la primera sección y la segunda del poema se manifiestan varias diferencias importantes. En la primera parte (vv.1-3), Dios restaura a los cautivos de Jacob; en la segunda (vv.4-7), se necesita una nueva restauración. En la primera sección, la ira divina se había disipado; en la segunda, el pueblo entiende que todavía se manifiesta el furor del Señor. En la primera, el pueblo se alegraba con vida; en la segunda, la comunidad clama por la vida, que está solo en niveles de esperanza.

En la primera, el pueblo sentía el amor y la misericordia de Dios; en la segunda, se piden nuevamente esos valores y gracias del Señor.

El corazón de la pregunta retórica del salmista es el siguiente: ¿Hasta cuándo permanecerá el enojo divino? Y añade: ¿Extenderá el Señor su ira a más de una generación de israelitas? Y ante esa posibilidad de crisis mayor, el poeta expresa su clamor con firmeza y seguridad: Se necesita con urgencia la restauración divina, que se fundamenta prioritariamente en la misericordia y se hace realidad en la salvación que produce Dios. Esas acciones redentoras del Señor generarán en el pueblo expresiones de gozo pleno y regocijo.

vv.8-13: El poema finaliza con una especie de oráculo de esperanza y restauración. Algún profeta en el culto se levanta para articular un mensaje de salvación, redención y paz para la gente fiel, identificados en el salmo como «los santos» (v.8), y «los que temen a Dios» (v.9). Esa paz, que de acuerdo con el testimonio bíblico, no es solo ausencia de conflictos y carencia de adversidades sino la manifestación plena de la gracia, bondad y vida de Dios. El mensaje es que la redención y la restauración están próximas a llegar al pueblo: ¡Ya regresará la gloria divina a la tierra! (v.9).

Los paralelos poéticos del salmo son reveladores y hermosos: ¡La misericordia se encuentra con la verdad! ¡La justicia se besa con la paz! ¡La verdad se manifestará en la tierra y la justicia llenará el cosmos! Y esas manifestaciones de misericordia también se sentirán en la tierra que producirá nuevamente el fruto. En efecto, la restauración divina no solo librará al pueblo sino que traerá bendición a la tierra. El universo será también partícipe de la gloria y la misericordia del Señor.

Este salmo pone en evidencia las complejidades de la vida. En ocasiones vivimos en paz y seguridad; y de repente nos sentimos solos y a merced del dolor y la inseguridad. Con este poema se pone de relieve una vez más la capacidad redentora de Dios y su deseo de restauración. Aunque el pueblo se sienta oprimido y en medio de la desolación y la crisis, Dios está comprometido con los procesos restauradores y liberadores que traen a la vida paz y justicia. Además, el poema pone de relieve la importancia de un profeta anónimo que articuló con firmeza la palabra de futuro y esperanza.

Jesús de Nazaret siguió ese mismo modelo educativo. La última palabra divina al ser humano no es de desesperación, sino de restauración. Inclusive, de acuerdo con el evangelista Juan, el Señor se identificó con la verdad y la vida (Jn 14), que son formas poéticas de referirse a los valores más sagrados y necesarios para la humanidad. La gloria divina que se reveló en el Señor se puso de manifiesto en medio de las vivencias humanas en forma de perdón y misericordia, que representan el camino de la restauración.

Salmo 86: «Oración pidiendo la continuada misericordia de Dios»

El Salmo 86 es una súplica individual que revela una gran crisis personal, aunque no se revela con claridad la naturaleza o extensión de la dificultad. El salmista se allega a Dios con un sentido hondo de piedad y humildad para presentar su caso, que ciertamente es algún tipo de conflicto entre la persona que adora y un sector de la comunidad que se ha convertido en una amenaza real y patente. El contraste básico en la oración es que el poeta se presenta como una persona «piadosa» (v.2), en contraposición a sus adversarios, que el salmo identifica claramente como «soberbios» y «violentos» (v.14), que son formas figuradas para destacar la maldad y peligrosidad del grupo. En efecto, el salmo pone de relieve el gran dolor humano y personal de verse perseguido y herido por un sector de su misma comunidad.

Posiblemente este salmo tiene su contexto vital y básico en la época que siguió al destierro. Quizá hacia esa misma fecha apunta el uso frecuente de expresiones que ya aparecen en otros salmos. Por esas razones, algunos estudiosos piensan que este poema se utilizó en los procesos educativos y litúrgicos luego del retorno de Babilonia. El autor debe haber sido un israelita piadoso y pobre que se sintió perseguido y marginado por algún sector social y políticamente poderoso de su comunidad. El título hebreo lo relaciona con David, en medio de la colección de los poemas de los hijos de Coré, quizá para darle autoridad religiosa al salmo (véase la Introducción); y es posible que esté ubicado antes del Salmo 87 para afirmar la continuidad del tema de las naciones paganas (Sal 86.9).

La estructura literaria del poema es complicada, dada la discontinuidad temática y las variantes y complicaciones litúrgicas. De primera instancia el salmo puede dividirse en tres secciones básicas:

- Súplicas iniciales: vv.1-7
- Alabanzas, súplicas y acciones de gracia: vv.8-13
- Súplicas adicionales y finales: vv.14-17

Algunos estudiosos han visto en el salmo varios paralelos que pueden revelar una estructura concéntrica o quiástica, que detallamos a continuación. En este análisis el tema que se desea destacar es la importancia de caminar en la verdad divina y la afirmación del temor al Señor y su nombre (v.11).

A. Alusiones a «tu siervo»: vv.1-4
B. Referencia a la misericordia divina: vv.5-6
C. Presentación del día de angustia: v.7
D. Las naciones paganas adorarán al Señor: vv.8-10
E. Temer al nombre del Señor: v.11
D'. El salmista alaba al Señor: vv.12-13
C'. Los soberbios se levantan contra el salmista: v.14
B'. Referencia a la misericordia divina: v.15
A'. Alusiones a «tu siervo»: vv.16-17

vv.1-7: El salmo comienza con una serie importante de súplicas que ubican el poema en su correcto entorno psicológico y existencial: ¡Son como gritos de auxilio de una persona al borde de la muerte! Dos temas se destacan rápidamente: Se clama a Dios y se describe al adorador. Las expresiones imperativas de súplica revelan intensidad, angustia y urgencia: Inclina tu oído, escúchame, guarda mi alma, salva a tu siervo, ten misericordia, alegra mi alma, escucha mi oración y está atento a mi voz. En efecto, estas expresiones del salmista ponen en clara evidencia la necesidad de intervención y gracia de Dios. La realidad del adorador requiere una manifestación especial de la bondad de Dios. Y ante la honda crisis del salmista se suplica por la misericordia infinita del Señor.

La presentación del adorador suplicante y frágil es singular e importante. Se describe a sí mismo como afligido, menesteroso, siervo y piadoso. Rápidamente se presenta el contexto psicológico y espiritual adecuado del clamor: Una persona débil, angustiada y pobre se allega ante el Señor de autoridad y poder para suplicar su misericordia. Con esta descripción propia se incentiva la intervención de Dios. Ante el poder divino el poeta presenta la debilidad humana; ante la virtud de

Dios se antepone la pequeñez del salmista; ante la capacidad del Señor se revela la impotencia de la persona que adora. Solo Dios tiene el poder de escucharle, salvarle y alegrarle; solo el Señor tiene el compromiso de manifestarle su bondad y perdón.

El salmista ruega y llama en el día de la angustia porque reconoce que únicamente en Dios se encuentra la virtud y el poder que es capaz de transformar su realidad de necesidad y dolor a un nuevo nivel de paz, sobriedad y seguridad. Solo Dios tiene la capacidad y el deseo de responder a los clamores más hondos del alma humana.

vv.8-13: La segunda sección del poema entremezcla las alabanzas (vv.8-10), las súplicas (v.11) y la gratitud (vv.12-13). La primera gran afirmación es que el Señor es superior a todas las divinidades locales y nacionales. Y esa particularidad y característica de Dios hace que las naciones paganas se alleguen al Señor para reconocerle y adorarle. Glorificar el nombre divino es una manera de reconocerlo, adorarlo, afirmarlo y celebrarlo. La esperanza del poeta es que su reconocimiento del poder restaurador del Señor incentive el reconocimiento universal del verdadero Dios.

El nombre divino, más que un distintivo lingüístico superficial, es símbolo de su esencia justa y representación de su naturaleza santa, pues transmite sus valores y revela que su ser está comprometido con la misericordia y la justicia. En efecto, Dios es grande y hacedor de maravillas, que son algunas de sus cualidades que le califican para que el salmista le reconozca como fuente de seguridad y esperanza. La referencia a los actos maravillosos de Dios es una manera de referirse a las intervenciones históricas del Señor en la liberación de Egipto. Por esa razón teológica y espiritual el salmista alaba y glorifica al Señor. La misericordia del Señor es tan grande y poderosa que libró la vida misma del salmista de la garras de la muerte, representada poéticamente en el salmo como el Seol (v.13).

vv.14-17: El poema culmina con una reiteración y afirmación de las súplicas. Sin embargo, en esta ocasión, ante el ataque inmisericorde y furibundo de sus adversarios y enemigos, descritos como «soberbios», «violentos» (v.14) y los que le «aborrecen» (v.17), el salmista reconoce la misericordia y clemencia divina como sus fuentes de triunfo. Además, añade el poeta, que la ira divina no es la característica principal del Señor, sino la misericordia y la verdad. Esa extraordinaria manifestación de gracia le brinda al salmista autoridad y poder, que hace que sus enemigos sean avergonzados, porque el Señor le ayudó y le consoló.

Las referencias al nombre divino son frecuentes en este salmo. El autor enfatiza de esa forma el poder salvador y redentor del Señor, ya que el nombre divino está relacionado íntimamente con la liberación del éxodo y la llegada a la Tierra Prometida del pueblo de Israel. Aunque pobre y menesteroso, el salmista tiene a quién acudir para solicitar apoyo y fortaleza. El Dios del salmista no es un testigo mudo de las vivencias dolorosas del pueblo, sino el testigo que interviene con virtud salvadora y poder restaurador.

Este salmo enfatiza la necesidad humana y la realidad precaria del adorador. Es esencialmente a ese sector social que Jesús de Nazaret orientó su ministerio. De particular importancia para el famoso predicador palestino fueron los sectores más desvalidos, humildes, perseguidos, humillados, desgraciados, doloridos y frágiles de la sociedad —p.ej., las mujeres, los niños y las niñas, las personas enfermas—, a quienes anunció el reino de los cielos como anticipo de la gracia divina que libera, restaura y transforma. Se pone en clara evidencia en este poema que el tema de la liberación y respuesta divina a la gente marginada y angustiada de la sociedad es una categoría teológica prioritaria en las Sagradas Escrituras, no un apéndice temático en la revelación histórica de Dios.

Salmo 87: «El privilegio de morar en Sión»

El Salmo 87 es un cántico o himno de Sión que afirma y celebra el señorío divino sobre las naciones y el mundo (véase Sal 48; 122). Sión es el nombre de la colina donde se erigió el Templo de Jerusalén, y por asociación, y de forma poética, se relaciona tanto con la Casa de Dios y centro cúltico del pueblo como con la ciudad de Jerusalén. La premisa básica de esta familia de himnos es que Sión tiene un carácter teológico particular y privilegiado: ¡Es la ciudad de Dios!; es decir, es el lugar de su morada permanente, el espacio sagrado que el Señor protege y cuida ante los ataques de adversarios y enemigos, y también frente a las calamidades nacionales y catástrofes naturales. En efecto, desde esta perspectiva, Sión es el centro de la vida para la comunidad jerosolimitana, así como el hogar espiritual no solo del pueblo de Israel sino de la humanidad, pues este poema pone de manifiesto un gran sentimiento universalista.

Este es un salmo con claras implicaciones proféticas, pues tiene la visión de Sión o Jerusalén como una especie de centro político, religioso y cultural con dimensiones internacionales. El presupuesto implícito del poema es la aceptación plena del Señor como rey y Dios universal, que permitirá la eliminación y superación de las fuentes de los conflictos nacionales e internacionales. Esa comprensión idealizada de Jerusalén es una de las características más importantes de estos himnos dedicados a Sión.

La brevedad del poema no disminuye los problemas de comprensión pues está plagado de dificultades textuales y desafíos literarios y teológicos. Posiblemente la fecha de composición debe ubicarse en la época temprana luego del retorno de los exiliados de Babilonia, como se desprende de la identificación del tema e ideal del universalismo religioso que durante ese período era muy común; además, el poema no identifica a Asiria entre las naciones, que puede ser una indicación que el salmo se produce luego del año 610 a.C., cuando ese imperio dejó de ser una potencia mundial.

El autor del salmo debe haber sido un israelita piadoso que articuló en este poema sus sentimientos y expectativas del reinado general de Dios sobre las naciones, y que esperaba la superación de los conflictos y las diferencias religiosas para que se manifestara este tipo de experiencia de reconocimiento general del Dios de Israel. Desde esta óptica religiosa, quedaban atrás las estrechas visiones nacionalistas de la divinidad para dar paso a comprensiones teológicas más maduras y profundas, tanto monoteístas como universalistas. Este tipo de teología y comprensión universal de la teología y la religión se nutre de salmos como éste, y también de los mensajes sobrios de profetas como Isaías (Is 23—25) y Zacarías (Zac 8.23).

Quizá el salmo tenía su contexto inicial básico en una de las peregrinaciones anuales al Templo que celebraban el poder de Dios y la centralidad de Jerusalén, que luego del exilio tomó esos niveles teológicos universales. El título hebreo del salmo lo relaciona con los hijos de Coré, como la mayoría de los poemas de esta sección del Salterio; además, provee dos indicaciones musicales: es un salmo y un cántico (véase la Introducción). El poema incluye en dos ocasiones la palabra hebrea *selah* (vv.3,6; véase Introducción).

La estructura literaria básica del salmo es muy sencilla:

- Amor de Dios por Sión: vv.1-3
- Jerusalén es el centro del mundo: vv.4-6
- La fiesta universal en Sión: v.7

Una lectura más atenta del poema, sin embargo, revela otra estructura que no puede obviarse, pues manifiesta una especie de ordenación quiástica o concéntrica. Luego de la introducción del salmo (vv.1-2), se incluye un quiasmo temático en torno a la ciudad, cuyo centro teológico es la referencia al «Altísimo» que establece y afirma a Sión (v.5). De esta forma se confirma la prioridad temática de Jerusalén como categoría teológica fundamental en el poema.

A. Cosas gloriosas se dicen de la ciudad: v.3
B. Naciones dirán nací allá: v.4
C. El Altísimo la establecerá: v.5
B'. Naciones dirán nací allá: v.6
A'. Las fuentes de Dios estarán en la ciudad: v.7

vv.1-3: En esta primera sección o estrofa del poema el autor del salmo habla, para destacar varios aspectos importantes de Sión, de la Ciudad Santa, de Jerusalén: La ciudad está fundada sobre el monte santo, que es una manera poética de subrayar la estabilidad y firmeza de la ciudad; además, el poeta indica sin inhibiciones que Dios tiene una especial predilección por Jerusalén. La fama que tiene la ciudad de ser invencible proviene desde antes de los tiempos de David, cuando era sencillamente una fortaleza de los jebuseos (2 S 5.6-10), y se aumenta a través de la historia nacional. Esa percepción de inviolabilidad, en efecto, es el fundamento ideológico de todos estos salmos de Sión.

La referencia a las puertas de la ciudad (v.2) es muy importante. En ese sector de la ciudad es que se dirimían los asuntos de importancia para la comunidad, particularmente era el lugar de la administración de la justicia. Para el poeta, indicar que solo las puertas de la ciudad son más importantes que todas la moradas de Jacob, equivalía a decir que la ciudad toda era prioritaria para Dios. En Sión está enclavado el Templo, por esa razón Jerusalén es la «ciudad de Dios» y se dicen de ella «cosas gloriosas» (Is 2.2-4; 4.2-6; 28.16). El carácter distintivo de la ciudad se lo brinda esa relación tan especial que tiene con Dios, que la hace espacio sagrado, cima extraordinaria, y centro privilegiado sobre todas las ciudades y montes de Judá, Israel y el mundo (Sal 48; 68.17; 76.2-3; 78.54-68; 102.14-15; 122; 132.13-15; 137).

vv.4-6: Al comenzar la segunda parte del poema Dios toma la palabra para hablarle a la ciudad e indicar que es el centro del mundo. Las referencias a todos los pueblos de la tierra se hace a través de la mención de ciudades y pueblos de gran importancia geográfica y política para Israel y para el Oriente Medio antiguo. Rahab, que es un antiguo epíteto usado para ridiculizar a Egipto (Is 30.7) —¡la relaciona con un monstruo temible y caótico!—, alude al suroeste de Jerusalén; Babilonia está al este; filistea, al oeste; Tiro, al norte; y al sur, Etiopía (v.4). Para el salmista esas naciones se encontrarán en Sión para eliminar sus diferencias y conflictos. Todos esos pueblos formarán un solo grupo ante el Dios Altísimo (v.5).

Ante esa afirmación divina, las naciones responden y confirman lo que ha dicho el Señor. Jerusalén es como una madre que genera vida: ¡Es ciudad santa y madre de naciones! Para el poeta, Sión se convierte en el centro universal pues ha sido establecida por el «Altísimo», que es una referencia al Dios de Israel que lo asocia con Abrahán y la promesa divina de ser padre de multitudes. La madre es Jerusalén, y el oficial notario que inscribe la criatura recién nacida es Dios mismo.

v.7: El poema finaliza con una procesión de cantantes y músicos. La culminación del salmo denota alegría y festividad. Y una vez se ha reconocido a Jerusalén y a Sión como madre, todas las naciones bailan de regocijo y alegría. El salmo comienza con afirmaciones de solidez y estabilidad y termina con manifestaciones públicas de felicidad. El cántico afirma la importancia de Sión con el mensaje: «Todas mis fuentes están en ti», concepto que posiblemente alude de manera simbólica a las aguas que brotan del altar del Templo (Ez 47.1-7), y preparan la tierra para su fertilidad, fecundidad y vida. Además, esa misma imagen de «fuente» puede ser una referencia a la sexualidad femenina (Prov 5.15-16; Cant 4.12). De esta manera Sión es vista como el útero divino para darle vida a la humanidad representada por las naciones que rodeaban al pueblo de Dios en la antigüedad.

Las implicaciones universalistas del salmo son intensas y extensas. Jerusalén es la madre de las naciones porque ha sido fundada y amada por Dios. Esa particular característica teológica le permite engendrar hijos e hijas innumerables, que superan las barreras de raza, cultura y lengua. De esta manera se revela una muy clara tendencia teológica, importantísima para las iglesias y los creyentes: ¡La ciudadanía en el reino de Dios sobrepasa los límites nacionales, lingüísticos, políticos y religiosos! La identificación de los diversos pueblos y naciones con la misma madre convierte a sus ciudadanos en hermanos y hermanas. En palabras del salmista, Dios mismo los inscribe como sus hijos e hijas, pues es el notario eterno de las naciones y los pueblos.

Jesús afirmó esta teología universalista durante su ministerio, pues con su predicación y enseñanzas cumplió ese particular deseo divino: ¡Su verbo transformador ha llegado con fuerza y vigor a diversas culturas y naciones del mundo a través del tiempo! Además, el día de Pentecostés el mundo fue testigo de una manifestación del Espíritu que superó las barreras lingüísticas y étnicas. Y el libro de Apocalipsis contempla el día en que todos los pueblos y las naciones se presentan ante el trono de Dios como un solo pueblo (Ap 7.9-12).

Salmo 88: «Súplica por la liberación de la muerte»

El Salmo 88 es la súplica ante Dios de una persona que siente que está en inmerso en una crisis mayor de la existencia humana: ¡Está al borde de la muerte! Es un poema único en el Salterio pues el clamor desgarrador del salmista se articula con solo un elemento muy tenue y modesto de esperanza, que se incluye como afirmación del Dios salvador (v.1). Este es un clamor insólito en los Salmos por su tono sombrío, por su sentido de dolor profundo sin aparente fin; inclusive, la palabra final del poema alude a «las tinieblas», dejando un sabor de preocupación profunda y desesperanza intensa en el ambiente. Los temas que predominan son los siguientes: La desdicha del poeta, el dolor de la persona que ora, y la carencia de esperanza en el clamor. Es interesante notar que el salmo no incluye promesas del salmista ni expresiones de confianza ni alabanzas a Dios.

Este salmo de lamentación individual fue escrito por alguien que estaba enfermo posiblemente desde su niñez, que sentía que su vida se extinguía y terminaba sin posibilidades de salud y bienestar. Ya cansado por esa calamidad personal de larga duración, al verse al umbral de la muerte, y sin comprender muy bien lo que sucede a niveles teológicos, biológicos y emocionales, presenta esta serie de súplicas desgarradoras ante Dios. El contexto básico de este salmo se debe encontrar posiblemente en las oraciones que hacían los individuos que experimentaban situaciones que acarreaban peligros mortales, como lo puede ser una enfermedad en su etapa final. Aunque es extremadamente difícil fechar este salmo, por la naturaleza general del tema y por el uso del lenguaje metafórico para describir las adversidades de la vida, quizá se trate de un poema de la época de la monarquía que se revisó luego del exilio en Babilonia para incluirse en el Salterio.

El título hebreo del salmo merece alguna discusión. Es importante notar que su doble encabezado lo ubica en una posición particular en el Salterio. Generalmente en estas referencias la alusión al «músico principal» se incluye al comienzo, pero en este caso aparece a mitad del título. Quizá eso se deba a su similitud con el salmo anterior. Además, el título relaciona el poema con los hijos de Coré, indica que es un «cántico» que debe entonarse «sobre Mahalat-leannot» —esta última expresión se suprime en la traducción de Reina-Valera—, que parece ser una referencia a algún particular sufrimiento o enfermedad, añade que es un *Masquil* o una enseñanza o aflicción, y culmina con la alusión a Hemán en ezraíta (para la explicación de todas estas referencias, véase la Introducción). El salmo incluye en dos ocasiones la palabra hebrea *selah* (vv.7,10).

La estructura literaria del salmo, que se desprende de su análisis temático es la siguiente:

• Súplica inicial: vv.1-2
• Descripción de la calamidad: vv.3-7
• Sentimientos de soledad y abandono en el salmista: vv.8-13
• Desesperación final del salmista: vv.14-18

vv.1-2: El salmo comienza con un clamor intenso y decidido. Suplica el salmista que su oración llegue a la misma presencia divina, que se caracteriza en el poema como «Dios de mi salvación» (v.1), para que el Señor responda con misericordia y escuche su oración. La urgencia de su necesidad se revela con la referencia a que clama «día y noche», que es una manera de decir que su plegaria es continua.

vv.3-7: En esta sección el poeta expone la naturaleza de su aflicción y articula su dolor profundo. Una lectura cuidadosa del texto puede dar la impresión que ha habido una especie lucha con Dios, y que el salmista ha salido herido y derrotado del conflicto. Las palabras del poeta son desgarradoras y pictóricas: Su alma está hastiada y su vida está al borde del Seol (v.3), está casi muerto y sin fuerzas (v.4), se siente abandonado y herido (v.5), y percibe su vida como si estuviera en un hoyo profundo y en tinieblas (v.6). En efecto, las imágenes son descriptivas de la depresión en la cual estaba inmerso, revelan la profundidad de la crisis, expresan la agonía de su ser más íntimo.

Esas experiencias las relaciona el salmista con la ira divina (v.7), que describe como las ondas del Señor. En efecto, de acuerdo con esa antigua percepción teológica, el causante de sus dolores era Dios mismo. El Seol es una referencia a la morada de los muertos, que se relaciona poéticamente al sepulcro (vv.3,4). Con frecuencia en el Antiguo Testamento se relaciona el tema de la enfermedad con el juicio divino. Generalmente se asociaban las enfermedades con los pecados que provocaban la ira de Dios (Sal 38.1-8). En este particular caso del salmista, sin embargo, no se habla de culpabilidad de la persona que adora ni se hace referencia a pecado alguno. Estamos ante un caso similar al de Job, donde la teología tradicional, que relaciona el pecado y las enfermedades con el juicio divino, no es aplicable ni efectiva. Parece que el salmista se siente inocente pues no entiende el origen de sus calamidades ni alude a su culpabilidad o pecado.

vv.8-13: El tema de la aflicción y la soledad se acentúan, pues, inclusive, se han alejado de la persona que ora hasta sus «conocidos» (v.8). En esta sección se habla claramente de la «enfermedad de sus ojos» (v.9), que aunque puede ser una expresión poética para describir su situación total de angustia y desolación, puede muy bien identificar y explicar las causas de su dolor y el desprecio de sus amigos. En ese mismo contexto de soledad, el salmista indica que no ha cesado de orar, con expresiones como «te he llamado» y «he extendido a ti mis manos» (v.9).

El salmista entonces hace una serie bastante importante de preguntas retóricas. Con este artificio literario el poeta expresa la gravedad de su condición ante Dios, pues repite con insistencia los temas relacionados con la muerte: p.ej., el sepulcro, el Abadón —que también alude al sepulcro y la muerte—, las tinieblas y el olvido (vv.10-12). La gran preocupación implícita del salmista es en torno a la actividad divina en el mundo oscuro y tenebroso de la muerte: ¿Se manifiesta la misericordia y el perdón de Dios en su realidad adversa, frágil y menesterosa?

Luego de sus preguntas retóricas se manifiesta un nuevo elemento de esperanza, aunque tímido y sobrio. El salmista, aunque se siente solo, enfermo, deprimido y sin fuerzas, continúa e insiste en su oración a Dios (v.13).

vv.14-18: El sentimiento de dolor profundo no deja al salmista. Su angustia va en aumento, el drama de su calamidad no disminuye, y además, Dios no se comunica, el Señor no responde. El salmista siente que Dios lo ha atacado con toda su ira y que le ha herido de muerte. Entiende, además, que el Señor lo ha desechado y que ha escondido su rostro, símbolo de su favor y misericordia. Tiene la impresión que Dios mismo lo seleccionó desde su juventud para vivir las calamidades que experimenta, Inclusive, en medio de su dolor, sus compañeros y amigos lo han abandonado (v.18). En efecto, se siente miserable: afligido, menesteroso, temeroso, oprimido, rodeado, rechazado y en tinieblas. El ambiente psicológico y espiritual del poeta es de depresión profunda, que es la manera que finaliza el salmo. Es trágico ese final: Una persona enferma, abandonada, deprimida y en medio de las tinieblas.

Este salmo pone de forma gráfica los sentimientos humanos más profundos ante la enfermedad terminal o ante cualquier crisis inexplicable y mortal. El salmista reflexiona desde sus experiencias teológicas, que no entendían el horizonte amplio de esperanza que trajo la resurrección de Cristo. El poeta da rienda suelta a su dolor y se deprime, pues parece no escuchar a Dios, ni entiende su voluntad, ni comprende adecuadamente su situación. El salmo expone de forma gráfica el misterio que se relaciona a los dolores y las pasiones de la gente humilde, inocente y frágil.

Las respuestas bíblicas a este tipo de crisis se revelan en el libro de Job y el ministerio de Jesús. Aunque era una persona justa, Job experimentó en su vida una serie intensa de dolores que sobrepasaban sus niveles de comprensión. Sin embargo, a Job le sostuvo su integridad y su fe. Aunque no entendía muy bien el origen de sus calamidades esperó en Dios que le recompensó y restauró en el momento oportuno. En efecto, el caso de Job revela que ciertamente Dios escucha el clamor humano, y responde en el instante adecuado.

Este sentimiento de soledad y desprecio del salmista lo experimentó Jesús en el Huerto del Getsemaní. En medio del complot de las autoridades políticas y religiosas de Jerusalén, y ante el distanciamiento de sus discípulos y amigos, el Señor se concentró en la oración. «Si es posible —decía—, que pase esta copa de mí». Ciertamente el Señor respondió en oración a uno de los problemas más serios de la vida: Ante la traición reaccionó con sobriedad, seguridad y piedad.

El Señor Jesús fue ciertamente compañero y amigo de muchas personas que se sentían como el salmista (Jn 5.1-9; Mt 25.31-46), particularmente apoyó a las personas enfermas y despreciadas por la sociedad. La muerte no tiene la palabra final ante la gente de fe, la enfermedad no es dueña y señora de nuestras vidas, ni la calamidad triunfa sobre las personas de convicciones firmes e integridad.

Salmo 89: «Pacto de Dios con David»

Con el Salmo 89 llegamos al final del Libro III de los Salmos, que esencialmente lamenta profundamente la caída y humillación de la dinastía de David. La humillación al pueblo a través de la derrota del rey era una pérdida particularmente extraordinaria, pues la monarquía representaba una de las instituciones nacionales más importantes en el antiguo pueblo de Israel, pues su fundamentaba en las promesas de Dios (2 S 7). Culmina el salmo con una doxología, como es común al final de cada uno de los cinco libros del Salterio (véase Sal 41.13; 72.20; 89.52; 106.48; 150).

Este salmo está estrechamente relacionado con el anterior pues ambos abordan el tema de la aflicción profunda del pueblo. Una diferencia básica es que en el Salmo 89 se manifiesta un mayor alivio a la tristeza angustiante y desesperante que vive el pueblo, ya que la alabanza inicial es ciertamente más directa, firme, enfática y decidida, además, incorpora el poema una serie importante de promesas divinas. El Salmo 89 también puede asociarse con el 73, que inicia esta tercera sección del Salterio. Los dos poemas confrontan a la gente piadosa con las complejidades de la vida: El 73 presenta el tema de la prosperidad de las personas injustas, y el 89 articula la crisis de la consecución de la monarquía. De esta forma toda esta tercera sección del Libro de los Salmos (Sal 73—89) se enmarca en una temática de crisis ante eventos de gran complejidad y significación en la existencia humana.

El género literario de este salmo es mixto, pues su lectura revela diferencias marcadas de estilo y formas. Es esencialmente un salmo de más de un estilo pues incorpora, junto a un himno de alabanza (vv.1-18), un recuento del oráculo en torno a la dinastía de David (vv.19-37), y una súplica en favor del monarca (vv.38-52), por lo que se le identifica como un salmo real. Algunos estudiosos lo interpretan como un salmo de súplica nacional ante alguna crisis nacional mayor, que muy bien puede relacionarse con la derrota de Jerusalén a manos de los ejércitos de Nabucodonozor, luego de año 587/6 a.C. Su contexto vital original posiblemente eran las celebraciones litúrgicas ante las ruinas del Templo de Jerusalén, luego de la caída de la ciudad, la deportación de sus líderes, y la destrucción abrupta de su infraestructura política, social, económica y religiosa. El autor debe haber sido un judío piadoso que presenció la catástrofe nacional y articula ante Dios esta oración que representa el sentir y las frustraciones del pueblo. El título hebreo relaciona el poema como un *maskil*, y lo asocia a otro ezraíta (véase Sal 88), en esta ocasión es Etán la persona identificada (véase la Introducción). El salmo incluye en cuatro ocasiones la expresión hebrea *selah* (vv.4,37,45,48; véase la Introducción)

Este salmo es largo y complejo, y su análisis literario revela esas dos cualidades. Quizá algunos de sus diversos componentes tienen una historia literaria independiente, que se unieron en el exilio para transmitir los sentimientos de la crisis.

• Himno de alabanza: vv.1-18
• Recuerdo de la promesa a David: vv.19-37
• Recuento de la crisis: vv.38-47
• Súplica por la misericordia divina: vv.48-51
• Doxología final del Salmo y del Libro III: v.52

vv.1-18: El salmo comienza con una breve introducción que puede dividirse en dos secciones menores. El salmista toma la palabra para cantarle a dos de los atributos divinos más importantes del Salterio: La misericordia y la fidelidad —que en algunas ocasiones es traducida en las versiones de Reina-Valera como la verdad— (v.1). El poeta comienza su clamor anclado en esos dos temas que servirán de apoyo teológico fundamental y de principal agente de unidad en el resto del salmo (vv.2,14,24,28,33,49). En efecto, la misericordia divina es eterna, y su fidelidad, estable como los cielos.

Esos atributos divinos que caracterizan la redacción del salmo se ponen claramente de manifiesto en la historia de Israel. La misericordia y la fidelidad del Señor se hacen realidad en la historia del pueblo a través del pacto o alianza que el Señor hizo con el rey David, identificado en el poema como «su escogido y siervo» (v.3). Una manera clara de traducir esas categorías teológicas y morales en experiencias históricas concretas es mediante el establecimiento de la dinastía de la casa de David.

El corazón de este himno de alabanza es la proclamación firme del señorío divino sobre el universo, la historia, la humanidad y el pueblo. El único Dios verdadero es el que tiene el poder y la autoridad sobre todo lo creado, representado en las referencias a las diversas maravillas divinas (v.5): cielos, potentados, santos, mar, Rahab —monstruo marino que representa el caos—, enemigos, tierra, mundo, norte y sur, y los montes Tabor y Hermón. En efecto, ¡es un reconocimiento general! Y ese reconocimiento del poder universal de Dios genera en el pueblo de Israel un gran sentido de confianza y seguridad. Esa convicción hace que el salmista exclame con certeza: «El Señor es nuestro escudo, y nuestro rey es el Santo de Israel» (v.18). Además, esa convicción genera una afirmación de dicha y felicidad: «Bienaventurado el pueblo que sabe aclamarte; andará, oh Señor, a la luz de la rostro» (v.15).

vv.19-37: El salmista prosigue su poema haciendo un recuento de la promesa divina a David. Esa particular promesa divina (2 S 7) es ciertamente un concepto muy importante en la teología bíblica pues fundamenta la institución de la monarquía en Israel e identifica esa institución con David. En el famoso monarca israelita se encarna de manera histórica e institucional la voluntad del Señor.

La primera parte de esa sección (vv.19-29) hace referencia a la trayectoria del famoso monarca de Israel. El poema alude inicialmente a la unción santa de David (v.20), y además, hace referencia a sus actividades militares, conquistas políticas y decisiones administrativas que le llevaron al establecimiento, la organización y el desarrollo de un imperio bastante importante en la antigüedad. En efecto, la particular perspectiva teológica del salmo, que revela una vez más la misericordia, el poder y la fidelidad de Dios, ubica a David como hijo predilecto y primogénito de Dios, y lo identifica directamente como «el más excelso de los reyes de la tierra» (v.27). Culmina esta parte del salmo con la repetición y reiteración de la promesa eterna a la descendencia de David (v.29).

La segunda parte de esta sección (vv.30-37) destaca el tema de la fidelidad divina a la casa de David. Aunque el estilo literario del mensaje es de tipo profético, el propósito del autor es posiblemente la afirmación de la misericordia y la celebración del pacto o alianza. Se destaca en estos versículos la lealtad divina que no se detiene ante las actitudes impropias de los descendientes de David. Dios afirma con firmeza y seguridad, pues jura por su santidad, es decir, por su esencia más profunda e intensa, que no se olvidará de sus compromisos ni su promesa de consecución de la dinastía davídica. La firmeza del trono se compara a la perpetuidad del sol, la luna y el cielo (vv.36-37).

vv.38-47: En esta sección se pone de relieve la cruda realidad histórica. El monarca, identificado como «ungido» en el poema, ha sido «desechado» y «menospreciado» (v.38), en una clara alusión a la experiencia de crisis nacional que vive el salmista. La implicación teológica de esa acción divina es que el pacto se ha roto y la monarquía se ha derrocado. El poema pone en contraposición las afirmaciones teológicas del pacto eterno con la realidad histórica de la derrota. El salmo intenta relacionar las promesas divina con la vivencia del pueblo. La promesa es de esperanza; la realidad, de derrota y destrucción.

Las imágenes son reveladoras: Al romperse el pacto, la corona ha sido profanada, las fortalezas están destruidas, los viandantes saquean la ciudad, los enemigos del pueblo se presentan triunfantes, los adversarios están felices, la gloria divina cesó, e Israel está cubierto de afrenta. En efecto, el salmo pone de manifiesto la naturaleza de la crisis y revela la profundidad de la derrota. La humillación ha tocado al rey y la deshonra ha llegado al pueblo; la desesperanza se manifiesta en la comunidad, la incertidumbre se manifiesta en la dinastía.

vv.48-51: La parte final del salmo presenta la súplica angustiosa: ¿Hasta cuándo? En efecto, el poema finaliza con un clamor a que el Señor acuerde sus misericordias antiguas, y presenta nuevamente la crisis nacional: el pueblo está en oprobio, porque los enemigos lo han deshonrado y herido. La gran pegunta es la siguiente: ¿Dónde están las promesas hechas a David? ¿Por qué la ira divina se manifiesta sin misericordia? La pregunta es muy seria pues pone de relieve la discontinuidad entre las promesas de Dios y las realidades históricas del pueblo.

v.52: La alabanza final del salmo también se convierte en la clausura del Libro III del Salterio. ¡Dios es bendito por siempre!

La aplicación y contextualización de este salmo es muy importante pues revela la crisis que puede generar la discontinuidad entre las promesas divinas y las experiencias y vivencias humanas. Este salmo pone en clara evidencia una de las dificultades más complejas a las que puede llegar el ser humano: ¿Qué hacer cuando no se ven cumplidas las promesas de Dios? ¿Qué hacer cuando el compromiso de misericordia y fidelidad divina no parecen hacerse realidad? ¿Cómo interpretar las adversidades que hieren profundamente nuestras perspectivas teológicas y nuestras comprensiones de la fe? ¿Cómo enfrentar la vida cuando las circunstancias históricas parecen contradecir las promesas divinas?

El poeta del salmo transforma sus frustraciones en preguntas a Dios, en oraciones sentidas, en peticiones profundas, en clamores sentidos, en súplicas intensas. En efecto, el salmista transforma sus frustraciones en diálogos con Dios, en intimidades con el Eterno, en cercanías con el Señor. El salmista fue sincero y firme en sus preocupaciones, y se allegó ante Dios sin disimulos ni caretas. Aunque no entendía muy bien las complejidades y adversidades que le rodeaban, el salmista transfirió sus preocupaciones ante el Señor eterno.

Una actitud similar de seguridad y fortaleza tomó Jesús de Nazaret en la cruz del Calvario. Ante la sensación de soledad y de aparente abandono divino, el Señor de la iglesia y los creyentes exclamó: «Padre en tus manos encomiendo mi espíritu» (Lc 23.46; Sal 31).

Libro Cuarto: Salmos 90-106

El que habita al abrigo del Altísimo
morará bajo la sombra del Omnipotente.
Diré yo a Jehová:
Esperanza mía y castillo mío;
mi Dios en quien confiaré.
Salmo 91.1-2

SALMO 90

Con el Salmo 90 comienza el Libro Cuarto del Salterio, que es el único de estos poemas que se relaciona directamente con Moisés. Esta referencia es adecuada desde la perspectiva temática pues en esta sección del libro se mencionan con frecuencia las experiencias del pueblo de Israel en el desierto, bajo el liderato del famoso legislador bíblico (Sal 95; 99; 103; 105; 106).

Es de señalar, respecto a los Libros Cuarto y Quinto del Salterio, sus perecidos temáticos y estilísticos. Inclusive, para algunos estudiosos esa división del Salterio es artificial, pues se puede fundamentar en el deseo de presentar la obra en cinco libros, en la tradición de Moisés con el Pentateuco. Generalmente en los primeros tres Libros del Salterio se destacan las dificultades históricas de David y su dinastía; en los dos Libros finales se ponen de relieve las respuestas divinas a esas dificultades.

En los Libros IV y V parece que la paternidad literaria del poema no tenía tanta importancia como en las secciones anteriores (Libros I,II,III), pues solo 19 de los 61 salmos restantes tienen algún tipo de referencia a autores, compiladores, o son dedicados o relacionados con alguna persona en particular. Eses salmos se conocen como huérfanos, por carecer de esas particulares referencias. Y las prioridades temáticas de estos últimos dos Libros del Salterio son la alabanza y la gratitud, y predomina el nombre personal de Dios, Yahvé.

El Salmo 90, que está cargado de imágenes literarias, y es particular pues presenta una serie importante de cuestiones antropológicas: sus preocupaciones básicas son humanas, existenciales, inmediatas. El salmista se presenta ante Dios cuando el pueblo está pasando por una situación de crisis mayor, adversidad y necesidad, posiblemente la época del exilio en Babilonia. Y en su exhortación, que tiene un buen componente sapiencial, revela la profundidad de su súplica y la naturaleza de su petición. Quizá el contexto vital inicial de este salmo son las plegarias y las súplicas comunitarias ante las ruinas del Templo, luego de la derrota de Jerusalén ante los ejércitos babilónicos.

Posiblemente el salmo se relacionó con Moisés luego del destierro, aunque la lectura cuidadosa del poema revela un lenguaje antiguo. Quizá esta relación con Moisés, «varón de Dios» (véase Introducción), se fundamenta en las afinidades literarias y lingüísticas del salmo con algunos poemas antiguos relacionados con el importante legislador bíblico (Ex 15; Dt 31.30—32.47). El autor es posiblemente un judío piadoso que evoca las tradiciones antiguas de Moisés para que se repitan las intervenciones históricas de Dios en medio de las dificultades del pueblo.

La estructura literaria del poema se desprende de su lectura sencilla:

- Profesión de fe y seguridad en Dios: vv.1-6
- El pecado de la gente y la ira de Dios: vv.7-11
- Qué pide Dios del ser humano: vv.12-17

vv.1-6: El comienzo del salmo es una expresión sentida de fe y seguridad en el Señor. Es una manera sobria de ubicar el poema en su adecuado entorno teológico y litúrgico: El Dios bíblico protege a su pueblo a través de la historia, «de generación en generación» (v.1), pues se revela como Señor creador y eterno (v.2). Y ese Dios, fundamentado en su naturaleza justa, reclama la «conversión» (v.3) de las personas, que es un reclamo al reconocimiento el poder y la eternidad de Dios.

El tiempo para Dios toma dimensión nueva que escapa a la fácil comprensión humana: ¡Mil años ante la eternidad divina son como un día! Con esa imagen se subraya la fragilidad humana ante la fortaleza divina, se destaca la pequeñez de las personas ante la grandeza de Dios, se enfatiza la eternidad del Señor frente a la temporalidad de la gente. Además, los hombres y las mujeres, para el poeta, son como las flores, finitas, precarias y temporales. La eternidad divina no es comparable a la naturaleza humana. ¡La vida es fugaz como un sueño! La idea del salmista es comparar la imperfección humana con la perfección de Dios.

vv.7-11: En esta segunda sección del salmo se ponen de manifiesto el tema del pecado de la humanidad y la respuesta divina en forma de juicio e ira. El tema que se repite de forma continua en esta parte del poema es la indignación del Señor ante los pecados de la gente. La muerte, que es la manifestación última de la vida, se interpreta como resultado del juicio divino a la humanidad. Los pecados humanos inclusive, aunque sean ocultos o discretos, salen a luz pública ante la presencia e indignación divina. De esta forma el poeta revela una imagen adicional de la fragilidad humana: Los días de la humanidad, por el juicio de Dios, son como un «pensamiento» o quizá como un «suspiro» (v.9), pasajero, rápido, inmaterial, precario.

Las expectativas de vida de las personas en esa época posiblemente eran de «setenta años», aunque en algunos pudiera llegar a los «ochenta» (v.10). El número setenta es un múltiplo de siete, que simboliza algo completo y perfecto. La imagen enfatiza que aunque la vida sea adecuada, plena y «perfecta», no se compara ante la perfección de Dios que sobrepasa los límites de vida humana.

vv.12-17: La sección final del salmo intenta responder con sabiduría e inteligencia a las complicaciones y dificultades de la existencia humana. Para el salmista hay que analizar la vida con prudencia y sobriedad —es decir, «hay que contar los días»— para descubrir su significado —o sea, «traer al corazón sabiduría»— (v.12).

El salmo culmina con una serie importante de súplicas del poeta a Dios. En su suplica, el salmista presenta al Señor cuatro cosas, que entiende fundamentales y necesarias para la vida plena: En primer lugar reclama «corazón sabio» o «sensato», que es una manera de indicar que para descubrirle el sentido a la vida hay que recibirla con sus desafíos, problemas, conflictos y dificultades, pues solamente en Dios se encuentra la fortaleza y la eternidad. La sabiduría no consiste en conocer muchas cosas sin interpretarlas de forma adecuada.

Además, el poeta pide a Dios misericordia para que sirva de apoyo a la felicidad y la alabanza. El salmista se presenta ante Dios con cánticos perpetuos cuando disfruta la misericordia divina. También suplica a Dios que le imparta alegría de mañana para compensar los días de aflicción y dolor. Y finalmente implora que sus esfuerzos y trabajos sean productivos y fecundos.

Este salmo no revela el sentido de eternidad y gracia divina que se ponen de manifiesto con la resurrección de Cristo. La recompensa humana, de acuerdo con el salmista, es mínima y sobria. La eternidad que parecía ausente para el disfrute de la humanidad, se hace realidad en el sacrificio de Jesús en la cruz, que le permite a la humanidad disfrutar de forma plena la vida eterna que emana de la misericordia del Señor.

El sentido de pequeñez humana que destila este salmo debe entenderse ahora desde la perspectiva de la cruz, que le brinda al ser humano posibilidades nuevas en relación a la vida, muerte y resurrección de Jesús. Inclusive la muerte, vista como el punto final de la fragilidad humana, es superada por la manifestación de amor de Dios en Cristo, que ahora no tiene poder sobre la gente de fe. Las penas de la vida, las angustias de la existencia, los sinsabores de la sociedad, las crisis nacionales, las dificultades internacionales no tienen ahora la última palabra para la gente de fe, que se apoyan en la resurrección de Cristo para descubrirle el sentido real a la vida. De esa forma es que los creyentes pueden afirmar que están crucificados con Cristo, para así disfrutar también de su vida eterna.

SALMO 91: «MORANDO BAJO LA SOMBRA DEL OMNIPOTENTE»

El Salmo 91, uno de los más populares del Salterio, es una oración individual que expresa confianza profunda en el Señor y revela la prudencia y reflexión madura y sobria de la literatura sapiencial: Su afirmación fundamental es que la persona que se refugia en Dios enfrenta la vida con autoridad, valentía y sin temores. Se relaciona con el salmo anterior por las referencias que hacen a Dios como morada y refugio (Sal 90.1; 91.9), aunque en el 91 se pone de manifiesto un sentido profundo de alivio emocional y seguridad espiritual, que no está claramente presente en el anterior. Además, el uso de varios nombres antiguos para referirse a Dios —p.ej., Altísimo y Omnipotente (Sal 91.1) puede ser base para relacionar el poema con la figura destacada y venerada de Moisés.

Varios aspectos literarios son dignos de mencionar en este salmo. En primer lugar, tanto el vocabulario del poema como las imágenes que utiliza destacan los temas de la protección y la liberación divina, y transmiten la idea de seguridad plena que debe tener la persona creyente. Además, la lectura cuidadosa del texto puede identificar en el salmo varias voces en diálogo: p.ej., «Diré yo al Señor» (v.2) y «en mi ha puesto su amor» (v.14), que pueden ser una indicación del uso litúrgico del poema en las ceremonias del Templo. La evaluación sosegada del texto revela que el salmista presenta una especie de discurso o sermón breve en el cual aconseja a otra persona o grupo en torno a la seguridad que proviene de la confianza en el Señor (vv.3-13).

Por lo general y amplio de los temas expuestos, es muy difícil identificar con precisión la fecha de composición de este salmo. Quizá su lenguaje antiguo apunte hacia un origen preexílico del poema, aunque debe haberse revisado a través del tiempo para responder al clamor de los creyentes a través de la historia. En el Israel antiguo el Templo servía de lugar de refugio para las personas perseguidas o en necesidad extrema. Una vez el adorador se refugiaba en el santuario, el sacerdote echaba las suertes para determinar la inocencia o culpabilidad de la persona. Este salmo puede reflejar la situación extrema de una persona en crisis, que recibe del sacerdote la palabra de seguridad y fortaleza. Este salmo puede ser una respuesta sobria frente a los peligros de la vida.

La estructura literaria del salmo, que servirá de base para nuestro análisis teológico, es la siguiente:

- Afirmación de la fe: vv.1-2
- Intervención divina en medio de la crisis: vv.3-13
- La seguridad que proviene de la palabra de Dios: vv.14-16

vv.1-2: La sección inicial del salmo es una introducción general al poema. El salmista ubica a las personas que adoran en un contexto teológico y espiritual de esperanza y seguridad. Las imágenes son reveladoras: «Habitar al abrigo» revela cercanía, confianza, intimidad; y «morar bajo la sombra» pone de relieve las ideas de protección, cuidados, cobertura, bienestar. El salmo comienza con palabras de seguridad expresadas por algún sacerdote que recibe a la persona en crisis con un mensaje de fortaleza y auxilio.

Los nombres de Dios en el poema son de gran importancia. Junto a su nombre personal —p.ej., Yahvé o Jehová—se añaden dos muy antiguos con significación es particulares en el poema y la historia nacional. La referencia al Altísimo —heb. *Elyom*— revela el poderío divino, pues todo lo gobierna y afirma (Gn 14.19); y la alusión a Omnipotente —heb. *Shaddai*— pone de manifiesto la virtud divina que interviene para apoyar a las personas en necesidad (Gn 17.1; 28.3; 48.3; 49.25). Ese Dios que gobierna e interviene es también abrigo que protege y sombra que refresca; en su morada obtenemos la protección y la seguridad necesaria para la vida plena y abundante. Dios mismo, en la reflexión del salmista, se convierte en el hospedador ideal.

La seguridad del creyente, de acuerdo con el salmo, se basa en la seriedad y profundidad de las convicciones individuales, como ponen en clara evidencia las expresiones «diré yo», «castillo mío», «mi Dios», y «en quien confiaré» (v.2). Esos valores éticos y morales que se desprenden de la fe, generan la seguridad necesaria y la paz requerida para afirmar con certeza que Dios es esperanza, castillo y fuente de confianza.

vv.3-13: El centro temático y teológico del salmo se incluye en esta sección. De acuerdo con el salmista, el Señor libera, cubre, brinda seguridad, y es escudo (o coraza) y adarga (o armadura), ideas que destacan el poder divino y revelan el ambiente de crisis y tensión. Las imágenes son importantes, pues el Señor es como ave protectora y guerrero diestro. Las referencias militares ponen de manifiesto la protección divina, como alcázar, castillo, fortaleza.

La idea del poeta en el salmo es afirmar las virtudes divinas como agente que protege a su pueblo de las adversidades y conflictos de la vida. El salmista exhorta a la persona fiel que confíe en el Señor, pues Dios libera a la gente de fe de los lazos del cazador, de las flechas mortales, de terrores nocturnos, de pestilencias oscuras, de mortandades diarias. Las calamidades se manifiestan de día y de noche, que es una manera simbólica de representar la totalidad de la vida (vv.5-6) Los ataques pueden ser mil o diez mil (v.7), que es una manera hebrea hiperbólica de indicar que la misericordia divina no se detiene con el tiempo ni con la multitud de problemas.

De acuerdo con el salmista, las personas de fe no se amilanan ante la adversidad ni se detienen frente a los problemas. Aunque la destrucción y la muerte le amenacen, el salmista afirma y celebra su confianza en el Señor pues sabe el final o la recompensa de la gente impía y malvada. Cuando la gente afirma y confía en el Dios Altísimo como su refugio (v.9), descubre la salud mental y disfruta de salud espiritual.

Las imágenes del bienestar, de acuerdo con el salmista, continúan, pues Dios mismo envía a sus ángeles para que le guarde, le proteja y le evite tropezar en la vida (vv.11-12). Y esa certidumbre le permite enfrentar al león, al áspid, al cachorro y al dragón, que son animales símbolo de mortandad y adversidad, por el veneno que poseen y por la fortaleza que les caracteriza. La idea es de confianza sin importar el peligro que enfrenten.

vv.14-16: El salmo finaliza con una directa revelación divina. Recuerda el Señor algunas características fundamentales de la persona fiel. De acuerdo con el poeta, al gente de fe «pone su amor en el Señor» (v.14), «conoce el nombre divino» (v.15), y «le invoca» (v.15). Esas cualidades humanas mueven la acción divina, que responde con liberación, honra, respuesta, presencia y salvación. La referencia a la «larga vida» (v.16) que afirma el salmista es una manera de destacar la vida plena, abundante y satisfactoria de los creyentes.

Este tan popular salmo está cargado de simbolismos e implicaciones contextuales. La multitud de imágenes en torno a Dios es reveladora de la intensión teológica del poeta. El Señor se manifiesta como agente de seguridad y confianza en medio de las penurias humanas y se relaciona con las personas de acuerdo con las vivencias y realidades individuales. En algunos casos las ideas de protección de las aves es adecuada, en otras ocasiones, la crisis demanda imágenes militares que también se revelan en este poema. El corazón del mensaje es que el Dios bíblico se ocupa de su pueblo y responde al clamor de los adoradores, aunque estén frente a la multitud de enemigos o crisis de la vida.

El salmo es también importante pues fue citado parcial y convenientemente por Satanás en la tentación de Jesús, de acuerdo con los evangelios (Mt 4.6; Lc 4.10-11). Jesús responde con autoridad a la tentación y vence al enemigo pues conocía bien el resto del salmo y entendió que no se debe utilizar a Dios como excusa para responder a nuestros caprichos y deseos egoístas.

En la época de Jesús, el Templo, que debía ser símbolo de seguridad y fortaleza, según la tradición y teología de este salmo, se había convertido en mercado (Jn 2.6) y cueva de ladrones (Mt 21.13; Mc 11.17; Lc 19.46). Y ante tal aberración el Maestro respondió con autoridad a esa situación anómala de la religión, y con autoridad devolvió a la gente humilde y sencilla el verdadero significado de la experiencia religiosa: El Templo debe ser esencialmente casa de oración, centro de intimidad con el Eterno, espacio para el diálogo íntimo con el Señor, y centro para la educación transformadora.

SALMO 92: «ALABANZA POR LA BONDAD DE DIOS»

El Salmo 92 es una oración e himno de acción de gracias individual que reconoce las intervenciones divinas a favor de la justicia, y afirma sus manifestaciones de amor y fidelidad. El poema, al presentar sus alabanzas y agradecimientos al Señor, revela sus vinculaciones estrechas con los dos salmos anteriores, al enfatizar los temas de la seguridad y la prosperidad. Incorpora en sus reflexiones temas que son importantes para las tradiciones de sabiduría: Afirman, en efecto, la misericordia y la bondad de Dios, aunque sean misteriosas y profundas.

La asociación de este salmo con el sábado, que se afirma directamente en el título hebreo, posiblemente se debe al reconocimiento de ese especial día como espacio ideal para expresar las gratitudes a Dios y por presentar una visión ideal del mundo y la sociedad. El día de reposo para el salmista no es una carga pesada de llevar sino una magnífica ocasión para poner de manifiesto las gratitudes y alabanzas al Señor. Éste es el único salmo que se relaciona con el sábado en el texto hebreo, aunque en la versión griega de la Septuaginta se identifican otros poemas del Salterio con la semana sabática (Sal 24; 48; 82; 94; 81; 92; 93). En el título hebreo también se incluyen referencias a que este poema es, a la vez, salmo y cántico (véase la Introducción).

Como las imágenes y referencias del poema son a experiencias agrarias, quizá este salmo se escribió en el contexto de las injusticias que se ponen de relieve en relación con la posesión, administración y cultivo de la tierra. El salmista, que debe haber sido algún adorador judío piadoso —¡algunos estudiosos lo relacionan con el rey de Israel!—, articula el himno desde un contexto cúltico, que puede ser la oración de una persona que se allega al Templo para expresar sus preocupaciones a Dios al experimentar las injusticias de la vida del campo; ante las manifestaciones humanas de maldad, la persona que adora se presenta ante Dios con seguridad y gratitud. También el salmo pudo haberse utilizado en las celebraciones de los festivales nacionales en el Templo en ocasión de afirmar las grandes intervenciones de Dios en medio de su pueblo.

La estructura literaria del salmo revela en una primera lectura tres secciones básicas:

- Alabanzas y gratitudes a Dios: vv.1-3
- Las obras de Dios y el juicio a las personas malvadas: vv.4-9
- Bendiciones personales hacia la gente justa: 10-15

Un análisis lingüístico y temático del poema descubre otra estructura que destaca la victoria y exaltación divina sobre los enemigos.

A. Rectitud y justicia de Dios: vv.1-4
B. Las grandes obras divinas: vv.5-7
C. Dios es fuerte, Altísimo: v.8
D. El triunfo definitivo sobre los enemigos: v.9
C'. Dios aumenta las fuerzas del adorador: v.10
B'. Dios hace florecer y crecer al justo: vv.11-12
A'. Rectitud y justicia de Dios: vv.13-15

vv.1-3: El salmo comienza de forma directa y clara: Para el salmista es bueno alabar al Señor, y anunciar su misericordia y fidelidad desde la mañana hasta la noche, que es una manera hebrea de aludir a toda la vida. Se reconoce, además, el nombre divino como Altísimo, que es una forma antigua de enfatizar su poder y autoridad. El poeta descubre y afirma la presencia divina en medio de la entonación musical, pues se identifican tres instrumentos, para destacar el gozo y la festividad del poema: el decacordio (o la lira de diez cuerdas), el salterio (o la cítara) y el arpa, que son instrumentos de cuerdas que se utilizaban en el Templo para acompañar las oraciones y los cánticos.

El motivo de la alabanza y la gratitud al Señor es el reconocimiento pleno del nombre divino, identificado claramente en el poema como Yahvé —o Jehová en la tradición de Reina-Valera—. Este importante nombre divino —que se incluye en siete ocasiones en el texto hebreo (v.1,4,5,8,9,13,15), como una especie de afirmación plena, completa y perfecta—, revela el compromiso del Señor con su pueblo, pues se asocia a la revelación divina a Moisés (Ex 3.1-17). El salmista alaba y canta pues el Señor ve sus angustias, responde a los clamores de su pueblo e interviene en medio de las realidades de la comunidad.

vv.4-9: En esta segunda sección del poema el poeta continua la alabanza y la gratitud e identifica las razones y el fundamento de esa gratitud. ¡Las grandes obras divinas alegran el salmista! Además, los pensamientos del Señor son tan profundos que la gente necia e insensata no tiene la capacidad de comprender y asimilar. En efecto, las obras divinas y los proyectos redentores de Dios generan gratitud y reconocimiento de parte del poeta.

En esta parte del poema se introduce el tema de la gente malvada —anteriormente aludida como «los necios y los insensatos (v.6)—, que ahora es identificada como «los impíos», «los que hacen iniquidad» (vv.7,9), o «los enemigos» (9). Se contraponen de esta forma las acciones de gratitud del salmista con las actitudes malsanas e inadecuadas de los impíos.

Los gestos pecaminosos de los impíos son comparados a la fragilidad y fugacidad de las flores y la hierba, que no pueden permanecer estables en la vida. Esta imagen afirma que la hierba brota y florece, y rápidamente se marchita y se seca para finalmente desaparecer. Las personas malvadas —es decir, los enemigos de Dios y del salmista—, serán destruidas ante la intervención extraordinaria del Señor. ¡El futuro de la gente malvada es perecer! ¡No prevalecerán!

vv.10-15: Ante la fragilidad e inestabilidad de los malignos, se contrapone la estabilidad y la fortaleza que proviene de Dios. La gente fiel, representada por el salmista, reciben nuevas fuerzas para presenciar y ser testigos de la destrucción de los malvados. Las personas justas florecerán, como la palmera y el cedro, al lado del Templo. Darán fruto aún en la vejez, que es una manera de enfatizar la vitalidad que proviene de parte del Señor.

Las imágenes del búfalo y el aceite destacan las ideas de poder, fuerza, reconocimiento, valentía y autoridad (vv.10-11). Esa vitalidad y virtud le permite al salmista superar los ataques de los enemigos y malvados, y le ayuda a proyectarse al futuro con seguridad y fortaleza. Y las referencias a las palmas y los cedros —árboles conocidos por su enormidad y vigor—, revelan el deseo del poeta de destacar el poder divino que le permite al pueblo y a las personas que adoran superar las adversidades y responder con valor y sabiduría a los ataques de enemigos, adversarios y malvados.

De acuerdo con el salmo, el poder y la autoridad para superar las adversidades de la vida provienen de Dios. Y esa actitud de triunfo, virilidad y longevidad se representa en gesto de estar plantado en la casa del Señor, en la simbología de estar en los atrios del Templo (v.13).

El poema finaliza con una gran afirmación teológica. El salmista canta y anuncia que el Señor es su fortaleza y su roca, su fuente de justicia y rectitud. Se pone en clara evidencia de esta manera simbólica la fuente de seguridad y esperanza del poeta: Dios es el alcázar que le protege para vivir el presente, y es la roca donde ancla su futuro.

Este salmo revela las dinámicas eternas de la vida en donde se manifiestan las injusticias que hieren mortalmente a las personas nobles, inocentes, nobles, piadosas y débiles. Revela con claridad el poema los conflictos entre la justicia y la injusticia; alude el salmo a las adversidades entre la bondad y la maldad. Además, el poeta presenta el gran antagonismo entre la fragilidad humana y el poder divino.

Una manera creativa de leer e interpretar este salmo es comprender la alabanza que emana de un corazón agradecido por entender que Dios siempre está al lado de la gente que sufre e implora misericordia. De acuerdo con el salmista, la gratitud no se fundamenta en la ignorancia sino en la seguridad que tiene en el Dios que es fortaleza y roca, que son símbolos de permanencia, estabilidad, fuerza, protección, albergue y seguridad. El futuro del poeta no estaba a merced de la casualidad sino en manos del Dios que se caracteriza por el amor, la fidelidad, la misericordia, la rectitud y la justicia.

Esa teología del salmo, que genera esperanza y seguridad, caracterizó las predicaciones y las enseñanzas de Jesús de Nazaret. El Señor afirmó la llegada del reino de Dios y su justicia como una característica básica de sus mensajes liberadores y transformadores (Mt 3.15; 5.20;

6.33). Y su aplicación de esta tan particular y relevante teología se puso de manifiesto en su trato con la gente de más necesidad y en sus diálogos con las personas más frágiles de la sociedad en que vivió. Un buen ejemplo de esta nueva comprensión de la justicia divina, en la teología del salmo, es su particular respuesta a los leprosos, en donde se revela la fusión de la justicia y la misericordia divina en el pensamiento y las acciones de Jesús (Lv 13.45-46; y Mt 8.1-4).

SALMO 93: «LA MAJESTAD DE JEHOVÁ»

Con el Salmo 93 comienza un particular grupo de poemas bíblicos que presentan y destacan el tema de la alabanza, que, en efecto, ya ha comenzado en el salmo anterior. De particular importancia en esta sección del Salterio son los temas del «Señor reina» y el cántico al Señor, que ponen claramente de manifiesto la teología de la soberanía de Dios sobre el universo y la historia. Este poema une temáticamente los salmos 92 y 94.

Usualmente el Salmo 93 se estudia en relación al 47 y 96—99, que constituyen un tipo de subgrupo de poemas que enfatizan el tema del reinado divino. Entre las características principales que identifican este tipo de salmos se pueden señalar las siguientes:

- Se manifiesta una muy seria preocupación por la tierra, los pueblos y las naciones.
- Se hace referencia a otras divinidades.
- Se revelan signos de exaltación y alabanzas a Dios como rey universal.
- Entre las características divinas como rey, están, entre otras, las siguientes: crea, establece, afirma y juzga.
- Se ponen en clara evidencia diversas expresiones de alabanzas al Dios que es rey eterno y universal.

El particular caso del Salmo 93 pone de relieve y proclama con autoridad y seguridad el extraordinario poder de Dios sobre la naturaleza y toda la creación. El autor afirma el tema de la soberanía divina y revela un claro sentido de esperanza, seguridad y futuro. En medio del caos y las crisis que pueden manifestarse con fuerza en la historia y el mundo, el salmista pone en evidencia un sentido claro de paz, sobriedad, seguridad y confianza. En efecto, esas profundas convicciones teológicas le permiten al poeta comprender adecuadamente el poder divino sobre las fuerzas hostiles de la naturaleza y el cosmos.

De acuerdo con el orden canónico, este es el segundo salmo que celebra de manera directa la realeza del Señor (véase Sal 47), y la fuerza temática, teológica y literaria que guía estos poemas es la frase «El Señor es rey». El poema es claramente un himno que alaba la naturaleza real de Dios. En efecto, es un poema que destaca el reinado divino, que ciertamente es una manera de reaccionar y rechazar la institución tradicional de la monarquía humana.

Aunque en una primera lectura del salmo se transmita un sentido de seguridad y confianza, este poema debe haber sido escrito en momentos de gran crisis, en medio de dificultades mayores y temores. Quizá este salmo proviene de la época post-exílica cuando ya la monarquía no funcionaba en Jerusalén, pero ya se había reconstruido el Templo. Ese fue un período de búsquedas teológicas, de incertidumbres históricas, de desorientación espiritual, de reconstrucción nacional. Sin embargo, el tema de Dios como rey es muy antiguo en la historia de Israel, pues en los comienzos mismos de la monarquía como institución nacional ya habían voces disidentes de firme y claro rechazo (véase I S 8.4-7). Este himno debe hacerse utilizado como parte de los festivales anuales en el Templo, particularmente en los actos de celebración del nuevo año que afirmaban el señorío y el poder de Dios como creador y rey. Su autor debe haber sido un israelita piadoso que se allegaba anualmente al Templo restaurado para celebrar y afirmar el poder real de Dios, ya que las instituciones humanas de la monarquía no habían podido evitarle al pueblo la crisis y el caos del exilio en Babilonia. Este salmo no tiene título hebreo.

La estructura literaria del salmo es muy sencilla, dada la brevedad del poema. El siguiente análisis destaca y enfatiza los diversos elementos temáticos.

- El Señor reina: vv.1-2
- La naturaleza se levanta contra el Señor: vv.3-4
- El Señor es eterno: v.5

En el análisis de la estructura del poema, no debemos obviar que varios temas del salmo se presentan en formas paralelas. Al comenzar, el salmista alude a «las vestiduras» del Señor (v.1), y al final recuerda que la santidad es el «adorno» o lo que «conviene a su casa» (v.5). Inicialmente el poeta indica que tanto el mundo como el trono divino están firmes (vv.1,2a), y para culminar el salmo regresa al tema de la estabilidad y la firmeza (5). Además, el tema de la durabilidad se repite al comienzo y al final del poema, pues son firmes y eternos el trono de Dios y sus testimonios (vv.2,5).

vv.1-2: Para el salmista, el Señor es el rey supremo del mundo, que está vestido y ceñido de poder, símbolo de su extraordinaria naturaleza santa y majestad, y está sentado en su trono eterno, que evoca las ideas de seguridad y estabilidad. El poeta se imagina a Dios sentado en su trono inamovible, símbolo de la implantación de la justicia, y vestido con sus túnicas reales, que aluden a la majestad y el esplendor divino.

La imagen es poderosa y reveladora: La primera expresión poética no es la descripción del caos ni la presentación de las dificultades, sino la contemplación y el disfrute de la gloria de Dios. El Dios del salmista es rey que tiene poder y autoridad sobre la tierra, y el futuro de la tierra y la humanidad está seguro porque su trono, signo de su reinado, es eterno, firme, seguro y estable. La soberanía de Dios es la teología fundamental que se pone claramente de manifiesto en el salmo. Y desde ese trono eterno y seguro el Dios del salmista le brinda al mundo estabilidad y futuro.

vv.3-4: De pronto el poeta escucha el mover poderoso de las aguas, se percata de los ruidos de las aguas torrenciales, nota el oleaje del mar embravecido que amenaza seriamente la estabilidad del mundo y la historia. La voz enardecida de los ríos y de las muchas aguas se levanta contra el Dios eterno y rey. Esas aguas son símbolo de las muchas fuerzas hostiles a la humanidad y a la creación de Dios que desean regresar al caos primigenio, que intentan desestabilizar la creación, que desean que impere la anarquía y el desasosiego en el mundo.

Sin embargo, el poder divino impera y supera esas fuerzas malignas y despiadadas de las aguas, que pueden traer desorden y desolación al mundo. Pues más poderosas que las ondas del mar es el Señor de las alturas. Más poderoso que el ruido ensordecedor de las aguas descontroladas y amenazantes es al Dios que está sentado con sobriedad en su trono alto, símbolo de poder, autoridad y virtud. El mensaje del salmista es firme y claro: Dios vence el caos con su poder eterno, estable y sostenedor. No se amedrenta el Señor ante el movimiento amenazador de las abundantes aguas ni se atribula frente a los desafíos de los ríos impetuosos. Un Dios eterno sentado en su trono es más poderoso que las corrientes amenazantes de las aguas.

v.5: El salmo finaliza con una serie importante de afirmaciones teológicas. El Dios rey que detiene el paso de las aguas y mantiene al mundo con estabilidad revela leyes y testimonios que le brindan a la humanidad orden y estabilidad, y tiene como atributo principal la santidad, que revela su naturaleza más profunda y personal. Ese Dios-rey adorna su casa, que es una clara alusión al Templo de Jerusalén, con su propia esencia, la santidad, para poner de manifiesto otro de sus atributos singulares, la eternidad. De la misma forma que su poder eterno es capaz de mantener las aguas en su lugar, sus leyes y estatutos son adecuados para ordenar la vida y las acciones de su pueblo. E igualmente que su trono eterno es inmutable y firme, el Templo, que ciertamente representa su presencia y poder en la historia humana, tiene días sin término, que es la forma hebrea de aludir a lo que no tiene fin o de manifestar la idea de eternidad.

Las implicaciones del mensaje de este salmo son muy importantes para la actualidad. La teología del reinado de Dios pone de manifiesto el importante tema de la soberanía divina y afirma su poder absoluto en el universo. Esa particularidad de Dios le brinda a la humanidad grato sentido de esperanza y de futuro. Este mundo no está a la deriva, la humanidad no está a la merced de la casualidad, el futuro de las sociedades no es la destrucción caótica.

De acuerdo con el mensaje del salmista, Dios tiene el poder sobre las diversas fuerzas de la naturaleza que intentan traer la destrucción y la anarquía al mundo y a la historia humana. La última palabra de parte del Señor para el mundo no es la del caos, pues Dios que está sentado en su trono, y mientras Dios esté en el trono, hay futuro y esperanza para la humanidad.

Esa teología de esperanza y porvenir también se pone en evidencia clara en las narraciones de la vida y las acciones de Jesús de Nazaret, de acuerdo con los relatos evangélicos. Inclusive, esas mismas narraciones presentan a Jesús como el heredero de la promesa divina a David, y lo identifica como rey. Esa es la razón fundamental para Jesús que anunciara el reino de Dios y su justicia, pues para sus discípulos y seguidores no era un predicador más sino el Mesías, el rey.

Para el vidente Juan, esa teología de la soberanía de Dios era fundamental y necesaria. El Apocalipsis, en esa misma tradición teológica, presenta al Señor como Rey de reyes y Señor de señores (Ap 17.14; 19.16), a la vez que describe al mar, símbolo de las fuerzas del mal, como que ya no existirá más (Ap 21.1). La esperanza del pueblo de Dios está anclada en sus características fundamentales de firmeza, estabilidad, eternidad y justicia. ¡El mensaje del salmista, «El Señor reina», en efecto, es todavía pertinente!

SALMO 94: «ORACIÓN CLAMANDO POR VENGANZA»

El tema del Salmo 94 pone de manifiesto una vez más la dificultad teológica y práctica de reconciliar la bondad divina con las realidades de la vida. De un lado, relacionamos al Señor con conceptos gratos de justicia y equidad; y del otro, vemos las injusticias y los dolores que se manifiestan en la sociedad. ¿Cómo es posible afirmar a un Dios justo en medio de un mundo llena de injusticias y desesperanzas? ¿Qué significa hablar de la justicia divina y de las manifestaciones gratas de un Dios bueno, cuando las realidades visibles de la existencia humana apuntan hacia las inequidades y los problemas que caracterizan a la humanidad?

Este Salmo 94 es una especie de reacción al poema anterior (Sal 93) que afirma el reinado divino; en efecto, es una manera de relacionar la teología que afirma la soberanía de Dios en la vida con las vivencias humanas que manifiestan claras contradicciones e injusticias que son extremadamente difíciles de explicar. En este nuevo poema, que incluye varias imprecaciones y algunos deseos de venganza, se enfrentan el doloroso realismo de las sociedades y la confianza plena en Dios; se anteponen las vivencias humanas llenas de maldad y la esperanza en el Señor que responde al clamor sentido y desgarrador de la gente de fe.

Las invocaciones de venganza se encuentran con alguna frecuencia en el Salterio (véase, p.ej., Sal 9; 10; 13). Son expresiones que surgen de lo más profundo e íntimo del espíritu humano, son clamores intensos y sentidos, son gritos desgarradores de personas que imploran la intervención de Dios para que les haga justicia. Más que la expresión irracional de unos deseos impropios de venganza, fundamentados en la inmadurez, la frustración y la impotencia, los salmos imprecatorios son oraciones que imploran la manifestación plena y grata de la justicia divina. Este salmo es un buen ejemplo de ese tipo de clamor sentido por la revelación de la justicia divina. No es venganza impropia, irracional o caprichosa que no perdona la que pide el salmista, sino la intervención divina que propicie la manifestación plena de la justicia, que es el restablecimiento del orden divino que ha sido violado e interrumpido por las acciones injustas de gente arrogante.

El género literario de este salmo es de petición o súplica individual —también puede entenderse como una oración colectiva que se articula en la voz de un salmista—, que revela un contexto judicial. El ambiente literario y psicológico del poema puede muy bien relacionarse con alguna reunión donde están presentes varios jueces corruptos ante personas que injustamente reciben los resultados de esos actos impropios y discriminatorios. El autor del salmo puede haber sido una de esas personas heridas que claman a Dios por la implantación de la justicia, un adorador que, al verse huérfano de seguridad en las instituciones humanas, se allega a Dios para reclamar su intervención redentora y justa. Por la naturaleza universal y general del tema expuesto por el salmo, es muy difícil precisar una fecha exacta de composición, sin embargo, si los enemigos a los que alude el poema son las naciones enemigas —quizá una referencia a Babilonia y a los pueblos que le apoyaron—, entonces este salmo debe ser ubicado en el período postexílico. Este salmo no tiene título hebreo.

El análisis del poema necesita identificar y afirmar su unidad literaria, que en este salmo no es tan evidente. Sin embargo, aunque su organización interna es compleja se pueden identificar, por lo menos, cuatro secciones básicas. Esas secciones revelan las prioridades temáticas que el autor desea afirmar y destacar. Una estructura literaria del salmo es la siguiente:

- Súplica al Dios de las venganzas: vv.1-7
- Mensaje a la gente malvada y al pueblo: vv.8-15
- Afirmaciones de esperanza en las intervenciones de Dios: vv.16-21
- Expresión de confianza en el Señor: vv.22-23

Una forma alternativa de ver la estructura poética del salmo, que evalúa la oración con una estructura quiástica o paralela, es la siguiente:

- Introducción temática: vv.1-2
A Las acciones de las personas injustas: vv.3-7
B Mensaje a la gente necia: vv.8-11
C La dicha del ser humano está en su confianza en el Señor: vv.12-15
B' Mensaje a las personas malvadas: vv.16-19
A' Esperanza de la gente justa: vv.20-23

En esta estructura, la prioridad temática del poema se encuentra en su sección central, que pone de manifiesto claramente la base de la seguridad y la dicha de la gente de fe (vv. 12-15). De acuerdo con este análisis, el propósito del salmo es afirmar la esperanza que genera el confiar en un Dios que es esencialmente justo.

vv.1-7: La sección inicial del poema revela un claro sentido de urgencia, impaciencia y fuerza. El salmista se presenta ante Dios implorando su intervención adecuada y justa. Los imperativos que se utilizan en el salmo ponen de manifiesto la naturaleza y profundidad de la crisis: P.ej., «muéstrate» (v.1), «engrandécete» (v.2) y «da el pago» (v.2). Además, ese mismo sentido de intensidad y urgencia se destaca y afirma aún más con la incorporación de una serie importante de preguntas retóricas, que apuntan hacia la gravedad del dolor, revelan las manifestaciones indeseables de la injusticia: «¿Hasta cuándo, Señor, hasta cuándo?» (vv.3-4).

El salmista implora con firmeza la venganza divina, ante las graves injusticias que vive y experimenta en la sociedad. De un lado, se implora la implantación de la justicia; y del otro, se identifica propiamente a los sectores causantes de los dolores y las inequidades al pueblo: P.ej., «soberbios» (v.2), «impíos» (v.3), y «los que hacen iniquidad» (v.4). Los enemigos de la justicia son personas esencialmente altaneras, hostiles, inmisericordes, ingratas e impropias.

El poema alude claramente a los crímenes que cometen estas personas injustas (vv.4-5); además, se identifica con precisión a los sectores más heridos y vulnerables por las decisiones y acciones de ese sector despiadado, impío, soberbio, inicuo e injusto: P.ej., al pueblo de Dios (v.5), a la heredad del Señor (v.5), y a la viuda, extranjero y huérfano (v.6). El salmista, inclusive, indica el fundamento ético de esas acciones impropias. Esas personas piensan que el Señor, identificado en el salmo como el Dios de Jacob (v.7), no ve ni entiende. De acuerdo con el poema, esas personas pecaminosas e ingratas no le hacen caso a los valores que representan la gracia y la justicia de Dios.

vv.8-15: La segunda sección del salmo, que es un tipo de exhortación sapiencial, dirige el mensaje a la gente malvada, y también al pueblo de Dios. En primer lugar, identifica a la gente injusta —que son las personas encargadas y responsables de implantar la justicia y de desarrollar procesos adecuados de equidad—, y las llama necias (v.8) y fatuas (v.8), además, las critica por no desear la sabiduría (v.8). El corazón de la crítica es a esa actitud soberbia que no reconoce el poder divino y rechaza la justicia del Señor. Se afirma con seguridad: Dios oye, ve, castiga y sabe. El mensaje del salmista es claro y directo: El Señor conoce muy bien los pensamientos de la gente, y sabe que son vanidad, es decir, son algo pasajero como un soplo, como el aire, como el viento que pasa y se pierde en el infinito (v.11).

El salmista también anuncia la felicidad de la gente de Dios. Aunque no reciban la justicia humana son personas bendecidas por la gracia divina, son hombres y mujeres que reciben y se instruyen en la ley del Señor, y es gente que descansa en los días de aflicción pues no será abandonada ni desamparada por el Señor en el momento de crisis y adversidad. Esa afirmación anuncia el regreso de la justicia y celebra que los rectos de corazón recibirán las manifestaciones de la justicia divina.

vv.16-21: En esta sección del salmo se afirma la esperanza del poeta. Ante la crisis que se revela por la falta de justicia en los sistemas humanos, el salmista pone en evidencia su esperanza en la intervención divina. Dos preguntas retóricas preparan el ambiente teológico y el mensaje (v.16). Dios se levantará y apoyará a la gente necesitada de justicia en los momentos de angustia y dolor. En efecto, el salmo afirma la esperanza del pueblo con las referencias a las intervenciones históricas de Dios a favor de su pueblo. La ayuda divina fue la que evitó la muerte o el silencio del pueblo (v.17) y impidió que su pié resbalara (v.18); la misericordia del Señor es fuente de sustento (v.18), y su consolación es fuente de alegría (v.19). Un Dios que manifiesta esas características morales tan importantes no puede permitir que la injusticia impere y le haga daño a su pueblo (v.20). ¡La gente justa e inocente tiene una gran fuente de esperanza y seguridad en Dios! (v.21).

vv.22-23: El salmo culmina con la descripción del futuro de la gente injusta, y también con el porvenir del pueblo de Dios. Para las personas injustas, que corrompen los sistemas con sus acciones impropias, soberbias y malsanas, el mañana es de iniquidad, maldad y destrucción. Para la gente inocente, que la corrupción de los sistemas les negó la justicia y les trajo dolor y angustia, el futuro es brillante y próspero: ¡El Señor es refugio, roca, confianza y protección!

El tema básico del salmo es la importancia de la justicia, y ese es un tema de gran importancia para las sociedades contemporáneas. Un mundo que está plagado de injusticias e inequidades, necesita un Dios que se especialice en la justicia. Los pueblos que están sumidos en las crisis económicas que han acompañado la humanidad al comenzar el nuevo siglo necesitan apropiarse de teologías que fundamenten la prosperidad y el desarrollo en la justicia. Los hombres y las mujeres que son víctimas de las diversas formas de violencias e injusticias que se manifiestan en la sociedad están preparados para adorar un Dios que tiene como una de sus características básicas la justicia.

Ese mismo tema de la justicia caracterizó el ministerio de Jesús de Nazaret, pues respondió a los reclamos de la gente en necesidad con palabras y acciones liberadoras. De particular importancia en el ministerio de Jesús esta su respuesta a los doctores de la ley, que eran las personas encargadas de la interpretación e implantación de la justicia en la Palestina del primer siglo. Las palabras, los mensajes y las acusaciones del Señor ante las inconsistencias e injusticias de esos doctores de la ley son una buena muestra del compromiso divino con la justicia, que sobrepasa los límites del tiempo y supera las fronteras religiosas (Mt 23.13-16; Mc 12.38-40). En la tradición del Salmo 94, el Señor nunca olvidó ni ignoró la oración de la gente que clama por justicia, que es un derecho humano impostergable dado por Dios (Lc 18.6).

Salmo 95: «Cántico de alabanza y adoración»

Con el Salmo 95 comienza una nueva e importante sección interna del Salterio (Sal 95—100). El tema que une estos seis poemas es la afirmación del Señor como soberano y creador, y también como

Dios del pacto con Israel. Aunque provienen de experiencias de adoración, tiempos y autoría diferentes, estos salmos se han unido para adorar al Dios que reina y poner de manifiesto su poder en medio de la historia humana.

La sección comienza con el reconocimiento de Dios como libertador de Egipto (Sal 95), tema que se amplía y desarrolla en el próximo poema para afirmar que el Señor es también creador de los cielos y fuente de toda justicia y verdad (Sal 96). Esos dos temas se desarrollan en el Salmo 97, donde se afirma que Dios es el Ser Supremo y que es fiel, bondadoso y santo. Esos atributos divinos son fuente de alabanza para el pueblo, pues Israel ha recibido la revelación divina para llevarla a toda la tierra (Sal 98). En el próximo poema (Sal 99) el pueblo alaba al Señor porque escogió a Sión como su morada eterna, y hasta los querubines celebran esta iniciativa divina. Finaliza esta sección con el poema clásico de la alabanza y adoración universal, en el cual se distinguen la misericordia y la bondad del Señor (Sal 100). En efecto, Dios es el rey que merece adoración, reconocimiento, alabanza y gratitud.

El Salmo 95 en esa magnífica tradición de alabanzas y adoración al Dios que se manifiesta como rey en medio de la humanidad, el salmista llama insistentemente al pueblo a alabar al Señor, pues la naturaleza de nuestras expresiones cúlticas está íntimamente ligada a las diversas formas de la revelación divina. Los cánticos jubilosos al Dios que es roca revelan las gratitudes del adorador al sentir el poder y la virtud de la salvación divina. Además, el salmo contiene una advertencia contra el desprecio de servirle al Señor, tal como hizo el pueblo de Israel durante la liberación de las tierras de Egipto.

Este poema incluye dos tipos de salmos que se unieron como parte de los festivales anuales del pueblo de Israel. La primera parte (vv.1-7a) es un claro himno de alabanza, donde se afirma la grandeza y la soberanía del Señor y, además, se invita a la comunidad a incorporarse con cánticos a esa expresión gozosa de gratitud. La sección segunda (vv.7b-11) es una muy clara y firme denuncia profética, que llama al pueblo a no endurecer el corazón, como sus antepasados en el desierto.

El poema, aunque con el tiempo se relacionó con las celebraciones del sábado, debe asociarse prioritariamente con los festivales del pueblo, particularmente las celebraciones de otoño, donde se afirmaba el reinado y la soberanía del Señor como parte del inicio del nuevo año.

El autor debe haber sido un adorador que, en profundo agradecimiento al Señor, llama al pueblo a cantarle al Dios que es roca y salva, y también les recuerda los resultados funestos y adversos de la desobediencia y la rebelión. Quizá esa sea la pista para ubicar este salmo en la época exílica, pues, aunque los temas que se articulan son muy antiguos, esa mezcla de gratitud y amonestación puede ser un indicador de haber pasado por el martirio de la dispersión y la agonía del destierro en Babilonia. El poema no tiene título hebreo.

La estructura literaria del salmo no es compleja y la brinda el cambio temático del poema.

- Himno de alabanzas a Dios: vv.1-7a
- Denuncia y advertencia profética: vv.7b-11

vv.1-7a: La sección inicial del poema es una invitación a la alabanza y un reclamo de adoración. El salmo comienza con un himno alegre y lleno de gozo al Dios que es rey y roca, al Señor que salva y es grande, al soberano entre todas las divinidades, al que tiene el poder sobre las profundidades de la tierra, los montes y el mar. El salmista invita al pueblo a incorporarse a una expresión de alabanza que pone claramente de manifiesto el reconocimiento pleno del Dios que tiene poder absoluto sobre todo lo creado. Las imágenes que utiliza el poeta para incentivar la adoración son importantes: P.ej., la afirmación «Dios es roca que salva», evoca las ideas de seguridad y estabilidad, propicia un ambiente de esperanza y futuro, y celebra sus actos redentores y liberadores.

El salmo comienza con las características típicas de los himnos de alabanzas: una invitación —p.ej., venid, aclamemos alegremente, cantemos, lleguemos ante su presencia—, y la exposición del motivo para la adoración —p.ej., porque el Señor es grande—. El ambiente del poema es de alegría, que puede ser un indicador del contexto festivo del salmo. La lectura del salmo da la impresión que los adoradores están en medio de algún tipo de procesión, que incluye cánticos y contentamientos.

El fundamento teológico de la invitación es la naturaleza de Dios. El salmista ha reconocido que Dios tiene una serie importante de cualidades que son motivo de alegría y seguridad. Afirma con seguridad que su Dios es firme, creador y poderoso. Y ese sentido de confianza, que se hace alegría en el culto, lo motiva a proseguir la invitación y llamar nuevamente al pueblo a adorar, postrarse y arrodillarse ante el Señor, a quien llama «Hacedor» y «nuestro Dios» (vv.6-7), y de quien se reconoce como «pueblo de su prado y ovejas de su mano» (v.7).

vv.7b-11: La respuesta a la invitación a la alabanza de la primera sección del salmo la produce un profeta del culto, que se levanta para advertir al pueblo sobre las consecuencias adversas e indeseables de la infidelidad. Comienza su mensaje de denuncia con la frase «si oyereis hoy su voz», que es una manera solapada de desafiar la actitud del pueblo a obedecer el mandato divino.

El profeta articula, en medio de las celebraciones, una firme denuncia al pueblo que intenta impedir que se repitan las acciones y los errores de los antepasados, que trajeron al pueblo dolor, agonía, derrota, deportación y exilio. El salmista, que hace funciones de profeta en el poema, recuerda las acciones rebeldes del pueblo en la época de la liberación, particularmente en Masah y Meriba (Ex 17.1-7). El pueblo, aunque había experimentado la intervención salvadora del Señor, se rebeló contra el Señor —«me tentaron vuestros padres... «me probaron» (v.9)— trayendo sobre ellos mismos la muerte y la imposibilidad del ver cumplida la promesa de ver y disfrutar la Tierra Prometida.

¡Las consecuencias de las rebeldías fueron terribles para el pueblo! La respuesta divina a esas actitudes de arrogancia e infidelidad es que no entrarían al reposo divino, que alude al disfrute del cumplimiento de las promesas de Dios. El descanso o reposo es ver logrado el propósito divino en la vida del pueblo. Ese disfrute pleno y grato no se logró, no por la incapacidad o indisposición divina sino por la deslealtad del pueblo, por la rebeldía de los antepasados del pueblo de Israel que prefirieron los caminos de la infidelidad antes de responder con fidelidad, gratitud, firmeza y seguridad a los desafíos y problemas que les presentaba el desierto.

Este poema pone de manifiesto la tensión creadora que existe entre la adoración a Dios y las denuncias proféticas. La adoración debe no solo incluir elementos de gratitud al Señor y exponer con claridad el fundamento de esos agradecimientos, sino que debe incluir elementos educativos que desafíen al pueblo a la fidelidad y el compromiso. Este salmo es un magnífico ejemplo de la importancia de unir el mensaje profético a las celebraciones cúlticas, a los festivales de alabanzas, a los actos de alabanzas y adoración a Dios, pues ese ambiente de recogimiento y espiritualidad es un magnífico entorno para la educación transformadora, que incentiva no solo las devociones sino las demostraciones concretas en la historia de la voluntad redentora del Señor.

Este salmo incluye el tema del descanso como símbolo de la entrada a la Tierra Prometida. El pueblo no «descansó» por la infidelidad y deslealtad, que de forma concreta eran actos concretos de desobediencia al pacto o alianza que había el Señor establecido. La infidelidad fue la cause para que el pueblo no disfrutara el cumplimiento de las promesas divinas.

Sin embargo, en contraposición a la imagen del pueblo infiel el salmo alude a Dios como pastor fiel, que se preocupó por liberar al pueblo de Israel de la esclavitud de Egipto para posteriormente guiarlo por el desierto, para finalmente llevarlo a la Tierra Prometida. Aunque una generación no logró ver el cumplimiento de la palabra divina, la generación próxima no solo vio hecha realidad la promesa del Señor sino que participó en las dinámicas de entrada, conquista y asentamiento en Canaán.

En esa extraordinaria tradición de pastor fiel y amoroso se presentó Jesús de Nazaret a su pueblo (Jn 10). Sus mensajes no solo afirmaban la importancia de la adoración y el cultivo de la piedad personal e individual, sino que también enfatizaba las implicaciones proféticas y comunitarias de su palabra desafiante y firme. Por esa capacidad de integración y contextualización, Jesús presentó el mensaje del reino de Dios con autoridad y valentía, denunció tanto las experiencias religiosas superficiales y cautivantes como a los líderes políticos de su época que con sus decisiones y acciones oprimían al pueblo e intentaban detener el paso firme y decidido de la voluntad de Dios en medio de la historia humana.

Salmo 96: «Cántico de alabanza»

El Salmo 96 es un hermoso himno que exalta y afirma la grandeza del Señor, a quien reconoce como rey y soberano. El gran tema del poema es que Dios gobernará al mundo con justicia, que es una particular fuente de esperanza y seguridad en la antigüedad, pues una de las responsabilidades primordiales del monarca era el establecimiento equitativo de la justicia. En este poema se pone claramente de manifiesto el desarrollo teológico del salmista pues incorpora un claro sentimiento universalista, pues el Señor no solo es monarca de Israel sino que también es Dios de todas las naciones.

Este poema, que tiene las características literarias de la tradición de himnos del Salterio, por su temática real se le considera mejor como un salmo de la realeza del Señor, pues incluye la importante afirmación: «El Señor reina» (v.10). Este salmo, que tiene rasgos parecidos al 98, incluye elementos que también se encuentran en I Crónicas 16.23-33. Del género de los himnos este poema utiliza con frecuencia la importancia de la invitación, que se manifiesta de forma imperativa y recurrente —p.ej., cantad (en tres ocasiones), bendecid, anunciad, proclamad, tributad, dad (dos ocasiones), traed, venid, adorad, temed, decid, alégrense, gócese, y regocíjese—. En efecto, es un poema hímnico que afirma la teología de la soberanía y el reinado de Dios no solo en medio de su pueblo sino en todo el mundo. Algunos de esos verbos se relacionan con las alabanzas, otros, sin embargo, destacan varias características divinas, p.ej., la misión, el anuncio profético y los atributos divinos que generan en la gente que adora seguridad, valor y esperanza.

Este tipo de poema presupone un ambiente festivo, algún evento en donde el pueblo se reuniera para celebrar el poder divino, que ciertamente pudo haber sido los festivales del año nuevo en el otoño palestino. Por las referencias solo a Dios como rey, es posiblemente un salmo postexílico, cuando ya la monarquía había perdido su pertinencia histórica, aunque el tema puede venir desde la época promonárquica. El autor debe haber sido un adorador que se allega ante Dios en reconocimiento de su poder y afirma que ese poder divino no está confinado a las fronteras de Israel sino que trasciende los límites nacionales y tiene repercusiones internacionales. Este salmo no tiene título hebreo. La LXX, sin embargo, incluye un título en griego, que ubica el salmo en su contexto litúrgico en la época postexílica: «Cuando la casa fue edificada luego de la cautividad; cántico de David».

La estructura literaria del salmo se revela al identificar los grandes temas que aborda.

- Invitaciones a cantar y bendecir al Señor: vv.1-6
- Invitaciones a reconocer la gloria y el poder de Dios entre las naciones: vv.7-10

- Invitaciones a la alegría y al gozo por su poder sobre la naturaleza: vv.11-13

vv.1-6: El énfasis del salmo se pone claramente de manifiesto desde el mismo comienzo. El propósito del poeta es invitar al pueblo que está participando de las ceremonias de alabanzas al Dios rey y soberano a que se incorpore al grupo que canta, adora y bendice al Señor. El llamado se dirige de forma figurada a «toda la tierra» (v.1), que es una manera de destacar la importancia del reclamo. El pueblo de Dios en asamblea es quien recibe la invitación a cantar un cántico nuevo, que es posiblemente el descubrimiento de la universalidad del Señor. Lo novedoso es quizá esa afirmación teológica que sobrepasa las expectativas de la época: Dios es Señor del mundo, de las naciones y del universo. La contribución nueva del cántico es la aceptación del reinado universal de Dios.

Esa característica universal está apoyada por una serie importante de afirmaciones teológicas: su gloria está entre las naciones, sus maravillas entre los pueblos y es temible entre las divinidades; además, el salmista afirma que los dioses de los pueblos son solo ídolos y que el Señor es creador de los cielos. Esas particularidades incentivan la alabanza y la gratitud, pues la magnificencia, el poder y la gloria están en su santuario (v.6), que es una manera poética de decir que es el Señor del esplendor, la autoridad y la virtud.

vv.7-10: En la segunda sección del poema continúan las invitaciones. En esta ocasión, sin embargo, se llama a las naciones a unirse a este coro extraordinario de gente que reconoce y celebra la grandeza divina y afirma su poder y autoridad. Inclusive, se invita a las naciones a ofrendar y hasta a reconocer el nombre divino (v.8) como digno de honra. En ese mismo espíritu, se llama a afirmar la santidad de Dios y a manifestarle temor o reconocimiento de autoridad y poder.

El salmista llama a las naciones a incorporarse al pueblo del pacto, a reconocer la soberanía divina, a aceptar el poder de Dios sobre sus divinidades locales, a participar de los actos de adoración nacional que afirmaban las intervenciones históricas de Dios en medio de las vivencias y vicisitudes del pueblo de Israel. En su teología universalista, el salmista afirma que el Señor no es una divinidad local, nacional, regional, limitada ni impotente. De acuerdo con esta visión teológica ampliada y extensa, el Señor es el Dios del poder y de la gloria, de la honra y de las ofrendas, de la santidad y del temor. En esta visión poética, la tierra, que al comienzo del poema se invita a cantar (v.1), ahora debe temblar y temer ante el Señor (v.9).

Toda esta comprensión espiritual amplia y grata de la revelación divina, se fundamenta en la aceptación y reconocimiento del Señor que reina (v.10). Y ese reconocimiento teológico descubre y celebra que la principal característica del gobierno divino es que le da estabilidad al mundo y que genera ambientes de justicia entre las naciones. La implicación fundamental de la soberanía de Dios es estabilidad y justicia, que son elementos indispensables para la convivencia saludable y justa.

vv.11-13: La tercera sección del salmo continúa con las invitaciones y añade otros elementos de felicidad, dicha y alegría. En esta ocasión, sin embargo, el gozo no se limita a Israel ni está contenido en las naciones sino que supera los linderos físicos y naturales para llegar a los cielos, la tierra, al mar, los campos, y los árboles del bosque. La invitación del salmista en esta ocasión llega a los diversos sectores de la naturaleza, que recibirá los resultados positivos de la implantación de la justicia divina.

Cuando el Señor reina, las naciones son tratadas con equidad, los pueblos son juzgados con verdad, y el mundo recibirá la justicia. En efecto, los resultados concretos del Señorío de Dios sobre las naciones, la historia y la naturaleza son la armonía, la seguridad, la verdad y la justicia, que constituyen elementos indispensables para la convivencia sana y grata.

El contexto social de este salmo, que presupone reuniones del pueblo, también revela alguna crisis internacional. El llamado a las naciones a reconocer el nombre de Dios, es una forma figurada de responder a alguna dificultad que no está contenida en las fronteras de Israel. La palabra del salmista no solo está ligada a la vida diaria del pueblo sino que toca sus dificultades mayores, tanto nacionales como internacionales. Y esa comprensión del salmo revela que la voluntad de Dios es que las naciones del mundo también disfruten de la paz y la justicia que el Señor ha prometido a su pueblo. En este sentido el salmista tiene un mensaje que supera los límites del tiempo. Dios no solo está interesado en la paz local sino en la internacional, y esa paz que transciende los niveles nacionales no es producto de la violencia sino el resultado de la afirmación de la justicia.

Jesús de Nazaret siguió esa tradición profética del salmo, al enfrentar con valentía a los poderes de su época. Los evangelios muestran cómo el Señor vivió orientado a la justicia, no como disciplina filosófica y especulativa, sino como vivencia grata, como estilo de vida digno. El mensaje de Jesús, como el del salmo, no tiene fronteras nacionales, pues tiene repercusiones internacionales. La justicia divina, en el mensaje del Maestro, genera la paz verdadera que «el mundo no conoce».

Salmo 97: «El dominio y el poder de Jehová»

El Salmo 97 prosigue el tema del reinado de Dios y particularmente desarrolla el pensamiento teológico final del poema anterior (Sal 96). El Señor reina y en la administración justa, verdadera y equitativa de su gobierno, la tierra se regocija y las costas se alegran (v.1). En efecto, este salmo desarrolla aún más la teología de la soberanía de Dios, que genera, tanto en la tierra como en Sión, respuestas de alegría y felicidad. Además, este salmo abunda aún más en el tema de la inutilidad de los ídolos (v.7), que ya se había presentado anteriormente (Sal 96.5).

El poema es un himno más que afirma y celebra la realiza del Señor. Como en casos anteriores, el salmo presupone las celebraciones anuales de año nuevo, que eran el contexto adecuado para celebrar la soberanía divina. El tema del reinado de Dios apunta hacia una época postexílica, aunque ya hemos indicado que estos temas son antiguos y pueden venir del período promonárquico. El autor es un adorador que reconoce el poder y la autoridad de Dios no solo en ámbitos nacionales e internacionales sino en el mundo de las religiones y el de la teología. El poema puede ser la respuesta del salmista a algún tipo de conflicto que tenía repercusiones religiosas (v.9). Este salmo aunque no tiene título hebreo, la LXX añade la referencia: «A David, cuando su mano es establecida».

La estructura literaria del salmo se desprende de la identificación de sus temas básicos y prioritarios.

• Manifestación de Dios como rey universal: vv.1-6
• Los pueblos contemplan la gloria de Dios: vv.8-12

vv.1-6: El salmo comienza con una especie de teofanía, con la descripción de la revelación extraordinaria de Dios. Como respuesta al reinado de Dios, la tierra se regocija y las muchas costas se alegran. Es como si el mundo comprendiera que Dios es el que le brinda estabilidad y futuro con su administración justa. El poema presenta al Señor rodeado de esplendor: las nubes y la oscuridad le rodean, y el fundamento de su trono es la justicia y el juicio. Es una manifestación extraordinaria de la gloria divina que incluye el fuego de su ira que destruye a los enemigos, y una serie de relámpagos que iluminan al mundo. Ante tal manifestación de poder, la tierra se estremeció y los montes se derritieron. En efecto, la presencia divina conmueve hasta los cimientos del mundo y hace que los pueblos puedan ver y disfrutar la gloria del Señor.

Las imágenes del salmo son magníficas, reveladoras. Las tinieblas, las nubes, el fuego y los relámpagos se pueden relacionar con las tormentas. El movimiento de la tierra alude a algún terremoto o temblor. Y la referencia a que los montes se derriten puede asociarse a los volcanes. En efecto, el salmista utiliza el símbolo de los cataclismos naturales para poner de manifiesto el poder de la gloria de Dios. ¡Toda la creación reacciona a su particular modo ante la revelación divina! La tierra se regocija, las costas se alegran, el fuego devorará a los enemigos, y los relámpagos iluminarán el camino. Toda esta teofanía, que se puede relacionarse con la revelación divina a Moisés en el Monte Sinaí, declara el poder de Dios que se manifiesta en el mundo con justicia, esplendor y gloria.

vv.7-12: En esta sección el poeta continúa el tema de la gloria divina. Y para unir las dos partes del salmo, se incluye una advertencia a la gente que sirve a los ídolos. Solo un Dios creador merece la alabanza del pueblo. Únicamente el Señor que es rey merece la adoración de las naciones. Se contrapone de esta forma la actitud de la gente que adora los ídolos, que deben avergonzarse, y el pueblo que se alegra con el Dios verdadero. De un lado está la impotencia de las divinidades locales, y del otro el poder excelso del Dios que estableció su trono en Sión (v.8).

El mensaje final del salmo tiene algunas repercusiones sapienciales y varios valores éticos de gran importancia moral y educativa. La gente que ama al Señor que es rey y afirma la justicia debe apartarse del mal.

La gloria divina que se pone de manifiesto en el salmo viene para ayudar a los hombres y las mujeres que adoran a descubrir y afirmar las implicaciones concretas de la presencia del Señor. Las personas que reciben la gloria del Señor reciben la protección divina (v.10) y viven con alegría (v.11). De esta manera el salmista identifica algunas virtudes asociadas al compromiso con los valores que se relacionan con la gloria del Señor. Para finalizar el poema, el salmista traduce las virtudes teológicas de la revelación de Dios a las experiencias cotidianas del pueblo. En efecto, la justicia de Dios tiene implicaciones reales e inmediatas en el comportamiento humano.

Una vez más el Salterio toca el tema de la soberanía y el reinado de Dios. Éste ciertamente no es un tema secundario en la teología bíblica. En efecto, la justicia es una de las características básicas del Dios bíblico. El Dios que es rey cumple sus funciones soberanas con justicia. Y este tema, que también caracterizó el ministerio de Jesús y los apóstoles, tiene gran espacio para su actualización en las sociedades actuales, tan llenas de leyes y tan faltas de justicia. Por esa razón, el Señor anunciaba el reino de Dios y su justicia, pues la implantación del reino de Dios es una manera de establecer la justicia en medio de la humanidad.

SALMO 98: «ALABANZA POR LA JUSTICIA DE DIOS»

El Salmo 98 prosigue el tema de la soberanía de Dios y reafirma al Señor como rey. El poema manifiesta varias similitudes con el Salmo 96, que revela las relaciones literarias y temáticas de esta sección del Salterio. Una de las diferencias básicas, sin embargo, es que consiste casi en su totalidad en expresiones de alabanzas e invitaciones a la adoración. Ya los ídolos y los enemigos han cedido ante las intervenciones redentoras de Dios, y el poeta invita al pueblo, a las naciones y a la naturaleza a expresar sus alabanzas y gratitud con gozo. Los temas que el salmo expone son particularmente característicos de la segunda sección del libro de Isaías (Is 40—55).

Como en el resto de esta sección, este salmo es un himno al Dios rey, una alabanza al Señor que ejerce su función de monarca con soberanía y justicia. Su autor debe haber sido un israelita que responde con gratitud a la liberación de Babilonia descritas como «las maravillas de Dios» (v.1), e invita a la alabanza de forma progresiva. El poema revela una vez más la teología universalista de la época postexílica, al incorporar a las naciones y la creación en las invitaciones a los cánticos. Posiblemente el contexto inicial del salmo se descubre en los festivales anuales del pueblo —¡quizá la fiesta de los tabernáculos!—, en los cuales se aludía con gratitud y alabanzas a la soberanía del Dios que es rey. El título hebreo es «Salmo», y la LXX le añade «a David», para ubicarlo en la antigua tradición del famoso monarca del pueblo (véase la Introducción).

La estructura literaria del poema se desprende del análisis temático y de la repetición de algunas expresiones de importancia teológica.

- Invitación a la alabanza a los fieles: vv.1-3
- Invitación a la alabanza a toda la tierra: vv.4-6
- Invitación a la alabanza a la creación: vv.7-9

vv.1-3: El tema fundamental y prioritario del salmo es una clara invitación a la alabanza que se fundamenta en las intervenciones salvadoras del Señor (véase Sal 96.3,13), que el poema describe como «maravillas» (v.1), y que también se relaciona con el establecimiento e inauguración del reinado justo de Dios (v.9). En este poema, sin embargo, le añade a la invitación el reclamo de «un nuevo cántico», que es un elemento novel, especial y adicional a la alabanza y a la gratitud: La diestra salvadora y el santo brazo redentor de Dios, que son metáforas tradicionales de poder, autoridad y victoria (Sal 20.7; 21.9; 44.4; 118.15-16; Ex 15.6; Is 59.6; 63.5).

El poema no identifica con precisión la referencia histórica de esas maravillas o actos redentores. Puede que el poeta tuviera en mente las antiguas manifestaciones del Señor a favor de Israel que se relacionan con la liberación de Egipto, o es muy probable que el contexto real sea el regreso de los deportados a Jerusalén, luego del exilio en Babilonia. Algunos estudiosos inclusive han visto en la referencia a las «maravillas de Dios» alusiones a la salvación escatológica.

La salvación que produce el brazo y la mano de Dios se relaciona principalmente con los grandes temas bíblicos, que caracterizan su más íntima y grata naturaleza: justicia, misericordia y verdad. Esos tres va-

lores hacen que las naciones y todos los términos de la tierra reconozcan con sabiduría y humildad lo que ha hecho el Señor con su pueblo,
Israel.

vv.4-6: El tema de la alabanza se mueve del pueblo a las naciones,
va de lo local a lo mundial. Toda la tierra debe cantar alegre, levantar la
voz de regocijo, aplaudir y entonar salmos. La alabanza de toda la tierra incorpora una serie de instrumentos musicales que complementan
las expresiones de gratitud y reconocimiento: ¡Arpas, trompetas y bo-
cinas! La idea es poner claramente de manifiesto la alegría, el contentamiento, la algarabía, el regocijo que se relaciona con las manifestaciones divinas.

En efecto, ante el Dios rey no solo Israel sino las naciones todas se
allegan con alegría. El testimonio de la salvación que le brinda a Israel
el Señor se presenta como motivo para la alabanza de las naciones
(v.2).

vv.7-9: La sección final del poema se mueve del nivel nacional e
internacional al mundo general de la naturaleza. Se unen a las voces
que alaban al Señor los siguientes personajes figurados: El mar que
brama y su plenitud, el mundo y sus habitantes, los ríos que aplauden
y los montes que se alegran. En efecto, es una manifestación total de
contentamiento que se presenta ante el Dios que llega al mundo para
establecer la justicia, para juzgar con equidad y rectitud. La alegría se
fundamenta en las intervenciones justas de Dios, que son también expresiones maravillosas de su naturaleza. El poema demuestra que esas
manifestaciones justas del Señor se basan en el amor y la fidelidad que
le muestra a su pueblo.

Este salmo presenta una cierta tensión entre el Dios nacional y el
que no está cautivo en las fronteras nacionales. El universalismo religioso toma dimensión nueva pues se manifiesta en el poema un movimiento importante de Israel a las naciones. La revelación a Israel se
utiliza como elemento motivador a las naciones y los pueblos del mundo. El poema pone de relieve un deseo de llegar a la humanidad con las
maravillas divinas para que la justicia también llegue a las naciones. El
salmo revela de forma sutil en su espíritu universal el deseo divino de
llegar a todas las naciones con el mensaje de salvación, descrito como
maravilla, que es una manera bíblica de afirmar la implantación de la
justicia.

Esa dimensión internacional de la voluntad de Dios se hizo realidad con el ministerio de Jesús y con el nacimiento y desarrollo de la iglesia cristiana. Desde muy temprano en la redacción del Nuevo Testamento se comprendió y destacó esa dimensión mundial e internacional del evangelio de Cristo, pues el mensaje apostólico no se confinó a Jerusalén ni a los pueblos de Judá, sino que llegó ¡a los confines de la tierra! De la misma forma que las intervenciones maravillosas de Dios con Israel son testimonio a las naciones, la humanidad completa debe ver las buenas obras de los creyentes en Cristo para que puedan reconocer, apreciar y dar gloria a Dios (Mt 5.16).

Salmo 99: «Fidelidad de Jehová para con Israel»

Con el Salmo 99 finaliza esta breve sección de poemas dedicados a la realeza de Dios. Son himnos que celebran la soberanía divina y que ponen claramente de manifiesto la importancia de la justicia y la verdad en la administración del rey eterno. Este salmo, aunque destaca el tema de la misericordia divina, continúa y desarrolla los temas básicos de los poemas anteriores (Sal 96—98): el reinado del Señor, su poder centrado en Sión, su compromiso con la justicia, y la revelación histórica de su naturaleza y sus maravillas. Además, este salmo añade un nuevo elemento literario y temático de gran importancia teológica y práctica: Dios es santo.

Como en los poemas anteriores, este salmo es un himno al Dios rey que debe ser producto del período postexílico. Igualmente su contexto básico deben haber sido las fiestas anuales del pueblo, particularmente las del nuevo año, que celebraban la soberanía del Señor y su poder extraordinario. El autor debe haber sido, como en los casos anteriores, algún israelita que entiende que la monarquía pasó a ser parte de la historia antigua del pueblo al reconocer las realidades políticas y sociales de Judá luego del exilio. Y aunque el salmo no tiene título hebreo, la LXX incorpora la expresión «salmo de David», para ubicar el poema en esa importante tradición del Salterio (véase la Introducción).

La estructura literaria del salmo puede entenderse de forma doble. La primera estructura divide el poema en tres secciones primarias, identificables claramente por la expresión «El es santo» (vv.3,5,9). Una segunda estructura literaria analiza el salmo en dos partes principales, pues identifica otro posible estribillo en la oración «Exaltad a Jehová, nuestro Dios» (vv.5,9).

- El Señor es rey en Sión sobre los pueblos: vv.1-4
- Exaltación del Señor: Estribillo: v.5
- El Señor responde al clamor: vv.6-8
- Exaltación del Señor: Estribillo: v.9

vv.1-4: El salmo comienza con la expresión teológica que caracteriza esta sección, que es una proclamación solemne de la majestad divina: El Señor es rey, y ante su soberanía extraordinaria los pueblos tiemblan. El tema del reinado divino se expande para indicar que su trono se establece sobre los querubines, que es una posible alusión al Arca del pacto, y está ubicado en Sión, que es una referencia poética a la ciudad de Jerusalén. Ante esa presencia majestuosa de Dios, que se describe como grande y temible, la tierra se conmueve y los pueblos se exaltan. El Dios monarca y soberano, que establece pactos con su pueblo y selecciona a Sión para morar, manifiesta su extraordinario poder y las naciones todas lo reconocen con admiración.

En efecto, el poder divino se manifiesta de manera internacional para poner de manifiesto su justicia, rectitud y santidad, tres elementos indispensables para comprender la naturaleza divina y el poder relacionado con su nombre, que en la antigüedad era una referencia a su esencia más íntima y característica. Es importante señalar que el tema de la santidad se repite en tres ocasiones (vv.3,5,9), y se debe asociar tanto con la realeza del Señor como con su justicia. El poema identifica al pueblo como Jacob (v.4), que evoca las gestas antiguas de liberación, que alude a las intervenciones salvadoras de Dios a través de la historia nacional, particularmente en sus comienzos.

vv.5,9: Estos versículos, que son muy parecidos, funcionan como estribillo temático del salmo para destacar la importancia de las alabanzas, la exaltación y la humillación ante el Dios santo. La frase poética «el estrado de sus pies» (v.5) se convierte y actualiza en el «santo monte» (v.9), que alude a Sión, para darle al salmo dimensión histórica y concreta.

vv.6-8: La segunda sección del poema desarrolla y profundiza los temas que se han expuesto en la primera parte del salmo. La naturaleza real, justa y santa del Señor se hace historia, y la soberanía divina se concretiza con la referencia a varios personajes de gran importancia teológica en la historia nacional. El salmo presenta a Moisés y Aarón, identificados como sacerdotes (v.6), y a Samuel como ejemplos de personas que interceden ante Dios con éxito, pues son buenos testimonios de fidelidad. Dios respondía a sus plegarias por su naturaleza perdonadora y por retribución a sus vidas de lealtad.

De acuerdo con el salmo, la misión del Dios monarca, que ahora se identifica con un sentido de intimidad y pertenencia como «nuestro» (v.8), es responder al clamor del pueblo (vv.6,8), hablar con la gente que intercede (v.7), y castigar o perdonar las acciones de la comunidad, según sea el caso (v.8). Ese diálogo íntimo entre el Señor y la gente intercesora pone de manifiesto una interesante dinámica de acción y reacción que transmite gran validez y pertinencia teológica al poema: Ante la acción justa y santa del Dios rey, los pueblos reaccionan y tiemblan; y cuando se sienta a gobernar sobre los querubines, la tierra reacciona con estremecimientos.

Como en los salmos anteriores, los temas del señorío, soberanía y realeza de Dios se entrelazan para describir no solo la naturaleza santa de Dios sino para poner en evidencia sus acciones redentoras en la historia. El Dios que reina con poder y autoridad, ama la rectitud, afirma el derecho, administra la justicia, y apoya el juicio. De acuerdo con el salmo, la realeza divina está inseparablemente unida a la justicia y la santidad, que son sus características morales más importantes. A través de algunas personas, que se identifican por su espíritu de oración e intercesión, el Señor soberano establece diálogos con la humanidad que contribuyen de manera destacada y positiva al reconocimiento de su poder salvador. Y en ese esfuerzo heroico por establecer la justicia en el mundo, el Señor requiere aliados, tanto individuales como nacionales.

En este sentido, Jesús vivió a la altura ética que demanda este poema. Unió los temas de la salvación al de la justicia y la santidad, pues en su estilo de vida y enseñanzas afirmaba la importancia de la fidelidad a Dios y la necesidad del compañerismo y la solidaridad humana. No se amilanó el Señor ante los reclamos malsanos y egoístas de las

534   •   De Lo Profundo, Señor, a Ti Clamo

autoridades religiosas y políticas de su época, sino que les confrontó con autoridad, les desafió con firmeza y le llamó con valor para destacar y articular las implicaciones liberadoras de las experiencias religiosas saludables, redentoras y gratas.

Jesús de Nazaret vivió hasta las últimas consecuencias las implicaciones de ese estilo de vida justo, santo y real, que se revela en el salmo. No detuvo su caminar profético y desorientó su palabra transformadora las amenazas de las autoridades, ni el rechazo de los sectores religiosos, ni el temor o la negación de sus amigos, ni la traición cobarde de algún colaborador, ni la cruz, ni la muerte.

SALMO 100: «EXHORTACIÓN A LA GRATITUD»

El Salmo 100 es una especie de continuación del grupo anterior de poemas (p.ej., a la sección Sal 96—99 ó 95—99 ó 90—99) que pone en clara evidencia la confianza en el Señor como soberano absoluto de la tierra. El poema es una gran exhortación a la alabanza, es un buen llamado a la gratitud, es un reclamo decidido de fidelidad a Dios. ¡Abundan los imperativos y las invitaciones! El poema culmina elocuentemente la sección de la realeza divina, y destaca tres de las características fundamentales e indispensables del Dios que es rey: La bondad, la misericordia y la verdad divinas, que se manifiestan con virtud singular y pertinencia a través de las generaciones.

Este salmo es un himno de alabanzas que invita a toda la tierra, y particularmente al pueblo de Dios, a alabar y bendecir al único Dios. Comunica su mensaje a través de una serie de imperativos que subrayan la urgencia y necesidad de las alabanzas y el reconocimiento del Señor. Posiblemente su entorno o contexto inicial es la entrada del Templo de Jerusalén, en el momento de comenzar alguna procesión o desfile de entrada al santuario. El pueblo se allegaba a las puertas del Templo para participar de la ceremonia, que incluía el recitar o el cantar este salmo, o de un salmo más extenso del cual se canonizó solo la sección que se incluye en el Salmo 100. Era, en efecto, un culto de acción de gracias que incluía sacrificios (Lev 7.12-15). El autor debe se un israelita que participaba de este tipo de ceremonias de gratitud a Dios. Es posible también que este salmo fuera utilizado en ceremonias privadas para expresarle a Dios los sentimientos más hondos de alguna persona agradecida.

La identificación de la fecha de composición es una tarea muy compleja. La realidad es que el poema es corto y de su lenguaje no se pueden deducir fechas precisas de composición. El momento de la celebración presupone la existencia del Templo, aunque no se puede determinar con exactitud si alude a la estructura religiosa que existía antes del 587 a.C., o al Segundo tempo, que se reedificó luego del 515 a.C. Es probable que el poema sea preexílico, aunque su ubicación actual en el Salterio responde a las prioridades teológicas de las personas que editaron los Salmos luego del período del destierro en Babilonia. El título hebreo de este poema revela su característica literaria básica, pues lo identifica como «Salmo de alabanza» (véase la Introducción).

Por su brevedad, la estructura literaria se puede relacionar con la identificación de los temas de importancia, que transmiten un sentido de prontitud, urgencia e intensidad.

• Llamado a la alabanza divina: vv.1-3
• Llamado al reconocimiento de Dios: vv.4-5

vv.1-3: La primera sección del salmo transmite cuatro invitaciones directas a «los habitantes de toda la tierra». Les llama a cantar con alegría, a servir con gozo, a venir con regocijo, y a reconocer con humildad que solo el Señor es Dios. Ese Dios que inspira al salmista es creador, y su pueblo es como el rebaño que está guiado y conducido por el Señor, que también es el pastor que cuida a sus ovejas, imagen que pone claramente de manifiesto las ideas de seguridad, albergue y protección. El llamado se transmite en forma de órdenes, de manera directa, firme y clara. El ambiente del salmo es de fiesta y celebración.

vv.4-5: La segunda parte de este breve pero muy popular salmo añade nuevos niveles de urgencia y revela nuevas invitaciones. Se llama al pueblo a entrar a los atrios del Templo con gratitud, con alabanzas, con bendiciones, tres imperativos que complementan el mensaje que ya se ponía de manifiesto en la primera sección del salmo. El énfasis teológico en el tema de la gratitud identifica el contexto litúrgico del salmo en un acto de acción de gracias en el Templo. La referencia y la imagen de la entrada al Templo puede ser una alusión poética al peregrinar de los pastores con sus rebaños por los desiertos palestinos.

El salmo finaliza con vigor y autoridad. La invitación urgente se fundamenta en la naturaleza de Dios, que según el poema se relaciona con la bondad, la misericordia y la verdad. En efecto, el Señor es bueno y misericordioso, y su verdad se manifiesta a través de los siglos. Esas declaraciones no solo ponen punto final a este poema sino a la sección anterior. Las características divinas que permiten distinguir al Dios de Israel de las divinidades locales y de las deidades paganas se relacionan fundamentalmente con las dimensiones éticas y morales de su naturaleza. El salmista llama a la gratitud y al reconocimiento del Dios que soberano que manifiesta su soberanía y poder mediante la afirmación concreta de la justicia.

De acuerdo con el Evangelio de Juan, Jesús encarnó los valores divinos que se revelan en este tan famoso salmo. El Señor es la manifestación concreta y real del amor y la misericordia de Dios (Jn 1.17), que apoya y afirma a los sectores sociales que necesitan la intervención liberadora y la justicia divina. En su mensaje, el Señor enseñó la importancia de tener un solo Dios, y afirmó en su oración modelo que una de las características divinas más importantes era su sentido de paternidad (Mt 6.7-13), que revelaba su deseo de cercanía e intimidad con la humanidad. Además, la bondad divina la puso por obra a través de sus acciones milagrosas, que tenían el propósito específico de revelar la misericordia divina y de anticipar la llegada del reino donde imperará la justicia y la equidad.

SALMO 101: «PROMESA DE VIVIR RECTAMENTE»

El Salmo 101 es una especie de compromiso programático y moral de un rey que decide vivir en integridad, que significa en el poema actuar de acuerdo con los principios divinos que se desprenden de la misericordia y la justicia. El salmo es como una declaración de propósitos que describe sus planes de vida y de conducta. El poema presupone que es la oración o el discurso de algún rey en medio de una ceremonia solemne, en la cual se compromete ante Dios y el pueblo, y se reafirma en los valores morales que deben fundamentar y guiar su programa de gobierno y su administración pública.

Aunque no se identifica de forma explícita la figura del monarca, este es evidentemente un salmo real que comienza con una particular afirmación hímnica. Posiblemente su contexto básico es alguna ceremonia particular en la fiesta nacional de entronización del rey o en la celebración anual de su reinado. En ese acto solemne, el rey se presentaba ante Dios y el pueblo para poner de manifiesto el fundamento moral y programático de su programa gubernamental. El salmo es de la época monárquica, quizá de un período temprano pues presenta el ideal de la monarquía, que no necesariamente se llevó a efecto en la práctica de los gobernantes. El autor del salmo es el mismo rey o alguien que escribió el texto para que el monarca lo presentara en la ceremonia. El título hebreo indica que el poema es un salmo y lo asocia directamente con el rey David (véase la Introducción).

Aunque es complicada, la estructura que puede servir de apoyo a nuestro análisis se desprende de la identificación de algunos de los valores éticos que el salmo articula y afirma.

- Invocación hímnica: v.1
- Normas para la administración íntegra y justa: vv.2-7
- Compromiso para eliminar la impiedad y la iniquidad: v.8

v.1: La primera expresión del salmo es un deseo claro y directo de alabar al Señor. El salmista canta al Señor para poner de manifiesto los valores divinos que inspiran no solo su alabanza inmediata sino sus planes de gobierno: ¡La misericordia y el juicio divino! En efecto, las fuerzas que incentivan los cánticos del salmista y monarca son los valores divinos que hacen que las sociedades puedan vivir en armonía y paz. De acuerdo con el salmista, se necesitan esos fundamentos éticos, apropiados y válidos para administrar la justicia en el pueblo de Dios con equidad. El resto del salmo desarrolla las ideas básicas que aquí se exponen.

vv.2-3a: Luego de la introducción, donde se menciona únicamente a Dios de forma explícita en el salmo (v.1), se muestra lo que el rey y también las autoridades políticas del pueblo hacen o deben hacer, para traducir los valores teológicos de la misericordia y la justicia de forma concreta y real en la sociedad.

La primera característica para vivir a la altura de los reclamos divinos es integridad, que no es otra cosa que la correspondencia directa entre los valores éticos y el comportamiento y las decisiones diarias. Tanto el rey como el pueblo deben vivir con integridad para poder entender «el camino de la perfección» (v.2), que es una expresión figurada hebrea que apunta hacia la honestidad, la decencia, la justicia y el amor. Ese estilo de vida íntegro le permite al monarca rechazar con firmeza las injusticias y, además, le ayuda a aborrecer a quienes se desvían de los principios morales de bondad que deben caracterizar su administración.

vv.3b-7: En efecto, es la integridad el valor que capacita al rey y le permite rechazar al corazón perverso y desconocer a la gente malvada. Además, es esa misma integridad el principio ético que le mueve a destruir a las personas que infaman y difaman al prójimo, el poder que le permite el rechazo a las personas altaneras y vanidosas y el compromiso para impedir el fraude y contrarrestar a las personas mentirosas. De esta forma el salmista identifica las actitudes y los comportamientos que promueven el desasosiego y la disensión.

v.6: En esta sección del salmo se identifica con seguridad el tipo de persona que necesita el rey para servir con efectividad y llevar a efecto su programa de integridad y justicia. Tanto Dios como el rey ponen sus ojos en la gente fiel, en las personas leales, en los hombres y mujeres que caminan los senderos de la integridad, aludidos en el salmo como «perfección».

v.8: El poema finaliza con el programa que traerá la justicia a la ciudad: destruir a la gente impía y exterminar a las personas inicuas.

Este salmo casi no habla de Dios, ¡solo lo menciona una vez! (v.1), sin embargo, pone claramente en evidencia los valores que se desprenden de una teología saludable. De particular importancia es el tema de la integridad que el poema asocia al comportamiento del rey. En efecto, para el salmista, la característica ética indispensable para llevar a cabo una administración pública saludable y justa, es la integridad. Ese valor describe a las personas que actúan de acuerdo a los principios y valores morales de justicia, equidad, misericordia y amor. Esa correspondencia cercana entre los que se dice y lo que se hace pone de relieve la integridad.

Ese principio ético, que es absolutamente necesario en la administración política de todos los tiempos, está muchas veces ausente en los gobiernos contemporáneos. En la actualidad, no es la integridad el valor ético primordial que gobierna los procesos internos de las naciones sino la conveniencia, que es un valor moral relativamente pobre pues no es estable y firme para sostener principios tan importantes como el de la justicia.

Un modelo adecuado de integridad personal nos lo brinda el estilo de vida de Jesús, que fundamentó su mensaje en la voluntad de Dios y lo anunció a los sectores más necesitados y marginados de la sociedad. La palabra liberadora del Señor no se amilanaba ante las amenazas de los poderes políticos y religiosos de la época, pues entendía que el valor de la integridad era más importante que la adulación irresponsable de las masas. Enfrentó el Señor la cruz y la crucifixión con valor y seguridad, porque entendía que la gente que vive en integridad, es decir, a la altura de los valores éticos que se desprenden de la voluntad de Dios, no se detiene ante la adversidad, ante la posibilidad de derrota, ni ante la muerte.

En efecto, el modelo de rey ideal que se revela en el salmo, para la iglesia cristiana y los creyentes, llegó a su máxima expresión en la vida y obra de Jesús de Nazaret, que es el Mesías. El Señor tradujo los valores principales del salmo, la justicia, la rectitud y la integridad, a las vivencias diarias del pueblo. Para el famoso predicador palestino, esos principios no son expresiones filosóficas que pueden halagar la musicalidad de algún oído sino los principios guías para la convivencia saludable y sana en las comunidades.

Salmo 102: «Oración de un afligido»

El Salmo 102 presenta un clamor intenso que tiene dos orígenes básicos: En primer lugar, el poema alude a su situación personal, a su sufrimiento individual, a su particular congoja; también el salmo presenta la crisis de Sión o la ciudad de Jerusalén que aumenta el dolor en el adorador penitente. Fundamentado en el gran drama de crisis que se revela en el poema el salmista se allega ante Dios con humildad para implorar su misericordia y para pedir su favor.

El género literario de este salmo es el de las súplicas individuales que responde a una grave crisis personal y nacional. En medio de sus dolores, preocupaciones y aflicciones, el salmista reconoce en Dios la fuente de su esperanza y presenta esta oración para solicitar la intervención restauradora y liberadora del Señor. Solo supera su dolor su sentido de esperanza que se muestra con claridad en el salmo. La unidad del salmo proviene de la continuidad de su dolor, tanto personal como nacional.

El contexto inicial y básico del salmo lo revelan las dos crisis y adversidades que afectan al poeta. En primer lugar, el salmista está enfermo, pues tiene fiebre (v.3), ha perdido el apetito y el sueño (v.7), está débil (v.23), y piensa que la muerte está cerca (v.24). Y a esa tensión personal, se une la crisis nacional que pone de relieve la destrucción de la ciudad (v.14), y alude, inclusive, a cautiverios y presos (v.20). Quizá la crisis personal de salud está relacionada con la destrucción de Sión; es posible que las calamidades individuales que provocan ira y rechazo en la comunidad sean producto de la derrota nacional. Esta oración la hacían las personas enfermas que se allegaban al templo a presentar sus casos ante el Señor y los sacerdotes, aunque también podía ser leída en medio de alguna calamidad nacional que tuviera repercusiones personales. Y aunque en muy difícil precisar con exactitud la fecha de composición del salmo, la naturaleza del clamor por la destrucción de la ciudad y el amor que le tiene el salmista a sus piedras (v.14), puede ser un indicio de que se trate de la crisis que generó la derrota de Judá frente a los implacables ejércitos babilónicos y su posterior deportación (587/6 a.C.). El título hebreo del salmo transmite con claridad las preocupaciones más serias de salud, los sufrimientos y las angustias personales, y también la humildad y el lamento del poeta: «Oración del que sufre, cuando está angustiado, y delante de Jehová derrama su lamento» (véase la Introducción).

La estructura literaria de este salmo se desprende de la identificación de los dos temas básicos de forma alternada: la salud física y la crisis nacional.

- Oración de una persona enferma: vv.1-11
- Destrucción de la ciudad: vv.12-23
- Fragilidad de la persona enferma y débil: vv.24-27
- Restauración de la ciudad: v.28

vv.1-11: El salmo comienza con un sentido profundo de urgencia que se manifiesta en la súplica, el clamor, la angustia y la invocación del poeta. En efecto, la primera impresión e introducción de la oración transmite un sentido hondo de crisis que prepara adecuadamente el camino para la descripción de las adversidades y los dolores del salmista. Esa grave calamidad personal requiere la respuesta divina; ese dolor físico necesita la intervención del Señor.

La situación del salmista es crítica: lo hiere la enfermedad, lo afecta la soledad, le angustia el acoso de la comunidad y mortifican las injurias de sus enemigos. Es un ambiente físico y psicológico de dolor y preocupación, es una dinámica de insanidad física y emocional. La realidad del poeta es de desolación y desesperanza, pues su comunicación da la impresión que va el proceso de debilitamiento: sus días se consumen, sus huesos se queman, el corazón se seca; y, además, se siente solo y sus días son como sombras. Las imágenes que utiliza el poeta ponen de relieve con nitidez la gravedad de su situación y manifiestan su estado anímico: Los pelícanos del desierto, el búho de las soledades y el pájaro solitario son imágenes de soledad y desolación, que destacan las ideas de caducidad y fragilidad humana.

vv.12-22: La segunda parte del poema prosigue con la descripción del dolor y reafirma sus preocupaciones, aunque desarrolla el tema desde otra perspectiva. Fundamentado en la eternidad y la fama del Señor (v.12), el salmista presenta la destrucción de la ciudad de Sión, que debería ser protegida y liberada por ser la morada de Dios. La reacción del salmista, que presentaba su dolor personal, aumenta a niveles magnos y solo tiene fuerzas para implorar la misericordia divina, es hora de manifestar piedad, es momento para demostrar amor (v.13). Esa ciudad representa la presencia misma de Dios y el pueblo ama hasta sus piedras y el polvo de sus calles (v.14).

El salmista, aunque no entiende a cabalidad lo que ha sucedido, espera la intervención restauradora del Señor y confía en la adecuada y pertinente respuesta divina. Su esperanza se fundamenta principalmente en los recuerdos de las intervenciones salvadoras del Señor a través de la historia: ¡Las naciones y los reyes reconocerán el nombre y la gloria de Dios! El nombre alude a la naturaleza santa y justa, y la gloria a su poder transformador. Su esperanza está en el Dios que tiene el poder de reconstruir la ciudad y hacer que los pueblos de la tierra le sirvan al Señor.

vv.23-27: Esta sección del salmo se puede relacionar con la primera parte (vv.1-11). El salmista se siente débil, sin fuerzas y moribundo, y compara su condición frágil con el poder y la eternidad divina. Mientras los días del salmista se acortan, Dios fundó la tierra desde el principio (v.25); además, los enemigos envejecerán pero el Señor permanecerá para siempre, pues es el mismo y sus años no acabarán (v.27). En efecto, la fragilidad humana se contrapone a la grandeza divina, y esa convicción es fuente de esperanza y seguridad para el poeta.

v.28: Culmina el poema con una muy seria afirmación de fe. La conclusión de la oración es que las generaciones futuras vivirán seguras delante de la presencia del Señor. El presente del salmista es de enfermedad y dolor, la realidad de la ciudad es de destrucción y angustia, pero el Dios eterno intervendrá de forma transformadora para cambiar las calamidades personales y crisis nacionales en un futuro de esperanza y seguridad. La última palabra del salmo no es de enfermedad y muerte sino de seguridad y estabilidad.

Este salmo que está saturado de lirismo y gran belleza literaria pone de relieve dos temas fundamentales en la teología: la fragilidad humana y la eternidad de Dios. Con gran maestría poética, el salmista presenta estos temas desde la perspectiva de la salud física y del bienestar político y social de la ciudad. El ser humano y sus vivencias son temporales; Dios, sin embargo, es permanente, sólido, eterno, estable, seguro y firme. El Dios de las Escrituras está tan interesado en el individuo como en la comunidad.

En la Epístola a los hebreos (Heb 1.10-12) se alude a este salmo (102.25-27) cuando se afirma la superioridad de Cristo sobre los ángeles, pues el Señor es el eterno Hijo de Dios. Esa importante afirmación teológica destaca una vez más el tema de la eternidad de Dios, que, para las iglesias cristianas, en la resurrección de Cristo se pone disponible para los creyentes. El Dios eterno y estable se manifiesta en medio de las vivencias humanas para, como indica el salmo, restaurar la ciudad de Sión, que puede ser símbolo de las iglesias y los creyentes que deben ser restaurados continuamente.

Salmo 103: «Alabanza por las bendiciones de Dios»

El Salmo 103 es un hermoso y popular himno de alabanzas que manifiesta ante el Señor el profundo agradecimiento por todos los beneficios recibidos, y comienza una breve sección de poemas de gratitud y bendición (Sal 103—107). El salmista inicia con una manifestación personal e íntima de gratitud, prosigue con el agradecimiento decidido y explícito del pueblo, y llega hasta una magna expresión cósmica de alabanzas, que pone claramente de relieve las diversas respuestas a las acciones maravillosas y liberadoras de Dios. La expresión de gratitud personal del poeta es fortalecida por el reconocimiento de las acciones misericordiosas del Señor en medio de la historia humana.

En el poema, el salmista enfatiza con gran capacidad literaria el tema de la misericordia y la compasión de Dios (vv.4,8,11,13), destaca la actitud humana ante las iniciativas divinas (vv.11,13,17), y también afirma la importancia del recuerdo —tanto de Dios (v.14) como de la gente (v.18)—. Los Salmos 103 y 104 tienen el tema de la alabanza en común: El primero bendice al Señor por las obras de redención, y el segundo, por la creación. El título hebreo del salmo lo relaciona directamente con David (véase la Introducción).

El género literario del salmo es principalmente un himno o cántico individual de alabanza que revela claramente los sentimientos más hondos de una persona agradecida por la sanidad individual (v.3), y también por la liberación y redención nacional del pueblo (vv.7-8). A esa expresión sincera de gratitud el poeta le incorpora las bendiciones que le brindan las huestes angelicales (v.20) y las obras de la creación (v.22). Posiblemente el poema proviene de la época postexílica, pues el análisis interno identifica algunas palabras que incorporan influencias arameas (v.20), además, los temas expuestos son similares a los que se incluyen en la segunda sección del libro del profeta Isaías (véase Is 40.6-8 y Sal 103.15-16; Is 57.16 y Sal 103.9) que se redactó finalmente luego de la deportación a Babilonia. El contexto básico del salmo puede ser algún culto de gratitud en el Templo por haber recibido algún favor divino, posiblemente la sanidad. El poema también pudo haber sido utilizado en devociones privadas, aunque su incorporación en el Salterio denuncia su uso público temprano.

La estructura literaria que puede contribuir positivamente al estudio y comprensión del poema, se incluye a continuación. Los veintidós versículos del salmo no necesariamente revelan un deseo de alfabetización de parte del autor, aunque puede esa disposición literaria puede ayudar y facilitar el proceso de memorización.

- Invitación personal a la alabanza: vv.1-2
- Motivos personales para la alabanza y la bendición: vv.3-6

- Motivos históricos y nacionales para la alabanza y la bendición: vv.7-19
- Invitación cósmica a la alabanza: vv.20-22

vv.1-2: El salmo comienza con una auto afirmación de fe. El poeta se convoca a sí mismo a bendecir al Señor y a no olvidar ninguno de los beneficios divinos. Dialoga con si ser más íntimo –p.ej., «su alma»—, y le invita a expresar su gratitud sincera y sentida. Es una especie de reflexión personal que reconoce la grandeza divina y entiende las virtudes de la adoración. Además, el poema inicia y finaliza con la misma expresión simbólica: «Bendice alma mía al Señor» (vv.1,22).

vv.3-6: En esta sección del poema el salmista continúa la conversación franca y sincera consigo mismo. En este caso, sin embargo, se identifican los beneficios que provienen del Señor, aluden a las acciones liberadoras y transformadoras del Señor. Esos actos extraordinarios y redentores de Dios, que generan la gratitud sincera del salmista, son los siguientes: Perdona las iniquidades, los pecados y las culpas, sana todas las dolencias y las enfermedades (v.3), rescata la vida del hoyo y de las posibilidades de muerte, corona la vida de favores y misericordias (v.4), y sacia de bienes la boca (v.5). Esas manifestaciones de Dios hacen que la gente agradecida «se rejuvenezca como el águila» (v.5), que es una magnífica imagen poética y profética (Is 40.31) que apunta con seguridad y gratitud hacia las intervenciones divinas que hacen que las personas descubran nuevas fuerzas en la vida y comprendan sentidos de dirección noveles en la vida. Además, debemos añadir la primera acción divina que comienza la próxima sección: Hace justicia y derecho a la gente que padece violencia (v.6).

El poeta identifica de esa forma siete acciones liberadoras del Señor que tienen como su centro teológico la coronación de la vida con favores y misericordias. La gratitud del salmista se relaciona con las intervenciones del Señor que hacen que la vida sea más grata, saludable, justa y liberada. El propósito divino para la humanidad es tener y disfrutar una vida digna y noble, bendecida y liberada.

vv.7-19: El salmista se mueve de las alabanzas por experiencias personales a la gratitud por las intervenciones históricas del Señor. El poeta identifica los beneficios divinos en la esfera nacional, pasamos de la esfera personal al ámbito de lo social y política. La gratitud por la justicia une estas dos secciones, pues esa acción divina une las dinámicas individuales y colectivas.

El propósito fundamental de esta segunda sección es poner claramente de relieve el amor, los favores y las demostraciones de misericordia que el Señor ha prodigado a su pueblo a través de la historia nacional. La finalidad del poeta es identificar algunas de las intervenciones divinas que han preparado al pueblo para enfrentar las adversidades con valentía y autoridad. El poema incorpora el tema de la misericordia divina (vv.8,11,17) como el vector teológico principal que motiva, precede y propicia las acciones liberadoras de Dios.

De particular importancia temática en el poema es el sector recipiente de esa acción misericordiosa del Señor: ¡Los que le temen! (vv.11,13,17), que revela el claro deseo divino de responder a los clamores sentidos de la gente en necesidad. Dios pone de manifiesto y revela sus misericordias, de acuerdo con el poeta, a través de sus caminos, que es una manera de comunicar su voluntad (v.7) —¡como lo hizo con Moisés!—, y mediante la lentitud en la demostración de la ira divina y lo magnánimo en la afirmación de su amor (v.8). Ese Dios misericordioso no contenderá ni guardará en enojo para siempre (v.9), que son formas de indicar que su misericordia es eterna; ni responde a las acciones humanas impropias con las mismas motivaciones adversas y malsanas (v.10). En efecto, la misericordia de Dios es extraordinaria, pues se compara a la altura de los cielos y la tierra (vv.11), a la distancia indefinida del oriente y occidente (vv.12), y al amor extraordinario de padres a hijos e hijas (v.13). Y el fundamento de ese amor es que Dios conoce la condición humana, entiende la naturaleza de las personas, comprende las debilidades de las personas, está consiente de las imperfecciones de los hombres y las mujeres.

Ante la manifestación extraordinaria del amor divino, el poeta también presenta la pequeñez humana, que identifica como polvo y flor (v.15), e identifica la fragilidad de las personas, que describe como perecedera y fugaz (v.16). Finalmente reafirma la misericordia divina que es eterna y se caracteriza por las demostraciones de la justicia hacia quienes le temen (v.17), hacia quienes guardan su pacto (v.18), y a los que se acuerdan de sus mandamientos (v.18). Esas características del Señor le hacen establecer en el cielo su trono, que es una manera de afirmar su poder y su dominio sobre todo.

vv.20-22: La exhortación final del salmo a la bendición de Dios tiene dimensiones extraordinarias. La alabanza llega a niveles cósmicos y angelicales, pues identifica las criaturas espirituales que son poderosas para ejecutar la palabra divina y obedecer sus preceptos, que son formas poéticas de afirmar e incentivar la voluntad de Dios. El llamado es uno general y universal a bendecir al Señor, que incluye sus ejércitos, ministros y obras (vv.20-21). Y esa alabanza debe llevarse a efecto en todos los lugares de su señorío (v.22).

Este salmo pone de manifiesto la importancia de la gratitud. El poeta identifica los motivos personales y nacionales para afirmar que las gratitudes humanas son necesarias pues son respuestas adecuadas y pertinentes a las manifestaciones extraordinarias del amor y la misericordia del Señor. La gratitud, de esta forma, se convierte no en un extra optativo de la experiencia religiosa saludable, sino en un requisito indispensable.

Esa gratitud tiene dimensiones individuales y colectivas. El salmista afirma la misericordia divina que sana y perdona, y celebra el amor de Dios que libera a la nación y transforma al pueblo. No hay incompatibilidad entre las dimensiones personales y sociales de la fe, ni hay distanciamiento entre las manifestaciones privadas y públicas de la experiencia religiosa. La fe que agradece la revelación divina en lo profundo del corazón se pone de manifiesto en las vivencias cotidianas de la gente.

Jesús de Nazaret vivió y afirmó continuamente esa correspondencia íntima entre los niveles personales y proféticos de la fe. Su estilo de vida demostró la importancia de la oración, afirmó lo central de la espiritualidad personal, celebró la cercanía con lo eterno, a la vez que presentó un mensaje transformador y desafiante a la sociedad, que incluía no solo a las autoridades religiosas sino a los grupos políticos y a las autoridades romanas del momento. No había discontinuidad en la experiencia religiosa de Jesús de Nazaret, pues vivía con salud mental y espiritual, con virtud profética y sabiduría, con capacidad pública y prudencia íntima.

Salmo 104: «Dios cuida de su creación»

El Salmo 104 —como el anterior (Sal 103)— es una himno de alabanzas al Señor creador del universo. Una persona agradecida articula este poema que bendice al Señor pues reconoce y celebra la grandeza de la creación divina. Es ciertamente un poema de gratitud que tiene algunas similitudes —¡y también diferencias!— con el primer relato de creación (Gn 1); además, incorpora diversas tradiciones del Oriente Medio antiguo, como temas sapienciales, alusiones a la religión cananea de Baal, y algunas referencias a un antiguo himno egipcio al dios Sol, Atón.

Este salmo, igual al poema que le precede, comienza y finaliza con la misma expresión de autoafirmación y reconocimiento divino: «Bendice alma mía al Señor» (vv.1,35). ¡La alabanza a Dios se reclama a lo más íntimo del ser! Es de notar, que en el libro de Génesis se presenta el poema que introduce la extraordinaria creación de Dios, en este salmo se celebran las acciones poderosas e imponentes del Dios Creador.

Este salmo se puede relacionar muy bien con el género literario de los himnos en el Salterio, pues alaba y reconoce las obras de Dios según se manifiestan en toda la creación. Es un poema de alabanzas y gratitud de la comunidad, que muy bien pudo haber sido usado como parte de las ceremonias de reconocimiento divino en los festivales anuales del pueblo, específicamente en las liturgias del nuevo año durante el otoño. Su autor debe haber sido un adorador agradecido que intenta responder, desde la perspectiva israelita, a los diversos relatos de creación que circulaban en las diferentes ciudades del Oriente Medio. Por sus similitudes literarias y temáticas, algunos comentaristas han pensado que el autor de los Salmos 103 y 104 es el mismo; sin embargo, aunque esa identificación no es imposible, las semejanzas pueden ser el resultado de la naturaleza literaria de los poemas o de la continuidad temática.

El tema de la creación de Dios, aunque muy antiguo, tomó auge teológico y literario luego del período exílico de Judá en Babilonia, como lo demuestran algunos pasajes que tocan el mismo tema y fueron redactados durante ese importante período (véase Gn 1; Is 40; 42; 44; 45; 51; Jer 10; 51). Esas referencias temáticas y literarias a la creación ubican la composición de este salmo en ese período postexílico. Este salmo no tiene título hebreo.

La estructura literaria que puede ayudarnos a estudiar y comprender este salmo es la siguiente:

- La majestad de Dios: vv.1-4
- Dios es el Señor de las aguas y el caos: vv.5-9
- El Señor sustenta al mundo: vv.10-18
- Dios es el Señor del sol y la luna: vv.19-23
- El Dios Creador y la creación: vv.24-30
- La promesa del Señor: vv.31-35

vv.1-4: La sección inicial del salmo introduce al Señor como el rey divino que se viste de esplender, gloria y magnificencia, y que se revela como soberano con autoridad en los cielos. Las imágenes que el poeta utiliza son magníficas: Dios «se cubre —o se viste— de luz» y «extiende los cielos como una cortina» (v.2); «vive sobre las aguas», usa las nubes «como carrozas», y camina «sobre las alas del viento» (v.3); y, además, usa los vientos como mensajeros y las flamas de fuego —p.ej., ¡los relámpagos!—como sus servidores o ministros (v.4). Las primeras imágenes del salmo apuntan hacia la grandeza y el esplendor divino: ¡Toda la creación está al servicio de Dios!

En efecto, el poema comienza con una manifestación extraordinaria de imágenes literarias que destacan el poder divino sobre la naturaleza y lo creado. La imaginación poética incorpora las ideas antiguas de la creación y utiliza esas tradiciones para poner claramente de manifiesto el poder divino. De esta forma se revela el contexto literario y teológico del poema. De acuerdo al salmo, el Dios bíblico es superior a las diversas divinidades locales pues tiene la capacidad y el poder de utilizar la naturaleza como sus agentes de comunicación.

vv.5-9: El tema de la creación divina en esta sección se relaciona con las aguas y el caos. El propósito teológico es afirmar y demostrar el poder de Dios sobre las fuerzas más poderosas de la naturaleza. El Señor fundó la tierra sobre bases estables, cimientos seguros y lugares inamovibles (v.5); además, con su poder maravilloso, cubrió con vestidos los abismos (v.6). Y ante la voz potente y autorizada del Señor, las montañas y los valles se mantienen en los lugares adecuados, precisos y determinados; y las aguas obedecen la autoridad divina (vv.7-9). En efecto, el Señor les puso término y orden, que es una posible alusión y referencia no solo a las creencias antiguas de la creación sino a la vuelta al caos primitivo. La teología del salmo es clara: Dios es el Señor de todo lo creado, y es superior a las divinidades de los pueblos.

vv.10-18: En estos versículos se pone en evidencia el poder de Dios sobre todo el mundo. Dios no solo tiene el poder de controlar las aguas que pueden ser mortales para la vida y la naturaleza, sino que transforma sus fuerzas para que promuevan la vida y apoyen la existencia humana. Las aguas impetuosas que tienen poder mortal ahora se convierten por el poder de Dios en fuentes y arroyos que tienen la virtud de mitigar la sed (vv.10-13), regar la tierra y hacerla fértil (v.13).

El Señor, además, hace que las hierbas se conviertan en alimento que apoye la vida, que está a merced de los seres humanos (v.14); y el poder divino propicia los elementos que producen alegría, protección y alimentación a la personas (v.15). ¡Hay bendición divina para la flora y la fauna!

vv.19-23: El salmista prosigue sus expresiones de gratitud e identifica otros aspectos de la creación que son indispensables para la vida: La creación de la luna y el sol, la función de la noche y el día. En esta identificación se revela la gran preocupación del poeta por las estaciones del año, que son importantes para seguir adecuadamente el calendario litúrgico del pueblo. Además, esa disposición de claridad y oscuridad es importante para el balance ecológico, para afirmar la importancia del trabajo humano (v.23). Que el Señor tenga autoridad y poder sobre la luna y el sol lo pone en una posición ventajosa en relación a las otras divinidades antiguas, que únicamente relacionaban la oscuridad con la muerte y la destrucción.

vv.24-26: Esta parte del poema comienza con una magnífica doxología, que reconoce la grandeza divina, afirma la multitud extraordinaria de las obras de Señor, celebra la naturaleza sabia de Dios, y revela el deseo divino de bendecir a toda la tierra (v.24). Añade, además, que esa sabiduría divina ha permitido la navegación y la vida a una multitud incontable de animales, tanto pequeños como grandes, tanto históricos como mitológicos —p.ej., «el leviatán»— (v.26).

vv.27-30: En estos versículos se continúa el tema del sustento divino a la creación, y se afirma el poder del Espíritu para renovación continua de la tierra, el mundo y la historia.

vv.31-35: La sección final del salmo retoma el tema de la alabanza y la gratitud. El poeta se alegra, y también glorifica y bendice al Señor (v.21). Y el fundamento de esas acciones humildes es el poder divino que se pone de manifiesto al contemplar las obras de la creación. Además, la creación misma es motivo para el Creador se alegre de sus actos. El idioma poético es revelador: Dios mira la tierra y la hace temblar, y toca los montes y humean (v.32). En efecto, la creación físicamente responde a la acción milagrosa del Señor.

Por sus obras de creación y sustentación de la naturaleza, que es indispensable para la vida, el poeta canta salmos al Señor mientras viva, y se regocija en las meditaciones en torno al Dios que crea. A la vez, el salmista en tono imprecatorio, desea que los pecadores y los impíos (v.35), que alude a la gente que no reconoce el poder creador de Dios, sean consumidos y dejen de ser. Un sentido aleluya se une a la expresión final de adoración y gratitud del salmista: «Bendice alma mía al Señor».

Este salmo relaciona los temas de la alabanza a Dios y el respeto a la creación del Señor. Este poema une de forma destacada la vida de adoración y el contexto de las celebraciones cúlticas, con el aprecio ecológico y con el reconocimiento digno de la naturaleza. Es un salmo importante, en un mundo de destrucciones naturales y en sociedades que desprecian y subestiman la santidad de la naturaleza. La afirmación teológica básica del salmista es que la gente de bien y las comunidades saludables deben respetar la naturaleza porque es creación de Dios y porque la creación está puesta por el Señor para el apoyo sustentable de la vida. La naturaleza no es el adorno superficial de la existencia humana sino el ambiente necesario e insustituible de la vida digna y plena. De todas formas, las heridas que se infringen a la faz de la naturaleza se revierten con fuerza hacia las personas y las sociedades haciendo la vida más complicada y difícil.

Esa teología de respeto ecológico es la que inspiró varios mensajes de Jesús. De particular importancia es la invitación íntima del Maestro a sus seguidores a contemplar la naturaleza para descubrir y celebrar el cariño con que Dios trata a la humanidad. En ese buen contexto educativo, el Señor afirma que si Dios se comporta de esa forma responsable y grata con las cosas creadas, cuánto más respeto y reconocimiento dará a las personas (Mt 6.25-34).

El autor de nuestro poema pudo ver «lo invisible de Dios, su eterno poder y su divinidad», a través de toda la creación (Rom 1.20). ¡El poeta se percató asombrado y admirado de la gloria divina manifestada en la creación y en la naturaleza! En efecto, el respeto ecológico no es un tema novel en la teología contemporánea sino un asunto fundamental para la vida sustentable que está muy bien anclado en la tradición del Salterio.

Salmo 105: «Maravillas de Jehová a favor de Israel»

Comienza con el Salmo 105 la sección final del Libro IV del Salterio, que también puede relacionarse con el Salmo 106. Estos dos poemas presentan una especie de repaso histórico del pacto de Dios con su pueblo, y también identifican algunas reacciones positivas y negativas de Israel a esa importante acción divina. Son parecidos a otros poemas del Salterio (p.ej., Sal 78; 136) que repasan la historia nacional para identificar las intervenciones divinas en medio de las vivencias nacionales y para agradecer esas manifestaciones, que son descritas por los poetas bíblicos como expresiones claras de la misericordia divina. En el Salmo 105 se destaca la fidelidad divina, y en el 106 se ponen de manifiesto los actos desobedientes que trajeron el juicio de Dios al pueblo. Su relación con el Salmo 104 se revela en la afirmación del señorío divino en la creación y la historia.

El Salmo 105, al repasar la historia nacional, comenta el pacto de Dios con Abrahán relacionado a la promesa de la tierra e identifica los eventos que movieron a los hijos de Jacob a ocupar esas tierras. En el relato histórico se enfatiza la misericordia y la fidelidad del Señor que se revela claramente en todas sus maravillas (v.2). Y el propósito teológico y educativo de este gran repaso histórico es demostrar la lealtad del Señor al pacto con el antiguo patriarca (v.9), reafirmar las experiencias de liberación del éxodo de Egipto (vv.26-36), y celebrar el cumplimiento de la promesa de Dios a «sus escogidos» (v.43) a la llegada y conquista de Canaán (vv.43-45). Este importante recuento histórico revela la iniciativa divina y subraya el amor y la gracia del Señor, pues el salmo solo enfatiza las acciones de Dios no los pecados humanos, únicamente al final del poema se presenta la importancia de cumplir las leyes y guardar los estatutos (v.45).

Este salmo se puede identificar rápidamente con los himnos del Salterio que reconocen la grandeza del Dios que establece pactos con su pueblo, como se demuestra en su primera sección (vv.1-6). Sin embargo, luego de expresar con fuerza su llamado a la alabanza, el poema prosigue para identificar los motivos históricos de esas manifestaciones de gratitud. El salmo se convierte, desde la perspectiva temática, en un poema histórico por el énfasis que se brinda a la identificación de las manifestaciones de la misericordia de Dios a través de la historia nacional.

El salmo, en efecto, tiene un carácter didáctico pero su contexto histórico inicial es cúltico, como lo revela el llamado a la alabanza inicial (vv.1-6). Quizá este poema, al igual que los otros salmos de la misma naturaleza educativa (p.ej., Sal 78; 105; 136), son adaptaciones litúrgicas de antiguos recuentos históricos del pueblo. Un buen contexto para el uso de este salmo son las fiestas anuales que celebraban la renovación del pacto de Dios con su pueblo. En el libro de las crónicas (1 Cr 16.8-22), se utiliza este salmo (¡y también Sal 96; 106.1,47-48!) en relación a las celebraciones de la llegada del Arca del pacto a Jerusalén. Esa reflexión históricamente tardía puede ser una buena indicación del uso litúrgico del salmo en la época postexílica. En efecto, este salmo, aunque debe de las fuentes antiguas de la historia de la salvación del pueblo, llegó a esta forma hímnica y pedagógica final luego de la deportación a Babilonia. Este salmo no tiene título hebreo.

La identificación de la estructura de este salmo se desprende de los diversos temas que se exponen.

- Llamado a la alabanza: vv.1-6
- Intervenciones divinas en la historia nacional: vv.7-42
    * En la época patriarcal: vv.7-15
    * En la época de José: vv.16-22
    * Durante la vida en Egipto: vv.23-36
    * En el peregrinar por el desierto: vv.37-43
    *Cumplimiento de la promesa: vv.44-45

vv.1-6: El salmo comienza con una muy clara exhortación hímnica a la alabanza y la gratitud. Se pueden identificar con precisión diez llamados imperativos al pueblo a expresarle a Dios su gratitud: Alabad, invocad, dad (v.1), cantadle, hablad (v.2), gloriaos, alégrense (v.3), buscad, buscad (v.4), acordaos (v.5). Y junto al llamado al pueblo se revelan siete acciones divinas extraordinarias, que sirven de fundamento teológico que motiva la gratitud: Sus obras (v.1), sus maravillas (v.2), su santo nombre (v.3), su poder, su rostro (v.4), sus prodigios y los juicios de su boca (v.5).

Las alabanzas que solicita el salmista subrayan la importancia del nombre divino (v.3), que es una manera poética de enfatizar su naturaleza santa y de destacar el poder que se muestra en su rostro (v.4) y su boca (v.5). Y para introducir el tema histórico, el poema identifica al pueblo como descendencia de Abrahán e hijos de Jacob (v.6), a quienes identifica como «su siervo» y «sus escogidos» (v.6). En efecto, desde el comienzo mismo de este poema se pone en justa perspectiva el fundamento teológico de las alabanzas al Señor: Se destacan sus extraordinarias cualidades éticas y morales que posteriormente se verán en sus intervenciones salvadoras y redentoras en medio de la historia nacional.

vv.7-42: El corazón histórico del poema comienza con una identificación precisa del Dios que reclama las alabanzas y que interviene en la vida del pueblo: Es nuestro Dios, para destacar los temas de la cercanía y la pertenencia, y es justo, pues afirma que los juicios divinos están diseminados en toda la tierra (v.7), que es una manera de poner de relieve su extraordinario poder.

El cuerpo del salmo lo que hace es desarrollar los temas que sirven de fundamento teológico al poema (vv.1-6). Es una especie de profesión de fe ante el Dios de pactos, justo y fiel a sus promesas; es el reconocimiento del Dios que ha decidido interactuar con su pueblo para ayudarle a disfrutar el cumplimiento de las promesas hechas al patriarca Abrahán. El salmo enfatiza de forma continua el importante tema de la misericordia de Dios.

vv.7-15: En esta sección del poema se enfatiza el pacto (vv.8,9,10) que tiene como finalidad llegar y disfrutar la tierra prometida. Ese pacto o alianza aunque se hizo inicialmente con Abrahán se reiteró en juramento a Isaac (v.9), y se reafirmó por decreto a Jacob y por pacto sempiterno a Israel (v.10). Esa promesa divina es la que garantiza la llegada y conquista de la tierra prometida, pues durante ese período el pueblo no era grande ni tenía las adecuadas posibilidades políticas, económicas o militares para lograr esa meta por su cuenta, sin la intervención redentora y liberadora del Señor. Sin embargo, Dios transformó un grupo poco numeroso a una comunidad compleja que era similar «a las estrellas del cielo» (Gn 15.15).

554 ● De Lo Profundo, Señor, a Ti Clamo

La promesa divina de llegar y heredar la tierra de Canaán (v.11) tiene significación especial no solo porque constituye un elemento indispensable en la formación de la nación sino porque esa época era una caracterizada por dificultades y limitaciones, por conflictos y angustias, por peligros y ansiedades. Aunque históricamente fue una época de precariedades, teológicamente fue un período de esperanza. Inclusive, para enfatizar las virtudes de los patriarcas se les llama «ungidos» y «profetas» (v.15), que es una manera poética de destacar las virtudes teológicas que representaban.

vv.16-22: Esta sección presenta la misericordia divina en la época de José, que, luego de muchas vicisitudes, el Faraón de Egipto nombró a un puesto de gran responsabilidad y honor (Gn 37—50), descrito en el salmo como «señor de la casa» y gobernador de todas sus posesiones» (v.21). Las diversas crisis que afectaron la vida de José no pudieron evitar la manifestación de la misericordia del Señor, pues las dificultades humanas no pueden detener la voluntad divina. Una vez más se manifiesta el tema de la soberanía como factor teológico de importancia.

vv.23-36: En esta parte del poema se ponen de manifiesto las experiencias de cautiverio y opresión del pueblo de Israel en las tierras de Egipto. Es un período que se puede caracterizar por la esclavitud, los trabajos forzosos, la angustia nacional y la desesperanza colectiva. Sin embargo, ese fue el momento del levantamiento de dos figuras de gran importancia para la historia nacional: Moisés y Aarón, quienes se convirtieron en protagonistas y agentes de la liberación. En este contexto, las tradicionales plagas que afectaron al pueblo de Egipto para propiciar la liberación del pueblo de Israel, son llamadas «señales» y «prodigios» (v.27), que es una manera de destacar la intervención divina en el proceso. Y aunque el salmo solo menciona siete de las diez plagas (vv.28-36), ese mismo número —conocido en la antigüedad por su simbología de perfección o para describir algo completo— revela que fueron calamidades completas y perfectas para terminar con el cautiverio y la opresión del pueblo de Dios.

vv.37-42: Para el salmista, el período de la salida de Egipto y el peregrinar por el desierto, aunque físicamente fue azaroso y complejo, teológicamente fue grato y edificante, pues representa un hito fundamental en el cumplimiento de la promesa de Dios. La salida representó para el pueblo no solo la liberación política, sino el disfrute pleno de la salud y de gran prosperidad económica (v.37). Además, la intervención salvadora de Dios se hacía realidad palpable a diario: Extendió una nube por cubierta —que en el libro del Éxodo se describe como una columna de humo por el día (Ex 13.21-22)— y de noche se aparecía el fuego para alumbrarlos (v.39. ¡Hasta Egipto se alegró de la salida, pues se libraron de las calamidades que ellos representaban! (v.38). Durante el peregrinar de liberación no les faltó la alimentación y mitigaron su sed de forma extraordinaria. No se hace referencia a las infidelidades del pueblo, pues el objetivo teológico es esencialmente optimista y positivo: Destacar las acciones liberadoras y misericordiosas del Señor a favor de su pueblo.

vv.43-45: La sección final del salmo regresa al tema inicial, la referencia a la promesa de la tierra hecha a los antepasados de Israel. Se destaca el gozo y el regocijo, tanto del pueblo como de Dios, al ver el cumplimiento de la promesa y llegar a la tierra de Canaán, que aunque pertenecían a otras naciones Israel la heredaría (v.44). El salmo finaliza con las únicas expresiones de reclamo divino: El pueblo de Israel debe guardar en la tierra prometida los estatutos divinos, en efecto, deben cumplir con las leyes del Señor. Y un aleluya de gratitud culmina el poema.

En efecto, este salmo es un llamado a la alabanza por el reconocimiento de las manifestaciones salvadoras de Dios en la historia. El poema representa una manera educativa de repasar la historia nacional a la luz de la voluntad divina. El objetivo es descubrir la particular naturaleza del Dios que tiene la capacidad de establecer pactos con su pueblo y mantenerlos hasta su final cumplimiento. En ese proceso de manifestación extraordinaria de fidelidad y lealtad, únicamente sostiene a Dios la gracia, el amor y la misericordia. Este salmo no incorpora el tema de la fidelidad humana, solo destaca el poder y la virtud de la fidelidad del Señor.

Para la actualización de este salmo se deben tomar en consideración varios asuntos de importancia. En primer lugar, la historia es el escenario de las manifestaciones más importantes de Dios en beneficio de la humanidad; además, la característica divina que sirve de hilo conductor a través de la historia humana es su misericordia. Esos dos principios son necesarios para traducir el mensaje de este salmo en categorías que puedan contribuir a una mejor comprensión de la voluntad divina en la sociedad.

Jesús siguió esta misma tendencia teológica y pedagógica pues interpretó la historia de su pueblo como el contexto y escenario de las manifestaciones divinas. Utilizó las Escrituras Sagradas para revisar y afirmar las intervenciones del Señor en las vivencias del pueblo y aplicarlas en su vida, como es el caso concreto de su lectura en la sinagoga de Nazaret (Lc 4.18-21), cuando relacionó el mensaje del libro del profeta Isaías (Is 61.1-3) con su ministerio liberador en Palestina. En efecto, para Jesús el Dios bíblico es el Señor de la historia, que es una manera de indicar que los espacios humanos son los lugares adecuados para las manifestaciones extraordinarias de la misericordia y el amor de Dios.

Salmo 106: «La rebeldía de Israel»

El Salmo 106 finaliza el Cuarto libro del Salterio (Sal 90—106) con una nota histórica de dolor y preocupación. El salmo anterior repasó la historia del pueblo para acentuar la misericordia y el amor de Dios. En esta ocasión, sin embargo, la misma historia nacional es revisada para identificar las acciones desleales del pueblo y para subrayar los actos concretos de infidelidad de Israel. El Salmo 105 pone de manifiesto la dignidad del Dios del pacto, y el 106 revela la indignidad del pueblo escogido; el Salmo 105 muestra la fidelidad divina en sus bendiciones, y en el 106 se pone en clara evidencia la misma fidelidad del Señor pero en esta ocasión demostrada en sus castigos; el Salmo 105 hace una lectura positiva de la historia nacional, y el 106 mira esa misma historia con ojos negativos y pesimistas. Desde la perspectiva litúrgica y cúltica, el Salmo 105 es una profesión de fe, y el 106 es una confesión de pecados.

¡En este poema se resumen casi 1000 años de historia! Y, aunque es un poema histórico, que puede incentivar el lamento nacional y la confesión colectiva, debe relacionarse con las festividades anuales del pueblo, particularmente en las ceremonias de renovación del pacto. En esas actividades cúlticas las referencias históricas podían jugar un papel protagónico. El efecto concreto del recuento de estas revisiones históricas de las acciones fallidas del pueblo ante las intervenciones liberadoras de Dios, puede ser la confesión de pecados. Este salmo quizá se utilizó en la fiesta anual de los Tabernáculos, aunque no se puede descartar del todo la posibilidad de la fiesta de Pentecostés.

El análisis de la historia que hace el salmo llega hasta el período exílico y ubica su composición en la época posterior al destierro (vv.27,47), aunque el recuento de algunos episodios de la historia nacional son más antiguos. La gran pregunta teológica y la profunda necesidad existencial que el autor de este poema quiere poner ante la consideración del pueblo es la identificación de las causas que trajeron al pueblo tanto dolor y angustia. El salmista es un adorador preocupado no solo por el pasado y el presente del pueblo sino por el futuro de la nación. La respuesta concreta se relaciona con el pecado y la infidelidad del pueblo.

El autor cronista (I Cr 16.34-36) asoció este salmo (vv.1,47) con el rey David, quizá para enfatizar la relación entre la infidelidad humana y la lealtad divina. La ideal final del poema brinda un sentido tenue de esperanza, es un clamor por la intervención salvadora de Dios: ¡La posibilidad de regresar a la tierra prometida desde donde estuvieran dispersos! (v.47). Este salmo no tiene título hebreo.

La estructura literaria que servirá de base a nuestro análisis, es la siguiente:

- Llamado a la alabanza y petición a Dios: vv.1-6
- Recuento histórico: vv.7-46
- Infidelidades en el peregrinar por el desierto: vv.7-33
  * Infidelidades a la salida de Egipto: vv.7-12
  * El hambre en el desierto: vv.13-15
  * La rebelión de Datán y Abiram: vv.16-18
  * El episodio del becerro de oro: vv.19-23
  * La cobardía ante la conquista: vv.24-27
  * La infidelidad religiosa e idolatría: vv.28-31
  * La falta de agua en el desierto: vv.32-33
- Infidelidades durante la conquista de Canaán: vv.34-46
- Conclusión: v.47
- Doxología final del Libro IV: v.48

vv.1-6: El salmo comienza con una nota muy positiva de alabanzas y aleluya. El propósito es reconocer públicamente que Dios es misericordioso. En efecto, en este sentido temático y litúrgico, este poema (vv.1-3) prosigue el estilo y la finalidad del salmo anterior (Sal 105). El salmista afirma públicamente las acciones misericordiosas y poderosas de Dios (v.2), y también describe como dichosas, felices o bienaventuradas a las personas que son justas en la vida (v.3). Pare el poeta, el reconocimiento de la gracia y el amor de Dios está íntimamente relacionado con la afirmación de la justicia.

Ese reconocimiento divino hace que poeta se mueva de la esfera de la alabanza y la gratitud a nuevos niveles de clamor, petición y súplica. Solicita la benevolencia divina no solo hacia su persona sino para el pueblo. ¡Necesita una visitación redentora de Dios! Y el fundamento de esa petición es el reconocimiento sincero y humilde de su pecado. El salmista necesita la manifestación del bien y la bondad divina en el pueblo para poder disfrutar la alegría nacional y afirmar la herencia que ha recibido del Señor, en una referencia a la tierra prometida (v.5). El poeta, de esta forma, reconoce que el juicio divino se relaciona con la iniquidad, el pecado y la impiedad tanto personal como nacional (v.6). ¡Las fuerzas del pecado y la maldad humana generan los juicios divinos!

vv.7-46: El corazón de este salmo presenta la historia nacional vista desde la perspectiva de los pecados del pueblo. Es una presentación de la vida del pueblo esencialmente negativa, es un recuento histórico doloroso y cruel, es una revisión de las dinámicas nacionales que desea destacar la infidelidad humana para incentivar y propiciar el arrepentimiento y la contrición del pueblo.

El salmista comienza con las actitudes impropias del pueblo desde que salieron de Egipto, prosigue con las infidelidades a través del peregrinar por el desierto, y finaliza con la descripción de las acciones pecaminosas que provocaron la ira divina cuando ya estaban en la tierra prometida, Canaán. Ese recuento destaca el tema de la infidelidad humana, ante las acciones benéficas del Dios que desea ser leal a sus promesas. La secuencia continua de pecados nacionales llevó el pueblo hasta el exilio, desde donde el poeta alza su voz de clamor, tanto por el pueblo como por él mismo.

vv.7-12: La historia de las infidelidades del pueblo comenzó muy pronto luego de la experiencia del éxodo. ¡El poeta identifica siete actos concretos de infidelidad nacional! Al notar la persecución del Faraón y sus ejércitos, el pueblo, ante el Mar Rojo, quiso regresar a la esclavitud, anheló retornar a las tierras de opresión, quiso dar marcha atrás a la historia, intentó olvidar la razón de la intervención divina y el llamado a Moisés (Ex 14). En este episodio, el primero en la descripción poética de las infidelidades nacionales, Dios mostró su misericordia reprendiendo al Mar Rojo y destruyendo a los ejércitos enemigos, y el pueblo prosiguió su camino al futuro.

vv.13-15: Cuando las vicisitudes y complejidades de la vida en el desierto tocaron nuevamente al pueblo, particularmente en relación a la comida, la comunidad volvió a revelarse contra Dios pues olvidaron sus obras ni esperaron su consejo (v.13). De acuerdo con el texto del salmo, los israelitas cometieron su segunda infidelidad nacional cuando «tentaron a Dios» (v.14). ¡Recordaban las comidas y las delicias que tenían en las tierras egipcias! El Señor respondió al clamor y la necesidad del pueblo, pero les castigó con dolores y mortandad por la actitud de gula que manifestó la comunidad.

vv.16-18: Una vez más el pueblo se revela en la tercera tentación, en esta ocasión a través de las actitudes impropias de dos líderes: Datán y Abiram (Num 16). La actitud pecaminosa fue la envidia contra Moisés y la hostilidad hacia Aarón (v.16). Un nuevo castigo divino se pone en marcha y la tierra se traga a los rebeldes y los impíos son consumidos por el fuego (v.18).

vv.19-23: Esta cuarta infidelidad del pueblo se relaciona con la idolatría en el desierto. En medio de la revelación divina a Moisés, el pueblo se desespera y prepara un becerro de oro para rendirle culto y honor. ¡Hicieron una imagen de fundición en Horeb! ¡Dios casi extermina al pueblo!, pero la pronta, oportuna y sabia intercesión de Moisés evita la destrucción funesta (v.23). El Señor entonces le permite al pueblo proseguir su camino a la tierra prometida.

vv.24-27: Esta manifestación de infidelidad es de corte filosófico, pues el pueblo titubeó y temió ante la tarea compleja y difícil de conquistar la tierra prometida. ¡Hubo murmuración y desprecio! (vv.24-25). Las complicaciones relacionadas con la conquista de la tierra hicieron que el pueblo claudicara en su proyecto de vida al porvenir. Esa actitud es la quinta infidelidad y presupone un desprecio a la voluntad de Dios, un rechazo a la iniciativa divina, una forma de subestimación del poder del Señor. De acuerdo con el salmista, esa fue la razón del Señor para humillar al pueblo y permitir la dispersión y el exilio.

vv.28-31: El sexto acto de infidelidad del pueblo en su peregrinar por el desierto es la adhesión y el culto a las divinidades cananeas que ocupaban la tierra prometida: ¡Se unieron a Baal-peor! (Num 25). Ese acto impropio y pecaminoso del pueblo provocó la ira divina y constituyó un rechazo pleno y directo no solo al Dios que generó los actos y la gesta de la liberación de Egipto sino que es un desprecio público a la autoridad del Moisés y un rechazo al sistema de leyes y ordenanzas que se había revelado en el Monte Sinaí para brindarle al pueblo el contexto adecuado para vivir el libertad. La intervención prudente, adecuada, efectiva, justa y sabia de Finees detuvo la plaga.

vv.32-33: La séptima plaga se relaciona con el episodio de la falta de agua y las quejas del pueblo. Los israelitas irritaron a Moisés en las aguas de Meriba (Ex17; Num 20), hicieron rebelar su espíritu, que es una manera poética de indicar que actuó de forma imprudente e impropia, lo que causó que le fuera mal, según el salmo. Las quejas y las murmuraciones del pueblo hicieron que Moisés se dejara llevar por la indignación, y habló sin tomar en consideración las consecuencias de sus palabras y las implicaciones de sus actos.

vv.34-46: Al finalizar las descripción de las infidelidades del pueblo en su peregrinar por el desierto el poeta incorpora las actitudes impropias y pecaminosas del pueblo durante el período de conquista de la tierra prometida, Canaán, y también comenta algunas acciones malsanas en tiempos posteriores. Desde los mismos comienzos se revela la actitud de desobediencia del pueblo al no exterminar o destruir los pueblos conquistados, como lo había ordenado el Señor. Y las consecuencias claras e inmediatas de esas acciones desobedientes y fallidas las pagó el mismo pueblo, pues no eliminó el potencial de las crisis posteriores.

Esa actitud permisiva del pueblo propició las condiciones para que la comunidad de Israel se mezclara con otras acciones idólatras e incorporara algunas de sus prácticas, que de acuerdo con las narraciones bíblicas, son abominaciones: ¡El pueblo adoró a las divinidades locales y hasta ofreció a sus hijos al sacrificio! Las maldades del pueblo se describen como actos de infidelidad, que es descrita en el salmo como «prostitución» (v.39), que es una manera de destacar la gravedad de sus acciones. Esas acciones impropias trajeron la ruina al pueblo.

El castigo divino a la infidelidad del pueblo, descrito con imágenes del fuego en el poema, vino a través de las naciones: ¡El Señor abandonó o «abominó» su heredad! (v.40). Las naciones, por ese desamparo divino, se apoderaron, enseñorearon, oprimieron, quebrantaron y humillaron al pueblo del Señor. Y aunque en muchas ocasiones el Señor los liberaba Israel mantenía esa actitud impropia de desobediencia y rebeldía que generaba el juicio divino. Dios, sin embargo, les miraba con misericordia cuando el pueblo clamaba y se humillaba. El Señor se acordaba del pacto y movía a misericordia a quienes les tenían cautivos, que es una forma solapada de aludir al cautiverio en Babilonia. En efecto, ¡la misericordia divina es mayor que la infidelidad humana!

vv.47-48: La parte final del poema incorpora un clamor intenso y sentido para que culmine el exilio. El salmista relaciona el fin de la dispersión con la salvación divina. Para el poeta, la respuesta humana a la liberación divina es la alabanza al nombre del Señor. En la antigüedad, el nombre era una forma de referirse a la persona nombrada, era la representación literaria de su naturaleza más íntima. De esta forma poeta relaciona el final del salmo con sus comienzos. Comienza con un llamado a la alabanza (v.1) y una petición a la benevolencia divina (v.3), y finaliza con un clamor por la misericordia que termine la deportación (v.47).

v.48: La doxología final del poema es una forma de terminar no solo este salmo sino todo el Libro IV del Salterio. Es un cántico de alabanzas que está en la misma tradición teológica y litúrgica de los otros poemas que culminan los libros previos del Salterio (Sal 41.13; 72.18-19; 89.52; 150).

Este salmo pone de manifiesto dos temas de gran importancia teológica: en primer lugar, se revela una vez más la importancia de la misericordia divina; además, se pone de manifiesto la actitud de rebeldía e infidelidad del pueblo. El poema contrapone dos temas que tienen gran repercusión y relevancia académica y pastoral: La bondad divina y la irresponsabilidad humana. La bondad que manifiesta la misericordia y la infidelidad que propicia la ira. Este poema ubica en justa perspectiva el amor y el juicio, la gracia y la justicia.

Una característica fundamental del Dios bíblico es su capacidad de superar las infidelidades humanas. Aunque el juicio es la respuesta divina a los pecados humanos, la misericordia es mayor que las

impiedades. El amor del Señor se levanta airoso sobre las imperfecciones de la gente, el poder de la gracia divina se sobrepone a las impertin-
encias humanas. En efecto, este poema revela claramente que, aunque
el pueblo actuó sistemáticamente de forma impropia ante el Dios del
pacto, el Señor no actúa finalmente basado solo en sus respuestas justas
a la infidelidad sino que incorpora en el proceso la misericordia que le
brinda a la comunidad la posibilidad de restauración. La última palabra del Señor hacia su pueblo no es el juicio destructor sino el mensaje
de la esperanza, la revelación del amor, la voz de la gracia.

Esa actitud de misericordia se pone en evidencia en el ministerio
de Jesús, de particular importancia se revela en el sermón del monte
(Mt 5—7). Es esos importantes discursos del Señor se pone de manifiesto el corazón de su doctrina, el centro de su teología, la base de su
enseñanza. La gente es feliz, de acuerdo con esos mensajes del Señor,
cuando permite que los valores divinos se apoderen de los sistemas
éticos y morales de la vida. La gente es dichosa cuando trabaja por la
justicia y la paz, y cuando manifiesta la misericordia. Las personas son
bienaventuradas cuando se convierten en sal de la tierra y luz del mundo. Los hombres y las mujeres descubren la alegría verdadera cuando
afirman la ley, rechazan la ira y aman a sus enemigos. En efecto, la
felicidad no es un parámetro de las pertenencias humanas sino el descubrimiento de los valores divinos que propician la justicia, que es el
fundamento de la paz.

Libro Quinto: Salmos 107-150

Alzaré mis ojos a los montes;
¿de dónde vendrá mi socorro?
Mi socorro viene de Jehová,
que hizo los cielos y la tierra.
Salmo 121.1-2

SALMO 107: «DIOS LIBRA DE LA AFLICCIÓN»

Con el Salmo 107 comienza el Libro V del Salterio (Sal 107—150), que prosigue el estilo y los asuntos de la sección anterior. Una particular característica de esta sección, sin embargo, es que presenta con más claridad el agrupamiento temático de los poemas. Se incluyen, p.ej., las siguientes colecciones: dos grupos de salmos davídicos (Sal 108—110; 138—145), los Cánticos de la pascua (113—118), los Cánticos graduales o de la ascensión (Sal 120—134) y los Cánticos de los aleluyas (Sal 146—150).

Aunque el Salmo 107 inicia esta sección final del Salterio, continúa los temas que ya se exploraron en los dos poemas anteriores (Sal 105 y 106), pues llama al pueblo a expresarle una vez más el agradecimiento y las alabanzas al Señor por sus intervenciones salvadoras. En su evaluación de la historia, sin embargo, este poema es menos preciso, pues la finalidad no es identificar los eventos particulares que fueron testigos de la gracia y la misericordia divina, sino proveer un espacio cúltico para poner de manifiesto la gratitud al Señor; además, el poema elimina el tono penitencial que se revela en el salmo anterior (Sal 106).

Para lograr su objetivo teológico, el salmista, más que citar algunos acontecimientos de la historia de la salvación del pueblo, usa cuatro episodios generales de las vivencias nacionales para poner de manifiesto su finalidad: El peregrinar por el desierto, la liberación del cautiverio, el perdón divino ante la rebelión humana, y la afirmación del Señor ante los peligros del mar. Este salmo le canta al Dios que libera a su pueblo del «poder del enemigo» (v.2).

El salmo parece estar constituido por dos poemas que posiblemente tienen algún origen independiente (vv.1-32, y vv.33-43) pero que fueron fundidos luego del exilio para unir algunos elementos sapienciales al importante tema de las alabanzas y la gratitud al Dios que libera. El poema es posiblemente un salmo de acción de gracias individual que expresa la sincera gratitud de una persona que adora por experimentar las maravillas liberadoras de Dios a lo largo de la historia del pueblo de Israel. Su contexto original son posiblemente las ceremonias de acción de gracias en el Templo, cuando varios grupos de adoradores se allegaban ante Dios para ofrecer sus ofrendas y para expresar sus gratitudes al Señor. Las alusiones al exilio y al retorno al comenzar el salmo (v.3) ubican este poema en la época exílica, aunque varios de sus temas deben haber sido recitados desde mucho antes del destierro en Babilonia. El salmo no tiene título hebreo, pero en la versión griega (LXX) y en la latina (V), se añade la expresión «¡Aleluya!» (véase la Introducción).

La estructura literaria que apoya el análisis del salmo y destaca sus elementos temáticos, es la siguiente:

- Llamado a la alabanza: vv.1-3
- Intervención divina en el desierto: vv.4-9
- Respuesta divina a la gente prisionera: vv.10-16
- Respuesta divina a las personas rebeldes: vv.17-22
- Respuesta divina a las personas que comercian en el mar: vv.23-32
- Intervenciones divinas en la historia: vv.33-41
- Conclusión al estilo sapiencial: vv.42-43

vv.1-3: El salmo comienza con una invitación a la alabanza que se fundamenta en la bondad divina; además, se afirma con seguridad, tanto al comienzo (v.1) como al final del poema (v.43), que la misericordia divina es para siempre. Esta incitación también identifica las destinatarios, «los redimidos del Señor» (v.2), y se indica el lugar desde donde la redención divina, en forma de liberación y retorno, se pondrá de manifiesto: «De las tierras, del oriente y del occidente, del norte y del sur» (v.3), que es una manera poética de aludir a una dispersión mayor, a algún tipo de exilio de proporciones importantes, que representa una calamidad extraordinaria. Estas imágenes, aunque pueden representar las acciones de Dios a través de toda la historia, quizá sean una referencia particular al exilio en Babilonia.

vv.4-9: La primera referencia a la liberación se relaciona con las experiencias del pueblo durante el peregrinar por el desierto. Se habla de pérdidas, de soledades, de incapacidad de encontrar ciudades, de hambre, de sed, y de desfallecimiento del alma. En efecto, se revela la naturaleza y extensión de la crisis, se presenta las dificultades que encontró el pueblo luego de la salida de Egipto.

Y ante el descubrimiento de las dificultades del camino de la liberación, el pueblo entonces, clama al Señor en su angustia, que los libró de sus aflicciones. De esa forma se transforman las realidades: Los dirige por caminos derechos, que les lleva a las ciudades habitables (v.7). En respuesta a la acción de Dios el salmista nuevamente exhorta al pueblo a alabar al Señor por su misericordia, por sus maravillas, y porque ayuda a la gente menesterosa y hambrienta (v.9). Este mismo patrón de crisis, reconocimiento de la gracia, intervención salvadora de Dios, y gratitud del pueblo, se repite con regularidad en el poema. El estribillo de la alabanza pone claramente de relieve el propósito teológico y la finalidad cúltica del poema (vv.8,15,21,31).

vv.10-16: Prosigue el poema presentando la forma en que el pueblo vivía: En tinieblas y sombra de muerte, y aprisionados en aflicción y hierros (v.10), por haberse rebelado a la palabra del Señor y aborrecer el consejo divino (v.11). Esos actos de infidelidad son realmente los causantes de sus caídas, quebrantos, desgracias y miserias (v.12). Y una vez más, en medio del dolor y el cautiverio, clamaron al Señor, que los libró de sus aflicciones, los sacó de las tinieblas y de la sombra de muerte, y rompió sus prisiones (v.14).

Nuevamente con el estribillo (v.15), y como respuesta humana a la liberación divina, el salmista insta al pueblo a alabar la misericordia y las maravillas del Señor. Dios quebrantó las puertas de bronce y desmenuzó los cerrojos de hierro, que son imágenes de liberación de cárceles y cautividades mayores.

vv.17-22: En esta sección se indica que el pueblo está en caminos insensatos de rebelión a causa de sus maldades que los llevó hasta abominar los alimentos y llegar a las puertas de la muerte (v.18). Sin embargo, los israelitas clamaron al Señor nuevamente, y llegó la respuesta y la palabra divina en forma de sanidad y de liberación de la ruina (v.20). La exhortación a la alabanza (v.21) está unida al ofrecimiento de sacrificios y a publicar las obras divinas con júbilo.

vv.23-32: Esta parte del poema alude al pueblo que se dedica al comercio a través del mar, que durante la época del rey Salomón llegó a su momento de esplendor (I R 9.26-28). El poeta hace gala de su capacidad literaria al describir las maravillas y las obras del Señor. Se enfrentan cara a cara el poder de las aguas y los vientos, y la actitud de los marineros. Además, la imagen de la tempestad en el mar pone de manifiesto el poder de Dios en dos perspectivas, permitiendo su desarrollo y su capacidad para detenerla. En el entorno mismo de las aguas que representan para el pueblo la posibilidad del caos, se manifiestan las maravillas divinas (vv.29-30).

Nuevamente el pueblo clama al Señor y manifiesta sus alabanzas, y Dios responde una vez más con sosiego, calma y sobriedad en las aguas. ¡La transformación de la tormenta es producto de la intervención divina! Y por esas acciones liberadoras, el salmista llama al pueblo a exaltar y alabar al Señor.

vv.33-41: En esta sección del poema no se sigue el patrón de crisis, clamor, liberación y alabanza que se revela anteriormente; inclusive, no tiene el estribillo que mantiene la teología del poema. El corazón del mensaje se relaciona con las transformaciones de la tierra, que se convierte en desierto por la maldad de sus habitantes. Posteriormente la tierra regresa a su estado natural, por la misericordia divina, para que las personas hambrientas reciban la bendición abundante del Señor (v.38) y tengan un lugar adecuado para vivir, puedan sembrar sus campos, plantar viñas y disfrutar los frutos (vv.35-37).

Luego de ese período de prosperidad regresa la tiranía, el abatimiento, el dolor, el menosprecio, pero la intervención divina levanta a las personas pobres, y hace que sus familias se multipliquen, que son símbolos de felicidad, bendición divina y prosperidad (vv.40-41). Una vez más, estas referencias de bondad y liberación pueden ser alusiones sencillas al período final del destierro. La imagen del rebaño y las ovejas pone en evidencia el sentido de intimidad que quiere destacar el salmista.

vv.42-43: Para finalizar, el poeta, en tono lapidario, ha seleccionado algunos temas de la literatura sapiencial, que se relacionan bien con el espíritu general del salmo. La gente sensata debe revisar la historia para descubrir y afirmar la misericordia y la bondad de Dios. El poeta de esta forma reconoce públicamente las actitudes de los corazones necios y los sabios. La gente recta se alegra con las liberaciones divinas, y responde con humildad, alabanzas y gratitud. Por su parte, las personas malas e insensatas cierran sus bocas, ¡no expresan gratitud al Señor! Solamente los hombres y las mujeres que tienen sabiduría guardan y atesoran las manifestaciones redentoras del Señor y entienden la revelación de su misericordia.

Este salmo pone una vez más de relieve el poder redentor del Señor a través de la historia nacional. Sin especificar los episodios de liberación, el salmista se pasea por la historia para revelar un ciclo importante humillación y redención en la vida. El reconocimiento de la culpa y los pecados, debe mover al pueblo al arrepentimiento y el clamor por la liberación divina; y ante ese clamor sentido y humilde, el Señor de la vida responde con una manifestación abundante de su misericordia. Esa revelación, a su vez, hace que la gente de bien reconozca y alabe la grandeza y la bondad del Señor. El Dios del salmista escucha el clamor del pueblo, y responde con actos maravillosos de liberación.

Esa actitud de humildad y reconocimiento divino se hizo realidad en la vida y la misión de Jesús de Nazaret. El Señor, que escuchaba el clamor de la gente necesitada que respondía a sus mensajes y enseñanzas, fundamentaba su palabra liberadora y su pedagogía transformadora en la revelación divina que se pone claramente de manifiesto en este poema. Dios escucha la oración de la gente oprimida; el Señor responde al clamor de las personas menesterosas; se acuerda Dios de las necesidades de los hombres en aflicción; y atiende el Señor a la oración de las mujeres en angustia. En los discursos del Señor se revela un particular deseo de atender a los sectores más vulnerables de las sociedades, porque reconoce que la esperanza de esas personas no puede estar en las instituciones humanas que les ha negado la justicia.

SALMO 108: «PETICIÓN DE AYUDA CONTRA EL ENEMIGO»

El Salmo 108, que es esencialmente una súplica colectiva, lo constituyen dos trozos de poemas anteriores del Salterio (Sal 57.7-11 y Sal 60.5-12). Sin embargo, esta yuxtaposición de textos lejos de aminorar la calidad teológica de su contenido o de disminuir el desafío moral de sus enseñanzas ha expandido el horizonte espiritual de su mensaje. Este poema no es solo la suma de sus componentes previos sino que se ha convertido en un salmo mucho más intenso y pertinente a los nuevos desafíos espirituales y morales de la época del regreso del exilio en Babilonia.

En su contexto básico y original, el Salmo 57 es un cántico de confianza y gratitud, y los versículos que se incluyen en el Salmo 108, son la acción de gracias por la salvación que el salmista ya ha recibido o está próximo a recibir. En el nuevo contexto (Sal 108), esa sección se convierte en la motivación para la alabanza, en la razón de ser de la gratitud. Al omitir los versículos 1-6 del Salmo 57, el 108 excluye toda referencia a las dificultades individuales. En efecto, se prepara el ambiente para poner de manifiesto un sentido hondo de seguridad y confianza en el Señor.

El corazón humilde del salmista canta y entona alabanzas entre las naciones; y, además, utiliza los diversos instrumentos musicales y despierta el alba con sus cánticos. El gran mensaje de las alabanzas del poeta es que la misericordia divina es más grande que los cielos, que es una manera figurada de enfatizar que la extraordinaria gloria del Señor se revela de forma abundante en las manifestaciones continuas y maravillosas de su amor.

El Salmo 60 es una súplica comunitaria, y los versículos que se incorporan en el Salmo 108, los utiliza como un clamor profundo que contiene un oráculo, prosigue con una promesa de triunfo, incluye un lamento por el rechazo divino, para luego finalizar con una clara afirmación tenue de confianza en Dios. Al omitir los versículos 1-4 del Salmo 60, el 108 excluye los lamentos por la derrota en la batalla.

La unión de estos poemas debe haberse llevado a efecto durante la época exílica, pues el salmo puede ser utilizado como parte de la adoración y las ceremonias religiosas del pueblo en el Templo, especialmente en los actos y cultos de acción de gracias y en los eventos donde se ofrecen ofrendas de gratitud. En este nuevo contexto, el salmo es una oración personal que alaba y agradece a Dios sus intervenciones históricas; además, es una clara afirmación de confianza en las intervenciones futuras del Señor. En esta ocasión (Sal 108), este salmo revela un tono teológico más positivo que sus componentes anteriores (Sal 57 y 60). El título hebreo del salmo lo identifica como un «cántico» y también lo describe como un «salmo de David» (véase la Introducción).

Como en los salmos inmediatamente anteriores (Sal 105—107), este poema afirma la fidelidad divina por el deseo del Señor de llevar a Israel a la tierra prometida, en contraposición de los ataques enemigos y las dificultades internas. Aunque el Señor disciplina a su pueblo, no lo desecha, pues recuerda el pacto que hizo con Abrahán y sus descendientes.

La estructura del poema se revela en la identificación de sus componentes literarios básicos. En los comentarios y las discusiones a los Salmos 57 y 60 se presentan otras evaluaciones teológicas y las reflexiones contextuales más extensas y pertinentes a estas secciones poéticas.

- Confesión de fe y seguridad en Dios: vv.1-6
- Oráculo de soberanía divina: vv.7-9
- Confesión de fe y seguridad en Dios: vv.10-13

vv.1-6: El propósito del nuevo salmo es «la liberación de los amados del Señor» (v.6). Y las alabanzas iniciales de entrega y disposición dan paso al mensaje de algún profeta en el culto, que anuncia con autoridad la palabra divina (vv.7-9), que en esta ocasión incorpora características universales.

vv.7-9: El Dios del salmista es Señor de Siquem, del valle de Sucot, Galaad, Manasés, Efraín, Judá, Moab, Edom y Filistea. Esa teología es particularmente importante durante la época postexílica, luego de los mensajes que se incluyen en la segunda sección del profeta Isaías (Is 40—55).

vv.10-13: La sección final se revela, aunque de forma tímida, la liberación divina, que lleva al pueblo hasta la ciudad fortificada de Edom, que es una manera de aludir al pueblo que representa al mayor y más importante enemigo de Israel. La palabra final del salmo es una afirmación de fe: Con el socorro divino se hacen proezas y se triunfa sobre los adversarios y los enemigos.

Una vez más se manifiesta con claridad la soberanía divina en el Salterio como una categoría teológica fundamental. El salmo habla del Dios que se alía con su pueblo para ayudarle a responder con poder a los grandes desafíos que le presentan los enemigos. El Dios bíblico es el compañero de caminos del pueblo que demuestra su fidelidad aunque no reciba esa misma lealtad.

Salmo 109: «Clamor de venganza»

El Salmo 109 es uno de los poemas que manifiesta con más claridad en el Salterio el dolor que produce la injusticia. El poema revela un profundo sentido imprecatorio y articula un deseo extraordinario de justicia, que se ponen de relieve en una serie importante de sentimientos intensos, expuestos en el salmo en forma de maldiciones vehementes —otros salmos que manifiestan este mismo este estilo violento, son los siguientes: Sal 55; 56; 58; 69—.

En medio de estos clamores sentidos y desgarradores, el salmista implora la ayuda divina a causa del ataque falso, de la actitud irresponsable y de las acciones injustificadas de algunos enemigos y adversarios. Estos deseos intensos de venganza, que ciertamente chocan con la sensibilidad religiosa contemporánea y con el testimonio cristiano moderno, deben ser entendidos en el contexto ideológico y teológico de la antigüedad, cuando no se habían revelado aún de manera total y plena las virtudes divinas en la figura del Mesías. El salmista da rienda suelta a las imprecaciones como una forma de articular y presentar públicamente la gravedad de su caso. La lectura cuidadosa del salmo revela un ambiente críticamente adverso contra el poeta, que se manifiesta en mentiras, engaños, acosos, odios, ataques y acusaciones. Y en medio de esas realidades de maldad y angustia, el poeta reclama la intervención divina.

Este salmo es una lamentación y súplica individual que implora al Señor que se haga justicia. El salmista es una persona piadosa y justa, acostumbrada a hacer el bien de manera desinteresada, que es acusada injustamente pero que reconoce en Dios su fuente primordial de esperanza y de justicia. Es muy difícil imaginar el uso cúltico de este salmo, aunque posiblemente este tipo de poema se utilizaba en la antigüedad en ceremonias privadas en las que implorada la intervención divina en algún caso legal complejo. Posiblemente por las formas de articular sus imprecaciones, este salmo no ha sido incorporado en las ceremonias litúrgicas eclesiásticas ni en las celebraciones cúlticas de las iglesias — p.ej., la conocida como «Liturgia de las horas»—.

La identificación precisa de la fecha de composición es muy difícil, dado la amplitud y las complejidades del tema; sin embargo, la relación de las maldiciones con un mensaje que se incluye en el libro del profeta Jeremías (Jer 18.19-23) puede ser un buen indicador de su entorno postexílico. El título hebreo del salmo lo relaciona con el músico principal o maestro del coro, y lo asocia con los salmos de David (véase la Introducción).

La estructura literaria que facilitará el estudio del salmo se desprende del análisis temático, y es la siguiente:

- Presentación del problema y el clamor: vv.1-5
- La imprecación o maldición: vv.6-20
- Nueva petición de ayuda: vv.21-29
- Oración final: vv.30-31

vv.1-6: La petición del salmista es firme, clara y directa. Es una súplica urgente al Señor para que intervenga y no calle, ante los ataques impíos, el complot traidor y los engaños de gente mentirosa, que con odio y sin motivos han rodeado al penitente para hacerle mal. Se revela rápidamente la maldad de los adversarios, pues pelean sin motivos y pagan al salmista mal por bien, responden con odio al amor. Se manifiesta con claridad al comienzo mismo del poema la naturaleza de la crisis, la gravedad de la situación, el potencial de muerte.

El salmo describe un ambiente de traición que es nocivo a la salud integral, mental, física y espiritual. El salmista se dirige al Señor como «Dios de mi alabanza» (v.1), para enfatizar la naturaleza divina que responde al clamor humano. Para el poeta herido, las alabanzas al Señor constituían el comienzo de su liberación; además, en medio de esas dinámicas de muerte y destrucción, el salmista penitente oraba (v.4), que es una singular manera de revelar su seguridad y confianza en el Señor.

vv.7-20: Esta sección del salmo presupone quizá un ambiente de juicio, un contexto legal. No son pocos los términos, las ideas y las expresiones que denuncian ese particular tono jurídico: p.ej., acusaciones, estar a mano derecha, condenaciones, juicio, culpabilidad.

La primera impresión al leer estas maldiciones es que el salmista se las dirige a quienes le acusan falsamente y se organizan para destruirle. Es la respuesta humana ante una situación de crisis injusta que incluye la posibilidad de muerte (v.16). Algunos estudiosos, sin embargo, piensan que el salmista en esta sección está citando a quienes buscan su destrucción, y que estas maldiciones no son las expresiones naturales del poeta sino los deseos malsanos e impropios de quienes le persiguen y acusan.

La respuesta del salmista a esa retahíla infame de mentiras, odios, calumnias y resentimientos, es doble: En primer lugar, implora la intervención divina (v.1); y, además, articula una serie intensa de maldiciones. La lista de las maldiciones o imprecaciones llega a veinte, es decir, dos veces diez, que es una manera de indicar que es un deseo completo.

Las maldiciones comienzan en el mismo juzgado, pues el salmista le pide a Dios que otro juez injusto atienda las crisis del enemigo del pobre, que a su vez es su enemigo, y que surjan nuevos acusadores en su contra. Las consecuencias de esos procesos judiciales corruptos e injustos son, entre otras calamidades, la condenación, la muerte, la pérdida de responsabilidades, la crisis económica y la disfunción familiar que perdura por varias generaciones. Como el juez injusto ha actuado sin misericordia y al margen de la ley, esas mismas actitudes de maldad le van a perseguir de manera individual y familiar hasta llegar a su destrucción total. La acción injusta hacia la gente pobre y menesterosa acarrea el juicio divino y genera las maldiciones del Señor. El poeta presenta estas maldiciones de forma visual, al aludir al cuerpo, la ropa, el cinturón; el juicio divino también penetrará como el agua y el aceite en el cuerpo y los huesos.

vv.21-29: En esta sección del salmo, el poeta retoma el tema de las súplicas a Dios. Implora la liberación, el favor y la misericordia de Dios por amor al nombre del Señor, que es una manera de reclamar la intervención divina (v.21). En esta ocasión, sin embargo, enfatiza su condición precaria: Está atribulado y necesitado, su corazón está herido, se siente como una sombra, y tiembla como una langosta. Indica, además, que se siente débil y está delgado a causa del ayuno (v.24), y se siente escarnecido, marginado y rechazado. La expresión «menear la cabeza» (v.25) alude a las burlas de las que era objeto.

La tensión ha aumentado, la crisis está en su momento crucial, la preocupación es intensa. Y en ese contexto de crisis, el salmista se allega nuevamente ante el Señor e implora su ayuda, suplica su salvación, reclama su misericordia (v.26). Su petición básica es que su suerte cambie y sus enemigos reciban y sientan lo que él está experimentando en su dolor (vv.28-29). El salmista desea ver el fracaso de sus enemigos, anhela disfrutar la vergüenza de sus acusadores, pide con firmeza la destrucción de sus adversarios. Implora, además, que esos mismos enemigos comprendan que ha sido la mano del Señor la que ha intervenido en su favor y en contra de sus adversarios (v.27).

vv.30-31: Para finalizar el poema con un tono grato y positivo, el salmista incorpora una serie importante de alabanzas. Luego de las maldiciones, el poeta expresa su gratitud y sus alabanzas «en medio de la muchedumbre» (v.30), porque Dios hará causa común con los pobres, para liberarlos de las personas que le juzgan injustamente.

El salmista pone de manifiesto de esta forma las virtudes de la justicia divina: Afirma que el Señor apoya el dolor del pobre, que es una manera de destacar el deseo divino de liberar a las personas menesterosas y necesitadas. El gran mensaje del salmo es que Dios rechaza las acciones injustas de los jueces corruptos, pues está al lado de las personas que sufren las injusticias de la vida.

Varios asuntos requieren estudio y reflexión en este salmo. En primer lugar, el tema de las maldiciones es de gran importancia. ¡Es adecuada la indignación frente a las injusticias de la vida! No es espiritualmente saludable ni socialmente aceptable aceptar las injusticias humanas de forma pasiva y silente. El rechazo de esas acciones impropias e indeseables es pertinente y necesario.

El salmista expresa una serie intensa de maldiciones que revelan sus deseos de venganza. Estas maldiciones se fundamentan en el deseo de justicia que el salmista no recibe de las instituciones jurídicas oficiales. La corrupción del sistema de justicia es clave en la comprensión adecuada de estas imprecaciones. Más que un deseo revanchista psicopatológico, estas imprecaciones son las respuestas humanas para implorar la justicia divina, antes de la revelación plena y liberadora de Cristo.

El Dios bíblico establece el pacto con Abrahán y su descendencia para llevarles a la tierra prometida y construir una sociedad justa y responsable. El plan divino no es la corrupción, ni el cautiverio, ni la desesperanza, ni el rechazo, ni el dolor humano. Sin embargo, las actitudes humanas que no toman en consideración los valores morales y los principios éticos que se desprenden de la revelación divina, generan el ambiente adecuado y las dinámicas propicias para el desarrollo de la corrupción y de la injusticia.

En ese particular contexto de infidelidad y cautiverio, el Dios bíblico se compromete con la gente pobre, y apoya a los sectores marginados y rechazados de la sociedad. Es de gran importancia la afirmación teológica que ubica al Señor ayudando a las personas que son objetos de las injusticias de los sistemas humanos. Es determinante la idea del poeta: La gente maldice, pero Dios bendice (v.28).

Como el salmista, Jesús de Nazaret experimentó la injusticia y la muerte de manos de jueces corruptos e injustos. Dios demostró su compromiso con el Señor a través de la resurrección. Se puso de manifiesto en la vida del Mesías que Dios se pone al lado de la gente que sufre de forma injusta, y transforma sus realidades de dolor en posibilidades de vida y triunfo.

Salmo 110: «Jehová da dominio al rey»

El Salmo 110 es uno de los poemas más difíciles del Salterio, tanto desde la perspectiva exegética como la teológica. Las dificultades de comprensión e interpretación se pueden asociar, en parte, a que en los manuscritos hebreos más antiguos, el texto del salmo no se ha conservado muy bien, particularmente en el versículo tres. Ese particular problema textual es parcialmente responsable de las diferencias en las traducciones de este pasaje en específico.

El rey es el personaje más importante de este poema, que en esencia y también por el tema expuesto, es un salmo real. Posiblemente este es un salmo muy antiguo, pues puede provenir inclusive de la época davídica, aunque se utilizó posteriormente y se reinterpretó a través de la historia para relacionarlo con el resto de esa importante dinastía. Su contexto original fue quizá la ceremonia de entronización del monarca, aunque posteriormente pudo haberse utilizado en las fiestas anuales para celebrar las grandes victorias del rey o para presentar su programa de gobierno. El autor pudo haber sido el mismo rey David o alguien cercano al reino que interpretó su vida y monarquía desde una perspectiva mesiánica. El título hebreo del poema lo identifica directamente con los salmos de David (véase la Introducción).

Este salmo ha sido muy popular en la tradición cristiana pues se ha leído y utilizado mesiánicamente a través de la historia, para afirmar el señorío de Jesús, que para la iglesia y los creyentes es el Mesías y el Cristo de Dios (para v.1, véase Mt 24.22; 26.64; Mr 12.36; 16.62; 16.19; Lc 20.42; 22.66; Hch 2.34; I Cor 15.25; Heb 1.13; 10.13; y para v.4, véase Heb 5.6; 7.17,21). Como en otros poemas o salmos reales, la interpretación cristológica del texto le ha añadido una nueva dimensión teológica que no puede ignorarse ni obviarse.

La sencilla estructura de este salmo se desprende de la identificación y comprensión de los temas más importantes que expone:

- Primer oráculo al rey: vv.1-3
- Segundo oráculo al rey: vv.4-7

vv.1-3: La primera sección del poema presenta a algún sacerdote o profeta del culto que se dirige al monarca en el nombre del Señor. El Señor le dice al rey que se siente a su diestra o a la mano derecha (v.1), que era en la antigüedad un lugar de honra, una señal de distinción. Poner los enemigos a los pies del monarca era una manera de apreciar su trabajo, y una manera de afirmar su gestión pública. El mensaje es de afirmación divina: El poder y la autoridad del rey no se confinará ni detendrá en Sión (v.2), que es una referencia a la ciudad de Jerusalén, pues dominará a sus enemigos, que es una alusión a sus victorias militares en la esfera internacional.

En las ceremonias antiguas de entronización se incluía un trono que se ubicaba sobre un estrado. Y en la parte delantera del lugar se dibujaban los rostros de los reyes enemigos que el nuevo monarca debía derrotar. Sentarse sobre el estrado que tiene el rostro de los enemigos es un gesto de victoria, es símbolo del triunfo. Ese acto simbólico también ponía de manifiesto los deseos reales de conquistar a las naciones vecinas, que era una manera de revelar antiguos anhelos imperialistas. Ir a la guerra para defender el territorio y al pueblo era una de las funciones más importantes del rey.

El salmo presupone e incorpora en el lenguaje y la cultura israelita una muy antigua tradición del Oriente Medio, que afirmaba que el rey se convertía en hijo de Dios el día que tomaba posesión del trono. Era simbólicamente el día de la concepción y del nacimiento (Sal 2.7). Para comunicar se mensaje de afirmación del rey israelita, el salmista se apropió de las imágenes de la aurora y del rocío que provienen de la cultura cananea. La idea es demostrar, en ese antiguo contexto politeísta, que el monarca de Israel es el verdadero hijo de Dios. La diferencia en las diversas traducciones de este versículo es producto de las dificultades textuales que manifiesta.

vv.4-7: Esta sección prosigue con el oráculo divino al monarca. En esta ocasión, sin embargo, no alude a los poderes militares del rey sino que presenta las responsabilidades sacerdotales. El Señor mantendrá su palabra de apoyo al rey pues se le ha conferido un tipo de sacerdocio que va de acuerdo con la tradición de Melquisedec. Esa importante referencia al antiguo sacerdote y rey de la ciudad de Salem —posteriormente conocida como Jerusalén, que significa «ciudad de paz»—, revela el compromiso divino y el pacto de Dios con Abrahán (Gn 14.18-20). En efecto, el rey de Israel cumplía algunas funciones sacerdotales en las ceremonias litúrgicas del Templo. Salem es la ciudad jebusea, gobernada por un particular sistema sacerdotal, que David conquistó para establecer su reino.

El profeta cúltico continúa su mensaje al rey: En esta ocasión, sin embargo, es Dios quien está a la diestra del monarca, símbolo de privilegio, apoyo, autoridad y poder, quebrantará a los reyes con su ira, e impartirá la justicia de manera internacional. En efecto, el mensaje prosigue y desarrolla el apoyo que previamente se había dado al monarca (v.2), aunque ahora se alude a algunos triunfos militares que disfrutará y propiciará el rey.

La imagen final del poema posiblemente presenta a un rey, cansado por sus victorias militares e internacionales, que se detiene para beber agua, para descansar y recuperar fuerzas, para finalmente levantar su cabeza en señal de triunfo (v.7).

Aunque este salmo en su contexto original presentaba una visión imperial del reino de Israel, los primeros cristianos vieron en sus líneas buen material para afirmar el señorío de Jesús y para defender su particular naturaleza mesiánica. El mensaje total de este salmo se relacionó con la misión salvadora de Jesucristo. Las funciones militares y sacerdotales del antiguo monarca de Israel, que solo eran una quimera inalcanzable para los reyes del pueblo, se cumplieron cabalmente en la vida y misión de Jesús de Nazaret, de acuerdo con la interpretación cristiana del poema.

De particular importancia en la comprensión e interpretación de este salmo es la diferencia básica entre las formas de ejercer las funciones reales entre los monarcas de Israel y Jesús de Nazaret. Para Jesús, su reino «no es de este mundo» (Jn 18.36), que era una manera de indicar que no ejercería el poder y la autoridad de la forma en que el pueblo estaba acostumbrado a ver en sus monarcas. La gente poderosa demuestra su autoridad a través del menosprecio de las personas débiles y mediante el rechazo de la gente humilde y necesitada.

En Jesús, la humanidad tiene no solo la esperanza de recibir justicia y libertad sino que ha recibido un nuevo modelo de liderato. El líder verdadero es justo, respetuoso, digno y sabio. El líder real no es el que se apoya en la injusticia, la violencia y la corrupción para imponer sus ideas o proyectos, sino el que afirma las causas que liberan al ser humano de los cautiverios que le impiden llegar a ser lo que Dios quiere que sea.

SALMO 111: «DIOS CUIDA A SU PUEBLO»

Los Salmo 111 y 112 son poemas acrósticos de una sola línea que se complementan, tanto en la sucesión de las veintidós letras del alefato hebreo como en el desarrollo lógico del contenido y de los temas expuestos (véase también Sal 9—10; 25; 34; 37; 112; 119; 145). Gran parte de sus frases, ideas y pensamientos se incluyen en otros salmos.

El dúo constituye una muy buena introducción al grupo de salmos que finaliza con el 119. El Salmo 111 presenta el tema de la obra del Señor y su palabra; y el 112 describe a la persona sabia que responde adecuadamente a esa obra y a la palabra divina. En efecto, la poesía de estos salmos pone de manifiesto la gran capacidad artística y literaria del poeta como también revela su gran sensibilidad teológica.

El Salmo 111 comienza y termina con un cántico de alabanza a Dios por sus obras maravillosas y por su palabra. Esta dualidad temática se manifiesta en todo el poema, pues es muy difícil separar la palabra divina de la actividad del Señor en medio de la historia. Lo que Dios dice lo pone en acción, y el actuar del Señor se fundamenta en la revelación que se encuentra en su palabra. De forma práctica el poema afirma la gran correspondencia ética del Señor, que une la teoría de su voluntad y la práctica de su mensaje.

Este salmo es un himno de alabanza que celebra y agradece las acciones y la obra de Dios en la historia, particularmente afirma las manifestaciones maravillosas del Señor a favor de su pueblo y la importancia de la fidelidad al pacto. Su contexto básico inicial fue posiblemente algunos de los festivales anuales del pueblo, quizá la fiesta de Pascua o la de Tabernáculos. Su autor es un adorador agradecido que se levanta en medio de las celebraciones para destacar la obra de Dios en la historia. Por la naturaleza de los temas expuestos, se piensa que este salmo es de origen postexílico. Además, las ideas sapienciales que se incorporan al final del salmo delatan sus virtudes didácticas, que puede preceder al uso del Salmo 112. Este salmo no tiene título hebreo (véase la Introducción).

La estructura de los poemas acrósticos es rígida, por la naturaleza de la disposición de las letras, sin embargo, en esta ocasión se pueden distinguir varias secciones:

- Alabanzas al Señor: v.1
- Las grandes obras de Dios: vv.2-3
- Los frutos de la clemencia y la misericordia de Dios: vv.4-9
- Importancia de la sabiduría: v.10

v.1: El poema comienza con un aleluya que precede a la disposición acróstica. Posiblemente era una especie de título antiguo al salmo para destacar el reconocimiento divino. Además, el salmo revela que las alabanzas al Señor deben ser sentidas, «de todo corazón», y en compañía de las personas rectas, en un entorno público, en medio de las asambleas nacionales. Esa referencia al pueblo con el calificativo de «rectitud» ubica el poema en la tradición sapiencial que se explorará al final de este mismo salmo y también en el posterior Salmo 112.

vv.2-3: El salmo en esta sección destaca las grandes obras divinas, que describe como dignas de ser fuente de meditación. Además, el salmista afirma que esas obras delatan la majestad y el esplendor divino, y también pone de manifiesto la justicia permanente del Señor. Las

obras del Señor son merecedoras del estudio ponderado y la meditación de parte de las personas sabias y prudentes. De esta forma el
salmo afirma su gratitud a Dios por la creación.

vv.4-9: Prosigue el salmista con las obras divinas que ahora identifica como maravillas; además, se describe con claridad la naturaleza del
Señor como clemente y misericordioso. Esas acciones maravillosas del
Señor se revelan en el alimento que brinda a quienes le temen (v.5), y
en la afirmación de su pacto. También manifiesta su gran poder al pueblo al darle la heredad de las naciones —en alusión a la conquista de la
tierra prometida—, y al afirmar que sus manos, en referencia a sus
acciones, son fieles (v.7) y que pueden relacionarse con los conceptos
de la verdad, la justicia y la rectitud (vv.7-8).

Los mandamientos divinos son fieles, su nombre —que revela su
esencia más importante y distintiva— es santo y temible, y su redención envía al pueblo, que son maneras poéticas de aludir a su compromiso indiscutible con los valores que ponen de relieve los grandes temas del éxodo de Egipto, como son la liberación del pueblo y la redención nacional.

v.10: El poema finaliza con una muy importante declaración sapiencial:
El fundamento de la sabiduría es el respeto y el aprecio a los principios y
los valores que se relacionan con la revelación del Señor en la historia nacional. La gente sabia —descrita anteriormente como «recta» (v.1)—, es decir, las personas que ejercen el buen juicio o que viven de acuerdo con el
sentido común, pone en práctica los mandamientos divinos, vive a la altura
de los principios morales relacionados con la misericordia del Señor, y
actúa según los valores éticos que proceden de la naturaleza santa de Dios.

La expresión final del poema es una ampliación de la declaración
inicial: La alabanza es eterna, si se hace de corazón y en compañía de
personas que comparten los mismos valores morales y éticos.

De acuerdo con este salmo, la gente recta y fiel medita en las
obras del Señor. Ese acto de meditación es una especie de reflexión
crítica en torno a las intervenciones divinas en la historia; es una
manera de desarrollar un tipo de análisis sobrio en torno a las manifestaciones salvadoras de Dios en Egipto, Canaán y Babilonia; y es
una forma sobria de incentivar el estudio ponderado de la historia
del pueblo, para distinguir y afirmar la mano liberadora del Señor en
medio de las vivencias cotidianas.

Este salmo llama al pueblo a leer la historia nacional con ojos teológicos, pues una revisión crítica de la vida descubre que la mano del Señor no está cautiva en las dimensiones religiosas de la existencia. El Dios bíblico actúa en las diversas áreas de la vida, en los muchos escenarios donde se vive la realidad humana.

Esa importante afirmación teológica descubre que Dios interviene no solo en las dinámicas cúlticas, eclesiásticas y religiosas de los pueblos, sino que vive y actúa en medio de los conflictos políticos, económicos y sociales de las naciones. El Dios bíblico no está cautivo en el mundo de la religión sino, como indica el salmo, se manifiesta con esplendor, majestad y justicia en medio de las complejas realidades diarias de las naciones.

Jesús de Nazaret vivó de acuerdo con la teología pertinente y contextual que se desprende de este salmo (Mt 5—7), y María incorporó el mensaje del poema para celebrar y afirmar la misericordia divina y el amor de Dios (Lc 1.49).

SALMO 112: «PROSPERIDAD DEL QUE TEME A JEHOVÁ»

El Salmo 112 continúa el tema que concluye el poema anterior: ¡Es bienaventurada o dichosa la persona que teme y honra al Señor! Esa felicidad plena proviene del deleite y disfrute que surge al estudiar y ponderar los mandamientos del Señor (v.1). En efecto, este poema, que prosigue el estilo y los temas que se articulan en el salmo precedente (Sal 111), enumera algunas características importantes de las personas rectas: ¡Creen, respetan y obedecen la palabra de Dios!

Por su relación temática y estilística con el salmo anterior, muchos estudiosos piensan que este poema proviene del mismo autor —o por lo menos, de la misma escuela de pensamiento— y de la misma época postexílica. Inclusive, se puede analizar este salmo como un tipo de comentario ético al poema anterior, se puede comprender como una exposición moral y teológica a los temas expuestos en el salmo precedente. Algunos términos o expresiones que se incluyen en los dos salmos —p.ej., la referencia directa a la gente «recta» (Sal 111.1 y 112.2)— pueden ser indicadores de su continuidad. La finalidad educativa del salmo destaca los elementos sapienciales.

Este salmo es esencialmente un poema sapiencial que intenta descubrir el sentido de la vida, y desea descubrir dónde se encuentra la felicidad. El mensaje incluye la reacción adversa de la gente malvada que no resiste ver el triunfo de las personas que temen al Señor. La disposición acróstica del poema es posiblemente un buen artificio literario para facilitar la memorización del salmo y propiciar el aprecio de sus valiosas enseñanzas.

La estructura literaria del salmo, que manifiesta la tradicional rigidez de la poesía acróstica, revela algunos temas importantes que la distinguen.

- Bienaventuranza: v.1
- Los frutos de la dicha: vv.2-9
- Reacciones de la gente impía a la vida feliz: v.10

v.1: El salmo comienza con una afirmación de alegría, dicha o bienaventuranza, que es una característica importante de la literatura sapiencial. La felicidad de las personas rectas se fundamenta en el temor a Dios, que en este particular contexto poético se refiere al reconocimiento pleno y genuino de los mandamientos del Señor. Es decir, el deleite de la gente íntegra es cumplir los estatutos divinos. Desde el inicio mismo del salmo se pone claramente de manifiesto la fuente de la felicidad, que también es el fundamento de la sabiduría: El cumplimiento feliz de la voluntad divina.

vv.2-9: El resto del poema es una continuación de la declaración teológica y ética inicial. Las bienaventuranzas divinas producen consecuencias concretas en las personas. Temer al Señor tiene implicaciones prácticas y reales, particularmente en medio de sociedades conflictivas, hostiles y litigantes.

La primera consecuencia de la bendición y la dicha que emana del Señor se produce en el entorno familiar e íntimo: La descendencia será poderosa, mucha, rica y bendita (vv.2-3). Además, como parte de esa manifestación de gracia y felicidad, se añade un muy importante elemento teológico: «Su justicia permanece para siempre», que es una manera de garantizar el acompañamiento divino a través de la historia, pues la justicia es uno de los atributos divinos más importantes.

Los resultados de la bienaventuranza divina se manifiestan también en la esfera social. La gente feliz —identificada ahora como personas «rectas» (v.4)—, resplandece, es decir, es reconocida en la comunidad; también es misericordiosa, clemente y justa, que apuntan hacia la relación con Dios que tiene esas mismas características morales. Además, como secuela de la felicidad divina, las personas bienaventuradas prestan y responden a las necesidades de su comunidad y gobiernan su casa con juicio e inteligencia. Esas actitudes sobrias y prudentes le ganan el reconocimiento perpetuo y le brinda el poder para no ceder ante los zarandeos de la vida.

La gente bienaventurada vive confiada, no teme a la posibilidad de malas noticias ni ante las complejidades de la vida, y apoya las causas justas de la gente en necesidad y pobreza (v.9). Ese estilo de vida íntegro, recto, sabio y dichoso hace que la justicia caracterice su comportamiento y se manifieste de forma pública. Esa actitud pone de manifiesto su poder, que revela la gloria y el poder divino.

v.10: La respuesta de las personas impías ante las bendiciones que recibe y vive la gente dichosa es de indignación e ira; sin embargo, esos deseos adversos de maldad fracasarán. La idea final del salmo es que las personas injustas son infelices y hacen lo contrario de la gente bienaventurada: «Crujen los dientes y se consumen», que son símbolos de la hostilidad que les destruye.

Este poema destaca las virtudes que se relacionan con la dicha de obedecer y apreciar los mandamientos del Señor. Esa alegría plena se fundamenta en el aprecio gozoso a la revelación de Dios. Además, de acuerdo con las enseñanzas del salmista, la vida íntegra y noble pone de relieve una serie de virtudes que se manifiestan en la familia y la comunidad.

El primer nivel de virtud que produce la bienaventuranza divina se vive en medio de las dinámicas familiares. La familia, que constituye el núcleo básico de educación y vida, recibe las consecuencias del gozo verdadero que se desprende de la obediencia a los mandamientos. Además, esas dinámicas positivas en lo íntimo del hogar también se revelan en las dinámicas sociales de la comunidad. La felicidad plena que produce la revelación del Señor no solo toca las vivencias más íntimas de la familia sino que contribuye positivamente al mejoramiento de las relaciones interpersonales en la sociedad.

Ese modelo de bienaventuranza es muy necesario en las sociedades contemporáneas, cuando la vida se divide en esferas sociales desconectadas. La integridad que genera la bendición divina, que hace a la gente feliz, dichosa, alegre y bienaventurada, se debe manifestar en todas las relaciones de la vida. Tanto en el hogar como en la comunidad. La discontinuidad ética que confina los valores morales solo en las actividades públicas no hace justicia a la revelación transformadora del Señor que desea el disfrute pleno de la gracia divina en las diversas áreas de interrelaciones humanas.

Ese fue el modelo que siguió Jesús de Nazaret en su ministerio. Vivió los valores de la gracia divina no solo en su predicación transformadora y en sus enseñanzas proféticas sino en las vivencias del hogar. Las bienaventuranzas para el Señor constituyen el corazón del mensaje evangélico, y destacan, entre otros, el valor de la integridad moral (Mt 5—7).

Salmo 113: «Dios levanta al pobre»

El Salmo 113 comienza una sección breve del Salterio que se conoce comúnmente como la Pascua Hallel o el Hallel egipcio (Sal 113—118). También se pueden identificar estos poemas como el Pequeño Hallel, en contraposición al Gran Hallel (p.ej., Sal 120—136; o Sal 135—136; o Sal 136). Estos poemas se utilizaban para recordarle al pueblo las grandes obras de Dios; particularmente le permitía a la comunidad repasar los episodios de la liberación de Egipto o el éxodo de Moisés (Sal 114). Se usan con devoción durante las celebraciones anuales de la pascua judía: Los Salmos 113 y 114 se leen antes de la comida pascual; y los Salmos 116—118, después de la cena. De acuerdo con Mateo el evangelista, Jesús siguió esa misma tradición litúrgica luego de celebrar la cena pascual con sus discípulos (Mt 26.30).

Los Salmos 113 y 114 son complementarios. El primero pone de manifiesto el tema de las alabanzas a Dios, y el segundo presenta el mejor ejemplo para promover e incentivar esas alabanzas. Quizá la gran preocupación del poeta detrás del Salmo 113 es la identificación y descripción de lo distintivo y particular del Dios de Israel, que ciertamente es liberador. Este salmo se relaciona con los dos anteriores (Sal 111—112) por la expresión inicial que incentiva las alabanzas al Señor.

El Salmo 113 es un himno de alabanzas al Señor que enfatiza la importancia del nombre divino, que más que un distintivo lingüístico superficial, revela la esencia misma de quien los ostenta, pues es capaz de generar cambios sustantivos y radicales en la vida de las personas y la comunidad. El autor debe haber sido un adorador que luego del período exílico intenta identificar las características divinas que le hacen superior al resto de las divinidades en la antigüedad. El salmo no tiene título hebreo (véase la Introducción).

La sencilla estructura literaria del salmo se desprende de su análisis temático. La lectura cuidadosa del poema revela, sin embargo, que el himno carece de conclusión, que se manifiesta con claridad en el poema posterior (Sal 114).

- Invitación a la alabanza: vv.1-3
- El Dios de los pueblos y del universo: vv.4-6
- Las acciones divinas: vv.7-9

vv.1-3: La sección inicial del poema es una invitación reiterada a la alabanza y al reconocimiento público del nombre del Señor. El salmo comienza y termina con la misma expresión «aleluya» (vv.1,9). Se revela de esta forma al Dios que merece toda la alabanza y bendición humana, en todo tiempo y lugar.

El poema destaca la importancia del nombre de Dios —p.ej., Yahvé, que en que la tradición Reina-Valera se ha vertido como Jehová— que, en efecto, es una demostración de su esencia redentora. El Señor debe ser alabado y bendecido continuamente por su naturaleza. La expresión «desde el nacimiento del sol hasta donde se pone» (v.3) es una hebraísmo que alude a la totalidad de la tierra.

vv.4-6: En esta parte del salmo se explican algunas razones para alabar al Señor. En primer lugar, Dios es el Señor de las naciones y de los cielos, que revela un desarrollo teológico universalista. De acuerdo con el poeta, Dios es excelso e incomparable. No hay divinidad que se le pueda asemejar, pues su poder se manifiesta tanto en las alturas como en medio de las vivencias del pueblo: ¡Es Señor en el cielo y en la tierra! Sin embargo, su poder extraordinario no le limita para humillarse y mirar a las personas en necesidad (v.7).

vv.7-9: En esta sección final del salmo se describen las acciones concretas del Señor. En la parte anterior, el poeta describía al Dios inefable y poderoso de forma general; sin embargo, para finalizar su himno, identifica de forma precisa algunas intervenciones liberadoras de Dios: Levanta al pobre del polvo y a la persona menesterosa alza del basurero (v.7), para ubicarlos en puestos de reconocimiento y honor: ¡Los sienta con los príncipes del pueblo! (v.8). Además, transforma las penurias de las mujeres estériles, y les brinda el gozo de ser madres (v.9). El poeta, en efecto, habla de transformaciones sociales y personales. La virtud divina no solo afecta positivamente las dinámicas internas y personales de los individuos, sino que altera para bien las estructuras sociales de los pueblos. La palabra final del poeta es «aleluya», que revela la profunda gratitud del salmista por sus intervenciones salvadoras hacia las personas menesterosas y frágiles.

El mensaje del salmo es particularmente liberador para las mujeres que en la tradición judía debían quedarse de pie para servir en las mesas. Su papel principal en la vida era ser espectadoras silentes de la historia. De acuerdo con la visión transformadora del salmista, esas mujeres que anteriormente debían solo ver las bendiciones divinas a la distancia, ahora se pueden sentar a la mesa para disfrutar de las bendiciones del Señor. ¡Son partícipes de la bendición divina, son protagonistas en la historia de la redención!

Esta palabra poética es de vital importancia para mujeres como Ana (I S I) y María (Lc 1.46-55), la madre de Jesús, que utilizaron este mensaje liberador para poner de manifiesto sus cánticos más reveladores y esperanzadores. Y el apóstol Pablo expande y afirma su importante teología en torno a la encarnación y humillación de Cristo, al afirmar que Jesús se bajó, rebajó, anonadó o humilló a sí mismo para vivir plenamente las realidades y las vivencias humanas (Fil 2.6-11). Con ese acto heroico y liberador, el Señor no tiene como finalidad enseñarnos cómo se muere sino modelar cómo se vive a la altura de los valores que se relacionan con la misericordia y la justicia del Señor.

SALMO 114: «LAS MARAVILLAS DEL ÉXODO»

El Salmo 114 complementa el poema anterior (Sal 113), pues ilustra de forma práctica la teología que se revela con antelación. El Dios de este poema es soberano de las naciones, apoya las causas de la gente desposeída, es Señor de la naturaleza, y preserva la vida de las personas necesitadas. La visión de Dios como Señor de la tierra y el cielo ahora se hace realidad en la vida del pueblo y en los actos divinos liberadores y extraordinarios. Este poema describe algunas

de las intervenciones de Dios que hicieron posible el éxodo del pueblo de Israel de la nación de Egipto y la entrada de ese mismo pueblo
a la tierra prometida.

Este salmo es esencialmente un himno de alabanzas a Dios como
respuesta a sus manifestaciones salvadoras en la historia nacional. Es el
segundo de los poemas del Pequeño Hallel (Sal 113—118), que tiene
como contexto histórico básico las ceremonias anuales del pueblo y los
festivales nacionales, particularmente la celebración de la Pascua o quizá en la afirmación del pacto de Dios con su pueblo. Es posible que
este himno se pueda fechar en la época preexílica, pues no se distinguen
con claridad las referencias al exilio en Babilonia. Aunque temáticamente este salmo se complementa y relaciona con el anterior (Sal 113),
en algunas versiones antiguas (p.ej., LXX, V, S, entre otras) lo unen al
Salmo 115, para hacer una sola composición. La revisión cuidadosa de
los temas expuestos en ambos salmos, sin embargo, indica que son
composiciones independientes. Este salmo no tiene título hebreo (véase la Introducción).

La estructura literaria de este breve poema revela más de una posibilidad.

- Las experiencias de liberación: vv.1-2
- El proceso de salida de Egipto y la entrada a la tierra prometida:
  vv.3-6
- La tierra se humilla ante el Dios creador: vv.7-8

Otra posible estructura del poema es una disposición quiástica
que presenta en paralelos y simetría los dos temas fundamentales del
poema: Dios y sus intervenciones salvadoras.

A   El Dios que sacó al pueblo de Egipto: vv.1-2
B   Intervenciones de Dios en la naturaleza: vv.3-4
B' Reflexión sobre esas intervenciones de Dios en la naturaleza:
    vv.5-6
A' Milagros del éxodo de Egipto: vv.7-8

vv.1-2: Este salmo da la impresión que carece de introducción y
conclusión, particularidad que puede explicarse por su participación
del grupo del Pequeño Hallel que le sirve de marco de referencia teoló-

gico e histórico. Quizá este poema sea muy antiguo y en el transcurso histórico de su transmisión oral y textual perdió esos componentes.

La imagen inicial del poema ubica al lector en el período de esclavitud de Israel en Egipto, particularmente en el momento del éxodo o salida. El poeta identifica de forma negativa al pueblo egipcio, al calificarlo como bárbaro o de lengua balbuciente, que es una manera peyorativa y despreciativa de aludir al lenguaje de los opresores. Israel es llamado Judá y casa de Jacob, para destacar la historia nacional y enfatizar las antiguas promesas divinas hechas a los antepasados. Hay un claro sentido de pertenencia: El pueblo de Dios es santuario y dominio, símbolos del poder divino y de compromiso nacional.

vv.3-6: La segunda sección del poema alude a los milagros relacionados con la liberación de las tierras de Egipto. En primer lugar se refiere el poeta a las intervenciones maravillosas de Dios en el Mar Rojo y frente al Río Jordán. Además, se alude a otro tipo de acto divino que hizo que las montañas y los collados saltaran como carneros y corderos. Las preguntas retóricas que se incluyen en el salmo ponen de manifiesto que todos esos actos fueron producto de la intervención salvadora del Señor.

El salmo destaca la capacidad divina de inclusive transformar la naturaleza para lograr su propósito liberador con Israel. Son acciones extraordinarias que ponen en evidencia el poder divino sobre la naturaleza, tanto los cuerpos de agua como la tierra firme.

vv.7-8: Esas acciones de Dios sobre la naturaleza, para llevar a efecto la liberación de Israel de Egipto y llevarlo a Canaán, son símbolo del poder divino que hace que la tierra se transforme. En efecto, la tierra tiembla, pues ante la presencia del Dios que se reveló a Jacob, la naturaleza misma cambia su hostilidad natural en aguas saludables, en referencia al episodio del desierto cuando el agua salió de las piedras (Ex 17.1-7). ¡Hasta las peñas y las rocas del desierto se convierten en agentes de vida y futuro en las manos del Señor!

El mensaje del salmo es extraordinario y claro: Dios convierte las aguas en tierra firme y segura, transforma las piedras duras e inertes en fuentes de aguas que mitigan la sed, y las montañas del desierto, que son símbolo de firmeza y estabilidad, se conmueven y tiemblan como símbolo del poder divino. El Señor del salmo está comprometido con su pueblo, a quien llama santuario y dominio, que son expresiones que revelan el compromiso divino y la relación de intimidad con Israel.

De particular importancia en el poema es la afirmación que el santuario del Señor es el pueblo. Esa teología pone en justa perspectiva las virtudes de los espacios sagrados, los templos. Mucho más importantes para Dios que las estructuras físicas y las edificaciones religiosas están las personas, los seres humanos, la gente. El verdadero santuario donde Dios habita es en medio de la comunidad, en su pueblo. En la historia del pueblo de Israel ese santuario viajó de Egipto a Canaán, pues se manifestaba en la vida de la comunidad.

Esa teología en torno al Templo de Jerusalén la afirmó Jesús en su ministerio. De acuerdo con el mensaje de Juan, el evangelista (Jn 2.13—21), el Señor reaccionó de forma adversa a las políticas religiosas que convirtieron la estructura física del Templo en cueva de ladrones. En ese contexto, Jesús le dio importancia capital a su cuerpo como templo de Dios. Y expandió esa enseñanza al desafiar a las personas que quisieran convertirse en santuario de Dios (Jn 14.23). Esa teología del salmo en torno al verdadero santuario de Dios también se manifiesta en la literatura paulina.

Salmo 115: «Dios y los ídolos»

El Salmo 115, aunque no menciona al éxodo de Egipto como tema de importancia, presenta el poder divino que inspira la confianza y la seguridad del pueblo. En medio de las crisis nacionales, representadas por la idolatría, el salmista reconoce que la manifestación de gloria divina no se relaciona con alguna virtud nacional sino con las dos características fundamentales del Señor: Su misericordia y su verdad. En efecto, este poema pone de manifiesto un sentido grato de seguridad y gratitud que se fundamenta en la naturaleza divina que domina sobre los cielos, la tierra y hasta donde están los muertos, en lo último de las oscuridades de la tierra.

El poema es un salmo de confianza comunitaria, como se desprende de la lectura de los temas básicos (vv.9-11). El poeta es posiblemente un sacerdote de la Casa de Aarón que, preocupado por la crisis nacional y también consternado por la idolatría reinante a su alrededor, articula un poema que revela sus convicciones monoteístas y pone de manifiesto su seguridad teológica.

Aunque muy bien este salmo puede provenir de la época monárquica, pues este tipo de crisis de seguridad y fe estuvieron presentes en diversos períodos de la historia del pueblo, los argumentos contra los ídolos revelan la teología postexílica que se incluye en la segunda parte del libro del profeta Isaías (Is 40—55). Posiblemente este es un salmo que responde a las dificultades religiosas y prácticas que enfrentada el pueblo de Israel cuando vivía cautivo en Babilonia. Este salmo no incluye título hebreo (véase la Introducción).

La estructura literaria del salmo se desprende de la identificación de los temas principales que expone.

- Oración o súplica colectiva: v.1
- Los motivos de la súplica: vv.2-8
- La confianza en el Señor: vv.9-11
- La bendición sacerdotal: vv.12-15
- Alabanzas del pueblo a Dios: vv.16-18

v.1: El salmo comienza con un reconocimiento humilde de la gloria de Dios. Esa gloria, que representa su esplendor moral y su poder liberador, debe ser dada únicamente al Señor. Y el fundamento de ese aprecio singular es la misericordia y la verdad divina, que constituyen dos de las características del Dios del pacto más importantes en el Salterio y en la teología bíblica. De manera implícita el pueblo insinúa que Dios puede dar gloria a su nombre mediante un nuevo acto de liberación; en esta ocasión, sin embargo, no es de Egipto sino de Babilonia.

vv.2-8: En esta sección del poema se revelan los motivos fundamentales de dar la gloria y el reconocimiento debido únicamente el Señor. Y el salmista para destacar la crisis de la idolatría que rodeaba a la comunidad presenta una caricatura de los ídolos, y añade que quienes les hacen y adoran son como esas mismas imágenes que preparan, no tienen vida.

Ante la pregunta básica, dónde está tu Dios (v.2), el salmista responde con una magnífica sección del poema que revela gran capacidad literaria y articulación teológica (vv.4-8). El Dios verdadero está en los cielos, pues es el Señor que crea de acuerdo con su voluntad. Sin embargo, esa no es la realidad de las divinidades locales, que el poeta rechaza de forma enérgica y firme. Los ídolos son de oro y plata, y son producto de la imaginación humana. Por esa razón básica, el poeta indica que esas divinidades ni tienen vida: No pueden hablar, ver, oír, oler, palpar, caminar, ni comunicarse, aunque sus artífices se han pre-ocupado por dotarlos de boca, ojos, oídos, nariz, manos, pies, y gar-ganta. Para el salmista, la fabricación y el aprecio de los ídolos rebaja la naturaleza humana pues confina a las personas a lo inerte e inútil de sus creaciones.

La polémica contra los ídolos y el politeísmo aparece con frecuencia en los escritos proféticos, particularmente los que provienen de la época postexílica (véase Is 40.18-20; 44.9-20; Jer 10.3.16; y también en Os 8.5-6). Estos importantes temas y esta sección del poema (vv.4-6; 8-11) contra la idolatría se citan e incorporan casi de forma textual en el Salmo 135.15-20.

vv.9-11: El poeta en esta sección central del salmo retoma el tema de la confianza y seguridad en el Señor. Mientras la gente que oprime al pueblo confía en los ídolos, el pueblo de Israel confía en el Dios que es ayuda y escudo, símbolos de seguridad y estabilidad. De esta forma, el estribillo «Él es tu (o nuestra) ayuda y tu escudo» se convierte en el tema a destacar. Esa afirmación se relaciona con Israel, con la casa de Aarón y también con la gente que teme al Señor.

vv.12-15: El desarrollo del salmo requiere que al importante tema de la confianza en el Señor le siga el de la bendición divina. Un líder del grupo de adoradores, posiblemente un sacerdote de la casa de Aarón, se levanta con autoridad para bendecir al pueblo en el nombre del Se-ñor. ¡El tema de la seguridad y la esperanza toma dimensiones nuevas!

En esta bendición se repiten los grupos aludidos en la sección anterior (vv.9-11): Casa de Israel, casa de Aarón y las personas que temen al Señor, que en esta ocasión se aluden como pequeños y gran-des, para afirmar e incorporar la totalidad de la comunidad. Esa bendición divina no solo llegará a niveles personales sino que a través de ellos se manifestará en su descendencia. El Dios creador también está muy interesado en bendecir a su pueblo.

vv.16-18: Para finalizar el poema, el salmista hace algunas afirma-ciones teológicas de importancia. Esas declaraciones revelan la cosmovisión antigua del mundo, los cielos y el lugar de los muertos, que se pensaba estaba ubicado debajo de la tierra. El Dios creador mora en las alturas, el cielo; los seres humanos señorean la tierra y la creación; y los muertos habitan en el lugar del silencio donde no se puede alabar al Señor. La referencia al silencio (v.17), o *seol*, es al reino de la muerte (véase comentario al Sal 6.5), que era imaginado en la antigüedad como un lugar oscuro, ubicado en lo más profundo de la tierra, donde los muertos no podían hacer nada, ni siquiera alabar al Señor.

La última expresión del salmo es «aleluya», que significa «alabado sea el Señor». La expresión litúrgica culmina el poema con una buena nota de gratitud, y contrasta el mensaje del salmista con la actitud de las personas que descienden al silencio, que no pueden expresar sus alabanzas a Dios.

Este salmo no representa la teología cristiana que destaca el tema de la resurrección de los muertos, pues se escribió en la época postexílica cuando esa fundamental doctrina no se había revelado aún en las Escrituras ni en la historia. La idea final del poema, sin embargo, no se relaciona con la idolatría sino con el pueblo que bendice al Señor permanentemente.

El poema estudiado revela claramente la fuerte y adversa reacción bíblica hacia la idolatría. En efecto, ese pecado es particularmente rechazado en la Biblia pues atenta contra Dios mismo. Es una forma de rechazo a la insustituible naturaleza divina para aceptar como divina alguna manifestación o copia de la creación. La idolatría es particularmente penada en la antigüedad pues cada pueblo tenía sus dioses, y aceptar una divinidad extranjera equivalía al desprecio nacional y al rechazo de la identidad propia. Es de notar que la constitución de Israel como pueblo está íntimamente ligada a la liberación de Egipto, y que un desprecio al Dios liberador era eliminar la fuente básica de su identidad nacional.

De particular importancia en este salmo es la confrontación entre el Señor de la creación, que representa la vida, y los diversos ídolos de los pueblos, que aluden a la muerte. La sabiduría del pueblo se manifiesta en el proceso de reconocimiento del Dios verdadero en contraposición con las divinidades que son producto de las manos humanas. ¡El Dios verdadero libera, y los ídolos cautivan!

Ante ese mundo del silencio de los muertos, se presenta Jesús de Nazaret como el Señor de la vida y la resurrección (Jn 13—16). En el Cristo de Dios, la iglesia cristiana y los creyentes tienen una fuente de esperanza extraordinaria que sobrepasa los linderos de la historia y los límites del tiempo. La fe cristiana ha depositado su confianza en el Señor que venció la muerte y nos ha preparado un lugar indescriptible para el disfrute pleno y cabal de la vida eterna.

Salmo 116: «Acción de gracias por haber sido librado de la muerte»

El Salmo 116 manifiesta el agradecimiento profundo de una persona que adora por haber sido liberada de la muerte o de algún peligro mortal. El poeta, como respuesta a esa intervención salvadora de Dios, se presenta con humildad ante el Señor y el pueblo con su ofrenda de alabanzas y gratitud (v.17). La referencia a la liberación de la muerte es quizá una alusión a la experiencia del éxodo de Egipto, específicamente a la manifestación de la misericordia divina hacia los primogénitos de Israel (Ex 12—13).

En el contexto inmediato de los salmos del Pequeño Hallel (Sal 113-118), que enfatizan las ceremonias y liturgias públicas de Pascua en el Templo, se incluye este poema de gratitud personal e individual. El mensaje del salmo identifica la voz de una persona que se presenta ante la asamblea de pueblo para pagar sus votos y expresar sus alabanzas y acciones de gracias a Dios, como ejemplo a toda la comunidad. El autor es un salmista agradecido porque ha sido restaurado o sanado a través de la misericordia divina y desea ofrecer su testimonio de manera pública. Su enfermedad podía se física o figurada.

Por la influencia del idioma arameo en algunas expresiones del salmo (vv.7,12,16), se piensa que la fecha de composición es la época postexílica. Las versiones antiguas de la Biblia (p.ej., LXX y V) dividen artificialmente este poema en dos salmos diferentes (vv.1-9 y 10-19), quizá para mantener el número total del Salterio en 150 poemas. Este salmo no tiene título hebreo (véase la Introducción).

La identificación de una estructura literaria definida y precisa del salmo es algo difícil, pues el mensaje se articula temáticamente de forma gradual.

• Invocación y profesión de fe: vv.1-2
• Presentación del problema y la liberación: vv.3-9

- Manifestación de confianza: vv.10-11
- Compromiso de gratitud y de alabanzas del salmista: vv.12-19

vv.1-2: El poema comienza con una firme y clara declaración de amor: ¡El salmista ama al Señor! Y a continuación, el poeta identifica con precisión los motivos de ese particular sentimiento y convicción: Dios inclina su oído para escuchar su voz, sus súplicas y plegarias.

Ese extraordinario gesto divino hace que el salmista invoque al Señor todos los días, que es una manera de reconocer su misericordia y de expresar su deseo de estar continuamente en comunicación con Dios.

vv.3-9: Esta sección presenta la naturaleza compleja y grave de la crisis del salmista. La realidad era de muerte y destrucción, descrita poéticamente como ligaduras de muerte, *seol*, angustia y dolor (v.3). Tradicionalmente se ha identificado la crisis como una enfermedad mortal. Y como respuesta a las dificultades que le rodeaban, el salmista invoca el nombre del Señor y suplica la liberación de su alma (v.4), que es una manera de referirse a la totalidad de la vida.

En su clamor, el salmista reconoce públicamente algunas de las características básicas de Dios: Clemente, justo y misericordioso. Esa particular naturaleza divina, que revela su más profunda esencia ética y moral, le mueve a guardar, salvar, liberar, redimir y restaurar a las personas con necesidad particular, descritas en el poema como «sencillas», que es una manera de aludir a la gente pobre, menesterosa, enferma, dolida y angustiada.

La plegaria a Dios, que revela el complejo estado anímico del salmista, mueve al poeta a la reflexión personal y al diálogo íntimo consigo mismo (v.7): ¡El Señor le hecho bien! ¡Le ha librado de la muerte! ¡Le ha consolado! ¡Le ha protegido!

Las gratitudes del poeta revelan la misericordia divina y le motivan a la fidelidad y al testimonio público, aunque experimentaba el dolor. Su conclusión es la siguiente: Las personas pueden ser por naturaleza mentirosas, sin embargo, el salmista fundamenta su gratitud en su fe en Dios.

vv.12-19: La parte final del poema presenta una amplia y expresiva promesa de acción de gracias. La pregunta que guía la reflexión del salmista (v.12), recibe la siguiente respuesta: A Dios «no se le pagan» sus misericordias y amor, sino se le muestra el agradecimiento sincero, sereno y sentido. Los dones divinos son gratuitos, y la manifestación de su poder siempre sobrepasa las expresiones humanas de gratitud y reconocimiento. Esa comprensión teológica hace que el poeta cumpla las promesas que le hizo a Dios cuando estaba en la crisis.

Tomar la copa de la salvación, invocar el nombre del Señor y pagar los votos (vv.13-14), aluden a la humildad y gratitud del salmista, y también al reconocimiento del poder de Dios. «La copa de la salvación» es posiblemente la que utilizaba para derramar una ofrenda de vino sobre la víctima de los sacrificios (Ex 29.40; Nm 15.1-14).

El salmista afirma que Dios no desea la muerte de su pueblo, y se autoproclama siervo del Señor (vv.15-16); además, declara que el Señor lo ha librado de sus prisiones, que es una manera de regresar al tema básico del salmo. En efecto, el Señor tiene en gran aprecio la vida de la gente fiel que le sirve (Sal 72.14); si no desea la muerte de las personas pecadoras (Ez 33.11), tampoco desea ver a sus servidores ir al mundo del silencio, al reino de la muerte.

Culmina el salmo con el tema de los sacrificios, las gratitudes, los votos y las invocaciones a Dios. Esa gratitud sincera se presenta en el Templo, ante el pueblo, en los atrios, en medio de la ciudad de Jerusalén, que destaca la idea del testimonio público. La palabra final, para cerrar este clamor de gratitud, es «aleluya» (v.19).

Varios temas del salmo tienen repercusiones contextuales. En primer lugar se contrapone el engaño humano y la fidelidad divina. Las personas, de acuerdo con el salmo, manifiestan su naturaleza pecaminosa a través de la mentira y la falsedad. Es un rechazo pleno a la verdad, que en las Escrituras es una característica fundamental de Dios.

Por el contrario, el poema destaca la fidelidad del Señor, que se manifiesta con claridad en la respuesta al clamor del salmista. El Dios de la Biblia responde con sanidad y liberación, y el Señor de las Escrituras escucha el clamor del pueblo. Y un Dios que atiende, escucha y responde a las peticiones de sus adoradores es digno de fiar. En efecto, el salmista fundamenta su amor al Señor en las características divinas que se pueden relacionar con las manifestaciones de su misericordia.

Esa misma tradición teológica se puso de relieve en los mensajes y las acciones de Jesús. Al clamor de la gente enferma, cautiva y necesitada, el Señor respondía con autoridad, virtud y gracia. Sus sanidades no eran espectáculos que incentivaban las buenas relaciones públicas, sino demostraciones de amor que deseaban restaurar la dignidad de las personas y devolverles su seguridad, autoestima y valor. La revelación divina en Cristo es una forma de poner de relieve el poder divino que restaura, sana, libera, transforma salva y redime.

SALMO 117: «ALABANZA POR LA MISERICORDIA DE JEHOVÁ»

El Salmo 117, que es una especie de doxología o afirmación de la gloria divina (véase Sal 100), es el poema más corto del Salterio; sin embargo, sus dimensiones teológicas son universales, su horizonte religioso es amplio. Presenta la misericordia divina de manera especial, pues su fidelidad sobrepasa los límites del tiempo. Desde la perspectiva del salmista, esas acciones de Dios se convierten en el fundamento básico e indispensable de sus alabanzas. El mensaje del poema es sencillo, corto, claro y directo: Tanto las naciones como el pueblo de Israel deben alabar al Señor.

Por su brevedad, algunos estudiosos intentan relacionar el contenido de este salmo con los poemas que le preceden y le siguen; sin embargo, su análisis literario cuidadoso y crítico pone claramente de manifiesto que contiene las características fundamentales de los himnos de alabanzas; particularmente se puede identificar con los cánticos que ponen de manifiesto la gratitud ante el Señor: p.ej., una introducción donde se llama a la alabanza (v.1); el cuerpo del poema, que presenta la razón para las expresiones de gratitud (v.2ab); para finalmente incluir la conclusión, que consiste en la renovación de la alabanza (v.2c).

Los salmos e himnos de este tipo celebran alguna intervención significativa de Dios en la vida e historia del pueblo. El descubrir y apreciar su coherencia temática y su contenido religioso, afirma la unidad teológica y la independencia literaria del poema: ¡El Salmo 117 no es la conclusión del 116, ni la introducción del 118!

Como se ha incluido en la colección de salmos que se relacionan con las ceremonias anuales de la Pascua judía (Sal 111—118), el contexto inicial del poema es quizá alguna sección litúrgica de esas celebraciones. Las implicaciones universalistas del salmo pueden ser un indicio de su composición postexílica, cuando se manifestó con más fuerza esa particular tendencia teológica. El autor debe haber sido un adora-

dor agradecido que se allega al Templo para agradecer a Dios la manifestación leal de su amor, y que llama al pueblo y al resto de las naciones a incorporarse a esa experiencia de reconocimiento y adoración del
Señor, que tiene la capacidad y la voluntad de intervenir en medio de la
historia humana. El estilo literario del salmo revela gran capacidad
poética, pues manifiesta un buen uso del recurso literario del paralelismo (véase la Introducción). Este salmo no tiene título hebreo (véase la
Introducción).

La estructura básica de este poema es la siguiente:

- Llamado a la alabanza:
- Reconocimiento de la misericordia y la fidelidad de Dios: v.2ab
- Alabanza: v.2c

v.1: El llamado inicial a la alabanza tiene connotaciones internacionales y universales: El salmista invita a las naciones, que es una
manera de aludir a la humanidad completa. La afirmación básica del
salmo reconoce a Dios como Señor del universo y de la humanidad.
Posteriormente (v.2), el poeta incorpora la particularidad del pueblo
de Israel, al identificar y apreciar la revelación nacional de la misericordia divina.

v.2: El fundamento de las alabanzas son dos de los calificativos
divinos más importantes: La misericordia y la fidelidad. La primera
característica del Señor pone de manifiesto el extraordinario amor de
Dios que supera las acciones y los pecados del pueblo; la segunda,
revela la gran lealtad que no se detiene ante la infidelidad de la comunidad. De esta forma poética se contraponen las acciones humanas
fallidas, y las intervenciones divinas maravillosas.

Este salmo es una confesión clara de la universalidad de la salvación divina a la humanidad, que no solo interviene con el pueblo de
Israel sino que supera las fronteras nacionales. La palabra divina, en
efecto, irrumpe con fuerza en la historia de las naciones. De esta forma
se afirma que el Dios bíblico no está cautivo en los límites físicos y
regionales del pueblo de Israel, sino que, como lo demostró en Egipto
y Babilonia, su poder se manifiesta con vigor y autoridad en todas las
naciones del mundo.

Esa afirmación teológica es un gran avance en la comprensión de
la revelación de Dios en la historia. Se supera de esta forma el concepto

de las divinidades locales y se afirma la idea fundamental del monoteísmo: Solo hay un Dios que tiene el poder de intervenir no solo en la tierra prometida y en Israel, sino entre las naciones.

Jesús de Nazaret, y las personas que predicaban y enseñaban en las iglesias primitivas, fundamentaron sus mensajes de salvación y liberación en diversos pasajes bíblicos que manifiestan la teología del Salmo 117. El mensaje de Cristo llegó desde Jerusalén, Judea, Samaria, hasta llegar a los confines de la tierra, que representa la clara y sabia internacionalización del mensaje cristiano.

Ese programa apostólico universalista se vivió el día de Pentecostés, cuando las personas que escuchaban el sermón de Pedro fueron objeto de un milagro extraordinario de comunicación intercultural (Hch 2). En efecto, el propósito fundamental de Dios para la humanidad es que escuche, aprecie y acepte la palabra transformadora del evangelio predicado y vivido por Jesús, y que, como respuesta a ese mensaje de vida y esperanza, manifieste sus alabanzas y su adoración al único Dios verdadero.

SALMO 118: «ACCIÓN DE GRACIAS POR LA SALVACIÓN RECIBIDA DE JEHOVÁ»

El Salmo 118, que concluye magistralmente la sección del Pequeño Hallel (Sal 111-118), es en esencia un poema que expresa la gratitud profunda del salmista y la comunidad por la liberación divina de un peligro extraordinario y mortal. El pueblo se presenta con humildad ante Dios en el Templo para manifestar con alegría ese gran reconocimiento y aprecio. El poema ciertamente destila fiesta, celebración, gozo, alegría, felicidad plena, y peregrinares y procesiones de contentamiento profundo.

El salmo presenta un claro entorno litúrgico en el cual se manifiestan tanto elementos individuales como expresiones colectivas. Un componente antifonal le brinda al poema un buen tono de diálogo que puede revelar algunas dinámicas y peculiaridades litúrgicas de la celebración. Las tradiciones judías antiguas lo relacionan con la fiesta anual de los Tabernáculos, con las solemnidades que recordaban las grandes intervenciones de Dios en la historia nacional (Lv 23.33-36; Dt 16.13-15). Después de la cena pascual, Jesús y también los discípulos posiblemente utilizaron este salmo como parte de la preparación espiritual que les ayudó a enfrentar con valor y autoridad las adversidades y la persecución que llevó al Señor a la cruz y al martirio.

Este salmo posiblemente se utilizaba en los atrios del Templo, por esa razón se puede asociar adecuadamente a las llamadas liturgias de entrada (p.ej., Sal 15; 24). En esencia, este poema afirma y enfatiza la bondad del Señor, que implica una petición humilde y solapada a entrar a la presencia del Señor.

El ambiente ceremonial que revela el poema es dialogado y antifonal: Presupone una serie de afirmaciones y respuestas entre los líderes y el pueblo; incluye, en efecto, una conversación teológica entre los diversos participantes de la celebración. El autor es una persona que llega al Templo para expresarle a Dios su profundo agradecimiento, en representación del rey y del pueblo, por sus actos maravillosos de salvación. Y como ese particular tema redentor es uno muy antiguo en las vivencias y los cultos del pueblo, este salmo puede provenir del período monárquico; aunque algunos estudiosos precipitadamente lo ubican en la era posterior al destierro, quizá por la referencia a la prosperidad como alusión al retorno de Babilonia (véase v.25). No tiene este salmo título hebreo (véase la Introducción).

La estructura literaria y temática que servirá de base a nuestro análisis del salmo, puede ser la siguiente, e identifica los diversos participantes en esta particular ceremonia religiosa:

- Invitación a la alabanza: vv.1-4
- Declaración de seguridad y confianza: vv.5-9
- Presentación de la crisis: vv.10-14
- Cánticos de victoria, júbilo y gratitud: vv.15-18
- Entrada al Templo: vv.19-25
- Profesión de fe y alegría: vv.26-29
- Invitación final a la alabanza: v.29

vv.1-4: El poema comienza con un popular estribillo de aclamación y exhortación (Sal 106.1; 107.1; 136.1), que destaca firmemente la bondad divina y enfatiza con seguridad su amor eterno. La invitación pública es a alabar a ese Dios que tiene nombre propio –p.ej., Yavé, Jehová en la tradición de Reina-Valera, o Jah (vv.5,14,17,18,19,), que es una forma antigua de representar en nombre divino—; y la respuesta del pueblo debe repetir sistemáticamente y en gratitud la gran afirmación teológica que sirve de marco de referencia temática al salmo: ¡Que para siempre es su misericordia! (vv.1,2,3,4,29).

En ese contexto inicial del salmo se identifican los sectores que deben alabar al Señor: En primer lugar a Israel, que representa a toda la comunidad, al pueblo; posteriormente llama a la casa de Aarón, en referencia a los sacerdotes y la gente que trabaja en el Templo; para finalizar con los que temen al Señor, que es una de identificar la piedad del pueblo, una forma sutil de destacar la gente sensible a la revelación divina.

vv.5-9: Luego de mencionar de forma rápida la angustia del poeta y la respuesta divina (v.5), el salmo manifiesta un sentido de confianza plena y seguridad en Dios. El Señor acompaña al salmista y al pueblo, y esa afirmación de seguridad le permite superar el temor a la gente, y le ayuda a entender que la presencia de Dios es mejor que el apoyo humano, aunque venga de los príncipes, es decir, de los líderes políticos de la nación (v.9). El mensaje está saturado de sabiduría: Es mucho mejor confiar en Dios que esperar en las personas, aunque sean poderosas.

vv.10-14: En esta sección se presenta un claro recuento de las victorias del salmista y del pueblo apoyados por el Señor. Esa afirmación de victoria es sustentada por el estribillo: «mas en el nombre del Señor yo las destruiré» (vv.10,11,12). La seguridad del poeta se desprende de esas afirmaciones solemnes: Aunque las naciones le rodeen, lo asedien y le empujen con violencia, Dios intervendrá con poder para darle la victoria al pueblo y al rey.

Las imágenes de las abejas y el fuego revelan la naturaleza de la dificultad y la gravedad de la crisis. El ataque contra el pueblo era intenso, continuo y fuerte; sin embargo, la complejidad de la crisis no desmerece la confianza del pueblo en el Señor. La victoria de Israel es también la derrota de las naciones enemigas. En efecto, la fortaleza, el cántico y la salvación provienen de Dios (v.14). Estas imágenes que pueden referirse a algún evento específico en la historia nacional, en este particular contexto del poema se han convertido en el símbolo de las intervenciones redentoras de Dios.

vv.15-18: Esta sección del poema incluye una serie de afirmaciones importantes y simbólicas en torno a la diestra de Dios, que representa su poder y su capacidad de intervenir con firmeza y autoridad en la historia humana. La gente justa se regocija porque la diestra del Señor hace proezas, es sublime y hace valentías: Imágenes que transmiten un claro sentido de confianza, son esencialmente una serie de expresiones poéticas que destacan la seguridad del pueblo cuando se refugia en la misericordia divina.

Esa profesión de fe y seguridad le permite afirmar que no morirá, pues vivirá para contar las intervenciones maravillosas del Señor. Inclusive, aunque el pueblo y el salmista experimenten el grave y poderoso castigo de Dios —que es ciertamente puede ser un escarmiento, no la aniquilación— esa manifestación de cólera divina no llegará a la muerte, porque la misericordia de Dios es mucho más fuerte que su ira.

vv.19-25: Esta parte del poema incluye una serie de ceremonias antiguas de entrada al Templo. En ese contexto de celebración, alabanzas y seguridad que se articula con efectividad en las secciones anteriores, la multitud que celebra pide a los sacerdotes responsables y los levitas encargados que abran las puertas del Templo, llamadas aquí «puertas de la justicia», porque las tradiciones antiguas del Oriente Medio identificaban la administración de la justiciaron con las puertas de las ciudades, donde se llevaban a efecto los procesos judiciales. La gente justa es la que practica lo bueno y recto (Sal 15; 24.3-6), la que vive de acuerdo con las normas de la Ley divina.

Esas personas justas que entran al Templo expresan gozosas sus alabanzas y gratitudes (vv.21-25). El Señor escucha el clamor del pueblo y responde a sus peticiones con intervenciones salvadoras. La piedra que los constructores rechazaron como inservible, ahora es parte indispensable del edificio (v.22). El significado de la imagen es claro: Lo que había sido desechado con inservible ahora se había constituido en elemento esencial y ocupaba un sitial de honor.

El día de salvación divina es maravilloso, y se convierte en motivo de felicidad y regocijo; además, propicia una petición adicional: Necesitamos salvación y prosperidad, que alude a la bendición del Señor que tiene repercusiones en todos los niveles de la vida.

vv.26-28: Las alabanzas que se incluyen en esta sección del poema revelan la continuación de la alegría, que se fundamenta prioritariamente en la misericordia de Dios. El que viene en el nombre del Señor es bendito, el Señor es Dios y es luz, y por esas acciones redentoras, el salmista y el pueblo presentan las ofrendas ante el altar de los sacrificios, reconocen a Dios en el nivel personal e íntimo, y expresan sus alabanzas y exaltación.

El salmo culmina con la misma afirmación teológica que lo comienza: Hay que alabar al Señor por su bondad y porque su misericordia es eterna. Declaración de fe le brinda al poema un sentido claro de inclusión y triunfo. Aunque en la vida hay manifestaciones de dolor y crisis, la gente que comienza y finaliza sus días con alabanzas y gratitudes tienen la capacidad y el poder de superar las adversidades y enfrentar el futuro con valor y dignidad.

En efecto, las respuestas humanas a las manifestaciones extraordinarias de la gloria de Dios en la historia son de reconocimiento, humildad, humillación, alabanzas, sacrificios y alegría. Y este salmo pone claramente de manifiesto las dinámicas litúrgicas que se llevaban a efecto en el antiguo Templo de Jerusalén que ponen de relieve esas actitudes humanas de gratitud.

El Nuevo Testamento utiliza diversas ideas e imágenes de este salmo con libertad. La imagen de «la piedra desechada por los edificadores» se interpretó como una alusión clara al rechazo absoluto de la comunidad judía a la naturaleza mesiánica y redentora de Jesús de Nazaret, que Dios, por su misericordia y amor, convirtió en la «piedra angular» (Lc 20.17; Hch 4.11; I P 2.7), en el fundamento preciso y adecuado de la revelación divina a la humanidad.

Los evangelistas se inspiraron en este importante salmo para presentar la entrada triunfal de Jesús a Jerusalén al final de su ministerio terrenal (Mt 21.9; 23.39; Mc 11.9; Lc 13.35; 19.38; Jn 12.13). El clamor y las voces del pueblo revelaban la necesidad de salvación, y exclamaban: «Bendito el que viene en el nombre del Señor», que es una especie de reclamo por la vida, anhelo de redención, reconocimiento de la necesidad humana, y aprecio del poder y la capacidad divina. Para describir el ambiente moral, económico y socialmente precario que reinaba en la época de Jesús, se incorporaron las ideas y las palabras de este salmo, que ponen en justa perspectiva la voluntad salvadora de Dios hacia la humanidad.

La repetición del estribillo que afirma la misericordia divina no puede ignorarse en el análisis y la contextualización de este poema. La misericordia es la principal característica de Dios que impide el juicio destructor y la aniquilación de la humanidad. Es ese amor extraordinario a la creación y las criaturas la que mantiene al Señor en diálogo continuo con los seres humanos para propiciar su salvación.

Las lecturas mesiánicas de este salmo ven en su poesía la expresión de confianza del Mesías durante el período su dolor y sufrimiento, y su posterior gozo cuando se manifiesta la liberación divina. Los creyentes se apropian de estas palabras de esperanza y futuro, y se identifican plenamente con los sufrimientos vicarios del Cristo pues con seguridad esperan la liberación que procede de parte de Dios.

Salmo 119: «Excelencias de la Ley de Dios»

El Salmo 119 es el poema más largo del Salterio y el capítulo más extenso de la Biblia. Su tema principal se relaciona de las virtudes de la Ley divina, revela las virtudes de la revelación de Dios, y se asocia al aprecio de los estatutos del Señor que propician la felicidad humana. En este contexto, la referencia a la ley no es tanto a la suma de las ordenanzas y los mandamientos que Dios le dio a Moisés en el Sinaí, sino una alusión amplia a las instrucciones divinas que tienen la capacidad de brindar felicidad a las personas. Y como la ley se relaciona a la idea de perfección, aún la estructura literaria del salmo pone de manifiesto un sentido de orden, armonía y totalidad.

La estructura literaria del poema es reiterativa y se dispone en forma alfabética con veintidós estrofas o bloques temáticos, que representan las letras sucesivas del alefato hebreo (véase, además, Sal 9—10; 25; 34; 37; 111; 112; 145); además, cada bloque se articula en ocho versos, que pueden aludir a la perfección absoluta, a lo que está completo y pleno (7+1; siete más uno). Para destacar aún más esa estructura simétrica y para afirmar el sentido de perfección del poema, cada línea de las estrofas comienza con la misma letra hebrea que la caracteriza; y, a su vez, cada verso incluye, con solo algunas excepciones, una expresión sinónima a la palabra «ley» (p.ej., *torá*, en hebreo). El propósito de esta técnica literaria en sus ciento setenta y seis versículos es destacar que la ley del Señor es completa, plena y perfecta.

El gran tema de todo el poema es la ley del Señor, de la cual se indica su importancia, su sentido de revelación, sus cualidades, propiedades y valores, y las actitudes que demanda y genera en las personas.

En efecto, la ley divina reclama atención, obediencia, amor, deleite, meditación, cumplimiento, recuerdo y enseñanza; y, además, promete una serie importantes de dones y beneficios. El poema es una demostración clara y segura del gran aprecio a la ley que se manifiesta en el pueblo de Israel.

Aunque algunos estudiosos describen el salmo como un himno y alabanza a la ley, la lectura cuidadosa del poema lo relaciona mejor con la literatura sapiencial o didáctica. Esta importante afirmación literaria se pone claramente de manifiesto al comienzo mismo del salmo, que inicia su mensaje con una bienaventuranza, que es una fórmula característica de ese tipo de literatura (véase también el Sal 1.1).

Del salmista podemos decir muy poco –p.ej., es joven y sabio— , pues la estructura acróstica del poema tan firme e inflexible, ha eliminado las posibles referencias personales que pudo haber tenido. Lo que claramente se desprende del análisis temático es que su autor desea educar al pueblo en torno a las virtudes de la ley, que lo ubica en los círculos sapienciales y pedagógicos del pueblo. La identificación de los temas sapienciales y el propósito educativo del autor pueden ser una indicación de que el salmo proviene de la época postexílica. Inclusive, algunos estudiosos piensan que, en algún momento en la historia de la compilación y edición final del Salterio, el Salmo 119 finalizó el libro, pues se pueden observar las similitudes temáticas con el primer poema del libro. Este salmo no tiene título hebreo (véase la Introducción).

La identificación e importancia del tema de la ley en el salmo se revela con claridad en la variedad de términos que se utilizan para describirla y afirmarla. En efecto, para describir la ley de Dios el salmo usa ocho términos que son prácticamente sinónimos. Y en el análisis cuidadoso de esas palabras se ponen de manifiesto varios elementos temáticos que amplían el significado del término hebreo *torá*, que tradicionalmente se traduce como ley.

Torá, en hebreo, significa básicamente instrucción o enseñanzas, pero su sentido básico y primordial no se limita a las ideas estáticas y fijas relacionadas mandatos, ordenanzas o código de preceptos. Otras palabras hebreas que amplían el significado del término, son las siguientes: Testimonio –en heb., *edot*— enfatiza el carácter testimonial de la revelación divina; mandamientos –en heb., *piqqudim*— describe la palabra divina con virtud y autoridad supervisora de la vida; estatutos —en heb., *huqquím*—afirma la idea de firmeza, la naturaleza unificadora y la permanencia de la palabra del Señor; juicios —en heb., *mishpatim*— se relaciona con las reglas y las afirmaciones de la palabra divina; palabra —en heb., *dabar*—es el término general que describe todo lo que el Señor ha dicho; otra palabra traducida como mandamientos —en heb., *mitzvot*—subraya la autoridad de la palabra de Dios; y el grupo de términos, palabras, dichos y mandatos —en heb., *imra*—que en el original hebreo tiene mucha relación con *dabar* , significa esencialmente «palabra», pero que se traduce de esas diversas formas en las versiones de la Biblia Reina-Valera.

vv.1-8: La primera estrofa del salmo —en heb., *alef*— enfatiza el importante tema de la felicidad. La gente dichosa y las personas bienaventuradas son intachables, íntegras y guardan la ley del Señor. El mensaje destaca los elementos que propician la felicidad plena en la vida, que es uno de los temas principales en la literatura sapiencial.

vv.9-16: En la segunda estrofa —en heb., *bet*—se destaca el tema del camino. El poeta inquiere en torno a las formas en que los jóvenes pueden guardar u obedecer la palabra del Señor. La palabra divina debe ser leída, estudiada, apreciada, meditada, memorizada y aplicada. El ser humano alcanza la felicidad plena cuando sigue el camino que se revela en la palabra divina.

vv.17-24: En esta sección del salmo —en heb., *guimel*—se presenta una petición y un reclamo: ¡Haz bien a tu siervo! Y, en efecto, esa bondad divina se hace realidad cuando las personas siguen el camino de los mandamientos y responden positivamente a los testimonios y estatutos del Señor. La gente es feliz cuando hace de la ley del Señor el fundamento de sus delicias y contentamientos. El motivo básico de su petición es la calumnia de gente soberbia y maldita, y también la persecución de príncipes, que destaca la complejidad de la difamación.

vv.25-32: La cuarta estrofa —en heb., *dálet*—prosigue el tema del bloque anterior y, además, presenta la naturaleza de su situación personal. El salmista se siente deprimido, y revela su condición con las siguientes palabras: agobiado, angustiado y ansioso. El mundo de la mentira lo ha herido mortalmente, ¡aunque ha escogido el camino de la verdad! Culmina diciendo que correrá el camino de los mandamientos divinos cuando el Señor alegre su corazón.

vv.33-40: Este bloque del poema —en heb., *he*—continúa el tema que se ha explorado en las secciones previas. En esta ocasión, sin embargo, junto a la petición que desea que termine su dolor, el salmista pide entendimiento para guardar la ley del Señor y para afirmar los estatutos divinos. ¡También necesita comprender adecuadamente lo que le sucede! La expresión final del poeta suplica humildemente la intervención de la justicia divina, que es fuente que vivifica.

vv.41-48: Esta sección —en heb., *vau*—prosigue el tema de la crisis y la persecución que ya se ha tocado anteriormente, pero el salmista en esta ocasión promete obedecer la ley del Señor, si Dios le manifiesta su misericordia y su salvación. En efecto, las promesas del poeta son básicamente tres: cumplir siempre la voluntad divina, andar por el camino de sus preceptos y proclamar ante los reyes el testimonio del Señor sin atemorizarse.

vv.49-56: El salmista manifiesta en esta sección —en heb., *zain*—los importantes temas de consuelo, esperanza y confianza, que se fundamentan en las promesas y la palabra del Señor. ¡Y afirma que los dichos divinos lo han vivificado!

En ese contexto, el poeta alude directamente a su situación personal: Se siente afligido, burlado por gente soberbia y con coraje a causa de las personas inicuas que olvidan la ley divina. La oscuridad de la noche, que representa los misterios que hieren y afectan a la humanidad, es momento adecuado para la recordación y afirmación de la ley del Señor, que representa la gran bendición que ha recibido.

vv.57-64: Esta estrofa del salmo —en heb., *chet*—pone claramente de relieve un nuevo sentido de respuesta a Dios que sobrepasa los límites tradicionales de los sacrificios y los cultos.

En medio de la crisis, a la que alude como «compañías de impíos» (61), el poeta se allega ante Dios con un sentido de obediencia a la palabra del Señor y una manifestación firme de humildad que mueve la presencia y la misericordia divina. En este contexto el salmista hace una extraordinaria afirmación teológica: ¡De tu misericordia, Señor, está llena la tierra! Y esa misericordia divina permite los procesos educativos que le ayudan a comprender los estatutos de Dios.

vv.65-72: El salmista en esta sección —en heb., *tet*—revela una reveladora e interesante interpretación del dolor. El sufrimiento humano es una especie de prueba divina, una forma educativa que produce en el poeta sentido, obediencia y sabiduría.

Las enseñanzas de los estatutos y la revelación de la palabra del Señor se fundamentan en la bondad de Dios y en la naturaleza divina que es ciertamente bienhechora. La gente soberbia se enorgullece en los actos impropios de maldad e imprudencia; sin embargo, el salmista afirma el regocijo que genera la obediencia a la palabra divina.

vv.73-80: Continúa el poeta en esta parte —en heb., *yod*—con sus afirmaciones y declaraciones de fe en medio de las dificultades que enfrenta en la vida. El poema le suplica al Señor que esas manos divinas que le formaron le ayuden a entender y aprender los mandamientos de Dios y las leyes divinas. Y una vez más el poeta destaca el tema de la misericordia del Señor que revela sus juicios, consolación y fidelidad.

Los soberbios, que es la particular expresión que utiliza el poeta para referirse a sus enemigos y perseguidores, serán avergonzados públicamente a causa de las mentiras que han guiado sus decisiones y acciones en la vida. El poeta suplica que su corazón sea íntegro para evitar la vergüenza en la vida.

vv.81-88: Esta sección del salmo —en heb., *caf*—revela el dolor profundo del poeta. La situación es crítica y grave: ¡Su alma y sus ojos desfallecen! Se siente rodeado y cautivo: ¡Como si estuviera en un odre expuesto al humo y como si viviera en un hoyo! Esas imágenes representan claramente la complejidad y el potencial de mortalidad del problema.

Sin embargo, el salmista aún en medio de la dificultad no olvida los estatutos divinos, y afirma que todos los mandamientos del Señor son verdad. En ese clamor intenso, implora la justicia divina, inquiere en torno a la temporalidad de la vida, describe las acciones de los enemigos, y particularmente afirma que la misericordia de Dios vivifica y que guardará los testimonios del Señor.

vv.89-96: En este bloque poético —en heb., *lámed*—se pone claramente de relieve un contraste agudo entre la estabilidad que produce la palabra divina y la fidelidad que genera la revelación del Señor, en contraposición a la miseria que vive el salmista y la actitud impropia de los impíos.

El poema destaca la permanencia de la ley divina y afirma el poder de Dios que tiene la capacidad de vivificar. Esa seguridad y comprensión le ha permitido enfrentarse a las persecuciones y dificultades con un sentido de esperanza y firmeza. En la expresión «Tuyo soy, sálvame» (v.94) se pone en evidencia el fundamento extraordinario de sus convicciones.

vv.97-104: Esta sección —en heb., *mem*—se dedica básicamente a afirmar la importancia del amor a la ley y la importancia de meditar en ella. Esa actitud le permite al salmista alcanzar la sabiduría y la madurez. En este sentido, ¡el alumno sobrepasó a sus maestros! El amor a la ley, en efecto, incentiva las dinámicas educativas que propician la manifestación y el desarrollo de la inteligencia.

En efecto, la palabra divina es más dulce que la miel pues le permite a las personas aborrecer el camino de las mentiras, discernir las manifestaciones propias de la justicia y evitar los malos caminos, que en esta literatura poética se refiere a las actitudes impropias y las decisiones incorrectas.

vv.105-112: La imagen que inicia esta sección —en heb., *nun*— pone claramente de manifiesto la importancia y naturaleza del tema que guiará el mensaje del salmista: La palabra divina es lámpara a los pies y lumbrera en el camino. La expresión pone rápidamente de relieve las virtudes de la iluminación y las dificultades que se manifiestan en la oscuridad. Y al descubrir la gracia de la revelación, el salmista afirma con seguridad que ratificará los juicios del Señor porque son justos.

Aunque se siente afligido y herido, el salmista no pierde su sentido de orientación espiritual: Suplica la vida que emana solo de Dios, inquiere en torno a los juicios divinos, y presenta sus peticiones, que son una especie de sacrificios voluntarios ante el Señor.

vv.113-120: En esta bloque poético —en heb., *sámec*—el salmista alude de forma directa a sus enemigos. Los describe como hipócritas, malignos, escorias e impíos, y sus acciones se presentan como desviaciones de los estatutos divinos y falsedades. El propósito claro y directo del poema es contraponer las acciones nobles y justas del salmista, y las actividades impropias y desafortunadas de sus enemigos.

Esa diferencia en actitud se relaciona con la teología. Para el salmista, el Señor es escondedero y escudo, que son imágenes de seguridad, estabilidad, defensa y confianza. El Dios del salmista es fuente de esperanza y sosiego, es el fundamento de su amor a la ley y de su aprecio a los mandamientos del Señor. Esa convicción le sostiene y le salva, además, impide que su esperanza quede avergonzada, que es una manera de decir que no se frustrará por las acciones salvadoras del Señor.

vv. 121-128: Los temas de la persecución y el dolor del salmista continúan en esta sección —en heb., *ayin*—. En esta ocasión, sin embargo, el poeta se siente abrumado y abandonado a sus opresores, que también son descritos como soberbios: ¡gente que actúa en caminos de mentira! La tensión ha llegado a niveles extraordinarios y solo la esperanza en Dios sostiene al humilde y angustiado salmista.

Una vez más resurge el tema de la esperanza. El poeta ancla su futuro en una teología saludable y estable. El salmista implora una pronta intervención salvadora: ¡Dios no lo abandona en su necesidad! ¡Dios es el Señor de la justicia, de la salvación y de la ley! Y esa firme convicción de fe, le ha llevado a expresar públicamente que su amor por los mandamientos del Señor es mayor que su aprecio al oro fino.

vv. 129-136: Esta sección del salmo —en heb., *pe*—revela un claro sentido de salvación y rescate: ¡Los testimonios del Señor son maravillosos! Esa afirmación teológica guía el desarrollo temático de la estrofa. El salmista se ha mantenido fiel, o guardado su alma, porque la palabra divina alumbra y enseña a los sencillos.

El su oración, el salmista presenta siete peticiones importantes que revelan lo cabal de su humildad y seguridad: Mírame, ten misericordia de mí, ordena mis pasos, ninguna maldad se enseñoree en mí, líbrame de la violencia, haz que tu rostro resplandezca y enséñame tus estatutos.

vv. 137-144: Este bloque del salmo —en heb., *tsade*—pone en evidencia la crisis que rodeaba al salmista. Destaca esta sección la gravedad de su condición: Los enemigos se olvidaron de la palabra divina, se siente pequeño y desechado, y la aflicción y la angustia se apoderaron de él. Sin embargo, en ese ambiente de dolor agudo, se afirma con seguridad y fortaleza la justicia divina.

Ante la reacción injusta y cruel de sus adversarios y enemigos, el salmita muestra seguridad y esperanza. Lo que necesita para vivir es entendimiento, que en este contexto es la habilidad para comprender lo que le sucede desde la perspectiva de la seguridad que Dios le brinda, no desde el ángulo del conflicto momentáneo.

vv. 145-152: En esta sección del salmo —en heb., *cof*—se presenta al poeta clamando al Señor de madrugada, que es una manera de revelar la naturaleza y complejidad de la crisis. Desde los inicios de la estrofa el poeta desea destacar la gravedad de la situación, pues clamó con todo el corazón, se anticipó al alba y a las vigilias de la noche. En efecto, en medio de un sentimiento de dolor agónico, el salmista reitera su seguridad y convicción: Cercano estás tú, Señor, y todos tus mandamientos son verdad.

La petición del poeta no es desesperada, aunque revela el dolor indecible. Los enemigos se apartaron de la ley y de los mandamientos del Señor. Sin embargo, la oración del salmista es sobria y clara: Señor sálvame, oye mi voz conforme a tu misericordia, y vivifícame conforme a tu justicia. En medio de la crisis se escucha una voz sobria que suplica la transformación de las vivencias de la crisis en seguridad y esperanza.

vv.153-160: El poeta en este bloque —en heb., *resh*—presenta una súplica sentida y profunda: Señor mira mi aflicción y líbrame. Presupone la oración la capacidad divina de ver o escuchar críticamente su oración y responder de forma liberadora. Lo que realmente solicita el salmista es la manifestación de la justicia divina, que se fundamenta en la misericordia. Los enemigos son muchos, agresivos y traidores, pero la justicia del Señor tiene el poder que vivifica y restaura.

Los impíos están lejos de la salvación, de acuerdo con el salmo, pues rechazan la palabra divina, ignoran los estatutos del Señor, desobedecen la ley de Dios. Esas acciones impropias se contraponen a la fidelidad del salmista.

vv.161-168: El tema de la persecución y de la crisis con los enemigos continúa en esta sección —en heb., *sin*—. En esta ocasión, sin embargo, se añade un nuevo nivel de adversarios, pues se incorporan «los príncipes» que se suman a los enemigos gratuitos del salmista. Ese nuevo componente de adversidad genera temor en el salmista, que es contrarrestado con una serie importante de afirmaciones de seguridad y confianza. Ante una manifestación nueva del problema, una declaración más intensa de convicción y fortaleza.

El salmista se regocija en la palabra divina y alaba al Señor siete veces al día, que es símbolo de la gratitud completa y segura. En ese contexto de dificultad, el poeta afirma con seguridad que repudia la mentira, ama la ley y espera la salvación. En efecto, hace la declaración teológica que culmina la enseñaza de la estrofa, el salmo y el Salterio: ¡La gente que ama la ley de Dios es la que disfruta la paz!

vv.169-176: La estrofa que culmina este gran poema —en heb., *tau*—incluye el tema básico que guía la enseñanza de todo el salmo. El salmista pide a Dios entendimiento para guardar la ley y también para entender los problemas y las dificultades que ha vivido. Esa súplica se presenta en un ambiente de alabanzas y gratitud, no en un entorno de amarguras y frustraciones. Lo que ha deseado el salmista es la ayuda que representa la mano del Señor, el apoyo que se manifiesta con su salvación, la seguridad que se desprende de la ley.

El salmo más largo del Salterio y el capítulo más extenso de la Biblia finaliza con una imagen de gran importancia bíblica: El salmista estuvo errante como una oveja extraviada, pero el Señor eterno, que es también pastor, busca a la oveja que no ha olvidado sus mandamientos. Dos temas cobran importancia capital al culminar el poema: el pueblo como ovejas, y Dios como pastor. Y el factor que les une es el amor a la ley, que es el tema destacado en todo el salmo y el que inicia el libro de los Salmos.

Este salmo, aunque destaca temas de gran importancia teológica para los creyentes, no es muy utilizado en las iglesias, posiblemente por su longitud y extensión. Además, el tema central es la ley, que tradicionalmente se relaciona solo con las experiencias de Moisés en el Sinaí. La verdad es, sin embargo, que ley en estos contextos del salmo, no alude únicamente a la revelación de Dios a Moisés, sino que representa todo un cuerpo de enseñanzas y directrices divina para que la humanidad pueda vivir a la altura de la gracia divina.

La ley fue dada a Moisés luego de la liberación de Egipto, como un sistema de valores que le permitiera a la recién liberada nación vivir y mantener la liberación que habían experimentado. En este sentido, la ley divina no es una fuerza estática sino una revelación dinámica que intenta afirmar la liberación de Dios a través de la historia del pueblo de Israel y también de la humanidad. Esta ley es símbolo del pacto entre Dios y su pueblo, es una manera de afirmar la relación entre el Dios eterno y salvador y el pueblo histórico y cautivo.

En los tiempos del Nuevo Testamento, la ley ya no era vista por algunos sectores religiosos del pueblo como instrumento liberador sino como las estipulaciones que debían cumplirse sin la comprensión de su significado transformador. Jesús de Nazaret vino a reinterpretar la ley para devolverle su significación verdadera. Y en sus enseñanzas, repasó los grandes temas teológicos de las Escrituras Hebreas para ubicarlos al servicio de la vida y el disfrute pleno de la gracia de Dios. En efecto, Jesús le impartió a la ley la dimensión de vida que era necesaria para hacer de su ministerio una de liberación nacional e internacional (Jn 19).

Salmo 120: «Plegaria ante el peligro de la lengua engañosa»

Con el Salmo 120 comienza una sección importante del Salterio. Esos 15 poemas (Sal 120—134), que son relativamente cortos (con la posible excepción de Sal 132), llevan el mismo título hebreo: «Cántico gradual», «Cántico de ascensión», «Cántico de las subidas» o «Cántico de peregrinación» cuyo significado preciso es incierto (véase la Introducción). Sin embargo, las explicaciones para comprender ese epígrafe han sido variadas.

Una tradición judía muy antigua indica que son parte de una liturgia asociada a los quince pasos que había entre los patios del Templo de Jerusalén (del patio de las mujeres al patio de Israel). La LXX traduce el título como «Canción de los pasos». También se ha sugerido que estos poemas eran los que cantaban los peregrinos cuando regresaban desde Babilonia a Jerusalén al final del exilio. En el libro de Esdras (Es 7.9) se utiliza la misma palabra «ascensión» para referirse al retorno de los deportados.

Una tercera forma de entender esa frase titular hebrea es una indicación del estilo literario de los poemas que manifiestan una progresión bien marcada de temas y pensamientos: p.ej., anuncio de la peregrinación; alusiones al camino, a la liturgia, a la llegada; la visión de la ciudad santa, del santo monte y del Templo, las ceremonias en Templo Otra posibilidad es que estos poemas se utilizaban los peregrinos que llegaban a adorar al Templo como parte de las tres grandes festividades anuales del pueblo judío (Ex 23.14-17).

En la comprensión adecuada del título hebreo también hay que tomar en consideración que la ciudad de Jerusalén está ubicada a 750 metros sobre el nivel del mar, y que los peregrinos debían ascender hacia ella. Ese proceso de llegada a la ciudad era como si estuvieran subiendo por escaleras o gradas de forma gradual o paulatina.

Independientemente de la particular comprensión del título, esta colección constituye una especie de Salterio en miniatura. Estos Cánticos pueden dividirse en cinco grupos de tres poemas cada uno: Los primeros dos grupos (Sal 120—122; Sal 123—125) atienden el tema de las presiones externas al alma de la gente de fe, que espera la intervención divina y celebra la elección de Sión como el centro de la revelación de Dios a la humanidad. El tercer grupo (Sal 126—128) incluye temas que son característicos en la literatura sapiencial, pues sus temas son más filosóficos, externos y generales. El cuarto grupo (Sal 129—131) es particularmente individual y piadoso, pues destaca el tema de la paciencia. Finalmente, el quinto grupo (Sal 132—134) subraya el tema de la elección divina y el pacto.

Otra forma de estudiar este particular conjunto de salmos descubre una estructura concéntrica o en forma de quiasmo, aunque el poema final de la serie es una especie de doxología de cierre:

- Salmo 120: El caminante comienza su viaje rodeado de peligros y enemigos; y Salmo 133: Se completa el viaje en medio de la unidad de los hermanos y hermanas.
- Salmo 121 y 132: Hablan de la ayuda del Señor que establece y afirma a su pueblo.
- Salmo 122 y 131: Afirman la paz de Jerusalén y del descanso tranquilo de un niño.
- Salmo 123 y 130: Aluden a la soledad de los peregrinos.
- Salmo 124 y 129: Presentan la ayuda del Señor contra los opresores.
- Salmo 125 y 128: Son los poemas de la paz en Israel.
- Salmo 126 y 127: Señalan la reconstrucción de la nación después del cautiverio en Babilonia. Este, de acuerdo a esta comprensión de la estructura literaria, es el tema central de la colección.

En este contexto, el Salmo 120 es una especie de introducción a toda esta sección, pues alude a la tribulación del salmista al descubrir que estaba lejos de su amada ciudad de Jerusalén, que simboliza la paz. El salmista, sin embargo, lleno de seguridad y fe, expone el fundamento básico de su experiencia religiosa: El Señor escucha y responde siempre a quienes le imploran en momentos de angustia, desgracia y dolor. De forma específica, el poeta suplica la intervención divina en ese momento de crisis mayor; además, se dirige a sus adversarios y les advierte del castigo que recibirán de parte del Señor por sus mentiras y malas acciones.

El poema es un salmo de súplica individual de una persona que está en medio de un peligro mortal, pero que previamente ha vivido la liberación que proviene del Señor. El autor se allega ante Dios con humildad y esperanza en medio de una adversidad extraordinaria, que posiblemente alude al destierro en Babilonia. El contexto original de este poema son quizá las liturgias de gratitud y celebraciones que diversos peregrinos llevaban a efecto antes de entrar al Templo, luego de sus viajes. Este poema proviene de la época de la restauración, del período postexílico

La estructura literaria del poema no es compleja e identifica los temas básicos que se desarrollan. El salmo, que obvia la introducción y la conclusión que es característica del resto de poemas de esta sección, presenta su mensaje de forma directa.

- Clamor del Salmista y respuesta divina: v.1
- Clamor por la liberación del labio mentiroso y la lengua fraudulenta: vv.2-4
- Descripción precisa de la crisis: vv.5-7

v.1: El mensaje inicial del poema es directo: El salmista clamó al Señor en un momento de necesidad aguda, y Dios le respondió. Esa afirmación teológica le brinda al salmo su contexto específico de seguridad y esperanza. De forma implícita, el poeta afirma con seguridad que su Dios escucha y atiende a los clamores de la gente. Esa declaración de confianza es el marco de referencia del resto del salmo.

vv.2-4: En esta sección, el salmista identifica parte de su crisis: ¡Se siente gravemente herido por la calumnia y la mentira! Sin embargo, ante el ataque mortal y persecución de sus enemigos, se presenta la extraordinaria respuesta divina que viene en su auxilio. Dios responde a los adversarios mentirosos del salmista con valentía y poder, como si fuera un guerrero dispuesto para la batalla: ¡Con saetas ardientes!

El enebro es una planta muy apreciada en la antigüedad como combustible, pues produce carbones y brazas de muy buena calidad, que genera un tipo de calor intenso y duradero. En esta imagen, el poeta alude a las flechas incendiarias que envía Dios a los enemigos del salmista.

vv.5-7: La situación específica del salmista se describe un poco mejor en esta sección del salmo. El poeta se siente en el exilio, en un ambiente abiertamente hostil. Describe a sus adversarios y enemigos como personas que aborrecen la paz, mientras el se presenta como una persona pacífica. Además, ha pasado mucho tiempo en el tiempo del exilio.

Las referencias geográficas del salmo son importantes para describir el ambiente hostil en que vivía el poeta. Mesec era una región del Cáucaso ubicada al extremo norte del Asia Menor (Ez 38.2,15), entre el Mar Negro y el Mar Caspio (Gn 10.2). Sus moradores y guerreros tenían fama en la antigüedad por la violencia y la brutalidad. Cedar alude a una tribu nómada que habitaba los desiertos de Siria y Arabia (Gn 25.13).

La alusión simbólica y figurada a estas regiones tan distantes presenta un claro mensaje: Significa que el exilio ha sido violento y particularmente difícil, como la vida desértica. ¡El poeta se siente herido, humillado y abandonado! Sus captores son personas que odian la paz, que es el signo distintivo de Sión o Jerusalén, que significa ciudad de paz.

Cuando el salmista escribe este poema ya ha conocido el poder liberador del Señor. El fundamento de su oración se relaciona con las intervenciones salvadoras de Dios en el pasado. Esa lectura teológica de su vida le permite acudir al Señor en esta nueva crisis mortal, con la esperanza de recibir de Dios un nuevo favor redentor. Esa esperanza es la que impele al salmista a clamar por una nueva acción divina.

La característica principal del Dios de este salmo es su poder liberador en momentos de gran crisis y necesidad. Y esa peculiaridad es fundamental para la comprensión adecuada del mensaje bíblico. El Dios que se revela en las Sagradas escrituras responde de forma redentora a las oraciones de su pueblo, particularmente a las personas que están en situaciones de peligro inminente y mortal. Al lado de una persona que clama se levanta un Dios guerrero que interviene de forma salvadora.

El tema de la libertad es importante en el salmo y en la Biblia. El cautiverio no constituye el tema central de la historia de la salvación; por el contrario, son las intervenciones divinas para superar y terminar con esos cautiverios lo que se convierte en el tema central del mensaje profético. En efecto, es el rostro liberador el que revela la esencia divina más importante y necesaria para la humanidad.

Esa teología fue la que motivó a Jesús de Nazaret a proclamar que la gente dichosa, feliz, gozosa y bienaventurada es la que ama, afirma y construye la paz (Mat 5.9). Esas personas, no se conforman con hablar de la paz ideal, ni se entretienen especulando en torno a las virtudes de la paz hipotética, sino que trabajan para la implantación de la justicia que es el fundamento estable que produce la paz real, histórica y duradera.

SALMO 121: «JEHOVÁ ES MI GUARDADOR»

El Salmo 121, uno de los más populares del Salterio, es un cántico de afirmación de fe y seguridad, que responde a una particular situación de incertidumbre y confusión. El poeta, armado únicamente con la esperanza de intervención divina, articula un maravilloso poema de fortaleza, que revela sus más profundas convicciones religiosas y también sus más claras expectativas inmediatas: Su ayuda y socorro en la vida provienen solo del Señor, que es el creador de los cielos y la tierra.

El poema, buen sucesor del Salmo 120, es un claro salmo de confianza individual, cuyo autor pone en evidencia su firme confianza en el Señor en todos los momentos y situaciones de la vida. El salmo se dispone en forma de diálogo, como si fuera un padre y un hijo, o mejor, entre un adorador –que, en efecto, puede ser la representación del pueblo— y el sacerdote. Quizá este salmo, en su contexto original, era una especie de bendición al terminar las ceremonias en el Templo. La fecha de composición es muy difícil de precisar con seguridad, aunque pensamos que puede provenir de la época preexílica.

La sencilla estructura literaria y temática del salmo es la siguiente:

- La cuestión fundamental: ¿De dónde proviene el socorro?: vv.1-2
- La respuesta al poeta: En qué consiste la ayuda y el auxilio divino: vv.3-7

vv.1-2: El poema comienza con una pregunta fundamental y básica del salmista: ¿De dónde proviene el auxilio en los momentos difíciles de la vida? ¿Quién es capaz de intervenir de forma salvadora en medio de las adversidades de la existencia humana? La pregunta no es solo teológica, sino concreta, específica, existencial y práctica: ¿A dónde iremos a pedir auxilio en el momento oportuno? La respuesta es clara y firme: El socorro del salmista proviene del Dios creador.

El salmo comienza con una afirmación de gran significación teológica: Alzar los ojos a los montes es una forma de aludir a la historia nacional. Cuando los israelitas llegaron a Canaán, a la Tierra Prometida, se refugiaron en las montañas para responder a los ataques de los pueblos cananeos que tenían carros de guerra. Esos carruajes bélicos no podían incursionar en las montañas, lo que hizo que el pueblo identificara las montañas como un lugar privilegiado, una especie de refugio de seguridad nacional. Además, en la antigüedad se pensaba que las divinidades vivían en la cima de los montes, pues las montañas tenían un sentido religioso. Es importante notar también que el Dios bíblico intervino en la historia de la salvación del pueblo de Israel en una sucesión importante de montes: p.ej., el Sinaí (Ex 20) y el Carmelo (1 R 18).

La pregunta del salmista es si el socorro en la dificultad vendrá de las montañas con su simbología de triunfo y seguridad: La respuesta categórica y firme es negativa. El mismo poeta responde a la interrogante existencial: Mi ayuda proviene del Dios creador. En efecto, las montañas no pueden responder a las crisis de la vida, solo un Dios todopoderoso puede atender los reclamos de gente en necesidad. Además, alzar la mirada a los montes hace que las personas eleven sus ojos, que es una manera de orar y comunicarse con el Creador. La expresión hebrea «los cielos y la tierra» alude a toda la creación.

vv.3-7: En la segunda sección del salmo se exploran las implicaciones de la intervención de Dios. Un interlocutor del salmista explica en qué consiste la ayuda divina y el socorro del Señor. Y ese análisis lo presenta en dos vertientes: En primer lugar explora lo que el Señor no hace (vv.3-4), para posteriormente identificar las acciones divinas (vv.5-7).

De acuerdo con el poeta, el Señor no permitirá que el pie del pueblo resbale pues su misión es guardar a Israel. ¡Dios no se duerme! La negación se presenta en cuatro ocasiones, que es una manera reiterativa de destacar la acción divina: El pueblo no está desprovisto de seguridad y apoyo pues el Señor está alerta, a la expectativa, dispuesto a intervenir, presto a la acción liberadora.

La imagen de estar siempre alerta posiblemente se asocia a los pastores que debían vigilar las noches de sus rebaños (Lc 2.8). Además, esta referencia se puede relacionar con el episodio en la vida del profeta Elías en el monte Carmelo. El profeta criticaba a Baal pues podía estar dormido (1 R 18.27), aunque era solo el mediodía.

Lo que hace el Señor es el tema fundamental y determinante en esta sección del salmo. En primer lugar se incluye un importante verbo hebreo que se traduce comúnmente en castellano como «guardar». Ese verbo caracteriza las acciones de Dios a favor de su pueblo, y en el texto de Reina-Valera se incluye en cuatro ocasiones en el poema: El Señor guarda al pueblo y es su sombra continua de día y de noche, lo guarda de todo mal, guarda su alma o su vida, y guarda sus salidas y entradas. La imagen es de protección y albergue, es de seguridad y ayuda, es de cobertura y apoyo. El propósito del poema es descubrir, afirmar y disfrutar la bondad divina que se manifiesta en forma de protección continua y segura.

Lo que se declara como una afirmación teológica de seguridad y confianza en la primera sección del salmo, se expande y explica en la segunda parte. El salmista hace la gran declaración teológica; y sus interlocutores responden y explican esa declaración: El socorro de la gente no proviene de algún lugar creado sino del Dios que crea. Esa es posiblemente la gran enseñanza del salmista: El auxilio y la fortaleza, el socorro y la ayuda, el apoyo y la protección provienen del Dios creador del cielo y la tierra, que es una manera semítica de referirse a la totalidad de la creación.

Ese Dios creador está alerta, en vela y a la expectativa, como si fuera un pastor diligente y sabio. Esta imagen genera un gran sentido de esperanza y seguridad en los adoradores, pues evoca las narraciones del éxodo con las intervenciones liberadoras de Dios. Una vez más se revela un salmo que alude al Dios que libera al pueblo de sus cautiverios y angustias sociales, políticas, económicas y espirituales. Alzar la mirada a los montes es reconocer que el Dios bíblico, que es creador y todopoderoso, sobrepasa las limitaciones del tiempo y supera las distancias geográficas.

En su predicación liberadora, Jesús vivó a la altura de este salmo. Su comprensión de los montes y de Dios le ayudó a entender el poder liberador de Dios. Y fundamentado en esas convicciones religiosas, el Señor que no adormece respondía al clamor sentido de la gente marginada, de las personas cautivas, y de los hombres y mujeres en necesidad de su pueblo. Como pastor eterno y sabio, que está vigilante a los anhelos más profundos de su pueblo, el Señor intervino en el pueblo para romper las cadenas que cautivaban a su pueblo. Esa idea de liberación equivale a decir que el Señor sana a las personas enfermas, liberar a la gente cautiva, alegrar a hombres infelices, y pacificar mujeres iracundas.

Salmo 122: «Oración por la paz de Jerusalén»

El Salmo 122 expresa con mucha emoción la alegría y el gozo al llegar a la ciudad de Jerusalén. Los peregrinos manifiestan su felicidad pues están próximos a ver los atrios del Templo, que representa la presencia del Señor. Este poema afirma con claridad que el centro y la meta de las peregrinaciones antiguas de las comunidades judías era llegar a la ciudad de Sión, Jerusalén, donde estaba ubicado no solo el poder político y las instituciones religiosas del pueblo sino que era la cede de las instituciones jurídicas.

El salmo puede catalogarse, por su análisis temático, como un cántico de Sión. El poema pone claramente de manifiesto las virtudes de la ciudad de Jerusalén y revela la importancia de la ciudad de Jerusalén como un lugar santo y apreciado para Dios. Posiblemente este salmo se utilizaba como parte de las celebraciones anuales del pueblo, específicamente durante la fiesta de los tabernáculos. Quizá el poema es una especie de saludo a Sión, pues es el lugar en donde está enclavado el Templo. Su autor es un adorador que disfruta el privilegio de la presencia del Señor, representada por la ciudad de Jerusalén y la casa del Señor. El poeta habla de un Dios que tiene una casa, un nombre y un pueblo.

El lenguaje utilizado por el salmista puede ser una indicación a su origen postexílico; aunque las referencias a la casa de David (v.5) y las alusiones a Dios con el antiguo nombre «Jah» (v.4), pueden revelar algunas influencias del período monárquico. Al título hebreo que lo identifica directamente como cántico de ascensión, se le añade la asociación con el rey David (véase la Introducción).

La estructura literaria y temática del salmo es aparentemente sencilla se presenta a continuación. El tema y la palabra que se desarrolla en todas las secciones del poema es Jerusalén, que incluye los componentes de ciudad y paz; además, el salmo incorpora una frase que sirve de inclusión (p.ej., «la casa del Señor» vv.1,7 y «casa de David» v.5).

- La alegría del peregrinar a la casa del Señor: vv.1-2
- Importancia y alabanza de Jerusalén: vv.3-5
- Bendiciones de paz y prosperidad para la ciudad: vv.6-9

vv.1-2: El salmo comienza con una expresión de alegría que ubica al poeta al comienzo de la peregrinación, particularmente por la llegada a la ciudad de las personas que adoran. Y aunque no se dice nada del viaje ni de los desafíos que representa, la felicidad y el júbilo caracterizan el ambiente. El salmista, que ha sido invitado a incorporarse a la peregrinación, responde con admiración, entusiasmo y alegría plena al contemplar la belleza de la ciudad. En efecto, la ciudad transmite una sensación de grandeza, hermosura, seguridad y solidez.

El fundamento del gozo es que la casa del Señor representa la presencia divina. Y esa presencia se manifiesta de forma concreta cuando Dios responde a las necesidades de su pueblo. Para la persona que adoraba en la antigüedad, Dios mismo habitaba en el Templo, de forma tal que esos viajes a Sión eran una especie de encuentro cercano o experiencia íntima para facilitar el diálogo entre Dios y las personas y para incentivar la misericordia divina.

vv.3-5: En la segunda sección del salmo se explora el tema de la ciudad, se desarrolla la teología de Sión, se analizan los componentes básicos del nombre «Jerusalén». Y en ese análisis se evalúan tres aspectos básicos. En primer lugar se alude a las edificaciones, y se indica que tienen fundamentos firmes y estables, representados en la idea de unidad. También se alude a los aspectos espirituales de la ciudad, pues es el centro a donde llegan los peregrinos y las tribus del Señor que llegan del exterior: El templo es la casa para que todo el pueblo de Israel alabe al Señor. Finalmente, el salmista se refiere a los centros de implantación de la justicia y el juicio, los tribunales, que se relaciona con las responsabilidades civiles y jurídicas del monarca.

La oración que en la versión Reina-Valera ha sido traducida como «una ciudad que está bien unida entre sí» (v.3), posiblemente transmite mejor la siguiente idea: «la ciudad está construida para que en ella se reúna la comunidad». Y la idea básica en la expresión «los tronos de la casa de David» (v.5), alude a la responsabilidad real de administrar la justicia.

vv.6-9: Para finalizar, el poema desarrolla el tema de la paz, que se incluye como segundo componente del nombre «Jerusalén», que significa ciudad de paz. El salmista manifiesta un profundo y claro deseo de paz, calma, seguridad, bienestar, salud, prosperidad y bienandanza, que son algunas de las ideas y los conceptos que se incluyen en la palabra hebrea *shalom*.

La paz debe llegar a la ciudad, deben disfrutarla los que aman la ciudad, se debe vivir dentro de la ciudad y en los palacios, y se debe compartir entre hermanos y hermanas. La idea final del poema es que el fundamento de esa búsqueda de paz es el amor a la casa del Señor.

La idea que prevalece en el poema es que la cuidad de Dios, Sión, Jerusalén y el Templo, representan la paz para la comunidad. En efecto, el tema central del poema es la paz, que se relaciona con la implantación adecuada de la justicia.

La paz verdadera no es la calma superficial, ni es la ausencia de conflicto exterior. Desde la perspectiva bíblica, el *shalom* es una expresión hebrea que transmite una serie extensa de ideas que van desde el bienestar físico, emocional y espiritual, hasta la terminación de los conflictos bélicos internacionales. La paz bíblica, además, transmite las importantes ideas de prosperidad, salud y calma. El concepto no solo atiende las dimensiones individuales y espirituales del término sino que atiende a sus componentes sociales, políticos y económicos.

El Dios de la paz está aliado a su comunidad, pues su Templo es una especie de testimonio público y continuo de su amor extraordinario y su presencia liberadora. Y ese Dios de paz es el Señor de Jesús de Nazaret. En su predicación redentora, Jesús llegó al Templo y con autoridad comenzó un proceso de cambios y transformaciones radicales, pues la ciudad había perdido su esencia de paz y justicia, y la casa del Señor se había convertido en cueva de ladrones.

Cuando los templos y las instituciones religiosas pierden su valor distintivo, que es representar adecuadamente la paz y la justicia al pueblo, deben ser renovados y confrontados con la palabra divina que les desafía a descubrir sus verdaderos orígenes y afirmar el propósito de Dios con su casa. Además, en la teología del Nuevo Testamento, Jesús es el nuevo maestro de la justicia (Mt 3.15), que desafía, en el nombre del Señor, la autoridad y el conocimiento de los doctores de la ley y los fariseos (Mt 5.20). La implantación de esa nueva justicia divina representada en el mensaje de Jesús, hace que el reino de Dios se haga realidad en medio de la humanidad.

SALMO 123: «PLEGARIA PIDIENDO MISERICORDIA»

El Salmo 123 es un breve poema que suplica la misericordia divina en medio de una situación de dolor, humillación y angustia. Las imágenes de los siervos y las siervas en contraposición a la de los amos y señoras ponen en evidencia el ambiente de cautiverio que le brinda al poema su gran sentido de urgencia. Sin embargo, en medio de esas tensiones personales y preocupaciones existenciales, el poeta responde con ternura y confianza, con seguridad y paciencia, con esperanza y futuro, con belleza y sencillez: Su esperanza toda estaba en la manifestación plena y grata de la piedad y la misericordia divina.

El poema es claramente un salmo de súplica y lamento individual que en la segunda parte adquiere dimensiones colectivas. Ese cambio posiblemente se relaciona con el uso antifonal y litúrgico del poema en las ceremonias del Templo. El poeta transmite su mensaje como parte de la gente que ha experimentado el cautiverio, de unos opresores que no tienen misericordia de sus esclavos. Las referencias a los señores presenta la vida pública y rural; y la alusión a las señoras ubica la crisis en los ámbitos familiares e íntimos. Quizá este salmo proviene de la época postexílica, pues las alusiones a los captores, descritos como arrogantes y prepotentes, pueden ser una alusión a la vida de los exiliados en Babilonia.

La estructura temática de este breve salmo se desprende de la identificación de sus dos partes principales, en la que se revelan un individuo y una comunidad.

- El salmista implora misericordia: vv.1-2
- El pueblo implora misericordia: vv.3-4

vv.1-2: El poema comienza con el clamor de una persona que habla en nombre de toda la comunidad del pueblo. El salmista levanta sus ojos al Dios que habita en los cielos, en contraste a las personas cautivas que están con los ojos puestos, que es una señal de atención y de estar alerta, a las manos de sus amos. Los ojos, que son los sentidos que procesan las instrucciones y las órdenes, no pueden estar cautivos en los opresores, sino puestos en el Dios libertador. Ya anteriormente los salmistas habían indicado, en torno a la imagen de las miradas, que el socorro humano no viene al alzar los ojos a los montes sino al ponerlos en el Dios creador (Sal 121).

La imagen es reveladora: La gente cautiva espera las decisiones y las órdenes de sus dueños y señores a través del movimiento de las manos, sin que medie palabra alguna. El poeta, sin embargo, lleno de confianza y seguridad en Dios, solo espera y confía en la bondad y la misericordia divina. No son la acciones humanas, que intentan humillar e infravalorar las personas, las que definen la dignidad de la gente, sino la piedad divina que manifiesta el amor que tiene el poder liberador y redentor. El contraste es importante: Las manos humanas hieren y oprimen; la misericordia divina dignifica y renueva.

vv.3-4: Una vez el salmista finaliza su petición a Dios, la comunidad eleva su clamor al Señor. Y, fundamentado en la petición anterior, clama por la misericordia divina, que es una expresión característica de este tipo de salmo. El pueblo está hastiado y cansado de la opresión, del cautiverio, de las dificultades, de las angustias, de los dolores, de las desesperanzas, del menosprecio de los captores, que no manifiestan ningún nivel de amor y misericordia.

Para el salmista los opresores son personas soberbias y burladoras que menosprecian a las personas, particularmente a sus esclavos y siervos. Y ante esa actitud sarcástica, impropia e inhóspita, el salmista y el pueblo se sienten hastiados y cansados. La respuesta del pueblo ante la opresión inhumana, es de ¡basta ya!

Este salmo revela la respuesta humana ante las injusticias de la vida. Se describe la naturaleza de la opresión y el cautiverio, que utiliza las manos para transmitir las órdenes y para comunicar las decisiones. La gente cautiva está pendiente de las manos de los captores, pero las personas de fe, las que esperan en las promesas del Señor, tienen sus ojos bien puestos en la misericordia divina que tiene la virtud de perdonar y redimir al ser humano.

El poema, además, presenta el claro rechazo humano ante el cautiverio. De acuerdo con el salmista, el pueblo se hastió de la opresión y se cansó del cautiverio. Esas son manifestaciones claras de rebeldía, son expresiones firmes que intentan detener las dinámicas del cautiverio. El pueblo reaccionó con firmeza y seguridad, y su autoestima aumentó: ¡No queremos vivir más entre cadenas! ¡No deseamos vivir encarcelados!

Esa teología de la liberación es la que caracterizó las enseñanzas de Jesús de Nazaret. Cuando le llevaban la gente cautiva y enferma, respondió a esas necesidades con manifestaciones extraordinarias de misericordia y amor. El Señor, con esas expresiones de liberación y sanidad, intentaba brindarle a la humanidad un anticipo del reino de Dios. No se complace el Señor de ver la gente cautiva y necesitada, sino que disfruta la revelación divina que brinda a las personas el poder y la dignidad de valerse por sí mismas.

Un tema fundamental de este salmo es que Dios no trata a las personas como siervas o esclavas, sino que les reconoce el valor y la dignidad que emanan de la revelación divina. Esa fue la enseñanza fundamental que motivó al Señor a decirle a los discípulos que ya no serían siervos, porque los siervos desconocen la voluntad plena de sus señores, sino que les llamaría amigos, que comparten la vida, los proyectos, los sueños y las esperanzas (Jn 15.14-15).

Salmo 124: «Alabanza por haber sido librado de los enemigos»

El Salmo 124 pone claramente en evidencia la gratitud del pueblo por haber sido liberado milagrosamente de una serie compleja de peligros mortales. El poeta, armado únicamente del recuerdo grato de las intervenciones de Dios, reconoce que sin esas acciones divinas hubiesen perecido. El ambiente es, a la vez, de tensión y gratitud; la dinámica va del furor y hostilidad de los enemigos a la gratitud del pueblo al Dios creador que le socorre en el momento oportuno y crítico. Las imágenes que utiliza el poeta revelan conocimiento de la naturaleza, tanto de la vida diaria en los campos como de los fenómenos naturales.

Este es un salmo de acción de gracias de la comunidad que le expresa humildemente al Señor la gratitud sincera por sus intervenciones redentoras en la historia. Por lo general de la temática expuesta, es muy difícil precisar la fecha de composición del salmo, aunque algunos estudiosos la identifican con las crisis relacionadas a la hostilidad de los samaritanos en las obras de reconstrucción del muro de la ciudad de Jerusalén en tiempos de Nehemías (Neh 4). Su autor debe haber sido un adorador piadoso que deseaba recordar y afirmar al Dios que muestra su misericordia en medio de la historia humana, particularmente con su pueblo Israel. El título hebreo del salmo lo asocia al rey David (véase la Introducción).

La estructura del poema se relaciona con el eje temático central, que reconoce la misericordia divina y bendice al Señor (v.6).

- Reconocimiento del poder divino en la crisis: vv.1-5
- Alabanzas al Dios creador por su socorro: vv.6-8

Una lectura atenta del poema puede revelar, además, una sencilla estructura concéntrica o en forma de quiasmo. El centro teológico del salmo, desde esta perspectiva, sería las alabanzas al Dios liberador.

A. Intervención salvadora de Dios: vv.1-2
B. Descripción de la crisis: vv.3-5
C. Alabanzas al Señor liberador: v.6
B'. Descripción de la crisis: v.7
A'. Intervención salvadora de Dios: v.8

vv.1-5: El salmo comienza de forma abrupta y directa. Sin la intervención divina, que se repite dos veces para enfatizar la idea, el pueblo hubiese perecido de forma fulminante. La primera afirmación reiterativa del poeta, que invita a toda la comunidad a celebrar esa manifestación divina, es de gratitud, aprecio y reconocimiento.

Además, el salmo pone en justa perspectiva la naturaleza de los peligros mortales que vive, la gravedad de las asechanzas que le rodea, y las complejidades de los ataques que experimenta. Los enemigos, que son descritos como fieras y como aguas torrenciales, son personas hostiles e iracundas que actúan sin piedad contra el pueblo de Dios. Ambas imágenes transmiten la idea de destrucción total.

vv.6-8: La segunda parte mayor del salmo comienza con el centro teológico del poema: El salmista bendice al Señor, tanto por lo que ha expresado en los versículos anteriores sino por lo que va a afirmar posteriormente. Dios intervino de forma milagrosa para evitar que los enemigos les destruyeran.

El pueblo, según el poeta, no sucumbió ante los dientes de los enemigos, ni quedó apresado en los lasos de los cazadores malvados. En efecto, el Dios bíblico intervino rompiendo el lazo del cautiverio para que el pueblo pudiera escapar. El mensaje es directo y claro: Ante los ataques violentos y mortales de los enemigos, las intervenciones salvadoras de Dios preservaron la vida del pueblo de Israel.

La idea final del salmo repite una muy importante afirmación teológica: Nuestro socorro proviene del Dios creador (Sal 121.1-2). Es decir, que ante los ataques despiadados y mortales de los enemigos a través de la historia, la fuerza que le ha dado a la comunidad de Israel sentido de futuro y seguridad es la convicción de que el Dios creador le ayuda en el instante adecuado, le apoya en el momento oportuno, le salva en la hora crucial del cautiverio.

El mensaje central del salmo reconoce la intervención divina como fuente extraordinaria de salvación. La imagen fundamental que se desprende de la poesía es la de un Dios que acompaña a su pueblo a través de las vicisitudes y angustias de la existencia humana. El propósito básico del poeta es afirmar de manera categórica que el pueblo no ha estado solo y que de la misma forma que en el pasado experimentó la liberación divina también en el presente y el futuro ese mismo poder redentor está dispuesto para responder al clamor del pueblo.

El salmo, además, incorpora el poder de la alabanza a Dios en el momento oportuno. El pueblo bendice al Señor por sus intervenciones en el pasado, y también lo bendice cuando aún no he experimentado la salvación en el presente y el futuro. La bendición al Señor es un tipo de anticipo de la acción de Dios que se fundamenta en la fe y la seguridad. La gente de fe, de acuerdo con el salmista, bendice a Dios cuando recuerda el pasado para vivir el presente y proyectarse al futuro. Esa bendición reconoce que Dios es socorro, auxilio, fortaleza, apoyo, sostén, guía y albergue, pues su naturaleza básica es ser creador de los cielos y la tierra, que es una manera semítica de incluir la totalidad de lo creado.

De singular importancia es el reconocimiento de Jesús como el Emmanuel, que significa «Dios con nosotros» (Mt 1.23; 28.20). En la importante tradición del profeta Isaías, los evangelistas reconocieron en el ministerio de Jesús de Nazaret las características indispensables de la presencia divina. Jesús no era un profeta más en la historia del pueblo de Israel: ¡Era el Mesías! Es decir, la presencia y el ministerio público de Jesús en Palestina era una forma de intervención extraordinaria de Dios en la historia, que representa la máxima expresión del amor de Dios a la humanidad (Jn 1.17-18).

Salmo 125: «Dios protege a su pueblo»

El Salmo 125, reconocido a través de la historia por su belleza poética y sus imágenes de estabilidad, pone claramente de manifiesto un sentido impresionante y amplio de confianza divina: ¡Dios es inmutable y fiel! La idea de que la ciudad de Jerusalén está rodeada de colinas es una buena imagen de protección que Dios le brinda a la gente fiel, alude a la seguridad que embarga a los peregrinos que se allegan al Templo. Se elabora en este poema algunas de las ideas que previamente se revelan en el Salmo 121.

Posiblemente este salmo es uno sapiencial o educativo, aunque también puede ser interpretado como un poema que expresa la confianza nacional del pueblo en medio de alguna crisis histórica (véase Neh 5). Quizá se utilizaba en las ceremonias del año nuevo en el Templo, aunque su carácter y tema general permiten su uso en otras liturgias del pueblo. Por los temas expuestos y el lenguaje utilizado este poema debe provenir del período luego del destierro en Babilonia. Su autor debe haber sido un adorador de Jerusalén que conocía muy bien la topografía de la ciudad, y que articuló sus enseñanzas en relación a las peculiaridades físicas de la región.

La estructura del breve poema se desprende del análisis temático.

- La confianza en el Señor: vv.1-2
- La protección divina: v.3
- Súplica por la paz de Jerusalén: vv.4-5

vv.1-2: La afirmación inicial del salmo le brinda su sentido básico de seguridad y confianza. La gente que confía en el Señor goza de estabilidad y permanencia. Dios protege al pueblo como si fuera una cordillera de montes, como si fuera una muralla protectora. La idea es afirmar la presencia divina como fuente de esperanza y seguridad; además, el poema afirma que esa protección es eterna.

Sión es el nombre dado a la colina donde estaba enclavado el Templo de Jerusalén. Ese monte antiguo era considerado por el pueblo como un símbolo de estabilidad y firmeza, por la particularidad de tener esas defensas naturales a su alrededor. Las ciudades amuralladas en la antigüedad requerían, en tiempos de guerra, rampas especiales para escalar sus muros e invadirlas. Esa forma de batalla era muy difícil librar en ciudades como Jerusalén que, además de la protección física inmediata de sus murallas, tiene una serie de montañas protectoras. La fama de ciudad inexpugnable que tenía Jerusalén se remonta a los tiempos antes de la conquista del rey David (2 S 5.6), cuando pertenecía aún a los jebuseos.

v.3: En este versículo se pone de manifiesto el conflicto y la tensión del salmo. La vara de la impiedad alude a la autoridad de las personas malvadas, de los enemigos del pueblo, que amenazas conquistar la heredad o las propiedades de la gente justa. La alusión a la heredad hace recordad a la tierra prometida, que es el regalo divino a su pueblo. De acuerdo con este texto, ese don de Dios está en peligro, pues el peso del cetro o vara, que simboliza la autoridad real, es una forma de conquista y apropiación. Además, el mensaje protege las acciones de los fieles para que no actúen de acuerdo a las maldades e injusticias de sus enemigos.

vv.4-5: La súplica final de poema solicita la intervención bondadosa de Dios a favor de su pueblo, identificados en el poema como la gente buena. El salmista reclama la acción de Dios que bendice a la gente de corazón recto. Sin embargo, el poeta pide justicia hacia las personas que se apartan del camino divino tras sus prevaricaciones o pecados, que son personas que disfrutan el hacer el mal.

La frase final del poeta es la solicitud de paz para la ciudad de Jerusalén. Comienza el salmo con una declaración de seguridad en torno a la ciudad y finaliza con una petición de paz. La idea fundamental del poeta es destacar las virtudes de Sión como lugar de seguridad, estabilidad y paz.

El mensaje del salmo se dispone en oposiciones bien marcadas: De un lado se identifican las personas buenas y justas en contraposición a la gente malvada y perversa; se presenta, además, la heredad de los justos y las manos de la maldad. En medio de esas dualidades se ubica el monte de Sión que tiene a su alrededor los montes protectores que son símbolo de triunfo, firmeza y futuro.

La enseñanza del salmo está en la tradición de otros poemas sapienciales (Sal 1; 19; 119), que enfatizan la importancia de vivir con dignidad y justicia. El mensaje no es a adquirir las doctrinas adecuadas y correctas, sino a vivir de acuerdo con los valores que se desprenden de la geografía del monte Sión. La estabilidad personal y nacional, la firmeza en las convicciones, la seguridad ante los peligros y las adversidades provienen del Dios que está presto a responder a los clamores y las afirmaciones de paz de su pueblo.

El tema de la paz es muy importante para las enseñanzas privadas y los mensajes públicos de Jesús. Inclusive, de acuerdo con el libro del profeta Isaías, uno de los nombres del Mesías es «Príncipe de la paz», que es una forma figurada de afirmar que la paz verdadera se relaciona con el ministerio liberador del Cristo de Dios. La gente que sigue el modelo de vida de Jesús es como el monte de Sión, que ante los ataques de la vida no tiembla, ante los embates de las adversidades no sucumbe, por Dios mismo la sostiene y ayuda.

Salmo 126: «Testimonio de la restauración»

El Salmo 126, a la vez, presenta algunos sentimientos profundos de alegría y felicidad, y contiene varias expresiones de dolor y agonía. Pone claramente de manifiesto el poema dos sentimientos intensos en contraposición. El salmista articula el gozo y la dicha de la superación de una grave crisis, y también alude a las dificultades relacionadas con las manifestaciones adversas del problema. El poema posiblemente alude a la experiencia dolorosa y triste del exilio del pueblo de Israel en Babilonia, aunque muy buen el mensaje del salmo puede relacionarse con la superación de cualquier adversidad y conflicto que atenta contra la felicidad plena de la humanidad.

Este salmo se puede catalogar muy bien como uno de súplica colectiva, donde el poema se allega ante Dios para expresar su agradecimiento y articular su petición. Este salmo muy bien puede relacionarse con las peregrinaciones al Templo de Jerusalén, especialmente cuando el pueblo había regresado del destierro. Es la oración sentida de un pueblo que recuerda humildemente los actos divinos de liberación en la historia nacional, al mismo tiempo que reconoce la naturaleza de la crisis y las complicaciones y dolores que se sienten en medio del conflicto.

El autor del salmo es posiblemente un israelita agradecido que reconoce la capacidad y el deseo divino de intervención. El poeta, al enfrentar un nuevo desafío en el período de la restauración nacional, presenta su súplica al Señor: ¡Anhela una nueva manifestación salvadora de Dios! La reflexión en torno a la liberación de Dios en el pasado le permite proyectarse al futuro con sentido de esperanza. El título hebreo del salmo, «Cántico gradual», lo relaciona directamente con el resto de los poemas de las subidas al Templo (Sal 120—134; véase, además, la Introducción).

La estructura literaria del salmo se desprende de la identificación de los temas prominentes y de las expresiones que identifican esos temas. La idea que distingue las estrofas del poema se relaciona con el cambio o transformación de la suerte o el futuro de la ciudad de Jerusalén, identificada poéticamente en el poema como Sión.

- Alegría de la liberación: vv.1-3
- Súplica y preocupación del pueblo: vv.4-6

vv.1-3: Este salmo articula su mensaje de súplica sin introducción ni conclusión. El poema identifica directamente la alegría y señala con claridad su preocupación. En la primera sección predomina la alegría, el contentamiento, la felicidad y el disfrute pleno de la vida. ¡El ambiente es de triunfo y celebración! Las palabras que se utilizan son las siguientes: Sueños, risas, alabanzas y alegría. En efecto, el propósito del autor es poner claramente de manifiesto la felicidad que se relaciona con la liberación divina.

Respecto al salmo, es menester destacar varios temas de importancia: La cautividad en Babilonia del pueblo judío terminó por la intervención de Dios. Y cuando Dios hizo que el pueblo regresara, se manifestó la alegría, se desató el contentamiento, y se reveló la dicha plena. Ese acto liberador fue como un sueño: Extraordinario, maravilloso, un acto casi imposible de creer.   La manifestación divina, además, hizo que las naciones extranjeras reconocieran el favor divino hacia el pueblo de Israel. Y esas dinámicas divinas, que tienen claras repercusiones nacionales e internacionales, generaron las manifestaciones de alegría en el pueblo. Los pueblos que anteriormente se habían burlado de Israel y de su Dios, ahora reconocían el poder divino, tal como se había anunciado (Ez 36.36).

vv.4-6: Con una idea similar a la que comenzó el poema, se inicia la segunda estrofa. El deseo es claro y definido, la petición es directa y específica. La expresión que se traduce como «Haz volver nuestra cautividad», pone de manifiesto el firme deseo del poeta: ¡Que el Señor cambie la suerte y las vivencias de dolor del pueblo! La idea es que Dios intervenga de forma extraordinaria para cambiar las realidades que producen cautiverios y angustias a la comunidad.

La imagen literaria que escogió el poeta presenta los arroyos del Negev, que es uno de los desiertos al sur de Palestina. Por las inclemencias del tiempo durante el verano, los arroyos se secan; sin embargo, con las lluvias de invierno se llenan nuevamente y traen verdor y esperanza a la comunidad. La idea poética es de renovación y futuro. La finalidad teológica es poner en evidencia la extraordinaria capacidad de restauración divina.

El mensaje continúa con evocaciones al mundo de la agricultura. Las personas que siembran lo hacen con dificultad, pero también con la esperanza de recibir los frutos que anhelan. En este caso, la gente que sembró con lágrimas, en referencia a las dificultades de la vida, segarán con alegría, en alusión al triunfo y la victoria.

La metáfora del salmo es clara: La situación del pueblo es de sequía, desierto y ausencia de vida y posibilidades; sin embargo, ante la intervención extraordinaria de Dios, lo que le espera a la comunidad son aguas abundantes, que, en efecto, son signos y parámetros de vida y futuro. ¡El gozo de la cosecha hace olvidar las dificultades relacionadas con la siembra!

Fundamentado en la experiencia de liberación del exilio en Babilonia, el poeta suplica al Señor una nueva intervención divina. La verdad es que el período de restauración de la ciudad de Jerusalén, llamada poéticamente Sión, fue muy complicado y extremadamente difícil. El apoyo exterior del imperio persa, luego del destierro, nunca llegó de forma efectiva; y las dinámicas entre las personas que habían quedado en la ciudad hacia gente que regresaba del exilio no eran las mejores. En ese ambiente de abandono nacional y conflicto interno, el salmista se presenta ante Dios para suplicar una nueva intervención divina. Su esperanza está en el Dios que ya tiene experiencia en liberaciones nacionales; su confianza está en el Señor que había demostrado, en la historia nacional, que sabe cómo manifestar su poder liberador.

Este poema pone claramente de manifiesto la teología del poeta: El Dios bíblico está al lado de la gente que tiene necesidad; el Señor es aliado de las personas que sufren y sienten en sus vidas los azotes inmisericordes e ingratos relacionados con las injusticias de la vida. La importancia del salmo es que presenta a un Dios libertador, que tiene la capacidad y el compromiso de continuar con sus intervenciones salvadoras en medio de las realidades humanas. La suerte de la gente cambia con la manifestación de la gracia divina.

Ese poder transformador se puso en evidencia en la vida de Jesús de Nazaret. En sus mensajes de esperanza y como resultado de sus acciones salvadoras, las personas sentían que sus vidas cambiaban para bien. En efe4cto, el ministerio de Jesús fue una demostración adicional de la capacidad que tiene Dios de transformar las realidades de dolor en dinámicas de triunfo, gozo, esperanza y liberación (Jn 16.20-22). El ministerio del Señor reveló nuevamente que la última palabra divina para las personas no es el juicio destructivo sino la manifestación extraordinaria de la misericordia que renueva y redime. En efecto, las lágrimas no tienen la palabra final para la gente de fe, sino la alegría que se fundamenta en la esperanza y la restauración.

El mensaje de este salmo nos recuerda que la construcción del reino de Dios, que intenta promulgar la esperanza y vivir a la altura de la misericordia y la justicia divina, se siembra con mucho esfuerzo, lágrimas y dolores. Sin embargo, la revelación del poema también es símbolo claro y seguro de que quienes se disponen a vivir de acuerdo con los valores y enseñanzas expuestas por la vida y el mensaje de Jesús, cosecharán con felicidad y alegría, que son símbolos del triunfo definitivo y firme de la gente de Dios contra las manifestaciones ingratas del odio, los resentimientos y las mentiras. El reino de Dios, que alude a la vida plena de justicia, verdad, amor y paz, se hace realidad con el esfuerzo decidido de la gente de fe.

SALMO 127: «LA PROSPERIDAD VIENE DE DIOS»

El Salmo 127 no solo es parte del grupo de poemas de peregrinación sino que toca asuntos de importancia capital para la vida cotidiana, para las dinámicas diarias de las familias y las ciudades. La preocupación básica del autor es el sentido de las cosas cotidianas: p.ej., la casa, la ciudad y el trabajo. Es un poema, en efecto, que pone de manifiesto la teología de la esperanza en Dios, a la vez que destaca el empeño humano, los trabajos personales y los esfuerzos familiares. El propósito del salmo es afirmar que de nada valen los proyectos humanos si

Dios no los hace prosperar. Para el poeta, las aspiraciones personales y nacionales son inútiles si el Señor no es parte del diseño y su ejecución.

Este salmo es un buen poema de confianza y seguridad, de tipo sapiencial, que hace una clara propuesta de felicidad, dicha o bienandanza. El deseo del autor es identificar las cosas importantes de la vida en medio de las dinámicas personales, familiares y comunitarias. Posiblemente este salmo se utilizaba como parte de los procesos educativos del pueblo, antes de comenzar las peregrinaciones al Templo. Y, por las referencias a las personas que velan, quizá se escribió en el período postexílico, durante los procesos de reconstrucción de la ciudad en la época de Nehemías, cuando se tenía que trabajar en el Templo y sus murallas, a la vez que se mantenía un estado de alerta contra los ataques enemigos.

El autor del salmo es posiblemente una de las personas que trabajó en ese proyecto de reconstrucción nacional. El título hebreo del poema lo relaciona, en primer lugar, con los «Cánticos de las subidas» (Sal 120—134), y con el rey Salomón, famoso por la sabiduría y sus proyectos de construcción (véase la Introducción).

La estructura literaria del salmo se relaciona con los temas expuestos.

- Precariedad de la vida sin Dios: vv.1-2
- Fecundidad humana: vv.3-5

vv.1-2: El poema comienza con una muy clara y decidida declaración teológica: Son inútiles todos los esfuerzos humanos si Dios no los sanciona positivamente. El esfuerzo humano sin el Señor es vano, pues las tareas personales o nacionales que no toman en consideración la voluntad divina están avocadas al fracaso, que es una buena doctrina de la literatura sapiencial (Prov 10.22; Ecl 2.24; 5.17-18).

La referencia a la casa al comenzar el poema está cargada de significado. A la vez, el término hebreo puede referirse tanto al Templo de Jerusalén como al hogar, a la morada de las familias. Como el Templo fue destruido en el triunfo de los ejércitos babilónicos en Jerusalén, la referencia a la reconstrucción es adecuada. Por otro lado, en este particular contexto literario y teológico, cuando la segunda parte del poema pone de relieve el tema doméstico, el salmista posiblemente alude al desarrollo de proyectos y programas familiares. Sin embargo, ambas referencias detallan la relación íntima entre la bendición divina y el trabajo y los esfuerzos humanos. El mensaje es el mismo: Ningún proyecto humano, nacional o familiar, puede prosperar sin la bendición divina. Los edificadores trabajan y construyen, los guardias velan la ciudad, y la gente trabaja desde muy temprano en la mañana, sin embargo, todas esas labores no son suficientes para disfrutar la prosperidad que proviene de la misericordia divina.

El salmo no intente glorificar la pereza, ni desea elevar la vagancia a algún sitial de idealidad. La literatura sapiencial rechaza con vehemencia esa actitud humana de irresponsabilidad (Prov 6.6-11; 10.4; 20.4; 24.30-34). El propósito del salmista es condenar la excesiva preocupación de las personas que no confían en Dios. La preocupación humana y la disconformidad de las personas lo que logran en la gente es que no disfruten a cabalidad las virtudes y las misericordias divinas. El mensaje es claro: No importa si las personas se levantan temprano a trabajar y se acuesten tarde para descansar, Dios le dará el sueño reparador y el buen descanso a su amado, que es una referencia a la gente que responde positivamente y obedece la voluntad del Señor. En este contexto, el «pan de dolores» alude al esfuerzo humano que trae angustia a las personas que se esfuerzan desmedidamente en sus trabajos.

vv.3-5: La siguiente sección del salmo continúa el tema de la construcción de la casa, en esta ocasión, sin embargo, alude directamente a la familia. Los «constructores» son el esposo y la esposa que reciben a los hijos e hijas como herencia del Señor. La palabra «herencia», en hebreo, tradicionalmente alude a la tierra, pero en este contexto se relaciona con la familia que se encarga y es responsable de poseerla.

El tema de la fecundidad tiene importancia capital en esta parte del poema. En esta ocasión se ponen de manifiesto los excelentes resultados de incorporar al Señor en los proyectos humanos. Los hijos y las hijas son bendición divina, son de gran estima pues vienen como producto de la misericordia de Dios. La imagen de las flechas en manos de los guerreros alude a su importancia y virtud; y si vienen en los años de la juventud, ¡se pueden disfrutar por más tiempo!

La fecundidad y las familias numerosas son bendición divina. La gente bienaventurada es la que tiene muchos hijos e hijas. Esa presencia familiar distinguida, numerosa y fuerte hace que el salmista se sienta confiado en los juicios. ¡Los enemigos no pueden avergonzar a las fa-

634 ● De Lo Profundo, Señor, a Ti Clamo

milias numerosas! La referencia a la puerta de la ciudad alude a los procesos judiciales que se llevaban a efecto, en la antigüedad, en ese lugar. En las entradas de las ciudades se dirimían las disputas locales y se resolvían los asuntos públicos (Rt 4.1-2).

Este salmo pone de relieve el tema de la bendición de Dios en todos los proyectos humanos. Tanto a nivel personal y familiar como en las dinámicas nacionales y comunitarias. La presencia divina no es un extra optativo en el éxito de los esfuerzos humanos sino el requisito indispensable. Para el salmista, Dios es responsable tanto de la fecundidad familiar como de la protección nacional. Y esa seguridad le brinda un claro sentido de esperanza y futuro. Sin la bendición divina, todo en la vida se torna frágil e inseguro.

Para la sociedad contemporánea el mensaje de este salmo cobra dimensión nueva. En un mundo de ansiedades crecientes y trabajos continuos, la gente debe separar tiempo de calidad para descansar y confiar en las promesas divinas. Los grandes proyectos de las familias y la humanidad deben tomar seriamente en consideración los valores del reino de Dios, según se pusieron de manifiesto en las enseñanzas y mensajes de Jesús de Nazaret. Esas directrices divinas demandan de los individuos y de las naciones integridad moral y justicia, que son los ingredientes indispensables para el disfrute pleno de la vida y para ser personas bienaventuradas.

El salmista pone de relieve en este poema la importancia de ser una persona o nación bienaventurada o dichosa. Ese tipo de felicidad plena y grata no es el resultado de los trabajos continuos y los esfuerzos desmedidos de la humanidad. Aunque toda la literatura sapiencial reconoce y afirma la importancia del trabajo y rechaza la pereza como estilo de vida, el factor indispensable para el disfrute pleno de la existencia es incorporar los valores divinos en los esfuerzos humanos. Ese acto de obediencia y humildad hace posible la intervención divina que prospera y bendice tanto a las personas como a los pueblos.

Respecto a los temas que se exponen y afirman en este poema, el Señor Jesús indicó con claridad que sin su ayuda y poder nada podemos hacer (Jn 15.5); además, entre sus grandes enseñanzas se incluye la que rechaza el afán y la ansiedad como métodos válidos para alcanzar la dicha en la vida (Mt 6.31-33).

Salmo 128: «La bienaventuranza del que teme al Señor»

El Salmo 128 prosigue el tema general que se explora en el poema anterior (Sal 127), y presenta las bases indispensables para el trabajo fructífero, el bienestar personal y la felicidad familiar. La bendición divina llega a la gente justa en formas concretas y específicas de dicha y prosperidad. Desde la perspectiva de la retribución temporal, característica de las teologías del Antiguo Testamento, esas bienaventuranzas representan la bendición divina por excelencia. El propósito educativo del poema es discutir el tema del sentido básico de la vida, además de articular en qué consiste la felicidad verdadera y plena.

Este poema de peregrinación se incluye entre los cánticos graduales o de las subidas (Sal 120—134), y muy bien se puede caracterizar como un salmo sapiencial o didáctico. Su objetivo principal es identificar dónde se encuentra la felicidad, y su contexto inicial es posiblemente los procesos educativos que preparaban a los adoradores para llegar a Jerusalén y subir al Templo con sentido de orientación espiritual y comprensión teológica. Este tipo de literatura educativa presenta lo esencial y necesario para el disfrute pleno de una vida digna e íntegra. Respecto a este particular tema, es importante señalar que en el salmo el bienestar personal da paso al disfrute social que se pone de manifiesto en el disfrute de la paz, que en hebreo es *shalom*, que sobrepasa los límites de la expresión castellana.

Este salmo se relaciona temáticamente con varias bendiciones divinas que se incluyen en el Pentateuco (véase Lev 26; Dt 28), y está relacionado, además, con la teología de la retribución, que se caracteriza por afirmar que la prosperidad humana y el bienestar nacional se relacionan íntimamente con el temor al Señor. Su autor es posiblemente un adorador judío que desea enfatizar la importancia de la felicidad en relación a la fidelidad que se debe al Señor. Su relación temática con el salmo anterior (Sal 127) lo puede ubicar en el período post-exílico, cuando los líderes religiosos del pueblo estaban tratando de encontrar sentido a la experiencia dolorosa del destierro, para proyectarse al futuro con salud mental y social. El título hebreo del poema lo identifica con la sección de cánticos graduales o de peregrinación (véase Introducción).

La estructura literaria del salmo se desprende rápidamente de la identificación de los temas expuestos.

- La bienaventuranza: vv.1-3
- La bendición divina: vv.4-6

vv.1-3: Los dos elementos básicos y fundamentales del salmo, la bienaventuranza y la bendición, tienen como objetivo principal a la persona que teme al Señor, que es una forma sapiencial de referirse a la obediencia y fidelidad. Ambas afirmaciones son pronunciadas posiblemente por un sacerdote que deseaba poner de manifiesto la importancia de la paz en el individuo, la ciudad y la nación.

El poema comienza con la dicha de seguir los caminos del Señor. Ese tema, que recuerda el comienzo del Salterio (Sal 1), pone en evidencia la importancia de la fidelidad humana para disfrutar la bendición divina. La decisión de obedecer los mandamientos del Señor trae consigo una serie importante de bendiciones: El disfrute pleno del resultado del trabajo, la esposa será bendecida con fecundidad y familia numerosa, y los hijos e hijas serán muchos. El trabajo acompañado de felicidad y tranquilidad, se asocia a la familia numerosa y feliz.

Desde la perspectiva teológica, la gente que teme al Señor le va muy bien en la vida y participa de cierto modo del proyecto creador de Dios (Gn 2.15). La imagen de la mujer en el poema revela las costumbres y percepciones antiguas, características de las sociedades patriarcales. Y, como la fecundidad es un don de Dios, se compara a la mujer a la vid que lleva mucho fruto. ¡Ese tipo de sociedad recluía a la mujer a las esferas íntimas del hogar! Además, entendía el rol de la mujer como agente para la procreación, que era una forma de garantizar la posesión y propicia el trabajo adecuado que hace prosperar la tierra.

La tercera bendición del salmo se relaciona con la anterior, pues presenta la dicha de tener una familia numerosa, particularmente el procrear hijos varones. La imagen pone de relieve la vida nómada, que incentivaba la reunión del padre y los hijos varones alrededor de una alfombra en el suelo, que servía de «mesa» para comer. La referencia al olivo puede aludir a los muchos frutos que brinda un árbol envejecido pero lleno de vida. La idea es poner de manifiesto las bendiciones divinas prometidas en Génesis 1.28: El trabajo adecuado, la comida abundante, la felicidad y fecundidad de la esposa, y el diálogo grato y respetuoso con los hijos. ¡Esa es la felicidad plena para el salmista! La persona que teme al Señor será bendecida abundantemente de esa forma específica, concreta y clara.

vv.5-6: En la segunda sección del poema se explora aún más el tema de la dicha y la felicidad. La bendición de Dios que emana del Templo, de la ciudad de Jerusalén, específicamente de Sión. El tema se mueve de las dimensiones familiares a las dinámicas sociales y nacionales. La bendición divina ahora se ubica en el nivel de la ciudad y en el futuro familiar, en los hijos de los hijos. Además, la paz, que es sinónimo de la implantación de la justicia, ahora sale de los entornos personales y familiares para llegar a todo el pueblo de Israel. Y ver el bien y la paz de la ciudad no solo es contemplar la dicha del progreso nacional y el desarrollo comunitario sino disfrutar personal y familiarmente de esa prosperidad nacional.

El mensaje del salmo presenta un tipo de sociedad en donde se han eliminado las dinámicas de injusticia que son las fuentes básicas de la desdicha y el dolor tanto personal como social. El poeta articula un mensaje que pinta una sociedad de paz y prosperidad, en contraposición a las ciudades donde imperan la guerra y el dolor. Para el salmista, la gente que le teme al Señor tiene la capacidad y también la responsabilidad de trabajar para transformar este ideal social en experiencias concretas en la vida. El mensaje del salmo es la importancia de traducir la teología del poema en experiencias concretas de paz y prosperidad.

El secreto del salmo está en la capacidad de temer al Señor. Ese tipo de temor no se relaciona con las ideas de miedo o temor ante la presencia divina. Es, en efecto, el reconocimiento pleno de la misericordia de Dios, y el deseo de obedecer a sus mandamientos. De acuerdo con la literatura sapiencial, ese temor al Señor es la fuerza que guía el ser humano a buscar y descubrir la voluntad divina para disfrutar la dicha y la bienaventuranza que se relaciona con la revelación del Señor.

En su predicación transformadora, Jesús articuló un mensaje de paz y transformación para los individuos y las ciudades. Y en uno de sus discursos más intensos y sentidos, el Señor lloró ante la ciudad de Jerusalén, y le indicó que había matado a los profetas; es decir, que la ciudad había perdido el poder de la paz, había olvidado su responsabilidad de contribuir positivamente a los procesos que propician la justicia entre las personas (Lc 13.34-35; 19.41-44).

En sus enseñanzas básicas en torno al reino de Dios, el Señor favoreció a las personas anhelantes de justicia y desenmascaró a quienes se escondían en las dinámicas religiosas para mantener cautivas a gente indefensa y necesitada. Sus denuncias firmes y valientes llegaron inclusive a las autoridades religiosas y a los doctores de la Ley, que eran capaz hasta de explotar a las viudas con pretextos legales y justificaciones religiosas (Mc 12.38-40).

Salmo 129: «Plegaria pidiendo la destrucción de los enemigos de Sión»

El Salmo 129 manifiesta un muy profundo sentido de confianza en Dios; y, a la vez, que revela una serie de deseos de castigo y juicio hacia los enemigos del pueblo de Israel. El fundamento temático del poema son las vicisitudes históricas del pueblo, los dolores que ha vivido la comunidad judía a través de la historia. El particular objetivo educativo del salmista es afirmar que, aunque Israel ha experimentado muchas persecuciones, dolores y opresiones, esas dificultades extraordinarias no han podido destruir su sentido de vida y futuro, pues ha recibido, en medio de las crisis, la protección misericordiosa del Señor.

Aunque el tono del poema varía a medida que se desarrollan los temas, el salmo es esencialmente uno de confianza colectiva, de gratitud nacional. El salmista revela la seguridad que le imparte la presencia divina, que describe como liberadora. Y aunque responde con firmeza y rechazo a las acciones opresoras de sus enemigos, la expresión final del poema es de bendición y alabanzas al Señor.

El contexto inicial de este salmo es posiblemente las dinámicas educativas que se llevaban a efecto en el Templo, luego del regreso de los deportados de Babilonia. El autor debe haber sido un israelita piadoso que decide reflexionar en la historia nacional y afirmar que aunque han pasado y vivido muchos problemas, las dificultades históricas y los contratiempos políticos y sociales no han podido prevalecer contra el pueblo de Israel. El título hebreo del poema, como toda esta sección, lo relaciona con los cánticos de las subidas y las peregrinaciones (Sal 120—134; véase también la Introducción).

La estructura del poema que servirá de base a nuestro análisis, es la siguiente:

- Diálogo de seguridad y esperanza: vv.1-4
- Deseos de justicia e imprecaciones: vv.5-8

vv.1-4: El poema comienza con un diálogo litúrgico. Dos grupos de creyentes conversan (véase Sal 124.1-2) y responden a los reclamos teológicos de algún líder. El primer lugar, se recuerda el pasado del pueblo, lleno de dolores y angustias. Las referencias a las dificultades se relacionan con «la juventud», que es una forma figurada de aludir al comienzo del pueblo de Israel como nación. Esos conflictos y aflicciones se pueden relacionar con la experiencia amarga de la opresión del Faraón de Egipto.

En el diálogo litúrgico, el segundo grupo confirma los problemas y las dificultades, pero añade una declaración teológica de seguridad y esperanza: ¡Aunque los dolores han sido intensos, esas dificultades y angustias nunca han prevalecido contra el pueblo de Dios! La respuesta a la crisis histórica es de futuro y confianza: Las adversidades no pueden destruir a la gente de fe. La vocación fundamental del pueblo de Israel es la libertad, y por esa razón fundamental los conflictos no pueden vencerlo.

Las imágenes del sufrimiento son vivas. Los opresores son descritos como labradores malvados que utilizan las espaldas del pueblo como si fueran surcos del arado. La intensión del poeta es presentar la gravedad de las dificultades históricas del pueblo. Además, añade a la imagen que, como Dios es justo, cortó las ligaduras, los látigos o las coyundas de los opresores, identificados teológicamente en el poema como impíos. En efecto, el mensaje inicial del poema es que, aunque el pueblo ha pasado problemas extraordinarios, el Señor ha sido justo y le ha quitado el poder a las personas y naciones opresoras. Y porque Dios ha intervenido con autoridad salvadora, el pueblo no ha sucumbido ante los ataques fieros e inmisericordes de sus detractores y enemigos.

Posiblemente el poema se refiere a los días del pueblo de Israel en las tierras de Egipto, desde donde fueron liberados por la mano de Dios y bajo el liderato de Moisés. Sin embargo, las imágenes poéticas no están cautivas a ese período histórico, pues pueden relacionarse con los diversos momentos de crisis en la historia nacional del pueblo de Israel.

vv.5-8: La segunda sección del poema se fundamenta en la teología que se incluye en la parte inicial. Como el Señor es justo, la gente y las naciones que aborrecen y hieren a Sión, en referencia a la ciudad de Jerusalén, pero en representación de todo del pueblo de Israel, serán detenidos y avergonzados. La afirmación teológica es la siguiente: La justicia divina no faltará, pues responderá de manera efectiva a quienes atentan contra el pueblo de Dios.

La descripción del juicio a los enemigos es figurada. Serán como la hierba que se seca antes de crecer, y nunca llega a las manos de los segadores. Para el salmista, el juicio divino hará que los enemigos del pueblo, que son los que se han aventurado a oprimir a Israel a través de la historia, recibirán su merecido, que es una especie de aniquilación total y definitiva. El fin de quienes odian a Sión es la destrucción total.

La palabra final del salmo es una maldición. La gente que pase por su lado, al ver las acciones punitivas del Señor contra quienes oprimen al pueblo y hieren a sus ciudadanos no podrán pronunciar ninguna bendición. Por el contrario, cuando vean la manifestación de la justicia divina no dirán: «La bendición del Señor sea sobre vosotros» (v.8).

La palabra e idea final del salmo, sin embargo, no es la maldición anterior, sino una bendición que pronunciaban los sacerdotes para todo el pueblo. Se pone de manifiesto con claridad de esta forma el propósito educativo del salmista. Aunque los problemas y las persecuciones han caracterizado el pueblo de Israel a través de su historia, la palabra final del Señor para su pueblo no es de maldición sino de bendición.

Una lectura teológica del salmo revela que Dios es descrito de tres formas importantes. En primer lugar, es justo. Esa característica divina es especialmente importante en momentos de crisis y dificultad. La esperanza de la gente de fe, cuando atraviesa momentos de crisis y desolación, es que la justicia divina transformará las condiciones de cautiverio y opresión, en dinámicas de liberación y justicia. La esperanza del salmista no está en la conversión de lo opresores sino en la justicia del Señor.

Además, el poema presenta al Señor que bendice a su pueblo. Y esa bendición se manifiesta en medio de las crisis de la vida. La intervención liberadora del Señor se produce en medio de las dinámicas humanas. Las personas y las naciones opresoras del pueblo de Dios serán testigos de las bendiciones de Dios hacia su pueblo, que son a la vez, maldiciones para la gente injusta e impía.

Finalmente esa bendición divina se presenta en el nombre del Señor, que es una forma de garantía, una manera de asegurar la manifestación de la justicia de Dios. En la antigüedad, el nombre no solo era el distintivo externo de alguna persona sino se consideraba que contenía su esencia básica y más profunda. La bendición en el nombre del Señor era una forma de desear la transformación de los dolores en alegrías. En esencia, la palabra final del Señor para su pueblo nunca es de maldición; por el contrario, el mensaje divino fundamental es de bendición y alabanzas.

Esa teología de la bendición se manifestó con claridad en la vida y el mensaje de Jesús de Nazaret. Su verbo elocuente estuvo al servicio de la gente marginada y necesitada, y su acción liberadora se puso de manifiesto entre los sectores más cautivos y desposeídos de la sociedad palestina antigua. La misión fundamental de Jesús fue liberar a las personas de las diferentes formas de opresión que se desprenden de las acciones pecaminosas de la humanidad.

Salmo 130: «El Señor redimirá a Israel»

El Salmo 130 pone de manifiesto una extraordinaria actitud de humildad humana y un sentimiento profundo de confianza en Dios. El poeta se despoja de todo sentimiento de orgullo y grandeza para presentarse ante el Señor con sencillez y esperanza. Clama a Dios desde lo más profundo de su vida; es decir, presenta ante el Señor una oración sentida. Su finalidad es recibir el favor divino y la misericordia que le permita recibir y disfrutar la redención que emana solo del trono de Dios. Este poema forma parte de los salmos penitenciales o de arrepentimiento (Sal 6; 32; 38; 51; 102; 143).

Este poema se puede catalogar como un salmo de súplica individual, en el que una persona en necesidad se presenta con humildad ante el Señor para implorar su intervención redentora. El poema comienza con una petición personal, pero culmina con un horizonte de esperanza para todo el pueblo.

El autor del salmo, abrumado por su condición personal, parece que atraviesa una grave crisis. ¡Quizá es una enfermedad terminal que atenta contra su vida! Y desde sus sentimientos de dolor y preocupación más profundos, espera la respuesta divina en forma de misericordia y perdón. Posiblemente este poema no solo se utilizaba en ceremonias personales de súplica durante momentos de adversidad individual, sino que puede relacionarse con los festivales nacionales de arrepentimiento, similares a los que se llevan a efecto en los tiempos de Esdras (p.ej., durante el día de la expiación; Lv 16). Por la naturaleza general y universal de las peticiones, es muy difícil precisar la fecha de composición de este salmo, aunque muy bien puede provenir de la época monárquica. Su título hebreo lo relaciona con los cánticos de peregrinación o de las subidas (Sal 120—134).

La estructura literaria y temática del salmo es la siguiente:

- El clamor profundo del salmista: vv.1-2
- El perdón divino: vv.3-4
- La esperanza del poeta: vv.5-6
- La misericordia y redención del Señor: vv.7-8

vv.1-2: El poema comienza con una petición sincera, sentida y profunda. El salmista clama desde lo más profundo de su vida; su objetivo es que el Señor le escuche y responda. La súplica es humilde y el clamor sentido. Desde la frase inicial se pone claramente de manifiesto la gravedad de su condición, se revela la naturaleza de la crisis.

El clamor inicial puede ser una imagen y alusión a las profundidades de la mar, al abismo, a la región que en la antigüedad se pensaba estaba el Seol, que era la morada de los muertos. Es decir, el salmista desfallece, siente que la vida se le escapa, piensa que está al borde de la muerte. Y desde esa condición de debilidad y fragilidad, se presenta ante el Dios del poder, el Señor de la salud, el Dios de la liberación y el Señor de la esperanza. El clamor del salmista ante Dios es que le oiga, que esté atento a su súplica.

vv.3-4: En la segunda estrofa del poema se presenta al salmista en una especie de negociación y diálogo con el Señor. La verdad es que si Dios se detuviera a mirar con pulcritud y rigurosidad los pecados de las personas, sería imposible mantenerse en pie, no sería posible la vida. Ante el poder, la sabiduría y el conocimiento del Señor, la gente solo puede confiar en la misericordia divina, el único camino es esperar la manifestación del perdón del Señor. En efecto, si Dios pidiera cuenta de todos y cada uno de los pecados de la humanidad nadie podría escapar de la condenación y el juicio. Por esa razón, la esperanza se fundamenta en la misericordia divina no en las bondades humanas.

vv.5-6: En efecto, la esperanza del salmista está en el Señor, tema que el poeta repite con belleza literaria y con reiteración pedagógica. El alma del salmista, en referencia a lo más preciado de su vida, espera en la palabra de Dios.

La imagen que utiliza el poeta es de fundamental importancia. Los centinelas en la antigüedad eran los vigilantes nocturnos que anunciaban la llegada del día y servían de agentes de seguridad en medio de las horas de penumbra. En ese tipo de sociedad que no marcaba el paso del tiempo mediante los sistemas de relojes, los centinelas jugaban un papel protagónico pues desde las murallas de la ciudad estaban atentos a todo lo que sucedía. ¡El salmista espera la intervención divina con más intensidad que los centinelas aguardan la llegada de la mañana!

vv.7-8: La palabra final del salmista mueve el tema de la esperanza personal del nivel individual al nacional. Como el salmista, el pueblo de Israel debe esperar en el Señor, pues la misericordia solo emana de su presencia. Y, de acuerdo con el salmista, la misericordia divina prepara el camino de la redención, pues el Señor redimirá a Israel de todos sus pecados. El mensaje que culmina el clamor del salmista es una muy clara profesión de fe, una declaración de esperanza, una manifestación de confianza, una afirmación de seguridad.

El salmo revela una clara teología de seguridad y de respuesta divina. El poeta reclama la intervención de Dios en un momento de grave necesidad personal, y afirma que esa manifestación de misericordia divina no está reservada únicamente para los individuos piadosos sino que está disponible para todo el pueblo. Cuando el ser humano, como el salmista, reconoce su condición, acepta su realidad y se allega con humildad al Señor, la misericordia divina no se hace esperar y se revela el perdón divino.

La imagen de los centinelas y los vigilantes es de importancia capital en la comprensión del poema. En el mundo de la Biblia se pensaba que las oraciones que se hacían durante las horas de la noche podían ser contestas a la llegada del alba. Esa esperanza de respuesta divina se manifiesta claramente en el salmo. La gran afirmación teológica del salmo es que el Dios bíblico responde al clamor de su pueblo. Y en medio de las oscuridades de la vida, la iluminación divina se hace realidad. Para el salmista esa luz divina se puede relacionar con la salud, para la humanidad es la intervención del Señor que responde a las necesidades concretas de la gente.

Los temas de la redención y el perdón de los pecados son de fundamental importancia en la teología del Nuevo Testamento, particularmente en el ministerio de Jesús. El mensaje transformador y redentor del famoso predicador palestino estuvo al servicio de la gente cautiva y en necesidad con el propósito específico y definido de perdonar los pecados de la humanidad y llevarles por los caminos de la redención y la salvación. El ministerio del Señor tomó en consideración las enfermedades, angustias, cautiverios y desesperanzas humanas para responder con misericordia y gracia divina. El cautiverio que más hiere y afecta adversamente a la humanidad es el del pecado, que fue perdonado por las acciones salvadoras del Señor.

Salmo 131: «Confiando en Dios como un niño»

El Salmo 131 prosigue los temas de humildad, mansedumbre y sencillez que se revelan en el poema anterior. ¡Es uno de los poemas más hermosos del Salterio! Con la imagen del niño destetado, que confía en la sabiduría, el amor y la supervisión de su mamá, el salmista pone claramente de manifiesto su profundo sentido de fe, confianza y seguridad en el Señor. Su alma, que alude a la esencia más profunda y representativa de su persona, descansa en Dios. En efecto, la característica más importante del poeta es la humildad, que rechaza abiertamente toda pretensión de orgullo, superioridad o grandeza. Su mayor esperanza está en el Señor de forma continua y permanente.

Aunque el poema es un clamor personal, que puede ser muy bien caracterizado como un salmo de confianza y seguridad individual, su estructura revela un claro uso litúrgico. El llamado al pueblo de Israel a esperar en el Señor delata su relación con el culto, aunque es una persona la que hace el llamado. El autor es posiblemente un israelita que, luego de vivir la deportación en Babilonia y el regreso a Jerusalén, no solo reconoce abiertamente la grandeza divina y acepta su pequeñez, sino que reconoce sus limitaciones y acepta sus debilidades. Quizá este salmo se utilizaba en el Templo como parte de las ceremonias del día de la expiación, aunque no se debe descartar su uso personal en oraciones privadas. El título hebreo del poema además de ubicarlo en la tradición de los cánticos de las subidas o las peregrinaciones (Sal 120—

134), lo relaciona directamente con David, el famoso monarca de Israel que debió manifestar gran humildad y mansedumbre en varios episodios importantes de su vida (véase la Introducción).

La estructura literaria y temática básica de este breve poema es la siguiente:

- Lo que el salmista no es, ni lo que hace: v.1
- Lo que el salmista es, y lo que hace: v.2
- Llamado a la esperanza: v.3

v.1: El salmo comienza rápidamente con una serie de declaraciones negativas, que revelan las actitudes y el sentimiento del poeta. Se pone claramente de manifiesto el ambiente de humildad, y se revela el gran sentido de sencillez que vive el poeta: El corazón no se ha envanecido, los ojos no se enaltecieron, no caminó en pos de las grandezas, ni buscó cosas demasiado sublimes. El salmista pone de relieve su actitud de humildad en la vida.

El corazón envanecido alude a las ambiciones humanas. Su meta en la vida no era la vanidad ni la prepotencia, sino el reconocimiento de su realidad como criatura de Dios. En la Biblia, «elevar el corazón» es una descripción de las personas soberbias que tienen mayor concepto de sí del que deben tener. La primera negación del poeta es el rechazo claro al orgullo que desorienta y cautiva al ser humano.

Los ojos del salmista tampoco se desvanecieron, que alude a la altanería, a la altivez, a la hostilidad. En efecto, junto al rechazo de la vanidad, el poeta añade una segunda actitud humana que debe ser evitada. Los ojos del poeta están centrados en el Señor y en los valores que representa su nombre y esencia. Los ojos enaltecidos representan la actitud arrogante de las personas que desean sustituir o suplantar al Señor en la vida.

La tercera y cuarta negación se relaciona con el caminar, con las actitudes que mueven a las personas a perseguir ideales o algunas metas. Para el poeta, no se deben buscar grandezas ni cosas demasiado sublimes o prodigios. Estas expresiones se relacionan tradicionalmente con las intervenciones salvadoras de Dios en medio de las realidades humanas. Es decir, que el salmista no atribuirse las acciones liberadoras de Dios. Por el contrario, reconoce que solo Dios es capaz de intervenir para salvar y liberar a las personas.

v.2: En el segundo versículo el poeta continúa el tema de la humildad que ha comenzado. En esta ocasión, sin embargo, no va por la vía negativa sino por la positiva. Ha vivido el salmista de acuerdo con la verdad, y esa actitud le ha traído paz y calma a su alma, que es la forma poética de referirse a la totalidad de su vida. Y como ha vivido en paz, el poeta describe su condición como la de un niño recién nacido, que confía pacientemente en la protección y el albergue de su madre. La imagen es reveladora: La función básica y responsabilidad principal de una madre es nutrir y guiar al bebé recién nacido hasta que pueda valerse por sí mismo.

Esa imagen del bebé destetado pone de manifiesto un claro sentido de paz, seguridad, bonanza, protección, salud, bienestar y abrigo. El propósito fundamental del salmista es afirmar las virtudes que se relacionan con el vivir en paz. Esa paz, que rechaza la prepotencia, el orgullo, la altivez y la hostilidad, se consigue cuando se espera y se confía en el Señor, que es el tema que culmina el salmo.

v.3: Finaliza el poema con un llamado nacional a la esperanza. La superación de todas esas características de insanidad mental y espiritual, prepara el ambiente para el disfrute pleno y grato de la esperanza. Para el salmista, esa paz individual e higiene sicológica debe manifestarse también en toda la nación. El poema revela la importancia de la confesión personal no solo para el desarrollo emocional y espiritual de los individuos sino para el bienestar general e integral del pueblo.

Este salmo comienza y finaliza con dos referencias importantes al Señor. La oración de humildad (v.1) y el llamado a la esperanza (v.3) se dirigen a Dios. Es decir, que tanto para comenzar la confesión como para terminar el clamor al futuro el salmista incorpora el nombre personal divino. Esa particularidad literaria es también una gran afirmación teológica. El nombre de Dios representa su esencia más profunda, alude a sus características más distintivas. Y esa esencia divina se relaciona con la humildad.

El Dios bíblico rechaza la altivez y el orgullo como actitudes válidas en la vida. De forma reiterada, el mensaje de la Biblia rechaza las actitudes egoístas, orgullosas y vanidosas de la gente. Esas cualidades humanas traen a la humanidad cautiverio y desolación, pues ponen de manifiesto las peores acciones de las personas. Dios ciertamente detesta esas actitudes y comportamientos llenos de orgullo (Pr 21.4), altanería (Pr 30.13) y altivez (2 S 22.28). El camino que agrada al Señor es el de la humildad; y la oración que escucha, se relaciona con «los corazones contritos y humillados».

La humildad fue una de las cualidades que adornó la vida de María de Nazaret, madre de Jesús (Lc 1.46-55). De acuerdo con los relatos evangélicos, la joven madre guardaba humildemente «todas las cosas en su corazón», y su oración denota esa misma actitud de reconocimiento de la grandeza divina. Y esa actitud de humildad que se vivió en su hogar, marcó de forma permanente el ministerio de Jesús, que ante la más angustiante y violenta de las muertes fue capaz de perdonar, humildemente a quienes servían de inquisidores.

SALMO 132: «PLEGARIA POR BENDICIÓN SOBRE EL SANTUARIO»

El Salmo 132, el más largo de las cánticos graduales o de las subidas, es una oración ferviente que recuerda el celo de David al trasladar el Arca del Pacto al monte Sión, en la ciudad de Jerusalén (2 S 6.12-19); además, incluye una plegaria a favor del monarca, como respuesta a esa importante gestión. El poema pone de manifiesto cómo el Señor recompensa a David con una promesa que supera los límites del tiempo natural, pues durará para siempre (2 S 7). Esa promesa divina dio origen a las esperanzas mesiánicas que juegan un papel teológico preponderante en las Escrituras. En efecto, este salmo une los cánticos de las subidas o graduales (Sal 120—134) con las esperanzas mesiánicas.

Una lectura cuidadosa del salmo revela que este poema incorpora temáticamente características de varios tipos: Es un salmo real y mesiánico, pues con regularidad menciona a David (vv.1,10,11,17), y también alude al Mesías prometido (vv.11-12). Además, por las referencias a Sión, es decir, a Jerusalén, ciudad donde estaba ubicado el trono del monarca, el poema puede ser considerado como un cántico de Sión. También en muy probable que el salmo se utilizara en las fiestas anuales que recordaban la procesión que llevó el Arca al Templo, que lo hace un salmo litúrgico. Finalmente se asoció a la sección de cánticos graduales o de peregrinación, como se indica en su título hebreo (véase la Introducción), por su afinidad temática con el Templo y la devoción de los peregrinos que llegaban a adorar.

El autor del salmo debe haber sido un adorador que, en profundo agradecimiento, recuerda los esfuerzos y el compromiso de David de llevar el Arca al Templo, como lugar adecuado para ubicar el símbolo de la presencia de Dios en medio de su pueblo. Algunos estudiosos asocian la redacción del poema con el mismo rey David; la fecha de composición proviene de los tiempos de la monarquía. Su contexto inicial fue posiblemente las celebraciones anuales que recordaban la dedicación del Templo (2 Cr 6.41-42).

La estructura literaria del salmo se desprende claramente de su análisis temático.

- Recuerdo de las acciones heroicas de David: vv.1-5
- Clamor a por la intervención divina: vv.6-10
- Promesa de Dios a David: vv.11-12
- El Señor escoge a Sión como su morada eterna: vv.13-18

vv.1-5: El poema presupone algún tipo de dinámica litúrgica en la cual varios grupos participaban. Al comenzar, un grupo coral se dirige al Señor para que recuerde las aflicciones que pasó el rey David cuando decidió bajo juramente solemne construir un templo a Dios. Se alude de esa forma a las vicisitudes del monarca que son recordadas y elogiadas por el poeta y el pueblo. La oración destaca los votos del rey ante Dios, que se identifica como «Fuerte de Jacob» (vv.2,5; véase también Is 1.24, donde la referencia es al «Fuerte de Israel»), que es un muy antiguo título divino que alude a la época patriarcal. Esa es una manera figurada de poner de manifiesto la antigüedad de la revelación divina, una forma de expandir el horizonte histórico y teológico del mensaje.

Esta sección del salmo puede relacionarse con un episodio importante en la vida de David: Se alude a los planes del monarca de mover el Arca del Pacto a una nueva morada en la recién conquistada ciudad de Jebús (2 S 6). El propósito primordial del rey era convertir el antiguo bastión histórico de los jebuseos en capital del imperio y en el centro político, militar, económico y religioso de la nación israelita. Las aflicciones de David se representan en su negativa de hacer varias cosas, necesarias para la vida normal y saludable: No entrará a su casa, ni se acostará en su cama, ni dará sueño a sus ojos, ni a sus párpados adormecimiento. La idea es indicar que el monarca no descansará hasta que haya construido la morada del Señor. El propósito del monarca, de acuerdo con la oración, era ubicar al símbolo de la presencia divina en un lugar adecuado, permanente y seguro.

vv.6-10: El salmo forma parte de las celebraciones litúrgicas anuales del Templo en donde se recrean las dinámicas de la llegada del Arca a Jerusalén. El pueblo responde al llamado inicial y alude a Efrata, nombre derivado de Efraín, que se asociaba a la ciudad y región de Belén, de donde David era oriundo. El pueblo se anima a sí mismo: ¡Se motiva a entrar al Tabernáculo y a postrarse ante el estrado de sus pies! El Tabernáculo es la morada o el Templo, y el estrado alude al Arca, a donde el pueblo llega para postrarse con humildad y reconocimiento.

«Los campos del bosque» puede ser una referencia a la ciudad de Quiriat-yearim, que significa ciudad de los bosques, y que está ubicada a unos 15 kms. al noroeste de Jerusalén (Jos 9.17). El Arca del Pacto estuvo ubicada en esa ciudad por algún tiempo, cuando fue devuelta por los filisteos al pueblo de Israel (1 S 7.1).

La petición del pueblo se convierte en reclamo militar (v.8). Levántate es una expresión de guerra, es un reclamo a la intervención divina, es una manera de suplicar la manifestación extraordinaria de Dios. El propósito del salmista es reclamar la respuesta misericordiosa de Dios ante los esfuerzos, el compromiso y la dedicación de David, y también ante la adoración humilde del pueblo. Y en medio de esas dinámicas de celebración, se reclaman las acciones justas de los sacerdotes y se afirma el regocijo del pueblo, que en esta ocasión se identifican como «santos». Se unen de esta forma los temas de la justicia y el gozo, que son tan importantes para la salud social y espiritual tanto de los individuos como de las naciones.

El pueblo suplica que Dios no quite su rostro de su ungido, en referencia al monarca de turno, por amor a David, su siervo. La oración toma nuevos niveles históricos y teológicos. La bendición de David debe pasar a sus descendientes en la monarquía, por amor a las acciones nobles y justas del iniciador de la dinastía. Esa referencia al Mesías davídico ha sido interpretada de forma figurada por las iglesias cristianas y los creyentes a través de la historia, y se ha asociado al ministerio de Jesús de Nazaret.

vv.11-12: Ante la plegaria sentida del pueblo responde algún sacerdote con una palabra de afirmación y seguridad. El clamor ante

Dios se convierte en una referencia clara a las promesas de Dios a David a través del profeta Natán (2 S 7): ¡La dinastía de David no tendrá fin! El poema afirma que Dios no se retractará de su promesa, que es una posible alusión solapada a la infidelidad de los monarcas. Aunque el pueblo sea desleal, Dios siempre mantiene y es fiel a sus promesas. El juramento divino no es como los compromisos humanos. Los descendientes de David pueden olvidar sus responsabilidades pero la esperanza del pueblo no está en las fidelidades humanas sino en las misericordias divinas.

vv.13-18: La sección que finaliza el poema destaca nuevamente el tema de Sión como morada permanente del Señor. ¡Dios escogió la ciudad de Jerusalén como su morada eterna! ¡En Sión Dios habitará y descansará! Y esa ciudad se convertirá en lugar ideal, pues se caracterizará por la salud, el bienestar, la abundancia, el gozo y la salvación. En efecto, la presencia divina transformará las dinámicas naturales de la ciudad y las convertirá en representaciones de la justicia divina.

De particular importancia en el poema es la preocupación por las personas pobres. En la ciudad de Dios, donde se manifiesta la justicia, se saciará el hambre de la gente indigente. Entre las preocupaciones teológicas y pragmáticas del poeta es poner de manifiesto que ante la revelación extraordinaria de Dios habrá alimentación adecuada y justicia, que son los reclamos básicos del pueblo a sus monarcas. Y la felicidad y el regocijo de los habitantes de la ciudad son frutos de ese ambiente de salud social y virtud moral.

De acuerdo con el salmo, en ese ambiente de paz, justicia y seguridad, se pondrá de manifiesto el antiguo poder de David, en alusión a sus conquistas y compromiso de justicia. La palabra final del poema revela la intensión de su autor: Mientras los enemigos serán confundidos, derrotados y humillados, el pueblo de Dios, representado por David y su descendencia, disfrutarán del triunfo, ilustrado por las coronas, que son signos claros de abundancia y victoria.

El particular nombre de Dios aparece con regularidad en este salmo —Yahvé o Jehová en las traducciones de Reina-Valera—; además el poeta también alude al Señor como el «Fuerte de Jacob», que se relaciona con la época patriarcal, que alude al Dios que establece alianzas y camina con su pueblo a través de las dificultades políticas, económicas, sociales y espirituales del período antes de la conquista de la Tierra Prometida y la monarquía. De forma poética, el salmista relaciona al Dios de los patriarcas y matriarcas de Israel con el Señor que llamó a David y le prometió una dinastía permanente.

Ese es el Dios y padre de nuestro Señor Jesucristo, el Señor que se reveló a los antepasados de Israel y prometió a David una casa eterna. Para Jesús, esa convicción le permitió interpretar la historia del pueblo de Israel como el escenario natural de las intervenciones divinas. Y fundamentado en esas convicciones, enfrentó las más agónicas adversidades con autoridad y valor. En efecto, no se amilanó ante las amenazas, ni se detuvo antes las persecuciones, ni se desorientó por las negaciones y traiciones de sus amigos, ni mucho menos se arrepintió cuando enfrentó la cruz del Calvario.

La autoridad moral que orientó la vida y pasión del Señor se orientó por esas importantes convicciones teológicas: Dios se reveló a los antepasados del pueblo de Israel, estableció una alianza eterna con la dinastía de David, y escogió a Sión, la ciudad de Jerusalén, como su morada permanente. Y en esa extraordinaria tradición teológica y espiritual, el Señor fundamentó su ministerio de enseñanzas y liberación, que dio prioridad, como el salmista, a la gente en necesidad y a los sectores más marginados y dolidos de la sociedad.

SALMO 133: «LA BIENAVENTURANZA DEL AMOR FRATERNAL»

El Salmo 133 es un breve poema que afirma las virtudes de la unidad familiar y nacional del pueblo de Dios. Es una especie de cántico, meditación u oración que celebra la unión y la fraternidad; además, es un claro elogio a las buenas relaciones interpersonales; y también es la afirmación del respeto mutuo y la solidaridad. Este poema era particularmente importante en las fiestas anuales pues destacaba la necesidad de estrechar e incentivar los lazos de amistad y fraternidad, aunque los peregrinos vinieran de distancias considerables y de lugares lejanos.

Podemos catalogar este salmo como uno sapiencial, por la naturaleza de los temas expuestos. Su tema fundamental se relaciona con la dicha plena y verdadera y con la alegría significativa en la vida, que son temas característicos de la literatura de sabiduría. Los poemas sapienciales son particularmente buenos sintetizando los valores y las virtudes que le dan significación, propósito y sentido a la vida.

Posiblemente este es un poema bastante antiguo, quizá de la época monárquica, pues el tema de la unidad y las referencias litúrgicas y geográficas pueden ser indicadores de su fecha de composición. Su autor es quizá un israelita que incorpora la educación en las peregrinaciones anuales y desea destacar el tema de la solidaridad en los diversos niveles de la vida: p.ej., personal, familiar, nacional e internacional. El título hebreo del salmo lo relaciona tanto con los cánticos de las subidas o peregrinación (véase Sal 120—134 y la Introducción) como con el rey David, quizá para destacar los esfuerzos del antiguo monarca del Israel en unificar la nación al escoger a Jerusalén como su centro político y religioso.

La estructura del breve poema es muy sencilla, y se desprende de la identificación de los temas expuestos y las imágenes utilizadas.

- Afirmación teológica de la unidad: v.1
- Imágenes de la bendición divina: vv.2-3a
- Dios envía bendición y vida eterna: v.3b

v.1: El corazón del poema es la afirmación de unidad que presenta a su comienzo. Es bueno y delicioso que «los hermanos» habiten en unidad y armonía. La felicidad plena se relaciona con las actitudes de fraternidad que se manifiestan entre dos personas, dos grupos o dos naciones. En efecto, las implicaciones educativas del salmo llevan el mensaje de sus niveles personales y familiares a dimensiones nacionales e internacionales. La unidad no es un extra optativo para disfrutar la bendición divina sino un requisito indispensable. El fundamento de la felicidad plena y abundante es la solidaridad.

vv.2-3a: En esta sección el poeta ilustra la enseñanza anterior. Y para lograr su objetivo presenta dos imágenes de importancia. La primera se relaciona con las ceremonias tradicionales de ungimiento de los sacerdotes. El aceite, que era símbolos de la presencia divina y su poder, se vierte sobre la cabeza de la persona ungida como signo de la protección y bendición divina. En este poema, se compara la unidad del pueblo de Dios con la unción sacerdotal, que ciertamente tenía gran significación en el pueblo pues se fundamenta en la selección y consagración de Aarón.

La imagen del rocío del monte Hermón es igualmente significativa para el pueblo y sus líderes. Este monte, que estaba ubicado en la frontera norte de Israel, tiene sus cumbres heladas gran parte del año. De mañana, uno de los efectos inmediatos de esas nieves es el rocío que envía hacia el sur, que llega hasta Sión, en referencia a la ciudad de Jerusalén. Esa idea es tomada por el poeta para comparar la unidad con el rocía de Hermón, que es tan necesario para el nacimiento y desarrollo del río Jordán y también para llevar humedad a las zonas desérticas del sur de Palestina.

El mensaje del salmo es claro: La unidad del pueblo es tan importante como la unción de los sacerdotes —que juegan un papel de importancia en la vida espiritual del pueblo—, y como el nacimiento de los ríos —que son indispensables para la vida natural—.

v.3: La frase final del poema alude a la bendición y la vida eterna que envía el Señor. La unidad genera las condiciones necesarias para recibir la bendición divina y disfrutar se vida. ¡Ya no se necesitan sacerdotes para pronunciar la bendición! La unidad no solo es la conveniencia estratégica adecuada para lograr algunos objetivos en la vida sino que representa la voluntad divina que trae dicha y felicidad a individuos, familias y naciones.

El tema de la unidad es de vital importancia en el mensaje de Jesús, particularmente en el Evangelio de Juan. En la oración sacerdotal (Jn 17), cuando el Señor intercede por los creyentes de todos los tiempos, suplica a Dios por la unidad de su pueblo, en la tradición teológica y espiritual de este salmo. Y en ese contexto intenso de piedad, intercesión y oración, de acuerdo con Juan, el Señor relacionó la efectividad del ministerio cristiano con la unidad de su pueblo. El mundo conocerá que la iglesia y los creyentes son portadores de la revelación divina por las manifestaciones de unidad que representen.

La unidad no es un tema secundario en la predicación y las enseñanzas de las iglesias. Esa unidad representa la voluntad de Dios para las familias, las comunidades, las iglesias y las naciones. Es esa unidad la que trae salvación y vida eterna.

Salmo 134: «Exhortación a los guardas del Templo»

El Salmo 134 concluye con una muy apropiada bendición la sección de los cánticos de las subidas, graduales o de peregrinación (Sal 120—134). ¡De esta forma concluye la serie de oraciones de los peregrinos a Jerusalén! Es una especie de colofón al pequeño himnario de los peregrinos al Templo. La bendición que se presenta es propicia para la ocasión pues se envía desde Sión, que es la morada permanente del Señor, es el lugar de su reposo eterno, es el espacio sagrado donde se ubica el Templo.

El pueblo, al culminar sus celebraciones del día y retirarse a sus hogares, reclaman de los sacerdotes, que viven en las instalaciones físicas del Templo, que prosigan con las alabanzas y las bendiciones al Señor. Y la respuesta sacerdotal a esa petición es una bendición del Dios que habita en Sión y ha creado los cielos y la tierra. El Señor de los cielos y la tierra revela y manifiesta su misericordia y amor a sus adoradores.

Este poema se ha catalogado como un salmo litúrgico pues contiene elementos que delatan algunas de las celebraciones y los ritos que se llevaban a efecto en el Templo (véase también Sal 15; 24). En este particular caso, se trata de una ceremonia que se celebraba en las puestas del Templo, al finalizar el día. Quizá se trata de la ceremonia para iniciar la fiesta de los Tabernáculos; o mejor, de los ritos de cambio de guardas nocturnos en el Templo. El autor es un israelita que desea afirmar y mantener el ambiente y la vida de oración, alabanzas y bendición que ha sido signo de la misericordia divina en el Templo. Aunque este salmo puede venir de la época de la monarquía, la referencia al liderato religioso como «siervos del Señor» puede ser un indicador de su origen postexílico. El título hebreo lo identifica como un cántico gradual (véase Introducción).

La estructura de este breve poema es la siguiente:

• El pueblo pide la bendición de los sacerdotes: vv.1-2
• Los sacerdotes bendicen al pueblo: v.3

vv.1-2: El poema comienza de forma abrupta —«mirad»—, que puede ser un indicador que se ha omitido alguna sección de la liturgia del Templo. Posiblemente esta es la respuesta a alguna afirmación sacerdotal previa que se ha perdido en el tiempo. El reclamo al liderato religioso, sin embargo, es claro y directo: ¡Bendigan al Señor!

El salmo se dispone en forma de diálogo. Dos grupos entran en esta conversación litúrgica para incentivar las bendiciones del pueblo, de los sacerdotes y de Dios. El primer grupo, que debe haber estado constituido por los peregrinos que culminan sus ceremonias religiosas de noche, para evitar las altas temperaturas del día, reclaman las bendiciones continuas de los sacerdotes, llamados en esta ocasión «siervos del Señor». Esa particular referencia, que tradicionalmente se relaciona en la Biblia con los profetas, puede ser una buena indicación de que el poema se escribió luego del destierro, cuando el liderato profético había sido sustituido por el sacerdotal, en el período posterior al exilio en Babilonia.

Los sacerdotes vivían en el Templo —¡un grupo siempre permanecía en vela!— y tomaban turnos para mantener y afirmar las diversas ceremonias religiosas. Eran los líderes religiosos que mantenían la oración cuando el pueblo dormía y descansaba. Su presencia continua en el Templo y su actividad perenne de alabanzas es una especie de seguridad al pueblo durante las vigilias de la noche.

El gesto de «alzar las manos» es un claro símbolo de oración y alabanzas. Es una forma física de poner de manifiesto la intensión religiosa. Además, dirigir las bendiciones y orientar las manos hacia el santuario, que era el sector más reservado y santo del Templo, es una manera piadosa de reconocer la santidad extraordinaria del lugar santísimo, donde estaba ubicada el Arca del Pacto.

v.3: La respuesta de los sacerdotes a la petición del pueblo es significativa y especial. Los peregrinos reclaman las bendiciones de los sacerdotes a Dios, y los sacerdotes responden con la bendición divina a los adoradores. La bendición que se solicita a los sacerdotes es de alabanzas, cánticos, expresiones de reconocimiento divino. La bendición que imparten, sin embargo, es la virtud grata y extraordinaria del Dios creador, que vive en Sión para manifestar su poder y autoridad sobre toda la creación.

En efecto, el poema utiliza la misma palabra hebrea «bendición» en dos sentidos básicos e importantes: El primero alude a las expresiones humanas piadosas que llegan a la presencia divina; y el segundo, a las intervenciones divinas que son capaces de transformar y redimir a la humanidad, particularmente a los peregrinos que clamaban por la misericordia del Señor. El pueblo bendice, que es el reconocimiento y el aprecio de la gloria y grandeza divina; y los sacerdotes bendicen al pueblo, que representa la felicidad, el gozo, la dicha, el bienestar y la virtud que se desprenden de la palabra transformadora del Señor.

Aunque es un poema breve, el salmista utiliza el nombre personal de Dios de forma repetida —¡en cinco ocasiones!—, quizá para destacar la esencia y la presencia divina en medio de las peticiones y las alabanzas del pueblo. El nombre de Dios representa su presencia santa y su capacidad salvadora; el nombre alude a su capacidad de redención y a su deseo de liberación. Ese nombre no es un distintivo superficial, sino revela su esencia santa, noble, grata y justa. Y en el contexto de esas bendiciones de los sacerdotes y los peregrinos, el nombre divino es signo de futuro, seguridad, perdón y esperanza.

El salmo, además, presenta la importancia de los sacerdotes en las dinámicas religiosas de los peregrinos. Esos líderes religiosos son los representantes de Dios ante el pueblo, y también del pueblo ante Dios. Y en esa doble función espiritual y emocional, demuestran sus compromisos de fidelidad a Dios y de solidaridad a la comunidad. Además, las referencias a Sión son motivos de alegría, pues si Dios está en su morada hay esperanza de futuro para el pueblo.

Jesús de Nazaret, de acuerdo con las narraciones evangélicas, manifestó una actitud particularmente diferente en torno al Templo. En sus enseñanzas, aunque reconoció y apreció la importancia del santuario en Jerusalén con sus visitas y peregrinaciones anuales, reaccionó adversamente a las dinámicas comerciales que se llevaban a efecto en sus atrios. Inclusive, indicó el Señor, en torno a las dinámicas que rodeaban el santuario, que los mercaderes habían convertido el Templo en cueva de ladrones (Mt 21.12-13; Mr 11.15-19; Lc 19.45-48; Jn 2.13-22), que era una palabra profética muy difícil de aceptar y asimilar por el pueblo y el liderato religioso. Para el Señor el Templo es lugar de oración y alabanzas, no espacio para incentivar la opresión de la gente débil y necesitada.

Los evangelios presentan al Señor Jesús y a sus discípulos como personas piadosas y de oración. Sin embargo, las oraciones que hacían se llevaban a efecto en diversos lugares, no necesariamente en el Templo que había olvidado su razón de ser y su misión en el pueblo. Para el

Señor, inclusive, el Templo podía ser destruido sin que se detuviera la mano de Dios hacia el pueblo. En efecto, en sus enseñanzas ubicó el Templo en su justa perspectiva: Es un lugar de alabanzas y bendiciones, donde los peregrinos se allegan para bendecir y recibir las bendiciones divinas. Si ese propósito fundamental e indispensable no se logra, entonces el lugar deja de ser el espacio sagrado que puede contribuir positivamente a la salud integral de las comunidades.

Salmo 135: «La grandeza del Señor y la vanidad de los ídolos»

El Salmo 135 comienza, con una serie importante de alabanzas, una sección nueva del Salterio, luego de los cánticos graduales (Sal 120—134). El poema incluye algunos temas de gran importancia histórica para el pueblo e incorpora, además, varias referencias directas, citas y alusiones a poemas y relatos bíblicos anteriores. Y aunque los próximos tres salmos (Sal 135—137) no son propiamente de peregrinación o graduales, temáticamente están muy relacionados con esa previa sección del Salterio. El objetivo del salmista es recordar y celebrar las intervenciones salvadoras y liberadoras de Dios a través de toda la historia nacional. Y el tema central por el cual se debe agradecer y alabar al Señor, es por haber seleccionado a Israel como su pueblo.

Este poema se puede catalogar claramente como un himno de alabanza al Señor, pues incluye las características peculiares de este tipo de literatura en el Salterio. En efecto, el salmo canta, celebra y afirma las grandezas divinas, y reclama e incentiva las alabanzas de los diversos sectores del pueblo de Dios. Quizá este poema formaba parte de las celebraciones anuales en las que se recordaban los temas fundamentales del origen del pueblo de Israel como nación.

Por la naturaleza de los temas expuestos, particularmente las referencias a los ídolos, se desprende que el salmo tiene un origen postexílico. El autor es un israelita que responde teológicamente a la futilidad de las divinidades y los ídolos de las naciones, particularmente a los de Babilonia, y en su argumentación incorpora las voces y reflexiones de salmos anteriores. El título hebreo del poema expresa un sentido aleluya, que es la expresión final del salmo (véase la Introducción).

La estructura literaria de este salmo es similar a la del resto de los himnos del Salterio; en el particular caso de este poema, la estructura temática es la siguiente:

- Llamado a la alabanza: vv.1-3
- Grandeza divina en la creación: vv.4-7
- Poder de Dios en la historia del pueblo: vv.8-14
- Sátira contra los ídolos: vv.15-18
- Nuevo llamado a la alabanza: vv.19-21

vv.1-3: El salmo comienza con un llamado a la alabanza a Dios, y con un reconocimiento del nombre divino. Se invita a los sacerdotes, identificados como «siervos del Señor», quienes viven en el Templo, que se conoce en el poema como la «casa del Señor». En efecto, la primera llamada del salmista es a la alabanza que proviene de los círculos sacerdotales, del liderato religioso, de las personas que están continuamente en el Templo cumpliendo con diversas responsabilidades espirituales. El llamado puede también aludir a todo el pueblo que se congrega en los alrededores del Templo para cumplir con sus responsabilidades religiosas.

El poeta incentiva la alabanza y el reconocimiento del nombre de Dios, pues ese particular nombre incorpora y representa la esencia misma de la naturaleza santa y justa del Señor. El salmo incluye el nombre propio de Dios en cinco ocasiones; además, se hace referencia al Señor de forma genérica, y también se alude al nombre como representación grata de la esencia divina. Desde el comienzo mismo del poema se incentivan las alabanzas al Señor fundamentadas en su bondad y su benignidad. En decir, que el motivo de las bendiciones a Dios se basan en su naturaleza misericordiosa. En efecto, de acuerdo con el poeta, ¡Dios es bueno!

vv.4-7: En esta sección del salmo se ponen de manifiesto las razones básicas por las cuales se alaba al Señor. Y en primer lugar se identifica en contexto histórico de la salvación divina. La bendición de Dios a su pueblo se manifiesta claramente en la elección del pueblo de Israel, que también es identificado en el poema como Jacob.

Las alabanzas también se deben presentar ante Dios pues, como es mayor que todas las divinidades, en también el Señor de todos los pueblos de la tierra. Para el salmista, el Señor merecedor de alabanzas no solo identificó a Israel de entre todos los pueblos de la humanidad sino que también tiene poder sobre las naciones. Y esa virtud divina internacional, que lo hace grande y poderoso, también se pone de manifiesto en la naturaleza, pues es el creador de cielos, tierra, mares y abismos. Su autoridad total y absoluta, además, hace que las nubes, los relámpagos, la lluvia y los vientos le obedezcan. En efecto, las alabanzas del pueblo y su liderato se hacen ante un Dios poderoso, grande, creador, misericordioso y liberador. La respuesta humana a esas manifestaciones extraordinarias de la gloria divina es la alabanza.

vv.8-14: El pueblo alaba al Señor, en esta ocasión, por sus intervenciones liberadoras en medio de la historia nacional. El poeta en esta sección alude a tres etapas importantes en la historia del pueblo de Israel: La liberación de las tierras de Egipto y Faraón, el peregrinar por el desierto, y las gestas de conquista de la tierra prometida. Las alabanzas del pueblo no se fundamentan en ilusiones ni es espejismos, sino en eventos que están muy bien anclados en la memoria de la historia del pueblo. Israel alaba al Dios creador y también liberador.

En el recuento histórico, el salmista alude claramente a los prodigios o las plagas, que son símbolo del poder divino sobre la naturaleza y las divinidades egipcias; y también hace clara referencia a las victorias de los hijos e hijas de Israel sobre varios soberanos enemigos —p.ej., Sehón, el monarca amoreo; Og, rey de Basán; y todos los gobernantes cananeos—.

De acuerdo con el salmista, fue Dios quien le dio a Israel la heredad, que es una manera poética de referirse a la tierra prometida, Canaán. Y por esas intervenciones salvadoras, se afirma que su nombre es eterno, que su memoria es de generación en generación, y que implantará la justicia, mostrando compasión a sus siervos.

vv.15-18: Esta sección del salmo viene inspirada en otro poema del Salterio (Sal 115.4-6,8). El objetivo es hacer una crítica muy seria y definida a los ídolos y las divinidades de las naciones. Y en la articulación de esa burla, el poeta hace gala de su capacidad visual, de su poder de persuasión. La identificación de la vida se relaciona con algunas características que para el salmista son indispensables: Boca para hablar, ojos para ver, oídos para escuchar, y aliento en su bocas, que se relaciona con la capacidad de respirar, símbolo básico de la vida.

Los ídolos de las naciones son solo oro y plata; en efecto, las divinidades son el producto del ingenio humano, resultado de la labor artesanal de manos creativas. Sin embargo, el salmista añade un elemento adicional a la crítica mordaz: ¡Las personas que los adoran y los hacen tampoco tienen vida! La crítica es firme y decidida: ¡Los artesanos se vuelven iguales o peores que las imágenes que fabrican!

vv.19-21: La sección final del salmo vuelve a los temas con que comenzó el poema. Se identifican las personas que deben alabar al Señor: La Casa de Israel, o todo el pueblo; la Casa de Aarón, o los sacerdotes; la Casa de Leví, o los levitas que trabajaban en el Templo; y la gente que teme al Señor, o los fieles, los peregrinos, las personas que reciben la bendición de parte de los sacerdotes.

La expresión final del salmo es posiblemente pronunciada por los sacerdotes. Es una expresión de alabanza final: Dios sea bendecido desde Sión, su morada. El pueblo se congrega en el Templo para ofrecer sus alabanzas al Señor, para expresarle su gratitud, para manifestar su reconocimiento. La voz que culmina el salmo es adecuada: Aleluya, que significa, alabado sea el Señor.

Los grandes temas de este salmo ponen de manifiesto una vez más la importancia de la alabanza al Señor. Esa alabanza debe estar fundamentada no es una experiencia pasajera o superficial, sino en convicciones reales de la capacidad divina.

El pueblo alaba al Señor por lo que es y también por lo que hace. Como Dios es santo y justo, grande y poderoso, misericordioso y amoroso el pueblo le expresa sus alabanzas y gratitudes. Además, las alabanzas se fundamentan en las manifestaciones históricas de su poder salvador. Alabamos a un Dios que no se queda estático ante las injusticias, ni permanece callado ante las vicisitudes de su pueblo. También se reconoce la grandeza del Señor al compararlo con los ídolos que hacen las personas. Las divinidades humanas no tienen vida, característica indispensable para la intervención redentora.

Jesús de Nazaret siguió claramente la teología de liberación y futuro que se revela en este salmo. Articuló una serie de enseñanzas que ponen de manifiesto el poder divino que es capaz de transformar a las personas. Los relatos de sanidades y de liberaciones son ejemplos elocuentes del deseo divino de redimir y renovar personas a través del ministerio de Jesús. El Señor no predicó para entretener a las multitudes, ni enseñó para adormecer los grupos para mantenerlos en sus dificultades y contratiempos. Su misión fue impartir vida y esperanza; su meta era afirmar la voluntad de Dios que es capaz de redimir y liberar a la gente de sus cautiverios físicos, emocionales y espirituales; y su propósito fundamental fue presentar un estilo de vida que fuera un modelo de altura y dignidad, un ejemplo de sobriedad y esperanza, un paradigma de nobleza y virtud.

Salmo 136: «Alabanza por la misericordia eternal del Señor»

El Salmo 136 continúa las alabanzas al Señor con los temas que se articulan en el poema anterior (Sal 135); en un sentido temático, es su continuación lógica. El propósito fundamental del salmista es poner de manifiesto la gratitud sincera de un pueblo que reconoce la misericordia divina, no solo en la creación (vv.1-9) sino en la historia nacional (vv.10-26).

El estribillo del poema delata clara y repetidamente las virtudes temáticas y teológicas del salmo, pues muestra el rostro divino lleno de ternura y amor. En veintiséis ocasiones se afirma: ¡La misericordia del Señor es eterna! Y por la función de gratitud y bendición que emana del salmo, la comunidad judía lo conoce como «el gran Hallel» o «la gran alabanza», y lo recitan al final de la cena pascual. «El pequeño Hallel», en contraposición, se encuentra en la sección de los Salmos 113—118.

Por su elaboración y desarrollo temático, este poema se puede catalogar muy bien como un himno de alabanzas; en efecto, es un salmo de acción de gracias a Dios de la comunidad. Su estructura literaria revela que se utilizaba en las ceremonias del Templo en las que participaban uno o dos coros, que formaban una especie de diálogo musical o poético con la repetición de sus estrofas y estribillos.

Entre las fiestas judías en las que podía incorporarse este poema, están las siguientes: El Año Nuevo, los Tabernáculos y la Pascua. La reflexión sobria y ponderada sobre la creación y sobre la histórica nacional puede ser una indicación de que el salmo proviene de la época postexílica, luego que Israel se encontró cara a cara con la multitud de divinidades en Babilonia. Su autor fue posiblemente un israelita que regresó del exilio para reconocer la grandeza divina y expresar esa gratitud en las celebraciones anuales de la nación en el Templo.

La estructura literaria del salmo se desprende no solo de la identificación del estribillo que caracteriza muy bien su composición, sino por el aprecio de los temas que se convierten en el fundamento de la gratitud y las alabanzas del pueblo.

- Llamado general a alabar a Dios: vv.1-3
- Alabanzas a Dios por su creación: vv.4-9
- Alabanzas por las intervenciones divinas en Egipto: vv.10-15
- Alabanzas por las intervenciones divinas en el peregrinar y la conquista de la tierra prometida: vv.16-22
- Alabanzas por las intervenciones de un Dios que recuerda, rescata y alimenta a su pueblo: vv.23-25
- Llamado general a alabar a Dios: v.26

vv.1-3: El salmo comienza con tres invitaciones claras y directas a alabar al Señor, aunque las razones varían. En la primera ocasión se reclama la alabanza por la bondad divina; luego se afirma al Dios de dioses; y finalmente se celebra al Señor de señores. Las declaraciones teológicas son una forma figurada de indicar que el Señor es el único Dios. En efecto, las alabanzas que se solicitan para el único Señor de la humanidad, se fundamentan en la bondad, la divinidad y el señorío divino.

El famoso estribillo, «porque para siempre es su misericordia», parece que, antes incorporarse en algunos salmos (Sal 100.5; 106.1; 107.1; 118.1-4), formaba parte de las exclamaciones liturgias del pueblo de Israel en el Templo (véase, p.ej., 1 Cr 16.34; 2 Cr 5.13; 7.3; Esd 3.11; Jer 33.11). La palabra que se traduce en Reina-Valera como «misericordia» —en hebreo, *heded*— es una expresión bíblica cargada de significación teológica, pues también incorpora en su contenido semántico las ideas de amor, lealtad, bondad y fidelidad. El estribillo, entonces, afirma que la misericordia alude a una especial virtud divina que sobrepasa los límites del amor que tradicionalmente expresamos de forma interpersonal.

vv.4-9: Las alabanzas se reclaman en el resto del salmo al Dios que lleva a efecto una serie de acciones extraordinarias que se identifican en el poema como «maravillas». Esas acciones maravillosas no son acciones superficiales o sin importancia del Señor. De acuerdo con el salmista las maravillas de Dios sobrepasan los límites humanos pues revelan su extraordinario poder sobre la naturaleza y la historia.

Las primeras maravillas identificadas en el salmo son las siguientes: La creación de los cielos con entendimiento, la tierra, las aguas, las grandes lumbreras, el sol, y la luna y las estrellas. La misericordia de Dios se manifiesta en la creación y en la naturaleza, de acuerdo con el salmista, pues con esos actos le brindó a los seres humanos el ambiente adecuado para la vida saludable e íntegra. La creación, desde esta perspectiva teológica, es la necesaria estructura física y natural que un Dios inteligente y con entendimiento le brinda a la humanidad, para que pueda vivir de forma adecuada y digna.

Un aspecto teológico de la creación de todas esas maravillas es importante destacar. En Babilonia, la gente adoraba a los astros del cielo; desde la perspectiva del salmo, sin embargo, esos astros y lumbreras son solo parte de la creación de Dios.

vv.10-15: Las maravillas de Dios toman dimensión histórica en esta sección del salmo. De particular importancia en el poema son las intervenciones liberadoras de Dios en contra del ejército egipcio y las asechanzas del Faraón: Dios hirió a los primogénitos y sacó con poder y autoridad a Israel de Egipto; además, dividió el Mar Rojo para que el pueblo pasara en seco y para que los ejércitos del Faraón se ahogaran en el mar. La misericordia divina se manifiesta en las acciones protectoras y liberadoras de Dios a favor de su pueblo.

vv.16-22: En esta sección el salmista continúa el recuento de las acciones maravillosas de Dios. Sin embargo, en esta ocasión identifica el período del desierto antes de conquistar a Canaán. Se alude a que el Señor pastoreó al pueblo durante el peregrinar por el desierto. Y esas acciones pastorales del Señor hacia Israel incluyen la herida y muerte de reyes grandes y poderosos, como Sehón (Nm 21.21-30) y Og (Nm 21.31-35). Esas intervenciones divinas hicieron posible que Israel recibiera la heredad que Dios le había prometido. En este contexto el poeta identifica a Israel como «su siervo», que es una manera de manifestar el aprecio y reconocimiento divino.

Con la llegada a Canaán se cumplen finalmente la promesa divina a los patriarcas y las matriarcas de Israel de poseer la tierra prometida. Y esa es una manifestación extraordinaria y grata de las maravillas del Señor.

vv.23-25: Las maravillas de Dios en esta sección del poema toman dimensión íntima y personal. Las alabanzas al Señor son ahora expresión de gratitud por haberse acordado del pueblo en su abatimiento, que es una manera de referirse a las crisis mayores de la vida; además, el poeta reitera el compromiso salvador de Dios, pues les rescató de los enemigos a través de la historia.

Finalmente las alabanzas toman dimensión general pues se agradece que Dios sea el proveedor de alimentos a todo ser viviente. En efecto, la misericordia divina no solo afecta positivamente a la gente y los pueblos en necesidad y en crisis sino que se encarga de alimentar a todos los seres vivientes, que es una forma figurada de referirse a la humanidad.

v.26: Las alabanzas finales se fundamentan en la misericordia del Dios de los cielos. Esa particular forma de referirse al Señor tomó auge durante la época de la dominación persa (2 Cr 36.23; Esd 1.2; 6.10; Jon 1.9). Posiblemente la intensión teológica del salmista fue indicar que, aunque nuestros esfuerzos humanos para alabar al Señor son necesarios e importantes, las expresiones humanas nunca pueden satisfacer los reclamos divinos, que sobrepasan nuestros límites de imaginación: los cielos.

Este salmo pone claramente de manifiesto varias vertientes teológicas de importancia. El Dios bíblico es misericordioso, crea, e interviene en la historia. Y esos tres valores éticos son indispensables para la articulación teológica contemporánea.

La misericordia es una de las características de Dios que se requiere para poder comunicar el mensaje salvador en las sociedades postmodernas contemporáneas. Esa misericordia es la que se identifica con la gente en necesidad, es la que responde al clamor de la gente necesitada, es la que libera a las personas cautivas, es la que sana a los hombres enfermos, y es la que afirma a las mujeres marginadas. La misericordia divina es un valor que pone de manifiesto la esencia más íntima del Señor: El propósito de Dios para la humanidad no es el juicio destructor, sino el disfrute pleno de la vida.

La misericordia pone de manifiesto también al Dios que crea e interviene en la historia. Las maravillas de Dios, de acuerdo con el salmista, se pueden ver en la creación y se pueden disfrutar en las vivencias humanas. Los cielos cuentan la gloria divina y la historia delata los compromisos del Señor con su pueblo. Los actos de creación, según el libro de Génesis, y las intervenciones históricas de Dios en medio de la vida de su pueblo, hablan elocuentemente de lo que es capaz de hacer Dios por redimir a la humanidad. ¡El Dios bíblico manifiesta su misericordia de forma concreta y específica!

En las enseñanzas de Jesús se ponen claramente en evidencia los valores de la misericordia y el amor de Dios (Jn 1.17). Su compromiso con la salvación del mundo llegó a tal grado que vivió esencialmente para amar y perdonar (Mc 10.45). La misericordia divina para el Señor no era el tema homilético para sus mensajes, ni la virtud pedagógica en sus enseñanzas. Por el contrario, el Señor vivió para poner de manifiesto ese amor misericordioso, que lo llevó a la cruz, para enseñarnos un nuevo modo de vivir la vida (Jn 13.1). En efecto, el gran modelo del Señor no fue cómo morir, sino cómo vivir a la altura de las exigencias del reino de Dios.

SALMO 137: «LAMENTO DE LOS CAUTIVOS EN BABILONIA»

El Salmo 137 finaliza de forma clara y explícita la sección de tres poemas de transición (Sal 120—134) que pueden relacionarse con los cánticos de las subidas o graduales (Sal 120—134). El Salmo 120 comienza la sección con la seguridad de la respuesta divina en el momento de crisis y desolación; en el 137 se presenta la cruda realidad del destierro, el dolor de los deportados, las torturas de los opresores, y el sentimiento más hondo de las israelitas que sufrían el cautiverio. En este particular poema se contrasta la actitud de fidelidad de los cautivos con la arrogancia y desprecio de los detractores.

Desde la perspectiva literaria, este salmo representa una de las cumbres estilísticas de la poesía hebrea, en las que el salmista une la belleza estética con la articulación de los sentimientos más profundos de un pueblo que vive las penurias del exilio y la opresión. El poeta une de esta forma la expresión del alma dolida con las experiencias del pueblo de Israel en Babilonia. Temáticamente se mueve de la tristeza, el dolor, la nostalgia y la humillación a las expresiones de afirmación nacional y sentimientos de esperanza. Además, el poema incorpora una serie importante de imprecaciones o maldiciones que revelan los más hondos resentimientos y el deseo más ardiente de justicia del pueblo.

La lectura detallada del poema nos guía a catalogarlo como un salmo de súplica colectiva. Su autor es un israelita que ha vivido las amarguras de la deportación y reacciona adversamente a las actitudes déspotas y humillantes de los babilónicos. Posiblemente este poema se articuló durante la época exílica, en medio de las vicisitudes y desesperanzas del pueblo en cautiverio. Y su contexto cúltico inicial, este salmo es quizá parte de los procesos educativos que se llevaban a efecto en Babilonia, para afirmar la cultura nacional y mantener la esperanza de restauración. Este salmo no tiene título hebreo.

La estructura literaria del poema se desprende al identificar los grandes temas que articula.

- Los dolores y las desesperanzas del exilio: vv.1-3
- Las razones de la frustración y del silencio musical: vv.4-6
- El clamor de justicia, el deseo de venganza: vv.7-8

vv.1-3: El poema comienza con la descripción del lugar del cautiverio. Se alude a los ríos o los canales de Babilonia, en referencia a las orillas de los ríos Tigres y el Éufrates que eran los lugares donde ubicaron a los deportados que venían de Judá y Jerusalén (Ez 3.1). Los desterrados judíos fueron llevados cautivos a trabajar como esclavos en los diversos proyectos de construcción babilónicos. Y en ese contexto de trabajos forzados y angustias mentales, los israelitas se acordaban de Sión, de la ciudad de Jerusalén, de las celebraciones en el Templo. Esa memoria del pasado con seguridad y celebraciones les ayudaba a mantener la salud mental y a fomentar la esperanza.

La referencia a colgar las arpas es posiblemente una expresión poética y figurada, pues es improbable que llevaran los instrumentos musicales a los centros de trabajo; sin embargo, el mensaje es claro: ¡Dejaron de cantar! En ambientes de cautiverio no hay fuerzas para la alegría y el contentamiento. Además, quienes les pedían los cánticos de Sión eran las mismas personas que causaron el dolor del exilio, los babilónicos. Quizá para conocer un poco mejor el folclore israelita, o para torturarlos aún más con esos cánticos antiguos (Sal 79.10), pues muchos evocaban las experiencias de liberación de Egipto (p.ej., Ex 15; Sal 76; 84).

vv.4-6: La respuesta del pueblo cautivo no se hizo esperar. En primer lugar corrigen a los opresores: ¡No son cánticos de Sión sino cánticos del Señor! Además, afirman que no pueden cantar en territorio extranjero. Los motivos para la respuesta negativa pueden ser varios. En primer lugar, en la antigüedad se pensaba que las divinidades eran nacionales o regionales. Y fundamentados en esas convicciones, se entendía que los dioses tradicionales se asociaban a sus respectivas naciones y permanecían en esos lugares aunque el pueblo viajara. Desde esa perspectiva, no podían cantar los cánticos del Señor pues estaban en Babilonia, no en Judá ni en el Templo de Jerusalén.

Es importante señalar también, respecto a la respuesta del pueblo a las peticiones de cánticos de los babilonios, que los temas de las canciones de Sión aluden repetidamente al éxodo de Egipto, al cuido divino en el peregrinar por el desierto, a la conquista de la tierra prometida, a la institución de la monarquía, y a las promesas divinas. En efecto, los cánticos de Sión hablan de un Dios libertador, salvador, redentor, transformador, victorioso. Esos temas de victoria no son adecuados en el ambiente de derrota y amargura que vivían en el exilio, que era tierra de extraños, particularmente herida por la idolatría y las inmoralidades relacionadas en las Escrituras con el comportamiento y las costumbres de los pueblos paganos.

Sin embargo, el poeta se apresura a indicar que la respuesta negativa a los cánticos nada tiene que ver con un olvido involuntario de Jerusalén, que representa en este contexto la presencia divina, ni mucho menos que no alabe y enaltezca a la ciudad, que es el asunto preferente de su alegría. El pueblo no canta porque rechaza el cautiverio y desprecia las cadenas, no porque se hayan acabado los motivos para alabar al Señor ni porque se haya borrado de su memoria las virtudes espirituales, políticas y nacionales que representan el monte Sión, el Templo y la ciudad de Jerusalén.

Las imágenes del rechazo a los cánticos son poderosas: Que mi lengua se pegue al paladar, es decir, que no pueda cantar más, que prefiere quedarse mudo; y que la diestra pierda su fuerza o destreza, el poeta y el pueblo prefieren quedar paralizados, antes de ceder ante los reclamos de los opresores. De esta forma se ponen claramente de manifiesto la vehemencia y firmeza de sus convicciones.

vv.7-9: La sección final del salmo pone de relieve los sentimientos de retribución humana y justicia divina que se anidaron en el corazón de la comunidad judía exiliada. El poeta en primer lugar alude a Edom, que antiguamente era un pueblo vasallo y enemigo tradicional de Israel. En la genealogía bíblica, Edom es otro nombre para identificar a Esaú, uno de los hijos de Isaac (Dt 23.8); es decir, que desde las tradiciones bíblicas se hace referencia a la descendencia del hermano de Jacob. Sin embargo, en el momento crítico de la guerra contra Babilonia, Edom se alió a los invasores para luchar en contra de Judá y Jerusalén. El poeta cita las expresiones de los edomitas en el fragor de la batalla, para destacar la actitud hostil de Edom: «¡Arrasadla, arrasadla hasta los cimientos!» (v.7).

La imprecación final se reserva para Babilonia, causante de los dolores y las amarguras del destierro. Estas imprecaciones se expresan, sin embargo, en forma de bendición o bienaventuranza. Es dichosa la gente que le pague a Babilonia de acuerdo a lo que hizo a Judá; son felices las personas que le paguen a Babilonia de la misma forma con que trató a los hijos e hijas de Israel.

Y para culminar las maldiciones, el poeta toca el tema de la niñez, que representa lo más preciado e importante de los pueblos. Esa práctica cruel, inmisericorde y asesina formaba parte de las dinámicas militares de la época (Is 13.16; Os 10.14; Nah 3.10). Es dichosa la persona que destruya sin misericordia a los niños babilónicos, pues de esa forma de detienen las generaciones que tienen la capacidad de hacer daño a la humanidad. La imprecación no solo es un clamor de venganza sino un vivo deseo de justicia, el anhelo de que termine el ciclo de violencia que hiere adversamente a los pueblos.

La primera reacción cristiana a este salmo es de rechazo. La verdad es que los deseos de venganza que se manifiestan en el poema contrastan con las enseñanzas en torno al perdón y la misericordia promulgadas por Jesús. Sin embargo, una lectura atenta y un análisis crítico del salmo revelan no solo esos sentimientos comunes de venganza y hostilidad que fácilmente pueden aflorar cuando las personas se sienten frustradas y no notan posibilidades de cambio en sus realidades de dolor, sino la oración ferviente de la gente de fe para que culminen terminantemente los ciclos de violencia que hieren adversamente a la humanidad.

Este salmo pone de manifiesto algunos asuntos de importancia capital en momentos extremos de angustia, específicamente en instantes de guerra y desolación. En medio del cautiverio, la gente de fe no se alía a los detractores ni acepta pasivamente las órdenes de los captores. Los hijos de Israel rechazaron las órdenes para cantar y entretener a los babilonios, y el fundamento de ese tipo de desobediencia civil o huelga social fue el espiritual, el religioso, el moral, el ético. No podemos cantar las canciones que alaban a un Dios liberador y victorioso en medio de ambientes de derrota, cautiverio y desolación. No puede aceptar pasivamente el cautiverio alguna persona o nación que ha vivido y experimentado la manifestación extraordinaria del Dios que escucha el clamor del pueblo y desciende a liberarlos, como sucedió con Moisés (Ex 3).

Jesús de Nazaret afirmó este tipo de teología que libera, redime, salva y transforma. Ante el cautiverio de la humanidad respondió con palabras de aliento, esperanza y liberación; y frente a los más extremos y adversos cautiverios físicos, emocionales, sociales, económicos y políticos que representaba el imperio romano en Palestina, el Señor Jesús reaccionó con valor y autoridad. A Herodes, que representaba esas fuerzas políticas que tratan de herir, disminuir y cautivar el potencial humano, le llamó zorra, para poner de manifiesto su actitud prepotente pero inútil.

En efecto, la teología de Jesús siguió el modelo de transformación del salmo y es ejemplo de esperanza y superación para los creyentes de todas las generaciones.

SALMO 138: «ACCIÓN DE GRACIAS POR EL FAVOR DEL SEÑOR»

El Salmo 138 comienza una nueva sección del Salterio relacionada con David (Sal 138—145). Es un poema que articula y manifiesta una actitud de confianza plena en Dios. El salmista, fundamentado en la seguridad que le imparte su fe, no solo alaba al Señor sino que reconoce que las autoridades y los reyes de la tierra también le alaban, que es una forma de reconocimiento divino internacional y de afirmación teológica universalista. Ese peregrinar de alabanzas constituye la gratitud sincera del salmista por haber sido objeto de la misericordia divina y haber recibido respuesta a su clamor en el momento de necesidad especial.

Del análisis temático se desprende que este poema se puede muy bien catalogar literariamente como un salmo de acción de gracias individual. El autor debe haber sido un israelita agradecido que clamó al Señor en un momento de crisis y recibió la fortaleza necesaria para vivir. El ambiente psicológico que revela el poema es una crisis personal que tiene potencial de muerte, pues se afirma que, ante el clamor o grito del adorador, el Señor le brindó vigor a su alma, que es una manera poética de presentar la naturaleza de la adversidad y la gravedad del problema.

Lo general y amplio del tema expuesto hace muy difícil ubicar con precisión la fecha de composición, aunque muy bien pudo haber sido la época de la monarquía. Su lugar actual en el Salterio, sin embargo, delata su uso en el Templo en el período luego de la restauración y el regreso de los deportados de Babilonia. El título hebreo lo asocia con David (véase la Introducción).

La estructura literaria del salmo es la siguiente:

- Alabanzas por la misericordia y fidelidad del Señor: vv.1-3
- Alabanzas de los reyes de la tierra: vv.4-6
- El Señor cumplirá su propósito: vv.7-8

vv.1-3: La primera parte del salmo revela las alabanzas y gratitudes personales del poeta. Las alabanzas salen del corazón, que representa la sinceridad y la nobleza del salmista, y se presentan delante de los dioses, que es una manera de internacionalizar el poema. El adorador canta sus salmos como expresión sincera de gratitud a Dios.

Esas alabanzas no solo se articulan con la boca sino que se expresan con todo el cuerpo. El poeta se postra ante Dios, en dirección al Templo, que era la forma antigua de orientar las plegarias, y reconoce el poder del nombre divino, que representa su naturaleza santa y justa, su esencia más íntima y especial. Y en ese contexto de gratitud y reconocimiento, el poeta identifica las cualidades divinas que le inspiran y motivan: La misericordia y la fidelidad de Dios.

En efecto, las expresiones de gratitud y alabanzas, y el reconocimiento del nombre divino se basan en la capacidad divina de engrandecer su nombre. Ese engrandecimiento, es la forma figurada del poeta decir que Dios respondió a su clamor y que le brindó vigor y fortaleza a su alma, que equivale a la totalidad de su vida. El salmista articula sus alabanzas y gratitudes con su voz, su cuerpo y con la totalidad de su vida, pues reconoce la capacidad divina de intervención en crisis.

vv.4-6- En la segunda sección del salmo, el poeta mueve el tema de las gratitudes y las alabanzas de los niveles individuales y personales a la dimensión nacional e internacional. Alaban al Señor en esta ocasión todos los reyes de la tierra, pues han escuchado los dichos, las enseñanzas, las órdenes, los mandamientos y las leyes de Dios.

Esos reyes, que a su vez representan a las naciones que dirigen, cantarán y alabarán la gloria extraordinaria de Dios, porque es grande y excelso. La gente poderosa de las naciones reconocerá, de acuerdo con el salmista, la grandeza divina. Y, sobre todo, las naciones y sus líderes entenderán que Dios, aunque es poderoso, se relaciona y atiende a las personas humildes. A la vez, el Señor, que es grande y excelso, repudia el orgullo, rechaza la prepotencia, y mira de lejos a las personas altivas.

vv.7-9: La parte final del poema retoma los temas del inicio del salmo. El poeta habla nuevamente consigo mismo, y alude a nuevas manifestaciones de los problemas, e identifica la crisis con las acciones de personas enemigas. Dios lo salva de los ataques de enemigos y vivifica el salmista cuando está en medio de las angustias de la vida. La diestra del Señor, que alude a su poder y autoridad, está presta a venir a su socorro liberador en el instante oportuno.

Esa intervención salvadora de Dios tiene una finalidad específica y concreta: Cumplir el propósito divino en su vida. La esperanza del salmista es que Dios siempre se las arregla para manifestar su voluntad en su vida, pues su existencia no está a la merced de los enemigos ni su futuro está destinado al azar. Para el poeta, la voluntad divina se cumplirá en su vida, pues Dios es grande, poderoso y excelso, y su misericordia es eterna.

El clamor final del salmo es revelador. ¡No desampares la obra de tus manos! Se reconoce de esta forma que Dios tiene la capacidad de amparar a las personas, pues a última instancia, los seres humanos son criaturas de Dios, son hechura suya, son producto de su acción creadora.

Las gratitudes de este salmo tienen implicaciones universales. Son importantes no solo para los israelitas que en la antigüedad se presentaban ante Dios para articular sus expresiones de gratitud, sino superan los límites del tiempo hasta llegar a las comunidades contemporáneas.

En primer lugar, el salmista reconoce que es Dios el que tiene la capacidad, el deseo y el poder de responder a los clamores más hondos del alma humana. Es el Señor el que escucha el clamor de su pueblo, pues entre sus características más importantes están las siguientes: Dios es grande, glorioso, excelso y misericordioso. Y esas características divinas le permiten identificar a las personas humildes para afianzarlas, para apoyarlas, para bendecirlas, para liberarlas. Rechaza de esta forma el Señor a las personas soberbias y altaneras, pues esas no son características que distingan al Dios bíblico.

Esa fue la teología que vivió y predicó Jesús y sus discípulos. Al identificar a las personas humildes y necesitadas como la gente privilegiada en el reino, puso de manifiesto un nievo nivel pare la teología del salmo. El Señor vivió en medio de comunidades pobres y necesitadas, y se convirtió en la voz de los sectores sociales que no tenían voz en la Palestina del primer siglo. Inclusive, en el Sermón del Monte, donde presentó su programa misionero, separó una de esas bienaventuranzas para apoyar y bendecir a la gente pobre (Mt 5.3; Lc 6.20). En efecto, una de las características más importantes del ministerio del Señor Jesús fue el rechazo claro y directo a la gente altiva, para apoyar y afirmar de forma pública a las personas humildes y necesitadas de la comunidad.

Salmo 139: «Omnipresencia y omnisciencia del Señor»

El Salmo 139 es un cántico extraordinario de alabanzas y gratitudes a la sabiduría y al poder de Dios. El poema pone de manifiesto un sentido de reconocimiento divino y admiración, revela el asombro humano ante la capacidad divina, articula una actitud de aprecio al misterio de Dios. Para el poeta, ese conocimiento divino es demasiado maravilloso para ser comprendido adecuadamente por los seres humanos. El salmista declara abiertamente y afirma la omnipotencia y la omnisciencia de Dios, en contraposición a las limitaciones humanas. La pregunta implícita del salmista es en torno a quiénes son las personas ante la gran capacidad del poder de Dios.

Por el análisis de los temas expuesto, este poema se puede catalogar como un salmo sapiencial, pues desea descubrir y afirmar las características indispensables para vivir de forma plena y grata. Posiblemente este salmo formaba parte de algún tipo de currículo que incluía las enseñanzas básicas e indispensables para la vida. Su contexto inicial fue posiblemente el educativo, donde se transmitían de generación en generaciones las grandes verdades de la fe, que en este caso se asocian a la grandeza divina y la pequeñez humana.

Su autor debe haber sido una persona que ha experimentado las dificultades de la vida –¡quizá amenazado de muerte!— y articuló este poema que expresa la naturaleza poderosa y misteriosa de Dios. Posiblemente el salmo proviene de la época del retorno a Jerusalén, cuando el Templo volvió a convertirse en lugar de refugio para las personas perseguidas. El título hebreo del salmo lo relaciona al músico principal y lo identifica como un salmo de David (véase la Introducción).

La estructura literaria del salmo se pone de manifiesto al identificar los temas que se exponen.

- El conocimiento pleno del Señor: vv.1-6
- El ser humano huye del conocimiento divino: vv.7-12
- La entrega y las alabanzas humanas al Señor: vv.13-18
- El clamor de justicia: vv.19-22
- Reafirmación del conocimiento del Señor: vv.23-24

vv.1-6: Las afirmaciones iniciales de este poema tienen que ver con el conocimiento pleno que Dios tiene de las personas. El Dios bíblico conoce muy bien a la gente, pues las examina con cautela. Para el poeta, ese conocimiento es extraordinario y especial, que sobrepasa los límites de su comprensión.

Y para poder explicar bien la naturaleza y extensión de esa capacidad divina de conocimiento, el poeta utiliza una serie de imágenes en oposición que tratan de brindar una idea de totalidad. Las afirmaciones teológicas son las siguientes: Dios conoce el sentarse y el levantarse, y el andar y el reposo. Además, desde lejos entiende los pensamientos humanos, y también conoce todos los caminos de las personas, en referencia a sus decisiones y acciones. Inclusive, antes que pueda hablar, ya el Señor conoce la palabra y aún el pensamiento, pues la mano del Señor está sobre la humanidad. Ese tipo de conocimiento y sabiduría divina es extremadamente difícil de entender, pues no está al nivel de la inteligencia natural de la gente.

vv.7-12: Ante tanta sabiduría divina, el ser humano intenta esconderse. La primera reacción del salmista, ante el descubrimiento del poder de Dios, es huir de la presencia divina pues reconoce su imperfección y pequeñez, y acepta su incapacidad de comprender esas características omniscientes del Señor. En un magnífico estilo literario y poético, el salmista imagina las huidas humanas del poder divino.

La gente, de acuerdo con el salmo, huye del espíritu divino, que alude al soplo de vida, y huye de su presencia. Y en ese viaje de huida al porvenir, intenta esconderse en los cielos y en el seol, para descubrir que hasta esas extremidades llega el Señor. Si viajara imaginativamente en las alas del alba y llegara a los extremos del mar, se sorprendería en ver que ya la presencia divina invade esos lugares. Inclusive, si tratara de esconderse en la penumbra, descubriría que ante Dios lo mismo son las tinieblas que la luz, pues no puede esconderse en el anonimato de la noche quien ha sido creado por el Señor que creó la luz (Gn 1.3). Ante las manifestaciones extraordinarias y únicas de un Dios omnipresente el ser humano no puede esconderse.

vv.13-18: En esta ocasión el salmista reconoce su pequeñez y se presenta ante Dios con humildad. Alaba al Señor pues acepta su poder creador y reconoce que Dios le ha acompañado desde las etapas iniciales de gestación en el vientre de la madre, por todo el proceso de formación humana. Junto al reconocimiento de las dinámicas naturales necesarias para el desarrollo del embrión humano, la gente de fe entiende que Dios guía todos esos procesos para el desarrollo de la vida. La vida, entendida desde esta perspectiva, es producto de la acción del Señor (Job 10.8-11; Sal 119.73).

De pronto, el salmista descubre que el Señor, con sus ojos extraordinarios, vio su embrión; es decir: Dios conoce el fundamento y la base de su existencia humana. Y ese conocimiento divino le motiva a la alabanza, pues reconoce humildemente que las acciones del Señor son formidables y maravillosas. ¡Su alma lo sabe muy bien! Inclusive, el salmista alude al libro de la vida: En la antigüedad se pensaba Dios escribía las acciones y decisiones humanas en un libro (Sal 56.8; 69.28). En efecto, los pensamientos de Dios son extraordinarios, preciosos e infinitos.

vv.19-22: Del ambiente grato y sobrio de reconocimiento y afirmación del poder y el conocimiento divino, el salmo pasa a una serie de declaraciones de rechazo a las personas impías, sanguinarias y enemigas. En esta ocasión, el poeta se mueve del reconocimiento de la omnipresencia y omnisciencia divina a las actitudes humanas de maldad, a las acciones que desatan la ira y el juicio de Dios.

El salmista declara con claridad que aborrece, desprecia y odia a los enemigos de Dios, que son formas figuradas de exponer su rechazo a las actitudes y acciones que están en contra de la voluntad de Dios.

Los enemigos de Dios y del salmista son las personas que blasfeman, que es una manera de rechazar a la gente que toma en nombre del Señor en vano. El pecado de la blasfemia es particularmente importante pues es una actitud adversa directamente contra Dios.

vv.23-24: La sección final del salmo retoma algunos de sus temas iniciales. El salmista, en respuesta a las acciones de la gente enemiga de Dios, y también fundamentado en el conocimiento divino, suplica al Señor que le examine, que evalúe su corazón, que analice su vida, que estudie sus actitudes y acciones. En efecto, el salmista se presenta ante un Dios todopoderoso con humildad, pues reconoce que no importa lo que diga o haga, el Señor lo conoce de manera perfecta.

La declaración final revela su humildad. Suplica a Dios que si por algún motivo se llegara a desviar del camino correcto y llegara a la perversidad, le pide al Señor que le dirija por los caminos de la perfección, que alude a la revelación divina en la antigüedad. Estos pensamientos finales del salmo revelan las preocupaciones básicas de las personas que eran acusadas injustamente.

La contribución teológica fundamental de este salmo se relaciona con la respuesta humilde del poeta al descubrir y reconocer la omnipotencia y omnisciencia del Señor. Ese reconocimiento pone de relieve una serie especial de características divinas que son necesarias para la articulación contextual del mensaje cristiano. La misión de la gente de fe, y la de sus diversos programas educativos, evangelísticos y sociales, se fundamenta en una teología sana y saludable que afirma el poder de Dios sobre todos los esfuerzos humanos.

Una vez que la gente reconoce esas características extraordinarias de Dios, entiende que no puede esconderse del Señor. Para el salmista, Dios tiene la capacidad y el deseo de encontrar a las personas en medio de sus realidades cotidianas. Inclusive, le encuentra aunque las personas estén en un viaje de huida para alejarse de la gracia de Dios. El salmista articula muy bien esa percepción teológica, pues describe la acción divina que llega a los extremos de las huidas humanas. ¡No hay lugar en el mundo lo suficientemente seguro o lejano como para esconder a las personas de Dios! ¡El conocimiento y el poder del Señor llegan a donde los hombres y las mujeres se escondan!

De acuerdo con el Evangelio de Juan, Jesús de Nazaret recibió de Dios ese particular conocimiento de las personas (Jn 1.47-50; 2.23-

25). Su percepción de la gente fue un factor determinante y fundamental en el desarrollo de su ministerio, que intentaba responder de forma pertinente a las más hondas necesidades humanas. Según Juan, el Señor Jesús responde no solo a lo que los seres humanos tienen la capacidad de articular, sino identifica las necesidades más profundas para atenderlas con misericordia.

El diálogo del Señor con la mujer samaritana es un magnífico ejemplo de ese conocimiento particular (Jn 4.1-30). Según el particular relato, la mujer conversaba con el Señor en torno al cántaro del agua que era capaz de mitigar la sed humana. El Señor, por su parte, le hablaba de su necesidad más profunda, de sus clamores más hondos, de sus anhelos más intensos.

Jesús respondió a la necesidad de la mujer samaritana con el mensaje del agua de vida que mitiga la sed de eternidad, que sacia los deseos del agua de la vida. Ese tipo de agua solo la puede brindar una demostración concreta y maravillosa de la misericordia de Dios. Esa revelación divina hizo que aquella mujer cambiara el derrotero de su vida. ¡Se convirtió en una proclamadora de la verdad del reino representado por Jesús, el profeta y Mesías!

Salmo 140: «Súplica de protección contra los perseguidores»

El Salmo 140 es una oración que reconoce y celebra la protección que le brinda el Señor de los diversos peligros que debe enfrentar la gente de fe en la vida. Es el clamor sentido y agradecido de un adorador que espera y confía en el auxilio divino. Particularmente agradece el poeta a Dios las intervenciones salvadoras en contraposición de la violencia y hostilidad de sus adversarios y enemigos. Fundamentado en esas convicciones y fe, el salmista asegura que el Señor lo salvará, gesto liberador que producirá contentamiento y felicidad en las personas que confían en la bondad y en el poder de Dios.

Este salmo comienza una particular serie de poemas que presentan diversas reacciones de las personas justas ante las tribulaciones, adversidades y crisis de la vida (Sal 140—143). Y, aunque cada salmo articula una respuesta diferente a los diversos problemas que se presentan, las similitudes de las palabras y los pensamientos que se incluyen delatan la correspondencia y relación entre los poemas (p.ej., Sal 140.2-4a y 141.1-4a; Sal 140.5 y 141.9,10a y 142.3b; y Sal 140.6 y 142.5 y 143.10; 140.9 y 141.10; Sal 140.13a y 142.7b; 140.13b y 143.13b; Sal 142.3 y 143.4). Toda la sección se compone de oraciones, que ponen de manifiesto que la primera reacción humana ante las tribulaciones es llevarlas ante Dios.

El estudio de los temas elaborados en este poema revela que el Salmo 140 puede ser muy bien catalogado como uno de súplica individual. Su autor es un adorador que ha sentido los dolores y las angustias de la crisis, se ha visto amenazado de muerte, y ha vivido la crisis del ataque de gente violenta, injuriosa, soberbia, impía, deslenguada e injusta. El poeta revela sus sentimientos más profundos en el salmo, que posiblemente se utilizaba en los círculos sacerdotales como modelo para personas que vivían experiencias de dolor agónico y desesperanzas en la vida.

Como no se menciona el explícitamente el Templo, quizá el salmo proviene de la época exílica, cuando no estaban en funciones las ceremonias religiosas en el santuario de Jerusalén. Inclusive, es posible que el poeta perteneciera al grupo de campesinos que se veían heridos por la política errónea y opresiva de los terratenientes que no fueron deportados a Babilonia. El título hebreo del poema lo dedica claramente «al músico principal», además, indica que es un salmo de David (véase la Introducción).

La estructura literaria y temática del salmo se compone de dos oraciones, seguidas por dos afirmaciones teológicas:

- Clamores por liberación y protección: vv.1-5
- Afirmación del cuidado divino: vv.6-7
- Reconocimiento del Dios que escucha y responde a los clamores de su pueblo: vv.8-11
- Afirmación del derecho de los necesitados: vv.12-13

vv.1-5: El salmo comienza con dos clamores intensos (vv.1-3 y vv.4-5), que son literaria y temáticamente parecidos. El salmista presenta sus peticiones ante Dios en forma imperativa, para revelar la urgencia e inmediatez de las necesidades. ¡El poeta desea y necesita recibir pronto alguna respuesta divina! La crisis que denuncian las oraciones delata con claridad la gravedad y la urgencia del caso. Además, las oraciones revelan e identifican algunas características de las personas que han generado los problemas: Hombres malos y violentos (v.1) e impíos, injuriosos y soberbios (v.4). Ambas peticiones finalizan con la expresión hebrea *selah* (vv.3,5; véase Introducción), que identifica el final de una estrofa y prepara el ambiente para alguna acción de la persona que ora.

En primer lugar, el poeta presenta la actitud y las acciones de las personas violentas y malvadas. Las imágenes son del mundo del campo, del ambiente rural. Los enemigos maquinan males y provocan contiendas, que el poeta describe simbólicamente como acciones venenosas de serpientes o víboras. El salmista se siente calumniado y perseguido por personas que intentan herirle y angustiarle.

Las imágenes para describir a la gente impía e injuriosa se relacionan con la caza y las trampas de animales. Son gente soberbia, hostil, traicionera, inmisericorde, agresiva y despiadada. En efecto, el poeta se siente en medio de una trampa mortal; en efecto, es un desafío que atenta contra su vida.

vv.5-6: La afirmación teológica inicial del salmista responde a la crisis en que se encuentra. En medio de la adversidad y los problemas, afirma que el Señor es su Dios en el día de la batalla —en referencia no solo a la crisis inmediata sino también a sus intervenciones históricas—; y añade que el Señor escucha su ruego, pues es un salvador poderoso y potente. Esa acción de liberación de Dios es descrita como protección divina, es como si el Señor le hubiese cubierto la cabeza en la dificultad.

vv.8-11: Luego de esa declaración teológica de confianza y seguridad, el salmista continúa su clamor. Su intensión clara es invocar la protección divina contra la violencia y maldad de sus adversarios. En esta ocasión su oración comienza con una petición a Dios para que no conceda la petición de sus enemigos; y, además, incluye una serie de imprecaciones hacia esas personas malvadas que se organizan para hacerle mal. El racional es que si el Señor concede el deseo de quienes intentan hacerle mal, no solo el salmista recibe el dolor de sus acciones sino que se ensoberbecen y enorgullecen de forma impropia e ingrata.

El deseo del salmista es que sus enemigos reciban las mismas maldades que preparan para hacerle mal. Esos deseos hacia sus enemigos se describen de forma gráfica: ¡Que caigan sobre ellos las brazas! ¡Que sean echados al fuego! ¡Y que caigan en abismos profundos! Las imágenes ponen de manifiesto la respuesta del salmista ante las maquinaciones de sus enemigos. Ese tipo de persona, deslenguada e injusta, no debe tener espacio en la tierra.

vv.12-13: La afirmación final del salmo nueve el tema de la respuesta divina en la crisis de la dimensión personal e individual a la colectiva y pública. El salmista está profundamente convencido de que el Señor no solo responderá a su clamor personal sino que pondrá de manifiesto su poder a favor de la gente necesitada y afligida. Y como respuesta a esa intervención divina salvadora, las personas justas y la gente recta le alabarán y morarán en su presencia. En efecto, el salmista reconoce el poder liberador del Señor no solo a niveles personales sino en sus dimensiones nacionales. La última palabra de Dios para la gente en necesidad es de liberación y esperanza, es de salud y bienestar, es de misericordia y paz.

Entre las enseñanzas básicas de este salmo, se pueden identificar claramente las siguientes: En medio de las más agudas pruebas y adversidades de la vida, el creyente debe mantener su sentido de confianza y esperanza en el Señor; además, esa confianza plena se pone claramente de manifiesto en expresiones de fe y seguridad, en declaraciones firmes y decididas de protección divina en medio de los problemas y conflictos.

En interesante notar que aunque el salmista describe las dificultades y los ataques de sus enemigos de forma gráfica y vibrante, sus respuestas a la crisis fueron declaraciones de confianza y seguridad, que comenzaron a nivel individual pero concluyen en forma de apoyo general hacia las personas justas que padecen persecuciones en la vida. El salmista se siente perseguido injustamente, su única fuente de esperanza segura es la justicia divina, a la que acude con seguridad y confianza.

La teología de este salmo es la que se desprende claramente de las narraciones de la liberación de Egipto. Un Dios libertador no puede estar tranquilo si su pueblo está cautivo. Y ante el clamor de una comunidad en necesidad, el Señor responde con acciones de liberación que ponen claramente de manifiesto la naturaleza de su poder y su compromiso con la gente en cautiverio y necesidad.

Esa capacidad de responder con liberación y bienestar al clamor de las personas que experimentan las adversidades y los problemas agudos en la vida, es lo que caracterizó la vida y describió la obra ingente de Jesús de Nazaret. El Señor Jesús separó tiempo de calidad para atender los reclamos de personas indigentes, y respondió a las necesidades de gente enferma, marginada, cautiva, endemoniada y desesperada de su sociedad. Y en esas respuestas liberadoras, puso de relieve la voluntad de Dios y reveló la gloria divina.

Salmo 141: «Oración a fin de ser guardado del mal»

El Salmo 141 presenta la oración y súplica sentida de una persona que se allega ante Dios con humildad, pues se siente seriamente amenazada por gente malvada que desea y procura su mal. El poeta le pide a Dios las fuerzas necesarias y la sabiduría requerida para resistir y superar las seducciones y tentaciones que le presentan sus adversarios. En medio de su angustia y prueba, el salmista siente el peligro de sucumbir ante los desafíos de las personas inescrupulosas, que le dan malos consejos y le invitan a incorporarse en sus celebraciones impías, que es una forma disimulada y ceremonial de aceptar sus actitudes y aprobar sus conductas. En efecto, este salmo es un buen modelo y ejemplo para las personas que desear resistir y superar las grandes provocaciones y tentaciones en la vida.

Una lectura detallada del poema nos mueve a catalogarlo como un salmo de súplica individual. Una persona necesitada se presenta ante el Señor, en medio de sus quebrantos y dificultades, para solicitar apoyo, fortaleza, poder y sabiduría. El salmo consiste de una serie de siete peticiones que delatan las preocupaciones fundamentales del poeta, y también revelan la extensión y naturaleza de la crisis.

La oración pone en evidencia la existencia de dos grupos en conflicto: La gente malhechora y malvada, y las personas humildes y piadosas, con las que el salmista se identifica. Aunque los temas expuestos son universales, la confrontación entre los grupos que rodean al salmista puede ser una indicación que su composición es postexílica. Durante esa época se desarrollaron en Jerusalén algunas diferencias en torno a las diversas alternativas de la restauración de la ciudad y del Templo. Quizá este poema revela algunas de esas dinámicas de conflicto. Su autor es parte de ese grupo de gente fiel que no cedió ente la tentación de aceptar las proposiciones de personas poderosas que no representaban los valores que deben distinguir a la gente de fe. Posiblemente este poema pasó a formar parte del Salterio porque revela esas actitudes valerosas de las personas fieles a Dios; con el tiempo, este salmo se incorporó en los programas educativos que se llevaban a efecto en el Templo renovado. El título hebreo del salmo lo relaciona con David (véase la Introducción).

La estructura literaria del salmo se pone de relieve al identificar los grandes temas que expone:

- Invocación a Dios, petición de ayuda urgente: vv.1-2
- Súplica a Dios para que cuide su boca, labios y corazón, y le evite hacer cosas malas: vv.3-7
- Oración de esperanza y seguridad: vv.8-10

vv.1-2: La primera sección del poema pone de manifiesto la urgencia del clamor y la intensidad de la plegaria. Comienzan rápidamente las siete peticiones intensas del salmista: Apresúrate a venir (1), escucha mi voz (v.1), pon guarda a mi boca (v.3), guarda la puerta de mis labios (v.3), no dejes que se incline mi corazón a cosa mala (v.4), no desampares mi alma (v.8), y guárdame de los lazos que me han tendido (v.9). En efecto, la necesidad intensa del poeta se pone de relieve en la serie de peticiones de socorro, ayuda y apoyo.

El salmista clama al Señor y pide que su oración llegue a la presencia divina como el incienso, que Dios reciba el don de sus manos como la ofrenda de la tarde. Las imágenes presuponen las actividades del Templo, pues el incienso formaba parte de las ceremonias religiosas de los sacrificios que se presentaban a diversas horas del día (véase Lv 2.1-2,15-16; 5.11; 6.15; y también Ap 5.8), en este caso se alude a las ceremonias de la tarde. «El don de las manos» es posiblemente una expresión figurada que alude al acto de levantar las manos, que era un gesto litúrgico que frecuentemente estaba acompañado de las oraciones.

vv.3-7: Una nueva súplica se inicia en esta sección. El salmista continúa con la urgencia de su clamor, sin embargo, en esta ocasión su petición está relacionada con sus necesidades, con sus debilidades, y con el reconocimiento de su condición. No desea claudicar en sus valores, ni desea sucumbir ante los desafíos. Su petición a Dios es que le guarde su boca y sus labios, en referencia a su hablar; en efecto, en alusión a sus respuestas ante los problemas que debía enfrentar.

El salmista no desea que su corazón o sus decisiones se desorienten hacia el mal o que acepten la impiedad como estilo de vida normal. ¡No desea compartir los deleites que disfruta la gente malvada! ¡Comer junto a esas personas injustas es aprobar su comportamiento! ¡No quería el salmista ser cómplice de las acciones impropias de la gente impía!

Y en su oración, de forma humilde y sincera, el salmista reconoce que la gente justa lo puede reprender, pues aceptaría gustoso esa corrección. Sin embargo, el poeta se resiste en aceptar la unción de los impíos, pues ese gesto simbólico, que debería representar la selección y comisión a alguna labor significativa en la vida, no se fundamenta en estilos de vida sobrios, nobles, santos y justos.

El deseo explícito del salmista es estar continuamente en contra de la maldad. Y en referencia a ese rechazo claro y firme a la injusticia, se añade una maldición hacia los jueces malvados, que permiten el dolor de la gente humilde. Los versículos 5-7 son de difícil comprensión y traducción, seguimos en este comentario la lectura de Reina-Valera 1995.

vv.8-10: La tercera sección continúa el ambiente de súplica y necesidad. Su oración, sin embargo, se orienta hacia la confianza y seguridad que le brinda el Señor. Su mirada está firmemente puesta en la presencia divina, que le permite esperar apoyo a su alma, en referencia a la protección de su vida.

Solicita el poeta, además, que el Señor le guarde de los lazos y las trampas que le han tendido sus enemigos. Además, le pide a Dios que sus enemigos caigan en las mismas trampas, redes y traiciones que han preparado en su contra. Las imágenes son de caza, pues el propósito es poner de manifiesto la gravedad de la persecución, y subrayar las adversidades que le rodean. Ese es un claro clamor de justicia, en una sociedad que entendía que las personas debían recibir los resultados nobles o adversos de sus acciones, según sea el caso.

Este es un salmo que presenta la realidad humana de forma gráfica y cruda. El poeta reconoce humildemente que las tentaciones y presiones en la vida pueden afectar adversamente la integridad de las personas. Y como respuesta a esa posibilidad de claudicación, el salmista se presenta ante Dios para que le brinde al poder necesario y la autoridad pertinente para superar esas tentaciones y presiones. Su objetivo definido es tener la ayuda divina para nunca sucumbir ante las presiones de la gente malvada que le seduce sutilmente a obviar sus valores éticos y principios morales. El salmista dice con claridad que no aceptará esas invitaciones aparentemente inocentes, que conllevan de forma implícita aceptar la impiedad como adecuada y correcta.

El gran tema del salmo se relaciona con la idea de mantener la integridad en la vida. De acuerdo con el poeta, las manos y los ojos hacia Dios; la boca y el corazón en contra del mal; y la cabeza, sin unciones humanas traicioneras y cómplices, pero con integridad y valor. La gran petición del poema es solicitar la ayuda divina en un momento de gran dificultad y posible confusión ética, para mantener los siguientes valores, que son indispensables para llevar a efecto una vida honesta, digna y honrada: p.ej., santidad, firmeza, seguridad, verticalidad, nobleza e integridad.

Ese modelo de integridad moral es el gran ejemplo y modelo que le brindó a las iglesias, los creyentes y la humanidad la vida y la obra de Jesús de Nazaret. De acuerdo con los evangelios, Jesús vivió a la altura de los valores que articuló en sus enseñanzas. ¡Había una estrecha correspondencia entre sus discursos y sus acciones del Señor! No había distancia entre los valores que dieron orientación a sus mensajes y discursos, y sus acciones que respondieron a las necesidades más hondas e íntimas de la gente en necesidad.

Ese legado teológico y práctico del Señor no puede ignorarse en la vida, particularmente en momentos cuando los valores éticos y la moralidad se han relativizado. El ejemplo de Jesús, en efecto, nos brinda un estilo de vida que desea afirmar, sobre todo, que solo sabe morir la gente que previamente ha sabido vivir; y que la gente que sabe vivir, llega a las puertas de la muerte con integridad, justicia, paz, confianza, valor, amor, honradez, nobleza, autoridad, seguridad y esperanza.

Salmo 142: «Petición de ayuda en medio de la prueba»

El Salmo 142 presenta la oración sincera de una persona que se allega ante Dios abatido por el sufrimiento y herido por la angustia. El poeta se siente desprovisto de todo tipo de ayuda y apoyo, y cuando siente los niveles más intensos e inmisericordes de la soledad, levanta esta plegaria intensa al Señor, que es la fuente mayor de su esperanza y seguridad. Como no tiene quien lo defienda y apoye, el salmista se dirige al Dios que tiene la capacidad y el deseo de responder a sus clamores más hondos, a sus necesidades más intensas. Y aunque siente los embates más agudos de la soledad, el poeta manifiesta una confianza sobria y saludable en el Señor.

La lectura del poema revela que este salmo se puede catalogar como uno de súplica individual. Esta oración es un lamento personal que solicita la intervención divina en medio de la adversidad y la soledad. El autor es una persona piadosa que en medio de una crisis complicada en la vida, en la que se siente hasta prisionero, reconoce que su esperanza está en Dios. Quizá este salmo es parte del catálogo de poemas que se utilizaba en el período de la restauración de la ciudad de Jerusalén y del Templo para ayudar a las personas que pasaban dificultades especiales y llegaban al santuario para presentar sus oraciones al Señor.

Aunque los temas expuestos en el salmo tienen alguna dimensión universal característica de problemas generales, es posible que este poema se haya compuesto luego del destierro en Babilonia. Esa fecha postexílica puede revelarse en las siguientes referencias, que pueden muy bien relacionarse con el período de la deportación: La falta de refugio (v.4), que no hay quien cuide su vida (v.4), su porción es el Señor (v.5), y se siente en la cárcel (v.7). El título hebreo indica que es un «maskil» de David, y alude a un particular episodio en la vida de David, cuando se escondió en una cueva porque estaba perseguido por Saúl (1 S 22—24); el Salmo 57 menciona una situación similar en la vida del famoso monarca de Israel.

Una posible estructura literaria y temática del salmo es la siguiente:

• Clamor que suplica la misericordia divina: vv.1-4
• Clamor que implora la liberación del salmista: vv.5-7

vv.1-4: El salmo comienza con el clamor intenso y agudo del salmista. En su oración suplica la misericordia divina; y desea exponer su queja y lamente ante la presencia del Señor. Las palabras que usa el poeta para poner de relieve su condición revelan la naturaleza y profundidad de la crisis: Queja y angustia.

Sin embargo, aunque siente el peso del dolor y se percata de la complejidad de las preocupaciones que le abaten, cuando su espíritu se angustiaba –p.ej., en referencia a la gravedad del problema—, el poeta reconoce que el Señor conocía su senda, que es una referencia a la capacidad divina de conocer y entender las diversas condiciones y preocupaciones humanas. Inclusive, en ese camino que andaba el salmista, le tendieron lazos y trampas, en clara alusión a las persecuciones y traiciones de las que era objeto continuamente.

En su clamor, el poeta le pide humildemente a Dios que le mire y se percate que no hay quien desee entender su condición: ¡No hay persona alguna que comprenda su situación! ¡No hay gente que reconozca la naturaleza de su soledad! Y añade, que no tiene refugio ni quien le proteja, que son manifestaciones existenciales de su crisis y adversidad.

vv.5-7: La segunda sección del salmo incluye otro clamor hondo y sentido. En esta ocasión, sin embargo, el tema no es la crisis que se relaciona con la soledad sino la afirmación de su esperanza que está puesta en el Señor. El salmista clama decidido a la fuente de su seguridad, al fundamento de su confianza. El Señor, para el poeta, es su «porción en la tierra de los vivientes», que es una frase que alude a la herencia que tienen los creyentes en la vida. La palabra «porción» generalmente alude a la tierra prometida como regalo divino al pueblo de Israel.

El salmista continúa su clamor por liberación, pues aunque reconoce la intervención salvadora de Dios, se siente afligido por la persecución de sus adversarios y enemigos, que nos más fuertes que él, han demostrado más poder del que él tiene. Su petición es que Dios saque su alma de la cárcel, que es una forma gráfica de articular la gravedad de su condición y naturaleza de su crisis. Ese acto de revelación y salvación del Señor hará que recobre las fuerzas pertinentes para continuar sus alabanzas al nombre del Señor, que en este contexto es una clara alusión poética a su esencia y naturaleza liberadora.

La línea final del salmo pone claramente de relieve el tema de la felicidad, el asunto de la alegría. El resultado inmediato de la liberación divina, que genera en el salmista el poder para proyectarse al porvenir con fuerza en la vida, hará que la gente justa se contente y alegre. En efecto, las intervenciones salvadoras del Señor, las que rompen las cadenas y superan el cautiverio del salmista, generan y propician la felicidad de la comunidad de creyentes y fieles (Sal 64.10).

Este salmo presenta de forma gráfica las angustias relacionadas con la soledad. El salmista se siente solo en medio de una serie de persecuciones mortales. Y de experimentar la soledad angustiante, afirma que su refugio es el Señor. El poeta revela con seguridad y confianza su peregrinar en la vida: Del dolor a la esperanza, de la angustia a la confianza, de la persecución a la liberación, del cautiverio a la alabanza, de la cárcel a la alegría. En efecto, este es un magnífico salmo que revela la transformación del espíritu humano, cuando recibe el toque divino.

La lectura de este salmo es particularmente apropiada en medio de la sociedad contemporánea, catalogada comúnmente como posmoderna. Esta sociedad, llena de luces y entretenimientos, que además tiene muchas ciudades y comunidades con sobrepoblación, también es el entorno de la soledad y el cautiverio que hiere individuos, familias, pueblos, naciones y continentes.

Respecto a este importante tema teológico y existencial, es importante señalar que la soledad contemporánea clama por manifestaciones concretas y específicas de la misericordia divina. En efecto, la soledad que ofende mortalmente al mundo necesita ministerios de solidaridad que sustituyan el individualismo rampante por el compañerismo misericordioso. Uno de los reclamos más importantes y urgentes de las sociedades actuales es que los creyentes y las iglesias pongan de manifiesto el amor extraordinario que se destila de las Escrituras, y que se convierte en el distintivo fundamental de los creyentes, en la consigna de la gente de fe.

La teología de Jesús de Nazaret estafa basada ese tipo de la revelación divina y en demostraciones concretas y reales de la misericordia y la solidaridad. Ante los clamores indecibles de la gente en necesidad y dolor, el Señor respondió con una palabra de sabiduría, acudió con un mensaje de esperanza, se manifestó con un toque de sanidad, y afirmó una expresión de liberación. No se quedó el Señor como un espectador pasivo de los clamores humanos, sino que intervino de forma salvadora para poner de manifiesto el poder transformador del amor y el perdón.

Salmo 143: «Súplica de liberación y dirección»

El Salmo 143 es el séptimo y último de los poemas conocidos como de arrepentimiento o «penitenciales» (Sal 6; 32; 38; 51; 102; 130), y finaliza este pequeña sección de oraciones y peticiones individuales en momentos de adversidad personal o tiempos de prueba (Sal 140—143). El poeta presenta el clímax de su dolor, el límite de su problema. Siente que ya está metafóricamente sepultado, pues la posibilidad de la muerte no es lejana ni remota. ¡El salmista siente que no puede soportar más dolor y que no puede resistir más angustia! Sin embargo, mientras más fuerte el problema y la prueba, más profunda es su fe y su esperanza en Dios. La oración ferviente del salmista se hace realidad en medio de las adversidades de la vida, en los momentos de crisis extrema.

La identificación de los temas expuestos en el poema revela que este salmo puede catalogarse como uno de súplica individual. El autor del poema es una persona humilde y necesitada que se presenta ante Dios en medio de la adversidad para implorar la justicia divina. Como las imágenes que se articulan en el salmo provienen de los círculos judiciales, el posible que el contexto original del poema es el clamor de una persona que, luego de reconocer sus faltas, pecados y violaciones, llega ante Dios para que, en su justicia, manifieste su misericordia. Quizá este poema formaba parte de las oraciones que se hacían en el período luego del retorno de Babilonia. La gente que adoraba reconocía sus pecados individuales –que representaban las iniquidades nacionales— que propiciaron el juicio divino del destierro. El título hebreo del poema lo identifica claramente como un salmo de David (véase la Introducción).

La estructura literaria y temática del salmo que puede ayudarnos a su análisis y comprensión, es la siguiente:

- Clamor por la justicia divina: vv.1-6
- Clamor por la misericordia del Señor: vv.7-12

vv.1-6: El salmo comienza con un sentido de urgencia, con un ambiente de necesidad profunda, con una dinámica de clamor. El salmista le pide directamente al Señor que escuche su oración y ruegos, que responda a su clamor. El fundamento básico de esa petición no son los propios méritos del salmista sino la verdad y la justicia divina, que identifican claramente dos de los atributos de Dios más importantes. Reconoce el salmista en su oración que no puede llegar ante la presencia divina fundamentado en sus virtudes, pues ante el tribunal del Señor ningún ser humano se puede defender adecuadamente ni tampoco justificar su causa.

Se presenta entonces la crisis del poeta: El enemigo ha perseguido su alma, que es una forma de magnificar las dificultades que sus adversarios le infieren. Siente en su dolor que su vida está postrada, que está en tinieblas como las personas fallecidas, su espíritu está angustiado y su corazón desolado. En efecto, las imágenes son de crisis profunda, de adversidad extraordinaria, de dificultad formidable.

Para responder a esas realidades angustiantes de dolor intenso y adversidad continua, el poeta afirma que se acordó de los días antiguos, y que meditaba y reflexionaba en las obras de Dios. Y fundamentado en ese análisis de las intervenciones históricas del Señor en favor de su pueblo, «extendió sus manos», que era una señal de oración, adoración y humildad, símbolo de reconocimiento divino y confianza. Además, afirma el poeta que su alma, que es una referencia poética a la totalidad de su vida, espera la manifestación del Señor como la tierra sedienta y árida espera el agua, elemento indispensable para la fertilidad y fecundidad, símbolos insustituibles de la vida. La estrofa finaliza con la expresión hebrea *selah* (véase la Introducción).

vv.7-12: La segunda parte del salmo continúa el ambiente de súplica y oración del poema. El clamor en esta ocasión es para que el Señor responda pronto a la petición, pues el salmista se ha desanimado; la crisis ha llegado a niveles tales que su espíritu desmaya, que es una forma figurada de representar su desánimo. La urgencia de la plegaria se fundamenta en la debilidad del salmista. Su deseo es que el Señor no esconda su rostro, pues se convertiría en una persona semejante a los que descienden a la sepultura, que equivale a morir. La referencia a que Dios no esconda su rostro, es una manera de indicar que no desea que se aleje la presencia divina de su vida.

La petición del salmista es decidida, clara y firme: Quiere oír de mañana la misericordia divina (v.8); quiere saber el camino por donde transita (v.8); quiere ser librado de sus enemigos (v.9); quiere ser educado para hacer la voluntad divina (v.10); y quiere que el buen espíritu del Señor le guíe (v.10). En efecto, esas peticiones ponen de manifiesto la piedad del salmista y revelan la profundidad de su espiritualidad. Sus clamores se relacionan con el descubrimiento de la voluntad del Señor que le permite disfrutar la misericordia divina. Son clamores que manifiestan confianza, seguridad, esperanza, fortaleza, orientación y rectitud. Son plegarias que revelan la integridad del poeta.

Para finalizar, el salmista presenta tres afirmaciones teológicas fundamentales para su bienestar emocional y salud espiritual. Por el nombre divino el Señor le dará vida; por su justicia lo sacará de la angustia; y por su misericordia disipará sus enemigos y destruirá a sus adversarios. En decir, que el salmista ancla su esperanza en su percepción de Dios, que es justo y misericordioso; además, basa su confianza en el nombre divino, que representa su esencia liberadora, su naturaleza salvadora, su compromiso redentor.

La palabra final del salmo ubica al salmista en una especial relación con Dios: El poeta que clama es siervo del Señor, que es una manera de destacar la intimidad y la correspondencia divina y humana. Ese reconocimiento de humildad y servidumbre alude a su deseo honesto de reconocer la autoridad y la voluntad divina. El salmista de esta forma se une a la importante tradición de siervos del Señor en las Escrituras, entre los que podemos identificar y subrayar al Siervo del Señor en el libro del profeta Isaías (Is 42.1-9; 49.1-6; 50.4-9; 52,13—53.12), que representa la encarnación óptima de la voluntad de Dios, aunque tuvo que vivir una serie extensa y compleja de experiencias de dolor y sufrimiento extraordinarios.

Este salmo pone de manifiesto la petición y el clamor de una persona que adora, que reconoce humildemente su condición y se presenta ante el Señor para suplicar su misericordia y para esperar su justicia. Revela la importancia del clamor y la necesidad del reconocimiento de las debilidades personales. El salmista no fundamenta sus argumentos en alguna virtud humana sino en la naturaleza divina que es capaz de responder la oración con manifestaciones de vida, seguridad y triunfo.

De particular importancia es la relación del poeta con la imagen de siervo del Señor. Esa referencia ubica el salmo en una tradición teológica especial que lo une a la figura de Jesús de Nazaret, que para la iglesia cristiana es el Siervo del Señor por excelencia. La figura del Siervo del Señor, que es «varón de dolores, experimentado en quebrantos» (Is 53.3), revela el compromiso divino de responder al clamor de la persona justa que sufre. Esa imagen del Siervo pone de manifiesto uno de los compromisos más importantes de Dios con la humanidad: Cuando alguien sufre injustamente, Dios no permanece pasivo y silente, sino que responde con justicia y misericordia. Y esas manifestaciones divina tienen el extraordinario poder de la resurrección.

Salmo 144: «Oración pidiendo socorro y prosperidad»

El Salmo 144, que contiene un fuerte tono militar, incluye la oración de un rey que suplica la victoria y liberación de sus enemigos; además, incorpora una plegaria nacional por prosperidad y abundancia. El poeta fundamenta sus peticiones en que la nación cuyo Dios es el Señor es esencialmente feliz y bienaventurada. Los temas que se exponen, aunque pueden herir las susceptibilidades espirituales de la gente contemporánea amante de la paz, revelan la percepción antigua de que la guerra era una forma adecuada de procurar la justicia. El salmista alaba y bendice al Señor pues reconoce que solo Dios es el fundamento estable y firme de la paz; en efecto, el Señor es el único capaz de brindarle al pueblo sentido claro de esperanza y seguridad.

La lectura cuidadosa del poema descubre que su unidad literaria y temática se relaciona con la figura del rey, y por esa razón este salmo debe ser catalogado principalmente como uno real. Sin embargo, el lector o la lectora que se acerca con detenimiento al poema, también descubre que contiene rasgos típicos de otros tipos de salmos: p.ej., de acción de gracias o de confianza individual (vv.1-2), sapienciales (vv.3-4,15), y de súplica individual (vv.5-7,10b-11). Su autor debe haber sido un israelita piadoso que se presenta ante Dios en representación del monarca —¡o pudiera ser el mismo rey!— para implorar su ayuda en un momento de gran crisis nacional.

Las referencias al rey ubican la composición del poema en la era monárquica, antes del destierro en Babilonia. Quizá su contexto inicial básico eran las plegarias que se hacían en el Templo en momentos de peligros mortales de la nación, posiblemente cuando enfrentaban las amenazas de naciones enemigas, y existía la posibilidad real de guerra. El rey se allegaba ante Dios no solo para hacer estas oraciones de forma individual sino en representación del pueblo. Su título hebreo lo asocia directamente con David (véase la Introducción).

La estructura literaria y temática del salmo puede ser la siguiente:

- Clamor a Dios por la victoria militar: vv.1-11
  - Expresión de confianza: vv.1-2
  - Contraste divino-humano: vv.3-4

    * Súplica por la intervención divina: vv.5-8,10b-11
    * Cántico nuevo al Señor: vv.9-10a
  • Clamor por la prosperidad nacional: vv.12-15

vv.1-2: El salmo comienza con una clara y viva expresión de seguridad y fortaleza. El poeta confía serenamente en el Dios que prepara a su pueblo para la guerra. En este contexto literario, el Señor es misericordia, castillo, fortaleza, libertador y escudo, imágenes que ponen de manifiesto el ambiente bélico, revelan las percepciones militares del salmista. Su esperanza esta depositada en ese Dios, a quien también conoce como roca, para ilustrar su fundamento estable y fuerte, y que le permite gobernar a su pueblo, pues lo sujeta debajo de él.

Esta primera sección del salmo revela el uso de una serie de ideas y conceptos que ya se habían articulado en otros salmos (Sal 18.34,46; 18.2). El uso de estas imágenes bélicas, además, puede ser una indicación de que los problemas y las adversidades del salmista se relacionan con algún tipo de amenaza militar.

vv.3-4: El poeta se mueve de las afirmaciones teológicas en torno al Dios que es fuente de esperanza, a la reflexión sapiencial que evalúa la naturaleza humana. En contraposición al Dios que es firme y estable como una roca, y que es capaz de infundir aliento y esperanza, pues manifiesta su misericordia y poder en medio de las batallas como castillo, fortaleza, escudo y libertador, se presenta la imagen de la precariedad humana. Las personas son como el soplo y la sombra; es decir, pasan rápidamente por la vida, no dejan rastros permanentes, no son estables ni firmes. En efecto, la vida humana es frágil y limitada, el poder divino es fuerte y poderoso.

Estos versículos provienen de una serie meditaciones sapienciales que ya aparecen en el Salterio (Sal 8.4; y véase también Job 7.17-18). El salmista las utiliza nuevamente para destacar las limitaciones humanas aunque se trate de un monarca, aunque la alusión sea al rey. De esta forma el poeta el salmo enfatiza el poder divino necesario para enfrentar la vida y sus conflictos, hasta en los niveles más altos de la sociedad.

vv.5-8,11: En esta sección se incluye el clamor del salmista. Su oración es para que Dios incline los cielos y descienda. Solicita una intervención divina extraordinaria; pide al Señor una nueva manifestación especial de su poder; y clama por una teofanía novel que ponga claramente de manifiesto su naturaleza militar, su poder redentor, sus virtudes liberadoras, como en los días de antaño. Las imágenes de esa intervención son las siguientes: Los montes humean al toque de su mano, y los relámpagos y las saetas del Señor hacen que los enemigos se dispersen y desorienten. En efecto, el poeta clama por la redención divina, que equivale a sacarlo y protegerlo de las manos enemigas, descritas como extrañas, y que lo amenazan como si fueran una gran inundación.

Se incorpora en esta parte del salmo una especie de estribillo (vv.8,11b) que describe la actitud de los enemigos del salmista. La característica fundamental de sus adversarios es que son mentirosos. Esos enemigos, que son identificados dos veces como gente extraña (vv.7,11), le atacan con mentiras. Y ante la violencia relacionada con la falsedad y la injusticia, el salmista clama por liberación y rescate. Solo el poder divino puede salvar al salmista de sus crisis, únicamente la intervención del Señor puede rescatarlo de su adversidad.

La referencia a la «diestra de mentira» puede ser una referencia al saludo de mano que solían darse los monarcas luego de establecer algún pacto en la antigüedad. El salmista no confía en ese tipo de saludo que se fundamenta en el engaño y la maldad. Ese tipo de alianza engañosa no puede ser el fundamento de una paz duradera.

vv.9-10: El salmo prosigue con una promesa de alabanzas y cánticos, que describe como nuevos. El poeta, en claro anticipo a la salvación que espera del Señor, reconoce el poder divino que la da la victoria a los reyes. Sus cánticos se entonan con instrumentos musicales, salterio y decacordio, para destacar que no lo hace solo sino que incorpora al pueblo y sus músicos en esa expresión de gratitud.

La referencia al rescate de David, que describe como siervo de Dios, es simbólica. El poeta se siente parte de esa tradición, quizá clama al Señor en representación de la dinastía davídica.

vv.12-15: El salmo culmina con una serie de deseos de prosperidad. El poeta cambia el ambiente de su oración de la preocupación en la crisis militar a los deseos de prosperidad nacional. Las imágenes describen su esperanza: Los hijos deben ser como plantas fuertes y hermosas; las hijas, como piezas de arte en el palacio; los graneros deben estar llenos; los ganados que se multipliquen mucho; y los bueyes fuertes para el trabajo. En ese ambiente de fertilidad y fecundidad, el salmista pide además, seguridad nacional: Pide que no hayan asaltos ni gritos de alarma en las plazas.

La idea del clamor es clara: El salmista desea que el ambiente de crisis y de guerra sea transformado en dinámicas de paz, seguridad y prosperidad. Además, reconoce con valor y seguridad que el pueblo que disfruta ese tipo de ambiente de confianza es feliz, dichoso y bienaventurado. Y añade: ¡Bienaventurado es el pueblo cuyo Dios es el Señor! De esta forma el salmo se complementa: Comienza con una bendición y finaliza con una bienaventuranza.

Este salmo pone de relieve varios asuntos de gran importancia teológica para su comprensión y aplicación. La persona que clama en la crisis bélica es el rey o su representante. Para el salmista la oración que es escuchada por el Señor no solo proviene de las asambleas o las multitudes sino de los individuos, en este caso del monarca, de las autoridades nacionales, de los líderes políticos. En medio de la crisis se requiere la humillación de todos los sectores del pueblo para propiciar la intervención liberadora de Dios.

Esta oración revela las dinámicas traicioneras de las alianzas y los pactos humanos. El salmo pone en clara evidencia que las alianzas o pactos que se fundamentan en las mentiras o los engaños no constituyen el fundamento estable y firme para la paz nacional ni para la seguridad personal. El salmista no confía en el intercambio superficial o traicionero de saludos, pues no propician la prosperidad nacional.

Un componente teológico de gran importancia del salmo se relaciona con sus ideas finales. De acuerdo con el poeta, los pueblos son bienaventurados si tienen al Señor como Dios, pues esa relación es la que trae paz y prosperidad a las naciones y a las personas. La bienaventuranza que completa la enseñanza del salmo destaca la importancia la presencia divina para el disfrute pleno de la vida.

Esa lección del salmo en torno a la felicidad verdadera fue una de las grandes enseñanzas de Jesús. Para el Señor, la felicidad no se relaciona con el tener o comprar, ni tampoco con las manifestaciones del poder político y las demostraciones militares, sino con lo que las personas esencialmente eran. En el mensaje que presenta el corazón de sus doctrinas y en el sermón que articuló la plataforma básica de su movimiento (Mt 5.3-12), Jesús indicó con claridad y firmeza que la gente dichosa es pobre en espíritu, llora y es mansa; las personas felices recibirán la tierra por heredad, y tienen hambre y sed de justicia; las personas bienaventuradas son misericordiosas, pacificadoras y de limpio corazón. Indicó, además, sobre este mismo tema, que ese tipo de felicidad plena no disminuye ni se ausenta en medio de las persecuciones injustas, ni cuando insulten, persigan o calumnien a la gente de fe.

Salmo 145: «Alabanza por la bondad y el poder de Dios»

El Salmo 145 es una especie de transición que mueve la previa sección de poemas relacionados con David (Sal 138—145), con los salmos que prosiguen conocidos como los aleluyáticos (Sal 146—150), con los que concluye el Salterio. El poema es esencialmente una manifestación gozosa de alabanzas y gratitudes al Señor por su grandeza y bondad. En su oración, el poeta bendice y exalta al Dios del universo, a la vez que lo reconoce con intimidad como su rey, por sus atributos especiales de justicia y poder, a la vez que afirma su compasión y misericordia.

La característica literaria más importante de este salmo es que está dispuesto en un estilo acróstico, en las que cada versículo comienza con las letras sucesivas y en orden del alefato hebreo —en el manuscrito que utilizaron algunas versiones castellanas de la Biblia, como Reina-Valera, falta el versículo relacionado con la letra *nun*, que aparece en la traducción griega de los LXX—. Otros salmos que manifiestan esta particularidad estilística, son los siguientes: Salmo 9—10; 25; 34; 37; 111—112; 119.

Por los diversos temas que expone, este poema se puede catalogar muy bien como un himno de alabanzas al Señor. La no mención del rey de Israel en el poema, puede revelar que se escribió luego del período del destierro, cuando la monarquía no tenía funciones reales en la vida del pueblo. Quizá este tipo de poema se utilizaba en los procesos educativos que llevaban a efecto los sacerdotes, para mantener viva la memoria histórica nacional; particularmente el salmo se puede asociar con la fiesta de los Tabernáculos, por su alusión a las cosechas abundantes (vv.15-16).

El salmista debió haber sido un israelita piadoso que revisa la historia nacional para destacar las intervenciones divinas en el pueblo, aunque vive momentos de adversidad, preocupación y crisis. El título hebreo del poema lo describe como un salmo de alabanza, y lo relaciona con David (véase la Introducción).

La estructura literaria de los salmos acrósticos es bastante compleja, por la naturaleza misma de este tipo de poemas que articulan sus temas sin necesariamente proseguir una relación estrecha. De particular importancia son las alabanzas que comienzan y finalizan el poema, que le brindan una especie de paréntesis temático. Una posible estructura que nos ayuda a estudiar y comprender este salmo, es la siguiente:

- Alabanzas a Dios: vv.1-2
- El Señor es grande: vv.3-7
- El Señor es clemente y misericordioso: vv.8-13
- El Señor sostiene al caído y levanta al oprimido: vv.14-16
- El Señor es justo: vv.17-20
- Alabanzas a Dios: v.21

vv.1-2: El salmo comienza con una serie intensa de alabanzas al Señor. El poeta exalta al Señor que es rey, y bendice el nombre divino de forma continua y permanente. De esta forma se pone claramente de manifiesto el fundamento teológico de sus alabanzas: El salmista expresa sus bendiciones al Dios que, aunque es el rey eterno, entra en diálogo con las personas.

En efecto, esta oración no es un monólogo impertinente de una persona que ora, sino parte de una conversación en la que el salmista espera recibir la respuesta divina. La referencia al nombre divino revela la esencia divina que se le reveló a Moisés (Ex 3.1-15), y pone en evidencia clara la más profunda y grata naturaleza divina. El salmista exalta, bendice y alaba al Señor porque el nombre divino manifiesta su deseo liberador, su poder salvador, su compromiso redentor.

vv.3-7: El salmo prosigue su desarrollo temático identificando el motivo y el fundamento de la alabanza. El poeta articula un cántico de exaltación y bendición pues reconoce que el Señor es grande. Esa profesión de fe también afirma que Dios es digno de alabanza suprema, absoluta y total; y declara que su grandeza es incalculable e insondable.

De esa forma teológica se ubican los pilares básicos de la gratitud del salmista. Las diversas generaciones del pueblo celebran las obras divinas y anuncian sus hazañas poderosas, maravillosas y estupendas. Además, esas generaciones, cantarán y afirmarán la justicia del Señor. Es decir, el pueblo recordará las intervenciones históricas de Dios en medio de sus vivencias cotidianas. Y ese importante recuerdo de liberación divina y esperanza humana es motivo de proclamación, gratitud y alabanza.

vv.8-13: En esta sección se presenta el segundo motivo teológico de alabanza: Dios es clemente, misericordioso y bueno. Y esas características divinas son las que le permiten al Señor actuar con lentitud para demostrar su ira y le motivan a ser generoso en la manifestación de su extraordinario amor. De acuerdo con el salmista, la bondad divina se manifiesta en todas las personas y su misericordia, en todas sus obras.

El salmista reclama ahora, luego de reconocer las características extraordinarias de Dios, que las obras lo alaben, y que los santos le bendigan. El poema incentiva las alabanzas y las bendiciones, y fomenta el reconocimiento de la gloria y el poder del reino divino. El propósito del salmista es que se conozca en el mundo «la gloria de la magnificencia de su reino», en clara alusión a reino divino que durará a través de los siglos y que representa un señorío extraordinario que superará los límites del tiempo y de las generaciones.

En el texto hebreo falta el versículo que debería comenzar con la letra *nun*. Sin embargo, en un manuscrito antiguo de la versión griega de la Septuaginta, y también en otras versiones antiguas de los Salmos, se han encontrado las líneas que faltan: «Fiel es el Señor en todas sus promesas, y leal en todo lo que hace». Este versículo debe leerse luego del número trece en nuestras versiones castellanas de Reina-Valera.

vv.14-16: El salmista prosigue su alabanza a Dios, pero en esta ocasión identifica dos características divinas necesarias para la salud integral en la vida. El Señor sostiene a todas las personas que caen, y a la vez, levanta a la gente oprimida y cautiva. ¡La gente de fe espera en Dios! Y esa esperanza en Dios le brinda al salmista sentido de seguridad y fortaleza, pues confía que recibirá su comida a tiempo. El Señor abre la mano y colma de bendición a todo ser viviente.

vv.17-20: En esta sección el salmista revela otra característica divina que le hace merecedor de toda alabanza y expresión de gratitud: El Señor es justo. Esa justicia divina se manifiesta en todos sus caminos y es la fuerza extraordinaria que genera el perdón, la misericordia y clamor. Dinámica divina que le acerca a quienes le invocan y que le ayuda a responder con salvación y liberación al deseo y el clamor de quienes le temen y tienen necesidad.

Esta sección finaliza con una declaración teológica de seguridad y esperanza: El Señor guarda a quienes lo aman; y destruirá a los impíos. Esa es una forma de decir que Dios está atento a los clamores, las necesidades, los desafíos, y las expectativas de la gente de fe.

v.21: Culmina el poema con el mismo tono de alabanza y bendición que lo comenzó: El salmista proclamará las bendiciones divinas para que la humanidad reconozca que el poder redentor del Señor. Reclama de la comunidad que exploren y analicen sus alabanzas y oraciones más íntimas y sobrias. El llamado es a que toda la humanidad bendiga el nombre santo del Señor, eternamente y para siempre.

En medio de un paréntesis que exalta al Señor y que lo reconoce como el rey cercano e íntimo, este poema pone de manifiesto una serie de razones por la que las personas deben alabar a Dios. En medio de una serie de alabanzas que invitan al pueblo a alabar al Señor de forma continua y permanente, el poeta articula varias características divina que tienen repercusiones éticas y morales para los creyentes contemporáneos.

En primer lugar se reconoce la grandeza divina, que se describe como insondable, extraordinaria y poderosa. El primer valor divino que incentiva las alabanzas es su grandeza, que destaca el componente la hermosura de la gloria divina, que subraya la magnificencia de sus intervenciones en la historia nacional, identificadas como hechos estupendos. Ese reconocimiento hace que la gente de fe cante su justicia y proclamen su bondad.

El salmista, además, reconoce que Dios es clemente y misericordioso, que revela dos de los atributos que se relacionan con el trato que le da a la humanidad. Esas características divinas son las que median entre las acciones fallidas de los seres humanos y la naturaleza santa del Señor que en vez de mostrar siempre un rostro de juicio y castigo, pone de manifiesto su bondad a través de su misericordia, clemencia y amor.

Las bases de la exaltación de Dios llegan al reconocimiento del Señor que sostiene a la gente caída y libera a las personas oprimidas. En efecto, el salmista identifica su naturaleza redentora y soteriológica como uno de los grandes pilares que sostienen nuestras alabanzas y gratitudes a Dios. Este tipo de acción divina es una manera de responder a los diversos clamores humanos, como lo hizo el Señor con el pueblo de Israel durante el cautiverio en Egipto.

La afirmación teológica que sostiene todos estos atributos divinos es la que indica: Dios guarda y protege a las personas que le aman, pero que destruye a quienes manifiestan impiedad. En efecto, el amor divino es a la vez misericordioso y justo. Y esa peculiaridad divina es la que demostró Jesús en su ministerio. El Señor puso de manifiesto, tanto en sus múltiples sermones como en sus variadas enseñanzas, que Dios es grande, clemente, misericordioso y liberador. Su verbo elocuente y su compromiso más profundo estaban a la merced de las personas que se sentían cautivas de enfermedades y prejuicios, y su poder transformador apoyaba a la gente que estaba marginada por las dinámicas y realidades religiosas, históricas y políticas.

La lectura de este salmo nos permite comprender cómo el Señor Jesús transformó estas enseñanzas teológicas sobre Dios en un programa concreto de servicio a las personas necesitadas y en un extraordinario proyecto de liberación.

Salmo 146: «Alabanza por la justicia de Dios»

Con el Salmo 146 comienza la sección final de alabanzas del Salterio (Sal 146—150), conocida en la comunidad judía como el Tercer Hallel (el primer grupo de este tipo de poemas es el Pequeño Hallel, Sal 113—118, y el segundo es el Gran Hallel, Sal 136). El propósito básico de estos poemas es afirmar a Dios como merecedor único de las alabanzas, pues en las oraciones no hay peticiones personales ni se revelan las necesidades específicas de los adoradores. En este sentido, cada salmo incluye un aspecto particular de las alabanzas que llegan a la presencia divina. La comunidad judía piadosa recita estos poemas y alaba al Señor con esos salmos temprano en el día, por esa razón esta sección del Salterio se conoce también como «las alabanzas de la mañana».

Este salmo contiene aspectos que le pueden relacionar con el poema anterior (Sal 145), que también destaca los temas de la protección divina y la provisión del Señor para su pueblo. Contrasta, sin embargo, como una característica teológica fundamental del poema, las ayudas y los apoyos que pueden brindar las autoridades humanas y los gobernantes de los pueblos, que tienen una viuda corta y no son dignos de mucha confianza, con las intervenciones divinas y su compromiso protector, que merecen toda la confianza humana, por la naturaleza poderosa y eterna del Señor. El salmo reconoce y celebra a Dios como creador del universo y como liberador de la gente oprimida.

Aunque este poema contiene una serie de enseñanzas características de la literatura sapiencial, debemos identificarlo como un himno de alabanzas que reconoce el proyecto de Dios sobre los esfuerzos humanos. El autor es una persona que ya ha experimentado las frustraciones que generan los gobernantes humanos con sus decisiones equivocadas. Y como respuesta a esas acciones imprudentes, reconoce que solo Dios es merecedor de las alabanzas del pueblo. Las lecturas antiguas de este salmo parece que se hacían en público, pues las exhortaciones que contiene revelan los contextos educativos de la literatura sapiencial. Es posible que la fecha de composición sea después del destierro, pues la referencia al gobernante no es al rey sino a los príncipes.

El título hebreo del salmo identifica el poema solo con la palabra aleluya, como una manera de indicarle al lector la naturaleza y el propósito de la oración. En la versión griega del Antiguo Testamento, la LXX, este salmo se atribuye a los profetas Hageo y Zacarías, que asocian sus ministerios con la reconstrucción del Templo, luego del retorno de los deportados de Babilonia a Jerusalén (véase la Introducción).

La estructura literaria que puede contribuir a una mejor comprensión y evaluación de este salmo, puede ser la siguiente:

- Alabanzas al Señor: vv.1-2
- No hay salvación en los príncipes humanos: vv.3-4
- Es bienaventurada la gente que confía en el Dios creador: 5-10a
- Alabanza al Señor: v.10b

vv.1-2: El salmista comienza su oración con un mandato interior, con un reclamo a su alma —en referencia a la totalidad de su vida—, con una afirmación de alabanza en su vida y de cántico al Señor mientras viva. El poema pone rápidamente de manifiesto un estilo literario que es bastante común en el Salterio (Sal 103.1; 104.1,33; 145.1-2). Es un tipo de diálogo con el alma, una conversación interior, un diálogo íntimo.

Y en esa conversación sincera, honesta y profunda, el salmista le brinda a todo su ser un mandato firme, claro y directo: Todo su ser debe alabar al Señor, y debe cantar a Dios de forma continua y permanente. La intensión poética es poner de manifiesto una manera figurada de reconocer la autoridad de Dios sobre todo el ser del salmista, es una demostración de humildad, y es el reconocimiento pleno del poder divino.

vv.3-4: La atención del salmo de dirige no a Dios sino a un grupo de personas, que puede ser una alusión al pueblo reunido en alguna asamblea, o a un grupo menor de personas en un programa educativo. La lección es clara: La salvación no proviene de los príncipes o gobernantes humanos, sino de Dios. Además, el poema indica la razón de esa desconfianza: Los seres humanos, aunque ostenten posiciones de poder político y militar, son solo personas frágiles y temporales. Las imágenes que utiliza el salmista son pertinentes y adecuadas, pues compara a esas personas poderosas con el aliento y los pensamientos: ¡No son permanentes ni estables!

vv.5-10a: Sin embargo, en contraposición a esas personas frágiles y temporales, se presenta una serie de acciones de Dios que ponen en clara evidencia su poder y autoridad. ¡La gente que confía en el Señor es bienaventurada! Las personas que cifran sus esperanzas en las personas, aunque tengan autoridad y reconocimiento humano, están avocadas a la frustración y la derrota.

Para destacar el poder divino el salmista relaciona a Dios con Jacob y lo identifica con su nombre propio, el Señor —traducido al castellano tradicionalmente como Jehová o Yahvé—. Las referencias a Jacob lo asocian con el período de los antepasados de Israel y con las promesas de la tierra prometida; y la alusión al su nombre propio, relaciona al Señor con la liberación de Egipto, donde se demostró de manera histórica su poder liberador.

Para el salmista el poder divino se revela en la historia y en la naturaleza. Y para contrarrestar las precarias y fortuitas acciones humanas, se identifican doce acciones de Dios que sobrepasan la comprensión de la gente: El Señor es creador del cielo, tierra, mar y lo que hay en el mar; guarda su verdad eternamente; hace justicia a la gente agraviada; da pan a las personas hambrientas; liberta a hombres y mujeres cautivas; abre los ojos a gente invidente; levanta a personas caídas; ama a hombres y mujeres justas; guarda y protege a gente extranjera; sostiene a huérfanos y viudas; trastorna el camino de personas impías; y reina para siempre.

Esas acciones de Dios superan las actividades humanas, aunque se organicen en los palacios y se diseñen en los grandes centros de poder. Para el salmista, la intervención divina en medio de la historia y la naturaleza le gana el reconocimiento de su poder y le hace merecedor de las alabanzas humanas. La gente que fundamenta sus esperanzas en las decisiones de la gente poderosa en el mundo está sentenciada a la decepción, está avocada al fracaso. Sin embargo, las personas que reconocen y aprecian esas acciones divina y que confían en la misericordia de Dios, son las que alaban al Señor de generación en generación.

v.10b: La palabra que cierra el mensaje del salmo lo relaciona, a su vez, con el comienzo del poema. El paréntesis que enmarca esta oración es la alabanza, que comienza con un diálogo íntimo y personal, y culmina con la expresión pública y agradecida del aleluya, que literalmente significa, alabado sea el Señor. Es decir, que en el centro de las alabanzas al Señor se encuentra el reconocimiento de su poder en la historia y la naturaleza.

Las implicaciones contextuales de este salmo son variadas. En primer lugar se descubre en el poema un claro reconocimiento del poder divino en contraste de las acciones de las personas poderosas. Para el salmista la esperanza humana nunca debe estar en las decisiones de los gobernantes, aunque deben hacer sus labores con responsabilidad y dignidad; la confianza que se fundamenta en Dios es la que debe prevalecer en los individuos y los pueblos.

Los seres humanos, por más autoridad humana que posean, son débiles y perecederos; el Señor, sin embargo, es eterno. Las decisiones humanas y los proyectos nacionales tienen un nivel de conveniencia que no siempre es de apoyo y ayuda para la comunidad. El presupuesto de esas empresas humanas es que alguien va a ser beneficiado, sin embargo, no hay garantías que ese beneficio se muestre positivamente en la comunidad. En efecto, la confianza en «los príncipes», como los llama el salmista, es el principio de las frustraciones y de las derrotas.

En contraposición a esas confianzas humanas el poeta propone que la gente feliz, dichosa y bienaventurada es la que confía en el Señor. Y esa seguridad proviene de una serie extensa e intensa de intervenciones divinas que ponen de relieve no solo su poder extraordinario sino su compromiso con sectores sociales que manifiestan necesidades especiales. ¡Las personas que confían en el Dios de Jacob y en el Señor del éxodo son beneficiarias de las bienaventuranzas divinas! La felicidad verdadera no se relaciona con las decisiones de la gente poderosa sino con la confianza que se desprende de las bendiciones de Dios.

Las afirmaciones teológicas de este salmo, en relación a las acciones de Dios a favor de las personas necesitadas, fueron los valores que guiaron el ministerio de Jesús en Palestina. Su prioridad fue responder a los reclamos de la gente que era objeto del cautiverio físico, social, económico, político, espiritual y religioso de su época. No llegó el Señor a la Jerusalén antigua para entretener a las multitudes sino para confrontarlas con el mensaje del reino que desafiaba los poderes de la época y reclamaba la implantación de la justicia que es el fundamento verdadero de la paz.

Las alabanzas del salmista y de los creyentes de todas las generaciones se fundamentan en la convicción de que el Señor reinará para siempre.

Salmo 147: «Alabanza por el favor de Dios hacia Jerusalén»

El Salmo 147 desarrolla y mueve el tema de la alabanza que se debe brindar al Señor de los niveles individuales que se revelan en el poema anterior (Sal 146) a una nueva dimensión colectiva del pueblo de Dios, como se demuestra en las afirmaciones en torno a Jerusalén, ciudad edificada por Dios, y las referencias al pueblo de Israel como comunidad elegida. La comprensión del exclusivismo divino en los cielos se compara a la selección de Israel en la tierra, que debe ocuparse particularmente de las alabanzas y las gratitudes. Los temas que se expone en este poema se asemejan a los que se incluyen en la sección final del libro de Job, Isaías 40 y el Salmo 104. Además, en el salmo Dios manifiesta su predilección por las personas pobres y humildes, además de colmar de bendiciones a su pueblo.

Solo basta una lectura inicial de este salmo para descubrir que se trata de un himno de alabanza y acción de gracias al Señor. El autor del poema se ubica en la tradición que afirma al Dios misericordioso, poderoso y santo, que revela su soberanía en toda la tierra y el universo. La evaluación de los temas expuestos revela que el salmo proviene del período luego del regreso a Jerusalén de los deportados a Babilonia, pues la ciudad ya ha sido reconstruida y vive un período de paz y seguridad. Posiblemente el contexto vital antiguo de este poema es el culto en el Templo reconstruido, en el cual se afirma el poder del Señor en la nación, y particularmente su extraordinaria autoridad sobre la naturaleza que obedece la voz divina. No incluye el texto bíblico ningún título hebreo. La versión griega de este salmo lo divide en dos partes (vv.1-11 –Sal 146— y vv.12-20 –Sal 147—), que hace que la numeración de las versiones hebreas y griegas se unifique.

La estructura literaria que puede ayudarnos a estudiar y entender este particular poema, es la siguiente:

- Alabanzas suaves y hermosas: vv.1-6
- Alabanzas con cánticos y arpas: vv.7-11
- Alabanzas de Jerusalén: vv.12-20

vv.1-6: La primera expresión del salmo es una invitación clara y directa a alabar al Señor. Es bueno, según el salmista, cantar salmos al Señor con suavidad y hermosura. Y fundamentado en esa afirmación, se identifican los motivos de las alabanzas. En primer lugar se indica que el Señor edifica a Jerusalén, que es una manera de referirse a la restauración de la ciudad luego del exilio. Además, recoge a los desterrados de Israel, que es una alusión al retorno a la ciudad, y venda las heridas a los quebrantados de corazón (Sal 51.18-19). La primera razón para alabar es el poder liberador y restaurador del Señor.

Del tema de la liberación nacional el salmista llega al poder divino sobre la naturaleza, particularmente su autoridad sobre las estrellas del cielo: ¡Cuenta los astros y los llama por nombre! Esa afirmación es una forma de poner de manifiesto el poder extraordinario del Señor, por lo que debe ser alabado. En efecto, ¡Dios es grande, poderoso y de entendimiento infinito!

La afirmación final de esta sección es una muy importante declaración teológica y misionera: ¡El Señor exalta a la gente humilde y humilla a las personas impías! Las alabanzas al Señor, de acuerdo con el poeta, se fundamentan en la extraordinaria restauración de Sión, la renovación maravillosa del pueblo de Israel, la manifestación de gran poder sobre la naturaleza, y su particular misericordia en favor de la gente humilde. Se pone claramente de manifiesto en el poema de esta forma el particular compromiso divino con la gente pobre y necesitada, a través de la defensa y el encumbramiento de las personas débiles.

vv.7-12: La segunda sección del poema continúa el tema de las alabanzas a Dios e identifica los motivos para expresar y continuar esas gratitudes al Señor. Las alabanzas, en este caso, deben ser con instrumentos musicales, que posiblemente alude a las actividades que se llevaban a efecto en el Templo. Los cánticos del pueblo se unen a las arpas, que es una manera de afirmar la importancia de la profesionalidad de esas canciones de gratitud al Señor.

Los motivos fundamentales para esas expresiones, se relacionan con la identificación del poder divino sobre la naturaleza. SE afirma el poder divino sobre los ciclos de la naturaleza: El Señor cubre de nubes los cielos; prepara la lluvia para la tierra; hace que los montes produzcan hierba; da mantenimiento a las bestias y a los cuervos; no se deleita en la fuerza del caballo; ni se complace en la agilidad del hombre.

En efecto, el gozo divino, de acuerdo con el salmista, no se relaciona con las descripciones de la naturaleza que, aunque pueden tener algún valor humano y natural, no revelan lo fundamental e indispensable en la vida. Solo se complace el Señor en las personas que le temen y le adoran, que es una manera de referirse a la gente que espera la misericordia divina. Aunque son importantes los ciclos de la naturaleza, lo que realmente fundamenta e incentiva las alabanzas a Dios, son la humildad humana, el respeto y el temor al Señor, y la recepción de la misericordia divina.

Las referencias a los caballos y a la agilidad del hombre en el poema parecen aludir a los programas y preparativos militares que el Señor rechaza. En medio de las alabanzas a Dios, el poeta rechaza los preparativos militares como estrategia para traer o mantener la paz a la ciudad (Sal 20.8; 33.17-18; Pr 21.31). ¡Esa importante responsabilidad social, política, económica y espiritual proviene únicamente del Señor!

vv.12-20: La sección final del salmo continúa con los reclamos de alabanzas del pueblo. En esta ocasión, sin embargo, se invita a que la ciudad de Jerusalén alabe al Señor. Además, el poeta incorpora una nueva serie de razones para expresar esas alabanzas: Sión debe alabar al Señor porque fortificó sus cerrojos, bendijo a sus hijos, trajo la paz, bendijo la cosecha, y la palabra divina fecundó la tierra. De acuerdo con el salmo, el Señor da la nieve, produce la escarcha y echa hielo, y también domina los vientos y mueve las aguas con su palabra, que son nuevos símbolos del poder divino sobre la naturaleza.

Una razón particular para elevar las alabanzas al Señor se relaciona con la revelación divina a Jacob y con la manifestación de sus estatutos y juicios a Israel. Esta afirmación relaciona las alabanzas con las promesas divinas a los patriarcas y matriarcas de Israel, y con la teofanía en el Sinaí. Es una manera de poner de manifiesto la elección divina del pueblo de Israel, gracia y misericordia que no se manifestaron en ningún otro pueblo de la tierra. Esas naciones no conocieron los juicios divinos, que aluden a la implantación de la justicia.

El salmo finaliza como comenzó, con una expresión de aleluya, que significa, alabado sea el Señor. Este poema incluye una especie de paréntesis temático con la palabra aleluya, que es el distintivo teológico de toda esta sección final del Salterio.

El salmo es esencialmente un llamado firme al pueblo y a la ciudad de Sión a alabar al Señor. Esas alabanzas, que deben incorporar los instrumentos musicales, se fundamentan en el reconocimiento de que el Señor gobierna la naturaleza, dirige las diversas estaciones y ciclos del tiempo en el año, interviene de forma redentora en la vida del pueblo y hace justicia a las personas indefensas y necesitadas de la sociedad. El poema incluye veintinueve acciones directas del Señor, que ponen en clara evidencia las múltiples actividades divinas que manifiestan su poder en medio de las realidades humanas, y también en la naturaleza.

El Dios del salmista es un aliado fiel de su pueblo, que se preocupa no solo del Templo y del retorno de los exiliados, sino que gobierna el ambiente y las estaciones del año para que hasta la naturaleza, con sus lluvias, apoye el programa de restauración nacional. En ese tipo de teología, se separa un lugar para afirmar a la gente humilde, que repetidamente se convierte en tema principal del Salterio. Una vez más, las personas con necesidades particulares reciben el favor divino. Se muestra nuevamente en este poema la predilección de Dios por la gente pobre, marginada, herida, angustiada y desesperada de la vida.

El tema del poder de la palabra divina se destaca en este salmo. A través de su palabra, el Señor renueva la ciudad y le brinda vida al pueblo, restaura a los fieles que han experimentado las angustias de la deportación, dirige la historia y controla la naturaleza. Esa particular comprensión de la palabra se revela con claridad y autoridad en el Evangelio de Juan (Jn 1.1-14). En ese contexto teológico, se indica que fue mediante la palabra divina que se llevó a efecto toda la creación, pues en ella estaba la vida, que ilumina a la humanidad. Esa palabra se hizo ser humano en la persona de Jesús de Nazaret, que habitó en medio de la humanidad. ¡La encarnación es la expresión máxima del poder de la palabra del Señor!

Esa extraordinaria comprensión de la palabra divina orientó la teología de Jesús y guió su ministerio público. Jerusalén, que el salmista llama a que alabe al Señor, no solo mata a los profetas sino que rechaza la palabra profética y liberadora de Jesús. La ciudad de Sión, que fue objeto de la visitación especial de Dios en múltiples ocasiones, ahora desprecia la llegada del Mesías.

Salmo 148: «Exhortación a la creación para que alabe al Señor»

El Salmo 148 continúa el tema de las alabanzas al Señor. En esta ocasión, sin embargo, el poeta identifica las criaturas que entonan esas alabanzas y cánticos: La creación divina, visible e invisible, animada e inanimada, y todos seres de los cielos y la tierra son invitados a unirse a este extraordinario coro que entona alabanzas y cánticos al Dios creador. El salmista comienza con los ángeles, recorre el universo, y finaliza con el pueblo de Dios. El poeta de esta forma mueve las alabanzas a Dios de sus niveles individuales (Sal 146) y nacionales (Sal 147) a las extraordinarias fronteras cósmicas y universales (Sal 148).

Una vez más nos encontramos con otro poema que puede muy bien catalogarse, por la naturaleza de los temas que aborda, como un salmo de alabanzas y de gratitud al Señor. El autor debe haber sido un israelita que, después de haber vivido las penurias del destierro y haber visto el fundamento y las manifestaciones de la idolatría en Babilonia, decidió articular un poema para destacar el poder de Dios sobre la naturaleza, que en esos contextos politeístas se entendían como divinidades. Por el análisis de los temas expuestos, la fecha de composición del salmo debe ser la época posterior al destierro. Su contexto primario de uso posiblemente se relaciona con las festividades anuales que se llevaban a efecto en el Templo renovado, en las cuales se destacaban y afirmaban las manifestaciones extraordinarias del poder divino sobre la naturaleza. El título hebreo relaciona el poema con las alabanzas al Señor, al utilizar la expresión «aleluya» (véase la Introducción).

Una posible estructura literaria del salmo que puede ayudarnos en nuestro análisis del poema, descubre que las alabanzas abarcan la totalidad de lo creado, por esa razón se alude a los cielos y la tierra. Cada sección del salmo no solo invita a las alabanzas sino que revela los motivos para brindarle al Señor esas expresiones de gratitud.

- Alabanzas en los cielos: vv.1-6
- Alabanzas en la tierra: vv.7-14

vv.1-6: La primera sección del salmo incluye ocho imperativos y llamados a la alabanza. Se revela de esta forma la urgencia y extensión de las alabanzas, pues claramente se reconoce a la creación y la naturaleza como seres dependientes y obedientes al Señor. El salmo presupone las convicciones bíblicas de la creación del mundo y revela la cosmovisión del universo que se tenía en el Israel antiguo (véase Gn 1.1—2.4).

El primer llamado es a que se alabe desde los cielos, desde las alturas, que es una forma de aludir al universo entero. Prosigue el salmista el tema de las alabanzas reclamando esas expresiones de gratitud a los ángeles o mensajeros, los ejércitos o astros celestiales, el sol y la luna, las estrellas brillantes, los cielos de los cielos o el infinito, y las aguas que están sobre los cielos. De esta forma figurada el poeta revela que el poder divino sobre el cosmos, que se presenta en el salmo como una serie de criaturas divinas que obedecen la voz y los mandatos del Señor.

Varias declaraciones teológicas culminan la percepción artística y religiosa de la sección. Las alabanzas se fundamentan en que fue Dios quien ordenó la creación con su palabra, le brindó estabilidad y eternidad, y le dio leyes que deben obedecerse. En efecto, de acuerdo con el salmista, la creación y el universo responden a voz divina que orienta y mantiene la naturaleza. Esa es una forma simbólica de destacar el poder divino sobre todo lo creado.

El universo, desde esta perspectiva teológica de la creación, no se compone de criaturas divinas que se mueven independientemente por el espacio y los aires, sino por los astros que fueron creados mediante el poder de la palabra divina. Es clara ahora la tensión con el mundo politeísta: Los astros del cielo no son dioses que deben ser adorados sino criaturas que obedecen la voz del Señor.

vv.7-14: La segunda sección del poema mueve las alabanzas al Señor del espacio sideral infinito a la vida de las realidades cotidianas. Los imperativos de alabanzas ahora salen de los cielos y llegan a la tierra, con la finalidad de incluir el resto de toda la creación (véase Dan 3.52-90): Los monstruos marinos y los abismos o mares, el fuego y el granizo, la nieve, el vapor y el viento, los montes y los valles, el árbol de fruto y los cedros, la bestia y toso animal reptiles y volátiles, los reyes y los pueblos, los príncipes y los pueblos, los jóvenes y las doncellas, los ancianos y los niños. De esta forma poética se identifican diversos sectores naturales con el propósito de aludir a todo lo creado. El salmista invita a esta extraordinaria secuencia progresiva a alabar al Señor. El motivo de la alabanza es que solo el nombre del Señor debe ser enaltecido, pues manifiesta su gloria sobre la tierra y los cielos.

Las invitaciones del salmista finalizan con un llamado a Israel a que se incorpore al coro que entona las alabanzas en los cielos y la tierra. Y en ese reclamo teológico y espiritual, se afirma que Israel es el pueblo de Dios, que se identifica en el texto como santo, poderoso y cercano al Señor. Las alabanzas que comienzan en las alturas extraordinarias ahora culminan en la historia nacional. Luego de moverse por las diversas esferas de la naturaleza, el salmista llega al motivo principal de sus alabanzas: El pueblo de Israel debe alabar y reconocer el poder de Dios que crea el universo.

Finaliza el poema con la expresión que dio origen al salmo: Aleluya, alabado sea el Señor.

El mensaje del salmo revela algunos temas de gran interés e importancia para la sociedad contemporánea. En primer lugar se manifiesta una muy seria preocupación ecológica. El universo debe alabar al Señor porque es parte del plan y ordenamiento divino, y revela la voluntad de Dios para el mundo. Esa declaración en torno a la naturaleza es un reclamo firme y decidido hacia la justicia ecológica y el respeto a la integridad de laceración. Esa afirmación teológica es un llamado a respetar la creación y los balances ecológicos. De todas formas, son las personas las beneficiadas por ese respeto, y las que se afectan adversamente cuando se altera el balance que es fundamental para la vida sustentable.

El salmo también alude a la gente social y políticamente poderosa, los reyes de la tierra y los príncipes que están acostumbrados al poder. En ocasiones, esas personas se enfrentan con la tentación de ponerse en el lugar de Dios, cuando no respetan las leyes naturales y toman decisiones que pueden alterar adversamente los sistemas ecológicos en la naturaleza. Esas decisiones, que muchas veces se toman para fomentar el desarrollo económico, no toma en consideración que la vida saludable es más importante que la prosperidad, pues sin salud no se pueden disfrutar de los beneficios del progreso.

De particular importancia teológica en el salmo es el rechazo a los diversos niveles de discriminación que imperan en las sociedades. El poeta rechaza los prejuicios por motivos sociales y políticos (p.ej., reyes y pueblos, v.11)), por motivos de profesión (p.ej., príncipes y jueces, v.11), por motivos de género (p.ej., jóvenes y doncellas, v.12), y por motivos de edad (p.ej., ancianos y niños, v.12). En efecto, se pone de manifiesto en el poema que las alabanzas que llegan ala presencia divina son las que superan los prejuicios humanos y reconocen que la creación toda es parte del plan divino que debe respetarse a apreciarse.

Los valores que se desprenden de la lectura y el estudio del salmo informaron los procesos decisionales y las enseñanzas de Jesús de Nazaret. Y en ese contexto educativo debemos destacar su gran respeto por el ser humano, que le movió a superar los prejuicios imperantes en la sociedad palestina del primer siglo. Por ese motivo atendió con dignidad, misericordia y respeto a los enfermos, particularmente a los leprosos, que eran considerados como malditos. Y por esa misma razón respondió a los reclamos de los sectores más necesitados y marginados de la sociedad, particularmente dignificó a las mujeres y los niños que no tenían reconocimiento en las esferas públicas de la sociedad.

Salmo 149: «Exhortación a Israel para que alabe al Señor»

El Salmo 149 continúa el tema de las alabanzas a Dios con que culmina el poema anterior. En esta ocasión, sin embargo, se afirma que la humanidad debe alabar al Señor porque en una nación específica, Israel, se reveló el conocimiento divino. El pueblo de Dios, es decir, «el pueblo que está cercano a él» (Sal 148.14) se alegra con los triunfos divinos y recuerda esas victorias históricas en sus celebraciones litúrgicas.

En este poema, el Señor es el creador, hacedor y rey de Israel; además, es el Dios que revela su justicia y reivindica a su pueblo. El salmista, en el contexto de alguna ceremonia en el Templo, invita al pueblo a celebrar anticipadamente las victorias divinas; el salmo también revela otra faceta importante de la implantación de la justicia del Señor: La manifestación del juicio divino contra la maldad y el castigo sobre el pecado de las naciones, presupone la firme y activa eliminación de las injusticias humanas.

La evaluación temática del poema revela que puede ser catalogado claramente como un salmo e himno de alabanzas al Señor. Aunque el poema revela también un particular tono bélico, su característica fundamental es la exhortación a la alabanza, la afirmación de alegría y el reconocimiento del poder divino. El autor del salmo es una persona que participa activamente en las ceremonias de celebración de las victorias divinas a través de la historia. Posiblemente el poema proviene de una época tardía luego del retorno de los deportados a Babilonia, pues durante ese período se hicieron comunes las referencias al pueblo como «los fieles» —traducido como «los santos» en las versiones Reina-Valera; en hebreo, *hasidim*—.

El poema describe una especie de ceremonia cultual en la cual se incentivan las alabanzas, se recrean las victorias históricas del Señor, y se alude a la implantación de la justicia, en términos firmes y violentos. Quizá se trate de las celebraciones de año nuevo en el Templo. El título hebreo del poema lo identifica con la expresión «aleluya», con la cual también finaliza el salmo (véase la Introducción).

Una estructura literaria que puede ayudarnos a estudiar el poema, es la siguiente:

- Invitación a la alabanza: vv.1-3
- Motivos de las alabanzas: vv.4-5
- Coreografía de la victoria y la justicia: vv.6-9

vv.1-3: El poema comienza con un llamado a la alabanza. Se invita a entonar un «cántico nuevo», que evoca los triunfos de Israel en la salida de Egipto (Sal 33; 40; 96; 98; 144). El pueblo que debe alabar al Señor es descrito de varias formas: La congregación de los santos o fieles, Israel, y los hijos de Sión. El pueblo debe alegrase porque el Señor es su Hacedor, Creador y Rey, afirmación teológica que es fuente de seguridad, fortaleza, confianza y esperanza.

Las alabanzas al Señor deben hacerse en medio de una particular manifestación y celebración cúltica, en la cual se unen los cánticos, las danzas, los panderos y las arpas. En esa particular celebración, se funden los sentimientos más hondos de gratitud del salmista, con las expresiones artísticas más elaboradas del pueblo. ¡Las artes se ponen al servicio de la grandeza divina!

vv.4-5: El fundamento de las alabanzas es la felicidad divina. Y porque el Señor tiene contentamiento con su pueblo los hermoseará con la salvación, expresión figurada que alude a sus intervenciones redentoras en medio de la historia nacional. Esa acción divina, descrita como la manifestación de su gloria, a su vez, producirá en la comunidad de fieles regocijo. Y esa gloria es una referencia a la esencia divina que pone de manifiesto su poder liberador.

La invitación del salmista al pueblo es a que canten al Señor aun cuando estén en sus camas. Esa expresión es una forma de aludir a la continuidad de la alabanza, que no debe interrumpirse ni por el necesario y fundamental descanso diario. De acuerdo con el salmista, las alabanzas al Señor deben ser continuas, sin interrupción.

vv.6-9: El salmo finaliza con la particular descripción de una ceremonia en la cual se recordaban las intervenciones redentoras y liberadoras del Señor, entre las que se incluía la implantación de la justicia entre las naciones. El salmista reclama con autoridad y firmeza la exaltación divina y el reconocimiento de su poder y autoridad. Tanto las gargantas como las manos deben juntarse en esa acción. Las voces entonan las alabanzas y las manos ejecutan la justicia.

Las alabanzas cantadas y las manos que blanden la espada son solo algunos preparativos para llevar a efecto los planes del Señor, que en este particular contexto literario y teológico es la implantación de la justicia entre las naciones paganas. De acuerdo con el poeta, el pueblo celebra y recrea en esta ceremonia la venganza y el castigo del Señor sobre los pueblos. Y en ese proceso justiciero, se aprisiona a los reyes, se encadena a los nobles y se ejecuta la sentencia que ya se ha decretado en el juicio.

Esas particulares manifestaciones de la justicia divina, que llevan a efecto los fieles y los santos, es una revelación grata de la gloria de Dios y, a su vez, es motivo de regocijo y felicidad. El idioma bélico es un tanto fuerte, si se compara a los mensajes de paz y consolación que caracterizan a la fe cristiana, sin embargo, no debe perderse de vista que el tema de la implantación de la justicia divina y la restauración de la gente humilde y marginada requiere intervenciones extraordinarias de Dios.

Como en el resto de los salmos de esta sección final del Salterio (Sal 146—150), la expresión «aleluya» comienza y termina el poema.

Varios temas juegan un papel protagónico en el análisis de contextualización. En primer lugar, el poema alude a los «santos» o «fieles», expresión que caracterizó a un grupo de judíos piadosos que respondieron con firmeza y militancia a los avances paganos del helenismo en Jerusalén, en la época de los Macabeos. Los fieles eran los que se opusieron al programa helenista que incorporaba la idolatría y la profanación del Templo. Eran personas decididas y comprometidas con su fe que no resistieron ver las abominaciones contra la fe judía, y se rebelaron contra los poderes de la época. Por la valentía de su gesta y el compromiso con los valores tradicionales del pueblo de Israel, lograron sus metas y, una vez más, liberaron al pueblo de Dios de la opresión extranjera. La fidelidad a los valores y la decisión de mantener la lealtad en momentos de crisis y persecución, en efecto, paga buenos dividendos.

El mensaje del juicio divino (vv.7-9) que se pone de relieve en el salmo expresa una idea fundamental y característica del poema: El pueblo de Israel es invitado no solo a participar de las actividades de celebración cúlticas y a disfrutar las victorias del Señor sino a ejecutar los juicios y la sentencia que Dios ha pronunciado contra las naciones paganas. Ese juicio divino es el que ya ha sido anunciado por los profetas (Is 13—23; Jer 25.13-38; Ez 25—32; Am 1.2—3.8).

La relación entre las alabanzas a Dios y el blandir de las espadas es muy importante, pues representa la unión de la gratitud a Dios y la transformación social. Esa dinámica de alabanza y trabajo, de cántico y esfuerzo, de liturgia y labor es fundamental para el desarrollo de programas redentores en el siglo veintiuno. La alabanza le brinda al creyente sentido de misión y seguridad, el trabajo le da dignidad y propósito. El cántico lo eleva a la presencia divina, y el esfuerzo lo enfrenta con las realidades cotidianas. La liturgia representa el deseo divino, y la labor la ayuda a transformar la voluntad divina en realidades concretas.

De acuerdo con el salmista, las alabanzas efectivas deben estar acompañadas de esfuerzos específicos que contribuyan positivamente a la implantación de la justicia.

Esa particular correspondencia e intimidad entre la comunión con Dios y la solidaridad humana fue una característica básica en la vida de Jesús. Su vida espiritual estuvo íntimamente relacionada con los esfuerzos que llevaba a efecto para transformar los dolores humanos en posibilidades de triunfo y esperanza. No estaban divorciadas las dimensiones religiosas y las comunitarias en el ministerio de Jesús, pues entendía la vida como el espacio sagrado donde Dios intervenía para redimir a la gente de sus diversos cautiverios. Ese fue el ejemplo que le dio el Señor a las iglesias y los creyentes: Las alabanzas a Dios que se unen a los esfuerzos por la implantación de la justicia son las que propician la paz.

SALMO 150: «EXHORTACIÓN A ALABAR A DIOS CON INSTRUMENTOS DE MÚSICA»

El Salmo 150 es el poema que concluye el Salterio; en efecto, es una doxología que cierra no solo la quinta y última sección del libro, sino que sirve de broche final a toda esta importante obra poética. El salmista, fundamentado en las convicciones que se han expuesto en los salmos anteriores, presenta lo imperativo y necesario de las alabanzas al Señor. En once ocasiones el salmista reclama las alabanzas y se dirige no solo a la comunidad de fieles congregada en el Templo de Jerusalén sino a los habitantes de los cielos y a todas las criaturas vivientes.

Las alabanzas al Señor resuenan en el santuario humano y también en el firmamento, que es una forma figurada hebrea de aludir a la totalidad de la vida. El propósito básico del salmo es indicar dónde Dios debe ser alabado, además de incluir el porqué, el cuándo y el cómo deben ser esas expresiones de gratitud al Señor.

Este salmo también completa un ciclo temático de gran importancia en el Salterio. Comienza el poema con la afirmación en torno a la felicidad verdadera (Sal 1), y termina con las alabanzas que expresan las personas bienaventuradas y dichosas. En la tradición de ese racional teológico, es importante subrayar que, de la misma forma que la gente puede fabricar ídolos sin vida con sus manos y cautivar a las multitudes idólatras (Sal 115.4-8), también con esas mismas manos pueden fabricar los instrumentos musicales que pueden muy bien bendecir y glorificar al Señor.

Este salmo puede catalogarse sin mucha dificultad como un himno de alabanzas al Señor. Su autor debe haber sido un israelita piadoso que tiene algunas responsabilidades de importancia en las celebraciones del pueblo en el Templo. ¡Quizá sea algún sacerdote o levita! La fecha de composición debe haber sido la época luego que Israel regresó del destierro en Babilonia, pues con este salmo se culmina el largo y complejo proceso de redacción y edición del Salterio. Su contexto básico original debe haber sido las ceremonias cúlticas en las que los líderes del culto llamaban a la comunidad a congregarse para alabar al Señor. Los imperativos del poema revelan la urgencia de ese clamor, la necesidad del autor. El título hebreo identifica el salmo con la expresión «aleluya» (véase la Introducción), al igual que el resto de los poemas de la sección final del Salterio (Sal 146—150).

Una posible estructura literaria que nos ayuda a entender el salmo, es la siguiente:

- Lugar de las alabanzas: v.1
- Razón de las alabanzas: v.2
- Instrumentos para las alabanzas: vv.3-5
- Quienes alaban al Señor: v.6

v.1: Con una expresión de aleluya, que significa «alabado sea el Señor», comienza este salmo, que cierra el Salterio con un tono magistral, musical y doxológico. El lugar fundamental de las alabanzas es el santuario de la tierra, y también en los cielos. Esa expresión de contraste y contraposición es una manera hebrea para referirse a la totalidad de la vida, alude a todos los lugares del universo. La referencia al santuario se debe relacionar con el Templo de Jerusalén, aunque también puede ser el santuario eterno de Dios en los cielos. Y la magnificencia de su firmamento, revela la gloria, el poder y la autoridad divina. En efecto, de acuerdo con el salmista, las alabanzas al Señor deben ofrecerse en cualquier lugar del mundo.

v.2: La razón para expresar las alabanzas al Señor son básicamente dos: Por sus proezas y por la muchedumbre de su grandeza. El salmista reclama las alabanzas del pueblo, para recordar y agradecer las intervenciones históricas de Dios, particularmente los prodigios relacionados con la salida del pueblo de Israel de las tierras de Egipto y del faraón. Sin embargo, no son solo las intervenciones divinas en Egipto las que recuerda Israel, sino la finalización del destierro, experiencia que se manifestó profundamente en la conciencia nacional.

vv.3-5: Prosigue el salmo con una identificación precisa de los instrumentos y gestos que deben utilizarse para expresar las alabanzas al Señor. De esta forma el poeta alude a instrumentos de cuerda, de vientos y de percusión; además, incorpora las danzas y los bailes en las actitudes de gratitud que se relacionan con las alabanzas.

Específicamente, el salmista identifica solo algunos de los instrumentos musicales de la orquesta que servía de acompañamiento en las ceremonias cúlticas luego del exilio en Babilonia. Los instrumentos de viento son los siguientes: Las trompetas y las flautas; los de cuerda, la cítara, el arpa y las cuerdas; y los de percusión, el pandero y los címbalos resonantes o de júbilo. En efecto, el salmo pone claramente de manifiesto la importancia de la música para apoyar las alabanzas del pueblo de Dios (I Cr 15.16; Sal 149.3).

v.6: La afirmación final del salmista es una muy importante declaración teológica, que cierra todas las enseñanzas del Salterio: ¡Todo lo que respira debe alabar al Señor! Como ya se ha indicado que los instrumentos musicales inanimados se utilizan para las alabanzas, ahora se afirma que «todo lo que respira», es decir, la gente, las personas, los hombres y las mujeres, los seres vivientes, deben también alabar al Señor, que inicialmente se reclamaba en todo lugar.

Una gran enseñanza del salmo se relaciona con el lugar pertinente para ofrecer las alabanzas al Señor. De acuerdo con el poeta, todo lugar es apropiado, todo momento es pertinente, las razones son múltiples —particularmente por sus manifestaciones históricas y su compromiso con la liberación de gente cautiva—y, además, toda persona es convocada e invitada. La lección básica del poema se relaciona con la importancia de las alabanzas al Señor, que se asocia a las celebraciones, los cultos, las liturgias, las danzas, y también con la vida misma, los valores, las decisiones, los compromisos y sus realidades cotidianas. Y esas celebraciones y vivencias se fundamentaban en las intervenciones divinas, que traen al pueblo paz, esperanza, justicia y seguridad.

Ese espíritu de celebración y gozo se manifestó claramente en el nacimiento de Jesús, en el cual los ángeles cantaron no solo para darle la bienvenida a la historia sino para anunciar la llegada del Mesías a la humanidad, como cumplimiento de la palabra divina. La gloria del Señor se manifestó en los cielos, y también en la tierra para las personas que gozan del favor divino (Lc 2.14).

Los cánticos de la primera Navidad ponen de manifiesto la importancia de la paz en el mundo, que es parte de la intensión del salmista. Esa paz, en efecto, constituyó un componente importante de las enseñanzas transformadoras de Jesús, y, además, se convirtió en una de las características más importantes de su vida.

«El calabozo de más adentro» (Hch 16.24), o la prisión de seguridad máxima, fue testigo de la aplicación de las enseñanzas fundamentales del Salmo 150. En medio de las dificultades, los dolores y las privaciones asociadas con la vida penitenciaria antigua, el apóstol Pablo y su compañero de celda, Silas, entonaron himnos a Dios, y, según el relato bíblico, el resto de los confinados les escuchaban. En ese ambiente inhóspito, de cautiverio y dolor, las alabanzas hicieron su efecto, pues de repente vino un gran terremoto que sacudió los cimientos de la cárcel, se abrieron todas las puertas, y Pablo y Silas, junto al resto de la población penal fueron liberados.

Las alabanzas en la cárcel de Filipos hicieron que las puertas de la cárcel se abrieran y permitieron que los discípulos del Señor quedaran libres para continuar su empresa apostólica y misionera. Las alabanzas, según el relato, se entonaron en el más ingrato e inhóspito de los lugares, pero lograron la manifestación extraordinaria de la misericordia divina y del poder liberador de Dios. ¡La teología y la práctica del Salmo 150 hacen posible las liberaciones humanas!

El Salmo 150 también se puede relacionar con el mensaje profético que se encuentra en el libro de Isaías, en el cual el profeta anuncia que ante del Señor «se doblará toda rodilla» (Is 45.23). Esa importante afirmación teológica se repite con fuerza en la Epístola a los Filipenses, en la cual el sabio Apóstol añade que toda lengua confesará que «Jesucristo es el Señor» (Fil 2.11). Ese reconocimiento divino invita a la humanidad a alabar y adorar, como se pone de relieve con claridad en el libro de las visiones de Juan.

Una de las narraciones bíblicas más importantes, que revela la misma teología de la alabanza universal y liberadora del Salmo 150, se incluye en el libro de Apocalipsis. En esta importante obra, que cierra de forma magistral el canon bíblico de la iglesia, el vidente Juan describe una escena muy importante ante el trono de Dios (Ap 7.9-12). Frente a la presencia del Cordero —¡en señal de reconocimiento divino!—, con ropas blancas —¡como signo de pureza y santidad!—, y con palmas en las manos —¡como expresión de triunfo!—, llega «una gran multitud, la cual nadie podía contar, de todas las naciones, tribus, pueblos y lenguas», que clamaban a gran voz: «La salvación pertenece a nuestro Dios, que está sentado en el trono, y al Cordero».

Al final de la historia humana, de acuerdo con la visión apocalíptica, «todo lo que respira» y «toda lengua» alabarán al Señor. El vidente afirma de esta forma que personas de diferentes culturas, idiomas y nacionalidades llegarán ante la presencia divina para entonar alabanzas —en la tradición del Salmo 150, Isaías 45.23 y Filipenses 2.11, y al igual que los ángeles que anunciaron el nacimiento del Señor, y de Pablo y Silas en la cárcel—, para cantar el mensaje de la salvación.

El cántico de la multitud en las visiones de Juan es salvador, transformador, renovador y liberador, pues se fundamenta en la revelación divina que se incluye en el Salterio: Comienza con la identificación precisa de la gente bienaventurada (Sal 1), prosigue con la celebración extraordinaria de la presencia divina y los mensajes educativos, y culmina con la afirmación segura y sincera de las alabanzas al Señor (Sal 150).

Y con esa profesión de fe, afirmación espiritual y declaración teológica del Salmo 150 finalizamos este comentario. Nuestro deseo es que «todo lo que respire alabe al Señor»; que equivale a decir que nuestras vidas pongan de manifiesto los valores y las enseñanzas que se exponen y presentan, no solo en el mensaje final del Salterio (Sal 150) sino a través de todos sus poemas extraordinarios.

Tercera Parte: Índice temático

Bienaventurados los íntegros de camino,
los que andan en la Ley del Señor.
Bienaventurados los que guardan sus testimonios
y con todo el corazón lo buscan,
pues no hacen maldad los que andan
en tus caminos.
Salmo 119.1-2

Índice Temático

El siguiente índice identifica algunos de los temas del Salterio que son útiles para el estudio, la identificación y la aplicación de sus enseñanzas y valores. La lista que presentamos no pretende ser exhaustiva ni completa, solo intenta ayudar y apoyar al lector o lectora de los poemas bíblicos en sus procesos de investigación, comprensión, disfrute y contextualización del mensaje de los Salmos.

Como algunos temas teológicos se repiten con bastante frecuencia, incluimos en la lista solo algunas referencias[1] de importancia; además, se identifica únicamente el Salmo que incorpora el tema, no los versículos. De esta forma se analizará y evaluará el asunto destacado y discutido en su adecuado contexto literario, temático y teológico.

---

1 - Seguimos en esta sección las ayudas que se incluyen en la obra de Bortolini, *op.cit.*, pp.737-743.

Acción de gracias a Dios:

Por haber hecho justicia: 9; 34; 40; 52; 54; 56; 65; 66; 76; 92; 97; 98; 107; 118; 138; 144

Por sus maravillas, prodigios y hechos: 9; 40; 66; 68; 75; 76; 98; 106; 107; 114; 118; 126

Por haber sido liberados de peligros mortales: 9; 28; 30; 34; 40; 41; 54; 56; 66; 86; 92; 103; 107; 114; 116; 118; 124; 129; 138; 139; 144

Por haber perdonado los pecados: 32; 65; 85; 103; 107

Por los frutos de la tierra: 65; 67; 107; 144

Por caminar junto a su pueblo: 68; 76; 103; 105; 107; 114; 118; 124

Aborrecer:

De parte de Dios: 5; 45

De parte de la gente buena: 119

A Dios: 139

Acusaciones injustas: 5; 7; 17; 26; 30; 31; 34; 35; 52; 54; 55; 56; 57; 59; 62; 64; 69; 91; 109; 116; 139; 140

Alabanza: 8; 19; 29; 30; 33; 57; 63; 65; 66; 95; 96; 100; 103; 104; 105; 111; 113; 114; 117; 134; 135; 136; 145; 146; 147; 148; 149; 150

Aleluya: 146; 147; 148; 149; 150

Amén: 41: 72

Anciano: 71; 90; 103; 128

Ángel: 34; 148

Aprender de los errores: 39; 40; 41; 51; 78; 80; 95; 106; 130; 143

Ateísmo práctico: 30; 36; 39; 53; 55; 59; 62; 64; 70; 73; 75; 86; 94

Autoridad política: 2; 18; 20; 21; 44; 45; 72; 78; 89; 97; 99; 101; 110;132; 144; 146

Bendición de e Dios: 5; 29